2016中国·广河齐家文化 与华夏文明国际论坛 论文集

主　编　　陈星灿　　唐士乾
副主编　　魏文斌

甘肃文化出版社

图书在版编目（CIP）数据

2016中国·广河齐家文化与华夏文明国际论坛论文集/
陈星灿,唐士乾主编. -- 兰州 ：甘肃文化出版社，2017.12
　　ISBN 978-7-5490-0859-9

　　Ⅰ.①2… Ⅱ.①陈… ②唐… Ⅲ.①齐家文化－国际
学术会议－文集 Ⅳ.①K871.24-53

　　中国版本图书馆CIP数据核字(2018)第004209号

2016中国·广河齐家文化与华夏文明国际论坛论文集

陈星灿　　唐士乾 | 主编

魏文斌 | 副主编

责 任 编 辑 | 李浩强
封 面 设 计 | 苏金虎
出 版 发 行 | 甘肃文化出版社
网　　　址 | http://www.gswenhua.cn
投 稿 邮 箱 | press@gswenhua.cn
地　　　址 | 兰州市城关区曹家巷1号 | 730030(邮编)

营 销 中 心 | 王　俊　　贾　莉
电　　　话 | 0931-8454870　　　8430531(传真)

印　　　刷 | 兰州新华印刷厂
开　　　本 | 787毫米×1092毫米　1/16
字　　　数 | 850千
印　　　张 | 31.75
插　　　页 | 20
版　　　次 | 2017年12月第1版
印　　　次 | 2017年12月第1次
印　　　数 | 1-3000册
书　　　号 | ISBN 978-7-5490-0859-9
定　　　价 | 310.00元

2016 中国·广河齐家文化与华夏文明国际论坛论文集
编 委 会

齐家文化与华夏文明国际论坛合影留念

中国·广河   2016.10.14

齐家文化与华夏文明国际论坛与会领导、专家合影

齐家文化与华夏文明国际论坛开幕式（一）

齐家文化与华夏文明国际论坛开幕式（二）

中国社科院古代文明研究中心原主任王巍在论坛开幕式上讲话

中共甘肃省委宣传部副部长、省文化厅厅长高志凌在论坛开幕式上讲话

中共临夏州委书记杨元忠在论坛开幕式上讲话

中共临夏州委常委、广河县委书记赵廷林在论坛开幕式上致辞

齐家文化与华夏文明国际论坛学术报告会现场（一）

齐家文化与华夏文明国际论坛学术报告会现场（二）

齐家文化与华夏文明国际论坛会场一角（一）

齐家文化与华夏文明国际论坛会场一角（二）

台南艺术大学黄翠梅在论坛上做学术报告

北京大学考古文博学院李水城在论坛上做学术报告

美国耶鲁大学吴浩森（Andrew Womack）博士在论坛上做学术报告

日本东北学院大学研究生院文学研究院佐川正敏在论坛上做学术报告

中国社科院考古研究所王仁湘主持论坛学术报告会

中国社科院古代文明研究中心朱乃诚在论坛上做学术报告

陕西省文物局刘云辉在论坛上做学术报告

山东大学美术考古研究所刘凤君在论坛上做学术报告

香港中文大学历史系中国考古艺术研究中心邓聪在分会场做学术报告

上海交通大学致远讲席教授叶舒宪在论坛分会场做学术报告

南京大学张良仁在论坛上做学术报告

陕西省考古研究所邵晶在论坛上做学术报告

中国社科院考古研究所何驽主持论坛学术报告会

中国社科院考古研究所巩文在论坛分会场做学术报告

甘肃省文物考古研究所毛瑞林在论坛上做学术报告

齐家文化国际论坛分组报告会

与会代表参观齐家文化博物馆

与会代表参观齐家文化博物馆

齐家文化国际论坛期间中共临夏州委书记杨元忠接见台南艺术大学黄翠梅教授

与会代表考察齐家坪遗址

与会代表考察阳洼湾

与会代表考察齐家坪遗址

与会代表参观齐家坪遗址管理所

甘肃省文物考古研究所王辉主持齐家文化国际论坛闭幕式

中共广河县委副书记、广河县人民政府县长马东升在齐家文化国际论坛闭幕式上致辞

中国社科院考古研究所三任甘青考古队长在论坛期间参观齐家
文化博物馆时合影留念：谢端琚（中）、王仁湘（右）、叶茂林（左）

甘肃省齐家文化研究会第一届理事会第二次会议在兰州召开

中美合作"甘肃洮河流域新石器至青铜时代文化与社会演进之研
究"项目齐家坪遗址考古现场

目 录

齐家文化的发现、研究与社会

玉器研究

陶器研究

青铜器研究

生业与环境

其他

齐家文化的发现、研究与社会

关于齐家文化的起源

——十次玉石之路考察的新认识

上海交通大学　叶舒宪

一、研究缘起

2005—2009 年，笔者在兼任兰州大学讲席教授期间数次到广河、临洮、临夏和天水、秦安等地考察史前文化，开始关注齐家文化及其玉器。于 2008 年出版小书《河西走廊——西部神话与华夏源流》，强调指出史前西部玉文化与中原地区的陶寺文化和二里头文化间的源流关系，提示从玉文化总体看待齐家文化的玉器特点，及其与夏商周玉文化的紧密关联。在 2012 年完成的中国社会科学院重大项目 A 类成果《中华文明探源的神话学研究》中，提示大家关注中国文明起源期特有的西玉东输文化现象，并视之为金属资源开发利用以前唯一的神圣性资源依赖。其核心动力为逐步传播开来的玉石神话信仰。同年 11 月又提出"史前玉石之路黄河道假说"。紧接着陕西神木县石峁遗址的考古新发现，中国文学人类学研究会于 2013 年组织考古专家，在陕西榆林举办"中国玉石之路与玉兵文化研讨会"。2014 年至 2016 年，本学会联合《丝绸之路》杂志社、中国甘肃网和内蒙古社科院等单位，在中国西部七省区组织了十次玉帛之路田野考察，特别关注新发现的古代玉矿资源的分布情况，划出一个总面积 200 万平方公里以上的中国西部玉矿资源区，并采集各种玉料标本，以玉石资源依赖和西玉东输现象为新的研究基础，聚焦史前期中原与西部玉文化的源流关系，由此得出对齐家文化起源的若干新认识。特值此"齐家文化与华夏文明国际论坛"的良机，以求抛砖引玉之效，求正于方家。

二、齐家文化玉器与中原史前文化的关系

齐家文化的分布地域与在它之前的马家窑文化的分布大部分重合在一起，但是在文化面貌方面却明显不同，最突出的一个不同点就是玉礼器的规模性生产和使用情况。这就使得学者们从外来影响的因素视角去考虑齐家文化的起源。由此带来齐家文化起源的两种对立观点：甘肃本地起源说

和甘肃以东地区即中原起源说。后者的主要代表是梁星彭。他在《齐家文化起源探讨》①一文中提出，被泛称为齐家文化的遗址大致有四类：

第一类,以永靖秦魏家和大河庄为代表。

第二类,以武威皇娘娘台为代表。

第三类,以固原海家湾、隆德上齐家墓葬为代表。同类遗存还有镇原常山、西吉兴隆及内蒙古白音浩特等。此类遗存主要分布于宁夏南部及甘肃平凉地区。

第四类,以灵台桥村为代表。同类遗址还有天水西山坪、瓦渣坪和兰州青岗岔等。此类遗存主要分布在甘肃东部地区。

在被泛称为齐家文化的古代遗存中,以灵台桥村为代表的第四类遗存与客省庄二期文化的文化面貌相当接近。我们认为秦魏家下层遗存为典型齐家文化早期遗存。因之,它应是探讨典型齐家文化起源的基础。梁星彭的结论是:"同其他文化比较,我们认为,秦魏家下层遗存与客省庄二期文化最为接近。"②他还从测年数据方面论说:从碳14年代看,客省庄二期文化年代大致为公元前2300年至公元前2000年。典型的齐家文化只有两个数据:永靖大河庄F7木柱为公元前2050年±115年;同上单位柱洞木炭为公元前2010±115年。典型齐家文化的早期阶段是与客省庄二期文化之晚期阶段平行的。由于两者在文化面貌上有许多近似之处,因而我们估计典型齐家文化之前身文化应与客省庄二期文化早期阶段时代相当,而且在文化面貌上必与客省庄二期文化早期遗存具有众多共同之处。

图1 甘肃镇原县三岔镇大塬遗址出土常山下层文化玉斧,2016年1月第九次玉帛之路考察摄于镇原县博物馆

梁氏立论的着眼点在于陶器的类型方面。我们还可以从玉文化因素方面转换考察视角。根据中国玉文化发展的大体脉络,玉礼器生产率先起源于东北,随后顺着东部沿海地区向南方拓展,直到较晚的时候才规模性地进入中原,并最后拓展到陇山以西的甘青地区和河西走廊。我们有理由认为,构成齐家文化鲜明文化特征的玉文化要素,不可能是在西部地区继承更早的马家窑文化和半山、马厂文化的结果,只能是受到东部地区玉文化传播影响的结果。这样的认识与齐家文化源自甘肃以东地区的考古学观点大体上是吻合的。不过笔者更倾向于关注早于客省庄二期文化数百年的常山下层文化。

如果聚焦玉文化的源流方面,目前的考古资料已经可以确认,在齐家文化崛起的距今4000年之际,至少有如下一些中原的或靠近中原的史前文化已经率先发展出一定规模的玉礼器生产,并初步形成了玉礼文化的传统。它们是:

1. 仰韶文化庙底沟类型(以灵宝西坡墓地出土的14件玉礼器为代表);

2. 庙底沟二期文化(以山西芮城清凉寺墓地出土玉器为代

---

① 梁星彭:《黄河中上游史前、商周考古论文集》,社会科学文献出版社,2015年,第108—120页。

② 甘肃省文物考古研究所等:《西汉水上游考古调查报告》,文物出版社,2008年。

表）;

    3. 常山下层文化（以甘肃镇原县三岔镇大塬遗址出土玉礼器为代表）;

    4. 陶寺文化（以陶寺遗址墓葬出土玉礼器为代表）;

    5. 陕西龙山文化（以神木新华遗址和石峁遗址出土玉器为代表）;

    6. 客省庄二期文化（以陕西长安县客省庄遗址出土玉器为代表）;

    7. 商洛东龙山文化（以陕西商州东龙山遗址出土玉石器为代表）。

在以上七个先于齐家文化而存在的史前文化中，与齐家文化关系最密切的是常山下层文化，学界的主流观点认为齐家文化就源于常山下层文化，这并非空穴来风，有多个橙色或红色陶器类型的渊源承袭为线索。如果集中关注常山下层文化出土的少量玉礼器之玉石原料情况，则以墨色或墨绿色的蛇纹石玉为主（图1），更加晶莹剔透的透闪石玉料在那个年代的西部地区基本上还没有登场。

这种情况和距今5000年以上的北方红山文化和南方良渚文化玉器用料形成很大的反差。同时也意味史前期中原玉文化与西部玉文化的序幕，都是由深色调的蛇纹石玉料开启的。这是距今约4300—4500年以上的年代里西北地区所能见到的主要玉料。

溯源求本，在以上七个中原史前玉文化中，唯有仰韶文化庙底沟类型的出土玉礼器，明显比常山下层文化的年代早数百年。检视其代表性的遗址——河南灵宝西坡墓地出土的14件玉礼器，原来也是以墨色或墨绿色蛇纹石玉为其主要玉料的（图2、图3）。

顺着渭河与黄河汇流的方向东看，是河南省灵宝县。从2010年出版的考古报告《灵宝西坡墓地》看，其文化类型属于仰韶文化庙底沟类型，所著录的西坡墓地出土玉石钺共16件、玉环1件，若除去其中3件石钺，还有玉器14件，即13件玉钺和1件玉环。从玉质的说明看，14件玉器中13件为蛇纹石，1件为方解岩。从表面颜色看，14件玉器中10件为墨绿色或深绿色[1]。这样的数据表明中原仰韶文化庙底沟类型时期的用玉大部分原料取自同一类型和色泽的蛇纹石玉，很可能是大体上产自同一地点的玉矿资源。[2]

这样的墨色或墨绿色蛇纹石玉料，一直到齐家文化玉礼器生产中仍然在使用。第十次玉帛之路考察团在甘肃武山县博物馆看到的一件半成品玉琮，就是由同类的蛇纹石玉料加工而成的（图5）。武山县石岭下彩陶博物馆展出的一件权杖头，也是当地的墨绿色蛇纹石玉制成的。这样看，共同的蛇纹石玉料资源，给中原玉文化与西部玉文化的关系问题带来如下启迪：

迄今明确知道的最重要的蛇纹石玉矿，是现今依然在继续开采和供应的武山县鸳鸯山

图2 灵宝西坡仰韶文化墓地M9出土蛇纹石玉钺（M9:2）（正反两面）[3]

---

① 中国社会科学院考古研究所等：《灵宝西坡墓地》，文物出版社，2010年，第32—113页。

② 叶舒宪：《武山鸳鸯玉的前世今生——第十次玉帛之路渭河道考察札记》，《百色学院学报》2016年第5期。

③ 中国社会科学院考古研究所等：《灵宝西坡墓地》，文物出版社，2010年，图版二二。

图3 灵宝西坡仰韶文化墓地 M34 出土玉钺（M37:7）①

图4 灵宝西坡仰韶文化墓地 M1 出土玉钺（M31:19）②

图5 武山县博物馆藏距今四千年的用武山鸳鸯玉制成齐家文化玉琮，2016年6月第十次玉帛之路考察摄

的鸳鸯玉。武山县出土的齐家文化蛇纹石玉琮表明，此地的玉矿资源是史前时期就被当地先民发现和采用的。渭河上游地区特产和盛产的深色调蛇纹石玉料，是在青铜文化崛起之前，能够拉动史前期跨地区的远距离贸易和运输的最基本的物质纽带之一。另一个重要的物质纽带属于生活必需品，也同样具有战略意义的，那就是食盐。

1993年，甘肃礼县县城以东的永坪乡大堡子山秦公墓地遭到大面积盗掘，大量文物流失海外，举世震惊。为此，甘肃省文物考古研究所于1994年3月—11月对墓地进行了抢救性发掘。2004年3月28日—4月20日，再组织联合考古队对西汉水上游干流及其支流漾水河、红河、燕子河、永坪河流域，东起天水市天水乡，西至礼县江口乡约60千米的范围内进行了踏查，遍及河两岸的每处台地。共调查遗址98处，其中，仰韶时代文化遗址61处，龙山时代文化遗址51处，周代遗址47处（包含周秦文化的遗址37处、寺洼文化的遗址25处）。在此调查基础上，将天水地区史前考古学文化的发展序列问题推进一步，不再像以往那样简单地套用仰韶文化—齐家文化的大一统模式，而是能够具体排列为叠压关系的多种文化层：

仰韶文化

常山下层文化、案板三期文化（庙底沟二期文化，龙山文化早期）

齐家文化（龙山文化晚期）

商周文化（寺洼文化等）

秦文化③

考古调查发现，相当于龙山早期的文化遗存主要有两类：一类是常山下层文化因素，另一类是案板三期文化因素（或者说庙底沟二期文化）。常山下层文化的遗址发现不

①中国社会科学院考古研究所等：《灵宝西坡墓地》，文物出版社，2010年，图版九四。
②中国社会科学院考古研究所等：《灵宝西坡墓地》，文物出版社，2010年，图版八九。
③甘肃省文物考古研究所等：《西汉水上游考古调查报告》，文物出版社，2008年，第269页。

多,有盐官镇新山、盐官镇东庄、盐官镇玄庙嘴、盐官镇马坪山、盐官镇高城西山、祁山乡祁山堡、长道镇左家磨东、长道镇盘龙山、永兴乡赵坪、城关镇雷神庙等。其陶系主要为泥质橙红色、砖红色或橙黄色,还有一些泥质灰陶。其带耳器尤为发达,还有双耳罐和三耳罐,耳与口沿齐平,有的与齐家文化双大耳罐的形态非常接近。[①]这就给齐家文化起源于常山下层文化的观点带来新的器物实证。不过研究者还提出耐人寻味的如下思考:

常山下层文化和案板三期文化竞相角逐于西汉水上游地区,这一现象发人深思。[②]

从礼县盐官镇生产食盐的历史看,盐是中原人西进甘肃的主要诱因吗?其推测是:"关中不产盐,这里便成为陇山以西重要的食盐供应地。各种史前文化会聚于斯,商周时期各种势力进入这里,以及后来的秦文化的兴起,可能都与食盐资源有莫大的关系。关中西部的案板三期文化进入西汉水上游,其原因可能亦在于此。"[③]

根据上述论述,难道是从东部来到西汉水地区谋求盐业资源的外来文化的主体,包括常山下层文化和案板三期文化的居民,给后来的齐家文化带来玉文化的因素吗?目前在案板三期文化中还没有发现规模性的玉礼器传统[④],那么只有来自陇山两侧的常山下层文化具有少量的玉礼器生产。显然是该文化给齐家文化的玉文化开启先河的。稍晚些时候可能还有位于关中的客省庄二期文化,也多少发挥了向西部地区传播玉文化的作用。

如果我们权衡一下这两种资源,西汉水礼县地区的食盐和渭河上游武山县的蛇纹石玉料及其玉器,究竟哪个更加具有明确可考的实证资料呢?能够经历千百年地下埋藏而不消失也不变质的显然是玉器。目前需要探明的是,武山特产的深色调蛇纹石玉矿资源,究竟是在何时得到开采使用的?

在武山当地发现的一个史前文化类型,即石岭下文化,可以给这个问题提供解答的线索。石岭下文化,一般认为是中原地区庙底沟二期文化西进甘肃的派生物,并且开启了马家窑彩陶文化之先河。要追问距今五千多年前的中原居民为何要成规模地沿着渭河谷地西进,来到渭河上游地区,那么和西汉水的盐类资源同样具有吸引力的物资就是武山玉。把各地有明确出土报告的蛇纹石类玉器联系起来,一条以渭河为依托的运玉之路线就清晰呈现出来。第十次玉帛之路考察团成员张天恩研究员来自陕西考古研究院。他回忆说,在1984年他带队发掘宝鸡福临堡仰韶文化晚期遗址,就出土过两件墨绿色蛇纹石玉饰,一个圆形,一个梯形(图6),现在看来很可能就是以沿着渭河而来的武山鸳鸯玉为原料的。福临堡遗址位于宝鸡西郊、渭河北岸,距今约5000年,其特殊的地理位置足以充当甘陕史前文化交汇和互动的中转站作用。

又据中国社会科学院考古研究所编著的天水地区考古报告《师赵村与西山坪》,在师赵村第七期文化即齐家文化层的下面,有第五期遗存,属于马家窑文化马家窑类型,发现有一件蛇纹石玉锛[⑤](该书图194-4;图版130-4)。报告还认为师赵村第五期文化的年代为公元前3492—前2782年[⑥]。这又一次把蛇纹石玉矿资源同渭河道的水路东输作用,大体上讲清楚了。

---

①甘肃省文物考古研究所等:《西汉水上游考古调查报告》,文物出版社,2008年,第270页。
②甘肃省文物考古研究所等:《西汉水上游考古调查报告》,文物出版社,2008年,第272页。
③同上书,第273页。
④西北大学文博学院考古专业编:《扶风案板遗址发掘报告》,科学出版社,2000年。
⑤中国社会科学院考古研究所编著:《师赵村与西山坪》,中国大百科全书出版社,1999年,第253页。
⑥同上书,第306页。

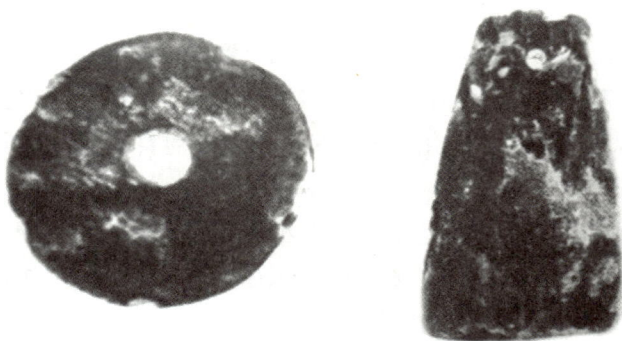

图6　宝鸡福临堡仰韶文化遗址出土蛇纹石玉器二件

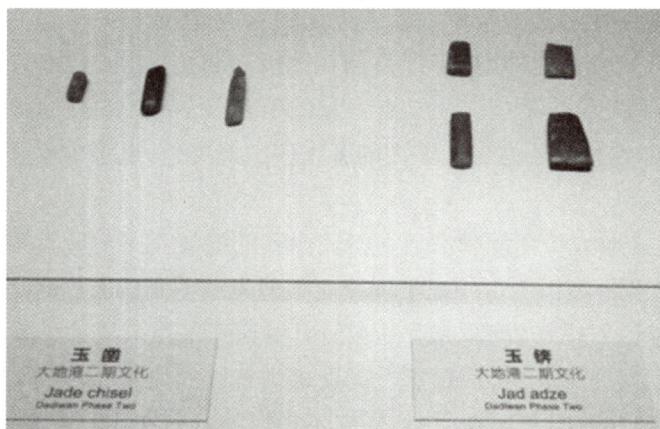

图7　大地湾二期文化的玉凿和玉锛,2016年6月第十次
玉帛之路考察摄于秦安大地湾博物馆

此外,第十次玉帛之路考察在秦安大地湾博物馆观察到的大地湾文化第四期的一件C型石锛(T208₁:8),我们根据表面观察,似为蛇纹石玉锛,因为器表仍能看出类似蛇皮的花斑色①。在大地湾二期出土的玉石器中,该博物馆展出有玉凿3件、玉锛4件(图7),从颜色和质地观察也应属于墨色的蛇纹石玉料所制成。大地湾二期文化相当于仰韶文化的早中期,其年代是大约距今6500—5900年,这要比灵宝西坡的仰韶文化庙底沟类型还早近千年。正是在这一千年的发展轮回中,大地湾遗址的蛇纹石玉质的工具(玉凿、玉锛)终于演变为中原仰韶晚期的礼器(玉钺),又反过来影响到常山下层文化的玉礼器,从而间接地催生了齐家文化的玉礼器传统。

对常山下层文化的渊源问题,目前的研究不够系统,代表性的观点主要是两种。上文引述的《西汉水上游考古调查报告》曾做出这样的评判:"一种认为它主要来源于大地湾仰韶文化晚期遗存(郎树德、许永杰、水涛:《试论大地湾仰韶晚期遗存》,《文物》1983年第11期);另一种认为:它来源于泾河上游的阳坬类文化,其年代亦相当于仰韶晚期(西北大学文博学院:《扶风案板遗址发掘报告》,科学出版社,2000年,第269页)。持后说的学者也认为常山下层文化的起源地纬度高、海拔高、降水少,进入龙山降温期后该文化有南移趋势。比如在陕西长武南峪村、千阳鲁台山、宝鸡老虎沟等地都发现了具有这种文化特征的遗存。常山下层文化的陶系、纹饰和器形与大地湾仰韶文化晚期遗存差别较大,而且该文化有一定的地域特点,所以后说似乎更为合理。"②第九次玉帛之路考察团在甘肃镇原县对常山下层文化遗址做了现场调研,结合该县大塬遗址出土的巨人墓葬中随葬玉环玉斧的情况,认为泾河流域的陇东地区,恰好充当着关中 – 中原玉文化与西部玉文化的关联中介作用。不过对其深绿色玉环与墨色玉斧的材料来源,还不能贸然做出结论,但也不排除泾河渭河交汇的水路纽带作用,将武山特产的蛇纹石玉输送到常山下层文化最密集分布的陇东一带。

①甘肃省文物考古研究所:《秦安大地湾》,文物出版社,2006年,彩版四〇。
②甘肃省文物考古研究所等:《西汉水上游考古调查报告》,文物出版社,2008年,第273页。

三、齐家文化与西玉东输的多米诺现象

从距今约 4900 年的常山下层文化之发端,到距今 4100 年左右的齐家文化崛起时期,西部玉文化经历着萌芽、生长和繁荣的过程。其间最大的变化,就是就地取材的玉料从较为单一的深色调蛇纹石玉,到多种色调的优质透闪石玉。目前所知,齐家文化用玉的主要来源是临洮与榆中交界处的马衔山玉[①],这是优质的透闪石玉;还有青海与甘肃之间的祁连山玉,其质地介于蛇纹石和大理石之间。再往西看,有新发现的肃北马鬃山古代玉矿。第四次和第五次玉帛之路考察分别到马衔山和马鬃山采集玉石样本,经过比对发现这两处透闪石玉料与齐家文化玉器的用料非常接近。有待于进一步的仪器检测和比对工作。笔者还尝试建构出齐家文化玉器的色谱系统,写有《齐家文化玉器色谱浅说》小文,把齐家文化用玉的色谱划分为三系列,分别称为:第一,墨–绿色系;第二,青–白色系;第三,黄–褐色系。[②]相比其他史前玉文化,齐家文化因为比邻西部玉矿资源的丰富储备,在玉色表现方面达到最为辉煌的境地。

在河西走廊西端,玉门关以外的若羌、且末一带的新疆玉、和田玉,可能在齐家文化时代已经被发现和采用。晚于齐家文化的商周时期高等级墓葬出土的玉器中,多有以温润而剔透的新疆和田玉为原料者,目前已经是学界多数人的共识。在周穆王或张骞通西域之后,比于阗更遥远的地方,乃至叶城至塔什库尔干县一带的叶尔羌河流域的优质透闪石玉,也可能相继被中原文明所发现和利用。一条从帕米尔高原绵延数千公里的玉石之路的路网,就这样伸展向东方的中原国家。

过去的常识告诉我们,西玉东输的过程就是单一的新疆和田玉进入中原国家的过程。玉帛之路踏查后的新认识有所不同:西部玉矿资源区东起甘肃武山县的蛇纹石玉,西至新疆昆仑山和葱岭(帕米尔),其总面积在 200 万平方公里以上。最先登上玉石之路的,就是渭河道上输送的武山蛇纹石玉。马衔山透闪石玉矿的位置恰好在渭河源以西的地方。这就说明了为什么《山海经·西山经》一书记述渭河源于鸟鼠山,而当地也因出产白玉而著称。很可能是中原方面的爱玉崇玉人士,错将马衔山玉矿嫁接到渭水源头的鸟鼠山了!

又西二百二十里,曰鸟鼠同穴之山,其上多白虎、白玉。渭水出焉,而东流注于河,其中多鳋鱼,其状如鳝鱼,动则其邑有大兵。

据《西山经》的描述,紧接着鸟鼠同穴山,还有一条河在西边,叫滥水,西流注于汉水,其中出产一种魾鱼,"其状如覆铫,鸟首而鱼翼鱼尾,音如磬石之声,是生珠玉"。可见,古人心目中的鸟鼠山除了是渭河源头以外,还出产两种奇物:白虎和白玉。鸟鼠山西面的滥水中,出产奇特的魾鱼,它不仅形状特殊——鸟头鱼身,而且声音特殊——如磬石之声,还能生出珠和玉。这两种物质都是先秦时代的至宝,以"隋侯之珠"和"和氏之璧"为顶级代表。按照《山海经》的描述,渭水发源地的鸟鼠山简直就是一座宝山。这和《山海经》认为黄河的源头在昆仑山,昆仑山出产著名的和田玉一样,大大增加了河流的神圣性和神秘性。引发了后人对西部美玉和仙界的无限遐想。

白玉是各种颜色玉料中最为贵重的。《山海经》记述的 140 座产玉之山中,仅有十分之一多一点是

---

①古方:《甘肃临洮马衔山玉矿调查》,见叶舒宪、古方主编:《玉成中国——玉石之路与玉兵海外探源》,中华书局,2015 年,第 72—79 页。

②见《丝绸之路》2013 年第 11 期,收入拙著《玉石之路踏查记》,甘肃人民出版社,2015 年,第 26—35 页。

白玉,即16座山产白玉。其他都非白玉。其作者或记录者的这种选择性写法,体现的正是周代以来玉石信仰的一次根本性变革,从广泛地崇拜各种颜色的玉石,到集中崇拜和田玉中的白玉。笔者把这种现象称为玉石宗教的一场新教革命①。随后就有《礼记·玉藻》中"天子佩白玉"的等级制规定。2016年6月,第十次玉帛之路考察团来到鸟鼠山下的渭源县举行启动仪式,当地学者在座谈会上提供的回应是,渭河北岸多有出土玉器的地点,还有一处叫王贡坪的地方,多年前还是以出玉而闻名。看来需要进一步去踏查的地点还有很多,田野知识是补充书本知识的最好秘方。

从表面偏黑色而实际略透绿色的蛇纹石玉所制作的史前玉器情况看,是出产量非常丰富的甘肃武山鸳鸯玉矿给仰韶文化和龙山文化的玉礼器生产供应着原料。

墨色的蛇纹石玉器生产是中国西部玉文化最深厚的大传统,数千年的传承历史,足以给后世文献记载的远古史事与神话传说留下强烈的影响,那就是《尚书·禹贡》中的"禹赐玄圭"说与《穆天子传》中的"白圭玄璧"说。黑色玉礼器的威严,依然深刻地反映在夏商周三代的文化记忆之中。

在齐家文化起源的过程中,有东来的和西来的文化要素相互碰撞、融合,最后形成新的文化面貌。史前期的这种不同地域文化相互融合的情况,或许可以求助于同姓不婚的远古社会组织之现实构成情况。就在夏商周三个族群的构成中亦可看出一些端倪。

周人王族为姬姓,与其联姻的母系则为姜姓。如《诗经·大雅·生民》一篇所述周人始祖母名姜嫄。周文王姓姬名昌,周武王姓姬名发。我们知道周族人的血缘主体为姬姜通婚的后代。而姬与姜又是早于夏代的先祖黄帝和炎帝的姓,所谓炎黄子孙这样的血统认同之说法,最适合周人的族外婚之族群文化认同。姜与羌二字音义互通,指的是来自西方的牧羊人(《说文解字》释羌字)。

商人王族为子姓,母系方面为简狄,又写作简易(《汉书·古今人表》),狄易音义兼通。易即《周易》的大壮和旅两个爻辞与《山海经·大荒东经》所说的易或有易,是指北方易水流域的古国族之名。②有易族也和羌族一样属于游牧文化的族群生活方式:

六五。丧羊于易,无悔。(《周易·大壮》)

上九。鸟焚其巢,旅人先笑后号咷,丧牛于易。凶。(《周易·旅》)

有困民国,句姓,而食。有人曰王亥,两手操鸟,方食其头。王亥托于有易河伯,仆牛。有易杀王亥,取仆牛。(《山海经·大荒东经》)

殷王子亥,宾于有易而淫焉。有易之君曰绵臣,杀而放之。是故上甲微假师于河伯以伐有易。克之,遂杀其君绵臣也。(郭璞《山海经注》引用《竹书纪年》之文)

从史前期的地域文化运动与融合情况看,东来的文化要素,自中原向西运动的文化扩张,发源于晋南的仰韶文化支系,以翼城枣园为代表的东庄类型,随后催生出庙底沟文化,或称仰韶文化庙底沟类型,从距今六千年之际开始,分批次地向关中地区渭河流域进发,与当地的半坡类型文化发生长期的冲突、碰撞和融合。此后,庙底沟文化西进到宝鸡地区乃至甘肃天水地区。在这个长达近千年的中原文化西进潮流中,分别在陕西关中地区孕育出客省庄二期文化、案板三期文化,在甘肃东部地区孕育出常山下层文化和齐家文化,并使得它们的文化面貌与此前在陕西土生土长的半坡文化、在甘青地区

---

①叶舒宪:《〈山海经〉与白玉崇拜的起源》,《民族艺术》2014年第6期。叶舒宪:《从玉教说到玉教新教革命说——华夏文明起源的神话动力学解释理论》,《民族艺术》2016年第1期。
②王玉哲:《中华民族早期源流》,天津古籍出版社,2010年,第165页。

土生土长的马家窑文化都明显不一样。玉礼器这样一种来自东部的文化传统，便伴随着庙底沟文化和庙底沟二期文化的西传，抵达关中地区，见于商洛的东龙山和长安地区的客省庄二期文化，稍早还先溯源泾河而上，抵达陇东地区，即镇原的常山下层文化。最后通过常山下层文化和客省庄文化的影响，同时催生陕北地区龙山文化和甘青地区齐家文化的玉礼器体系。不过这后一个过程的具体传播路径和细节尚不明确，还有待于进一步的材料发现与深入探究。

由此看，殷商人与周人都与位于其西部和北部的游牧族群联姻通婚，以避免近亲繁殖所带来的不利的人种学后果，努力争取优生优育的遗传良性趋势。这样就必然促进不同的地域文化彼此间的融合互动趋势，尤其是在地理位置上相互毗邻的地域性族群之间。齐家文化的地理构成和族群构成也应该不是例外。其族源中的父系与母系分别有农耕族群与游牧族群，也就不足为奇。就其地理构成而言，齐家文化空间分布的最东缘，在南部直逼陇山以东的关中地区，在北部则直指宁夏、陕北和内蒙古河套地区。这都是以往的仰韶文化繁育地区。齐家文化空间分布的西缘，则深入祁连山以北的河西走廊腹地，青海祁连山以南的河湟谷地及草原地带。齐家文化的中心区域则位于陇山以西的广大地区。这里以前正是马家窑文化繁育的核心地带。由此看，后来居上的齐家文化正是在兼收并蓄当时的东、西方文化精髓的基础上发展形成的。

四、总结与展望

探求齐家文化的东方源头，也就相当于探求陕西地方某些史前人群向西迁徙的原因，目前可以明确的是，陇山两侧的自然资源情况，如天水地区礼县盐官镇一带的盐业资源，以及华亭县的盐卤生产为关中地区人群所需要和追逐，而渭河上游地区的玉石资源，包括临洮县马衔山的透闪石玉矿和武山县渭河边的鸳鸯山蛇纹石玉矿资源，后者更是早自仰韶文化时期就拉动部分人口和文化的西迁运动之重要因素。

对齐家文化的构成要素而言，西来的文化要素是金属、乳状袋足鬲与洞室墓等；而东来的文化要素则以玉礼器及其神话信仰系统为主。相当于《尚书》所说尧舜时代起到"班瑞"作用的三璜联璧或四璜联璧，表明其于晋南的中原地区，而向西传播，成为齐家文化玉礼器群中最富有地方特色的一个种类。换言之，多璜连璧这样的器型，在史前玉文化集中分布的广大地域里，如北方的红山文化、南方的良渚文化、凌家滩文化，江汉平原的石家河文化，以及广东的石峡文化中都不曾一见，唯有在晋南的陶寺文化和西北的齐家文化中出现，其二者之间的传播中介，如今已经浮出水面，那就是紧密联通着西北与中原的天然纽带——黄河。近期在靠近黄河边的陕北神木县发掘出龙山文化时期的古城——石峁遗址，与之相对的黄河东岸山西兴县也密集分布着龙山文化遗址，这就沿着黄河，明显呈现为陶寺文化与齐家文化之间的地域文化中介。由此可得出推论，中原晋南的陶寺文化与西北甘青地区的齐家文化，是由渭河与黄河勾连起来的。黄河及其支流在联结其上游地区的古文化与中游地区的古文化方面发挥着非常关键的水陆联系的纽带作用。这是目前的中国史前交通史研究的空白点，预示着今后研究与思考的一个方向。

齐家文化和常山下层文化的发现与研究

中国社会科学院考古研究所　胡谦盈

一

　　齐家文化是中国古代一种十分重要的考古学文化，分布在中国的西北部——黄河流域上中游及其支流的甘肃省和青海省地区，因它首次在甘肃省广河县齐家坪遗址被发现而得名。当时据以文化命名的材料①，是1924年瑞典人安特生在齐家坪遗址考古获得的居址遗存，主要是陶质器皿及其残片，但是缺少墓葬遗存资料。众所周知，一种考古学文化是由居住遗存和墓地遗存两种不同资料构成的②，齐家坪发现的只有居住遗存而无墓葬遗存，所以它的文化面貌特征是片面而不是全面的。另一方面，安特生凭主观臆断"素面陶"（也就是齐家文化）的年代最早，故把该文化的年代安排在他创立的所谓"文化发展六期说"之首③。刘燿（尹达）和瑞典的比林阿尔提对安特生的主张和说法，都加以怀疑。他们根据器物研究的结果，都拟加以修正④。

　　对安特生研究齐家文化存在的上述两个方面的失误和缺陷，最早通过考古科学研究程序——田野考古实践来加以修正者是考古学大师夏鼐先生。1944年—1945年，夏鼐参加"西北科学考察团"到甘肃地区进行考古调查工作：（1）1945年5月在广河县魏家咀村附近的阳洼湾（按："阳洼"是当地俗语"向阳的山坡"的意思）寻找到齐家文化期墓地。当时受条件限制未能进行大规模发掘，弄清楚墓地文化内涵及其埋葬习俗、制度和思想信仰问题，只发掘了两座墓葬⑤。至此，齐家文化既有居住遗存资料，又有墓葬遗存资料了。但十分遗憾，上述齐家文化两种不同遗存资料系分别出土于不同地点，而且

---

①J.G.Andersson, *Reserches into Prehistory of the Chinese*（1943），PP，78，288；Margit Bylin-Althin, *The Sites of Chu Chia Ping and Lo Han Liang in Bulletin of Museum of Far Eastern Antiquities*，No.18，（1946），P.398.

②胡谦盈：《周文化及相关遗存的发掘与研究》，科学出版社，2010年，第116页。

③Andersson 前书 PP.281-282，295。

④刘燿：《龙山文化与仰韶文化之分析》，《中国考古学报》第二册，1947年，第276—280页。Bylin-Althin，op.cit pp.462—468.

⑤夏鼐：《齐家期墓葬的新发现及其年代的改订》，《夏鼐考古学论文集》，科学出版社，1961年，第1—10页。

当时在考古中收获的文物资料太少,未能如实地反映出和代表齐家坪遗址的文化全貌特征。(2)由于在第2号墓葬的墓穴填土内发现彩陶器的残片,夏鼐依据地层学断代原理科学地论述和说明齐家文化的年代晚于甘肃仰韶文化(马家窑文化)的年代,成为中外学术界的共识。夏鼐还断言,齐家文化的年代"不会比公元前2000年早过很多,但是也许比之晚过很多"①。现在我们通过众多考古调查发掘和碳14测年等研究工作,越来越具体地证明夏鼐预言是接近客观事实的。

1953年,中国开始实施第一个五年建设计划,中国科学院考古研究所(即今中国社会科学院考古研究所)甘肃工作队和青海省、甘肃省、宁夏回族自治区的文物部门考古队伴随着基建工程开展考古调查发掘工作。根据考古报告介绍,早在20世纪70年代末已基本查明齐家文化的分布范围:东缘在陇东庆阳沟原地带,西界止于青海省东部和甘肃省武威地区,北缘到达宁夏回族自治区南部,南缘在甘肃省武都地区②。其次,据不完全统计,在上述地区发现齐家文化遗址和墓地多达数百处,其中具有较大规模发掘的遗址和墓地有十多处。通过对甘肃省永靖县大何庄③、秦魏家④、武威皇娘娘台⑤和青海省乐都县柳湾⑥等多处遗址和墓地的发掘,从而使人们对它的文化面貌、年代及社会性质等都有了较多的了解和认识。

1. 据已公布的碳14测年数据,齐家文化的绝对年代在公元前2000年前后。(按:听说近年对某地遗存的测年数据比上述年数晚了数百年,大致与商代前期年代相当)

2. 由于齐家文化遗址和墓葬重复地出土多种红铜工具和用具以及青铜工具、用具和铜镜等,所以,它已不是一种石器时代文化,而是已进入所谓铜石并用时期乃至青铜时代的文化了。至少齐家文化晚期已进入青铜时代,但至今未发现文字。

3. 至于齐家文化的社会性质,当时在居民中似已开始出现或初步分裂成贫富贵贱的对立现象。如在不同墓地中都出现少数人使用具有财富象征的猪头等兽类随葬,以及青年女子为男主人殉葬等。

我在《试论齐家文化的不同类型及其源流》⑦一文中,已有具体分析说明,分布在宁夏回族自治区南部和甘肃省陇山东、西两侧地区的名为齐家文化遗址和墓地,实际上大都是属于客省庄二期文化和常山下层文化遗存(图1)。如果我们把上述两种遗存从齐家文化中区别开来,齐家文化大致可分为甲、乙两个

①夏鼐:《齐家期墓葬的新发现及其年代的改订》,《夏鼐考古学论文集》,科学出版社,1961年,第1—10页。

②安志敏:《甘肃远古文化及其有关的几个问题》,《考古通讯》1956年第6期。甘肃省文物管理委员会:《渭河上游天水、甘谷西县考古调查简报》,《考古通讯》1958年第5期。甘肃省博物馆:《甘肃古文化遗存》,《考古学报》1960年第2期。甘肃省博物馆:《黄河寺沟峡水库新石器时代遗址调查简报》,《考古》1960年第3期。甘肃省博物馆:《黄河上游盐锅峡与八盘峡考古调查记》,《考古》1965年第7期。文物编辑委员会编:《文物考古工作三十年》,文物出版社,1979年。平凉地区博物馆编:《平凉文物》,1982年10月内部印本。甘肃省庆阳地区博物馆编:《庆阳地区文物概况》第一集(1979年铅印本)和第二集(1983年12月铅印本)。钟侃、张心智:《宁夏西吉县兴隆镇的齐家文化遗址》,《考古》1964年第5期。宁夏回族自治区展览馆:《宁夏固原海家湾齐家文化墓葬》,《考古》1973年第5期。

③中国科学院考古研究所甘肃工作队:《中国永靖大何庄遗址发掘报告》,《考古学报》1974年第2期。

④中国科学院考古研究所甘肃工作队:《甘肃永靖秦魏家齐家文化墓地》,《考古学报》1975年第2期。

⑤甘肃省博物馆:《甘肃武威皇娘娘台遗址发掘报告》,《考古学报》1960年第2期。又,甘肃博物馆:《武威皇娘娘台遗址第四次发掘》,《考古学报》1978年第4期。

⑥青海省文物管理处考古队、北京大学历史系考古专业:《青海乐都柳湾原始社会墓葬第一次发掘的初步收获》,《文物》1976年第1期。又,青海省文物管理处考古队、中国社会科学院考古研究所:《青海柳湾——乐都柳湾原始社会墓地》,文物出版社,1984年。

⑦胡谦盈:《胡谦盈周文化考古研究选集》,四川大学出版社,2000年,第252—259页。

类型(按:谢端琚分为东、中、西三区五种类型①,其中东区地域即泾、渭两河流域上游及其支流地区,也就是常山下层文化和客省庄二期文化分布区。其次,位于东区的天水市名为齐家文化师赵村类型遗存,与分布在中、西两地区的齐家文化面貌特征存在异常明显的区别,而与分布在关中地区的客省庄二期文化的文化相却极为相似和相同。如师赵村和西山坪两处遗址出土的陶器群②(图2、3、4、5),与陕西省客省庄③和赵家来④等遗址出土的客省庄二期文化陶器群基本相同。还有鬲、斝和"高帽式"器盖等器皿,不属于常山下层文化而是客省庄二期文化十分流行和最具代表性的典型陶器,它们均来源于庙底沟二期文化⑤。庙底沟二期文化和常山下层文化是同时并存而且分布地区相邻的两种不同性质的新石器时代文化。二者的绝对年代相当,约为公元前2600—前3000年。庙底沟二期文化分布在晋南、豫西和关中地区。常山下层文化分布在宁夏回族自治区南部和泾、渭两河流域的上游及其支流的陇东地区。上述斝、鬲和高帽式器盖等陶器只见于师赵村和西山坪等遗址出土,不见于常山下层文化遗址和墓葬出土,也罕见于中、西两地区的齐家文化遗址出土,所以,发掘者把师赵村和西山坪两地的遗存归属于所谓齐家文化范畴的做法,实在令人费解和难以接受。其三,所谓五种不同类型的齐家文化,往往十分简单地根据居址陶器或墓葬陶器中之一种资料来命名的(按:这种做法出现在中国考古学诞生初期阶段,是可以理解的,但时至近年仍然这样做就是不可原谅的了),所以它的文化面貌特征是片面的,也是不符合考古学文化命名的基本条件要求的。因为,一种考古学文化是由居住遗存和墓葬遗存两类不同资料构成的,如果缺少其中一种资料,它的文化相是模糊不清楚的⑥。甲型以大何庄⑦和秦魏家⑧两处遗存为代表,乙型以皇娘娘台⑨和柳湾⑩两处遗存为代表。甲型遗址位东,分布在甘肃省永靖县以东地区。乙型遗址位西,分布在青海省东部和甘肃省武威地区。根据碳14测年数据,甲型比乙型的年代早。甲、乙两种类型的遗存,既具有众多的共性,也存在明显的差异,它十分突出地表露在陶质器皿方面,如两种不同类型陶器的质料、颜色、纹饰、器类及其制法,基本相同。唯甲型陶器形制瘦长,陶胎较厚而整治粗糙(图6)。乙型器皿形制粗壮,陶胎较薄而整治细致,优美的"精品"不少(图7)。乙型存在明显的马厂类型文化因素,而且马厂彩陶器和齐家两种不同文化陶器常见在灰坑内和墓葬内共生(图8),甲型则无此现象。问题十分清楚,马厂和齐家两种不同文化陶器在乙型遗存中共存,表明二者的年代相同。而年代较早的甲型无此现象,这就充分说明齐家文化和马厂类型文化产生密切交流和融合现象是在齐家文化晚期而不是早期。所以,主张齐家文化来源于马厂类型文化的说法,是十分勉强和很不恰当的。若继续坚持这种明

①《20世纪中国知名科学家学术成就概览·考古学卷》第二分册,科学出版社,2015年,第262—263页。
②中国社会科学院考古研究所:《师赵村与西山坪》,中国大百科全书出版社,1999年。
③《沣西发掘报告》,文物出版社,1962年。
④《武功发掘报告——浒西庄与赵家来遗址》,文物出版社,1988年。
⑤《庙底沟与三里桥》,科学出版社,1959年。
⑥胡谦盈:《周文化及相关遗存的发掘与研究》,科学出版社,2010年,第116页。
⑦中国科学院考古研究所甘肃省文物工作队:《中国永靖大何庄遗址发掘报告》,《考古学报》1974年第2期
⑧中国科学院考古研究所甘肃工作队:《甘肃永靖秦魏家齐家文化墓地》,《考古学报》1975年第2期。
⑨甘肃省博物馆:《甘肃武威皇娘娘台遗址发掘报告》,《考古学报》1960年第2期。又,甘肃博物馆:《武威皇娘娘台遗址第四次发掘》,《考古学报》1978年第4期。
⑩青海省文物管理处考古队、北京大学历史系考古专业:《青海乐都柳湾原始社会墓葬第一次发掘的初步收获》,《文物》1976年第1期。又,青海省文物管理处考古队、中国社会科学院考古研究所:《青海柳湾——乐都柳湾原始社会墓地》,文物出版社,1984年。

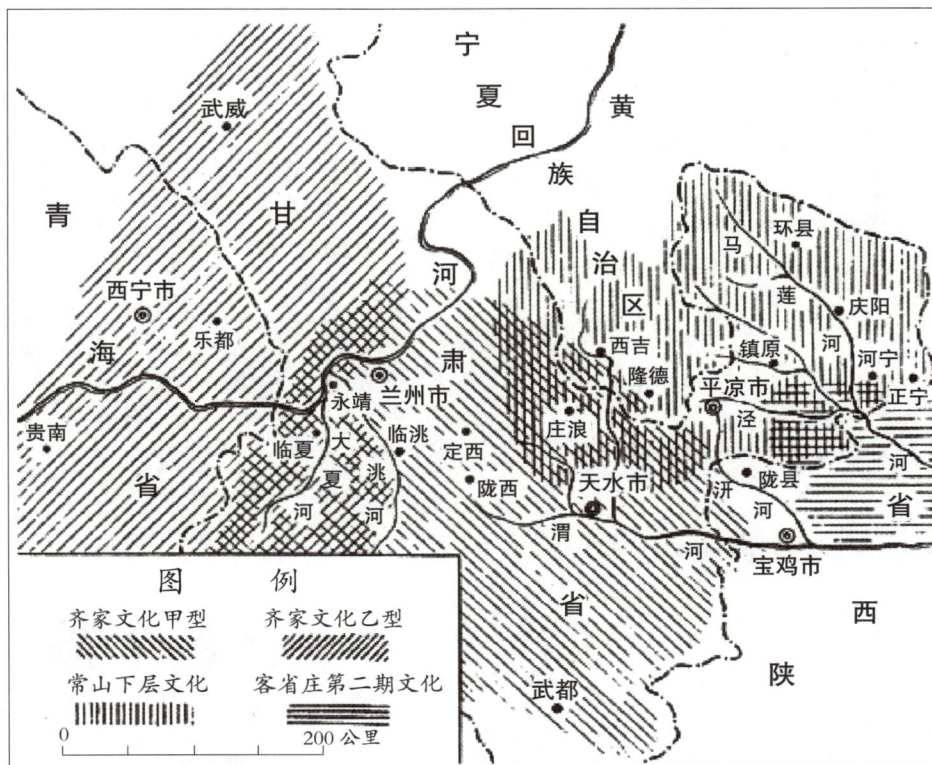

图1　常山下层文化、客省庄二期文化、齐家文化分布范围示意图

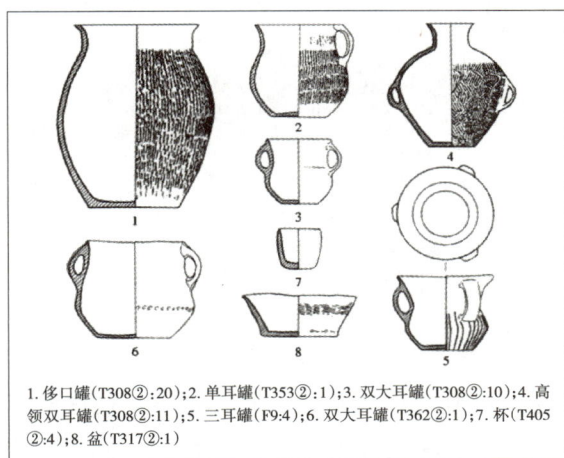

1.侈口罐(T308②:20);2.单耳罐(T353②:1);3.双大耳罐(T308②:10);4.高领双耳罐(T308②:11);5.三耳罐(F9:4);6.双大耳罐(T362②:1);7.杯(T405②:4);8.盆(T317②:1)

图2　师赵村出土的陶器（一）

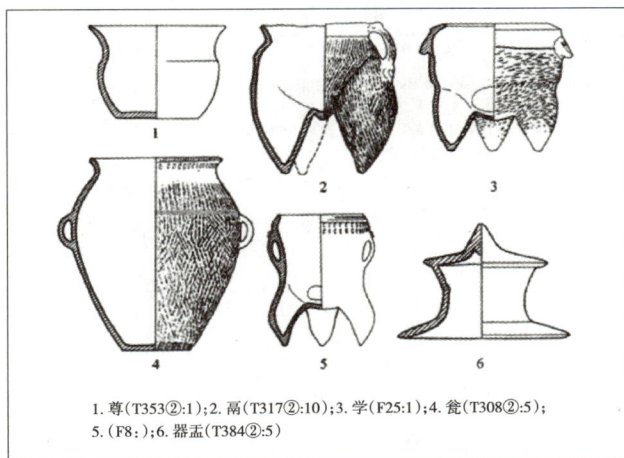

1.尊(T353②:1);2.鬲(T317②:10);3.斝(F25:1);4.瓮(T308②:5);5.(F8:);6.器盉(T384②:5)

图3　师赵村出土的陶器（二）

显的、不符合客观事实的观点，实在令人费解。

　　关于齐家文化的分期编年，目前在学者中认识不一致，论见相左，可谓众说纷纭，莫衷一是。但就研究方法论来说，诸家的观点和处理问题的办法大都相同，或说基本上是一致的，也就是滥用类型学原理即十分简单地依据陶器形制相似或相同的表面现象去安排齐家文化的分期编年。我认为上述做法获得的结果，应属论者的主观臆断和假说，而不是合乎客观实际的科学研究结论。此观点我曾从理论上加以分析说明。说：确认具体遗存（或陶器）的早晚相对年代，地层学断代是准确

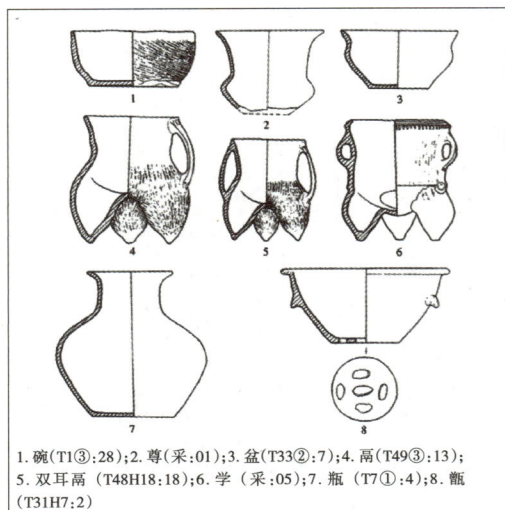

1. 碗（T1③:28）；2. 尊（采:01）；3. 盆（T33②:7）；4. 鬲（T49③:13）；
5. 双耳鬲（T48H18:18）；6. 斝（采:05）；7. 瓶（T7①:4）；8. 甑（T31H7:2）

图4 西山坪遗址出土的陶器（一）

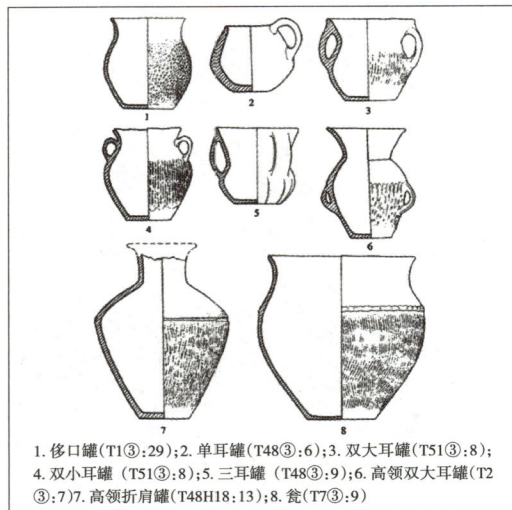

1. 侈口罐（T1③:29）；2. 单耳罐（T48③:6）；3. 双大耳罐（T51③:8）；
4. 双小耳罐（T51③:8）；5. 三耳罐（T48③:9）；6. 高领双大耳罐（T2③:7）；7. 高领折肩罐（T48H18:13）；8. 瓮（T7③:9）

图5 西山坪遗址出土的陶器（二）

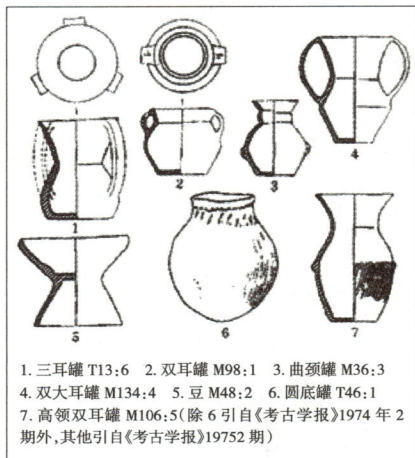

1. 三耳罐 T13:6　2. 双耳罐 M98:1　3. 曲颈罐 M36:3
4. 双大耳罐 M134:4　5. 豆 M48:2　6. 圆底罐 T46:1
7. 高领双耳罐 M106:5（除6引自《考古学报》1974年2期外，其他引自《考古学报》19752期）

图6 甲型齐家文化陶器

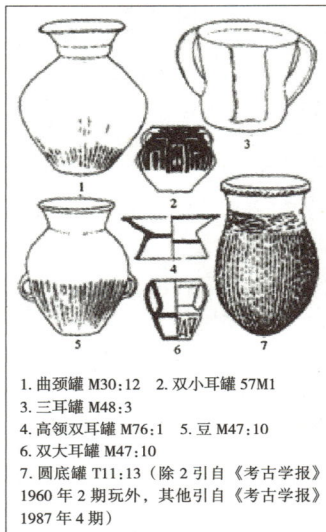

1. 曲颈罐 M30:12　2. 双小耳罐 57M1
3. 三耳罐 M48:3
4. 高领双耳罐 M76:1　5. 豆 M47:10
6. 双大耳罐 M47:10
7. 圆底罐 T11:13（除2引自《考古学报》1960年2期玩外，其他引自《考古学报》1987年4期）

图7 乙型齐家文化陶器

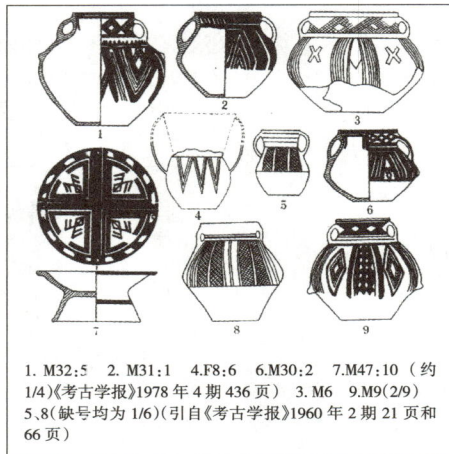

1. M32:5　2. M31:1　4.F8:6　6.M30:2　7.M47:10（约1/4）《考古学报》1978年4期436页）　3. M6　9.M9(2/9)
5、8（缺号均为1/6）引自《考古学报》1960年2期21页和66页）

图8 乙型齐家文化彩陶（甘肃武威皇娘娘台出土）

的。类型学断代的原理是运用形制比较法对年代不清楚的器物根据年代明确的同类标本来推定其年代。这种立说是逻辑推理性质的，属于可能性而不是绝对准确无误的定论。原因是事物往往有产生、发展和衰亡的演化过程，各种器物的情况也是如此。这就说明，处于上述不同阶段的同类同式器物的年代是不同的，所以器物形制相似和相同是一回事，具体标本的年代是否相同又是另一回事，二者是不同含义和不同科学概念的两个问题。至于各式器物的沿用年代以及在不同阶段制作的同类同式标本的差年是否达到考古分期的要求则需要通过地层学研究来探讨和解决，使用类型学研究法是无法解决这类问题的。关于器物形制演化规律的研究，在考古中存在截然不同的两种观点和处理方法：一种是正确的方法，也就是必须十分严肃地贯彻和遵循人的认识来源于客观存在的科学方法，先确定具体标本的年代，然后根据众多早、晚期相对年代明确的标本年代先后顺序说明其形制特征及器形演化规律性。另一种是错误的方法，即十分简单地滥用类型学原理，也就是运用器形比较法但无年代明确的标本做依据进行所谓"陶器排队悟出标本的早、晚年代及其器形变化顺序，来安排遗存编年"，从方法论来说，这种立论属于一种不着边际的从猜想到猜想终点还是猜想的"故弄玄虚"的文字游戏，与求是务实的学术研究是两回事。（见《胡谦盈周文化考古研究选集》第39—40页；又，胡谦盈著《周文化及相关遗存的发掘与研究》第290—293页；又，《新世纪的中国考古学（续）——王仲殊先生九十华诞纪念论文集》第175—176页）

总之，要科学地解决齐家文化分期编年问题，我认为必须通过田野考古实践寻找典型地层及其典型陶器群来进行探讨和研究，才有可能取得合乎客观实际的齐家文化分期编年结论。若坐在书斋里滥用类型学原理从考古文献中建立起齐家文化分期编年，显然系论者的主观臆断和假说，是经不起历史的检验的。

最后要论及的，齐家坪居址和墓地的内涵及文化面貌特征至今不清楚，今日名为典型齐家文化者均属说者的主观推断和说法，它们与齐家坪遗存的关系如何，还有待进行深入研究。幸好去年（2015年）在广河成立了齐家文化研究基地，并开始对齐家坪遗址进行大规模发掘研究。我相信在不久的将来会有好的收获，也就是弄清楚齐家坪居址和墓地两类遗存的文化面貌特征。这样，我们研究齐家文化就有度量和判断学术是非的一把尺子（或说一面镜子）了，从而使齐家文化研究工作跨入正道。（按：我们还要在此强调，辛店文化研究状况和齐家文化研究上述状况完全相同，即辛店遗址至今未经发掘弄清楚其文化相，今日名为典型辛店文化者均属说者的主观推断和说法。它们与辛店遗存的关系如何？再有辛店遗存和齐家文化的关系如何？还有辛店遗存和寺洼文化的关系及其早、晚年代如何？都有待通过辛店遗址的发掘来进行深入研究。）

二

常山下层文化遗存的发现年代较早，1957年甘肃省文物管理委员会工作队在渭河上游地区调查中就有采集，并在考古报告中提出它是"一种新石器时代新文化遗存"[①]。十分可惜，当时及后来他们都没有对遗址进行发掘，弄清楚它的文化面貌特征，以致人们错误地把它归入齐家文化的范畴。而且这种错误的做法，至今还强烈地影响了个别学人。

1978年至1979年，我在泾、渭两河流域地区进行了广泛而深入的考古调查，以及在各县（市）的博物馆（或文化馆）研究馆藏文物之后，深深感到甘肃省文管会张学正等同志提出的上述见解，是很有道理的。故于1979年秋选择陇东镇原县常山遗址为典型发掘研究，发现遗址上层堆积遗存属西周文化，下层堆积遗存的文化相自具特征，故命名为常山下层文化[②]。

20世纪80年代初期，宁夏回族自治区文物部门和中国历史博物馆联合组成考古工作队对菜园子等多处遗址和墓地进行了发掘，所获遗存与常山下层文化的性质相同。（按：在菜园子等遗址和墓地的发掘后期，俞伟超馆长在中国历史博物馆召开了一次学术讨论会。参加会议学者计有俞伟超、安志敏、胡谦盈、李仰松、谢瑞琚、严文明、李伯谦、李文杰和赵信等10多人。俞馆长在会上介绍了菜园子等遗址的发掘收获，并说明遗存的性质属于常山下文化范畴。与会学者对俞伟超观点没有提出异议。参加菜园子等遗址发掘的中国历史博物馆研究员李文杰至今仍然坚持俞伟超的学术观点），惟遗存的年代偏晚，大致与宁夏南部固原市海家湾遗存（图9）的年代相当[③]。

①甘肃省文物管理委员会:《甘肃渭河上游渭源、陇西、武山三县考古调查》，《考古通讯》1968年第7期。
②中国社会科学院考古研究所泾渭考古队:《陇东镇原常山遗址发掘简报》，《考古》1981年第3期。
③宁夏回族自治区展览馆:《宁夏固原海家湾齐家文化墓葬》，《考古》1973年第5期。

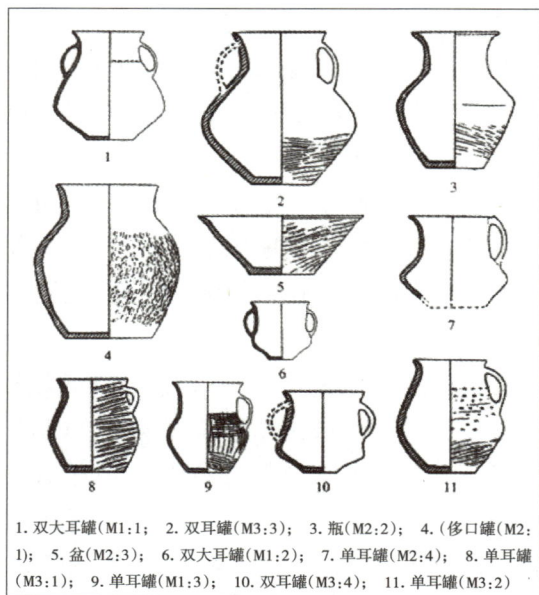

图 9　海家湾遗址出土陶器

1. 双大耳罐（M1:1）；2. 双耳罐（M3:3）；3. 瓶（M2:2）；4.（侈口罐（M2:1）；5. 盆（M2:3）；6. 双大耳罐（M1:2）；7. 单耳罐（M2:4）；8. 单耳罐（M3:1）；9. 单耳罐（M1:3）；10. 双耳罐（M3:4）；11. 单耳罐（M3:2）

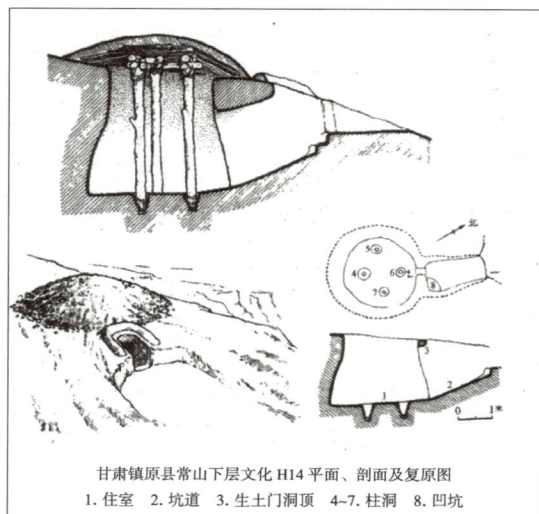

甘肃镇原县常山下层文化 H14 平面、剖面及复原图
1. 住室　2. 坑道　3. 生土门洞顶　4~7. 柱洞　8. 凹坑

图 10　窑洞房址

常山遗址下层堆积遗存的文化面貌，具有以下一些十分鲜明的特点①：

1. 发现 8 座房屋基址，均为盖顶式窑洞（图 10）。16 座窖穴分布在房址周围，除一座是椭圆形直壁土坑以外，其他 15 座都是口小底大的圆形袋状土坑。

2. 生产工具以石制品为多，陶质和骨质制品较少。器类计有磨石、斧、锛、凿、刀、镞、弹丸、纺轮、锥和骨刀柄等 10 种（图 11）。其中，最富有特色的两种器物：（1）石刀和陶刀的平面均呈圆角正长方形，个别的为不规则长方形。只钻一孔，位置靠近刃部。（2）骨刀柄系利用兽类肋骨磨制，长条扁平。前端略宽，两侧边有嵌石叶的凹槽，这类工具无疑是用来切割肉类使用的，也许当时社会的狩猎业或畜牧业比较发达。

3. 生活用具主要是陶制器皿，其他只有骨匕。陶器群的特征突出，质料有夹砂和泥质两种，后者稍多一些。泥质的陶泥比较细腻纯净，夹砂陶所夹砂粒粗大，多为黑色或灰色的页岩石颗粒。陶胎比较厚，薄胎陶器罕见。颜色以橙黄色为主，红褐色次之，砖红色少见，灰色个别见到。烧制火候一般不高，少数器皿烧制火候较高，质地坚硬。除形制细小的小杯、罐耳是手捏的以外，器皿均使用泥条盘筑法制成。纹饰以绳纹为多见，篮纹次之，附加堆纹也常有发现。此外，还有方格纹、指甲纹、锥刺纹、划纹、锯齿状凹沟、彩陶和彩绘等。但数量不多，或个别见到。其中富有特色的陶纹：（1）绳纹的纹痕浅而松散，多横行或斜行拍印，竖行绳纹罕见，与仰韶文化陶器的绳纹特征相类似。（2）篮纹的纹道窄小，纹痕深而清晰，多横行或斜行拍印，与庙底沟二期文化陶器施篮纹风格雷同。（3）附加堆纹多作泥条带状绕器壁一圈或数圈（此特点也常见于仰韶文化晚期和庙底沟二期文化的陶器上），或作圆饼状附加在器壁或罐耳上面。（4）彩陶使用棕红色。由于颜料浓又未经压磨。因此，彩纹突出在器壁上。彩绘所用颜料及其色泽与彩陶相同，但它是绘在烧好的器皿上，因此极易脱落，器壁上往往只留下绘彩痕迹。此外，还发现个别陶器上刻有符号。少数壁内外蘸一层陶衣，多为橙黄色，也有红色的、白色的。陶器多平底器，三足器、圈足器和尖底器仅个别见到，没有发现圜底器。器皿种类异常简单，主要是瓮和罐两种。瓮是储器，体型高大，高 50 厘米，腹径 52 厘

①中国社会科学院考古研究所泾渭考古队:《陇东镇原常山遗址发掘简报》,《考古》1981 年第 3 期

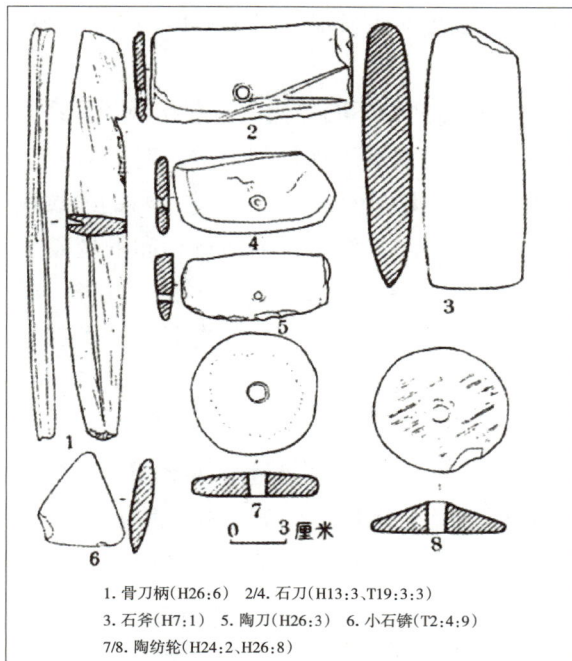

1. 骨刀柄(H26:6) 2/4. 石刀(H13:3、T19:3:3)
3. 石斧(H7:1) 5. 陶刀(H26:3) 6. 小石锛(T2:4:9)
7/8. 陶纺轮(H24:2、H26:8)

图 11　常山遗址下层出土的生产工具

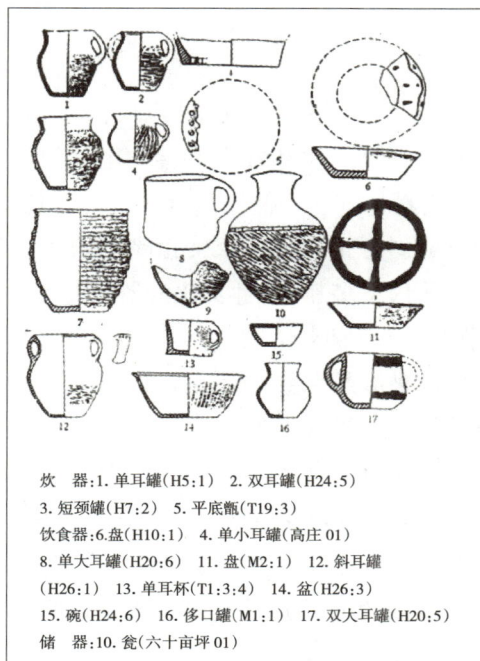

炊　器:1. 单耳罐(H5:1) 2. 双耳罐(H24:5)
3. 短颈罐(H7:2) 5. 平底甑(T19:3)
饮食器:6. 盘(H10:1) 4. 单小耳罐(高庄 01)
8. 单大耳罐(H20:6) 11. 盘(M2:1) 12. 斜耳罐
(H26:1) 13. 单耳杯(T1:3:4) 14. 盆(H26:3)
15. 碗(H24:6) 16. 侈口罐(M1:1) 17. 双大耳罐(H20:5)
储　器:10. 瓮(六十亩坪 01)

图 12　常山下层文化陶器

米，所以瓮的残片出土数量甚多。陶罐的器形计有大口深腹罐（器体也较大）、短颈罐、侈口罐、斜耳罐、单耳罐、双耳罐、单大耳罐和双大耳罐等 8 种。其次是平底的盆、盘、碗、无耳杯和单耳杯 5 种。鬲、盉（?）、甑和豆很少见，只发现残器。上述陶器中，大口深腹罐（炊器）、斜耳罐、单大耳罐、双大耳罐、瓮和尖底甑等器（图 12），是常山下层文化富有特色的器皿。

4. 2 座墓葬均属长方形竖穴墓。单人仰身直肢葬。随葬品简单，M1 只出土陶罐和陶盘各一件，M2 出土陶盘和石斧各一件。

关于常山下层文化的年代问题，依据地层叠压关系，它晚于仰韶文化晚期而早于先周文化和寺洼文化。据碳 14 测定其年代，是公元前 2939 ± 180 年（树轮校正年代），比齐家文化的年代早了约 1000 年。

关于常山下层文化的源流，即它上承仰韶晚期文化，向下发展为齐家文化问题，我在《论常山下层文化》（见《胡谦盈周文化考古研究选集》第 274—285 页）一文中已有具体分析比较，这里仅就齐家文化来源于常山下层文化问题，从两个方面来略加说明。

1. 经济生活方面

常山下层文化和齐家文化都以农业经济为主，狩猎生产占据一定的地位，但都没有捕捞生产活动习惯。如两种文化遗址都未见或罕见网坠一类捕捞生产工具和田螺壳食后残骸出土，似可说明。另外，两种不同文化居民日常使用的劳动工具，具有以下比较明显的共性。如常山遗址出土的石斧，多属于秦魏家齐家文化的 IV 式石斧[1]。石刀形制，分别属于秦魏家石刀中的 IV 式和 V 式[2]。石纺轮与大何庄齐家文化 II 式相同[3]。陶纺轮多属于大何庄的 I 式和 II 式[4]。石镟与皇娘娘

_____

[1][2] 中国科学院考古研究所甘肃工作队:《甘肃永靖秦魏家齐家文化墓地》,《考古学报》1975 年第 2 期。
[3][4] 中国科学院考古研究所甘肃工作队:《中国永靖大何庄遗址发掘报告》,《考古学报》1974 年第 2 期。

台遗址出土的齐家文化标本（T21：3）相同[1]。骨刀柄也见于皇娘娘台出土，但两种标本的形制略有差别[2]。

2. 陶器是考古学文化最重要的一种标志，因此也是探讨两种不同文化是否存在因袭关系的最重要方面，齐家文化和常山下层文化两种陶器相同或相似的因素多而且异常突出。对陶器表皮的处理，两者都以绳纹、篮纹和素面（或磨光或抹平）为主，不同的是常山下层文化陶器的绳纹和篮纹属横行或斜行拍印，齐家文化陶器的绳纹和篮纹流行竖行拍印（作斜行或横行拍印的现象也有发现，但数量不多）。两种文化的器皿基本上都是属于平底器，圈足器和三足器少见。此外，圜底器只个别见于齐家文化出土，尖底器只个别见于常山下层文化出土。两种文化陶器的种类都异常简单，均以罐形器为主，陶罐往往附单耳或双耳，无耳罐数量少，三耳罐极个别。杯、盆、盘和碗等大口浅腹平底器皿，在常山下层文化中较多见，在齐家文化中较少见。豆形器在齐家文化中十分流行，而在常山下层文化中限于个别见到。至于鬲和甗，两种文化都少见出土，两者属于同类而在形式上存在明显传承关系的9种器皿，排成以下《陶器比较图》（图13），下面不再做文字说明。

总之，齐家文化来源于常山下层文化的脉络是十分清楚的，而且也符合二者的早、晚年代顺序。我认为渭河上游及其支流地区，应是常山下层文化晚期和客省庄二期文化产生密切交流和融合现象并发展为齐家文化的地区。目前在该地区已发现常山下层文化、客省庄二期文化和齐家文化等三种不同的文化遗存。例如：在渭河上游一股支流——葫芦河宁夏回族自治区西吉县兴隆镇和隆德县上齐村[3]，甘肃省秦安县大地湾、山王家[4]，庄浪县李家碾和徐家碾[5]等地都发现了常山下层文化遗存。在甘肃省天水市的师赵村和西山坪[6]发现了客省庄二期文化遗存。在甘肃省天水市七里墩[7]、佐李村[8]和庄浪县南坪乡寺门村、刘堡村

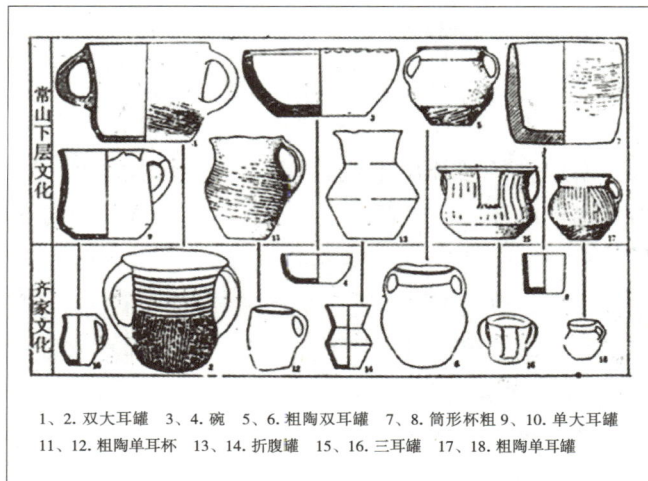

图 13　常山下层文化陶器和齐家文化陶器比较图

1、2. 双大耳罐　3、4. 碗　5、6. 粗陶双耳罐　7、8. 筒形杯粗9、10. 单大耳罐 11、12. 粗陶单耳杯　13、14. 折腹罐　15、16. 三耳罐　17、18. 粗陶单耳罐

等地[9]发现了典型的齐家文化遗存，其中出土的"安弗拉式"双大耳陶罐（夏鼐先生称陶瓶）与齐家文化命名地甘肃省广河县齐家坪和魏家咀村阳洼湾出土的同类双大耳罐的器形完全相同。1980

---

①②甘肃省博物馆：《甘肃武威皇娘娘台遗址发掘报告》，《考古学报》1960 年第 2 期。又，甘肃博物馆：《武威皇娘娘台遗址第四次发掘》，《考古学报》1978 年第 4 期。

③钟侃、张心智：《宁夏西吉兴隆镇的齐家文化遗址》，《考古》1964 年第 5 期。

④郎树德、许永杰、水涛：《试论大地湾仰韶文化晚期遗存》，《文物》1983 年第 11 期。

⑤1978 年中国社会科学院考古研究所泾渭工作队调查资料。

⑥中国社会科学院考古研究所：《师赵村与西山坪》，中国大百科全书出版社，1999 年。

⑦⑧裴文中：《甘肃史前考古报告》，《裴文中史前考古论文集》，文物出版社，1987 年。又，甘肃省文物管理委员会：《渭河上游天水、甘谷两县考古调查简报》，《考古通讯》1958 年第 5 期。

⑨平凉地区博物馆编：《平凉文物》1982 年 10 月内部铅印本第 16，17 和 19 页上，附有庄浪县刘堡坪和南坪寺门等地出土的齐家文化陶豆、高领双耳罐和"安弗拉式"双大耳罐等器皿相片。

年春季，我在甘肃省庄浪县徐家碾发掘寺洼文化墓地期间，曾协助该县文化馆丁广学馆长整理馆藏文物，见到 1 件典型齐家文化的"安弗拉式"双大耳陶罐，但未弄清楚陶罐的出土地点。不过，该陶罐出自庄浪县县境内是不成问题的。在西吉县、隆德县、庄浪县、秦安县和天水市以东地区，至今未发现齐家文化遗存，这现象似暗示和说明齐家文化分布的东缘就在葫芦河流域地区。但如前介绍，齐家坪遗址的文化相至今不清楚，常山下层文化发掘工作做得少，收集遗存资料不多，特别在渭河上游及其支流地区做的考古发掘工作太少，在此情况下，我们要更全面深入阐明二者因袭流程是困难的，我的论述仅仅是问题研究的开端，圆满结题还有待后来人完成。

2016 年 11 月 7 日完稿于北京潘家园寓所

注：文中图二—五和图九引自《齐家文化与华夏文明国际研讨会论文集》第 21 页之图一、二；22 页图三；23 页图四；28 页图八；文物出版社，2016 年。

齐家文化研究简史、现状与展望

西北民族大学历史文化学院　段小强

　　齐家文化最早得名于瑞典安特生(J.G.Adersson)1924年在甘肃广和齐家坪遗址的调查和试掘[1]，后来，夏鼐先生在洮河流域阳洼遗址发现两座齐家文化墓葬[2]，1947—1948年裴文中等在洮河瓦家坪遗址等发现后[3]，正式提出"齐家文化"的名称。20世纪50年代至今，多家单位共同合作在黄河上游的甘、青、宁地区发现齐家文化遗址(墓地)共1000余处[4]。目前发现显示，齐家文化遗存主要分布在黄河上游及其支流渭河、洮河、大夏河、湟水、西汉水等，中心地区在渭河上游、洮河中下游、湟水中下游等；从行政区划来看，集中分布在甘肃、宁夏、青海三省，另外在内蒙古西南部、陕西东部甚至四川西北部也可见齐家文化的遗存[5]。同时，齐家文化发现的大型中心性聚落、随葬品丰富的权贵墓葬、熟练的冶金术、发达的农业以及独具特色的玉器，表明其已经跨入了文明社会的门槛[6]。

　　自发现至今，经过近九十年的研究，齐家文化的研究取得了丰硕的成果，本文拟从学术史的角度出发，回顾齐家文化研究的历程和已经所得的成绩，发现存在和亟待解决的问题，以促进齐家文化的研究。

一、研究简史

(一)20世纪初至1940年代

　　西北地区是中国境内开展考古工作较早的地区之一，如当时被受聘为北洋政府地矿局的顾问安

---

①齐家坪遗址发现的这批资料后全部由Margit Bylin Althin女士整理研究，后者撰写的考古报告于1946年在远东古物博物馆馆刊正式发表，*The Sites of Chi Chia Ping and Lo Han Tang in Kansu*（《齐家坪与罗汉堂》），Bulletin of the Museum of Far Eastern Antiquities，1946.

②夏鼐：《齐家期墓葬的新发现及其年代的改订》，《中国考古学报》，1948年第三册。

③裴文中：《甘肃史前考古报告》，《裴文中史前考古论文集》，文物出版社，1987年，

④中国社会科学院考古研究所：《中国考古学·夏商卷》，中国社会科学出版社，2003年，第536页。

⑤任瑞波：《西北地区彩陶文化研究》，吉林大学博士学位论文，2016年，第358页。

⑥王巍：《甘肃古代文化与中华文明的形成》，《光明日报》2013年4月11日第11版。

特生在甘青地区开展了大量的调查和发掘工作。这一时期是齐家文化的初步发现和研究时期。[①]1921年，安特生在仰韶村发现彩陶后，为了追溯其源头，他开始在西北地区进行考古工作，追寻中国彩陶的源头。1923—1924年间，在甘肃做了大量的考古调查工作。后在1925年出版的《甘肃考古记》中将甘肃古文化分为六期，分别为齐家期、仰韶期、马厂期、辛店期、寺洼期、沙井期，其中齐家期的代表性遗址是齐家坪遗址。[②]安特生的分期意见提出之后，尹达[③]、林阿尔提[④]、孟欣（O.Menghin）[⑤]认为仰韶文化的年代必齐家文化要早。

1944年，夏鼐、吴良材对兰州附近的史前遗址进行调查，发现了高坪、中山林、太平沟、十里店、土门后山、曹家嘴、青岗岔等遗址。[⑥]1945年，夏鼐先生等人对阳洼遗址齐家文化墓地进行了试掘，依据2号墓葬填土中发现的两片仰韶文化的黑彩陶片，提出甘肃仰韶文化的年代要比齐家文化早，且年代不会比公元前2000年早太多。[⑦]这一发现和研究证明齐家文化要晚于仰韶文化，为甘青地区史前文化年代序列的建立。

1947年的7—10月，裴文中、米泰恒等对渭河上游、西汉水流域、临洮、临夏、兰州附近进行了广泛的调查，发现遗址93处。其间在临洮齐家坪遗址的断崖上清理了一座齐家文化房址，房址内部东侧发现三具骨骼、四件陶器。在宁定上三甲集、临夏崔家庄也发现了齐家文化的遗物。为此，裴文中先生认为"齐家文化的分布区域为大夏河流域，由西改河与洮河相连，或至洮河流域分布，仅在寺洼山及辛店之间并未传布至渭河上游"[⑧]，且认为"地层及所采陶器之观察，皆不能证明齐家坪遗物代表彩陶文化系统中最早的一期"，"名之为'齐家文化'，与彩陶文化为不同之系统"[⑨]，就此，"齐家文化"的命名第一次提出。1948年，裴文中先生再次至甘肃、青海进行考古学调查，在武威海藏寺发现齐家文化遗址，提出齐家文化向北可至武威地区，另外在湟水流域西宁西部小桥、朱家寨也发现齐家文化遗存。对于两次的调查结果，裴文中先生认为齐家文化的分布是以洮河流域为中心，东起洮河，西至西宁和贵德地区，北到武威地区。[⑩]

这一时期关于齐家文化主要是考古调查工作，也有一些初步的研究。其中研究也主要是齐家文化的年代问题，尤其是齐家文化和甘肃仰韶文化的早晚关系。[⑪]另外，裴文中先生根据调查初步确定了齐家文化的分布范围。

---

① 陈星灿：《中国史前考古学史研究（1895—1949）》，生活·读书·新知三联书店，1997年。

② ［瑞典］安特生著，乐森璕译：《甘肃考古记》，《地质专刊》甲种第五号，农商部地质调查所印，1925年。

③ 刘燿：《龙山文化与仰韶文化之分析》，《中国考古学报》（第2册），1947年。

④ Margit Bylin.Althin, *The Site of Chi Chia Ping and Luo Han Tang*, Bullite of Far of Eastern Antiquities No.18 (1946).转引陈小三：《河西走廊及其邻近地区早期青铜时代遗存研究——以齐家、四坝文化为中心》，吉林大学博士学位论文，2012年，第2页。

⑤ O.Menglin, *Welteschichte der Steinzeit*, 1931, p81.原文未见，转引自陈星灿：《中国史前考古学史研究（1985—1949）》，社会科学文献出版社，2007年，第223页。

⑥ 夏鼐、吴良材：《兰州附近的史前遗存》，《中国考古学报》（第5册），1951年。

⑦ 夏鼐：《齐家期墓葬的新发现及其年代的改订》，《中国考古学报》（第3册），1948年。

⑧ 裴文中：《甘肃史前考古报告》，《裴文中先生史前考古论文集》，文物出版社，1987年。

⑨ 裴文中：《甘肃考古报告》，《裴文中史前考古学论文集》，文物出版社，1987年，第236页。

⑩ 裴文中：《中国西北甘肃走廊和青海走廊地区的考古调查》，《中央研究院地质研究所丛刊》第八号，1948年。

⑪ 夏鼐：《齐家期墓葬的新发现及其年代改订》，《中国考古学报》1948年第3期，第101—117页。

（二）1950 年代至 1970 年代初期

新中国成立后,随着基础建设的大规模开展,中国的考古工作也进入了"黄金时代"①。

1952 年,为配合治理黄河水患水库的建设,考古工作者进行了一系列的普查和抢救性的发掘,发现和试掘了一批考古遗址,基本确立了黄河上游的文化发展序列。其中,临洮、临夏地区发现齐家文化遗址 23 处②,另外也发掘了一些遗址。如秦安寺嘴坪发现 6 座齐家文化房址③;永靖大何庄发现的齐家文化遗迹更为丰富,如房址、窖穴、墓葬、石围圈④;皇娘娘台遗址发现了数量可观的居址和墓葬⑤;青海乐都柳湾墓地发现齐家文化墓葬 366 座⑥,贵南尕马台发现 44 座齐家文化墓葬⑦,同时在广河齐家坪和贵南尕马台发现一批铜器。⑧

张学正系统论述了甘肃境内的古文化发展脉络,同时指出齐家文化在甘肃境内的渭河上游的天水、武山、陇西、秦安、静宁,黄河附近的临夏、临洮、和政、东乡、兰州、榆中,泾河流域的平凉、泾川、庆阳、镇原、宁县,西汉水流域的礼县,石羊河流域的武威地区都有遗存⑨。

这一时期关于齐家文化主要是基于基础建设的发现和发掘工作,大致有 325 处遗址,研究成果较少,主要是对文化谱系和分布范围的讨论。

（三）1970 年代后期至 1990 年代中期

随着基本环境的变化,考古工作进一步发展起来,这一时期的齐家文化遗存的发现相对较少,研究成果较为丰硕,同时取得了突破性的进展。

1986 年,北京大学考古文博学院与甘肃省文物考古研究所等单位对河西走廊的史前考古进行了大规模的调查,发现了多处齐家文化遗址,如天祝那威村、古浪朵家梁、武威磨嘴子、永昌马家山、张掖黑水国南城北等⑩,青海省文物考古研究所在黄南州扎尖县李家峡发现 5 座齐家文化房址⑪,西宁沈那遗址⑫和大通陶村⑬发现齐家文化的房址和墓葬。

关于齐家文化的研究主要是对其发展脉络进行分期,如谢端琚先生根据大何庄和秦魏家遗址将

①中国社会科学院考古研究所：《中国考古学的黄金时代》,《考古》1984 年第 10 期;夏鼐:《三十年来的中国考古学》,《考古》1979 年第 5 期。
②甘肃省文物管理委员：《甘肃临洮、临夏两县考古调查简报》,《考古通讯》1958 年第 9 期。
③任步云：《甘肃秦安县新石器时代居住遗址》,《考古》1958 年第 5 期。
④中国社会科学院甘肃工作队：《甘肃永靖大何庄遗址发掘报告》,《考古学报》1974 年第 2 期。
⑤甘肃省博物馆：《甘肃武威皇娘娘台遗址发掘报告》,《考古学报》1960 年第 2 期。
⑥青海省文物管理处考古队等：《青海柳湾》,文物出版社,1984 年。
⑦青海文物考古研究所、北京大学考古文博学院：《贵南尕马台》,科学出版社,2016 年。
⑧甘肃省博物馆：《甘肃考古三十年》,《文物考古工作三十年》,文物出版社,1979 年,第 139—153 页。
⑨甘肃省博物馆：《甘肃古文化遗存》,《考古学报》1960 年第 2 期。
⑩甘肃省文物考古研究所、北京大学考古文博学院：《河西走廊史前考古调查报告》,文物出版社,2011 年。
⑪陈海清：《李家峡砂石料场新石器时代和青铜时代遗址》,《中国考古年鉴（1993）》,文物出版社,1994 年,第 260 页。
⑫王国道：《西宁沈那齐家文化遗址》,《中国考古年鉴（1993）》,文物出版社,1994 年,第 260—261 页;吴平：《西宁沈那遗址》,《中国考古年鉴（1994）》,文物出版社,1995 年,第 278—279 页。
⑬刘宝山：《大通县上陶村齐家文化遗址和吐谷浑时期墓葬》,《中国考古学年鉴（1996）》,文物出版社,1997 年,第 248 页。

齐家文化分为四期。①最具有系统的研究要数张忠培先生《齐家文化研究》中对分期、源流、发展阶段等研究,先生在对各个墓地进行分段的基础上将齐家文化分为三期八段,第三期已经进入夏代的纪年。②水涛先生将齐家文化分为四期六段,其源头为常山下层文化,洮河和大夏河流域在晚期阶段形成辛店文化,湟水流域的齐家文化发展成为卡约文化。③胡谦盈、郎树德、水涛等指出常山下层文化应是齐家文化的重要来源。④许永杰则从考古学文化类型入手将河湟地区的齐家文化分为大夏河类型、湟水类型;而齐家文化和马厂文化是并行发展的两支文化,在晚期阶段大夏河类型发展成为辛店文化的遗址,湟水类型则发展成为卡约文化苏呼撒类型。⑤另外,关于客省庄二期文化与齐家文化的关系,谢端琚认为甘肃东部的齐家文化和客省庄文化在发展中关系较为密切。⑥

此外,发现的齐家文化铜器成为研究的新课题,如北京钢铁学院冶金史组对齐家文化出土的一批铜器进行了检测,结果显示,铜器的合金成分有红铜、铅青铜、锡青铜等⑦,李虎侯对尕马台发现的铜镜利用放射化分析法进行了成分检测。⑧安志敏从铜器的形制、合金成分等进行了初步探索。⑨滕铭予则从冶金、矿床分布以及已有的成分检测等视角认为西北地区的冶铜经历了红铜、原始铜合金、红铜、青铜等历史,这一过程不同于其他地区。⑩张忠培先生指出各个考古学文化的青铜器种类和形制差异较大,反映了中国青铜文化起源的多元性。⑪

(四)1990 年代至今

这一时期齐家文化有众多的发现,研究也走向多元化,重视多学科的合作。1999 年以来对青海喇家遗址连续的发掘,揭露了一处完整的齐家文化聚落遗址⑫,尤其是其特殊的堆积与突发性的地震灾难和洪水有关,引起了学界广泛的关注和讨论⑬,与此相关的齐家文化玉器⑭、石器⑮、农业形态⑯、人

---

① 谢端琚:《论大何庄与秦魏家齐家文化的分期》,《考古》1980 年第 5 期。

② 张忠培:《齐家文化研究》(上、下),《考古学报》1987 年第 1、2 期。

③ 水涛:《甘青地区青铜时代文化结构和经济形态研究》,《中国西北地区青铜时代考古论集》,科学出版社,2001 年,第 193—327 页。

④ 胡谦盈:《试论齐家文化的不同类型及其源流》,《考古与文物》1980 年第 3 期;郎树德等:《试论大地湾仰韶晚期遗存》,《文物》1983 年第 11 期。

⑤ 许永杰:《河湟青铜文化的谱系》,《考古学文化论集》(三),文物出版社,1993 年,第 166—203 页。

⑥ 谢端琚:《试论齐家文化和陕西龙山文化的关系》,《文物》2000 年第 10 期。

⑦ 北京钢铁学院冶金史组:《中国早期铜器的初步研究》,《考古学报》1981 年第 3 期。

⑧ 李虎侯:《齐家文化铜镜的非破坏性鉴定》,《考古》1980 年第 4 期。

⑨ 安志敏:《中国早期铜器的几个问题》,《考古学报》1981 年第 3 期。

⑩ 滕铭予:《中国早期铜器有关问题的再探讨》,《北方文物》1989 年第 2 期。

⑪ 张忠培:《中国早期铜器的发现与研究》,氏著《中国北方考古文集》,文物出版社,1990 年。

⑫ 中国社会科学院考古研究所甘青工作队、青海省文物考古研究所:《青海民和喇家遗址 2000 年发掘简报》,《考古》2002 年第 12 期;中国社会科学院考古研究所甘青工作队、青海省文物考古研究所:《青海喇家遗址发现齐家文化祭坛和干栏式建筑》,《考古》2004 年第 6 期。

⑬ 周强、张玉柱:《青海喇家遗址史前灾难成因的探索与辨析》,《地理学报》2015 年第 11 期;张小虎、夏正楷、杨晓燕:《青海喇家遗址废弃原因再探讨》,《考古与文物》2009 年第 1 期。

⑭ 叶茂林、何克洲:《青海喇家遗址出土齐家文化玉器》,《考古》2002 年第 12 期。

⑮ 马志坤等:《青海民和喇家遗址石刀功能分析:来自石刀表层残留物的植物微体遗存证据》,《科学通报》2014 年第 13 期。

⑯ 叶茂林:《齐家文化农业发展的生态化适应:原始草作农业初探》,《农业考古》2015 年第 6 期。

骨①以及玉石器的音乐学②的广泛的研究。

另一重要发现就是临潭磨沟墓地的发掘③。该墓地墓葬类型丰富,且发现了大量的铜制品,对于探索齐家文化葬俗、区域类型具有重要的价值。且墓地的文化属性较为复杂。④磨沟墓地的发现丰富了齐家文化的研究,但限于资料未完整公布,未能引起学界的广泛讨论,仅是对体质人类学方面的研究,如赵永生等对甘肃临潭磨沟齐家文化墓地出土的262例人骨标本的牙病情况尤其是龋病、牙周病、根尖周病以及牙结石情况的统计与分析,得知磨沟墓地古代居民牙齿疾病的基本情况,且这些疾病与古代居民农业种植食物和采集食物并重的食物结构有关。⑤同时研究表明磨沟组齐家文化居民和寺洼文化居民在体质特征上具有一致性,接近现代亚洲蒙古人种中的东亚类型。在与若干近代组和古代组的对比中,磨沟组古代居民则是与代表东亚蒙古人种的华北组和华南组以及古代组中同处甘青地区的火烧沟组和核桃庄组较为接近。⑥

谢端琚先生将齐家文化分为东、中、西三个区域和五个类型。东部地区主要是指甘肃东部地区,包括泾水、渭水的西汉水等河流的上游地区,有师赵村和七里墩两个类型;中区指的是甘肃中部地区,包括黄河上游及其支流洮河、大夏河流域,有秦魏家类型;西区甘肃西部和青海东部地区,有皇娘娘台和柳湾两个类型⑦,这一划分是基于之前材料的总结,随着喇家遗址和磨沟墓地的发掘和研究,这个结论可能有必要进行修正。

这一阶段另外重要的研究主要是齐家文化铜器与四坝文化铜器、西北地区冶金以及与欧亚草原铜器之间的关系,如胡博先生讨论了二里头与齐家文化的关系,认为中国青铜时代的萌芽受到草原文化的影响,其中塞伊玛-图尔宾诺以及安德罗诺沃文化均起到中介的角色,齐家文化在沟通东西方交流中起到了桥梁作用。⑧孙淑云和韩汝芬对甘肃地区发现的早期铜器进行了一次详细的分析,尤对齐家文化的铜器的合金成分、制作工艺等进行了研究。⑨水涛认为齐家文化时期的铜器处于初级阶段,至

---

①王明辉:《青海民和喇家遗址人骨及其相关问题》,《考古》2002年第12期。

②幸晓峰等:《青海喇家遗址出土玉石器的音乐声学测量及初步研究》,《考古》2009年第3期。

③甘肃省文物考古研究所、西北大学文化遗产与考古学研究中心:《甘肃临潭齐家文化墓地发掘简报》,《文物》2009年第10期;《甘肃临潭齐家文化墓地2009年发掘简报》,《文物》2014年第6期。

④叶茂林:《甘肃临潭磨沟墓地不是齐家文化的遗存》,《中国文物报》2010年10月15日第7版;陈玭、王辉、华先:《甘肃临潭墓地文化性质再议》,《中国文物报》2012年5月11日第6版;周静:《磨沟齐家文化墓地的分期、分区及其相关问题》,西北大学硕士学位论文,2010年;孙志刚:《磨沟式陶器研究》,西北大学硕士学位论文,2011年;周浩然:《磨沟墓地未成年人埋葬研究》,西北大学硕士学位论文,2010年;范杰:《磨沟墓地人口结构和埋葬习俗关系研究》,西北大学硕士学位论文,2015年;王玥:《磨沟墓地墓道棚架设施与埋葬过程研究》,西北大学硕士学位论文,2011年;赵永生:《甘肃临潭磨沟墓地人骨研究》,吉林大学博士学位论文,2013年;许彩莲:《磨沟齐家文化墓地二次葬的初步研究》,西北大学硕士学位论文,2012年;朱芸芸:《磨沟齐家文化墓地墓道埋葬人现象初步研究》,西北大学硕士学位论文,2010年。

⑤赵永生、曾雯、毛瑞林、朱泓:《甘肃临潭磨沟墓地人骨的牙齿健康状况研究》,《人类学学报》2014年第4期。

⑥赵永生、曾雯、毛瑞林、朱泓:《甘肃临潭磨沟墓地人骨的牙齿健康状况研究》,《人类学学报》2014年第4期。

⑦谢端琚:《甘青地区史前考古》,文物出版社,2002年。

⑧[美]胡博著,李永迪译:《齐家与二里头:远距离的互动的讨论》,夏含夷主编:《远方的实习——〈古代中国〉精选集》,上海古籍出版社,2008年,第3—54页。

⑨孙淑云、韩汝芬:《甘肃早期铜器的发现与冶炼、铸造技术的研究》,《文物》1997年第7期。

于冶金技术是否受到中亚地区影响,有待进一步分析。[1]而李水城先生认为西北地区早期冶铜业受到了中亚地区的影响,且中国西北地区与中原地区存在着文化的互动,不排除中原地区冶金术在发展过程中受到西北地区的影响。[2]刘学堂则提出"西北青铜文化圈"这一概念来体现西北地区在早期青铜文化互动中的地位。[3]陈国梁通过对中国境内出土早期青铜器的综合研究,肯定了齐家文化冶金术对二里头文化的影响。[4]

齐家文化铜器中关注度最多是贵南尕马台发现的一柄铜镜,从发现以来就引起了学界广泛的关注[5],主要则是根据其及其齐家文化发现其他铜器讨论中国古代铜器的起源问题。[6]陈亚军认为这柄铜镜是今新疆天山北路地区、中原史前文化与外来文化共同交流、融合的产物。[7]

二、研究现状与展望

通过回顾和梳理已有的研究,我们发现,关于齐家文化的研究自发现以来就引起了众多学者的关注,且已经从年代分期、区域类型、经济形态、青铜器、玉器等方面取得了一系列的成果,但仍然存在重大的研究空白和缺憾:

(一)现状

第一,考古学文化内涵的界定。自"齐家期"到"齐家文化"的提出经历了一段时间,且随着考古发现的不断丰富,认识也在逐渐发生改变。如陇山山麓地区发现的龙山时代的遗存是否属于齐家文化就存在争议。[8]新近发现的磨沟墓地的文化属性也存在分歧。大多对于齐家文化内涵的认识主要从器物形制和组合出发[9],较为狭隘,谢端琚先生从聚落、丧葬习俗、生产工具、陶器的纹饰和制作工艺、玉器、石器、铜器等综合进行定义[10],但随着喇家遗址和磨沟墓地的发掘,需要进一步的补充和完善。

第二,年代学的研究。考古年代学是进行考古学研究的基础,自从齐家文化遗存被发现以来其年代学是研究的重点。但对于其绝对年代一直存在分歧,大多学者界定在前2300—前1900年[11],但是随

①水涛:《中国西北地区早期铜器研究的几个问题》,《桃李成蹊集——庆祝安志敏先生八十寿辰》,香港中文大学中国艺术考古与艺术研究中心,2004年,第210—213页。

②李水城:《西北与中原早期冶铜业的区域特征及交互作用》,《考古学报》2005年第3期;

③刘学堂、李文瑛:《中国早期青铜文化的起源及相关问题新探》,《藏学学刊》(第3辑),四川大学出版社,2007年,第1—63页。

④陈国梁:《二里头文化铜器研究》,《中国早期青铜文化——二里头文化专题研究》,科学出版社,2008年,第124—274页。

⑤青海省文物管理处考古队:《青海省文物考古工作三十年》,《文物考古工作三十年(1949—1979)》,文物出版社,1979年;《我省考古工作的一项重大发现》,《青海日报》1978年2月18日第三版。

⑥李虎侯:《齐家文化铜镜的非破坏鉴定——快中子放射化分析法》,《考古》1980年第4期;宋新潮:《中国早期铜镜及其相关问题研究》,《考古学报》1997年第2期;刘学堂:《新疆地区早期铜镜及其相关问题》,《新疆文物》1993年第1期;何堂坤:《铜镜起源初探》,《考古》1988年第2期。

⑦陈亚军:《尕马台发现齐家文化铜镜补论》,待刊。

⑧陈小三:《河西走廊及其邻近地区早期青铜时代遗存研究——以齐家、四坝文化为中心》,吉林大学博士学位论文,2012年,第14页。

⑨张忠培:《齐家文化研究》(上、下),《考古学报》1987年第1、2期。

⑩谢端琚:《甘青地区史前考古》,文物出版社,2002年,第114—115页。

⑪中国社会科学院考古研究所:《中国考古学中的碳十四数据集(1965—1991)》,文物出版社,1991年。

着陈旗磨沟墓地的发掘,齐家文化的下限可晚至前1500年左右。①此外,对于齐家文化分期已有不同的观点,如张忠培、谢端琚、水涛②、张天恩、胡谦盈③等学者均对齐家文化发展过程进行了分期。但从整体上来看齐家文化的发展变化过程经历了一个从东到西、由早到晚的过程。

第三,齐家文化区域类型的问题。受自然环境、文化传统以及周围文化的影响,同一考古学文化往往表现出不同的地方类型,齐家文化也不例外。学者结合分布范围、典型陶器、墓葬类型等对齐家文化的地方类型进行了分区研究,但认识还不够统一。造成这种认识的差异,主要是对部分遗存的争论所引起的,如常山遗址④、师赵村和西山坪遗址、磨沟墓地、页河子遗址等。

第四,对于齐家文化的渊源和去向问题,存在的争议最大。大多学者认为齐家是马家窑文化马厂类型的继续和发展⑤,也有学者认为常山下层和菜园文化是齐家的源头⑥,也有认为是菜园文化的发展⑦,还有学者认为在发展中受客省庄二期文化的影响较大。至于齐家文化的去向,一种认为齐家文化进一步发展产生了辛店文化⑧,另外一种认为河西走廊的齐家文化发展为四坝文化,青海西部的齐家文化发展为卡约文化⑨。陈小三也认为齐家文化的柳湾类型源自马家窑文化,皇娘娘台类型来自页河子类型和师赵村类型,磨沟类型来自皇娘娘台类型。⑩谢端琚先生也提出齐家文化在发展中与内蒙古朱开沟文化存在着某种联系⑪,任瑞波在对齐家文化重点遗址和器物考察后提出菜园文化是齐家文化的主源,马厂文化对齐家文化的贡献是彩陶,客省庄文化对齐家文化的贡献是三足器。⑫

第五,对齐家文化中发展的典型物质遗存的研究,如双大耳罐、玉器、铜器、石器以及建筑的研究。双大耳罐是齐家文化的典型陶器,对其源流的研究是梳理齐家文化发展脉络的关键。另外,齐家文化玉器的是中国史前玉文化的重要一支,也是"华西系"玉器的典型。⑬齐家文化发现的铜器是讨论中国青铜文化来源的重要证据,已经引起了广泛的关注⑭,但尚未有统一的认识。齐家文化发现的建筑除了

①王辉:《甘青地区新石器–青铜时代考古学文化谱系与格局》,北京大学中国考古学研究中心编:《考古学研究》(九),文物出版社,2012年,第223页,注释②。
②水涛:《甘青地区青铜时代的文化结构和经济形态研究》,《中国西北地区青铜考古论集》,科学出版社,2001年,第193—327页。
③胡谦盈:《论常山下层文化》,《中国原始文化论集——尹达先生八十诞辰纪念》,文物出版社,1989年,第91—108页。
④中国社会科学院考古研究所泾渭工作队:《陇东镇原常山遗址发掘简报》,《考古》1981年第3期。
⑤端居:《齐家文化是马家窑文化的继续和发展》,《考古》1976年第6期;谢端琚:《甘青地区史前考古》,文物出版社,2002年,第133页。
⑥王辉:《甘青地区新石器–青铜时代考古学文化谱系与格局》,北京大学中国考古学研究中心编:《考古学研究》(九),文物出版社,2012年。
⑦张忠培:《序》,《宁夏菜园——新石器时代遗址、墓葬发掘报告》,科学出版社,2003年。
⑧吴汝祚:《甘肃地区原始文化的概貌及其相互关系》,《考古》1961年第1期。
⑨严文明:《甘肃彩陶的源流》,《文物》1978年第10期;俞伟超:《关于卡约文化和辛店文化的新认识》,《中亚学刊》1983年第1期。
⑩陈小三:《河西走廊及其邻近地区早期青铜时代遗存研究——以齐家、四坝文化为中心》,吉林大学博士学位论文,2012年。
⑪谢端琚:《甘青地区史前考古》,文物出版社,2002年,第134页。
⑫任瑞波:《西北地区彩陶文化研究》,吉林大学博士学位论文,2016年,第364页。
⑬陈亚军:《齐家文化玉器综合研究》,待刊。
⑭杨建华等:《欧亚草原东部的金属之路》,上海古籍出版社,2016年,第36—40页。

聚落房址之外,还有大量礼仪性的建筑,需要受到广泛的关注。

第六,齐家文化的族属。自夏鼐先生运用文献记载来探讨古文化中族属后[1],为讨论考古学文化的族属树立了典范。大多学者认为齐家文化是羌人的遗存[2],也有学者认为是汉民族先民遗存的重要组成部分[3],也有认为是古羌族子孙遗留下来的。[4]当然,划分族属的主要依据除了利用文献外,要充分发挥考古学文化的作用,如一定范围内拥有的共同语言和共同的文化,包括物质文化和风俗习惯、信仰崇拜等精神文化也是在内的。[5]

第七,齐家文化的社会经济形态和精神文化。这一问题包括了齐家文化的生业经济、饲养业、制陶业、纺织业、玉石加工、冶金术等。精神文化属于上层研究的重点,如祭祀文化、占卜行为、丧葬思想以及社会家庭等等。

以上这些问题既是相互关联的,又是独立的一个主题。比如关于甘青地区乃至中国早期铜镜的起源问题历来是学界关注的热点之一,大多是从考古学的证据出发,利用自然科学技术的相关手段进行的类比研究,虽然已经取得了可喜的成果和结论,往往忽视了引起这一文化现象发生的动因问题,这一过程并非一个孤立的事件,它是早期东西方文化交流的结果,与之相关的是全球气候干冷化引起的资源不均和人口扩张,以至农业生业方式的瓦解和游牧化过度密切相关。[6]

(二)展望

齐家文化所处的甘青地区地处西北,与中亚、阿尔泰、西伯利亚关系密切,东联河西走廊东部乃至陇东地区,与中原地区互动频繁,因此处在东西方文化交流的重要交通线上,已有的研究表明,麦类作物、绵羊等家畜、冶铜技术均是外来,素有"彩陶之路"[7]"玉石之路"[8]"羊马之路"、史前时期的"丝绸之路"[9],毋庸置疑,早期东西方的文化交流是汉代以后"丝绸之路"的前身和基础[10],这个过程中甘青地区乃至西北是东西方文明的交汇和缓冲地带,也是农业文明与牧业文明不断碰撞的地带。

综合以上,我们可以发现,齐家文化研究已经取得的丰硕成果和当下存在的问题,这些成果是我们继续深入研究齐家文化的基础,存在的问题是我们努力的方向,也是逐渐推动齐家文化研究的动力。

---

①夏鼐:《临洮寺洼山发掘记》,《中国考古学报》(第四册),1951年。

②俞伟超:《古代"西戎"和"羌""胡"文化归属问题的探讨》,《青海考古学会会刊》(创刊号),1980年。

③甘肃省博物馆:《甘肃省文物考古工作三十年》,《文物考古工作三十年(1949—1979)》,文物出版社,1979年。

④任乃强:《羌族源流讨论》,《民族研究通讯》1979年第2期。

⑤严文明:《中华文明的始源》,文物出版社,2011年,第234页。

⑥王明珂:《华夏边缘:历史记忆与族群认同》,社会科学文献出版社,2006年。

⑦韩建业:《"彩陶之路"与早期中西文化交流》,《考古与文物》2013年第1期。

⑧叶舒宪:《"丝绸之路"前身为"玉石之路"》,《中国社会科学报》2013年3月8日第B03版;闫亚林:《关于"玉石之路"问题的探讨》,《考古与文物》2010年第3期。

⑨裴文中:《中国西北甘肃走廊和青海地区的考古调查》,氏著:《裴文中史前考古论文集》,文物出版社,1987年,第256—273页。

⑩王巍:《汉代以前的丝绸之路——考古所见欧亚大陆早期文化交流》,《中国社会科学报》2016年1月12日第4版;刘学堂:《史前"丝绸之路"复原》,《中国社会科学报》2014年5月16日;刘学堂、李文瑛:《史前"青铜之路"与中原文明》,《新疆师范大学学报》(哲学社会科学版)2014年第2期。

总结过往,展望未来,我们应该:

首先,我们应该在梳理和总结前人研究成果的基础上,完善齐家文化基础研究,如齐家文化的地方类型、年代及特征,齐家文化的源流及去向,丧葬文化,聚落形态(建筑、聚落选址、内部结构),经济形式(农业、手工业、狩猎)。这就要求我们从考古报告入手,对已发掘的考古资料进行系统的综合分析,同时有计划地对部分遗址进行重点发掘,通过科学的考古发掘和科学研究解决争议,填补空白,同时要求我们从个案研究出发,不断完善和明晰齐家文化的内涵,如彩陶,就需借鉴已有成功的经验[1],从每一类陶器出发,梳理每类纹饰的发展演变历程、制作工艺,结合美学、艺术学等学科丰富齐家文化含义和原始社会文化。再如,关于聚落考古学的研究,这是齐家文化基础研究中最为缺失的一环,青海喇家遗址的发掘为这一研究奠定了基础,但苦于专业人员稀少,且连续多年的发掘工作,资料积压严重。因此,尽快公布已有的发掘资料是研究齐家文化的关键。当然聚落考古对于研究聚落形态演变以及所反映的社会形态的发展极为重要[2]。

其次,加强多学科的合作,积极应用现代科学技术提高研究水平。从考古学、年代学、民族学、人类学、植物学、动物学、社会学、古气候与环境学等自然学科的角度出发,对齐家文化进行综合性分析研究。齐家文化中人骨研究资料仅见柳湾墓地、磨沟墓地、喇家遗址,通过这类资料可以探究齐家文化的人种属科,同时需要加强不同类型文化的体质人类学资料的积累,这也是探索文化族属的路径之一。通过环境学资料探究史前人类对环境的适应性,以及相互的关系是当前进行聚落考古学研究的课题之一。[3]关于齐家文化的动物学、植物学的资料较少,在以后的工作和研究中需要加强。现代科学技术中的年代学方法至关重要,准确的测年,有助于我们有更多的精力从事其他研究。除了对经济文化发展水平和社会结构进行研究外,还有特别注意自然环境和历史背景以及人文环境的分析。多学科的合作并非一蹴而就,需要有共同的学术研究课题和研究志趣。

最后,扩大学术研究视野,在准确揭示齐家文化在华夏文明形成过程中作用的同时,从齐家文化的渊源研究中可以发现齐家文化在中国新石器时代和早期青铜时代所具有的重要地位,同时还表明齐家文化在中华文明起源中处于很关键的地位。[4]同时也要将齐家文化放置在更为广阔的视野下,如齐家文化在史前时期中西文化交流中的地位与作用与周邻诸考古学文化之间的互动与融合。[5]这一范围远至中亚、西亚、南亚次大陆等,近到除甘青宁之外的新疆、内蒙古、西藏、四川、陕西、河南等地,课题涉及青铜冶炼、农作物的栽培、人群的迁徙、文化扩张等议题。考古学研究的目的和任务在于探讨人类社会发展的进程和规律,因此在这个过程还需要加强和把握齐家文化在发展过程中的文化形态模式,探索史前文化发展的理论模式,以带动甘青地区其他考古学文化的研究,促进史前考古和文明起源的研究向前迈进一步。

本文为国家社科基金西部项目"甘青地区史前文明与华夏文明起源研究"(项目号:14XKG003 XBMU-2014-AA-21)的阶段性成果之一。

---

① 王仁湘:《史前中国的艺术浪潮:庙底沟文化彩陶研究》,文物出版社,2011年。
② 严文明:《中华文明的始源》,文物出版社,2011年,第112页。
③ 董广辉:《甘青地区新石器文化演化及其环境动力研究进展与展望》,《海洋地质与第四纪地质》2013年33卷第4期,第67—75。
④ 段小强:《甘青史前文化是华夏文明起源重要组成部分》,《中国社会科学报》2014年12月15日第C01版。
⑤ 谢端琚:《甘青地区史前考古》,文物出版社,2002年,第130—134页。

关于齐家文化的分野

甘肃省文物考古研究所　　赵建龙

　　这里所说的"齐家文化的分野"，就是试图以原始先民的文化特征区分齐家文化不同的区域、不同的文化属性、不同习俗的人群，以适合当前的"文化谱系"或今后"时空框架"的深入研究。

　　齐家文化，在过去很长的一段时间里，人们都将陕、甘、宁、青这一大片土地上的齐家时期的文化，以一个文化整体进行研究，其中包括了甘肃东部的类常山下层文化的遗存。而对类常山下层文化遗存也有多种看法，有将其定为齐家文化的前身者，有定其为齐家文化早期者，也有称其为"东齐家"者等。笔者经多年来的考证研究，倾向于后者的研究方法，但它与齐家文化区别明显，故认为称其为"常山文化"较为妥帖。同时，对齐家文化的黄河以东与黄河以西的不同内涵也进行了注意和比较，认为这两块区域内的齐家文化也有其明显的不同之处，笔者认为也要将它们区分开来，黄河以西的可另称为"河西齐家文化"或"西城驿文化"。这样一来我们就将陕、甘、宁、青这一大片土地上的齐家时期的文化，以其地域文化特性划分为"齐家文化""河西齐家文化"和"常山文化"三大块，来进行其"时空框架"的研究，必定会有更大的收获与突破。

一、齐家文化

　　齐家文化，是1924年瑞典学者安特生首次在广河齐家坪遗址发现并命名的。[①]1945年，中国考古学者夏鼐在广河县阳家湾发掘了两座齐家文化墓葬，证明了齐家文化晚于马家窑文化的年代顺序。1947—1948年，考古学家裴文中，在甘肃省湟水、大夏河、洮河流域考古调查中，发现90多处齐家文化遗址，首次发现了白灰面住室和石圆圈遗址。1974年，甘肃省博物馆文物考古队在广河齐家坪考古发掘中，先后清理墓葬157座，获得了比较重要的资料。[②]此前的永靖大河庄遗址发现墓葬82座[③]，秦

---

　　①安特生著，乐森璕译：《甘肃考古记》，《地质专报》甲种第五号，1925年。

　　②甘肃省博物馆文物工作队《甘肃广河齐家坪遗址发掘报告》由甘肃省文物考古研究所魏美丽整理发表于《考古与文物》2016年第3期。

　　③中国社会科学院考古研究所：《甘肃永靖大何庄遗址发掘报告》，《考古学报》1974年第2期。

魏家遗址发现墓葬 138 座①。2008—2012 年,甘肃省文物考古研究所与西北大学联合,又在临潭陈旗乡磨沟遗址清理发掘了齐家文化墓葬 1662 多座。②齐家文化的墓葬迄今已发现 2040 多座。

齐家文化是黄河上游地区新石器时代晚期至青铜时代早期的一类文化,早期的年代为公元前 2500 年左右,下限约为公元前 1500 年或更晚。齐家文化主要分布在甘肃洮河、大夏河流域区,在我省境内主要分布在南起陇南的岷县、临潭北、武都一带;北至黄河;东自甘肃会宁、定西地区;西到河曲以及白龙江以东地区。共发现该类文化遗址 350 余处,基本揭示了齐家文化的文化特征、墓葬习俗、经济生活和社会状况等。

齐家文化的墓葬形制多以竖穴土坑偏洞室墓为主。如广河齐家坪、临潭磨沟墓地则多呈长方形竖穴一侧或两侧偏洞室墓葬,特别是磨沟墓地以左右上下多层偏洞室墓为特色,葬具不甚普遍,仰身直肢且多次进行启墓葬入的合葬方式。在永靖大河庄墓葬的人骨架上发现布纹的痕迹,说明死者是穿衣而葬的,还有的头部用一块布遮盖。

齐家文化以黄河相隔,两岸的陶器特征有明显不同,特别是黄河北的西北地区,其在彩陶含量上是占有一定比例的。而黄河以南的洮、夏河流域及陇南地区的齐家文化则是以素陶和绳纹陶为主要特征的一类文化遗存,陶质较精细,器型多样,主要为泥质橙黄陶和夹砂红褐陶,还有少量的红陶和灰陶。在洮河流域或临夏地区出土的齐家文化陶器主要为竖绳纹夹砂双耳罐、敞口高领双腹耳壶(图 1:1)、双大耳罐(图 1:2)、三耳罐等为代表,还有形象的鸟形壶、象鼻鬶(图 1:3)等,为数极少的齐家彩陶则多用红彩绘制简单的三角网格纹或波折纹等(图 1:4),在夹砂陶上有绳纹、附加堆纹等装饰,或有称"蛇纹"者,泥质陶多饰竖篮纹。而在黄河北部地区包括河西走廊等地出土的齐家文化,则橙黄陶、红陶、红褐陶、灰陶兼有之,泥质陶为主,夹砂陶次之。特别是黑色彩绘的三角纹、网格纹、菱形纹、波折纹、圆圈纹等彩陶双耳罐,与其他器物共存,它与马家窑文化马厂类型有着明显的继承关系。同时在酒泉、张掖一带也有发现,特别是近期张掖西城驿遗址的发掘为我们提供了非常重要的资料。

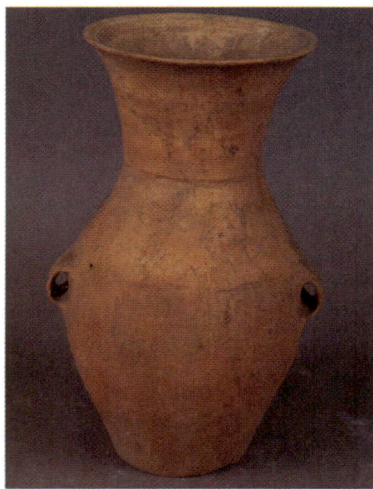

1   2

---

①中国社会科学院考古所甘肃队:《甘肃永靖秦魏家齐家文化墓地》,《考古学报》1975 年第 2 期。
②甘肃省文物考古所、西北大学文博学院考古专业:《甘肃临潭磨沟齐家墓地清理发掘》待发表。

图1 齐家文化陶器

（一）永靖秦魏家齐家文化

位于甘肃省永靖县莲花城的西南部，与大何庄遗址隔沟相望。1959—1960年，中国科学院考古研究所谢端琚主持发掘了两次，清理出138座长方形竖穴土坑墓。这是保存较好较完整的一处齐家文化氏族公共墓地。

成年男女合葬墓中的男女葬式明显有别，一般都是男性仰身直肢居右，女性侧身屈肢居左并面向男性，这种葬俗表明当时已存在一夫一妻制的婚姻形态（图2）。大部分墓都有石器、陶器、骨器和猪下颚骨等随葬品，其中3座墓出有铜器。铜器有铜环、铜锥、小铜斧和铜饰件等。随葬猪下颚骨各墓数目不等，少者仅1块，多者达68块。猪作为家畜是当时衡量财富的标志，数量的差别，表明当时社会上已出现贫富分化现象。但从出土的双大耳罐（图3:1）和敞口高领弦纹壶（图3:2）等特征看，其时间段略比齐家坪要早些。

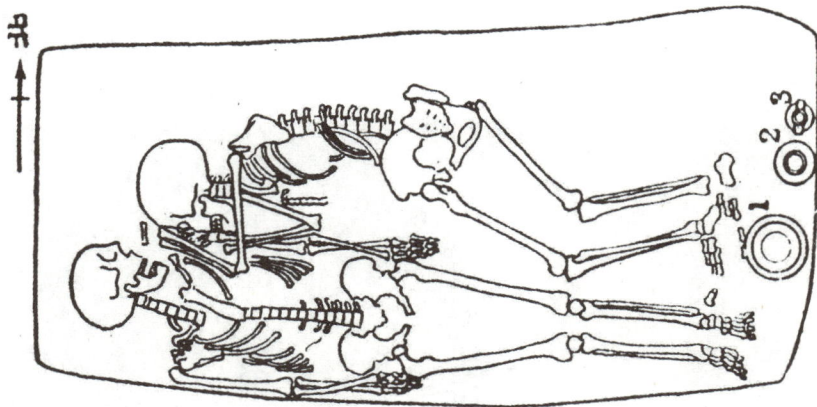

图2 秦魏家墓葬 M105 女性殉葬现象

（二）广河齐家坪齐家文化

齐家坪遗址位于广河县排子坪乡园子坪村齐家坪社，洮河西岸第二台地上。分住地和墓地。住地有大量的灰层和居住面，灰层厚约0.3米，距地表约0.25米，灰层和地表出土遗物有陶器、石器、骨器等。发现房屋遗址2座，为半地穴式白石灰地面的房屋，残高达0.3～0.4米，居住面长达4～6米，宽达3～5米，

1   2

图3　秦魏家齐家文化的双大耳罐、弦纹壶

半地穴房屋和平地起建的房屋的四壁和居住面,同时用白灰面和草泥土构成。

　　先后共发掘墓葬157座,出土上千件随葬器物,墓葬多为合葬墓,分别发现了8人和13人的同坑墓葬,内中以仰身者似为墓主;其余人骨架有的有头无身,有的头骨和躯体分别埋葬,也有的三四个头骨放在一起等。对这类现象有两种解释,一种认为是墓主人的殉葬者,一种认为是当时日趋频繁的部落战争的受害者。同时也说明氏族社会正在崩溃,开始向奴隶社会过渡。出土了一件桥钮素面铜镜(图4:1),是我国最早的铜镜之一。还出土了一件铜斧(图4:2),也是齐家文化最大的铜器标本。小铜器有刀、锥、凿、泡、铜饰等。冶铜业的出现是生产上的一项突出成就。

　　制陶业比较发达。陶器多系手制,一般采用泥条盘筑法,也有一些小型夹砂罐似采取模制的方法。陶器胎质精细,器形多样,夹砂陶大多施以竖绳纹或附加堆纹(图5:3、4)、泥质陶多见竖篮纹,少量见有红彩饰口或绘成三角形网纹(图5:1),还有素面的双大耳罐等(图:5:2)。还在遗址中普遍发现有陶、

1   2

图4　广河齐家坪出土铜斧与铜镜

石纺轮与骨针等纺织工具,有器物上有似麻布纹的痕迹。同时还有一些较精美的玉器出土。

图5　广河齐家坪墓出土的陶器

(三)临潭磨沟齐家文化

磨沟遗址位于甘南藏族自治州临潭县陈旗乡(今王旗)磨沟村北,洮河南岸。2008—2012年由甘肃省文物考古研究所与西北大学文化遗产与考古学研究中心联合进行发掘。遗址范围内发现有仰韶中晚期、马家窑、齐家和寺洼文化等遗存。其中,齐家文化墓葬区共清理墓葬1662座,出土陶器、石器、骨器、铜器、金器等随葬品一万余件。

磨沟墓地以土葬为主,也有少数火葬墓。墓葬结构可分竖穴土坑和竖穴偏洞室两大类,其中以竖穴偏洞室墓数量居多,占70%左右,竖穴偏洞墓又有单偏室和多偏室之分。个别偏室口发现有木板或木棍封门的痕迹;单人葬较少,合葬墓居多,少则2~3人,多则10余人,成人、儿童皆有,多为仰身直肢葬式。根据人骨布局来看,有一次合葬的,也有多次合葬的,并设有头龛、脚龛或侧龛以放置随葬陶器。有些墓葬还存在明显的殉人、殉牲现象,殉人1~4人不等,多俯身或侧身屈肢有双手掩面者,似为活埋所致,均置于墓道填土中(图6)。

图6　磨沟齐家文化墓葬结构

齐家文化之后出现了寺洼文化。寺洼文化时期与中原地区商和西周同时,因为齐家文化与寺洼文化之间有几百年的间隔,对两者之间的联系和寺洼文化的源头、齐家文化的去向迄今为止还没明确说法。磨沟墓地不仅是齐家文化中出土青铜器最多的墓地(图7),并首次发现了工艺先进的金器,还有制作较精美的骨器等(图8)。陶器制作特征基本近似于齐家坪,但是器形腹部较圆鼓,陶色较红(图9)。

图7　磨沟齐家文化铜器

图 8 磨沟齐家文化骨器

图 9 磨沟出土的齐家文化陶器

此外,在偏晚的齐家文化墓葬中,有的陶罐与寺洼文化同类器物十分接近,明显有向寺洼文化转变的迹象。这就把齐家文化和寺洼文化的关系,第一次明确地联系起来,并表明寺洼文化是齐家文化的去向之一。同时还发现有寺洼文化的陶器与齐家文化的陶器共存,以及寺洼文化墓葬叠压打破了齐家文化的墓葬等现象。表明寺洼文化是在齐家文化后期进入此地,随后则占据此地,并发展起了自己的民族文化。

从以上三遗址中所反映的文化特征,基本可以代表齐家文化发展的早、中、晚三个阶段。

二、河西齐家文化

河西齐家文化的最早发掘时间是 1957—1975 年。由甘肃省博物馆文物工作队先后进行过四次发掘的武威皇娘娘台墓地,共清理墓葬 88 座。[①]1974—1978 年,青海柳湾齐家墓葬共 367 座[②]。1977 年,青海省文物考古队与北京大学历史系考古专业联合对青海省海南藏族自治州贵南县拉乙亥乡昂索村西尕马台墓地进行了发掘,共清理墓葬 43 座,出土文物万余件。其中,M25 出一件七星纹铜镜是前所未有的。[③]此后发掘的有青海大通上孙家寨发现齐家墓葬 3 座。[④]近些年发掘的青海民和喇家遗址,发现 1 座贵族墓并随葬有较多的玉器[⑤]。所以,河西齐家共发掘墓葬约 500 座。

河西齐家主要分布在黄河上游的西北部,即青海省东部及河西走廊一带。而在黄河西北部地区包括河西走廊等地出土的齐家文化,则橙黄陶、红陶、红褐陶、灰陶兼有之,泥质陶为主,夹砂陶次之。特别是黑色彩绘的三角纹、网格纹、菱形纹、波折纹、圆圈纹等彩陶双耳罐,与其他器物共存,它与马家窑文化马厂类型有着明显的继承关系。同时,在酒泉、张掖一带也有发现,特别是近期张掖西城驿遗址的发掘为我们提供了非常重要的资料。[⑥]

[①]甘肃省博物馆文物队:《甘肃武威皇娘娘台遗址发掘报告》,《考古学报》1960 年第 2 期;《甘肃武威皇娘娘台遗址发掘报告》,《考古学报》1960 年第 3 期;《武威皇娘娘台遗址第四次发掘》,《考古学报》1978 年第 4 期。

[②]青海文物管理处考古队、中国社会科学院考古研究所编:《青海柳湾》,文物出版社,1984 年。

[③]青海省文物考古研究所、北京大学历史系考古专业:《青海贵德尕马台遗址发掘》待发表。

[④]青海大通上孙家寨和互助总寨的类齐家墓地的材料未发表。

[⑤]青海省文物考古研究所、中国社会科学院考古研究所:《青海民和喇家齐家文化遗址发掘》。

[⑥]甘肃省文物考古研究所、北京师范大学:《张掖黑水西城驿遗址发掘》待发表。

（一）武威皇娘娘台齐家文化

武威皇娘娘台遗址,位于甘肃省武威县城西北约 2.5 公里处。甘肃省文物考古工作者先后在皇娘娘台附近发现大批齐家文化时期的房子、窖穴、墓葬及大量的随葬品,有石器、玉器、铜器、陶器等,成年男女合葬墓和红铜器是该遗址最重要的发现。该遗址的房屋多为方形半地穴式建筑,有白灰面居住面,共发现 6 座。在住室周围有圆形、椭圆形和长方形窖穴分布,用于储藏东西。保存较好的一座,面积约 12 平方米,灶坑居中,室内遗留工具、陶器 20 件左右。

墓葬较多,多与窖穴、住房交织在一起,有些则直接利用废弃后的窖穴埋葬。墓葬形制皆为长方形竖穴土坑墓,共 88 座。无葬具。有单人葬和合葬两种,前者以仰身直肢葬为主,后者有成年男女合葬、成人与小孩合葬等,葬式比较复杂。成人男女合葬墓中,二人合葬者男性居左仰身直肢,女性居右侧身屈肢(图 10),三人合葬者,男性居中仰身直肢;女性在左右侧身屈肢。无论哪种,从保存较完整的女性骨架看,大都面向男性。这类合葬墓的随葬品一般较丰富,有石璧、玉璧、玉璜、绿松石珠、粗玉石片、红铜器、陶器和猪下颚骨等,个别男性身上集中放置有 80 多件玉璧。成人男女合葬墓当属夫妻(妾)合葬,明显地反映了妇女处于从属地位的境况。其中有一墓内合葬一男二女,男性仰卧居中,左右各卧一女,均呈侧卧

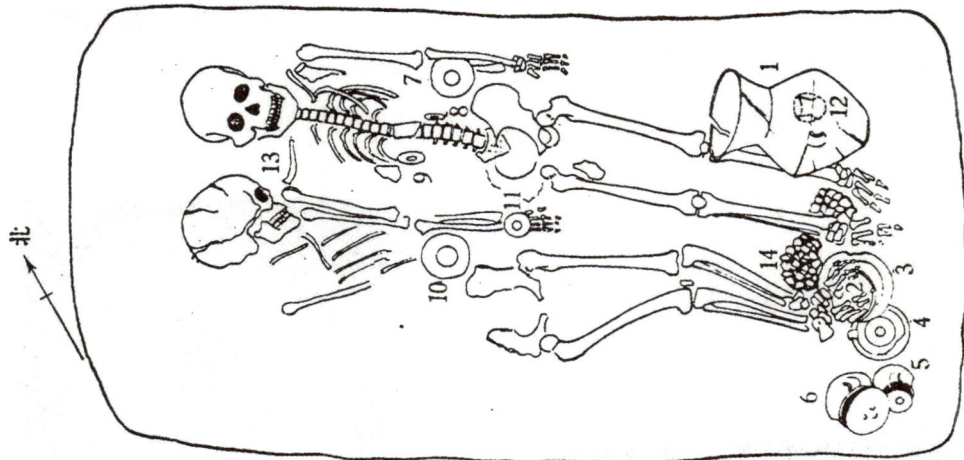

图 10　皇娘娘台墓地的男女合葬墓 M38

屈肢,面向正中,表现出女子对男子的服侍奉待之意,郭沫若先生看后说:"这好像现出恋恋不舍的样子。"这反映出当时社会贵贱等级分明,男性占有统治地位。也有人认为这是奴隶制形成的初期阶段。

出土遗物有陶器、石器、玉器、骨器、铜器等。其中的刀、锥、钻、凿、环等 30 件红铜器和一些铜渣,是中国迄今成批出土年代最早的红铜器。还发现有 40 多片羊、牛、猪的肩胛骨为卜骨。卜骨都有明显的烧灼痕迹,但一般不钻不凿,仅少数有轻微的刮削痕,与殷商时期差别较大。还有牛、羊、猪、狗、鹿等兽骨,反映出畜牧业的发达。而骨针、骨纺轮则表明纺织和缝纫手工业也相当盛行。箭镞的普遍使用,可知狩猎仍是人们的一种辅助性生产。

从文化性质上看,皇娘娘台遗址属于齐家文化在河西地区的一个代表性遗存,它的陶器组合中掺杂了一些马家窑文化马厂类型彩陶成分,表明它是继承发展了马家窑文化马厂类型,并有着比较浓厚的地方色彩。特别是数量较多的黑彩双耳罐和纺轮以及彩陶豆等,都绘制有与马厂文化彩陶很相似的菱形几何图案(图 11、12:1);其中敞口高领双腹耳壶,不仅腹部要比齐家坪同类器突出,而且还有明显的折肩(图:12:2)。河西齐家文化也同样有为数较多的精美玉器出土(图:13:1、2、3)。从整体特征来看,它们与黄

河以东的齐家文化是同时并存发展的,但人们的生活习好却有着明显的不同,可见它们属于同时期不同的两个文化群体。其绝对年代相当于中原地区夏商时期,但其生产力水平似相对滞后。

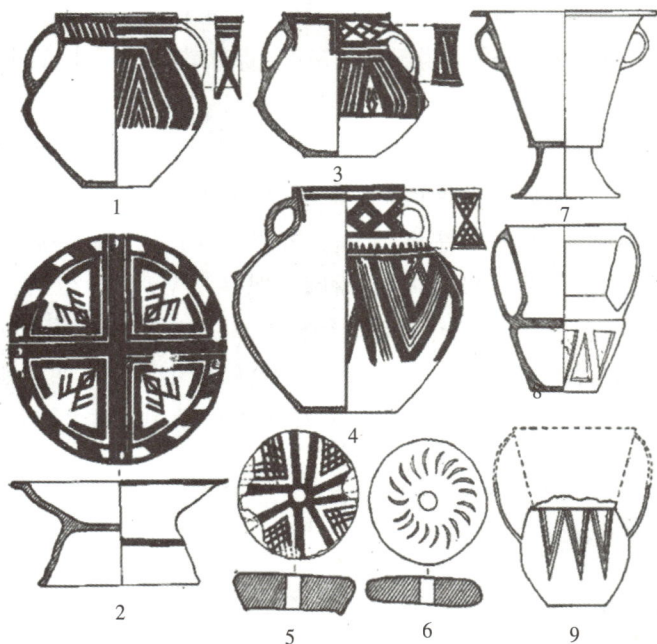

1

图12 河西齐家双肩耳彩陶罐、敞口高领折腹壶

陶器

1. 双小耳罐（M31:1） 2. 豆（M47:10） 3. 双小耳罐（M30:2） 4. 双小耳罐（M32:5） 5. 纺轮（T6:3） 6. 纺轮（T21:28） 7. 尊（M37:5） 8. 双大耳罐（M47:11） 9. 双大耳罐（F8:6）

图11 皇娘娘台陶器

2

图12 河西齐家双肩耳彩陶罐、敞口高领折腹壶

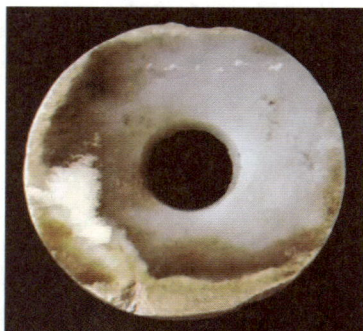

1

2

3

图13 皇娘娘台玉璧、玉铲、玉刀、玉琮

（二）张掖西城驿过渡类型

西城驿遗址地处张掖市甘州区明永乡下崖村西北 3 公里处。2010—2011 年，甘肃省文物考古研究所与中国社会科学院考古研究所、北京科技大学冶金与材料史研究所、西北大学联合对其进行了两个年度的发掘。经发掘，已发现房址、灰坑、灶、陶窑、墓葬等遗迹单位 531 处，获取陶器、石器、骨器、铜器、玉器、水晶、碳化作物、冶金遗物等各类遗物 2000 余件（份）。为探讨马厂类型晚期至四坝文化时期河西走廊区域冶金特征及文化间的交流提供了新证据，年代为公元前 2100 年—前 1600 年。其中过渡类型为公元前 1880—前 1680 年。

已发现房址 19 座，包括地面式土坯建筑、地面式立柱建筑、半地穴式建筑三大类，地面式土坯建筑的发现在河西地区尚属首次。土坯建筑有方形和圆形两类，方形房址多为多室结构，以土坯砌墙，有大型承重柱础，局部以土坯平铺地面。墓葬 11 座，多位于房址内，以小孩墓为多。皆为方形竖穴土坑。人头骨西侧有小龛，内置陶鬲、陶罐、器盖等，还有狗下颌骨及其他动物骨骼随葬。

一期为马厂文化晚期遗存，二期为"过渡类型"时期遗存，三期为四坝文化早段遗存。二期文化因素较为复杂，多类因素共存，暂可区分出四组，A 组为马厂晚期风格遗存，以"八卦纹"彩陶盆为代表；B 组为齐家遗存，陶器可辨器形主要有双大耳罐、侈口高领壶（图 14:1）、侈口双耳附加堆纹罐（图 14:2）、子母口罐、盆、器足等；C 组为"过渡类型"遗存，是这一时期的主体特征，陶器可辨器形主要有八卦纹彩陶双耳罐（图 14:3）、菱形纹彩陶双耳罐（图 14:4）、彩陶单耳罐、彩陶壶、彩陶盆、夹砂双耳罐、附加突棱罐、陶盆、器盖、纺轮以及少量三足器等，陶罐与安西潘家庄墓地和武威皇娘娘台乙组风格相同；D 组以施紫红陶衣饰浓厚黑彩的四坝风格彩陶为代表。

图 14　张掖西城驿遗址过渡类型陶器

以上现象表明，河西齐家文化较早的以武威皇娘娘台为代表，较晚的应以张掖西城驿过渡类型为代表。

三、常山文化

常山文化，是一个比较新型的名称，许多业外人士也比较陌生，它是以砖红色为主体的一类文化遗存,在陕甘地区早已存在,只是人们没有认识到或是没敢提出来罢了。陕西研究者一直将其称作"陕西龙山文化"。直到 1979 年,中国社会科学院考古所泾渭工作队在甘肃省镇原县常山遗址进行了一次发掘,工作队的主要收获已在《陇东镇原常山遗址发掘简报》一文上做过报道。这个资料的发表对探索我国原始文化尤其是对研究泾渭水流域古文化的有关问题具有一定的学术价值。最引人注意的是常山下层的文化遗存,泾渭队谢端琚先生认为它是这次发掘的主要收获,并被命名为"常山下层文化"遗存。同时认为:"常山下层文化是继仰韶文化以后的一种原始文化遗存,前者很可能是后者在陇东及其附近地区的继续与发展。"当时还认为:"齐家文化是常山下层文化的继续与发展,而后者则是前者的先驱。"①赞成这一观点的一些专家和学者,至今还在坚持这种不分"区系"的研究和发展方向,即将仰韶文化列为马家窑文化的前身,把常山文化列为齐家文化的先驱。其结果就是仰韶文化后裔,或齐家文化的后裔不断地西迁。但从现在发现或发掘的资料来看,在陕甘仰韶文化的中心区内一直没有发现典型的马家窑文化;在常山文化中心区内也没有发现典型的齐家文化遗存(庄浪刘堡坪遗址除外,它像是齐家文化的一处飞地遗存,约占地 4~5 平方公里)。同时,在齐家文化分布区的中心地带也没有发现常山文化的典型遗存,却时常在两个文化区的交界地带发现仰韶文化晚期与马家窑文化共存、常山文化晚期与齐家文化共存的现象。因为这些遗物都是各自文化的常见典型器物,没有发展转变的过渡性器皿,专业人员一眼就可以看出它是哪个文化的遗存。故它们都代表着不同的文化谱系。

当初把出土的常山下层文化遗存又分为甲、乙两组。现在看来常山文化在陇东地区及陕西一带的分布及其文化发展序列,有明显的早、中、晚三大阶段。如按三段划分的话,常山下层的甲、乙两组均处于常山文化的早期阶段(图 15:1、2);陕西客省庄二期、甘肃平凉侯家台、秦安张湾等遗存则可代表其中期;灵台桥村及陕西龙山当属晚期阶段的遗存。

图 15　常山文化的横斜篮纹红陶钵、瓮

①中国社会科学院考古研究所泾渭工作队:《陇东镇原常山遗址发掘简报》,《考古》1981 年第 3 期。陈昱、洪方:《陇东镇原常山下层遗存浅析》,《考古》1982 年第 4 期。

（一）镇原常山下层遗存

常山下层遗存，位于甘肃省镇原县常山村。清理出一批平常较少见并被归入齐家文化而与齐家文化有明显差异的文化遗存，谢端琚先生定名为"常山下层文化"，后更名为"常山文化"。

从常山遗址地层堆积关系和出土器物情况分析，其上层有西周陶片，多是鬲、豆、罐等残片等。第四层为"常山下层文化"堆积，主要是杯、碗、盆、瓮和各类罐的残片。研究分离出两组不同的器物群，并分为甲、乙两组。

常山甲组的器物主要出自常山遗址下层的窖穴内，陶器有夹砂与泥质两种，胎较厚，陶色以橙黄色为主，均为手制，纹饰有绳纹、横篮纹、附加堆纹和红色彩绘花纹，多为内彩，花纹有圆圈十字纹、圆点纹、平行条纹与火焰状纹饰等。附加堆纹多呈波浪状或锯齿状泥条，绕在器物外壁，均作横行排列。主要是碗、盆、盘、单大耳罐、斜耳罐、双大耳罐、深腹罐和盉、斝等（图16）。

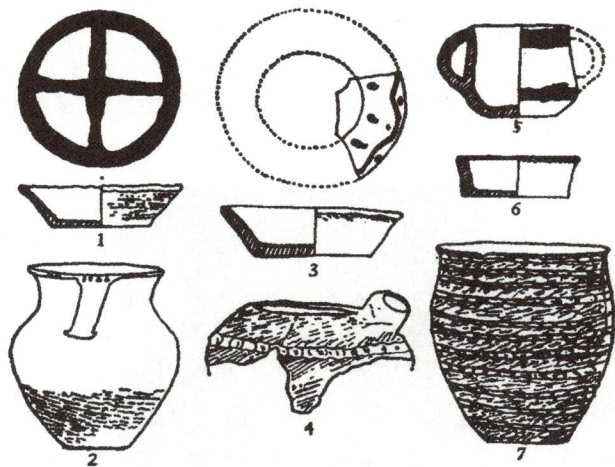

1. 盘 (M2:1) 2. 斜耳罐 (H26:1) 3. IV式盘 (H10:1) 4. 盉 (H26:2) 5. 双大耳罐 (H20:5) 6. III式碗 (H19:1) 7. 深腹罐 (H26:10)

图 16　常山下层甲组

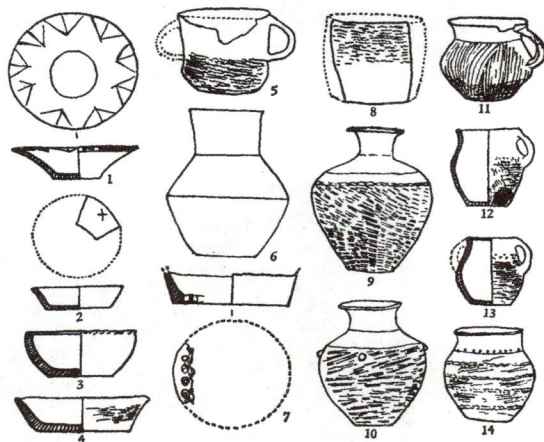

1.III式盘 (H24：1) 2.IV式碗 (T16:4:4) 3.I式碗 (H24:6)
4.II式盘 (H8:1) 5.双大耳罐 (H13:1) 6.折肩罐 (康家岭 01)
7.平底罐 (H8:9) 8.无耳罐 (T4:2:1) 9.瓮 (六十亩坪 01)
10.侈口罐 (寺庄湾 01) 11.单耳罐 (高庄 01) 12.单耳罐 (H5:1)
13.双耳罐 (H24:5) 14.短颈罐 (H7:2)

图 17　常山下层乙组

常山乙组器物，主要出自第四层与部分窖穴内。如陶器多橙黄色，均手制，除素面外，表面装饰有横篮纹、绳纹、锥刺纹、划纹、附加堆纹等，没有彩绘，但有刻画成的符号花纹。除常见的碗、盆、盘外，还有杯、单耳罐、短颈罐、瓮、平底甑与尖底甑等（图 17）。

其相对年代《简报》认为是继仰韶文化之后的一种原始文化遗存。其绝对年代据 C14 测定为公元前 2435±80 年，距今为 4385±80 年。

（二）平凉侯家台常山文化

平凉侯家台遗址，位于平凉市崆峒区四十里铺村西约 1 公里，312 国道南约 1 公里处的侯家台山坡台地上。1991 年，甘肃省文物考古研究所为配合宝中铁路的修建工程，在平凉市崆峒区侯家台遗址清理了五座窑洞式房屋遗迹。这些窑洞式房屋遗迹大多是依靠山坡断崖挖掘修建的，前部有一个小平台，崖壁挖出一个小门，内部扩大为一长方形洞穴，料姜石浆料铺抹出白灰地面和墙面。现在已经有多处遗址证实，常山文化的普通居住房屋已经改变了仰韶晚期的那种平地起建的形式，而进入一种窑洞式居住方式。除陕西客省庄外，甘肃秦安大地湾、庄浪大坪（图18）、平凉侯家台等遗址都证明了这一点。

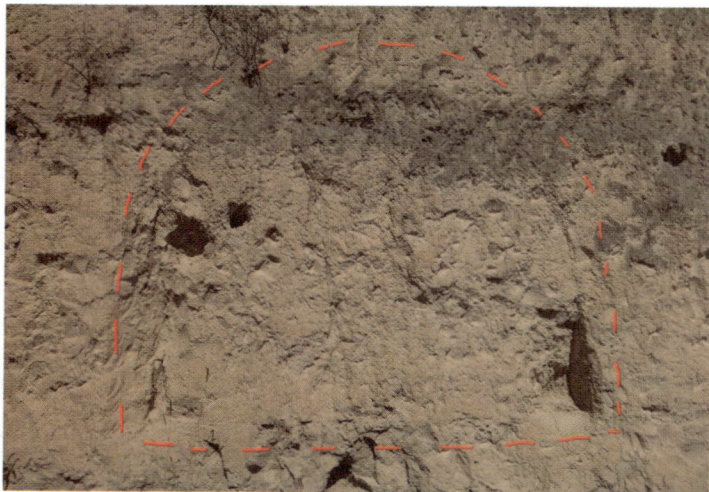

图 18　庄浪大坪常山文化遗址中的窑洞式房屋遗存

从出土的陶器特征来看，多为橙黄色泥质陶，上多施以横斜篮纹，可分为鬲、罐、壶等器型①，大体相似于灵台桥村的常山文化遗存。它比常山下层类型、大地湾五期以及陕西客省庄二期遗存略显晚些，但要比灵台桥村的常山文化遗存早，与秦安张湾、罗湾、堡子坪以及张家川、庄浪县等地的同类遗存相似（图19）。

（三）灵台桥村常山文化

桥村遗址位于灵台县西屯乡北庄村桥村社，总面积约700000平方米。发现于1977年7月，1978年秋，甘肃省

图 19　常山中期的陶器

①甘肃省文物考古研究所：《平凉侯家台遗址发掘》，2003年配合宝中铁路发掘，待发表。

博物馆考古队进行了试掘，发掘面积95平方米，共发掘灰坑7个。断面暴露的遗迹主要有常山文化白灰面半地穴住室、夯土基址、祭祀坑等，遗物有石器斧、锛、刀、凿、矛；骨器锥、凿、笄、镞、匕；陶器鬲、斝、甑、盆、盘、罐、碗、豆、纺轮、拍、板瓦、筒瓦等；灰陶多为深灰，红陶多为砖红。主要纹饰为横斜篮纹、绳纹、素面或素面磨光(图20)。卜骨有羊、猪的肩胛骨，有灼无钻。[1]

另外，在桥村还出土有一些泥质红陶瓦，用泥条拼压而成，上压印有绳纹或篮纹，还加有瓦丁或瓦孔，大体可分为筒瓦、板瓦和槽瓦等几种，是迄今为止我国发现最早的陶瓦(图21)。

总之，甘肃东部的常山文化受陕西客省庄二期或陕西龙山文化影响较深，陶器的器形、纹饰有许多相似之处，如带耳鬲、花边罐、单耳罐、双耳罐更为接近。唯陶色关中地区以灰陶为主，而甘肃东部则以砖红陶为主，这也是桥村常山文化保持了陇东地区常山下层传统作风的结果。说明陇东地区常山文化与陕西龙山文化关系十分密切，而与洮、夏河流域典型的齐家文化则有着明显的地域性差别。同时也说明常山文化与陕西龙山文化关系紧密，应该属一个谱系。而与甘肃中西部的齐家文化只是同时代的不同文化谱系罢了。

河西齐家与河东齐家虽说半地

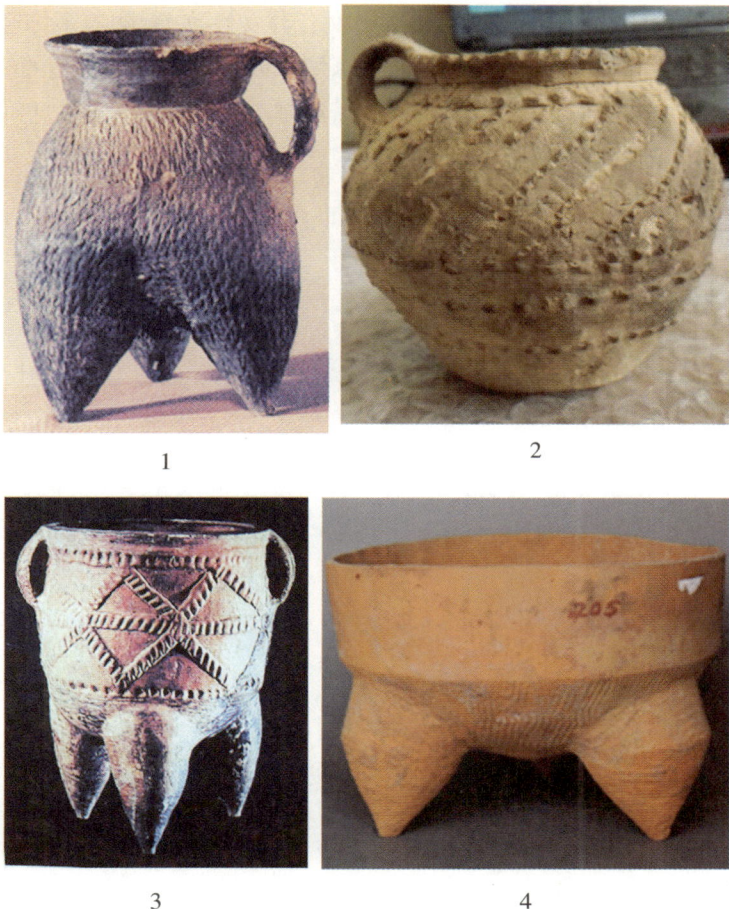

图20 常山晚期陶鬲、单耳罐、陶斝

灵台桥村出土槽瓦、板瓦、筒瓦

图21 桥村遗址出土的红陶瓦

---

① 甘肃省博物馆文物工作队：《甘肃灵台桥村齐家文化遗址试掘简报》，《考古与文物》1980年第3期。

穴式白灰地面房屋遗迹、成年男女合葬女性殉葬、陶器多饰竖篮纹和粗绳纹、敞口高领腹耳壶为典型代表器等相同点很多,但河西齐家继承或发展了马厂类型的红陶黑彩的制陶技艺,而河东齐家文化则几乎放弃了彩陶技艺,只有极少量绘制有红色彩纹等。可见,它们有着很明显的地域性差别,当属两个不同部族或群体,应当将其分而视之为妥。

关于齐家文化的几个基本问题

兰州大学考古学及博物馆学研究所　任瑞波

四川省文物考古研究院　陈　苇

齐家文化的前身是瑞典学者安特生提出的"齐家期"遗存[①]。1944年,夏鼐先生发掘甘肃省宁定县阳洼湾遗址,确定齐家文化晚于甘肃仰韶文化。[②]

齐家文化用以命名的齐家坪遗址虽经过正式发掘,但完整资料尚未公布。[③]新中国成立后,经正式调查、发掘的齐家文化遗址和墓葬日渐增多,学界对齐家文化的认识亦逐步加深。但是,从20世纪80年代开始,针对齐家文化的内涵界定、分期、类型和年代等基本问题,学界开始出现不同的意见,有的分歧甚至越来越大。如果这些基本问题不解决,只会导致齐家文化的扩大化和复杂化,也势必会制约齐家文化其他方面的深入研究。本文拟在已有研究成果的基础上,就齐家文化的界定、分期、来源和彩陶等问题稍做分析和讨论,以就教于方家。

一、文化界定

在齐家文化的内涵和界定方面,以下几处遗址和墓地引发的争论最具代表性。

(一)常山遗址

常山遗址位于甘肃镇原县,于1979年进行发掘,发掘者将下层出土遗存命名为"常山下层文化"[④]。胡谦盈认为,常山遗址发掘之前,人们将一些原本属于常山下层文化的遗存归入齐家文化,应将它们从齐家文化中区分出来,归入常山下层文化。[⑤]对于常山下层文化的提出,有学者曾经提出异议[⑥],但是

①安特生著,乐森璕译:《甘肃考古记》,农商部地质调查所印行,中华民国十四年六月,第16—22页。

②夏鼐:《齐家期墓葬的新发现及其年代的改订》,《考古学报》1948年第3期。

③陈玭、王辉、华先:《甘肃临潭磨沟墓地文化性质再议》,《中国文物报》2012年5月11日第6版。

④中国社会科学院考古研究所泾渭工作队:《陇东镇原常山遗址发掘简报》,《考古》1981年第3期。

⑤胡谦盈:《论常山下层文化》,田昌五、石兴邦主编:《中国原始文化论集——尹达先生八十诞辰纪念》,文物出版社,1989年,第91—108页。

⑥陈昱、洪方:《陇东镇原常山下层遗存浅析》,《考古》1982年第4期。

随着菜园遗址群的发掘和菜园文化的提出①,常山下层文化的客观存在以及常山下层文化与齐家文化之间的密切关系已经成为多数学者的共识,一些学者意识到这两支考古学文化有诸多相似之处,甚至可将菜园文化和常山下层文化等同②。

(二)师赵村和西山坪遗址

师赵村遗址位于甘肃天水,于1981—1990年经历了十年的发掘。发掘者将师赵村第七期遗存视为齐家文化的一个地方类型。③不过,张忠培先生明确指出,师赵村七期不属于齐家文化,应当纳入客省庄文化的范畴④,《中国考古学·新石器时代卷》也将师赵村遗址视为客省庄文化的十六个主要遗址之一。⑤但是,《中国考古学·夏商卷》却认为,齐家文化可分为东、中、西三区,师赵村是齐家文化东区师赵村类型的典型遗址。⑥2012年,王辉对甘青地区新石器至青铜时代的文化格局进行了一次梳理,他认为,师赵村第七期遗存属于齐家文化早期,灵台桥村的性质与之相同。⑦

(三)磨沟墓地

磨沟墓地位于甘肃临潭,2008年起开始发掘,发现和清理的墓葬已超过一千座,部分资料公开发表⑧,更多的资料是在一些硕士研究生毕业论文中披露的⑨。发掘简报最初对磨沟墓地以"齐家文化墓地"称呼。2010年,叶茂林提出质疑,认为磨沟墓地出土遗存不是典型的齐家文化,可能代表一种新的文化遗存,应将其与齐家文化区分对待。⑩随后,相关学者对此质疑做出回应,声明磨沟墓地确实包含至少两组不同时期的墓葬,它们分属齐家文化晚期遗存和寺洼文化早期遗存,承认将磨沟墓地称为齐家文化墓地"确有以偏概全之嫌",但磨沟墓地存在齐家文化遗存是客观事实。⑪

(四)页河子遗址

1986年,北京大学和固原博物馆对甘肃隆德页河子遗址进行发掘,发掘者将该遗址龙山时代遗存定性为齐家文化⑫。有研究者则认为,页河子遗址所谓的齐家文化遗存和灵台桥村H4可称为"页河子

①宁夏文物考古研究所、中国历史博物馆考古部:《宁夏菜园—新石器时代遗址、墓葬发掘报告》,科学出版社,2003年,第332—340页。

②水涛:《甘青地区青铜时代的文化结构和经济形态研究》,《中国西北地区青铜时代考古论集》,科学出版社,2001年,第274页;许永杰:《黄土高原仰韶晚期遗存的谱系》,科学出版社,2007年,第208页。

③中国社会科学院考古研究所:《师赵村与西山坪》,中国大百科全书出版社,1999年,第308页。

④张忠培、杨晶:《客省庄文化单把鬲的研究——兼谈客省庄文化的流向》,《北方文物》2002年第3期。

⑤中国社会科学院考古研究所:《中国考古学·新石器时代卷》,中国社会科学出版社,2010年,第578页。

⑥中国社会科学院考古研究:《中国考古学·夏商卷》,中国社会科学出版社,2011年,第535—540页。

⑦王辉:《甘青地区新石器-青铜时代考古学文化的谱系与格局》,北京大学考古文博学院、北京大学中国考古学研究中心编:《考古学研究(九)》,文物出版社,2012年,第210—243页。

⑧甘肃省文物考古研究所、西北大学文化遗产与考古学研究中心:《甘肃临潭磨沟齐家文化墓地发掘简报》,《文物》2009年第4期;甘肃省文物考古研究所、西北大学文化遗产与考古学研究中心:《甘肃临潭县磨沟齐家文化墓地》,《考古》2009年第7期。

⑨周静:《磨沟齐家文化墓地分期分区及相关问题研究》,西北大学硕士学位论文,2010年;孙治刚:《磨沟式的陶器研究》,硕士学位论文,西北大学,2011年。

⑩叶茂林:《甘肃临潭磨沟墓地不是齐家文化的遗存》,《中国文物报》2010年10月1日第7版。

⑪陈玭、王辉、华先:《甘肃临潭磨沟墓地文化性质再议》,《中国文物报》2012年5月11日第6版。

⑫北京大学实习队、固原博物馆:《隆德页河子新石器时代遗址发掘报告》,北京大学考古系编著:《考古学研究(三)》,科学出版社,1997年,第158—195页。

类型",其早期年代约与客省庄文化早期相当,晚期与客省庄文化晚期相当,此类遗存发展为齐家文化皇娘娘台类型。①

从上述四处遗址和墓地引发的争议可以看出,虽然齐家文化的发现和研究由来已久,但是在涉及一些较复杂的遗址和墓葬时,学者们的认识并不一致。对此,笔者有三点看法:

第一,师赵村第七期遗存并不单纯,不能简单将其归入齐家文化。师赵村第七期的高领罐和双耳罐(图1:5—8、11、12)可能与菜园文化(图1:15—20)有关,空三足器(图1:1—4)明显是客省庄文化的典型器物(图1:21—24),器表施麻点绳纹的侈口罐(图1:9、10)很可能与页河子龙山晚期同类器(图1:13、14)有联系。如果将以师赵村第七期和灵台桥村H4为代表的遗存皆被视为齐家文化,那么以客省庄遗址二期遗存②为代表的那些遗存也可归入齐家文化,这样,齐家文化的内涵和外延无疑会被无限放大,它与客省庄文化将无法区分。正因如此,将师赵村第七期视为客省庄文化西进的产物③这一认识确有独到之处。其实,客省庄文化可能还一度抵达甘青交界处,因为在民和喇家遗址,也出土了一些

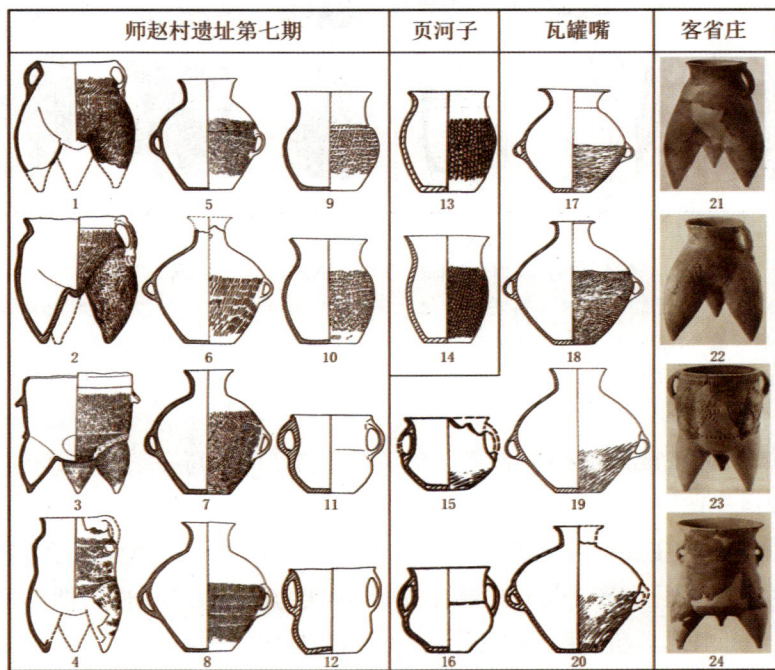

图1　师赵村遗址第七期典型陶器与其他遗址陶器对比

1.T383②:1　2.T317②:10　3.T404F27:1　4.T382F19:1　5.T333②:1　6.T307②:9　7.T308②:11　8.T308②:9　9.T403②:1　10.T404F26:1　11.T308②:10　12.T320F9:2　13.H161:3　14.H148:12　15.WM6:11　16.WM39:20　17.WM16:1　18.WM3:5　19.WM1:7　20.WM15:3　21.H108:4　22.H87:4　23.H85　24.H13(1—12.师赵村;13、14.页河子;15—20.瓦罐咀;21—14.客省庄)

①陈小三:《河西走廊及其邻近地区早期青铜时代遗存研究》,吉林大学博士学位论文,2012年。
②中国科学院考古研究所:《沣西发掘报告——1955—1957年陕西长安县沣西乡考古发掘资料》,文物出版社,1963年,第16—78页。
③张忠培、杨晶:《客省庄文化单把鬲的研究——兼谈客省庄文化的流向》,《北方文物》2002年第3期。

客省庄文化的典型陶器。①

第二，页河子遗址龙山时代晚期遗存属于齐家文化，理由有三：

首先，虽然页河子出土的高领罐和皇娘娘台、秦魏家、大何庄遗址出土的同类器造型完全不同，但与柳湾墓地出土的高领双耳罐非常接近，只是器表篮纹装饰有横向和竖向之分（图2:1、12）。

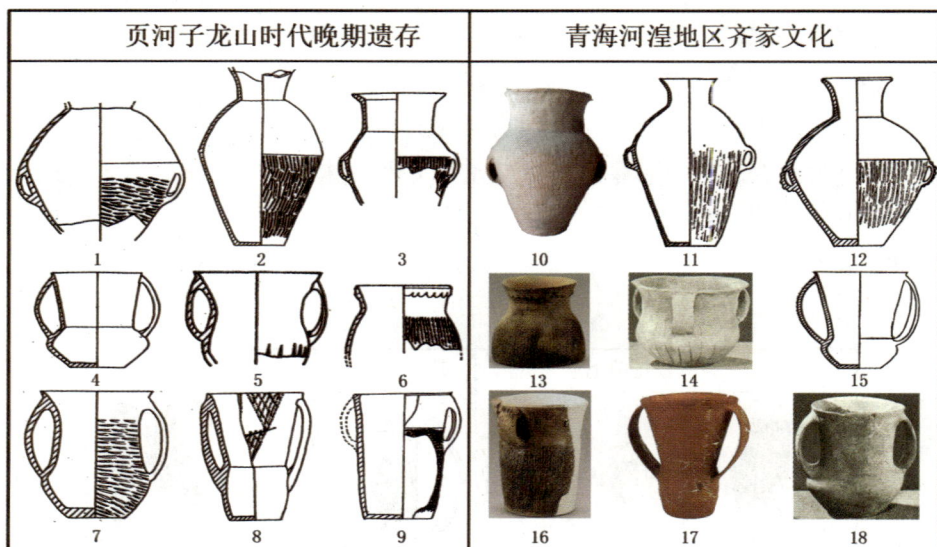

图2　页河子龙山时代晚期遗存与青海河湟地区齐家文化比较

1.页T109⑥:15　2.页T303⑤:34　3.页T301②:8　4.页T303③:29　5.页T301③:38　6.页H311:25　7.页T301④:16　8.页H311:26　9.页T303⑥:12　10.民和县博物馆藏　11.柳M951:1　12.柳M972:26　13.纳卡H83　14.柳M130:20　15.柳M1108:1　16.纳卡TE3N1④　17.宗日M319:3　18.柳M1322:1（页=页河子；柳=柳湾）

其次，页河子龙山时代晚期遗存中的部分大双耳罐和侈口罐与齐家文化其他典型遗址出土的同类器完全相同（图2:4—18）。

最后，齐家文化与客省庄文化在年代上并非是首尾相接，前者早期至少和后者晚期相当②，甚至可能会更早。部分在客省庄文化和齐家文化中共见的器物，实为这两支文化同时期交往的表现，而非源与流的凭证。以切盖罐和塔形器盖为例，喇家遗址F3和F4皆出土这种陶罐，"……口部配置切割盖，为便于口盖扣合严实，在切割前于分割处有意刻画五道直线纹，其口与直线纹相吻合，器盖即可扣合严实"③。无独有偶，陕西客省庄遗址也发现此类器物，造型酷似，制法相同，"有的瓮和器盖是一起盘筑成，然后再割开的。为了不使器盖盖乱或盖不严，有的特意在瓮口沿和盖割裂处划上符记"④。此外，陕西扶

①这是笔者于2015年4月在青海民和喇家遗址考古工地整理资料的过程中，得出的直观认识。在此感谢青海省文物考古研究所的诸位老师！

②梁星彭：《试论客省庄二期文化》，《考古学报》1994年第4期；秦小丽：《试论客省庄文化的分期》，《考古》1995年第3期；中国社会科学院考古研究所：《中国考古学·新石器时代卷》，中国社会科学出版社，2010年，第576—588页。

③中国社会科学院考古研究所、青海省文物考古研究所：《青海民和县喇家遗址2000年发掘简报》，《考古》2002年第12期。

④中国科学院考古研究所：《沣西发掘报告——1955—1957年陕西长安县沣西乡考古发掘资料》，文物出版社，1963年，第16—78页。

风双庵[①]、甘肃天水师赵村、甘肃兰州下海石都出土了相同或相似的塔形器器盖和切盖罐(图3)。

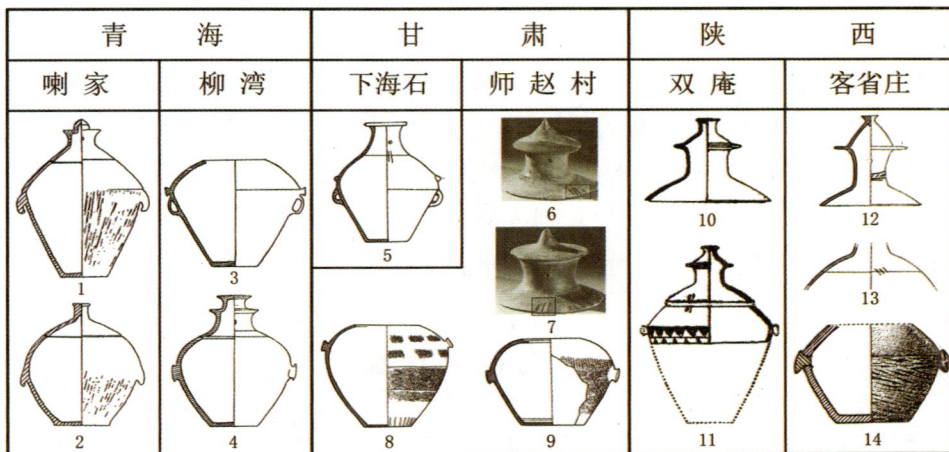

图3　各相关遗址塔形器器盖和切盖罐比较

1.喇 F4:14　2.喇 F3:14　3.柳 M961:2　4.柳 M1103:36　5.下海石 M19:16、17　6.师 T388②:17　7.师 T388②:21　8.师 T308②:16　9.师 T308②:15　10、11.双Ⅳ H4:45、46　12.客 H168:?　13.客 H168:7(柳=柳湾;喇=喇家;师=师赵村;双=双庵;客=客省庄)

第三,磨沟墓地以 M164 为代表的遗存属于齐家文化,但那些齐家文化典型特征不明显的遗存,它们的文化性质归属还有待深入研究。

发掘者将磨沟墓地出土遗存分为齐家文化和齐家文化向寺洼文化的过渡遗存,还有一些属于较典型的寺洼文化陶器(口部呈马鞍口)。其实,四坝文化晚期就已经出现了马鞍口陶罐,东灰山 M26[②]和山丹四坝滩[③]均有一件。已有的碳14测年数据和相关研究表明,四坝文化的结束年代不晚于寺洼文化的起始阶段[④]。当然,四坝文化、磨沟墓地与寺洼文化的马鞍口陶器相互之间有无联系、有何关系,还需深入研究。不过,有一点可以肯定,磨沟墓地发现的马鞍口陶器年代并非最早(图4)。

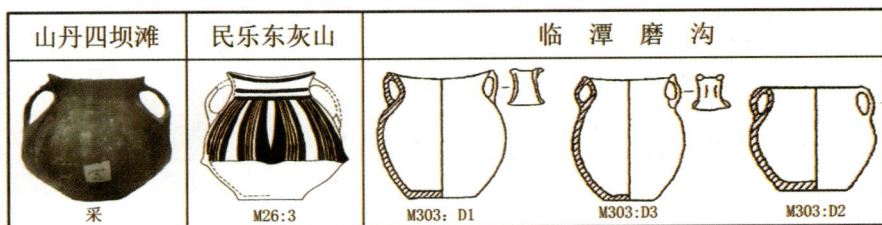

图4　四坝滩、东灰山和磨沟墓地出土的马鞍口形双耳罐比较

---

①西安半坡博物馆:《陕西岐山双庵新石器时代遗址》,《考古》编辑部:《考古学集刊》(第3集),中国社会科学出版社,1983年,第51—68页。

②甘肃省文物考古研究所、吉林大学北方考古研究室:《民乐东灰山考古——四坝文化墓地的揭示与研究》,图版二九,科学出版社,1998年。

③安志敏:《甘肃山丹四坝滩新石器时代遗址》,《考古学报》1959年第3期。

④李水城:《四坝文化研究》,苏秉琦主编:《考古学文化论集(三)》,文物出版社,1993年,第80—121页;水涛:《甘青地区青铜时代的文化结构和经济形态研究》,《中国西北地区青铜时代考古论集》,科学出版社,2001年,第193—327页;陈建立等:《甘肃临潭磨沟寺洼文化墓葬出土铁器与中国冶铁技术起源》,《文物》2012年第8期。

综上,可以明确:以师赵村遗址第七期为代表的遗存不能全部归入齐家文化,隆德页河子龙山时代遗存应该纳入齐家文化的范畴,磨沟墓地以 M164 为代表的墓葬属于齐家文化,但是其他遗存的文化性质还需再做探讨。

还需强调一点,齐家文化的标志性器物并不是双大耳罐和侈口深腹罐,而是高领罐。以此认识为基础,可知齐家文化主体的分布,东到六盘山,西北至河西走廊张掖一带,西达青海黄河上游共和盆地,向南进入甘南地区。从行政区划来看,集中分布在中国的甘肃、宁夏和青海三省。此外,虽然在内蒙古西南部、陕西东部甚至四川西北部可以见到齐家文化风格的双大耳罐①,但少见齐家文化的标志性器物——高领罐,因此,暂将这些地区视为齐家文化的影响区。

二、分期与年代

学界首次对齐家文化进行的系统分期当属张忠培先生的《齐家文化研究》②,尽管有学者对此研究提出过疑义③,但之后的分期研究并没有大的突破,只是时段划分粗细不同或对部分单位进行了调整④。齐家文化更为系统和具有突破性的阶段划分,有待于更多新材料的公布和更为深入的研究。

现将学界各位研究者对齐家文化的分期汇总如下(表1)。

表1　各位研究者对齐家文化的分期⑤

学者	期(型)、段		代表单位和其他	
谢端琚	一		大何庄下层(第3层)	注:天水七里墩、秦安寺咀坪(天水七里墩类型)→大何庄→秦魏家(永靖、秦魏家类型)→皇娘娘台(皇娘娘台类型)
	二		大何庄上层(第2层)	
	三		秦魏家下层(第3层)	
	四		秦魏家上层(第2层)	
张忠培	一	一	瓦家坪 K82·5 居住室	
		二	柳湾 M267	
		三	皇娘娘台 F8	
	二	四	皇娘娘台 M29 组、M38 组和 M27 组	
		五	秦魏家三层墓葬	

①笔者认为,相比较四川西北部和内蒙古中南部,陕西宝鸡附近受齐家文化的影响更为深刻,但即便如此,以石嘴头 M2 和川口河采集陶器为代表,虽能见到与齐家文化标志性陶器高领罐类似的器物,但差别还是较大,不宜将它们归入齐家文化。参见西北大学历史系考古专业 82 级实习队:《宝鸡石嘴头东区发掘报告》,《考古学报》1987 年第 2 期;尹盛平:《陕西陇县川口河齐家文化陶器》,《考古与文物》1987 年第 5 期。

②张忠培:《齐家文化研究(上)》,《考古学报》1987 年第 1 期;张忠培:《齐家文化研究(下)》,《考古学报》1987 年第 2 期。

③陈迟:《关于齐家文化研究中的几个问题》,《考古》1988 年第 6 期。

④水涛:《甘青地区青铜时代的文化结构和经济形态研究》,《中国西北地区青铜时代考古论集》,科学出版社,2001 年,第 193—327 页。

⑤还有学者对齐家文化有分期研究,但是其最终分期单位与分期典型器物图之间有较大出入,故本文在此暂不列出。参见陈小三:《河西走廊及其邻近地区早期青铜时代遗存研究》,吉林大学博士学位论文,2012 年。

续表

学者	期（型）、段		代表单位和其他
张忠培	三	六	大何庄 F7
		七	秦魏家诸遗存三段
		八	秦魏家诸遗存四段
水　涛	一	一	柳湾一段
	二	二	柳湾二段、皇娘娘台二段、齐家坪一段
		三	皇娘娘台三段、秦魏家 3 层
	三	四	柳湾三段、皇娘娘台四段、齐家坪二段、大何庄下层
		五	秦魏家 2 层早段
	四	六	齐家坪三段、秦魏家 2 层晚段、大何庄上层、尕马台
张天恩	早期		柳湾 M271、M965、M1103 等；皇娘娘台 M29、M47 等早期墓葬
	中期		柳湾 M1108 等晚期墓；皇娘娘台 M27、M38 等晚期墓；秦魏家下层；齐家坪一段
	晚期		秦魏家上层；大何庄上、下层；齐家坪二、三段
胡谦盈	甲型（早）		分布在甘肃省中部和东部渭河上游，以大何庄和秦魏家为代表
	乙型（晚）		分布在甘肃省武威地区和青海东部，以皇娘娘台和柳湾为代表

综合上述各家研究，并以《齐家文化研究》为基础，通过对乐都柳湾[①]、永靖大何庄[②]、永靖秦魏家[③]、武威皇娘娘台[④]、宁定阳洼湾[⑤]、民和喇家[⑥]、同德宗日[⑦]、广河齐家坪[⑧]、直岗拉卡[⑨]、临潭磨沟[⑩]和隆德页河子[⑪]等典型遗址和墓地再次梳理，本文将齐家文化归为三期[⑫]，各期主要遗存汇总为表 2。

---

①青海省文物管理处考古队、中国社会科学院考古研究所：《青海柳湾——乐都柳湾原始社会墓地》，文物出版社，1984 年，第 170—229 页。

②黄河水库考古队甘肃分队：《临夏大何庄、秦魏家两处齐家文化遗址发掘简报》，《考古》1960 年第 3 期；中国科学院考古研究所甘肃工作队：《甘肃永靖大何庄遗址发掘报告》，《考古学报》1974 年第 2 期。

③黄河水库考古队甘肃分队：《甘肃临夏秦魏家遗址第二次发掘的主要收获》，《考古》1964 年第 6 期。

④甘肃省博物馆：《甘肃武威皇娘娘台遗址发掘报告》，《考古学报》1960 年第 2 期。

⑤夏鼐：《齐家期墓葬的新发现及其年代的改订》，《考古学报》1948 年第 3 期。

⑥中国社会科学院考古研究所、青海省文物考古研究所：《青海民和喇家史前遗址的发掘》，《考古》2002 年第 7 期；中国社会科学院考古研究所、青海省文物考古研究所：《青海民和县喇家遗址 2000 年发掘简报》，《考古》2002 年第 12 期。

⑦青海海省文物管理处、海南州民族博物馆：《青海同德县宗日遗址发掘简报》，《考古》1998 年第 5 期。

⑧陈玭、王辉、华先：《甘肃临潭磨沟墓地文化性质再议》，《中国文物报》2012 年 5 月 11 日第 6 版。

⑨胡晓军：《尖扎直岗拉卡乡齐家文化遗址发掘简报》，《青海文物》（总第 10 期），1996 年。

⑩甘肃省文物考古研究所、西北大学文化遗产与考古学研究中心：《甘肃临潭磨沟齐家文化墓地发掘简报》，《文物》2009 年第 4 期；甘肃省文物考古研究所、西北大学文化遗产与考古学研究中心：《甘肃临潭县磨沟齐家文化墓地》，《考古》2009 年第 7 期。

⑪北京大学实习队、固原博物馆：《隆德页河子新石器时代遗址发掘报告》，北京大学考古系编著：《考古学研究》（三），科学出版社，1997 年，第 158—195 页。

⑫需要说明的是，本文划分的三期齐家文化不包括以总寨互助和大通黄家寨为代表的相关遗存，从相关发掘简报和报告可知，这些遗存已与单纯和典型的齐家文化不同。参见青海省文物考古队：《青海互助土族自治县总寨马厂、齐家、辛店文化墓葬》，《考古》1986 年第 4 期；青海省文物考古研究所、吉林大学考古学系：《青海大通县黄家寨墓地发掘报告》，《考古》1994 年第 3 期。

表2　本文对齐家文化的分期

遗　址	早　期		中　期	晚　期
柳　湾	M130:20	以 M392、M398、M857、M990、M992、M1061 和 M1128 为代表	以 M856、M972、M1008、M1039 和 M1127 为代表	以 M44、M369、M696、M738、M871、M1108 和 M1325 为代表
大何庄			以 M27、M63、M74、M89 和 M90 为代表	以 M7、M36、M39、M46 和 M87 为代表
秦魏家			以 M36、M53、M74、M89 和 H68 为代表	以 M9、M23、M33、M40、M54、M81、M96、M106、M117、M124、M127 和 M134 为代表
皇娘娘台			以 M24、M29 和 M38 为代表	以 F8、M32、M37、M47 和 M60 为代表
阳洼湾				M1、M2
喇　家				F3、F3
宗　日				M100、M314、M318、M319
齐家坪			M108 和 M110	M107
磨　沟			√	√
直岗拉卡 M1		√		
页河子	以 T109⑥为代表		以 T303⑤为代表	？
师赵村		√	？	
西山坪		√	？	

齐家文化早、中、晚三期典型双大耳罐参见图5。

齐家文化早、中、晚三期典型高领罐参见图6。

根据碳14测定数据①,齐家文化的年代上限可达公元前2300年,最晚下限为公元前1500年。最新的研究指出,目前公布的齐家文化碳14测年数据绝大多数受到"老碳效应"的影响,所测数据可能较遗址的实际年代偏老,齐家文化东部遗址的测年整体要早于西部,该文化的大致年代范围在距今4400—3400年②。

---

①中国社会科学院考古研究所:《中国考古学中碳十四年代数据集(1965—1991)》,文物出版社,1992年,第251—285页;张雪莲等:《民和喇家遗址碳十四测年及初步分析》,《考古》2014年第11期;陈建立等:《甘肃临潭磨沟寺洼文化墓葬出土铁器与中国冶铁技术起源》,《文物》2012年第8期。

②董广辉等:《中国甘青地区齐家文化时期的农业双向传播》,《中国丝绸之路暨早期秦文化国际学术研讨会论文集》,文物出版社,2014年,第134—137页。虽然这项研究将齐家文化的上限推定至距今4400年,但笔者认为此年代偏早,因为菜园遗址显示,马厂文化早、晚期均与菜园文化共存,前者的年代上限不超过距今4400年。齐家文化是菜园文化的发展,因此,它的早期不可能与马厂文化早期同时。

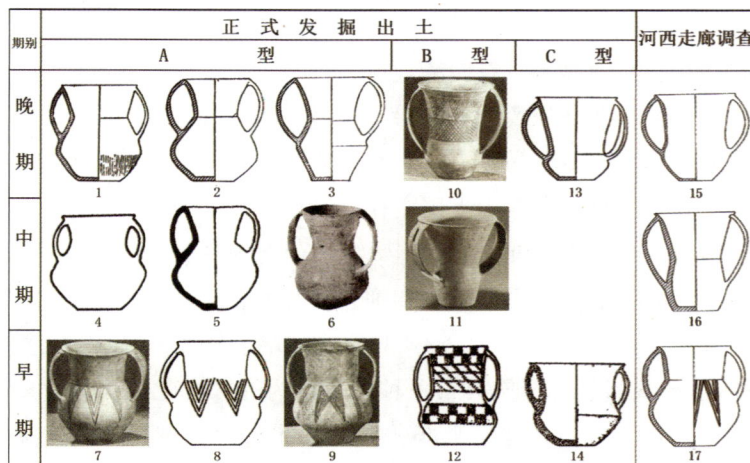

图5 齐家文化早、中、晚三期典型双大耳罐

1.总寨 M39:1 2.秦魏家 M9:5 3.秦魏家 M134:4 4.柳湾 M1008:8 5.齐家坪 M108:8 6.大何庄 M63:4 7.柳湾 M217:6 8.柳湾 M155:6 9.柳湾 M869:5 10.柳湾 M871:2 11.皇娘娘台 M38:12 12.柳湾 M992:15 13.柳湾 M1108:1 14.直岗拉卡齐家墓:5 15、17.古浪朵家梁 16.古浪水口子

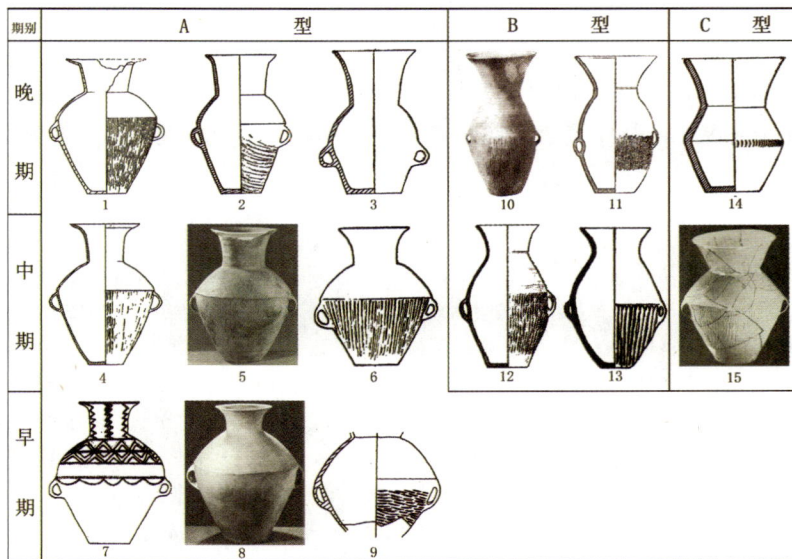

图6 齐家文化早、中、晚三期典型高领罐

1.天祝那威(馆藏号 0080)2.柳湾 M1108:7 3.柳湾 M738:1 4.喇家 F3:28 5.柳湾 M271:8 6.柳湾 M972:16 7.柳湾 M1128:5 8.柳湾 M398:1 9.页河子 T109⑥:15 10.秦魏家 M81:4 11.秦魏家 H96:2 12.齐家坪 M110:13 13.齐家坪 M108:2 14.大何庄 M107:2 15.皇娘娘台 M38:1

三、来源问题

关于齐家文化的来源问题，学界主要有四种观点。

第一种，张忠培[1]和水涛[2]认为齐家文化源自菜园文化。[3]

第二种，谢端琚认为齐家文化源自马厂文化。[4]

第三种，胡谦盈认为齐家文化源自常山下层文化。[5]

第四种，陈小三认为齐家文化分为柳湾类型、皇娘娘台类型和磨沟类型三种类型，其中柳湾类型源自马厂文化，而皇娘娘台类型来自页河子类型和师赵村类型，磨沟类型来自皇娘娘台类型[6]。

可以看出，第一种和第二种观点虽然完全不同，但它们的共同点在于，齐家文化的源头和齐家文化早期遗存地理位置截然相反，具体表现为：第一种观点认为齐家文化源自甘肃东部和宁夏中南部的菜园文化，但齐家文化早期遗存分布在青海东部和甘肃西部[7]；第二种观点认为齐家文化源自甘肃中西部和青海东部的马厂文化，但齐家文化的早期遗存在甘肃东部，齐家文化从早至晚自东向西发展[8]。第三种观点同于第一种观点，但是胡谦盈赞同第二种观点的分期。第四种观点突破了以往的认识，认为东西各区的齐家文化来源不同。如果要接受这一认识，就需要回答如下问题：既然柳湾类型和皇娘娘台类型各有单独的分布地域，且来源不同，那么这两个不同的地方类型其实可视为两支不同的考古学文化，它们因何还能统一于齐家文化之中？

从目前的材料看，笔者赞同第一种观点：以陶器为视角，齐家文化的主源是菜园文化（常山下层文化）[9]，甘青地区的马厂文化和中原地区的客省庄文化在齐家文化的形成过程中也发挥了重要作用。理由有五：

第一，齐家文化的标志性器物高领罐至少有三种形态，而且这三种形态的高领罐相互之间没有演变关系。不论是在甘肃、青海还是宁夏，没有任何一支考古学文化同时拥有这三种高领罐祖型：A 型高

---

①还有学者对齐家文化有分期研究，但是其最终分期单位与分期典型器物图之间有较大出入，故本文在此暂不列出。参见陈小三：《河西走廊及其邻近地区早期青铜时代遗存研究》，吉林大学博士学位论文，2012 年。

②黄河水库考古队甘肃分队：《临夏大何庄、秦魏家两处齐家文化遗址发掘简报》，《考古》1960 年第 3 期；中国科学院考古研究所甘肃工作队：《甘肃永靖大何庄遗址发掘报告》，《考古学报》1974 年第 2 期。

③张忠培先生在《宁夏菜园》序言中这样写道："……认为它（菜园资料，笔者注）的文化面貌、特征、性质，完全同于《齐家文化研究》所说的兴隆和上齐家遗存，只是材料极为丰富，使人一目了然。它们所体现出的考古学文化面貌、特征、性质，较之兴隆即上齐家几块陶片及三几件陶器所表现的考古学文化面貌、特征、性质，更清晰地显现出来。"参见宁夏文物考古研究所、中国历史博物馆考古部：《宁夏菜园——新石器时代遗址、墓葬发掘报告》序。

④端居：《齐家文化是马家窑文化的继续和发展》，《考古》1976 年第 6 期。

⑤胡谦盈：《论齐家文化的不同类型及其源流》，《考古与文物》1980 年第 3 期。

⑥陈小三：《河西走廊及其邻近地区早期青铜时代遗存研究》，吉林大学博士学位论文，2012 年。

⑦张忠培先生认为齐家文化第一期的典型单位以瓦家坪 K82·5 居住室、柳湾 M267 和皇娘娘台 F8 为代表，它们皆在甘肃西部和青海东部。水涛认为，齐家文化一期的代表为柳湾一段，二期早段的代表是柳湾二段、皇娘娘台二段和齐家坪一段。

⑧谢端琚：《试论齐家文化与陕西龙山文化的关系》，《文物》1979 年第 10 期。

⑨胡谦盈：《论常山下层文化》，田昌五、石兴邦主编：《中国原始文化论集——尹达先生八十诞辰纪念》，文物出版社，1989 年，第 91—108 页。

领罐在马厂文化和菜园文化①中可以找到,B型和C型高领罐暂时不能明确其祖型。

第二,齐家文化具有一类独特的"半罐形器"(图7:5、6),虽然数量较少,但特征鲜明,其祖型只能追溯至菜园文化。

第三,页河子遗址和柳湾墓地M130都可见器表下腹施细密竖向刻画(槽)纹的大耳罐(图2:5、14),甘青地区早于齐家文化的诸考古学文化都未出现过这种装饰,但是菜园文化这种装饰较为普遍,因此,此类装饰手法当源自菜园文化。

第四,空三足器来自客省庄文化,彩陶传统来自马厂文化,这已是学界的共识。

第五,齐家文化的典型器之一双大耳罐虽然体积小,但是数量和种类很多,特征也极为明显。起始年代早于齐家文化的马厂文化、菜园文化、常山下层文化、客省庄文化、案板三期文化皆有双耳罐,从形态上观察,它们都有可能是齐家文化双大耳罐的祖型,正因如此,不宜将双大耳罐视为齐家文化的标志性器物,将其称为典型器物可能更为妥当。

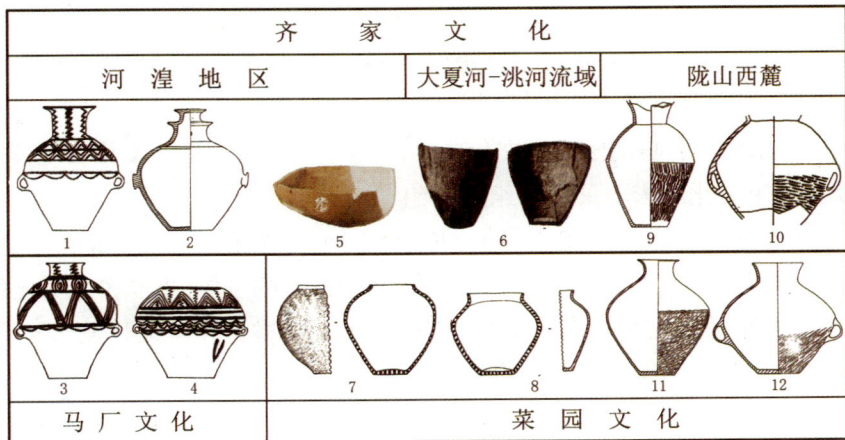

图7　齐家文化与马厂文化、菜园文化相关典型陶器比较

1.柳 M1128:5　2.柳 M1103:36　3.柳 M346:4　4.柳 M346:7　5.长宁 H39　6.大何庄 T57:9　7.切刀把 M37:17　8.瓦 M6:7　9.页 T303⑤:34　10.页 T109⑥:15　11.瓦 M16:2　12.瓦 M1:7(柳=柳湾;瓦=瓦罐咀;页=页河子)

综上,可知菜园文化是齐家文化的主源,马厂文化对齐家文化的贡献是数量较少的彩陶,客省庄文化对齐家文化的贡献是比例较小的三足器。

四、彩陶归属

齐家文化遗址和墓葬出土的彩陶可分为五组。

A组,以双大耳罐为主。花纹多施在下腹,主体花纹是呈复线或内填充网格的三角纹,多用红色或紫红色绘制(图8:1—5)。

B组,以颈耳罐为主。颈部施竖向平行线,腹部施菱形纹或回形几何纹,多用黑彩绘制(图8:6—8)。

①本文对此处所指的菜园文化做两点说明:第一,并非《宁夏菜园》报告中的菜园文化,而是张忠培先生在《宁夏菜园》序言中所指的林子梁一期一段和二期二段为代表的遗存;第二,还包括了胡谦盈提出的常山下层文化所代表的那类遗存。

C 组,以颈耳罐、深腹瓮为主。器表施满花纹,主体花纹为菱形方格纹和折线纹,多用黑彩绘制(图8:9、11)。

D 组,以颈耳罐为主。器表花纹为斜向宽条带纹和细线纹,多用黑彩绘制(图8:10)。

E 组,以圜底深腹罐为主,器表施三角纹和回形几何纹,多用红彩绘制(图8:12—14)。

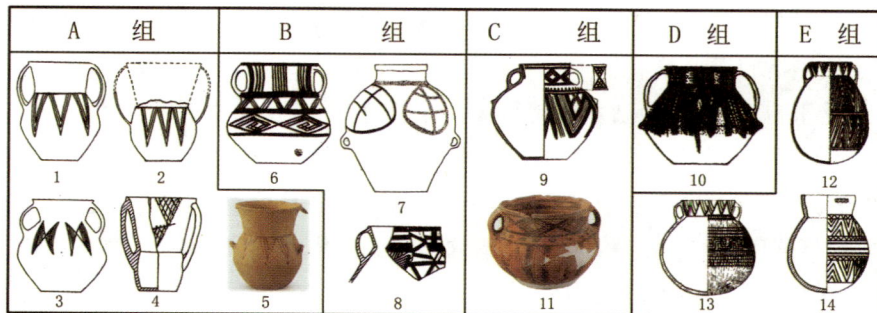

图 8　齐家文化遗址、墓地出土彩陶分组

1.柳 M977:5　2.皇 F8:6　3.柳 M954:7　4.页 H311:26　5.长宁 H31　6.柳 M965:7　7.柳 M1333:4　8.页 H140:4　9.皇 M32:5　10.新庄坪 11.长宁 F7　12.齐家坪 M111:8　13.山 M5:2　14.山 M14:1(柳=柳湾;页=页河子;皇=皇娘娘台;山=山家头)

从目前的研究可知,B 组彩陶属于马厂文化遗留,C 组彩陶属于西城驿文化,D 组彩陶属于四坝文化。因此,真正属于齐家文化的彩陶只有 A 组和 E 组。

A 组彩陶多见于青海河湟地区,E 组彩陶多出现在湟水中下游和甘青交界地区。这两组彩陶虽同属齐家文化,但是它们所占齐家文化陶器比例极少,并非陶器群的主体,更非齐家文化的指征性陶器。如果将庙底沟文化、马家窑文化和四坝文化视为"彩陶文化",那么齐家文化显然不宜称为"彩陶文化",换言之,齐家文化和它们不属于同一大的文化系统。

五、余　论

公元前二千纪初,中原腹地已进入夏王朝的纪年。从晋南豫西到甘青河湟谷地,夏文化、客省庄二期文化晚期、齐家文化和马厂文化晚期自东向西依次排开。强盛的夏文化在早期便向西扩张,直接导致在其西侧的客省庄文化西进和北上,也由此带来齐家文化的西迁,最终导致马厂文化退入河西走廊。[①]在这种类似多米诺骨牌效应的文化扩张和族群迁徙的大背景下,不以彩陶为特色的齐家文化将属于"彩陶文化"系统的马厂文化在甘青河湟谷地自东向西逐步、彻底终结,西北地区夏时期的第一支彩陶文化——西城驿文化只能在河西走廊和新疆哈密地区产生,而甘青河湟谷地再次出现"彩陶文化",已是迟至齐家文化彻底结束之后的公元前1500年左右了。

本文为国家社科基金青年项目"中国史前'丝绸之路'彩陶文化考古学研究"(项目号:17CKG004);

附记:赵宾福师、李伊萍教授给予本文悉心指导,谨致谢忱!

①张忠培、杨晶:《客省庄与三里桥文化的单把鬲及其相关问题》,《宿白先生八秩华诞纪念文集》编辑委员会主编:《宿白先生八秩华诞纪念文集》,文物出版社,2002年,第1—50页;李伊萍:《半山、马厂文化研究》,苏秉琦主编:《考古学文化论集(三)》,文物出版社,1993年,第32—67页。

喇家遗址考古在齐家文化研究中的
价值与作用及影响

中国社会科学院考古研究所　叶茂林

青海民和喇家遗址的考古发掘①历时数年，是进入新世纪在甘青地区史前考古和齐家文化研究中最先的突破性新发现和新进展。取得许多重要的成果，对于齐家文化的研究，具有重要的意义和极大的研究价值，对齐家文化的进一步认识提升和扩大了解及更深入的探索，都起到了积极的推动和促进作用。是齐家文化发现以来近百年研究历程中，有深远影响的考古发掘，形成了一个划时代的标志，带来了考古学与多学科的冲击。

一、喇家遗址在齐家文化考古研究上的价值和影响

中国社科院考古所甘青队老队长谢端琚先生率先以文字表述，他给我们简要阐明了喇家遗址在考古学上的意义和认识。②首先是史前灾难遗迹前所未见，考古学与自然科学的结合，揭示了灾难原因，推动了齐家文化多学科研究的深入发展。玉器的较多量和多方位发现，弥补了齐家文化考古发掘出土玉器资料，由此产生了新的认识。喇家遗址特殊重要遗迹的发现为齐家文化的社会方面研究，提供了更充分的新证据，尤其许多堪称填补空白的考古新发现，折射和反映了它所具有的区域中心聚落

---

①国道等：《青海喇家村齐家文化遗址最新揭示：史前灾难现场摄人心魄，黄河慈母佑子情动天地》，《中国文物报》2000年7月5日第1版；叶茂林等：《民和喇家遗址发现地震和洪灾新证据》，《中国文物报》2002年3月15日第1版；叶茂林等：《青海喇家遗址又发现史前地震证据》，《中国文物报》2003年3月14日第1版；叶茂林等：《青海喇家遗址发现齐家文化祭坛》，《中国文物报》2004年3月17日第1版；叶茂林等：《青海喇家遗址继续发现史前灾难遗迹》，《中国文物报》2005年3月30日第1版；叶茂林等：《青海喇家遗址去年发掘又取得新进展》，《中国文物报》2006年6月21日第2版；中国社会科学院考古研究所甘青队、青海省文物考古研究所：《青海民和喇家史前遗址》，《考古》2002年第7期；中国社会科学院考古研究所甘青队、青海省文物考古研究所：《青海省民和县喇家遗址2000年发掘简报》，《考古》2002年第12期。

②谢端琚：《喇家遗址发掘与齐家文化研究》，《中国文物报》2005年1月7日第7版。

地位,提升了齐家文化的发展高度。他指出:"喇家遗址蕴藏高等级多样化的丰富内涵,在官亭盆地遗址群考古中,可作为典型单位进行研究。"突出了它在齐家文化考古研究中的重要价值和在聚落考古中的学术地位。

张忠培先生曾经在杭州召开的 2001 年度的十大考古新发现的颁奖会上,专门找我谈话,特别告诉喇家遗址的灾难现象给喇家遗址带来的特殊研究意义和特殊价值,我至今仍然很清晰地记得。我们也没有忘记自己对于喇家遗址肩负的这份责任和重托。我们深知,因为喇家遗址并不是一个普通的考古遗址,它发现的灾难事件,使它有可能出现许多不同于一般遗址的发现情况和现象,这些特殊的出土情况和特殊的考古资料,显然都是非常难得的科学资料,在考古学研究中及在多学科研究中都相当重要。

喇家遗址目前发现的重要遗迹主要有:土台祭坛、祭坛上的高规格墓葬、祭祀性埋葬、宽大壕沟及壕沟的兴废变化过程、随地形而布局的以窑洞式为主体的房址群和房址常见火塘与壁炉方式并行、小广场以及小广场上的地面建筑和干栏式建筑①等等。其中,建筑群的布局多样、朝向多样、结构多样,不仅反映了建筑的不同形式,而且也同样反映出各建筑体的不同等级和不同性质与不同用途,包括建筑规格的差异变化。因而是一类颇具聚落考古研究价值的考古新材料。许多房址建筑保留了灾难现场的遗迹现象,真实定格并再现了史前大灾难发生的瞬间情景。聚落考古对于其研究对象来说,不仅包括一个区域范围的遗址群或建筑群,更包括单个遗址内部的聚落形态、结构变化、建筑格局、功能区划、景观物象、出土遗物,它反映出社群生活与社区活动、等级制度、精神领域等各种细节和信息。灾难现场还相当程度上提供了考古情景分析的丰富素材和再现真情实景的特殊的瞬间定格场景场面,是极为难得的考古资料,可以给研究者以更加广阔的思考空间,甚至可以促使我们反思过去不常遇见的考古现象,对相关的考古学问题提出很多新认识。

喇家遗址连续的考古工作,说明该遗址总面积超过了 50 万平方米,而原先考古调查的认识是,遗址被划分为三个遗址作为三个中小聚落和普通的遗址来看待。显然这是根本不同的遗址观察和理解。喇家遗址的考古工作,是在发掘的基础上,通过详细钻探和细致探查,在反复工作和思考的结果下,对所谓三个遗址重新定位,认为是同一个大聚落。通过深入了解,开始对喇家聚落有了全新的理解,并且还倾向于认定它有可能是一个组合式的聚落,因地形而有所区划,故而形成了大致呈三个小区域地块的分区。分析认为有可能原先的确是三个小聚落,然后聚合而形成大聚落的结构。②当然,这种认识主要还是来源于初步的分析思考,今后还需更多考古发掘来充实证据。

喇家遗址早、晚期的齐家文化遗存的扩大和变化,反映了喇家遗址聚落的演变发展。壕沟的使用和废弃,提示了聚落变化的过程。虽说这些认识还比较粗浅,但却明确说明了喇家遗址的聚落演进和发展。其中,小广场、祭坛、壕沟等,这些现象都是齐家文化的新发现,在很大程度上反映了中国东部和北部的一些重要的史前文化所体现的发展高度,有较为一致或基本同步的文明化进程与发展水平。

有学者根据喇家遗址齐家文化与东北红山文化和东部良渚文化等被认定的祭坛形态和样式特征初步比较,已经得出了一个关于史前社会这三个区系人们的宇宙观和意识形态的一些发展和认识的

---

① 中国社会科学院考古研究所甘青队等:《青海民和喇家遗址发现齐家文化祭坛和干栏式建筑》,《考古》2004 年第 6 期。

② 叶茂林:《青海喇家遗址一些问题的思考》,何力编:《考古学民族学的探索与实践》,四川大学出版社,2005 年。

特点①,并联系到三者都具有玉器文化的强势发展,表明这三个不同区系的社会发展背景和思想意识,具有相当的可比性和上层联系。

研究者还有涉及喇家遗址的广场、壕沟、祭坛、干栏建筑等特殊遗迹的研究文章,有的已经发表②。可以看到,相关研究对喇家遗址和齐家文化有了较深入的新理解、解读及新认识。无疑,喇家遗址的新发现,不仅丰富了相关研究资料,而且更重要的是它弥补了齐家文化研究上的许多空白,促进了对齐家文化相关遗存的认知。当然,在对喇家遗址灾难现象的考古认识上,也有不同的争论,这些不同的声音,与发现和研究一样③,都推动了齐家文化学术研究的发展。

顺便多说一下,不同声音里就有认为喇家遗址灾难是所谓居室葬的问题。仅说王仁湘先生吧,他就是最先注意到并提出讨论考古学上的房屋捐弃风俗的学者,王仁湘也是最早看到喇家遗址灾难现场考古发现的大专家。我们在喇家遗址发掘工地,一起讨论了各种可能性。如果是居室葬现象,王仁湘先生一定会最敏感地发现并率先提出个人观点来,可是,并没有出现这种情况。我们知道,王仁湘是一位才思敏捷的学者,而且文笔很快,他没去批评这错误认识。

喇家考古研究方面的信息资讯,大家相对容易获得,限于篇幅,恕不展开来做过多陈述。下面略多叙述下关于年代学和多学科及其他研究。

二、喇家遗址发掘在齐家文化年代学上的价值和影响

喇家遗址的特殊发现④,迫切需要搞清楚灾难发生的年代与时间和其原因及相关细节。

喇家遗址灾难及其所带来的后果,不仅考古学家和学术界,包括普通公众,不仅想知道发生的年代,还要搞清楚其在齐家文化发展演进中所形成的影响、喇家遗址在齐家文化中所处的位置。对于齐家文化整体年代的进一步认识,齐家文化在中国史前文化和在华夏文明中的特定地位等重要问题,都对喇家遗址年代学提出了许多问题和需要解决的精确要求。

正好在喇家遗址发掘过程中,中华文明探源工程的国家重点项目正在进行中,喇家遗址后来也被列入探源工程项目之中,这给予测年工作上的较好支持和测年经费的保证。探源工程其中的一个十分重要的任务,就是考古学年代框架的建立和完善。因此,喇家遗址在考古工作中很顺利获得了几十个测年数据的丰硕成果,喇家遗址和齐家文化的年代数据资料一下子就增加了若干倍。原先齐家文化总

①吕宇斐、杨江南:《东亚史前祭坛的天文考古学研究——如何理解"昆仑之丘"》,《2015 中国广河齐家文化与华夏文明国际研讨会论文汇编》,该论文集 2016 年由文物出版社正式出版,惜未收入该文。

②钱耀鹏:《关于喇家聚落的灾难遗迹和广场建筑》,《考古》2007 年第 5 期;杨鸿勋:《古蜀大社(明堂·昆仑)考——金沙郊祀遗址的九柱遗迹复原研究》,《文物》2010 年第 12 期;赵宗军:《中国新石器时期祭坛研究》,安徽大学 2007 年硕士研究生学位论文(导师李修松教授);李林:《先秦礼制建筑考古学研究》,山东大学 2010 年博士研究生学位论文(导师于海广教授);魏华:《略论新石器时代我国的干栏式建筑》,《文物世界》2013 年第 2 期。张法:《社坛与中国上古的观念演进》,《中山大学学报》2015 年第 55 卷第 5 期。

③李新伟:《再论史前时期的弃屋居室葬》,《考古》2007 年第 5 期。

④中国社会科学院考古研究所甘青队、青海省文物考古研究所:《青海民和喇家史前遗址》,《考古》2002 年第 7 期;中国社会科学院考古研究所甘青队、青海省文物考古研究所:《青海省民和县喇家遗址 2000 年发掘简报》,《考古》2002 年第 12 期;中国社会科学院考古研究所甘青队等:《青海民和喇家遗址发现齐家文化祭坛和干栏式建筑》,《考古》2004 年第 6 期。

体也就 10 来个测年数据,现在不仅数据丰富了,而且对年代的拟合、辨析与认识,也逐渐深入和提高。

考古学者都知道,考古学的年代数据并不是一个简单的测年数字而已,更主要的还是在于,它必须有考古学家与测年专家结合起来的讨论分析。这一点是其他各方面或其他学科的测年学者做不到的,甚至包括一些自然科学的学科,它们大多都没有如同考古学这样对年代的精细要求。这是考古学测年的传统优势所在。从夏商周断代工程开始,推广应用的新的系列样品测年,已经明显提高了考古测年的效果和精确度,这是考古学测年的一个突破性的发展。喇家遗址也主动为配合测年工作而尝试进行了这方面的探索。但因喇家遗址的分期工作做得并不深入、细化和完备,也没有经过反复的推敲和讨论,其分期尚需要进一步发展和细化,因而喇家遗址的系列样品测年的愿望还只是一种设想,并未得到实际采用。

不过我们与测年专家进行了很深入的测年数据的分析探讨,试图把大量测年数据结合考古遗存和地层关系,进行比较和归纳分析[1],从而获得比较好的有类似系列样品测年或可大体相当的分析结果和进一步认识,形成比较可靠、比较科学的年代数据框架体系。与此同时,相关自然学科的一些学者,也非常重视喇家遗址的年代,并结合他们对于沉积物的考察和研究,深入分析了喇家遗址的各年代关系,他们还通过采样进行了光释光测年,把各个数据群进行整合并分析相关的年代值,似乎也得出了比较好的年代学的精确判断。这就是陕西师范大学黄春长教授研究团队的一项研究成果。[2]

因为喇家遗址大量的测年都是木炭标本,这些采样大多是间接的年代,即只反映某个地层单位包含的木炭的年代。木炭或原来的木头的来源很难准确知道,如果木炭标本是在一个小的遗迹单位,如灰坑、房址或墓葬,那么很难肯定木炭与遗迹之间的年代误差。所以木炭测年的误差相对要大一些,因其不直接,就存在不确定性。而如果是骨头测年,相对来说误差就缩小很多,一个个体的人骨年龄至多几十年以内,古代的树木则可能上百年。而只是到后来,我们才采集了人骨来进行测年。

关于喇家遗址人骨的测年工作,有必要再回顾一下情况。喇家遗址发掘出来的灾难现场,使得人们更多关注灾害事件,包括学界和公众都一致重视灾难现象,灾难现场更是重点保护。由于喇家遗址灾难现场采取的现场需要完整性,同时还需要保证今后真实性展示,所以在现场发掘工作完成之后,立即对 F3、F4 等房址加强了保护,也就不便现场再做采样和提取,因此也就失去很多继续采样的机会。而起初在考古发掘过程中,对其情况并未深刻认识,也缺乏经验,而且还缺乏与多学科学者间的交流和更多沟通。当时就没有想到要对灾难房址里的人骨进行更多采样用以测年,发掘结束加以保护之后,已不便再取样,也就失去了采样机会。这是经验不足的问题,也是应该汲取的一个教训。

后来才知道,年代数据如果采用灾难死亡的人骨来测年,可以说是最真实、最直接,也最接近灾难事件的年代。现在看来,当时工作中还是存在失误的,没有及时与测年专家沟通。而且最初的采样也都是木炭。再后来,天长日久损毁朽坏了的人骨,在展示前的保护加固修复过程中,被替换下来,这些废弃的碎骨头渣,我们按照每一个体仍然准确记录并收集,于是重新获得了人骨测年标本。因许多小孩的骨头质地保存最差,损毁更加严重,恰恰小孩的骨头本身的年龄很小,而这个生长期的年限误差也

---

[1]张雪莲、叶茂林、仇士华等:《民和喇家遗址碳十四测年及初步分析》,《考古》2014 年第 11 期;叶茂林:《喇家遗址 3 号 4 号房址出土齐家文化人骨的血缘关系及测年》,《无限悠悠远古情——佟柱臣先生纪念文集》,科学出版社,2014 年。

[2]张玉柱、黄春长、庞奖励等:《黄河上游官亭盆地喇家遗址地层光释光测年研究》,《地理学报》2013 年第 68 卷第 5 期。

就小,对于测年来说更加有利,只是骨质差有可能不适合测年,但只要骨质中能够保存下来一定需求量的可测年的碳物质成分就好。

这些样品我们分别送交中国社科院考古所和北京大学测年。随后测年数据已经公开发表,获得了喇家遗址灾难最直接的年代数据。两家考古测年单位做出的测年结果很一致,通过对测年数据的深入分析,我们认为喇家遗址房址出土灾难人骨的测年数据最符合客观实际。以考古现场埋藏的死亡人骨标本测定的年代数值,可能是最接近喇家遗址灾难的实际年代。若干数据形成的较为一致的年代值指向,进一步增强了我们之前做出的考古认识判断。我们认为,这是非常值得信赖的年代。当然,在以后的工作中,如果有可能,还应该再进行更多的这种采样和测年研究。

喇家遗址齐家文化的年代数据,现已积累了几十个测年数据。根据数据归纳列述如下:

喇家遗址齐家文化的绝对年代范围:在4300—3950BP(即喇家齐家文化聚落突然中止于地震灾难的发生);喇家遗址马家窑文化和辛店文化的数据还很少或缺乏,喇家的马家窑文化测年数据目前只有一个:4900—4600BP;喇家的辛店文化,还未获得测年数据(现在还正在加紧做测年)。喇家遗址整体的文化遗存堆积初步的年代分期排序如下:

文化堆积自下而上:1.喇家马家窑文化;2.喇家齐家文化(初步再划分为二期:A.喇家齐家早期;B.喇家齐家晚期);3.喇家辛店文化。

依据喇家遗址已有的测年数据和埋藏分析,测年数据可分为几个时间段:

马家窑文化4900BP左右;齐家文化4300—3800BP之间;喇家齐家文化最新的人骨测年数据,都集中指向3950BP左右,因此我们采纳喇家齐家文化年代范围是4300—3950BP。

测年数据中的其他更晚的一些数据,我们据此而舍弃。原因是测年数据有很多因素都可能造成数据的误差,如果研究已经确定了年代数据归属的范围值的合理区间了,就应该舍弃那些有可能是出现了明显偏差错误或有较大误差的数据而不能以这些误差较大的数据再来干扰我们对于年代的认识。当然,对这些较偏晚了的数据,我们仍然需要进行分析,找到它们的原因,以增加我们在测年工作中或在考古工作中对相关问题的认识和经验。

地层关系和测年数据均表明,喇家遗址包括了齐家文化偏早期的一些遗存,年代数据甚至可以早到距今约4300年,除了有地层和一些早期特征的表现外,也有许多遗物遗存的特征却并没有显示出整体上的更显著的早期特征,这也促使我们要去想办法理解早晚差异的考古现象,试探以今人的眼光该如何去认识史前的物象变化和时代发展。其中也包括个别器物特征与整体器物特征的变化关系,这些都是值得考古学家用心思考的问题。

我们采纳了喇家遗址地震灾难毁灭时间的年代数据为3950BP左右的年代值,作为喇家遗址废弃的时间。但是必须说明,这也并不就是一个时间点,而只是一个接近准确的范围值。我们已经在发表的论文中讨论了喇家遗址年代的相关问题,以及齐家文化年代的相关问题。[①]文章中有地层关系、遗存现象与数据间的对应分析,还有与其他遗址和文化的比较。但是必须说明,该文也还是很初步的,喇家遗址年代学还需要进行深入探讨。

通过测年和对遗存资料的观察,特别是对喇家遗址的发掘资料整理,我们进一步判断,喇家遗址

---

① 张雪莲、叶茂林等:《民和喇家遗址碳十四测年及初步分析》,《考古》2014年第11期;叶茂林:《喇家遗址3号4号房址出土齐家文化人骨的血缘关系与测年》,《佟柱臣先生纪念文集》,科学出版社,2014年。

的齐家文化遗存,整体上是居于齐家文化早期至中期之间的这个时间跨度范围内,即处于整体齐家文化的早中期阶段。那么,喇家遗址在齐家文化整体发展的时间长度中,它所处的位置,也就基本上可以得到认定了。同时,我们也可以据此来重新评价齐家文化整体所处的时间长度、它的年代跨度与时间范围。我们认为它不应该是一个可以不断拉长的年代范围。

我们曾经多次强调,喇家遗址灾难发生并不是齐家文化的终结,只是齐家文化时期里遭遇到的一次区域性的巨大灾害事件。它的影响当然是巨大的,而且也可以说是深远的。但是,它并没有摧垮齐家文化的先民社会,仅仅是重创了一部分齐家文化的区域和社区,即使是喇家遗址的先民也没有全部死亡,而是他们再建了一个具有同样重要性质的新的社区(也就是又一个中心聚落),并继续发展,这点已有后来深入的调查工作和初步研究①。

还有一点值得学界关注的问题提出来,其实这也是一个很有意思的考古学的问题。就是喇家遗址是在一个最后的时间点一下子停止了,这个齐家文化聚落地成为废墟的。它把之前可能在不同的时间出现在遗址上的各种遗存,包括房址的修建可能原本都存在着早晚的一些差异,但却被放到了一个相同的时间点上毁灭、终结并完整埋藏下来,这种突显在时间终点上的考古现象与表现在时间起点上的考古现象,应是有所不同的。它可以促使我们对相关的年代问题做出更多更深的一些思考。比如,对分期问题的理解、对考古时间段的划分等,都可能产生新认识②。

对齐家文化的年代范围,我们比较倾向于把齐家文化向更早还有可能再推进一点,这样也就衔接上了齐家文化的最早期和齐家文化的渊源文化。因为齐家文化,在过去人们的认识中,普遍有比较偏晚的认识,现在学术界越来越趋向认同它上接甘宁临近区域的仰韶文化晚期发展到龙山文化时期的某些新石器文化,虽然大家对相关文化的认知还存在着一些不同的看法,但是实际上它是客观地表现出来的。这样就有可能把齐家文化向前再推进一点。其实可能也差不了太多了。所以,我们把喇家遗址齐家文化的上限,确定在4300BP。

那么再说齐家文化的晚期时限。现在学界有一种很明显的趋向,就是把齐家文化拉到一个很晚的时间去。我们认为,这是一种较为不科学的很不可取的倾向,干脆说这是不对的!道理很简单,就好像今天还有满族的聚落存在,保留了清的一些遗物和个别遗留特征,你偏说那是清朝,就说不通了,即使有些物品没有消亡,但那个时代已没有了。或者说,即使那个"民国"在台湾残存延续,但民国的时代也早已随新时代而发生许多变化了。这个比喻并不一定准确。齐家文化的后续文化也是早已经出现并有多种存在了,无限延伸齐家文化的时限,无论是在方法论上还是认识论上,或是在实际工作中,都是一种错误。坚持此做法的,是考古学家自己说出了齐家文化的判断,不好收回。但过分强调它与齐家文化的某些共同点,却忽略了更多明显的新的不同点。另一种是所谓环境考古学家,不知道考古学与年代学是必须契合的,做几个测年数据出来,就可以推翻考古学年代,可以无限扩大或夸大一个考古学文化的年代范围,这是假的研究。做环境考古,首先必须尊重考古,其次才能够深入研究,才可能获得考古学认可的成果。而不能拿环境年代来确定考古学年代。那是本末倒置。因为做自然学科的,常常用地质年代的方法和思维去看待考古年代。他们习惯

---

①喇家遗址考古发掘同时,我们考古队就在官亭盆地广泛开展古遗址群考古调查,在之后的课题中,也陆续进行了官亭盆地聚落考古的深入调查和研究,因此,喇家遗址考古队已初步掌握了喇家遗址灾难前后的齐家文化在官亭盆地的聚落分布特征的新情况,多方面探查和分析,对此已有一些新认识。

②叶茂林:《喇家遗址3号4号房址出土齐家文化人骨的血缘关系与测年》,《无限悠悠远古情——佟柱臣先生纪念文集》,科学出版社,2014年。

了拿到数据就用,根本不考虑测年或采样的一些问题。

我们认为,齐家文化的年代不应该无限度地向后、向晚期推延。有一些齐家文化特征的东西在较晚时期出现,并不一定就是代表了齐家文化的年代在延伸,它或许已经是齐家文化之后的某种新的文化了。简单地以齐家文化的某些陶器来认定齐家文化或完全以陶器来决定一种考古学文化的方法需要反思了,考古学文化要从多方面来衡量,仅仅只看陶器显然是不够的,是不全面的。在已有明显变化的时候,就应该区分不同的文化了。只要认真观察和分析,就可以发现,这个时候的文化遗存发生显著的变化了,肯定是一种新文化。关键你是否愿意承认它变化了,而且愿意看到那个变化的现象。似可以说,辛店文化和卡约文化出现后,齐家文化的年代就结束了。

从喇家遗址来观察,喇家齐家文化灾难的时段,约在齐家文化的中期。表现晚期特征的一些陶器,这时已经开始出现了。从考古学的角度分析,并不能以这种个别特征来简单分期,而应该更多考虑组合的关系和所表现出来的变化。在我们还不能确知某种分期特点的存在或延续时,即研究不深入、资料不充分的情况下,似乎可以用古生物学上的关于绝灭种和现生种存在的组合比例关系来衡量和推断所处时间的早晚。这是在所知条件模糊不清的情况下,解决模糊问题可以采取的一种相对合理一些的科学方法,而不能用一种完全清晰的方法去武断地做出时间判断,那反而是不科学的。

三、喇家遗址考古发现在多学科研究上的科学价值和影响

喇家遗址灾难,是孤立事件,还是具有普遍性或规律性的现象,这是很重要的问题。科学家已积极关注并参与研究。

对科学家来说,这是不言自明的,齐家文化的年代范围,正好处于全新世中期的全球气候变化的关键时段,它是全球变化的反映,或是其动因,还是其中的一部分,喇家遗址相关的科学研究价值也就更加凸显。

喇家遗址,不仅对于齐家文化有很大影响,而且对整个考古学关于史前灾难的研究都有着显明的推动作用。到目前为止,科学界喇家遗址的研究论文已经不少,这些研究同样是对喇家遗址本身的一种认识。

北京大学夏正楷教授最先对喇家遗址做出了多学科研究的成果[①],他是对灾难问题进行科学探讨,对喇家遗址有重要贡献的学者。夏先生首先找到了喇家遗址灾难的原因,并且与考古队一起商讨,共同认定了地震与洪水先后发生的次序,使自然灾害的现象与考古发现的现象相互吻合,给出了喇家遗址初步的较为圆满的灾难成因的科学解释,肯定了喇家遗址史前灾难事件,形成喇家遗址灾难的结论。尽管现在看来还存在某些不足,或认识有待深入,或有某些偏颇或失误,但是必须充分肯定夏正楷先生对喇家遗址研究的开创之功。

与此同时,北京大学环境学院的博士生杨晓燕也完成了相关喇家遗址环境考古的论文。她更深入地展开了比较具体的探讨,对喇家遗址的灾难现象和官亭盆地的环境考古等,都做了分析研究。[②]其中,关于喇家遗址地震裂缝、喷砂的砂脉、砂管等的调查,遍及喇家遗址周围数公里的范围,调查找到

①夏正楷等:《青海喇家遗址史前灾难事件》,《科学通报》2003年第48卷第11期。

②杨晓燕:《基于不同空间尺度的环境考古研究》,北京大学2003年博士学位论文。杨晓燕等《青海官亭盆地考古遗存堆积形态的环境背景》,《地理学报》2004年第59卷第3期。

的地震裂缝和砂脉遗迹数量多达百处,非常密集。我和她一起完成了这项较详细的调查和记录,包括裂缝与砂脉的位置、经纬度、方向与角度、宽度、深度、充填物质成分、地层关系等,均有登记、描述、照相、测量、采样,是最初对地震相关问题做的认真细致的调查,提供了地震学分析和推测的基础数据。

这期间,还有夏正楷的博士生董广辉、刘德成等,也参与了喇家遗址考察和相关研究①。董广辉的博士论文涉及喇家遗址土壤学问题,而且同时还发表了比较喇家遗址内外土壤的不同微形态结构的论文,对于考古学尤其是对古遗址的土壤分析,具有一定的参考②。在此期间,考古所的齐乌云也利用喇家遗址的条件,大量采样,还申请了自然科学基金青年项目,以官亭盆地和喇家遗址来进行区域环境考古的课题研究。

夏正楷和杨晓燕的喇家遗址灾难研究,现在看来可能还是存在着一定的问题。其中一个问题出在对年代的认识上。第一,使用的测年数据没有加以校正。这对考古学家来说是明显的不严谨的问题。而且也没有听从考古学家对于喇家遗址在齐家文化中所处位置的认识,忽略了考古分析的准确背景。第二,对于红土沉积物的认识,有些简单化。只是简单利用了所看到的喇家遗址和二方遗址这两个遗址反映的大断面,而未做细剖面的分析。使用两个遗址分别属于齐家文化和辛店文化的一般文化归属,就简单比照出这两个文化的相对年代关系,来确定红土沉积物的年代范围③。红土沉积物其实并不是处在这两个文化之间的年代范围里,即所谓齐家文化之后,在辛店文化之前,问题不是这么简单。其实红土并不是一个时期的沉积物,而是分属不同的年代,有多种沉积。而简单把二级阶地红土都归于黄河洪水成因,误导了考古学者很长时间。后来喇家遗址考古发掘发现了齐家文化房址,打破了红土地层的现象,从而才暴露出了其中存在的错误。后来发现,这些红土,很可能不是黄河大洪水所致。随着再后来的多位学者不断跟踪红土的来源,更由于发现了积石峡堰塞湖的湖相沉积,把喇家遗址洪水沉积物重新进行了识别,逐步才理清了有关的问题,喇家遗址的多学科研究也随之越做越深。

其实早就有学者提出了与夏正楷的黄河洪水观点不同的意见,如德国学者的考察和相关探讨。并引起了双方的争论④。再随后吴庆龙,抓住积石峡发现早期堰塞湖的湖相沉积现象,考察后认为与喇家遗址的洪水有关,这样就把堰塞湖的形成直接与地震相联系,认为地震造成了大规模滑坡形成堰塞湖,于是提出了堰塞湖溃决大洪水的观点。特别是他经过了严密的水文计算,请教多位相关专家,推导出万年一遇大洪水的古洪水事件,更成为喇家遗址的灭顶之灾的科学解释⑤,把地震与洪水都相互联系,构成了因果关系,形成了一个有说服力的观点,与喇家遗址的地震和洪水紧密相关,密不可分,较好地解读了喇家遗址灾难现象的发生和严重后果。此说一经发表,立即引起强烈反响和进一步讨论。

为此我们喇家遗址考古队,联合民和县喇家遗址博物馆及青海师范大学,在积石峡召开了一次学术研讨会,以"积石峡与喇家遗址——2012 喇家遗址环境考古专家研讨会"为题,邀请国内相关的重量

---

① 董广辉:《中全新世黄河中上游人类活动对土壤性状的影响》,北京大学 2005 年博士学位论文。
② 董广辉等:《青海喇家遗址内外的土壤微形态初步分析》,《水土保持研究》2005 年第 12 卷第 4 期。
③ 杨晓燕、夏正楷等:《黄河上游全新世特大洪水及其沉积特征》,《第四纪研究》2005 年第 23 卷第 1 期。
④ [德国]佟派、王睦等:《古代中国的环境研究——关于解释和年代对应方面的问题》,山东大学东方考古中心编:《东方考古》第 2 辑,科学出版社,2005 年。张小虎等:《青海喇家遗址废弃原因再探讨——与〈古代中国的环境研究〉一文作者商榷》,《考古与文物》2009 年第 1 期。
⑤ 吴庆龙等:《黄河上游积石峡古地震堰塞溃决事件与喇家遗址异常古洪水灾害》,《中国科学》D 辑(地球科学)2009 年第 39 卷第 8 期。

级专家学者,讨论吴庆龙的新观点与喇家遗址灾难问题并实地考察积石峡和喇家遗址及官亭盆地,让争论的各方坐到一起,各自拿出证据,各抒己见,开诚布公,面对面交锋,取得了很好的学术效果。会后有学者还陆续发表了相关的研究成果①。

针对喇家遗址的灾难现象,我们召开过两次喇家遗址环境考古的会议,第一次是2004年在中国社科院考古所召开,邀请在北京的相关地质、地理、地震、洪水、环境、测年、考古等方面的学者参加②,会议大获成功。

喇家遗址灾难问题的讨论,特别是引起的争论,促使吴庆龙完全沉浸在喇家遗址这些问题当中,为追踪这些谜题、解答相关疑问,吴庆龙在中国地震局的地质所博士后研究出站之后,又申请北京大学考古文博学院做博士后研究,仍然抓住喇家遗址灾难问题不放,多次利用各种机会跑野外,到喇家遗址、积石峡、官亭盆地、黄河上游区域,采样、调查、观察、测量、寻找各种迹象和证据,逐渐形成了自己一整套认识和新思路③。他请教相关专家,同时也得到多位专家和一些老专家的指点和鼓励。

陕西师范大学黄春长研究团队,也连续在喇家遗址和官亭盆地以及积石峡区域,做了许多考察、采样和分析研究,取得了若干成果④。他们的唯一不足就是,未联系考古队相互进行沟通,因此从某种意义上看,可能在一些涉及考古遗存的认识上理解不到位,认识有一定欠缺,但是总体上还是把握得比较好的。喇家遗址的考古发现促使他们十分关注并主动投入到研究中来。他们也逐步形成了关于喇家遗址成系列的以自己的研究为基础的整体及具体的认识。当然,我们认为相关的研究最好还是应该与考古学形成互动,这更利于问题的解决。

在地震考古研究上,喇家遗址除了夏、杨、吴的工作,还有南京大学的朱诚和博士生欧阳杰,安徽省地震局副局长姚大全研究员,以及青海省地震局等相关单位和研究人员,他们分别发表了相关的研究成果⑤,其中姚大全在研究中参照了喇家遗址,之后他深入全国各地(如安徽垓下、山西陶寺以及河

①殷志强、秦小光等:《黄河上游官亭盆地红黏土层成因机制再探讨》,《第四纪研究》2013年第5期。

②叶茂林:《把多学科研究整合为人地关系的考古学研究——喇家遗址环境考古座谈会综述》,《中国文物报》2004年7月16日第3版。

③吴庆龙在北京大学考古文博学院的出站报告也是关于喇家遗址灾难的进一步研究。出站后,仍然在艰难的处境中,不断去野外考察,跑现场,找论据,深化自己的思路和论文写作,然后联系多位国内外学者参与到他的最新研究中,发表了引起轰动和巨大争议的关于喇家遗址大洪水及大禹治水与夏文化确立的最新论文。吴庆龙等 *Outburst flood at 1920 BCE supports historicity of China's Great Flood and the Xia dynasty*,SCIENCE(美国《科学》)5 AUGUST 2016? VOL 353 ISSUE 6299。

④Huang Chunchang, Pang Jiangli, Zhou Yali, et al. *Palaeoenvironmental Implications of the Prehistorical Catastrophes in Relation to the Lajia Ruins within the Guanting Basin along the Upper Yellow River, China.* The Holocene, 2013, 23(11): 1584—1595.

Zhang Yuzhu, Huang Chun Chang, Pang Jiangli, et al. *A luminescence dating study of the sediment stratigraphy of the Lajia Ruins in the upper Yellow River valley, China.* Journal of Asian Earth Sciences, 2014, 87: 157—164.

Zhang Yuzhu, Huang Chunchang, Pang Jiangli, et al. *OSL dating of the massive landslide-damming event in the Jishixia Gorge, on the upper Yellow River, NE Tibetan Plateau.* The Holocene, 2015, 25(5): 745—757.

张玉柱、黄春长等:《黄河上游官亭盆地喇家遗址地层光释光测年研究》,《地理学报》2013年第68卷第5期;

张玉柱、黄春长等:《青海民和官亭盆地喇家遗址古耕作土壤层微形态研究》,《土壤学报》2015年第52卷第5期;

周强、张玉柱:《青海喇家遗址史前灾难成因的探索与辨析》,《地理学报》2015年第70卷第11期。

⑤欧阳杰、朱诚等:《青海喇家遗址古地震喷砂磁化率异常现象与机制的初步研究》,《国际地震动态》2008年第11期。姚大全等:《中国东部史前地震事件的识别问题》,《震灾防御技术》2008年第3卷第2期。李智敏等:《拉脊山断裂古地震与喇家遗址灾变事件关系研究》,《地震研究》2014年第37卷增刊。

南、陕西等)不断进行相关地震考古研究,至今仍然代表中国参与国际地球科学计划 IGCP-567 的地震考古研究项目的活动。

喇家遗址多学科的研究还不仅是在灾难问题上,还包括其他多个方面。

2005 年 10 月,中国科学院地质与地球物理研究所的吕厚远发表了喇家遗址发现四千年前的面条的论文①。这让世界为之轰动,顺理成章地它也成为喇家遗址多学科研究的一项出色成果,享誉学界,享誉世界。紧随该研究而受到重视的是淀粉粒形态分析的方法,很快成了考古科技方法中的一个新技术而被推广应用,现已成为考古研究的常规鉴定方法②。喇家遗址面条的多学科研究,仍然在持续进行,吕厚远团队甚至进行了实验考古学的工作和探索,复制出来了与喇家遗址面条相同性状特征的小米面条,以事实回答了小米不能制作出面条的争论和质疑,圆满解决了喇家遗址小米面条的相关科学问题③。研究者还通过分析测试,发现了其中的有机物的化学成分,如脂肪酸和维生素 E 酯等,反映动物性食物的输入成分。工作越深入,了解到的面条内容就越加丰富④。这些多学科研究的扎实工作,让怀疑喇家遗址面条的科学鉴定的那些人,再无言以对。当然也要感谢质疑者。科学研究就是要在各种争议中砥砺前行,没有争辩、质疑与讨论,科学就显得毫无生气。吕厚远团队还进行了喇家遗址土壤植硅体的研究,提出了非常重要的新认识⑤。淀粉粒研究和植硅体研究继续对喇家遗址的石器进行了分析,发现了农业生产工具的证据⑥,并留下了许多种类农作物的微体残留物。

进入喇家遗址多学科研究行列的,还有植物考古、动物考古、环境考古、科技考古、古 DNA 分析和人类学研究,以及考古遗址相关的文保研究等诸多方面,考古所科技中心的赵志军、袁靖、吕鹏、王树枝、王增林、刘建国、李存信、刘煜、王明辉、钟建、张雪莲、赵春燕、齐乌云、王金霞等都在喇家遗址做了许多工作,吉林大学进行的古 DNA 研究,把羌人的遗传基因往前推到了齐家文化时期,与喇家遗址人类基因相关⑦。赵春燕等所做的人骨和动物的锶同位素分析,提供了喇家遗址又一项测试技术的成果⑧。王金霞对喇家遗址出土齐家文化漆片进行了分析测试⑨,证明喇家遗址和齐家文化漆器存在的事实。

---

① 吕厚远等:*Millet noodles in late Neolithic China*,nature vol 437,No 7061,2005 年 10 月 13 日(英国《自然》杂志 2005 年第 437 卷第 7061 期)。

② 杨晓燕、吕厚远、刘东生等:《粟、黍和狗尾草的淀粉粒形态比较及其在植物考古研究中的潜在意义》,《第四纪研究》2005 年第 25 卷第 2 期;杨晓燕、吕厚远、夏正楷:《植物淀粉粒分析在考古学口的应用》,《考古与文物》2006 年第 3 期。

③ 吕厚远等:《青海喇家遗址出土 4000 年前面条的成分分析与复制》,《科学通报》2015 年第 60 卷第 8 期。

④ 李玉梅:《喇家遗址出土面条的有机地球化学研究》,《喇家遗址多学科研究报告集》(待刊)。

⑤ 王灿等:《青海喇家遗址齐家文化时期粟作农业的植硅体证据》,《第四纪研究》2015 年第 35 卷第 1 期。

⑥ 马志坤等:《青海民和喇家遗址石刀功能分析:来自石刀表层残留物的植物微体遗存证据》,《科学通报》2014 年第 59 卷第 13 期。

⑦ 高诗珠:《青海省民和县喇家遗址古代居民线粒体 DNA 多态性研究》,吉林大学 2004 年硕士学位论文;高诗珠:《中国西北地区三个古代人群的线粒体 DNA 研究》,吉林大学 2009 年博士学位论文;李胜男等:《陶家寨墓地 M5 号墓主线粒体 DNA 片段分析》,《自然科学进展》2009 年第 19 卷第 11 期。

⑧ 赵春燕等:《青海喇家遗址动物饲养方式初探——以锶同位素比值分析为例》,《齐家文化与华夏文明国际研讨会论文集》,文物出版社,2016 年;赵春燕等:《青海喇家遗址人类遗骸的锶同位素比值分析》,《人类学学报》2016 年第 35 卷第 2 期。

⑨ 王金霞鉴定分析文章,参见《喇家遗址多学科研究报告集》(待刊)。

四、喇家遗址对人文社会科学相关学科的影响和促进

人文学科间相互促进和学术研究的互动影响,这些方面相对来说还是不多的,不过也有一些在相关的学术研究上有一定的促进作用,不过相比于自然科学方面,那种争相进取和积极投入来做喇家遗址相关课题的竞相深入的研究风气,人文社科领域的这种跨学科研究,依然还是显得比较欠缺,学科内的讨论多,而多学科介入少。

目前也有一些可以算做这方面内容的,主要表现在如下几个方面。

1. 在历史学及古史传说方面。比如,最近由喇家遗址大洪水的研究论文引发的关于大禹治水问题和大洪水与夏朝关系的争论①,其实可以说就是一次很好的人文学科的学术间的对话。可是反而我感觉是史学家们和考古学家们,许多对此气愤不已,斥责为胡说八道。好像是历史学的大多数很不接受。

我们实在不能说,如某些人所指的那样,这种关注和思考,是过于勉强的牵强附会,或者甚至说它是全不合适的胡说八道,斥为毫无根据而挥鞭打击。其实要说来,我们国家的学术界做了无数的努力,包括夏商周断代工程,花了无数经费,不就是希望拿出一个科学的年表和科学的认知,提供给全世界来认识中国的早期文明国家的历史吗?可是许多国外学者不仅不用,甚至反感,指出了其中的许多问题,表示怀疑其公正性,怀疑其可靠程度。国外许多人仍然还是以过去的观点,把夏朝排斥在中国早期王朝国家之外,不提夏,不承认夏,不认为其可靠。我们的夏商周考古,对夏文化讨论了很多年,争论至今,无休无止。这样严肃的学术争辩,似乎也并没引起国外学术界太大的兴趣,人家仍然不屑于认同夏朝和夏文化。这些情况看来,似乎可以说是——事倍功半的结果。

可是吴庆龙领衔发表在《科学》上的这篇喇家遗址大洪水的论文,竟然一下子就让全世界都要重新再来看待这个夏朝了。最近还有美国 PBS 公共电视台签约的英国制片公司,联系准备拍摄喇家遗址和积石峡,想拍摄反映那个无稽的史前堰塞湖大洪水和大禹治水题材,作为拍摄的世界文明起源的系列节目之一。显然他们已经开始在认同夏朝了。不管你说该文对与不对,他们那些外国佬都必须很认真地来看,重新思考这个问题了。这好像不能不说,是一个自然科学家的多学科研究,反过来对于人文学科产生了相当积极的作用,同时产生了对于中华文明和中国古代传说,起了很有力的推动,产生了一些国际性的社会效益。这种影响和它所产生的社会积极价值,我们觉得,似乎简直可说是——事半功倍的效果,超出了我们先前的那些花了大价钱做的那些工作的这种影响的结果与效果(毫无疑问,他们做了很多工作,作用很大,可只是影响不太大)。这二者的性价比,恐怕就真是不能同日而语。

其实,我认为夏商周考古学家和历史学家不仅不应该抢起大棒,反而应该好好感谢吴庆龙的帮助。我们当然也并不认为吴庆龙的论文无懈可击,但是我们充分肯定他起到了其他很多人、其他很多机构,应该起到而没有起到的作用和影响。关于夏朝和夏文化,关于大禹治水,肯定还应该继续更深入探讨,需要有更加扎实的工作和更加充实的证据。可是,没有搞清楚之前,谁能够说哪一个的探讨和他的论证,就是完全正确的?既然都在摸索,都在盲人摸象,为什么你摸到的脚就是象的,别人摸到的鼻子或头,就不是象的?

这个吴庆龙的思路和探索,怎么就那么让你很不高兴呢?别人的那些摸索,或者是尾巴或者是鼻

---

①这段时间相关的争议和讨论,请大家从网上搜索,就可以看到许多不同的意见,这里恕不逐一列注。

子,或者是柱子一样的腿,为什么就要比吴庆龙那样,让你要能够可以容忍一些呢?我们做考古和夏史的研究者们,或可以平心想一想,古史传说碰上了来自自然科学的解析,是不是且勿焦虑和气急,完全可以坐下来慢慢讨论嘛。

这是喇家遗址和灾难问题的多学科研究者,把自己的触角和手,伸到了历史学和中国古史传说的领地里,来搅扰并促进了历史学的再次论争。网上就有人发言直呼,古史传说竟然可以用自然科学的方法来证明,不能不说是一个大的突破。其实坦言,早就不乏以自然科学来论证大洪水的先例了。

我们都别急,让事实来说话,让时间来证明。最终或许有可能真的证明,这是一个可行而靠谱的研究大方向。这次也许不足,也许失败,以后很难说,也许就成功了呢。

引发如此学术之争,是从喇家遗址而来的对史学的振动,是足够大的促动了。前面还提到了喇家遗址本身的一些考古学争论,实际上也可以说是社会科学自身互动的探讨。

青海有一些专家,早已根据喇家遗址的重要性,提出了喇家遗址是大禹故里的言论,显然也是受到大多数学者的不屑,认为有炒作之嫌,不过似乎也无可厚非,一个地方想方设法为自己寻找到历史的渊源和名人之缘,并不是坏事,我们倒感觉到,这是利用和宣传喇家遗址的一个由头,那不一定就完全没有丝毫根据,其实这都是喇家遗址的影响使然。

2. 玉器的方方面面。喇家遗址出土齐家文化玉器,是近年来齐家文化考古发掘出土玉器比较丰富的一批最新资料,受到了广泛关注,相关研究者也纷纷热情观摩,进行了很多热烈的讨论和研究,这是喇家遗址的新发现在玉器研究的学术界及收藏界引起的较大影响,尤其是港台的学者、研究者,他们非常重视。起初在新出版的《中国出土玉器全集》和最近在北京举办的齐家文化玉器展,都有不少喇家遗址的齐家玉器亮相,在公众和收藏界造成了明显反响[1]。喇家遗址玉器研究,引领了齐家文化玉器认识,走向学术的方向。

喇家遗址齐家文化玉器,还进行了微痕观察及工艺研究,还进行了音乐声学的测试和研究,取得相应的重要成果[2]。我们还认为,喇家遗址相关的一些问题和发现的某些现象,还可以通过原始宗教学的观察做出一些新的理解。我自己也试图进行过相关的探讨,其中主要的就是涉及玉器的认识[3]。在玉石之路的探索上,喇家遗址玉器被学者们很重视。这方面的文章已经发表了很多,喇家遗址玉器是提到最多的内容。

3. 灾难现场的人文观照方面。喇家遗址灾难现场不但震撼人心,而且从发掘的真实场景,就很容易让人想到那惊恐的景象和悲壮的一幕,更显然使它具有在研究和展示古代文化时,更便于情景再现,在中央电视台拍摄的《探索·发现》考古纪录片中,很巧妙利用了再现的情景,给人以实景真情。学者们也开始注意到了一种新的研究方法的思考——所谓情景考古和情景分析的方法[4],这已经被提到了学术思考的议程上。学者在广阔的思维空间上,又获取了一幅史前图景,让人浮想联翩。考古学研究

---

① 古方主编:《中国出土玉器全集》第 15 册,甘肃青海宁夏新疆分册(叶茂林闫亚林等分册主编),科学出版社,2005年;北京艺术博物馆等:《玉泽陇西:齐家文化玉器》,北京美术摄影出版社,2015 年。

② 叶茂林等:《喇家遗址出土玉器工艺研究》,《玉魂国魄(四)——中国古代玉器与传统文化研讨会论文集》,浙江古籍出版社,2014 年;幸晓峰、叶茂林等:《青海喇家遗址齐家文化玉器的音乐声学测试》,《考古》2009 年第 2 期。

③ 叶茂林:《史前玉器与原始信仰——齐家文化玉器一些现象的初步观察与探讨》,《南艺学报》2010 年第 1 期(创刊号)。

④ 许永杰:《考古学研究中的情景分析》,《考古与文物》2011 年第 1 期。黄洋:《考古信息在史前文化展览情景再现中的利用》,浙江大学 2010 年硕士研究生学位论文。

也更加迈入了无限辽阔的天地,思路大开,还有很广的视野和不可估量的潜力。现今,这还只是一个刚刚开始的起点,远景待现。

在喇家遗址 2012 年的研讨会上,学者们参观喇家遗址史前灾难现场陈列,周昆叔先生就提议,以向先民遗骸鞠躬的方式,表达今人对于史前亡灵的尊重、祭奠及纪念。这是一种人文的情怀,也是一种历史的教化,或许这可以成为以后喇家遗址参观的仪式。

有意思的是,曾经有研究者据喇家遗址灾难的 4 号房址及玉器现象,提出了所谓玉器发展的"生命关怀"的一种观点[1],不管怎么说,这是一种研究者个人的认识和新理解,也是一个有代表的看法。这是从玉器与灾难现场二者结合的角度来思考,涉及玉器方面,也涉及灾难场面的人文关怀与观照方面。

4. 对当今社会防灾减灾的警示方面。喇家遗址灾难考古发现,其实是用考古揭示的现场以历史在警示今人不忘防震减灾的历史创伤给我们当代的预警。喇家遗址博物馆的展示文本上,就明确告诉参观者,要引以为戒,用历史告诉未来,加强防灾减灾的风险意识。

5. 符号学和原始宗教等方面。刻符石器的整理和研究,是喇家遗址考古发现资料的一个重要研究项目,西南民族大学考古研究生李慕晓与考古队合作,主动承担了对喇家遗址新发现的一批齐家文化的刻符石器,帮助整理并有了初步研究,还作为其研究生硕士论文的写作内容[2]。

这批资料相当重要,是过去齐家文化没有太多注意到的新情况,估计应该也是齐家文化的一种较普遍存在的一类一直被忽略却具有特殊意义的石器资料。符号学是在考古学研究方面逐渐被学者们重视起来的方法。这批刻符石器,也被认为可能与原始宗教相关,而且是石器制作上的一种形式表现。我也联系并鼓励她参加了"2016 年的齐家文化与华夏文明国际研讨会",并在分组会议上报告了这项研究和介绍了这批资料,受到了大家的欢迎。

台北故宫博物院的邓淑苹先生,也非常重视齐家文化这个现象,在研究中有她的独到见解。由几位学者推动,我们已经把齐家文化刻符石器的标本,加进了广河齐家文化博物馆的陈列品中,将它展现给观众。如果不是喇家遗址考古发掘,可能这项新资料至今也还不能获得广泛的和应有的认识。这也是喇家遗址考古的一个重要推动作用。

五、简短的结语

从以上几个方面简述了喇家遗址考古发现之后,不仅引起大家的关注,而且从各个角度引发了学者们的研究兴趣。这就是它对齐家文化和史前社会以及科学研究的促进和影响。其中很多工作,是我们与研究者共同合作的成果,当然并不是要抹杀研究者的贡献,而是想说,我们比较注意到多学科的合作,因为像喇家遗址这样的比较特殊的遗址,如果没有多学科的科学家参与,考古学家自己恐怕是无能为力的。

同时,也有一些研究是研究者自己感兴趣就来做的,因为喇家遗址就是一个很好的研究实验田,它有吸引力。我们多次重申,现在继续要重申:喇家遗址非常欢迎科学家和研究者来进行工作,他们每

①吴桂兵:《中国古代玉器发展中的"生命关怀"——以青海民和喇家 4 号房址灾难现场出土齐家文化玉器为例》,《中国文物报》2002 年 2 月 20 日第 7 版。

②李慕晓:《喇家遗址刻符石器的整理和研究》,西南民族大学研究生硕士学位论文,2016 年。

一次取得的成果,其实也就是喇家遗址考古研究的一个新进展,我们乐见其成。我们也希望有更多的考古学家,能更多注意多学科合作的研究,这非常重要。喇家遗址是一个公共研究平台,需要更多的研究者来共同努力。

喇家遗址所给齐家文化研究和考古学研究造成的和不断产生的积极效应,还有一点是,研究者绝不能够独家垄断。多学科研究方面,多学科的专家才是权威,但是也并不是权威就一定全对,要允许各种争论,不断发现问题。要有开放的心态,考古遗址并不是谁的自留地,我们多次强调,它应是一个开放的公共平台,接纳各方的学者来做不同的研究。只有这样,研究才可能不断发展,不断找到新问题,形成良性互动,催生出更多新成果。

其实有许多考古遗址,并非没有做多学科研究,只不过很多是做一下就完了,停止了。如果能够不断做下去,那就好了。不管哪个遗址都应该是一个研究的广阔天地。

从玉帛古国到干戈王国

（齐家华夏说之八）

中国社会科学院民族学与人类学研究所　易　华

一、引　言

20 世纪末苏秉琦提出中国国家起源和演进三部曲"古国—方国—帝国"，认为红山文化坛庙冢是原生古国典型遗址，"已达到凌驾于公社之上的高一级的组织形式"，夏家店下层文化则是方国开始，秦始皇是帝国开始；而秦自襄公（古国）缪公（方国）到始皇帝（帝国）完成了三部曲，可称为"次生型"国家。[①]严文明修订"方国"为"王国"，而"古国"指黄河流域龙山文化遗存，其发展水平相当于"酋邦"，可称"原始国家"[②]。张忠培提出良渚文化也是"古国"，后又改称"神王之国"[③]。李伯谦把"古国"分成两种模式，不同模式导致不同发展前途。红山、良渚古国独重祭祀而不可持续，仰韶古国军权、王权并重，避免了社会财富无谓浪费，发展成为"王国"，成为数千年不曾间断的中华文明史主干。[④]

21 世纪初王震中明确为邦国、王国、帝国三阶段：邦国是指夏代之前龙山文化城邦如陶寺遗址、古城寨遗址所代表古国，王国指夏商周，帝国指秦汉。邦国文明处于多元多中心格局，最早的王朝即夏王朝出现在中原；王权来源于族权、宗教祭祀权和军事指挥权。宗教祭祀和战争在邦国形成过程中起过重要作用，亦是王国形成的重要机制。[⑤]事实上四千年以前新石器时代邦国包括红山、良渚或仰韶、龙山古国兵权并不发达，进入青铜时代或王国时代戎与祀才可并称国之大事。邦国亦可称为古国，古国与王国之间有一脉相承之处，但发生了革命性的变化，有了本质的不同。

①苏秉琦：《中国文明起源新探》，香港商务印书馆，1997 年。

②严文明：《黄河流域文明的发祥与发展》，《华夏考古》1997 年第 1 期。

③张忠培：《中国古代文明之形成论纲》，《考古与文物》1997 年第 1 期。

④李伯谦：《中国古代文明演进的两种模式——红山、良渚、仰韶大墓随葬玉器观察随想》，《文物》2009 年第 9 期。

⑤王震中：《邦国、王国与帝国：先秦国家形态的演进》，《河南大学学报》2003 年第 4 期。稍微修改后以《从邦国到王国再到帝国：先秦国家形态的演进》收入《中国古代文明的探索》，云南人民出版社，2005 年。

最近,王巍总结中华文明探源工程成就宣称中华文明五千年并非虚言。①《中华文明五千年》大型纪录片也已多次播出。刘国祥《红山文化研究》断言红山文化晚期牛河梁时代确立了独尊一人的王权已进入初级文明阶段,红山文化玉器是中华五千年文明形成的标志。②王仁湘系统研究中国彩陶文化,发现庙底沟彩陶分布到了大半个中国:西到兰州,东过济南,北到呼和浩特,南近长沙。③韩建业以考古学为基础结合古史传说研究和自然环境分析主张五千年前庙底沟文化时期已形成“早期中国”④。《早期中国:中国文化圈的形成和发展》获首届中国考古学大会“金鼎奖”意味着考古界已达成某种共识。

不约而同叶舒宪从神话学和文学人类学对中华文明起源与形成做了系统探讨,主张“玉成中国”⑤,夏朝建立或青铜时代到来之前玉文化已统一中国,并形成了玉教。⑥谭佳《神话与古史》介绍了西方神话学在中国的实践和新开拓,对中华文明与神话学错综复杂的关系进行了梳理。⑦

另一方面,西方学者还是普遍不承认夏代历史或夏文明,认为商朝才是中国第一个真正王朝,金属、文字、城市齐备进入了国际公认文明时代。⑧艾兰坚持认为夏是商人神话传说,被周人重新解释和利用。⑨梅维恒从甲骨文、金文和出土与传世文献清理了有关夏的记述,发现商代和西周并无夏的确凿记载,有关夏的故事多见于战国或汉代文献,认为还没有证据能证明商代之前有一个夏代;也没有足够的考古学证据如城墙、宫殿、礼堂、台阶、街道等能证明夏代存在,除非将来找到更早提到夏及其统治者和首都文献记载或考古新发现才能证明真有三代。⑩

以许宏为代表的考古学家遵循国外文明与国家形成标准并稍加变通,认为二里头文化时期才出现东亚最早广域王权国家,号称最早的中国,早不过三千八百年。⑪许宏发现大都无城,金文中“或”即是“國”,确实没有外城墙。⑫我们知道龙山文化晚期流行城墙,而齐家文化未有城墙,二里头文化兴起于龙山文化基础之上,无城传统显然来自齐家文化或西北方向。

事实上四千前或夏代开始之际东亚历史上发生了革命性变化,吸收了游牧文化进入了青铜时代。夏代以前东亚是定居农业文化时代,尧天舜日,有祀无戎;禹会诸侯于塗山,执玉帛者万邦,可称玉帛古国时代。红山、凌家滩和良渚、石家河文化就是这些玉帛古国遗存。从夏代开始,启与有扈氏战于甘,大动干戈,标志着战争已是国家大事,从此祀与戎并重进入干戈王國时代。这一时期历史考古遗迹见于石峁遗址和众多齐家文化遗址。石峁遗址早期是一处龙山文化城址,逐渐受到了西北游牧文化或齐

---

① 在多次会议和讲座中提到,见诸报刊和网络新闻。

② 刘国祥:《红山文化研究》,科学出版社,2016 年,第 746—774 页。

③ 王仁湘:《史前中国的艺术浪潮:庙底沟文化彩陶研究》,文物出版社,2011 年,第 424—439 页。

④ 韩建业:《早期中国:中国文化圈的形成和发展》,上海古籍出版社,2015 年。

⑤ 叶舒宪、古方主编:《玉成中国》,中华书局,2014 年。

⑥ 叶舒宪:《中华文明探源的神话学研究》,社会科学文献出版社,2015 年,第 259—295 页。

⑦ 谭佳:《神话与古史》,社会科学文献出版社,2015 年。

⑧ Michael Loewe Edward L. Shaughnessy: *The Cambridge History of Ancient China:? From the Origins of Civilization to 221 BC,?* Cambridge University Press,1999.

⑨ Sarah Allan: *The Jishi Outburst Flood of 1920 BCE and the Great Flood Legend in Ancient China: Preliminary Reflections,* Journal of Chinese Humanities Vol.3.1,2017.

⑩ Victor H. Mair: *Was there a Xia Dynasty?* Sino-Platonic Papers,238(May 2013).

⑪ 许宏:《最早的中国》,科学出版社,2009 年。

⑫ 许宏:《大都无城》,三联书店,2016 年。

家文化明显影响；晚期进入夏代纪年，也进入了祀与戎并重的王國时代，很有可能是夏代首都。而二里头遗址时代跨夏商，最有可能是夏代末都。

现在我们应该明确两个概念玉帛古国和干戈王国：有祀无戎的玉帛古国是东亚固有文化传统，叶舒宪发现和抓住了这一关键特征；许宏抓住了青铜与城市两大文明标准，广域王权国家实质上是干戈王國。石峁遗址或齐家文化正好体现了这一变革过程，为我们研究玉帛古国到干戈王國转换提供了极好机会。唯有将考古学、历史学、神话学和人类学结合才能得出令人满意的结果。

二、玉帛古国

神话传说表明三代之前有一个尧舜禹时代，禹会诸侯于塗山，执玉帛者万邦，可称玉帛古国时代。考古发掘和研究表明四千前东亚大地确有发达定居农业文化，有可能形成地方性酋邦或古国。牛河梁遗址、凌家滩遗址、良渚遗址、石家河遗址、陶寺遗址就有这些古国典型代表。尧天舜日时代以定居农业为经济基础，出现了明显的劳工分工和社会分化但男女依然相对平等，以祭祀为要务却几乎没有战争，可称玉帛古国。我们可以红山文化为例略做分析。

牛河梁遗址是红山文化祭祀遗址，坛、冢、庙齐全，生动体现了劳动分工与社会分化状况以及有祀无戎的文化状态。红山文化时代已有专业祭司队伍，率民以祀神，唯祀为大，未发现战争迹象。红山文化先民与其说是政治动物，还不如说是宗教动物。他们祭祀是出于对天、地或宇宙自然的敬畏，或为了生殖、丰收和安康，没有发现为了战争而祭祀的行为，亦未发现围城或防役工事；以人为牲，以人殉葬的风气尚未形成。

牛河梁女神庙祭祀对象是女神，但从事祭祀活动或掌握社会权力的是男人。这可从女神庙周围墓葬发掘情况得到部分说明。从公开发表的几座重要墓葬来看墓主多为男性或性别不明。牛河梁第五地点一号冢中心大墓墓主即是一成年男人，其头、胸、腕和手部随葬精美玉器共7件：璧2件、鼓形箍1件、勾云形佩1件、镯1件、龟2件。牛河梁第二地点一号冢21号大型墓墓主亦是一位成年男人，随葬玉器20件：璧10件、勾云形佩17件、镯1件、龟1件、箍状形2件、菱形饰1件、双联璧2件、兽面牌饰1件，竹节状器1件。这两座墓没有其他陪葬品，体现了以玉为佩、以玉为祭、以玉为葬的传统，是典型的红山文化"唯玉为葬"[1]墓。这些大墓的主人可能是部落首领或祭司。牛河梁第二地点四号冢有两座比较古老的筒形器墓，墓主亦为男性或性别不明。环绕墓穴摆放一圈手制彩陶筒形器，墓中陪葬一件轮制彩陶罐。筒形陶器是兴隆洼和红山文化常见陶器，具体用途不明，可能是陶鼓，但肯定与祭祀有关。轮制带盖彩陶罐非常罕见，很可能是祭司或萨满的特殊法器或葬具。这三座墓没有陪葬玉器，也没有陪葬生产工具、兵器和象征政治权威的器物，表明墓主亦是脱离生产劳动的专业祭司或萨满。从牛河梁遗址第二、三、五和十六地点发掘的61座墓来看，只随葬玉器的墓26座，随葬玉器又随葬石器或陶器的墓各1座，只随葬陶器的墓3座，其他30座墓没有随葬品或已被盗走。中心大墓或大型墓只葬玉器，随葬石器或陶器的墓均为中小型墓，小型墓或附属墓中基本上没有随葬物。这表明红山文化社会出现了明显的分化，从事祭祀活动的人多为男性。不难推断男人主持祭祀活动，并且建造了神庙、祭

①郭大顺：《红山文化的"唯玉为葬"与辽河文明起源特征再认识》，《文物》1997年第8期。

坛和积石冢。

女性雕像或女神像是红山文化的一个显著特征，生殖崇拜或女神祭祀是红山文化先民社会生活的重要方面。女性雕像多见于欧亚大陆西端，从旧石器到青铜时代文化遗址中均有出土。中国东北、西北和中原亦有出土。东山嘴和牛河梁是两处典型的红山文化祭祀遗址，女神崇拜是红山文化先民祭祀活动的主要内容。东山嘴遗址发现陶塑人像残块二十余件，可以辨认小型孕妇塑像两尊，大型人物坐像一尊。牛河梁"女神庙"是一座多室建筑，已发现的人像残块分属约七个个体。她们形体有大小之分，年龄有老少之别，是一组女神群像。其中一件真人大小女神头像保存较完整。这种隆重女神祭祀可能是丰产巫术或祖先崇拜的表现。①

女神男巫（觋），红山文化社会男女关系非常微妙。女性雕像或女神崇拜并不表明红山文化处于母系社会或母权社会，相反大型的祭祀遗址和墓葬表明男人有较高的社会经济地位。他们通过祭祀来控制和整合社会，女性仍处于一种默默无闻的自然状态。社会崇拜女神、尊重孕妇，对妇女歧视和压迫尚未开始。牛河梁还发现了一座罕见的男女分室合葬墓 N2Z1M24：北室葬一成年女性，仰身直肢，陪葬勾云形器玉镯各一件；南室葬一成年男性，仰身直肢，只陪葬玉镯一件。因此，红山文化先民男女之间仍然处于相对平等状态。其家庭结构既可能是母系，也可能是父系，或处于尚未分化状况，女权不占优势，男权亦不占统治地位。生殖崇拜或女神祭祀只是红山文化先民宗教生活一个方面。他们还崇拜天地，敬畏大自然，偏爱龟、龙和鸟（凤），对山川祭祀和崇拜亦不能排除。

牛河梁第二地点三号积石冢总体布局平面呈圆形，由三个长条状多棱形石柱组成同心圆圈构成，直径分为 20 米、15.6 米、11 米左右，外圈最低，内圈最高，三层递收迭起，构成一个简朴的"天坛"形象。冯时注意到这三环石坛的天文学意义，认为它是"迄今所见史前时期最完整的盖天宇宙论图解"，是一幅与当地真实天象"完全相符"的"实用盖图"②。三环石坛与《周髀算经》中绘载七衡六间图部分相似，但并不是精确几何数学图形，不可能准确反映天体运行状况，因为三个圆圈并不太圆，只不过是示意而已。这个三环石坛可能是原始天坛，与天崇拜有关，亦反映了红山文化先民"天圆地方"观念。

东山嘴红山文化遗址是一处方园结合的祭祀遗址，由中心、左右两翼和前后两端构成。中心部分是一座长方形（11.8×9.5 米）基址，可能是祭祀地母的祭坛。地母崇拜始于新石器时代，一直延续到近代，东山嘴这座石砌方坛可能是原始地坛。③

红山文化作为一种发达新石器时代地方文化，有祀无戎是可能的。《庄子·盗跖》云："神农之世……无有相害之心，以至德之隆也。然而黄帝不能致德，与蚩尤战于涿鹿之野，流血百里。"《商君书·画策》叙述更为具体："神农既没，以强胜弱，以众暴寡，故黄帝作为君臣上下之仪，父子兄弟之礼，夫妇妃匹之合，内行刀锯，外用甲兵，故时变也。"一些原始部落一直不知道战争为何物。本尼迪克特在印第安人中发现过从未经历过战争的部落，"在他们自己的文化中，根本没有战争这个观念可以存在的基础……他们恰恰就没有一个用以区别这两种不同情况的文化模式。"④因纽特人以食生肉著称，似乎很生猛，但他们从不相互发动战争。而格陵兰岛土著更是打架、斗殴都不会。一位丹麦传教士注意到："争斗

---

① 陈星灿：《丰产巫术与祖先崇拜——红山文化出土女性塑像试探》，《华夏考古》1990 年第 3 期。
② 冯时：《红山文化三坏石坛的天文学研究——兼论中国最早的圜丘与方丘》，《北方文物》1993 年第 1 期。
③ 俞伟超：《座谈东山嘴遗址》，《文物》1984 年第 11 期。
④［美］本尼迪克特：《文化模式》，生活·读书·新知三联书店，1988 年，第 34 页。

与口角,憎恶与虐害,在他们里面几乎绝迹。他们看见我们的水手打架,他们说,这些人好像忘记自己是人了。"①

女神男巫,有祀无戎是红山文化社会的两大特点。表明他们仍然生活在男女相对平等、人神共处的和平状态。只有进入青铜时代或所谓的文明社会之后,有了干戈才有戎,尚武好战才可能成为风气,人类才能发动"名正言顺"的战争。在自然状态下人类是相对渺小和软弱的,亦是和平的。②

依此类推,东亚新石器时代晚期进入了玉帛古国时代,以祭祀为标志的礼乐文明时代。玉文化的源头可以追溯到旧石器时代西伯利亚或贝加尔湖周围,兴隆洼遗址精致真玉耳玦标志东亚进入了玉器时代。③以玉玦为标志的玉文化迅速传播到了几乎整个东亚地区包括日本列岛,河姆渡和良渚文化遗址亦出土了仿真玉玦。④五千年前左右的玉帛古国之间有互动,上层已形成交流网络。凌家滩和红山文化遗址相隔千余公里,玉器上表现出深度相似是社会上层远距离交流的生动例证,相似玉器包括玉人、玉龟、玉筒形器、玉猪龙、双联璧、玉环、玉镯、玉璧和石钺;凌家滩八角星双翅为猪首的玉鹰与红山文化"枭形勾云形器"可能是同类器物;凌家滩"兔形器"与牛河梁"玉凤"实际为同类器物。⑤红山文化与凌家滩文化先民之间并无战争迹象,交流主要是以玉器为象征的礼乐文明知识与技术和权力表达方式。

中国传统礼乐文明传统可以追溯到新石器时代。卜工进行过专门论述,认为礼制贯穿中国文明史,彩陶、玉器、列器、祭坛是中国式古礼体现⑥;《历史选择中国模式》进行了补充论证。⑦新石器时代晚期或末期东亚已有明显的贫富分化,但男女仍然相对平等。仰韶、红山、凌家滩、大汶口、良渚、石家河、龙山文化墓葬已有贫富分化,但并无男女明显不平等现象。例如山东临朐西朱封三座罕见龙山文化墓葬经过两次发掘震撼面世:1987 抢救清理第一座重椁大墓棺内墓主是一中年女性,仰身直肢,手握獐牙,头部与胸部分别置有绿松石耳坠及玉冠饰,随葬品有鼎、盆、罐、骨匕、器盖、蛋壳陶杯、三足盆、单把杯、蚌器、蛋壳陶杯等 30 余件。1989 年发掘了另外两座大墓:M202 墓室为长方形,东西长 6.68 米,一棺一椁;M203 墓室长方形,西长 6.3～6.44 米,重椁一棺,墓主亦为女性,随葬品十分丰富,具有大量彩绘遗迹和精致黑陶,最精美的代表性器物是人头形玉笄和组合玉簪。龙山文化晚期已进入夏代纪年,西朱封大墓中还没有发现干戈或真正的兵器。只有进入青铜时代或齐家文化时代才发生革命性变化。

三、干戈王國

夏以干戈立国。《尚书·甘誓》:

嗟!六事之人,予誓告汝:有扈氏威侮五行,怠弃三正,天用剿绝其命,今予惟恭行天之罚。左不攻于左,汝不恭命;右不攻于右,汝不恭命;御非其马之正,汝不恭命。用命,赏于祖;弗用命,戮于社,予则

---

① [美]路威著,吕叔湘译:《文明与野蛮》,生活·读书·新知三联书店,2005 年,第 291 页。
② 易华:《红山文化定居农业生活方式——兼论游牧的起源》,《红山文化国际会议论文集》,文物出版社,2004 年。
③ 杨虎、刘国祥、邓聪:《玉器起源探索》,香港中文大学中国考古艺术中心,2007 年。
④ 邓聪、曹锦炎:《良渚玉工》,浙江省文物考古研究所香港中文大学中国考古艺术中心,2015 年。
⑤ 李新伟:《中国史前社会上层远距离交流网的形成》,《文物》2015 年第 4 期
⑥ 卜工:《文明起源的中国模式》,科学出版社,2007 年。
⑦ 卜工:《历史选择中国模式》,科学出版社,2009 年。

孥戮汝。

《甘誓》属于《夏书》，是启讨伐有扈氏时发布的战争动员令。《史记·夏本纪》载禹巡视东方，按禅让原则传位给益，益让位给禹子启。有扈氏不服，启率众亲征。甘之战巩固了夏朝统治，确立了父子继承制，也就标志着东亚进入了父权时代。

《史记·夏本纪》云："于是启遂即天子之位……有扈氏不服，启伐之，大战于甘。"《史记集解》马融曰："甘，有扈氏南郊地名。"《史记索隐》又云："夏启所伐，鄠南有甘亭。"甘即甘亭，是有扈氏国南郊地名。《后汉书·郡国志》云："鄠县属右扶风，有甘亭。"宋代宋敏求《长安志》云："甘亭，在鄠县西五里。"清《关中胜迹图志》云："甘亭，在鄠县西南五里。"其实"夏"的古音就是"户"，段玉裁注为"胡雅切，古音在第五部"[1]。《简明中国历史地图集》"夏时期全图"将有扈氏和甘标注于西安附近[2]。大战于甘已公认发生在今陕西户县西南甘峪和甘亭一带，正是齐家文化或客省庄二期文化分布区。

通观夏代历史重戎轻祀明显，唯孔甲好鬼神事淫乱，而桀不务德而武伤百姓。《史记·夏本纪》从启崩到桀亡四百余年只有不到五百字记载：

夏后帝启崩，子帝太康立。帝太康失国，昆弟五人，须于洛汭，作五子之歌。太康崩，弟中康立，是为帝中康。帝中康时，羲和湎淫，废时乱日。胤往征之，作胤征。中康崩，子帝相立。帝相崩，子帝少康立。帝少康崩，子帝予立。帝予崩，子帝槐立。帝槐崩，子帝芒立。帝芒崩，子帝泄立。帝泄崩，子帝不降立。帝不降崩，弟帝扃立。帝扃崩，子帝廑立。帝廑崩，立帝不降之子孔甲，是为帝孔甲。帝孔甲立，好方鬼神，事淫乱。夏后氏德衰，诸侯畔之。天降龙二，有雌雄，孔甲不能食，未得豢龙氏。陶唐既衰，其后有刘累，学扰龙于豢龙氏，以事孔甲。孔甲赐之姓曰御龙氏，受豕韦之后。龙一雌死，以食夏后。夏后使求，惧而迁去。孔甲崩，子帝皋立。帝皋崩，子帝发立。帝发崩，子帝履癸立，是为桀。帝桀之时，自孔甲以来而诸侯多畔夏，桀不务德而武伤百姓，百姓弗堪。乃召汤而囚之夏台，已而释之。汤修德，诸侯皆归汤，汤遂率兵以伐夏桀。桀走鸣条，遂放而死。桀谓人曰："吾悔不遂杀汤於夏台，使至此。"汤乃践天子位，代夏朝天下。

帝崩、子立、失国、征伐是夏朝四百余年主旋律。《古本竹书纪年》亦有类似记载：甘之战后还有"启征西河"，帝相元年征淮夷、二年征风夷及黄夷，后相二年征黄夷，柏杼子征于东海及王寿，不降六年伐九苑，后桀伐岷山……[3]

夏亡于干戈。伊尹策划商汤伐桀，以夏不祀失德为借口。公元前1600年左右，汤先率兵灭韦、顾、昆吾，然后屯大军于鸣条，发表《汤誓》：

格尔众庶，悉听朕言。非台小子敢行称乱！有夏多罪，天命殛之。今尔有众，汝曰："我后不恤我众，舍我穑事，而割正夏？"予惟闻汝众言，夏氏有罪，予畏上帝，不敢不正。今汝其曰："夏罪其如台？"夏王率遏众力，率割夏邑。有众率怠弗协，曰："时日曷丧？予及汝皆亡。"夏德若兹，今朕必往。

玉戈和铜戈均见于二里头文化遗址，但其源头可追溯到石峁或齐家文化。中国史前兵器以钺为主，夏商周以戈为主。[4]斧钺实际上是石器时代重要生产工具，并非真正兵器。大型玉刀与玉戈显然不是工具或兵器，是二里头、石峁遗址或齐家文化中重要礼器。1987年，玉刀与玉戈同出于二里头遗址

①许慎撰，段玉裁注：《说文解字注》，上海古籍出版社，1981年，第233页。
②谭其骧主编：《简明中国历史地图集》，中国地图出版社，1991年，第5—6页。
③佚名撰，张洁、戴和冰点校：《帝王世纪·世本·逸周书·古本竹书纪年》，齐鲁书社，2010年，第310页。
④杨泓：《中国古代玉兵浅析》，《东亚亚器》第一册，香港中文大学中国考古艺术研究中，1998年。

M57。二里头遗址第三、四期共出土玉戈三件，相对成熟；其中一件淡青色玉戈通长43厘米、援宽8厘米、厚0.5厘米，另外一件独山玉戈通长30.2厘米、援宽、厚0.5~0.7厘米。[1]这种精致的玉戈很难向东追溯到五千年前的凌家滩文化戈形玉器；可以向西向北追溯到稍早的石峁文化玉戈。[2]石峁玉戈显然处于初始阶段，戴应新收购石峁玉戈三件，一件墨玉戈长29.4厘米，无援无胡较原始；一件赭灰色玉戈长36.5厘米，方内与援无分界，较成熟。[3]比二里头玉戈更成熟精致的大玉戈见于盘龙城和殷墟妇好墓。

二里头玉戈与铜戈同出，戈被认为是夏民族或夏文化象征之一。齐家文化遗址中不仅有众多玉刀出土，显然源于东方玉文化传统；亦有玉戈形器和铜戈形器出土，很可能是戈的源头。而石峁玉戈可能源自齐家文化戈型玉器。邓淑苹注意到喇家遗址M12与璧同出的戈形玉片可能是戈的始原。[4]

青海省博物馆展出宗日遗址齐家文化层出土戈形器（2016）

此外，宗日遗址1994—1996年连续三年发掘中都出土有铜器，器型以指环为主，还出土1件平面呈三角形器，残器长8.7厘米、宽2.2厘米，中间有脊，经检测为青铜。[5]这件"戈形器"亦可以作为戈起源于齐家文化的一个佐证。

《羌戈大战》是羌人的传说史诗。羌人的祖先从西北向西南游牧迁徙到岷江和湔江上游丰美的河谷台地时遇到了"戈基"部落。其人高鼻深目，身强力壮，能征善战，羌人屡战屡败，准备弃地而逃。神灵梦示于颈上帖羊毛做标记以白石为武器，再与戈基人决斗而胜之。从此羌人得以安居乐业，成为"有语言、有耕牧、知合群的民族"。

在西北地区还真有戈人和戈国。戈器是商周铜器中的常见品，邹衡曾搜160余器，出土地点明确的有91器。有关戈地的记载见于后羿篡夏的故事中。《左传·哀公元年》："遂灭过、戈，复禹之绩。"过、戈是夏王朝两个重要地区，寒浞派遣其子控制那里。少康灭了浇、豷，夺回过、戈，才恢复了夏王国。太史公认为戈是一个古老方国。《史记·夏本纪》："禹为姒姓，其后分封，用国为姓，故有夏后氏、有扈氏、有男氏、斟寻氏、彤城氏、褒氏、费氏、杞氏、缯氏、辛氏、冥氏、斟（氏）、戈氏。"夏代戈国或许就在宋、郑之间的戈邑，商代戈方应在陕西泾阳地区。[6]戈国墓地发现于陕西泾阳县高家堡，发现有"戈"徽的铜器八种，是商末周初的戈人墓。[7]曹定云考证甲骨文中"戈国"是商汤灭夏后分封给夏族后裔，戈是夏人标

①《玉魂国魄：玉器玉文化夏代中国文明展》，第233、232页

②李健民：《论夏商周玉戈及相关问题》，《海峡两岸古玉学会议论文专辑（Ⅱ）》，台湾大学理学院地质科学系印行，2001年。

③戴应新：《我与石峁龙山文化玉器》，《中国玉文化玉学论丛》续编，紫禁城出版社，2004年。

④邓淑苹：《万邦玉帛——夏王朝的文化底蕴》，《夏商都邑与文化》（二），中国社会科学出版社，2014年。

⑤青海省文物管理处等：《青海同德县宗日遗址发掘简报》，《考古》1998年第5期。格桑本等：《宗日遗址文物精粹论述选集》，四川科技出版社，1999年。

⑥陈晓华：《戈器戈国戈人》，《人文杂志》1999年第4期。

⑦陕西省考古研究所编著：《高家堡戈国墓》，三秦出版社，1995年。

志性器物。他分析甲骨文中九种相关族徽:戈氏,夏禹之后裔;亚戈,夏禹之后裔中享有诸侯爵位的支系;宁戈,夏禹之后裔中担任"宁"官的支系;戈西,黄帝之后裔;戈兆,虞舜之后裔;戈己,夏昆吾之后裔;戈网,可能为夏帝芒之后裔;戈车,黄帝之后裔。戈,待考。这些带"戈"族徽所代表的氏族都与夏有密切联系。[1]《潜夫论·五德志》亦云:"姒姓分氏,夏后、有扈、戈……皆禹后也。"羌与戈均是夏代重要方国或部族,在西北齐家文化分布区竞争与交战正是"羌戈大战"史诗历史文化背景。

殷墟中矢镞、戈、矛、刀削、斧斤是东亚比剑更古老的五种兵器,李济认为仅戈为中国本土之物,其他四种和剑一样来自中亚或西亚。[2]这五种均可以追溯到齐家文化,或者说齐家文化时代已经五兵齐全。戈和戟是东亚特有兵器,西方人称之为中国戈戟(Chinese Ko-halberd)。[3]其实西方亦有戟,三叉戟尤其著名。中国戈主要分布于中原,流传到了几乎整个东亚地区,亦不早于青铜时代。大玉刀主要流行于夏代,玉戈流传到了商周。大王刀、玉戈均是夏代流行器物,反映了夏代进入阶级社会的战争风尚,可以作为夏文化的标志。

赛伊玛—图尔宾诺铜矛见于青海西宁沈那遗址,亦分布到了河南、山西、辽宁等地。[4]铜斧亦见于甘肃广河齐家坪遗址和岷县杏林遗址。[5]刀削更常见于齐家文化遗址。斧斤和刀削不是单纯的兵器,还是生产王具和生活用具。

中国境内最早的铜箭镞见于青海柳湾遗址齐家文化层和石峁遗址中晚期。[6]二里头遗址、石峁遗址、柳湾遗址齐家文化层不约而同出现了青铜箭镞,标志着弓箭已成主战兵器之一。在此之前石制或骨制箭镞主要用来狩猎,青铜箭镞作为远射兵器大大提高了战斗力。

青海博物馆展出沈那遗址出土铜矛 (2016)

夏家店下层文化与二里头文化关系密切,辽宁锦县水手营子亦出土有完整的连柄铜戈[7]。叶舒宪从玉石戈到青铜戈的演变过程揭示华夏戈文化的源流及其文明发生意义,认为戈伴随着国家形成,还直接关系到中国玉文化大传统与青铜文化小传统的衔接与转折过程。[8]在早期中国礼制生活中玉质兵器是青铜兵器重要补充形式,青铜兵器不可能早

①曹定云:《殷代族徽"戈"与夏人后裔氏族》,《考古与文物》1989年第1期。

②李济:《殷墟铜器五种及其相关之问题》,《中央研究院历史语言研究所集刊·庆祝蔡元培先生六十五岁论文集》1935年。

Max Loehr: *Weapons and Tools from Anyang,and Siberian Analogies*, American Journal of Archaeology, vol.53, no.2, 126—144, 1949.

③William Watson: *Cultural Frontiers in Ancient East Asia*, P.43, Edinburgh, 1971.

④林梅村:《塞伊玛—图尔宾诺文化与史前丝绸之路》,《文物》2015年第6期。

⑤邵会秋、杨建华:《塞伊玛—图尔宾诺遗存与空首斧的传布》,《边疆考古研究》第10辑,2011年。

⑥2016早期石城和文明化进程国际会议期间邵晶展示了最新出土铜镞和石范。

⑦齐亚珍、刘素华:《锦县水手营子早期青铜器时代墓葬》,《辽海文物学刊》1991年第1期。

⑧叶舒宪:《戈文化的源流与华夏文明发生》,《民族艺术》2013年第1期。

到新石器,以戈为代表的玉质兵器也是青铜时代的产物。①

历史记载表明夏代开始进入父死子继父系父权社会。仰韶、龙山文化墓葬显示也有贫富分化,但男女之间没有明显不平等,父系还是母系之争尚无定论。但我们肯定知道齐家文化社会进入了男权时代,齐家文化墓葬露骨地展示了男尊女卑的状况。

张忠培系统梳理过中国史前合葬墓,对女系男权社会的变革做过多次论述:从齐家文化葬制可以看出与罗马家族有许多共同

青海省博物馆展出柳湾遗址齐家文化层出土铜箭镞 (2016)

的特征,达到了恩格斯说的父权统治的典型阶段,应把齐家文化时期划入父权制时代。②中国新石器时代男女合葬墓并不多见,主要见于黄河下游大汶口文化和上游马家窑文化,大体而言男女基本平等。到了青铜时代即齐家文化时代出现了赤裸裸的男女不平等,表现最露骨的是柳湾、皇娘娘台、秦魏家三大遗址。

柳湾墓地发掘马厂类型墓 1000 余座,占总墓葬的 60%,一般可分为大、中、小三种类型。小型墓随葬陶器 10 多件,最多也只 30 多件,中型墓随葬器则达五六十件左右,70 余件以上的可谓大型墓。第 564 号墓墓室全长约 5 米,宽和深各 3 米左右,墓主人为 40 多岁之男性,随葬文物除了石刀、石斧、石凿和一件绿松石装饰品外,仅陶器就有 91 件之多。马厂类型四十四座合葬墓中尸体集装一棺的十六座, 放置于垫板上的十四座, 无葬具的十四座。如三十三座半山类型合葬墓, 死者之间可能有主次之分, 却无男女之别。马家窑文化时代贫富分化明显,但还看不出男尊女卑。

柳湾遗址齐家文化墓葬主要通过棺内棺外和葬姿体现男女不平等。齐家文化 366 座墓葬中合葬墓 23 座, 二人合葬墓 20 座,三人、四人、五人合葬各 1 座。二十座合葬墓中成对成年人合葬墓 16 座,十一座两人均为一次葬,一位死者仰身直肢躺卧棺内,另一人则被置于棺外一侧,有的下肢被压于棺下,个别死者下肢还压着大石块。这清楚地显示棺内死者的地位居尊, 棺外的死者处于从属地位,而被置于棺外的死者确认为女性。确定性别的合葬墓中, 女性尸体旁的工具是纺轮,男性随葬的工具为石斧、石刀、石凿、石锛,可见男女分工已经明显。M314 男仰身直肢平躺于木棺内,四十余岁;女在棺外右下角侧身屈肢面向男性,一条腿被压在棺下,十六到十八岁,显然是为墓主人殉葬。M979 五人合葬,男子仰卧在独木棺内,其余 4 人仅存头骨皆放置在棺外,带有殉葬性质,显示出阶级压迫的缩影。此时的社会组织内部贫富不均,男女不平等,已进入了军事民主制阶段了。③

皇娘娘台遗址第四次发掘发现十座成年男女合葬墓和两座一男两女合葬墓具有特别重要的意义。男女合葬墓主要通过葬姿和陪葬物来体现男尊女卑。男性居左仰身直肢,女性居右侧身屈肢。M52 男性侧身直肢居左,女性侧身屈肢居右;随葬的二十件石璧全部集中在男性骨架上,脚下方随葬陶罐

①徐坚:《时惟礼崇》,上海古籍出版社,2014 年。
②张忠培:《中国父系氏族制发展阶段的考古学考察(续)》,《吉林大学社会科学学报》1987 年第 2 期。
③青海省文物管理处考古队等:《青海柳湾—乐都柳湾原始社会墓地》,文物出版社,1984 年,第 259 页。

7件、平底尊1件、豆1件、幼猪下颚骨7具、小石子186颗，在男性骨架下还垫有粗玉石片四块。M76尤为特殊，男性仰性直肢，女性屈肢侧身背靠男性，两手并拢举于前方，"似捆绑所至"。M48长2.6米、宽1.48、深1.15米，合葬一男二女，男性仰卧居中，左右各卧一女，侧卧屈肢面向正中；男性身上随葬玉璜1件、石璧83件。这反映出当时社会贵贱等级分明，男性占统治地位。[1]秦魏家遗址下层墓葬未见成人合葬，上层24座合葬墓中有15座成人合葬墓最有特色：男性仰身直肢、侧身直肢或俯身直肢居右，女性屈肢侧身居左，生动地展示了女性卑躬屈膝的形象。[2]

齐家文化男女合葬墓清楚地显示了男尊女卑，标志着进入了男系父权社会。历史记载表明中国从夏代开始进入父权社会。大禹传启标志父死子继男权社会的确立。《史记》记载的夏代世系显然是典型的男系父权社会。考古发现齐家文化社会与历史记载的夏代社会状况正好吻合。

进入青铜时代，男尊女卑现象日益明显。新石器时代晚期偶有男女合葬墓，看不出男女不平等；齐家文化流行男女合葬，男尊女卑十分明显。齐家文化至今没有发现大墓可能与火葬文化有关。周的先人和夏人可能实行火葬，亦可能是至今没有发现夏代和周室王室墓的一个原因。

夏族为姒姓见于《国语·周语下》："皇天嘉之，祚以天下，赐姓曰'姒'，氏曰'有夏'。"《史记·夏本纪》载太史公曰禹为姒姓，其后分封，用国为姓，故有夏后氏、有扈氏……"姒"字"女"旁值得注意。《说文解字·女部》："姓，人所生也，从女、生，生亦声。"这说明姓来自母系而不是父系。[3]由此可见，夏代之前从母，夏代开始从父，父系父权正是夏代开始巩固成制度。

齐家文化继续了东亚新石器时代墓葬传统，又从中亚吸收了洞室墓、火葬及男女合葬文化，极大地丰富了中国墓葬文化。齐家文化墓葬的多样性反映了夏代社会文化的复杂性，亦可反证齐家文化是夏文化。齐家文化多种多样的洞室墓体现了社会的复杂性，火葬墓体现民族文化和信仰的多样性，男女合葬墓体现了母系社会到男权社会的变革。齐家文化与夏朝不仅社会性质相同，又大体处于同一时空范围，从墓葬看可以肯定地说齐家文化就是夏代文化。

四、讨论与结语

国家起源有两大模式或理论：契约论或和平论与暴力论或战争论。尧舜禹神话传说反映契约论，以玉帛为信物，通过和平方式组成万邦之国。新石器时代或尧舜时代"禹合诸侯于涂山，执玉帛者万国"。尧天舜日的美好生活，实行的是禅让制，根本不需要战争和武力来实现王朝的更替，"有祀无戎"。炎黄蚩尤神话传说反映暴力论，以干戈决胜负，通过战争方式建立王国。青铜时代从炎黄开始，关于战争的神话与记载才频繁起来，已经有了诸侯和甲兵，所以才会有"国之大事，在祀与戎"，夏商周均是干戈玉国。"国之大事，在祀与戎"始见于《左传·成公十三年》，言简意赅地归纳了夏商周三代社会性质。夏代之前尧舜禹时代东亚以定居农业为基础，"玉帛古国""有祀无戎"或重祭祀而轻战争。祭祀与会盟是主要事务，战争即使偶尔有之还不是常态。

夏代开始之时，红山、良渚已经崩溃，石家河、龙山文化古城正在衰落中，唯有齐家文化方兴未艾，石峁古城欣欣向荣。石峁遗址早期是一座龙山文化古城，中期开始受到齐家文化或西北方向草原青铜

---

①甘肃省博物馆：《武威皇娘娘台遗址第四次发掘》，《考古学报》1978年第4期。
②中国科学院考古研究所甘肃工作队：《甘肃永靖秦魏家齐家文化墓地》，《考古学报》1975年第2期。
③杨希枚：《杨希枚集》，中国社会科学出版社，2006年，第26—28页。

游牧文化明显影响，出现了牛、羊、马和青铜器与铸造石范，还有齐家文化风格墓葬、陶器和卜骨。石峁遗址与齐家文化玉器种类和风格大同小异。马面、瓮城和皇城台等表明石峁遗址显然是都城遗址。祭祀和占卜是凝聚人群的核心手段。①石峁遗址年代是4300~3800，中期开始进入青铜时代吸收了游牧文化，玉戈、铜镞表明战争迹象日益明益；男女亦明显不平等。已发现二组共48位祭祀人头骨全是青年女性，男女合葬或女人殉葬仅见于大型墓，代表了特殊的社会地位。石峁既是宗教中心，也是世俗权力中心，两者在此紧密结合。②四千年前夏代开始之际陶寺古城已被推毁，二里头古城尚未兴起，石峁遗址中期正是东亚无与伦比大城，最有可能是夏代首都。

夏代或青铜时代之前红山、凌家滩、灵宝西坡、良渚、陶寺遗址都是"玉帛古国"，尚无干戈或戎，不可能自动演化为王国。青铜与游牧文化的到来使东亚发生了革命性的变化，不仅进入了青铜时代，也进入王国时代。王国时代父系父权成了制度，祀与戎才并称国之大事。东亚本土以玉帛为象征、以祭祀为特征的定居农业文化或礼乐文化是中华文明形成的基础，以干戈为象征以征伐为特征外来青铜游牧文化或好战风尚是表征，三代历史就是两者化合史。

进入夏代干戈作用日益明显，内战外战不断，戎或战争成了王国的日常事务。到了夏代晚期，夏代统治者重戎轻祀。商汤以夏王疏于祭祀为由"替天行道"，取而代之。商周两代戎祀并重，从此以后文武之道成了中国政治文化的主旋律。戈、或、國、武、伐、战、戎、戒、戌等一脉相承，弄清了戈的来龙去脉才能真正理解国之大事在祀与戎。

《尚书·周书》载武王戎车三百辆，虎贲三百人，与商战于牧野，作《牧誓》：

时甲子昧爽，王朝至于商郊牧野，乃誓。王左杖黄钺，右秉白旄以麾，曰："逖矣，西土之人！"王曰："嗟！我友邦冢君，御事：司徒、司马、司空、亚旅、师氏、千夫长、百夫长，及庸、蜀、羌、髳、微、卢、彭、濮人。称尔戈，比尔干，立尔矛，予其誓。"

"称尔戈，比尔干"，干戈与矛是三代主战兵器。孟子显然是想当然曰："三代之得天下也以仁，其失天下也以不仁。"（《孟子·离娄上》）列宁、毛泽东走向另一个极端概括为"枪杆子里面出政权"。其实，更朝换代不仅以仁，更以干戈。祭祀或仁是软实力核心，戎或干戈是硬实力标志，软硬结合才能取得政权及长治久安。

傅斯年最早系统论证夷夏东西说。顾颉刚质疑中国上古史，在甘肃考察之后指出，夏可能兴起于西北，"周是西北的国家，周的祖先起于岐山，但是周人常自称'时夏''区夏'，我们可以推想原来的夏，或也是西北的国家，所以周人自以为接受了夏的文化系统。并且后来在西方创立的国家也多称'夏'，如赫连勃勃、赵元昊等都是这样，现在宁夏的名称就是从西夏得名的。同时西北的水也多称'夏'，如大夏河、夏水（汉水）等。假如他日材料充分时，我这个说法或者可以得到证实"③。最近吴锐重新论证了夏、商不同族，夏族发祥地在西，而商族发祥地在东，夏礼与殷礼根基于不同的族群文化，夏文化并非商文化的基石。夏、商、周三代连续直线发展是儒家历史观，影响至今。④

其实清人朱骏声早就指出："就全地言之，中国在西北一小隅，故陈公子少西字夏，郑公孙夏字西。"⑤名字夏西对应，说明春秋时人心目中夏人原是处于中原以西。北魏杨衒之《洛阳伽蓝记·序》："北

①孙周勇：《公元前第三纪北方地已社会复杂化过程考察》，《考古与文物》2016年第4期。
②王玮林、郭小宁：《陕北地区龙山至夏时期的聚落与社会初论》，《考古与文物》2016年第4期。
③顾颉刚：《中国历史与西北文化》，《顾颉刚全集·宝树园文存》卷四，第195页。
④吴锐：《夏殷"直道而行说"质疑》，《文史哲》2014年第6期。
⑤朱骏声：《说文通训定声》，世界书局，1936年，第391页。

有二门:西曰大夏门,汉曰夏门,魏晋曰大夏门。"北宋郭茂倩编《乐府诗集》卷三七《陇西行》,一曰《步出夏门行》。①顾颉刚据此指出古代即以夏指西北隅,或称夏,或称大夏,一也。②清末王闿运著《尚书笺》在《康诰》"肇造我区夏"下释云:"夏,中国也。始于西夷,及于内地。"

不仅周人自称为夏("区夏""时夏"),秦人也称"夏"。《左传·襄公二十九年》载春秋时吴国公子季札观周乐,"为之歌秦,曰:'此之谓夏声,夫能夏则大,大之至也,其周之旧乎?'"秦声而曰'夏声',且曰'周旧',周与秦所处皆夏境也。这说明甘肃、陕西境内渭水流域正是夏、周、秦重要的活动地域。③

不仅周秦追认夏为祖先,匈奴亦然。《史记·匈奴列传》:"匈奴,其先祖夏后氏之苗裔也,曰淳维……自淳维以至头曼千有余岁,时大时小,别散分离,尚矣,其世传不可得而次云。然至冒顿而匈奴最强大,尽服从北夷,而南与中国为敌国,其世传国官号乃可得而记云。"吕思勉认为匈奴为夏桀之后并非无据。④夏族姒姓,"姒"字本字"以"。清人王引之已经指出"以""允"二字相通,铜器铭文也证明"以""允"通用。古籍所谓"允姓之奸"狁包括匈奴,都是姒姓,也就是夏族后裔。《史记·匈奴列传》又载:"岁正月,诸长小会单于庭,祠。五月,大会茏城,祭其先、天地、鬼神。秋,马肥,大会蹛林,课校人畜计。"匈奴亦以祀与戎为国之大事。故赫连勃勃建立夏国号称"大夏"。统万城和石峁古城均位于陕北并非偶然。

《史记·夏本纪》:"孔子正夏时,学者多传《夏小正》云。"《今本竹书纪年》载:"元年壬子,帝即位,居冀,颁夏时于邦国。"从《夏小正》记载的星象、历法等内容以及其语言形式来看,《夏小正》产生年代应在商周以前。⑤从记录的动植物来看多次提到麦、羊(羔)、牛、马,《夏小正》不太可能早于夏代,确实反映了夏代或齐家文化时代物候状况。大量证据表明夏朝并非子虚乌有,齐家文化正是夏代遗迹,而石峁遗址和二里头遗址正好可以分别为首都和末都。

不同文明标准意味着文明起始时间与地点不同。以中国考古学家自己设定标准来衡量中国文明可以早到五千年前的新石器时代晚期红山、凌家滩、良渚、石家河遗址,以定居农业为经济基础,以玉帛崇拜为文化标志,可以称之为玉帛古国文明。按国际标准东亚文明只能追溯到青铜时代齐家文化或石峁遗址,也就是四千年前夏代开始之际,游牧与农耕在长城地带和黄河流域结合,青铜兵器成了时代新特征,标志着东亚进入了干戈王国新时代。虽然还没有发现文字铁证,石峁遗址不仅是东西文化交汇见证,亦是中国历史转折点或原点。四千年前左右东西交汇长城地带进入王国时代完全可能,石峁遗址正在发掘和研究,不久将会水落石出。

---

① 郭茂倩编:《乐府诗集》第 2 册,中华书局,1979 年,第 542 页。
② 顾洪编:《顾颉刚读书笔记》第五卷(上),台北联经出版事业公司,1990 年,第 2804 页。
③ 吴锐:《从〈容成氏〉所记桀逃亡路线看夏文化与西部的关系》,《人文杂志》2007 年第 2 期。
④ 吕思勉:《吕思勉读史札记》上册,上海古籍出版社,2005 年,第 97—98 页。
⑤ 胡铁珠:《〈夏小正〉星象年代研究》,《自然科学史研究》第 19 卷第 3 期(2000 年)。韩高年:《上古授时仪式与仪式韵文——论〈夏小正〉的性质、时代及演变》,《文献》2004 年第 4 期。

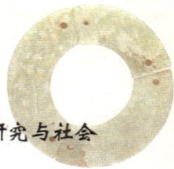

齐家文化墓葬反映的社会性质

中国社会科学院考古研究所　王吉怀

　　齐家文化在我国的新石器时代考古中,占有非常重要的地位。从发现至今,已经有了近百年的历史，在前期发掘研究的基础上，学术界越来越注意到齐家文化在人类发展的过程中所起到的重大影响，随着对齐家文化研究的不断深入，齐家文化已成为探索中华文明形成与发展的重要研究对象之一,是黄河上游地区文明化进展的缩影。

　　考古发掘提供的资料表明:在我国历史上,经历了漫长的原始社会以后,还有一段由原始社会向阶级社会过渡的大变革时期,这个时期既包含有原始社会的一些因素,又孕育着阶级社会的萌芽,实际上,属于考古学上新石器时代晚期文化的齐家文化就处于这个阶段。探讨父权制的发展,私有制的形成,阶级的出现,都可以从这一时期文化中找到渊源。黄河上游孕育着丰富的原始社会末期的物质文化遗存,不仅是我国原始社会考古的重要地区之一,同时,也是国家文明探源的重要地区之一。

　　黄河上游的齐家文化,构成了这一地区新石器时代晚期文化的重要组成部分,也是我国西北地区最早发现铜石并用的考古遗存,这为我们研究西北地区私有制和阶级的形成,提供了十分重要的资料。

　　齐家文化的墓葬材料是比较丰富的,从墓葬材料中可以看到男女之间不平等的地位和财产分配的不平均现象。促使这种现象的形成与当时的社会形态有着密切的联系。

　　母系氏族社会末期,由于定居生活的稳固,农业、手工业和畜牧业得到不断发展,产品数量也在不断增加,这样除了满足氏族成员维系生活的正常消费外,还有一定数量的剩余,或者是偶然留下的剩余物,这就会出现剩余归谁的问题。

　　众所周知,母系氏族公社发展时期,成员之间的地位是平等的,虽然当时有部落首领和一般成员地位上的差异,但这种差异只存在分工上的不同。社会的进展使妇女的地位下降,男子地位上升,又随着剩余产品的出现,因而私有制便动摇了公有制特有的公平分配产品的制度,这种私有制的萌芽既引起了意识形态的变化,又引起了对财富的贪欲。母系大家族所以是瓦解氏族公社的基本因素,是因为它是过渡到父系的重要环节。过去曾有人认为,母系氏族公社瓦解后,出现了个体家庭,从而过渡到父系氏族公社。现在看来,这种过渡是通过母系大家族转变为父系大家族的途径而进行的,个体家庭的出现,是较晚的事情,很可能个体家庭是从父系大家族分化出来的,而且在个体家庭出现以后仍然存在着父系大家族,最终进入到阶级社会。

青海柳湾是我国考古发掘中最大的原始社会晚期的氏族公共墓地。这里不仅墓葬数量多,而且出土遗物丰富,为我国近年来考古工作取得的重大成果之一。柳湾墓地共清理出齐家文化墓葬366座[①],在此,结合武威皇娘娘台[②]、永靖大何庄[③]、秦魏家[④]、广河齐家坪[⑤]、贵南尕马台等处的墓葬材料,把齐家文化中几种不同的埋葬方式分述如下,以供研究者参考。

第一种方式　木棺墓

主要见于柳湾齐家文化墓地,也是第一次发现的齐家文化结构清楚的木构葬具。在366座墓葬中,有木构痕迹的共288座,占墓葬总数的78.7%。葬具的形式可分为独木棺、长方形墓棺和垫板三种。

一、独木棺

它是用一段圆木,削去上段一小半,两端削平,个别两端为圆弧形,再将中部挖空,呈船舱状,底部削平,形似独木舟,有的还在棺口另放一个棺盖。这种独木棺一般保存较好,是柳湾墓地齐家文化中晚期较普遍的一种埋葬方式,其数量多于早中期盛行的长方形木棺墓,约占墓葬总数的50%。又可分为三人合葬、二人合葬和单人葬。

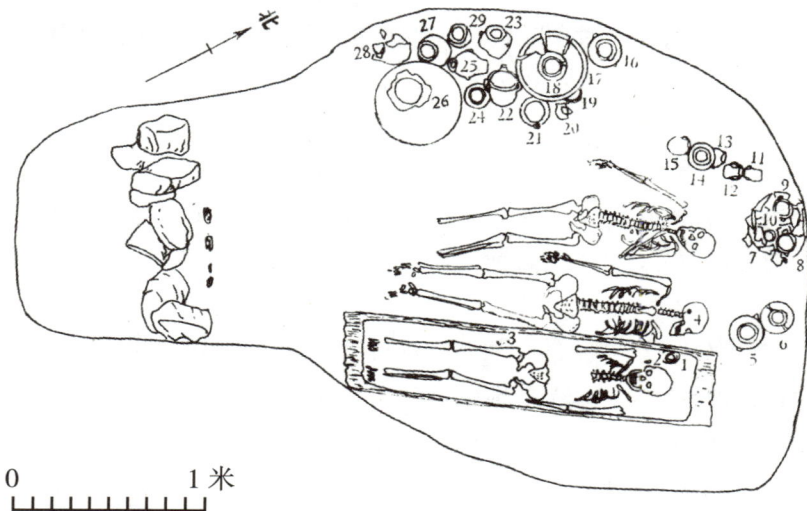

图1　柳湾墓M972平面图

①青海省文物管理处考古队、中国社会科学院考古研究所:《青海柳湾》,文物出版社,1984年。
②甘肃省博物馆:《甘肃武威皇娘娘台遗址发掘报告》,《考古学报》1960年第2期;甘肃省博物馆:《武威皇娘娘台遗址第四次发掘》,《考古学报》1979年第4期。
③中国社会科学院考古研究所甘肃工作队:《甘肃永靖大何庄遗址发掘报告》,《考古学报》1974年第2期。
④中国社会科学院考古研究所甘肃工作队:《甘肃永靖秦魏家齐家文化墓地》,《考古学报》1975年第2期。
⑤《甘肃省文物考古工作三十年》,《文物考古工作三十年》,文物出版社,1979年。

1. 三人合葬　这种墓葬的形制多为"凸"字形，规模较大，应为富有者墓。

例如柳湾 M972，墓葬形制为"凸"字形，墓室为 4.2×（2.25~3.3）米；墓道为 1.5×1.2 米。墓内有三具骨架，一具在棺内，两具在棺外。棺内者仰身直肢，面朝上；棺外者一具仰身直肢面向木棺，另一具仰身，肢体略为弯曲，右臂外伸，左臂置于胸前，显然是被殉葬者（图 1）。

墓内随葬品相当丰富，除大量的陶容器外，还有石、骨料制成的生产工具和装饰品。其中有双大耳罐、高领双耳罐、陶壶、陶纺轮、串珠、绿松石饰等 31 件。

这种丰富的大型墓，虽然数量不多，但它与既无木棺又无随葬品的小墓形成了一个明显的对比，当时的贫富形象已经产生，在分配关系上出现了一个新的情况，氏族成员在劳动产品的占有上出现了差别，导致了氏族内部富有家庭的出现。

2. 二人合葬　二人合葬在柳湾墓地发现二十座，占墓葬总数的 5.5%。这种合葬形式也不完全相同，有的二人同葬一棺，有的分棺合葬，还有的一人葬棺内一人葬棺外。

（1）二人同棺合葬，这种墓葬数量很少，只发现两座（M963、M970），是一种比较罕见的现象。二人同葬一棺，埋在一个长方形的竖穴土坑内。通过对 M963 的鉴定，一具骨架为成年男性，40 岁；另一具骨架为未成年儿童，此墓应为父子间的合葬（图 2）。这种情况说明，父权制在当时已经牢固的确立，传统的财产继承制度，随着父权制的确立，将有父亲的血缘亲属来继承。M963 的这种埋葬制度，就是父权制下继承制度的一种真实的反映。

（2）二人双棺合葬，就是每个墓坑内有两具木棺并排埋葬。这种现象很少见，在柳湾齐家文化墓地里，中晚期才出现，共发现了三座（M858、M1203、M1325）。这种墓葬的形制，有的呈"凸"字形，有的为长方形。埋葬者之间的关系，M1325 为夫妻合葬（图 3：上），M1203 为儿童之间的合葬（图 3：下），M858 可能为父子间的合葬。

（3）二人棺内外同坑合葬，是指一人于棺内，一人于棺外的合葬，这种埋葬方式，多于同棺合葬和双棺合葬，这是夫妻合葬常见的现象。一般的男性仰身直肢葬于棺内，女性侧身屈肢葬于棺外，表现了父系氏族社会时期的男女不平等地位。

例如柳湾 M1112，为成年男女合葬墓，男的葬于木棺内，仰身直肢，女的葬于棺外，侧身屈肢（图 4）。从葬式葬具观察，妻子是丈夫的奴仆，是为丈夫殉葬的。这种现象在齐家文化中已经发展到了极端复杂的程度。除妻子为丈夫殉葬外，俘虏也逃脱不了为主人殉葬的悲惨结局。

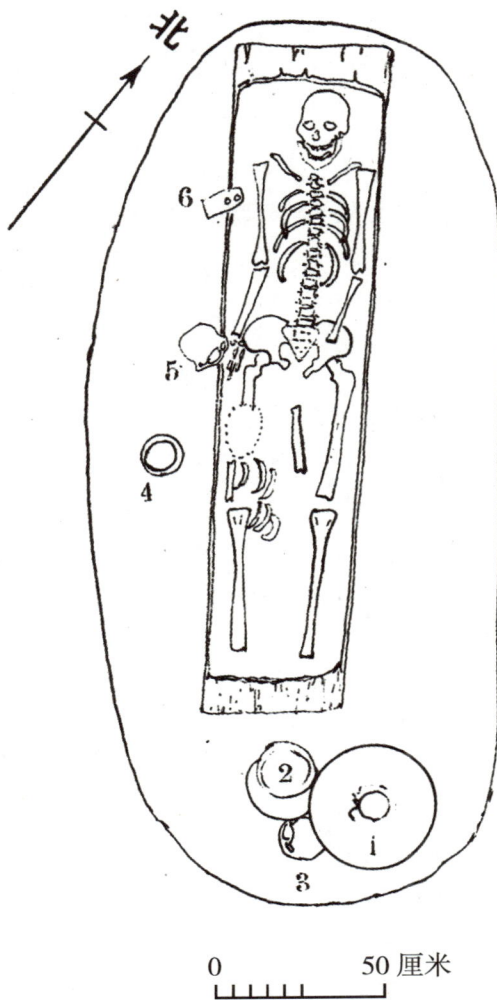

0　　　　50 厘米

图 2　柳湾 M963

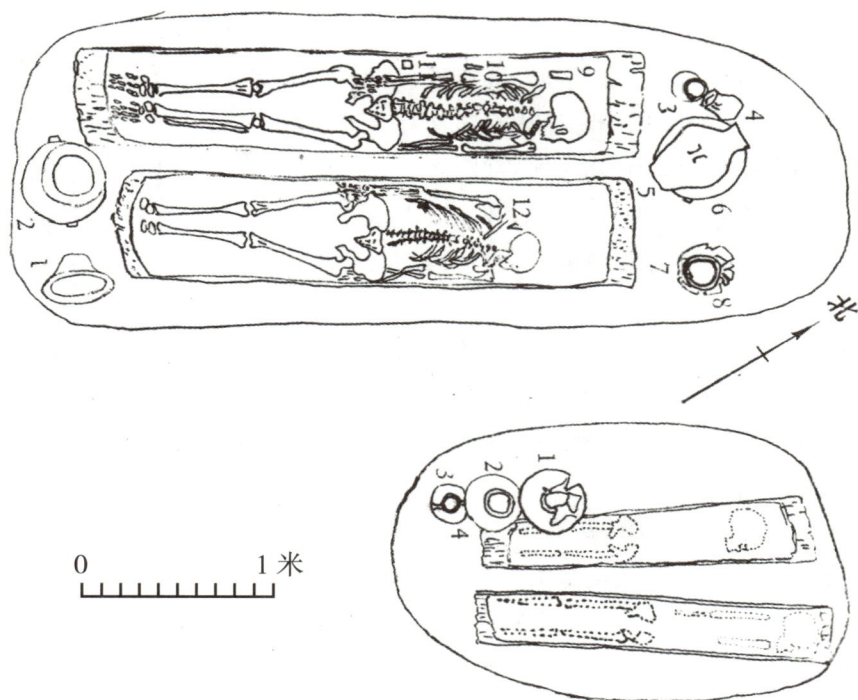

图 3 上：柳湾 M1325；下：柳湾 M1203

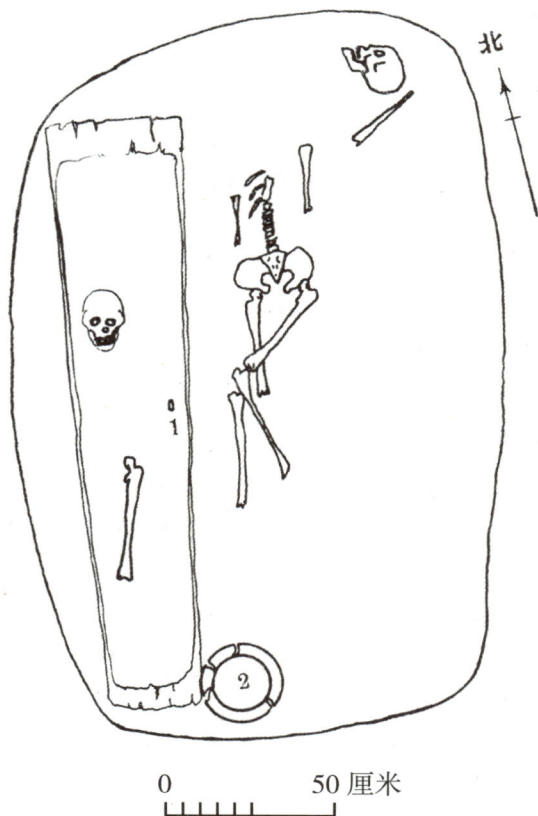

0   50 厘米

图 4 柳湾 M1112

3. 单人葬　在木棺葬中，较多的还是单人葬，也是柳湾墓地齐家文化中最常见的一种葬式。一般死者仰身直肢，两手紧放身旁，个别两手弯曲放于腹部，也有两腿搭在一起的。单人葬的头向一般与合葬墓相同，不过随葬品的数量一般较少。

二、长方形木棺

棺的四壁由木板围拼而成，棺外还有三块用隼卯结构结合的木框架，在制作上比独木棺精巧。这种长方形木棺，埋葬着几种不同形式的死者。

1. 二人合葬墓　埋葬结构呈"凸"字形，一般较大，明显地反映出私有制在当时的确立，比它的前身马厂类型晚期更加发展。

例如 M990 为一座齐家文化早期墓，墓葬结构呈"凸"字形，墓室为 2.7×（1.9~0.47）米；墓道为 0.7×（0.5~0.47）米。一具骨架仰身直肢葬于棺内,另一具骨架葬于棺外,仰身直肢面向木棺。虽然对骨架没有做出性别鉴定,但显然棺内死者的身份要高于棺外死者。随葬品比较丰富,计有陶壶、双耳罐、彩陶罐、高双耳罐、粗双耳罐、盆、瓮、石锛、刀、凿、骨镞等23件(图5)。反是这种形制的墓都比较大,而且有丰富的随葬品。

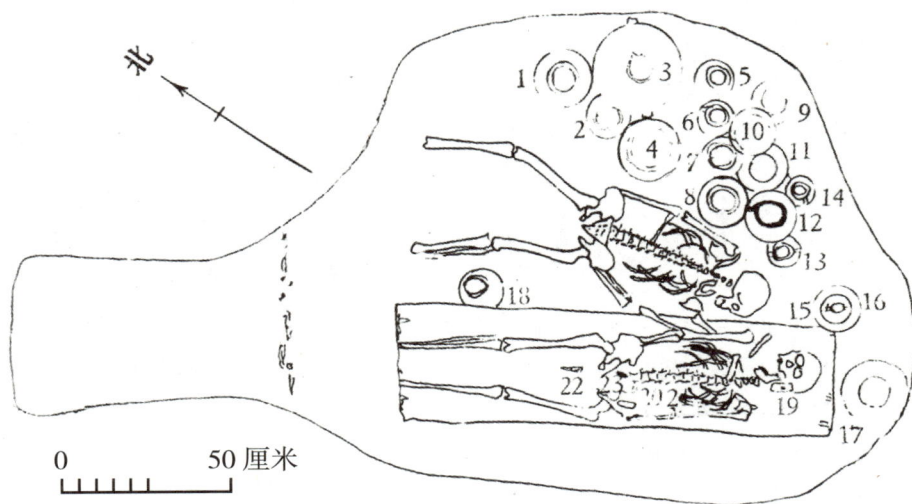

图 5　柳湾 M990

2. 单人墓葬　即一具骨架仰身直肢葬于棺内,其规模比二人合葬墓小得多,随葬品一般为5~10件。这种单人木棺墓比较盛行于早中期。

三、垫板

用一块木板或两三块木板拼接而成作为葬具放于人骨架下面。这种现象在带有葬具的墓葬中是比较简陋的,而且多数为儿童使用,柳湾齐家文化墓地早中晚期都有,而更多见于中晚期。由于它受其前身马厂类型的影响,故在墓葬方面还保留着很多马厂类型的特点。

第二种方式　土坑合葬墓

土坑合葬墓是齐家文化中最普遍的埋葬方式,这种形制的墓葬,主要流行于武威皇娘娘台、永靖大何庄、秦魏家、贵南尕马台和广河齐家坪等氏族墓地里。这类合葬墓又可分为三人以上合葬和二人合葬。

1. 三人以上合葬　这种现象比较少见,只发现过六座(皇娘娘台 M1、M24、M48、M66;大何庄 M70、M84)。M1 为四个小孩合葬。三人合葬除三个儿童外,就是一男二女的合葬。同是三人合葬,其性质是完全不同的,例如 M84,三个儿童埋在一个方形的土坑里,没有任何随葬品(图6)。而一男二女的合葬墓则不同,例如 M48,三具骨架的安排有严格的要求,居中间仰身直肢者为男性,左右身屈肢者为女性,而且面向男子(图7)。类似这种墓葬,随葬品的数量往往多于二人合葬墓,一般用质量高、拥有财富象征的石(玉)璧做随葬品,这种一般称作殉葬墓者中既有妻又有妾。这是男女不平等的例证,也是主人与被压迫者的缩影。这种例证不禁使我们想起我国一些少数民族男女合葬的习俗。云南怒族傈傈族自治州福贡山等地实行的夫妻合葬,女性侧身屈肢,面向男性。新疆察布查尔金泉的锡伯族,夫妻合葬除实行分棺外,也实行男左女右和男仰身直肢、女侧身屈肢面向男子的习俗。①

专家们根据民族学妻妾殉葬的实例,认为男女合葬中的女性,很可能的被迫殉死的②,因为当时的社会已经发展到父权制时代,在社会上居统治地位的是男子,女子只能居于依附与屈从的地位,所以在埋葬制度上把妇女看成是自己的奴隶和财产进行殉葬是可以理解的。

山东宁阳堡头大汶口文化第 35 号合葬墓,埋葬着一男一女和一个怀抱着

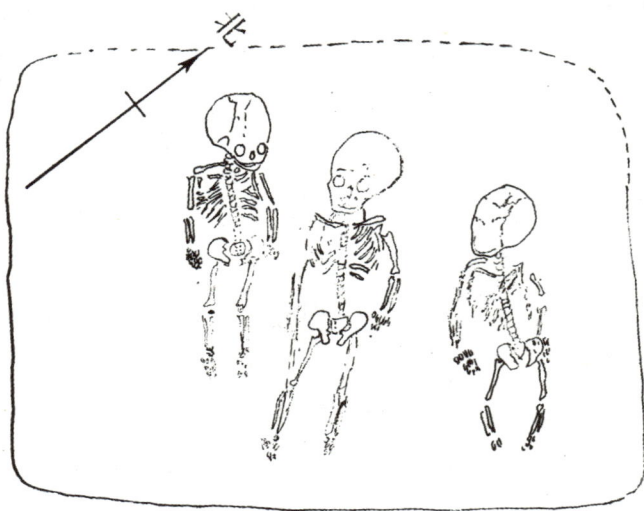

0   50 厘米

图 6　皇娘娘台 M84

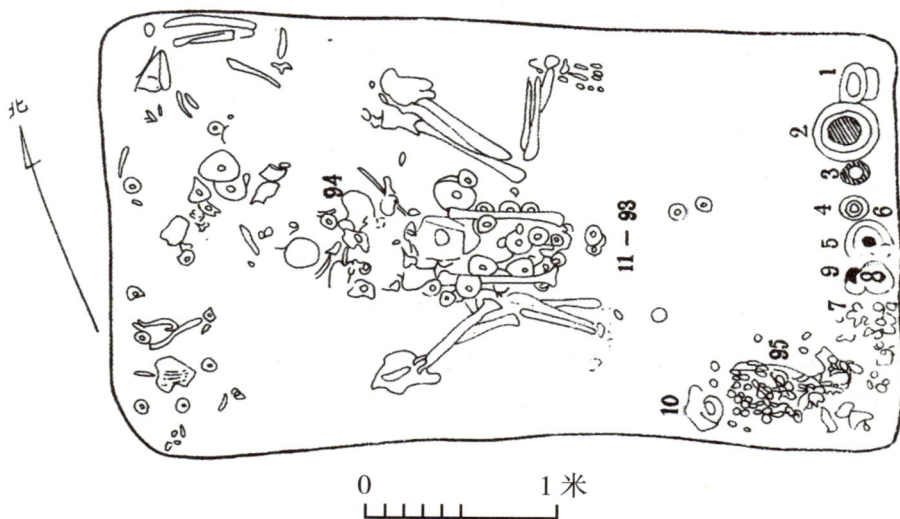

0   1 米

图 7　皇娘娘台 M48

的幼儿,丰富的随葬品和具有财富象征的猪下颌骨都集中放在男子身旁(图 8),说明了家庭、私有财产的出现和父权制的确立。下面要说的二人合葬中的夫妻墓更加明确了这一点。

2. 二人合葬　二人同时埋在一个长方形的竖穴土坑内,以夫妻合葬最为常见(少数也有父子合葬)。

例如秦魏家墓 45 和墓 105,妻子侧身屈肢面向丈夫,并且双手搭在丈夫肩上,表现了两者既亲密

①夏之干:《试论氏族公社时期夫妻埋葬习俗的演变》,《云南社会科学》1982 年第 5 期。
②谢端琚:《略论齐家文化墓葬》,《考古》1986 年第 2 期。

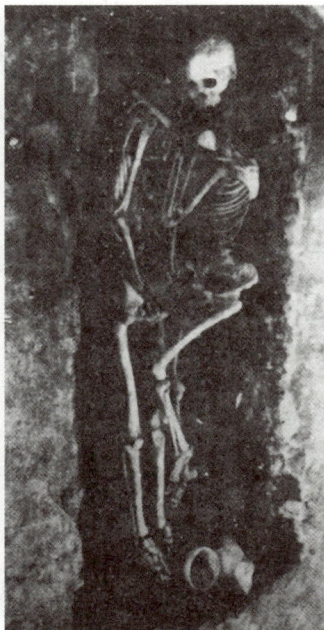

图 8　大汶口 M35　　　　　图 9:1　秦魏家 M45　　　　　图 9:2　秦魏家 M105

又不平等的关系(图 9:1、2)。

　　高于男左女右或男右女左,不同的地区有不同的习俗,秦魏家和柳湾为男右女左,皇娘娘台为男左女右,但对女性实行侧身屈肢,却有着严格的要求,到目前为止,在发现的成年男女的合葬墓中,还没有发现女性为仰身直肢的现象,而在父子的合葬墓中,对小孩的葬法并不像妻子那样严格,既有侧身屈肢(此种葬法较多),也有仰身直肢(皇娘娘台 M10),但成人均仰身直肢。看来子女作为财产的继承人,其地位要高于妻子。

　　齐家文化时期,虽然已经进入了父权制时代,但还或多或少地保留着母权制的痕迹,大何庄 M55,为一座成人和婴儿的合葬墓,成人仰身直肢,头向西北,婴儿骨架已朽,位于成人两大腿之间,头向下,好像产后死去而同时埋入的[1]。这种情形表明,母子间的关系仍被社会承认是最亲密的关系,子女从母的习俗还没有完全消失。不过,类似这样的墓随葬品的数量一般不多,常见为 3—5 件。

第三种方式　土坑单人墓

　　从发掘的资料看,齐家文化的单人墓可分为两种形式,一种是长方形竖穴土坑墓,另一种是圆坑墓。

　　1. 长方形土坑墓　是齐家文化中最常见的一种墓葬形制,这种类型的墓葬,死者常为仰身直肢或侧身屈肢,随葬品的数量不多,一般为 3—5 件,个别墓没有随葬品,墓主人社会地位是比较低下的。秦魏家、大何庄、皇娘娘台墓地发现的比较多。

　　2. 圆形土坑墓　是齐家文化中的个别现象,这类墓葬多的利用废弃的窖穴再埋葬死者。从发表的

---

　　[1]中国社会科学院考古研究所甘肃工作队:《甘肃永靖大何庄遗址发掘报告》图一九;图版四:1,《考古学报》1974 年第 2 期,第 41 页。

资料看,圆形土坑墓中的随葬品,一般少于长方形土坑墓,常见的为一两件,而更多的墓没有随葬品。

圆坑墓的形制又可分为圆形、方形、椭圆形、袋形四种。死者在坑内的姿势不很固定,有的侧卧屈肢,有的仰卧屈肢,还有的作蹲坐状(图10),更多的骨架是紊乱的,而且没有固定的方向,这是十分明显的贫人墓。这种在埋葬上的差别,反映了死者生前的社会地位比长方形墓坑中的死者还要低下。

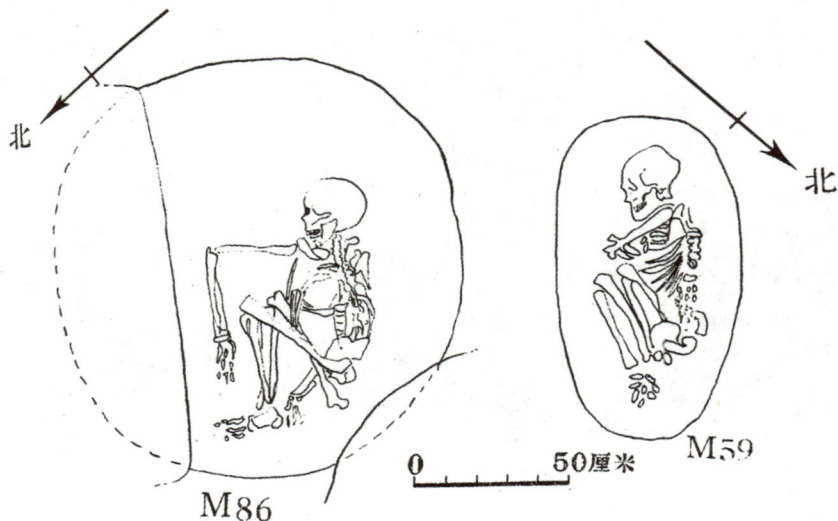

图 10 皇娘娘台 M86;大何庄 M59

陕西省客庄龙山文化遗址中,也有利用废窖穴葬人的情况,并发现人骨、兽骨埋在一起的现象。死者不葬于公共墓地,特别从被砍头和活埋的现象推测,生前极可能是俘虏或奴隶,由于反抗或逃跑而成了宗教祭祀中的牺牲品。

我们对柳湾、皇娘娘台、秦魏家、大何庄墓地的各种墓葬形制做了一个粗略的统计,以此来看看各类型墓葬在齐家文化中所占的比例(见下表)。

遗 址	墓葬数	三人合葬	百分比	二人合葬	百分比	单人葬	百分比	圆坑葬	百分比
皇娘娘台	88	3	3.4%	12	13.6%	40	45.5%	9	10.2%
秦魏家	138			24	17.4%	114	82.6%		
大何庄	82	2	2.4%	1	1.2%	79	96.3%		
柳 湾	366	独木棺		长方形木棺		垫板			
		184	50.5%	91	24.9%	13	3.6%		

说明:柳湾遗址中数字统计,未作合葬单葬之分

通过统计比较,各类型墓葬,分别代表着死者生前的身份及社会地位,尤其是一男一女发展为一男二女的合葬墓,表明男子的地位日趋上升,妇女生前是丈夫的奴仆,死后是丈夫的殉葬品。

目前,虽然考古界对齐家文化的时代还存在着新石器时代、铜石并用时代说[1],青铜时代说[2],金石并用

①中国社会科学院考古研究所甘肃工作队:《甘肃永靖大何庄遗址发掘报告》,《考古学报》1974 年第 2 期。
②《甘肃省文物考古工作三十年》,《文物考古工作三十年》,文物出版社,1979 年。

期到青铜时代等不同的说法,但是,齐家文化时期已经产生了阶级,阶级矛盾及贫富分化的现象越加明显。尽管成人合葬与圆坑葬所占的比例不高,但这种现象已经成了不可阻挡的历史潮流向前发展着。

齐家文化的墓葬材料告诉我们,由于社会经济和氏族制度的发展,基于习惯的对偶同居便逐渐巩固,子女渐能确认生父,到此时更进而明确为一夫一妻制婚姻,母系大家族逐渐让位给父系大家族,从数以百计的墓葬来看,母系大家族的迁徙合葬墓已经绝迹,男女分别合葬的习俗也已消失,在盛行单人葬的基础上出现了夫妻合葬及一男二女合葬。这使我们清楚地看到,齐家文化已经进入了初期奴隶社会,但还遗留着较多的原始公社制的残余。从统计表中可以看出,占比例最大的还是单人墓,这应是当时社会发展不平衡的结果。夫妻埋葬习俗的演进并不是也不可能是一种简单的直线发展过程,而是经过了若干曲折和反复。氏族社会时期夫妻埋葬习俗的演进,大致说来是同婚姻制度的演进相关联的,同时,对母系氏族晚期和父系氏族早期来说,出嫁者的氏族、家庭关系是夫妻埋葬习俗的关键所在。

私有制确立,阶级产生,氏族制度崩溃,原始公社瓦解,是原始社会内部矛盾发展的必然结果,是不以人的意志为转移的。这种社会发展的变化,已充分地反映在齐家文化的埋葬制度上。早期的土坑墓,从单人葬发展到夫妻合葬,说明了父权制的确立和巩固,中期的木棺葬,从单人葬到夫妻合葬,最后发展为一夫二妻的合葬,更体现了当时男子在社会中的地位。皇娘娘台、秦魏家、柳湾、齐家坪殉葬墓的出现,告诉我们,这就是阶级压迫的缩影,不管被殉葬者是墓主人的亲属、战俘、妻妾,还是奴婢,都是当时阶级对立的见证。

我们根据所取得的墓葬材料,对黄河上游地区原始氏族公社时期的历史、社会形态,能够描绘出一个总体的轮廓:发达的齐家文化,已达到父系氏族公社的鼎盛时期,生产力的进步,是母系氏族公社转变为父系氏族公社的物质基础,农业、畜牧业和手工业之间的社会劳动分工的扩大以及交换关系的发展,也为阶级社会的产生提供了物质条件。马克思早在1852年3月5日致约·魏德迈的信中指出:阶级的存在,仅仅同生产发展的一定历史阶段相联系。这就是说,阶级是在一定的历史条件下产生的,也会在将来一定的历史条件下被消灭。我国由原始社会过渡到阶级社会的条件和进程,完全证明了马克思所做的这一论断是正确的。

为什么人类经历了漫长的无阶级的原始社会之后,会进入阶级社会呢?马克思指出:"阶级的存在是由分工引起的。"①社会分工的出现,表明了生产力的不断发展,大量的考古发掘资料证明,我国在仰韶文化之后,已经开始出现了明显的分工,原始社会的那种采集生活和渔猎生活已经逐步为农业、畜牧业、手工业所代替。由于社会分工的进一步强化,导致财富起了分化和男女地位的改变,生产力的发展推动了私有制的产生,打破了贫富均等的状态,这些变化在墓葬方面表现了出来。

通过对齐家文化各种埋葬方式的对比,使我们得出这样一个认识,阶级对立的、阶级压迫的原始组织形态的父系大家族,是男性奴役女性的工具。正如恩格斯所说:"在历史上出现的最初的阶级对立,是同个体婚下的夫妻间的对抗的发展同时发生的,而最初的阶级压迫是同男性对女性的奴役同时发生的。"这种情况也说明了"母权制度的被推翻,乃是女性的具有世界历史意义的失败"②。西北地区的奴隶社会,正是在齐家文化的基础上发展起来的。

---

① 《马克思恩格斯全集》第4卷,第370页。
② 恩格斯:《家庭、私有制和国家的起源》,《马克思恩格斯全集》第21卷,人民出版社,1973年,第69、78页。

齐家文化婚姻形态探析

临夏州博物馆　华小燕

　　齐家文化是甘青地区重要的史前文化。关于齐家文化的研究,主要涉及其文化特征、类型和分期,与周围文化的关系、渊源去向及社会性质等问题。而对于齐家文化婚姻形态的研究是比较薄弱的,故本文欲对此问题进行系统、全面的论述。

　　人类最初的社会组织形式是通过婚姻关系实现的,社会的进化推动着婚姻形态的进化,在一定意义上,婚姻形态的进化是社会进化的标志。恩格斯认为,人类的婚姻形态是不断进化的,他从摩尔根发现的家庭关系和亲属制度的矛盾入手,来考察家庭形式的产生和发展,揭示出了人类历史上依次更迭的三种主要婚姻形式,指出:"这三种婚姻形式大体上与人类发展的三个主要阶段相适应。群婚制是与蒙昧时代相适应的,对偶婚制是与野蛮时代相适应的,以通奸和卖淫为补充的一夫一妻制是与文明时代相适应的。"①

　　血缘家庭是群婚制的初级阶段,此时实行班辈婚,即同辈男女既互为兄弟姊妹,又互为夫妻。班辈婚是人类历史上第一个社会组织形式,它将人类与兽群区分开来。普那路亚家庭是群婚制发展的高级阶段,此时实行族外婚制,它不仅排除了父母和子女通婚,也排除了姊妹和兄弟通婚,要求一个氏族的一群青年男子集体"出嫁"到另一个氏族中与一群青年女子互为夫妻。在这两种群婚形态下,由于男女双方关系的不固定,子女"只识其母,不识其父"的现象普遍存在。对偶婚是母系氏族社会发展到一定阶段的产物,它是族外婚向一夫一妻制过渡的一种婚姻形式,指一对男女在或长或短的时间里比较固定的偶居,但这种偶居并不是固定的同居,两性关系仍然比较松散。男子夜来晨去,只在女子家中过夜,无约束权,女子的性伴侣可以更换,反之男子也一样,可以有几个性伴侣,亦能时常更换。对偶婚对于多偶婚来说是有所进步的,即男女双方在多个性伴侣中有相对稳定的一个,但未形成严格的固定关系。这种婚姻不稳定的根本原因在于男女双方缺乏经济上的联系,即男女双方基本上都在各自的氏族内进行生产劳动,并不脱离自己的母系大家族。随着私有制的萌芽,男子在家中掌握了权柄,一夫一妻

---

　　①《马克思恩格斯选集》第四卷,第70页。

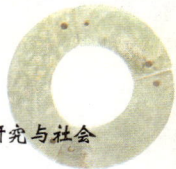

制家庭开始产生。随着生产力的发展,男子在生产生活中渐渐居于主导地位。母权制被彻底推翻,由于继承权的问题,男子需要明确由自己亲生的子女来继承自己的私有财产,从而要求子女血脉的纯洁性,所以产生了对于女人的严格的性要求。从此女性丧失了在家中的绝对领导地位,变成男子的附庸。

齐家人到底处在怎样的婚姻阶段呢?齐家先民是以哪种社会组织形式存在的呢?

一、从墓葬资料分析齐家先民的婚姻状况

墓葬是现实生活的真实写照,能反映当时社会生活的各方面。墓葬所表现出来的埋葬制度和埋葬习俗能直接或间接地反映当时的社会组织、社会经济、意识形态和阶级关系等,每个先民生前都有自己的族属和家庭婚姻形式,都占有一定的生活资料和生产资料,有家庭和婚姻形式,都与人们的经济文化生活相适应,因此,墓葬资料对了解齐家先民的婚姻形态至关重要,婚姻形态的变化在埋葬方式上得到了充分反映。

齐家文化的居民有自己的氏族墓地,一般位于聚落附近,既有成片的墓地,也有分布零散与居址交错的墓地。墓地规模大小不一。墓葬的形制结构以长方形竖穴土坑墓为主,部分为圆形土坑墓和"凸"字形墓。墓葬的方向绝大多数是朝向西北方,有单人葬和合葬。合葬墓有成人合葬、成人与儿童合葬、成人与婴儿合葬三种。其中,这种合葬墓更能反映这一时期婚姻形态上的一些变化,这是与前一时期盛行的男女分区葬或以女性为中心的二次葬有显著的不同。这时已盛行单身葬,还出现了以男子为主的男女合葬墓、父子合葬墓。只要对此进行梳理分析,就能还原出这一时期的婚姻形态。

(一)成年男女合葬墓

齐家文化各遗址中成年男女合葬墓,根据目前公布的资料,永靖秦魏家有21座,武威皇娘娘台有10座,乐都柳湾有23座,临潭磨沟有9座。按其葬式可分为以下几类:

1. 仰身直肢与侧身屈肢

这类墓通常都有两具骨架,一具为仰身直肢,另一具为侧身屈肢;这两者的位置既有男左女右,也有男右女左,一般都有一定数量的随葬品。男左女右的主要发现在皇娘娘台,如M38,墓坑长1.9米、宽0.98米、深0.6米。头朝西北,经鉴定,仰身直肢者系男性,侧身屈肢者为女性,男子面部朝上,女子面向男子。在两具尸骨的腰部、手部置有玉璧,男子身上放了三枚,女子身上放了二枚,口内各含三枚绿松石珠,脚下方随葬陶罐五件,平底尊一件,豆一件,小石子五十三颗。[1](图1);又如M52,坑长1.95米、宽0.87米、深1.1米。头朝西北,经鉴定,左为男性,右系女性,上身已经扰乱,两具骨架上均有红色颜料。随葬的二十件石璧全部集中在男性骨架上,脚下方随葬陶罐七件,平底尊一件,豆一件,幼猪下颚骨七具,小石子一百八十六颗,在男性骨架下还垫有粗玉石片四块。[2](图2)再如M76,"墓坑前宽后窄,长2.25米、宽0.85—1.04米、深0.68米。头朝西北,居左者为男性,身首分离,两腿伸直并拢。居右者系女性,只有此墓女子背向男性,双手并拢举于前方,似捆绑所致。腰部各置石璧一件,脚下方随葬陶罐七件,小石子六十四颗,粗玉石片四块。[3](图3)而男右女左的主要发现在秦魏家,如

---

① 甘肃省博物馆:《武威皇娘娘台遗址第四次发掘报告》,《考古学报》1978年第4期,第428页。

② 甘肃省博物馆:《武威皇娘娘台遗址第四次发掘报告》,《考古学报》1978年第4期,第428—429页。

③ 甘肃省博物馆:《武威皇娘娘台遗址第四次发掘报告》,《考古学报》1978年第4期,第429页。

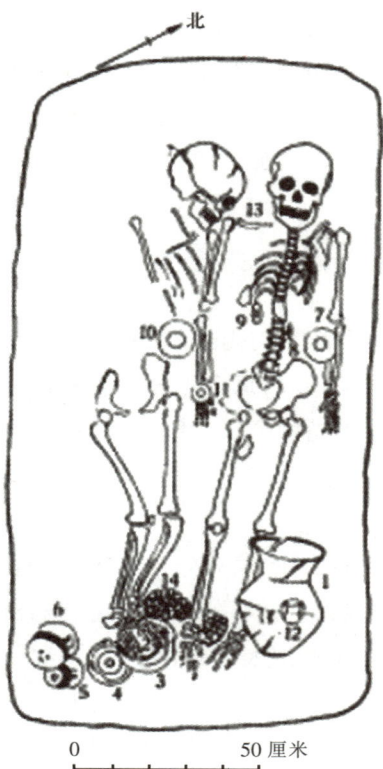

图 1　M38 平面图

1.双耳折肩陶罐 2.陶豆 4、5.单耳陶罐 6.双耳陶罐 7—11.石璧 12.双大耳陶罐 13.绿松石石珠 14.小石块

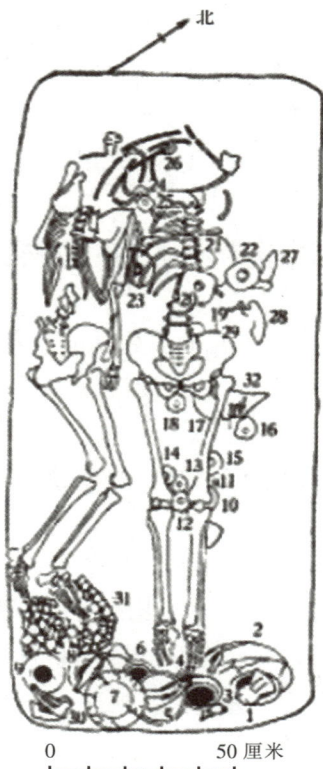

图 2　M52 平面图

1.双大耳陶罐 2.双耳折肩陶罐 3、4、6、8.单耳陶罐 5.陶豆 7.陶尊 9.真口陶罐 10—29.石尊 30.猪下颚骨 31.小石块 32.粗玉石片

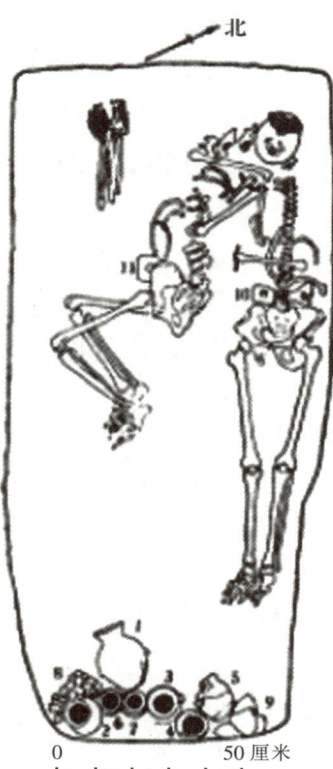

图 3　M76 平面图

1.修口双耳陶罐 2—4.单耳陶罐 5、7.双小耳陶罐 6.修口陶罐 8.小石子 9.粗玉石片 10、11.石璧

　　M105，墓坑长 1.9 米、宽 0.8~0.9 米、深 0.7 米。两具骨架保存完好，均有红色布纹痕迹，经鉴定，仰身直肢者系男性，侧身屈肢者系女性，女性面向男性，双手趴在男性的左肩上，举止亲昵，彰显二人亲密关系，脚下方放三件陶罐。[①]（图 4）；又如 M45，男性仰身直肢，但身躯上部稍向左扭转，女性侧身屈肢，面向男性，一条腿搭在男性腿部之上。（图 5）

　　2. 侧身直肢与侧身屈肢

　　这种葬式比较少见，仅在秦魏家墓地发现两例。如 M50，坑长 2.18 米、宽 0.8~1.24 米、深 0.5 米。墓口埋猪下颚骨三十四块。侧身直肢者居右，鉴定为男性，腰间放骨匕一件，胸前撒十三块白色的小石块。屈肢者居左，身首分离，鉴定为女性，左边置牙饰一件，相向而葬。再如 M37，坑长 2.06 米、宽 0.64~0.83 米、深 0.65 米。墓口埋猪下颚骨八十块。两具骨架均身首分离。侧身直肢者居左，为男性，下肢微屈。屈肢者居右，为女性。脚下方置随葬陶罐三件，陶豆、骨针各一件。[②]（图六）

　　3. 俯身直肢与侧身直肢

　　这种葬式仅在秦魏家发现一座，极为少见，是 M52。坑长 2.1 米、宽 0.75~0.85 米、深 0.6 米。墓口埋

①中国科学院考古研究所甘肃工作队：《甘肃永靖秦魏家齐家文化墓地》，《考古学报》1975 年第 2 期，第 63 页。
②中国科学院考古研究所甘肃工作队：《甘肃永靖秦魏家齐家文化墓地》，《考古学报》1975 年第 2 期，第 66 页。

猪下颚骨五十五块,陶罐一件。俯身直肢者居右,鉴定系男性,臂肱骨旁放小石块四十块。侧身屈肢者居左,下肢弯曲,被压在男性右腿之下,鉴定为女性。脚下方放置陶罐三件、陶豆一件。[①] (图7)

根据上述资料,成年男女合葬墓无论是哪种葬式,都向我们传达了两层基本的含义:首先,随着合葬人数的减少,体现了家庭成员之间的血亲关系和婚姻关系在不断缩小,而上述材料中基本都是二人合葬,则更加明确了死者之间的关系,即他们是夫妻或兄妹。但根据葬式,如果是兄妹合葬的话应属母系氏族社会的残留,这样的话,应该是女子地位较高,不会存在女性屈肢而葬的现象。加之这些男女几乎是同时入葬的情况来判断,女子应该是以殉葬者的身份下葬的,从女子侧身屈肢面向男子而言,这种解释也是合乎情理的。那这个女子又是以怎样的身份充当男子的殉葬品呢?从他们的葬式、性别和年龄的情况来看,这种成年男女合葬者显然是夫妻(妾)合葬,即她是男子的妻(妾)。因此,成年男女合葬墓标志着两性婚姻关系的确立。其次,从这种成年男女合葬墓可以看出,男女家庭地位不同:所有的墓葬都是男子仰身直肢,女子下肢弯曲,侧身面向男子,显现出奴婢似的屈从依附状态,显然男子的家庭地位,相应的社会地位都高于女性,此时夫权制已经抬头,女子已经沦为男性的附属品。

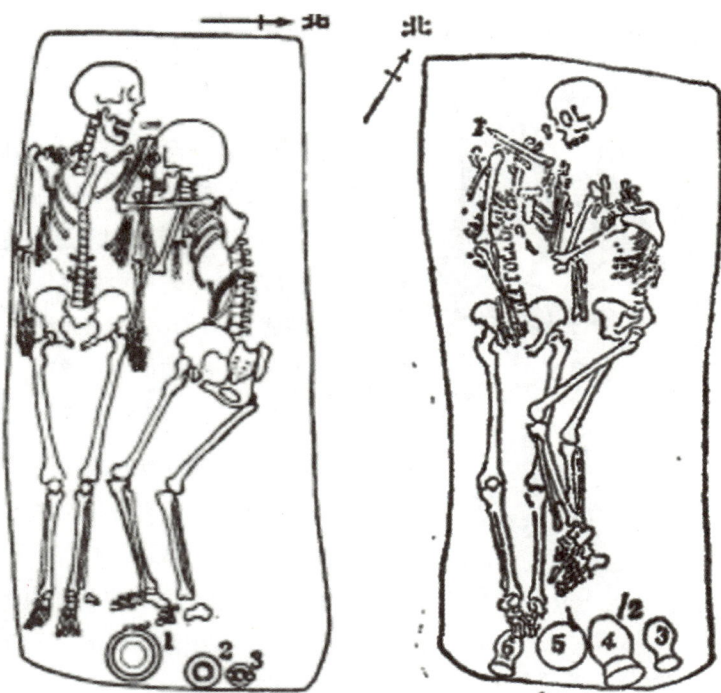

图4 M105

图4 M45

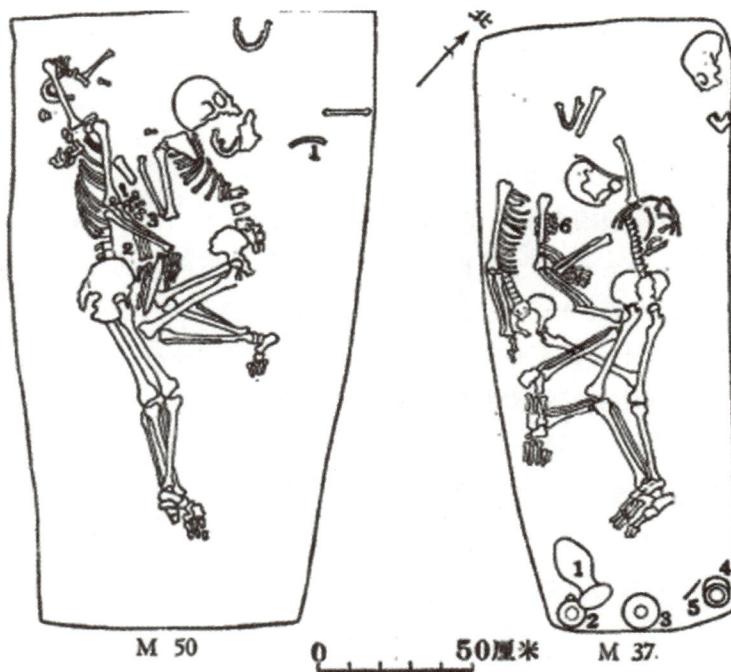

图6 墓葬平面图

①中国科学院考古研究所甘肃工作队:《甘肃永靖秦魏家齐家文化墓地》,《考古学报》1975年第2期,第66页。

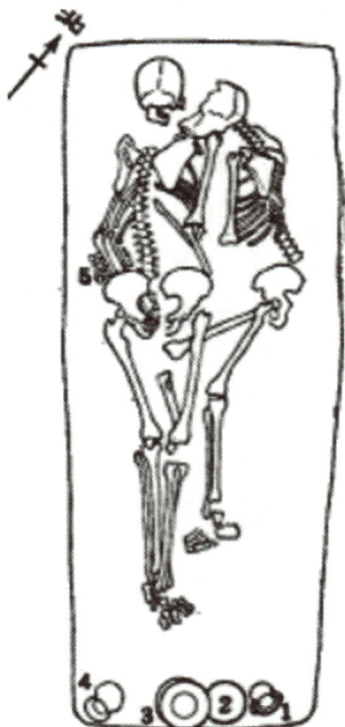

图7　M52

夫权包含在父权之中，摩尔根说过，"当她由于出嫁而不再从父以后，显然还必须处于另一种力量控制之下，即结婚之后妻子就必须从夫"[1]，所以说，夫权是父权延伸，父权的另一面。所以，男子会在这种优势的支撑下，凭借自己的优势地位，要求打破母权制的婚姻秩序，改变群婚形态下的对偶婚从妻居的传统，转变为从夫居，并且在夫妻间建立起较为稳固和持久的结合，这样，对偶婚就被一夫一妻制所取代，一夫一妻制家庭依附于父系大家族。当然，男女合葬墓中的葬式更是为当时这种社会形态提供了最直接的物证，在这个物证的指导下，婚姻形态轻而易举就被还原出来。

除了这两层含义之外，更深层次的含义在于，引申出的阶级对立。正如恩格斯所指出的，历史上最初的阶级对立，是和个体婚制夫妻间的对抗同时发生的，而最初的阶级压迫是和男性对女性的奴役同时发生的。妇女地位的下降已使她们处于被奴役、被压迫的境地，沦为丈夫的奴隶，成为生儿育女的工具。总之，从上文提到的葬式，我们可以清晰地看出，女性是被迫为男性殉葬的，她们可能是妻、妾，也可能是女奴，这些都是男女两性不平等的真实写照。居于统治地位的男性社会，女性只能处于依附与屈从的地位，生前是男性的奴仆，死后又是男性的殉葬品，所以，在埋葬制度上把女性看成是自己的奴隶和财产进行殉葬，这种两性合葬墓是个体家庭的真实反映，也正是一夫一妻制的婚姻形态下，两性关系对立带来的后果，男性对女性使用强制手段，女子被奴役、被压迫，它无情地揭开了人类文明史婚姻的第一页。

（二）三人男女合葬墓

在皇娘娘台发现了三座。如皇娘娘台 M48，坑长 2.6 米、宽 1.48 米、深 1.15 米，头向西北，上身已扰乱。经鉴定，居中者仰身直肢，系男性，左右两侧的骨架为侧身屈肢，系女性，骨架上均有红色颜料，右侧女性较年轻。在男子身上随葬石璧八十三件，玉璜一件，脚下方随葬陶罐七件，平底尊二件，豆一件，小石子三百零四颗。[2]（图8）；M66，墓坑东部被汉墓打破，上身扰乱，骨架保存不佳。居中者仰身直肢，左右两侧的骨架为侧身屈肢，随葬石璧十五件，主要集中在仰身直肢者身上，左侧者身上只有石璧二件。[3]再如 M24，长 2.31、宽 1.23、深 2.4 米，头南足北，都是成年人。男性仰卧正中，左右两侧各有女性骨架一副，均为侧卧屈肢，面向正中的男性，下肢向后屈，双手屈于面前。随葬陶器 16 件，横列头、足两侧。在右侧女性骨架腰间，发现残缺的铜锥一件。两侧骨架的颈项部，均佩绿松石小珠数枚。右侧骨架的右臂肘部，放有石璧一件。[4]

上述一男二女合葬墓性质是很特殊的，从男、女骨架的位置和形态观察，男性仰身直肢居中，两侧

---

①摩尔根：《古代社会》，商务印书馆，1981年，第480页。
②甘肃省博物馆：《武威皇娘娘台遗址第四次发掘》，《考古学报》1978年第4期，第430页。
③甘肃省博物馆：《武威皇娘娘台遗址第四次发掘》，《考古学报》1978年第4期，第430页。
④甘肃省博物馆：《甘肃武威皇娘娘台遗址发掘报告》，考古学报1960年第2期，第57页。

女骨架均侧身屈肢，面向男子，下身屈肢，双手大多屈在胸前，呈现出侍奉、屈辱的状态，这应是妻妾为丈夫殉葬的明显例证，想必是一夫二妻合葬。这种一男二女合葬墓，我们可以理解为当时少数比较富有的家长或氏族酋长过着一夫多妻的婚姻生活，这是一份非常重要的考古资料，它透露了齐家文化时期存在过一夫多妻制。这种婚姻形态，是从对偶婚过渡到一夫一妻制以前的特殊现象，而不是普遍现象。恩格斯在《家庭、私有制和国家的起源》一文中指出："实际上，一夫多妻制，显然是奴隶制度的产物，只有占据特殊地位的人物才能办到。在闪米特人的家长制家庭中，只有家长本人，至多还有他的几个儿子，过着多妻制的生活，其余的人都以一人一妻为满足。现在整个东方还是如此；多妻制是富人和显贵人物的特权，多妻主要是用购买女奴隶的方法取得的；人民大众都是过着一夫一妻制的生活。"由此可见，墓中的男人应是富人或显贵。另外墓中的三具骨架保存完整，看来是一次埋入的，但又不可能都是同时死去，这应是一种杀妻（妾）殉葬的残酷情景。这种现象说明，父系大家族是阶级对立和阶级压迫的原始组织形式，夫权笼罩下的一夫一妻制婚姻生活中，男性奴役女性属比较普遍的现象。

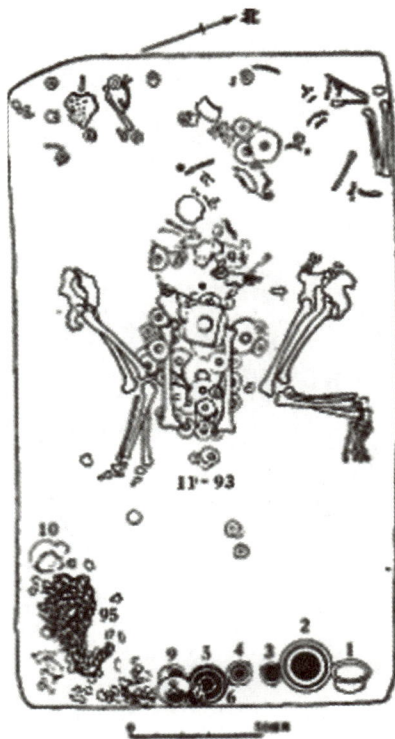

图8　M48平面图
1、5.陶尊　2.双耳折肩陶罐　3.三耳陶罐　4.双小耳陶罐　6、7、9.单耳陶罐　8.敛口陶罐　10.陶豆　11—93.石尊　94.玉璜　95.小石块

（三）成人与儿童合葬

即父子合葬墓，永靖秦魏家有6座，大何庄有2座，皇娘娘台有2座。如大何庄M23、M55、M63，都是埋葬着一成年男性和一个六、七岁的儿童，葬式与夫妻合葬相同，成人仰身直肢，儿童侧身屈肢。又如皇娘娘台M27，坑呈圆形，口径1.86米、深0.96米。儿童侧身屈肢，位于成年人右腿旁，上肢屈肘于面前，两腿弯曲搭在成年人小腿骨上，成人身上有石璧二枚，脚下方随葬陶罐七件，灰陶豆一件，壶一件，在罐口旁堆放绿色小石子二十八颗。[1]（图9）再如秦魏家M51，墓坑长2米、宽0.58米、深0.63米。经鉴定，成人系男性，儿童约6~7岁。脚下方随葬陶罐三件，陶豆、骨匕、骨锥各一件，在成人腹部还有白色小石块三块。[2]（图10）；M6，墓坑长2.16米、宽0.52米、深0.5米。成人仰身直肢，居右，经鉴定，系男性。儿童侧身直肢，居左。墓口埋猪下颚骨六十八块，脚下方随葬陶罐三件，陶豆、骨匕各一件。[3]（图11）

众所周知，母系氏族社会时期多为母子合葬墓，主要是由于"民知其母，不知其父"，世系主要从女子计算所致，而从上述情况可以看出，父子合葬已经很普遍，说明子女的男系血缘关系可以得到确认，因此当时已经产生了以父系的血统计算世系的习惯，当然在财产的继承问题上也出现了子女继承父亲财产的现象，使母系氏族时按女系计算世系的方法被废除了。此时，传统的财产继承制随着父权的确立，将由父亲的血缘亲属来继承，尤其是父子继承制已经形成。恩格斯曾经一针见血地指出，所谓一

---

①甘肃省博物馆：《武威皇娘娘台遗址第四次发掘》，《考古学报》1978年第4期，第430页。
②中国科学院考古研究所甘肃工作队：《甘肃永靖秦魏家齐家文化墓地》，《考古学报》1975年第2期，第66页。
③中国科学院考古研究所甘肃工作队：《甘肃永靖秦魏家齐家文化墓地》，《考古学报》1975年第2期，第66页。

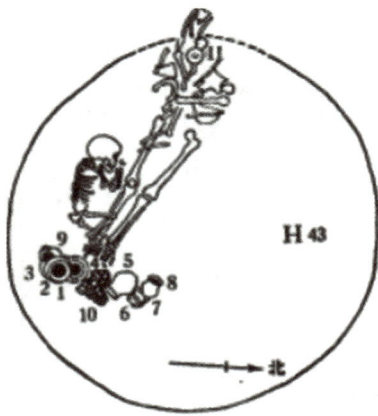

图 9

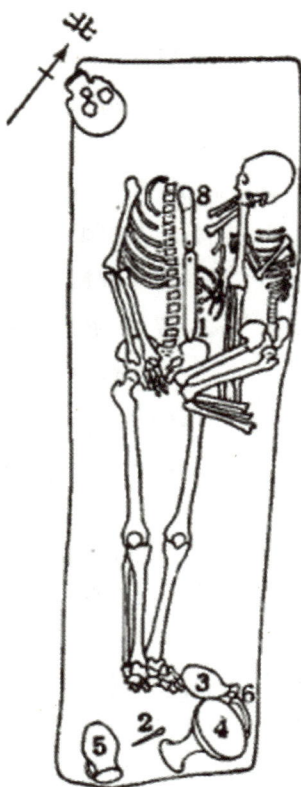

图 10　M52

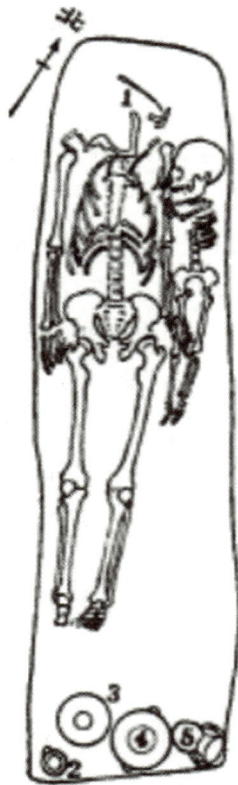

图 11　M6

夫一妻"只是对妇女而言,不是对男性的一夫一妻制"[1],它的本质其一是在男子的统治;其二是婚姻的不可离异性。这两点也就是说女子嫁入本氏族,就意味着她已是本氏族的成员,而两性间的婚姻关系,则是对子女占有和制约,男子居于统治地位,一夫一妻制是作为女性对男性奴役而出现的。

二、齐家先民一夫一妻制存在的经济基础

齐家先民一夫一妻制的婚姻形态根植于当时的社会大分工以及生产劳动的复杂化和生产技术的专门化。由于齐家文化时期,生产力水平的提高,仅凭男子劳动就可以获得生活资料的大部分或主要部分,妇女的劳动则局限在家庭劳动为主的小范围里,她们在家庭中的地位下降到附属的、无足轻重的地步,相反,男子在社会生产中的作用日益增强。一夫一妻制家庭依附于父系大家族,当生产有了进一步发展后,小家庭便有了更多的独立性和自主能力,由一夫一妻小家庭组成的个体家庭成了社会的基本单位。

齐家先民经过长期的劳动实践,积累了生产经验,改进了生产工具和生产方法,生产力有了较大的发展。生产力的进步是原始公社的解体和阶级产生的物质基础,也是一夫一妻制婚姻形态存在的基础。跟马家窑文化相比,这时的生产力已出现一个新的发展水平,不仅表现在农业与畜牧业方面,更重

①恩格斯:《家庭、私有制和国家的起源》,人民出版社,1973年。

要的是,以铜制的工具为主要标志的冶金技术已经出现了。进入初期铜器时代的齐家文化,虽然铜器的器型还比较小、制作技术比较粗糙,但它必定为青铜时代的发展奠定了基础。铜器的制造工序要比石器复杂,而且需要有部分人专门从事这项生产,这一新技术的出现,大大促进了手工业的分工。

劳动分工使生产趋向个体化。以前需要大家族集体力量耕种的土地,这时可由少数人耕种并获得所需的生活资料。个体生产的可能性和私有财产制的发展,以及私有观念的加强,使大家族发生分裂。以一夫一妻为基础,由夫妻及其子女组成的个体家庭,从大家族中独立出来,保证了这种婚姻形态的稳定性。

论齐家文化先民的社会生活

西北民族大学历史文化学院 吴 伟

　　齐家文化是西北地区青铜时代一支重要的考古学文化。1923 年,安特生在甘青地区调查彩陶,在宁定县(今广河县)齐家坪遗址发现此类文化遗存,遂命名为"齐家期"文化,因该期文化中彩陶不发达,安氏将其作为甘肃古文化六期中最早的一期。[①]

　　经过近百年的田野调查和考古发掘工作,现已发现的齐家文化遗址多达 1100 余处,分布范围十分广泛,若以现在的行政区划定位,东起甘肃省宁县,南抵甘肃省文县、成县,西至青海湖北岸沙柳河,西北至武威市,北入内蒙古阿拉善左旗,东西长达 800 多公里。目前,经过科学发掘的遗址有近 30 处,如广河县齐家坪、武威市皇娘娘台、永靖县大何庄和秦魏家[②]、永靖县张家咀和姬家川、民和县喇家、临潭县磨沟等遗址。通过考古发掘,出土了一大批实物,这成为研究齐家文化的第一手资料。[③]近年来,学界关于齐家文化的研究不断升温,相关研究主要集中在时空分布、文化分期和分区、社会形态、齐家玉器等问题上,而在"透物见人"上即对齐家先民的研究所做的工作还很不够,有感于此,我们从考古发掘材料切入,以齐家先民的社会生活为研究对象,力求还原当时的社会图景。

　　齐家先民种属通过人骨的鉴定,可确定为东亚蒙古人种,与甘青地区今人之体质特征也较为接近,如头型较狭长,面部扁平,颧骨高宽等。

一、聚落与民居

　　据对冰川、沙漠、湖沼、黄土进行的古气候环境信息研究,大约一万一千年前,全新世之始,地球史上最末一次冰期——武木冰期已告结束,世界气候转暖。约距今四千二百年至三年二百年,为较稳定的温暖

---

①安特生著,乐森璕译:《甘肃考古记》,《地质学报》甲种第五号,1925 年,农商部地质调查所印行。安特生著,乐森璕译:《甘肃考古记》,文物出版社,2011 年。

②大何庄遗址和秦魏家墓地今位于临夏县境。

③李怀顺、马军霞:《西北边疆考古教程》,甘肃人民出版社,2011 年。

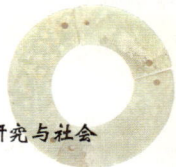

期,①大致相当于中原地区的夏商时期。齐家文化的绝对年代经碳14测年测定,约为 BC2160—BC1630年,其时环境正好处于温暖期。齐家文化分布的东部地区,更新世晚期堆积形成的黄土层,受夏季内陆暴雨的冲刷,以及史前人们从事各种土地活动的影响,土壤侵蚀,破积发育加速,基本表现为以灌木和草木为特色的森林草原景观。齐家文化分布的西部地区为干旱区,大致呈现为草原荒漠景观。②

自进入温暖湿润的冰后期,社会生活全面臻入定居聚落阶段。齐家先民们聚族而居,依靠集体的力量与自然界斗争。居址的环境选择大都位于靠近河流、发育良好的黄土台地或缓坡上,自然地理条件优越。区域内居址的分布大为稠密,有的密集布列于同一河流的两岸,彼此间距离很近,互为比邻,如黄河、渭河、洮河、大夏河、湟水流域就有为数众多的齐家文化聚落遗址。有的遗址文化堆积层很厚,表明先民使用同一遗址的时间很长。

聚落规模大小不等,大者数十万平方米,小者不足一万平方米,但多在五至七万平方米之间。规模的差异反映出聚落已经存在层级化的现象,如武威皇娘娘台遗址、民和喇家遗址就是典型的高等级聚落。以民和喇家遗址为例,东西长 500 米、南北宽 400 米,总面积约 20 万平方米,聚落外围有宽大环壕,聚落内分布有密集的白灰面房址,并以广场为中心成排分列,同一排房屋门向一致。广场被人工踩踏成硬土面,其中还清理出埋藏坑,出土有较丰富的遗物,包括完整的陶器、玉石器、骨器和卜骨等,表明广场是齐家先民举行重要仪式活动的场所。③房屋周围是窖穴,用来储存粮食、工具或其他物品,大小不一,小者口径约 1米,大者口径可达 2 米,形制有口大底小的锅形、口小底大的袋形、口底相若的筒形,有的穴窖内还加装木头框架。窖穴废弃后,往往成为倾倒生活垃圾的垃圾坑,少部分用于埋葬人骨。

齐家先民们相地而宜,在不同地区修建了不同形式的房屋,具体而言,有半地穴式、窑洞式、地面式和干栏式等,房屋平面多呈长方形和圆形,基本为单室结构,室内中间靠门处有圆形灶台。居住面及其四壁靠近底部的地方涂抹白灰面是齐家文化房屋最典型的特征,平整光洁,坚固美观,而且能起防潮的作用,白灰面下还涂抹有一层草拌泥。永靖县大何庄遗址 F7 是一座方形半地穴支柱式房屋,面积约 36 平方米。中间挖成深 30 厘米的竖穴,穴的后部宽 4.2 米,前部宽 3.94 米,两旁各 4 米。门向西南,斜坡门道连接室内和室外,略呈长方形,居住面和四壁先涂一层草拌泥,然后再抹一层白灰面。居住面的四角各有柱洞一个,大小相似,底部平坦。在室外周围距四壁 1~1.4 米处,共发现柱洞 10 个,大体作对称排列,这一空间应是一回廊式建筑,类似于我们今天房屋前的厦子,依据发掘现象,可以将 F7 复原成一座方形平顶带回廊的建筑。④民和县喇家遗址 F15 作为齐家文化目前已知保存最好的一座房屋,正是利用断崖开凿而成的窑洞式房屋。门外场地与室内地面处于同一平面,房址内的坍塌物皆是黄土块,证实窑洞顶是黄土层,保存的墙壁高达 2~2.5 米。⑤同是窑洞式房屋,秦安县寺咀坪遗址 F2 的木骨泥墙独具特色。房屋平面近正方形,南北长 4.1 米,东西宽 3.6 米,东西壁残存最高有 1.78 米。室内墙壁上涂抹一层厚 8、9 厘米的草泥土,草泥土下室壁竖立着一排排间距 7、8 厘米的柱孔,直行木理痕迹还很显著,接近柱孔的位置旁还有类似竹、木钉子钉过的小孔,这表明在涂抹草泥之前先在土壁上划成不平的沟痕,并用竹木循四壁编骨架,然后再涂上很

①周昆叔:《中原古文化与环境》,《中国生存环境历史演变规律研究》,海洋出版社,1993 年。

②宋镇豪:《夏商社会生活史》,中国社会科学出版社,1994 年。

③中国社会科学院、青海省文物考古研究所:《青海民和喇家史前遗址的发掘》,《考古》2002 年第 7 期。

④中国科学院考古研究所甘肃工作队:《甘肃永靖大何庄遗址发掘报告》,《考古学报》1974 年第 2 期。

⑤中国社会科学院、青海省文物考古研究所:《青海民和喇家史前遗址的发掘》,《考古》2002 年第 7 期。

厚的草泥土,使其不易脱落。①地面起建的房屋在齐家文化中较少见,喇家遗址 F20 就是一座三排四列 12 个柱洞的地面建筑,平面接近方形,约 5、6 米见方,地面上有比较好的加工硬面,有的为烧土面。②干栏式建筑同样见于喇家遗址,F21 是一座三排 9 个柱洞的地面建筑,仅约 3 米见方。地面没有明显硬面和活动痕迹,也没有什么遗物,推测是一个结构比较简单的干栏式高台建筑,有学者推测认为很可能是"社"或"明堂"一类的建筑。③

齐家时期,房屋内的陈设情况在因突发性地震、洪水灾害而被埋藏的喇家遗址中被保存下来,在很大程度上可以为我们还原当时的生活方式和器物摆放状态。如 F3 除北壁东南角外,其余各壁旁均放有生产工具和生活用具;F4 内 2 件陶器放于北壁东侧,其余则集中放于东壁旁,2 件玉璧、2 件玉料、石矛集中置于东壁北段黑色墙壁旁,另外 1 件敛口瓮紧贴该壁放置,瓮内装有 1 件玉璧和 1 件骨器。④大何庄遗址 F7 灶址周围,发现有 10 余件完整或可复原的碗、盆、罐和器盖等日用陶器。⑤

二、饮食生活

齐家先民的饮食结构与当时的生业形态有密切关系。食物主要来源于经营原始农业,主要种植作物是粟,并大量饲养猪、羊、狗、黄牛等家畜,并通过狩猎、采集来补充食物。

黄河上游地区,据碳 13 测定提供的古代人类食谱显示,从仰韶到龙山文化时期,在本地区先民的饮食生活中,粟一直占据相当重要的地位。⑥从史前时期起,黄河上游一带就属于旱地农业经济文化区,人们的粒食品种除粟外,还有黍、大麦、小麦、高粱和油料作物大麻籽等。齐家文化分布区内各地之间人们的粮食作物并不完全一致,多少有些差异,有的还种植食用菜蔬。

齐家文化时期,粟依然是主要的食粮,不但在房屋、窖穴和墓葬等不同遗址单位中都曾发现,在永靖大何庄遗址一座房址内灶旁的陶罐内发现了炭化的粟粒。齐家先民们使用石刀和石镰收割粟,石刀用砂岩和板岩磨制,刀身上有单孔或双孔,孔居中或靠近刃部,刃部两面磨成,有弧刃和凹刃。石镰同样由板岩或砂岩制成,刃部凹入或作半月形,两面磨成,形制与现代镰刀相仿。石磨盘和磨棒是脱皮工具,磨盘由砂岩制成,磨面粗糙下凹,磨棒呈圆柱状,上细下粗,顶端呈半球形,磨面鼓起。脱皮后的粟粒可直接置于陶罐中烧熟食用,也可加水熬制粥食。更为神奇的是,考古工作者在民和县喇家遗址一个陶碗中,还发现了面条状遗存,有学者推测这是由脱壳的粟面粉制成的面团经反复拉伸而成,文献中关于小麦粉制作面条的文字记录到汉代才出现,但是喇家的面条这将这一历史上溯到了 4000 年前。

除了种植作物,齐家先民还饲养牲畜和狩猎来补充肉食,饲养牲畜种类主要有猪、牛、羊、马、狗、驴等,狩猎的对象有鸟类、鹿、麝、鼠、鼬、鼢鼠等,所用的狩猎工具有石矛、石镞、石弹丸和骨镞等,以骨镞为常

①任步云:《甘肃秦安县新石器时代居住遗址》,《考古通讯》1958 年第 5 期。
②中国社会科学院考古研究所甘青队、青海省文物考古研究所:《青海民和喇家遗址发现齐家文化祭坛和干栏式建筑》,《考古》2004 年第 6 期。
③同上。
④中国社会科学院考古研究所甘青队、青海省文物考古研究所:《青海民和县喇家遗址 2000 年发掘简报》,《考古》2002 年第 12 期。
⑤中国科学院考古研究所甘肃工作队:《甘肃永靖大何庄遗址发掘报告》,《考古学报》1974 年第 2 期。
⑥蔡莲珍、仇士华:《碳十三测定和古代食谱研究》,《考古》1984 年第 10 期。

见。有意思的是,齐家先民似乎不太从河中获取食物,因为我们在齐家文化遗址中很少发现网坠等捕鱼工具,也很少发现田螺等食物残存。

我们还曾在齐家文化的遗址中发现了盐,说明齐家先民们已知调和五味,使食物味道更加鲜美、可口。

齐家先民的食器主要包括炊食器、盛食器及取食器等。与中原地区不同,齐家先民较少使用鬶、鬲、鼎等三足炊器,夹砂红褐粗陶侈口罐是最常用的炊器,盛装食物的主要是陶盆、陶碗和陶豆,单耳罐、双大耳罐和杯是饮水的器具。

齐家先民用匕取食送入口中,骨匕较为常见,铜匕少见。墓葬中随葬的骨匕,有的放在死者口旁,还有的放在陶碗内,表明其是取食工具无疑。骨匕利用骨片磨成,器身扁平,顶端有穿孔,个别有花纹。铜匕与骨匕形制相近,长条形,一端稍窄,发现时,上面还粘有被火烧焦了粟粒少许。从骨匕上都有穿孔,以及出土于死者腰部推测,齐家先民可能有随身携带骨匕的习惯。[1]取食的工具还有骨叉,柄窄而长,扁平长条形,前端分为三叉,与我们今天所用的叉在器型上并无二致。[2]

三、服 饰

服饰含人体衣着和装饰品,是人类物质生活的基本内容之一,是一种无声的语音,陈诉着相应时代的文明程度。今天要想具体考察齐家先民的衣着装饰,已实属不可为。只能依据考古出土材料推测一二。

考古发现的事象表明,约在 18000 年前,山顶洞人已懂得使用骨针缝制皮衣。[3]进入新石器时代后,利用骨针、骨锥缝纫兽皮制衣,得以广泛流行,还出现了骨梭、纺轮等编织衣料工具。齐家文化各遗址中也发现了数量众多的制衣工具,如仅在永靖大何庄遗址就出土骨针 29 枚,器身分粗大和细长两种,可满足不同的缝纫要求,磨制精细,顶端针孔处较扁。骨锥 26 件,多利用动物的肢骨磨制而成,一端比较尖锐,可在比较坚实的兽皮上戳穿成孔,再用骨针引线缝制。石纺轮 27 件,陶纺轮 56 件,用来编织衣料。[4]除了石质、骨质制衣工具外,这一时期还新发现了红铜锥,在武威皇娘娘台遗址出土 14 件,永靖大何庄遗址发现 1 件,形制主要有两种。一种为四面体、圆刃口,尾端锤击成较薄的扁平形状,用于安装柄把,此式铜锥一般制作精致,锤工甚细。一种锥体圆形,前端圆刃口,尾端略为粗壮,由于制作不良和使用的关系,锥体都略有弯曲。[5]

齐家先民纺织业生产已有较高水平。在永靖大何庄遗址 M75、M34 出土的双大耳罐上都发现了布纹痕迹。布似麻织,有粗细两种,粗的一种,一平方厘米有经纬线各 11 根。细的一种,其细密程度几乎可以与现代的细麻布相比。这种麻布显然是齐家先民的重要衣料之一,除此之外,我们推测兽皮、毛、鸟羽、草叶、树皮、葛等都是先民们的衣料选择。

---

[1] 中国科学院考古研究所甘肃工作队:《甘肃永靖大何庄遗址发掘报告》,《考古学报》1974 年第 2 期。

[2] 甘肃省博物馆:《甘肃武威皇娘娘台遗址发掘报告》,《考古学报》1960 年第 2 期。

[3] 裴文中:《中国石器时代的文化》,中国青年出版社,1954 年,第 26 页。

[4] 中国科学院考古研究所甘肃工作队:《甘肃永靖大何庄遗址发掘报告》,《考古学报》1974 年第 2 期。

[5] 甘肃省博物馆:《甘肃武威皇娘娘台遗址发掘报告》,《考古学报》1960 年第 2 期。中国科学院考古研究所甘肃工作队:《甘肃永靖秦魏家齐家文化墓地》,《考古学报》1975 年第 2 期。甘肃省博物馆:《武威皇娘娘台遗址第四次发掘》,《考古学报》1978 年第 4 期。

如果仅从随葬情况来看,齐家先民随葬装饰品的墓不多,随葬装饰品的种类不丰富、数量也较少,这或许反映出先民们质朴、不饰雕琢的生活风俗。

玉璜是先民们较为贵重的配饰,仅在一些较高等级墓葬中发现,扇面形,两端穿孔。武威黄娘娘台遗址 M41 发现一件白色玉璜,长 8、宽 3 厘米。[①]

绿松石、玛瑙和牙饰是齐家先民们最常佩戴的装饰品。先民们将绿松石加工制作成珠和管状,呈扁圆形或长条形,中间穿孔,线穿串后用作项饰,每串含绿松石数量不等,少者仅一枚,多者五枚。玛瑙也是同样的制作方法。牙饰利用动物的牙齿制成,一端穿孔,另一端有刀削的痕迹。

除此之外,骨臂钏、骨珠串也是较常见的饰品。

骨臂钏,磨沟墓地 M815 的 R3 右臂处发现一件,磨制、黄色,呈不规则半圆形。[②]

骨珠串,由骨珠串成的项链。固原店河 M1、M2 人骨颈部各均出土骨珠串,骨珠径 0.2~0.37 厘米,孔径 0.1~0.15 厘米。[③]

铜装饰品用于齐家先民日常生活,如耳饰、项圈、臂钏、铜环、铜泡、铜管等,但使用面不广。

铜泡,圆丘状,面鼓,内凹,内有一横向纽,直径 2.3~2.6 厘米。临潭磨沟墓地 M848 内 R1 腹部出土铜泡 3 枚,推测应是缝缀于衣服上的装饰品。

磨沟墓地 M886 内 R2 头骨下出土耳饰,由管状、柱状及喇叭状的铜饰组成,其中,铜管直径 0.3 厘米、残长 2.1 厘米,柱状铜饰上径 0.75 厘米、高 1.8 厘米,喇叭状铜饰上径 0.4 厘米、底径 1 厘米、高 1 厘米。[④]

铜环,功能等同于戒指,圆形,系锤击而成,秦魏家墓地 M70、M99 在人骨架的手指旁各出土 1 件。[⑤]

铜镯在积石山新庄坪遗址发现 5 件,环状,截面呈圆形或方形,两端为圆头或尖状,直径约 6 厘米。[⑥]

四、结　语

齐家先民们曾创造出光辉灿烂的文明,他们在临河台地建立了众多规模不等、层级分明的聚落,建造、使用白灰面房屋。以粟为主要食粮,饲养的猪、羊、黄牛和狩猎的鸟类、鹿等是重要的肉食来源。使用麻编织衣物,喜欢佩戴绿松石、玛瑙珠、牙饰等,铜质装饰品开始出现。

齐家先民早已远离我们,但透过一本本考古报告,他们的脸庞似乎清晰地浮现在我们眼前。仰望星空,一道流星划过天际,那仿佛是齐家先民的长者在向我们讲述历史长河中属于他们的那一瞬,虽短暂,却耀眼。

---

①甘肃省博物馆:《武威皇娘娘台遗址第四次发掘》,《考古学报》1978 年第 4 期。

②甘肃省文物考古研究所、西北大学丝绸之路文化遗产保护与考古学研究中心:《甘肃临潭磨沟墓地齐家文化墓葬 2009 年发掘简报》,《文物》2014 年第 6 期。

③宁夏文物考古研究所:《宁夏固原店河齐家文化墓葬清理简报》,《考古》1987 年第 8 期。

④甘肃省文物考古研究所、西北大学丝绸之路文化遗产保护与考古学研究中心:《甘肃临潭磨沟墓地齐家文化墓葬 2009 年发掘简报》,《文物》2014 年第 6 期。

⑤中国科学院考古研究所甘肃工作队:《甘肃永靖秦魏家齐家文化墓地》,《考古学报》1975 年第 2 期。

⑥甘肃博物馆:《甘肃积石山县新庄坪齐家文化遗址调查》,《考古》1996 年第 11 期。

齐家文化石圆圈源流

临夏州博物馆　杜　维
兰州大学博物馆文物鉴定与修复中心　杨江南

　　齐家文化是中国新石器时代晚期末段至青铜时代早期的考古学文化，也是中国最早的青铜时代文化，距今约4300—3500年，历时约800年，主要分布在西北地区黄河上游流域与河西走廊等地。齐家文化的源头之一是良渚文化。良渚文化距今约5300—4300年，历时约1000年，主要分布在东南地区长江下游环太湖和钱塘江流域。约4000年前，由于气候、环境巨变导致生存艰难，良渚文化先民开始四散迁移，其中一支较大的族群来到了西北地区。东来的拥有礼玉文化的良渚先民在与当地马家窑文化马厂先民的生存竞争中，以新型的意识形态、宗教观念和强大的战斗力，最终取得胜利，成了齐家文化的统治阶层。①齐家文化精神层面的特征主要表现在玉礼器、石圆圈、祭坛、琢日月纹盘状石器（关于这种齐家文化特有石器，笔者已在另文中做了分析讨论）等方面。本文拟通过对中国史前遗址主要石圆圈遗迹进行梳理，从兴隆洼文化开始，比较石圆圈与玉礼器的伴生现象，分析齐家文化与红山文化、良渚文化石圆圈和祭祀遗迹之间的联系，重点探讨齐家文化与良渚文化之间玉璧、玉琮、干栏式建筑及石圆圈、祭坛等礼制建筑的性质，研究其东亚天文学内涵、精神信仰传承以及与古文献中"昆仑"的关系，以期揭示齐家文化石圆圈的源流与影响。错谬之处，敬请方家指正。

一、史前石圆圈发现

　　世界各地的史前文化遗址中，几乎都有石圆圈遗存发现，其中最著名的莫过于英国巨石阵，国外发现的石圆圈不在本文讨论范围，在此不赘。自20世纪20年代中国考古学发轫以来，中国境内的石圆圈也屡有发现，笔者根据目前所掌握的考古资料，对中国史前遗址主要石圆圈进行梳理。

---

① 杜维、杨江南：《齐家文化源流浅议》，《齐家文化与华夏文明》，甘肃民族出版社，2015年。

（一）兴隆洼、红山文化石圆圈

1. 兴隆洼文化石圆圈。兴隆洼文化，因发现于内蒙古敖汉旗兴隆洼遗址而得名，距今约8200—7400年，历时约800年。20世纪经过较大规模发掘的遗址有内蒙古林西县白音长汗、克什克腾旗南台子、辽宁省阜新县查海遗址等，正式发掘出土有大量玉器，是迄今所知中国年代最早的玉器。发现石圆圈的主要遗址有：

（1）内蒙古白音长汗遗址。位于赤峰市林西县双井店乡白音长汗村南约0.5公里、西拉木伦河北岸东山坡上，是发现兴隆洼文化石圆圈的重要遗址。1988—1989年在白音长汗遗址西侧山峰上，发掘到一处以玉器随葬的积石冢群，共有7座，顺山脊错落排列。其中规模最大的M5，是一座直径为6~7米的石圈墓。此墓位于山峰正顶最高之处，上有积石，积石下为长方形石板墓穴。①

（2）内蒙古盆瓦窑遗址。位于赤峰市克什克腾旗经棚镇北4公里处，东临碧柳河，西靠一列山岗，遗址聚居区分布在山前台地上，临河的台地边缘为烧窑区，总面积近1平方公里。1991年5—6月发掘，聚落内的墓葬区分布在与遗址紧靠的山岗顶部，地表堆砌有石圆圈遗迹，在相连的3个山顶上都发现有类似的石圆圈。对其中一处石圆圈进行了清理，发现单人土坑墓7座。②

2. 红山文化石圆圈。红山文化，因发现于内蒙古赤峰市红山而得名，距今约6500—5000年，历时约1500年，主要分布在辽河流域大凌河与老哈河上游。1935年发现，1954年正式命名。红山文化内涵丰富，发现有大量造型生动别致的玉器、规模宏大的礼制建筑群，发现石圆圈的主要遗址有：

（1）辽宁牛河梁遗址。位于建平县、凌源市两地交界处，是一处以积石冢、祭坛与女神庙为主的大型遗址。目前调查发现42个地点，早期编号16个地点（建平县3个，凌源市13个），发掘5个地点，其中2号地点最具代表性。该地点共发现4座积石冢，三号冢（即三层式坛，图1）与一、二号冢迥异，总体布局平面呈圆形。冢基面为构成同心圆式的三层石桩，三圈石桩以中层保存最多，达234根，中圈直径15.6米。外圈石桩仅西南边缘存63根，距中圈3.15~3.4米，据此可知外圈直径为22米。内圈石桩17根，距中圈1.8~2米，直径约11米。三圈石桩高度不一，外圈最低，中圈高于外圈近0.4米，内圈又高于中圈近0.3米，分三层递收迭起。在冢的内圈和中圈密集排列着大量的无底筒形陶器。③第13号地点的祭坛，是一个外形呈截锥状的以土石混筑的圆台形建筑（图15）。

（2）辽宁胡头沟遗址。位于阜新县化石戈乡胡头沟村，1973年、1993年两次正式发掘，遗址整体是以一座大型墓葬为中心的墓葬群，清理出众多玉器和一座大型祭坛，出土玉器为首次确定的红山文化玉器。张光直先生认为胡头沟墓地的发现特别引人入胜，"在一座山丘上，用石块和石片大体上堆积成了一个直径约13.5米的圆圈，圆圈的西半部被河水冲掉了，仅东半部尚存。在圆圈之下，沿其整个圆周，埋有彩陶片，在靠外边的一段上面竖立着一排11个彩陶筒形器。发现了两座墓葬，一座在圆圈的中央，另一座在圈外，都用石板建成。……两座墓都随葬有玉器"④。（图2）

（3）辽宁东山嘴遗址。位于喀喇沁左翼县兴隆庄乡东山嘴屯，是一处红山文化晚期大型祭祀性遗

①内蒙古自治区文物考古研究所：《内蒙古林西县白音长汗新石器时代遗址发掘简报》，《考古》1993年第7期。
②郭治中：《克什克腾旗盆瓦窑新石器时代遗址》，《中国考古学年鉴（1992）》，文物出版社，1994年。
③孙永刚、高云逸：《新石器时代晚期牛河梁、凌家滩、福泉山遗址所见三层坛研究》，《白城师范学院学报》2015年第4期。
④张光直：《古代中国考古学》，生活·读书·新知三联书店，2013年。

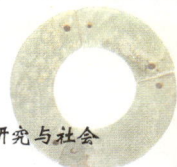

址,面积 1.5 万余平方米,主要遗迹为一组以南北轴线布局的石砌建筑群址,包括北部的一座大型方形基址,南部的一座小型圆形台址和另两座较早的圆形台址。基址四边均砌石墙基,圆形台基也是用石片镶砌。①(图3)

(二)崧泽、良渚文化石圆圈

1. 崧泽文化石圆圈。崧泽文化,1957 年因发现于上海青浦区赵巷镇崧泽遗址而得名,距今约 5900—5200 年,历时约 700 年,主要分布在长江下游太湖流域,是东南地区上承马家浜文化、下接良渚文化的重要史前文化,发现石圆圈的主要遗址有:

浙江塔山遗址。位于宁波象山县丹城镇塔山东南麓,1988 年发现,1990—2007 年经过三期发掘,文化层堆积厚较厚,时间跨度 3000 余年。分 10 个地层,中层处于崧泽文化末期。石圆圈由大小不一的自然石块组成,在表层上共发现 5 处,其中两处保存较好,直径约 0.4~0.7 米左右(图二:1、2)。在揭去表层的石块遗迹后,又发现另一层分布相对稀松的石块遗迹,其中又有几处明显的围石遗迹(图二:3、4)②。(图 4)

2. 良渚文化文化石圆圈。良渚文化,因发现于浙江余杭良渚遗址而得名,1936 年发现,同年发掘,1959 年提出良渚文化命名。良渚文化拥有发达的稻作农业、大量精美的玉器、精致的制陶技术,以及祭坛和大型土建工程,发现石圆圈的主要遗址有:

(1)浙江皇坟头遗址。位于海宁市海昌经济开发区张家堰村,2006 年发现,2008 年进行抢救性发掘。2011 年 3 月—2012 年 10 月再次进行抢救性发掘,发掘面积达 3700 平方米,发现了 17 个良渚文化时期的叠石圈遗迹(图 5)。叠石圈通常分布在土台的边缘,层位学上可以确认它们属于良渚文化,且早于该土台上的各墓葬。叠石圈平面大致呈圆形,保存基本完整的直径在 2.8~3.5 米之间。它们用块石叠砌而成,个别叠砌在小石子铺成的层面上,大多叠石圈内外壁砌筑整齐,残存高度 0.2~0.5 米不

图 1 辽宁牛河梁遗址 2 号地点三号冢石圆圈

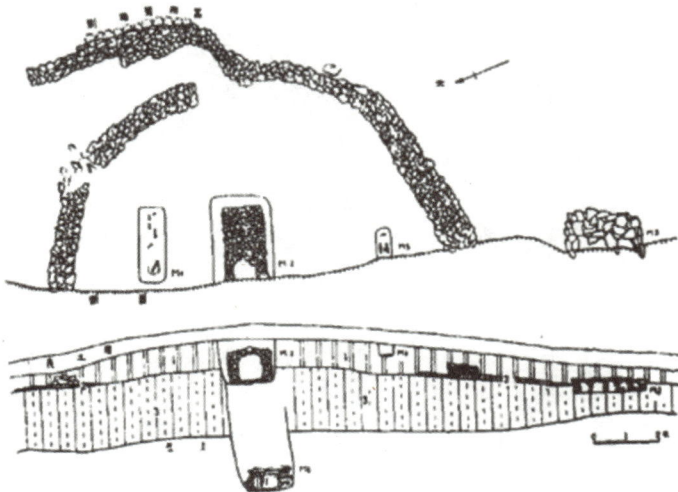

图 2 辽宁胡头沟遗址石圆圈

①田广林:《论东山嘴祭坛与中国古代的郊社之礼》,《辽宁师范大学学报》2008 年第 1 期。
②蒋乐平:《塔山中层一号房址性质探析》,《东南文化》2003 年第 11 期。

图3 辽宁东山嘴遗址石圆圈

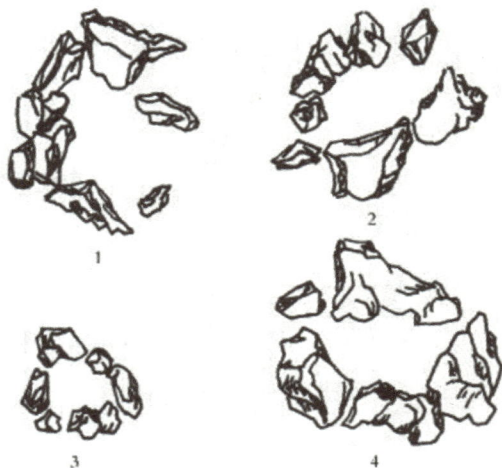

图4 浙江塔山遗址石圆圈

等。叠石圈内的堆积中除有极少的陶片外无其他遗物。从平面分布状况和出土层位看,叠石圈可能是良渚文化时期与墓地营建或丧葬制度有关的遗迹,这在整个良渚文化范围内还是首次发现。①

（2）上海广富林遗址。位于松江区广富林村及北部一带。1958年发现,至今经过多次发掘。2014年3月—2015年8月的发掘中发现了一组由石块堆砌成的圆形结构,位于同时发现的一处良渚文化土筑高台东北部,从层位上看应当早于土台,属于良渚文化时期堆积。石圈平面似8字形(图6),呈南北向排列、相交,北圈仅保留东半部,南圈直径约5米,石圈高0.1~0.7米。石块大小差异较大,最大的长约0.8米,石块未见人为修整的痕迹,应是利用天然石块依形状垒砌而成。石圈底部地层堆积较平整,同时在石圈的内部及周边有较多的红烧土堆积。②广富林遗址北部湖边曾发现有良渚文化常见的干栏式建筑,有排列整齐的柱洞,原本有木桩,为干栏式建筑的房基。③

（3）浙江瑶山遗址。位于余杭县安溪乡下溪湾村,1987年发现,同年5月—6月发掘,祭坛(图7)建在一座海拔36米的自然小山丘上,为覆斗状,顶面为方形,由里外三层不同颜色的土质组成。最里面是一座红土台,海拔34.8米;平面为方形,南北长7.6~7.7米,东西宽5.9米;顶上铺红色土。其外为灰土围沟,围绕红土台一周,呈"回"字形,边宽1.7~2.1米。最外为黄褐色斑土筑成的土台,南北宽18米,东西长24米,海拔34.4米,顶面西、北两面原铺砾石,但已大部散失,东、南两面原有的台面明显已被破坏。瑶山遗址著名的11座良渚贵族大墓就集中

①浙江省文物考古研究所:《浙江海宁皇坟头遗址发现良渚文化叠石圈遗迹》,浙江省文物局网站,2012年11月1日(http://www.zjww.gov.cn/news/2012-11-01/639199512.shtml)。

②《2015年度全国十大考古新发现初评候选项目》,《5.上海松江广富林遗址》,中国文物信息网,2016年2月18日(http://www.ccrnews.com.cn/index.php/Pingxuantuijie/content/id/59660.html)。

③广富林考古队:《2008年度上海松江广富林遗址发掘取得重大成果》,《中国文物报》2009年1月2日。

在祭坛的南半部,呈东西走向排列。[1]墓中随葬品丰富,出土有成批玉礼器、陶器等1050余件。

（4）上海福泉山遗址。位于青浦区重固镇,1951年发现,1979年至今多次发掘。福泉山是一座近似方形的大土墩,在山顶平台中心部位,有一处大型的祭坛,祭坛南北长7.3米,东西最宽处5.2米,作阶梯形,自北而南,自下而上共有三级台阶,每级升高约0.34~0.44米。各层的中间平整,周围散乱地堆积着石块,形成不规则的方圆形,整片坛面和土块都被火烧红。在山的北侧第一台地,有一个与祭祀有关的灰坑,呈不规则长方形,长约19.25米,宽约7.5米,坑内填满纯净的草灰,像是山上大火燎祭后清扫堆积至此。[2]遗址出土了一批玉器,是十分罕见的精品。

（三）齐家文化石圆圈

齐家文化,1924年因首次发现于甘肃广河县齐家坪遗址而命名,1975年发掘。齐家文化特征主要表现在玉器、琢日月纹盘状石器、铜器、陶器、石圆圈、祭坛等方面。发现石圆圈的主要遗址有:

（1）甘肃大何庄遗址。位于永靖县旧县治莲花城西南约1.5公里大何庄村,现属临夏县莲花镇,已被刘家峡水库淹没。遗址在村南500米的一个台地上,当地人称为"大台子"或"大灰台"。这个"大台子"的高度、面积和形制在发掘报告中记载不详,由于已经淹没于水库,我们无法判断其是否属于祭坛,徒留遗憾。遗址中发现了5处石圆圈遗迹,都是利用天然的扁平砾石排列而成,圈内没有发现路土的痕迹。在石圆圈附近分布着许多墓葬,也有卜骨或牛、羊的骨架出土。

图5　浙江皇坟头遗址石圆圈

图6　上海广富林遗址石圆圈

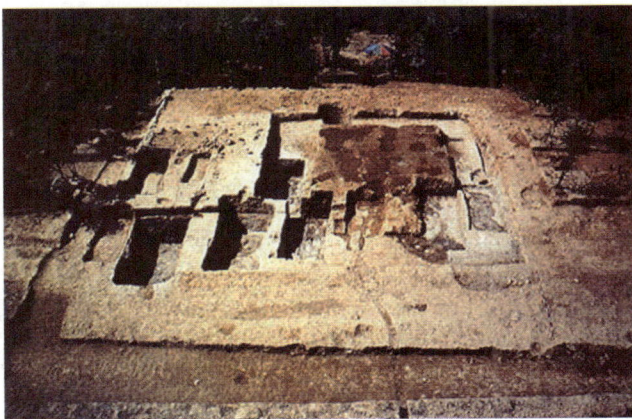

图7　浙江瑶山遗址祭坛

---

①浙江省文物考古研究所:《余杭瑶山良渚文化祭坛遗址发掘简报》,《文物》1988年第1期。

②孙永刚、高云逸:《新石器时代晚期牛河梁、凌家滩、福泉山遗址所见三层坛研究》,《白城师范学院学报》2015年第4期。

图 8　甘肃大何庄遗址第 5 号石圆圈

如第 1 号石圆圈直径约 4.1 米，西北向有一缺口，宽 1.5 米，在它的东边约 7 米处，发现一具被砍掉了头的母牛骨架，腹内还遗有尚未出生的小牛骨骼；第 3 号石圆圈南边发现 2 块卜骨；第 5 号石圆圈（图 8）西边发现一具不甚完整的羊骨架。[①]

（2）甘肃秦魏家遗址。位于永靖县旧县治莲花城西南约 2 公里，与大何庄遗址隔苦水沟相望，现属临夏县莲花镇，已被刘家峡水库淹没。遗址在村东部的一个台地上，当地人称为"楼子地"。"楼子"在临夏方言中有"高台"的意思，同样由于已经淹没于水库，我们无法判断其是否属于祭坛，徒留猜测。1959—1960 年发掘，发现 1 处石圆圈遗迹（报告编号为 F1，图 9），位于南部墓地的东北边，直径为 4 米，用天然的砾石排列而成，其中有几块砾石上面还遗有赭石粉末的痕迹。在石圆圈遗迹的南部，整齐地排列着 6 排共 99 座墓葬。[②]

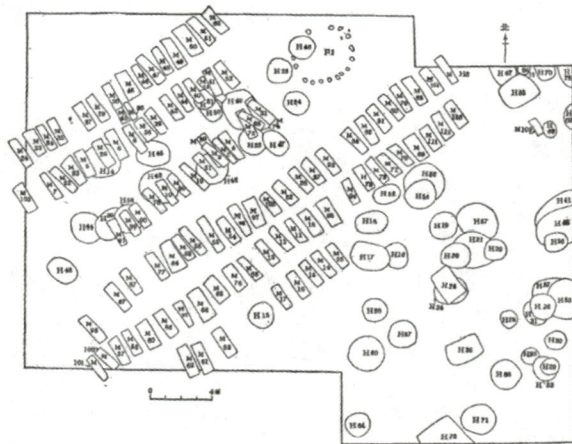

图 9　甘肃秦魏家遗址石圆圈（F1）

（3）甘肃师赵村遗址。位于天水市秦州区太京乡，1981—1989 年发掘。师赵村遗址第七期遗存（即齐家文化）发现了石圆圈遗迹，距地表深 1~1.2 米。该遗迹已残，略呈半圆形，由大小不等的河砾石砌成。砾石未加工，均系自然形，有圆形，椭圆形，方形或长方形等不同形状，河砾石颜色均较浅，直径或长约 0.05~0.1 米。石圆圈遗迹的直径为 2.3 米，残存砾石五十块左右，据此可复原成圆形石圈（图 10）。在石圆圈遗迹西北部 2 米处，出土牛骨架一具，除不见头骨外，牛的躯体基本完整，牛架作侧卧状态，长 3.1 米，高 1.8 米。这座石圆圈遗迹应为祭祀建筑，表明当时在埋葬死者或举行宗教性活动时在这里进行过祭祀活动。[③]

（4）青海喇家遗址。位于民和县官亭镇喇家村，1999 年开始发掘，遗址 V 区台地上发现了一个小型的广场遗迹。2002 年，在广场的东南面发现两座地面建筑遗迹（F20、21），其中 F21 是干栏式建筑。土台祭坛位于小广场北边，相对于广场地面的高度 2 米左右。2002 年先发现土台东南边沿部分，清理 10 余座墓葬。2003 年揭露了土台从东南角至中心顶部的大部分，发现人工堆积和多层硬面。土台祭坛顶部面积约 5~6 米见方，是从顶部向四方各延伸约 20 米的人工夯筑的大型覆斗形祭坛（图 11），其边

[①] 中国科学院考古研究所甘肃工作队：《甘肃永靖大何庄遗址发掘报告》，《考古学报》1974 年第 2 期。

[②] 中国科学院考古研究所甘肃工作队：《甘肃永靖秦魏家齐家文化墓地》，《考古学报》1975 年第 2 期。

[③] 中国社会科学院考古研究所：《师赵村与西山坪》，中国大百科全书出版社，1999 年。

缘有约 0.5 米厚的砾石围墙。祭坛中心有一座结构特殊的高等级墓葬 M17，上层是 0.3~0.4 米深的正方形套口，下面是 1.5 米深的长方形墓坑，墓穴北偏东 15 度，随葬以三璜璧为代表的 15 件较高等级的齐家玉器。东南边沿的 10 余座墓葬基本朝向 M17，判断为与祭祀有关的祭祀葬。从套口外沿开始，整个覆斗形祭坛边缘都覆盖着一层红土，明显是埋葬封口后特意铺满整个祭坛的。祭坛垫土总体有三层，垫土层层叠叠，显示因频繁使用和维修而不断垫高扩大的趋势，也是祭坛经常举行祭祀活动而留下的痕迹。与良渚文化等的祭坛比较，可以发现喇家遗址祭坛的诸多现象都与之相类似。祭坛和干栏式建筑都是广场的重要组成部分，相互具有密切的关系。干栏式建筑是在北方黄土地带首次被明确发现和认定，祭坛在齐家文化也是首次发现，M17 特殊形式的高规格墓葬也颇为罕见。①

图 10　甘肃师赵村遗址石圆圈

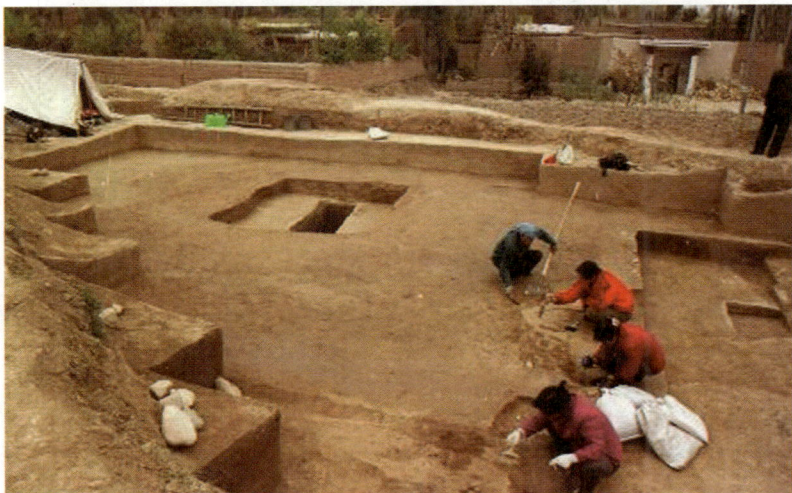

（四）其他地区石圆圈

1. 北方地区石圆圈。中国北方地区的青铜时代文化主要是夏家店下层文化，因首先发现于内蒙古赤峰市夏家店遗址下层而得名，距今约 4000—3500 年，历时约 500 年，主要分布在燕山山地和辽西及内蒙古东南部地区。目前发现的夏家店下层文化遗址中，有相当数量石圆圈都是建于高山顶上的祭坛遗存，这类遗存或单独分布于某个山头，或

图 11　青海喇家遗址祭坛

成组集结成一个个建造在高山之上的祭祀群体。如半支箭河中游的架子山 KJ7 地点，便是一处位于高山顶上的大型政教礼制性建筑遗址。遗址为一个高约 6 米，有着多重台阶的坛体，占据着整个架子山山顶，坛体附近分布有许多石砌的圆圈（图 12），与这个坛体一起构成了架子山上面积最大的一个

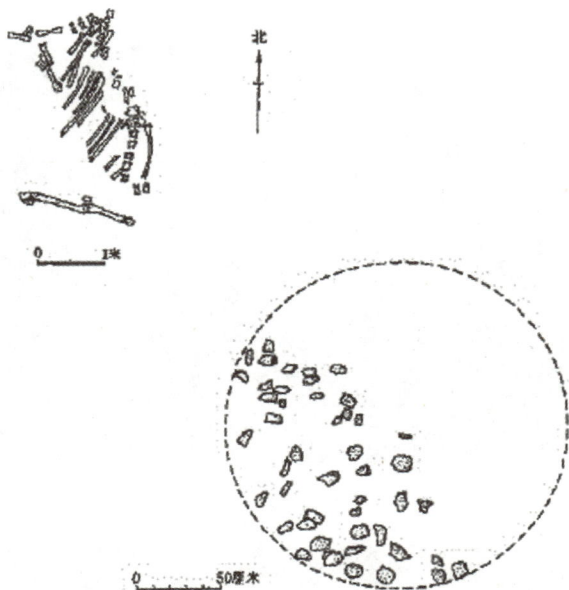

---

① 中国社会科学院考古研究所甘青工作队、青海省文物考古研究所：《青海省民和喇家遗址发现齐家文化祭坛和干栏式建筑》，《考古》2004 年第 6 期。

图 12　夏家店下层文化遗址石圆圈

图 13　新疆平顶山遗址石圆圈

图 14　新疆那热德郭勒遗址石圆圈

遗址点。①

2. 西藏地区石圆圈。东嘎·皮央遗址，位于扎达县东嘎·皮央境内，1999 年 8 月进行了发掘清理。遗址规模较大，墓地大多在地表残存有明显的墓葬封土标志（石丘或石圆圈），有一定的分布规律。有的墓地还发现可能与祭祀有关的列石遗迹。其中石丘墓在地表用石块垒砌石丘作为标志，有大、中、小三种规格，大型石丘墓的形状以方形、长方形、梯形石丘较为常见；中、小型的墓葬则多为不规则的圆形石丘。另外，1998—1999 年在阿里地区考古调查中，在阿里高原北部的措勤县、改则县和南部的普兰县一带也发现了一批独石、石圆圈之类的遗迹。②

3. 新疆地区石圆圈。

（1）平顶山遗址。位于昌吉州木垒县照壁山乡平顶山村东南方圆 10 多平方公里的山地丘陵中。共分布有 6 处古代墓葬遗址群，年代大约为青铜时代中晚期。2015 年 8 月，第七、第八次"玉帛之路"考察团看到"激动人心的考古发现是，在一处作为制高点的平缓山坡顶部，一群墓葬旁边，有一系列整齐排列的石头圆圈，指示的似乎是大地子午线一般的神秘信息。"③（图 13）

（2）那热德郭勒遗址。位于巴音郭楞州和静县那热德沟口内的沟东草滩，是一处大型土墩遗址，地表有

①赤峰联合考古队：《内蒙古赤峰市半支箭河中游 1996 年调查报告》，《考古》1998 年第 9 期。
②霍巍：《近十年西藏考古的发现与研究》，《文物》2000 年第 3 期。
③叶舒宪：《玉石之路新疆南北道——第七、第八次玉帛之路考察笔记》，《百色学院学报》2015 年第 5 期。

明显的圆丘状土堆和一些石围、石围土墩、土石堆标志(图14),共见有类似墓葬的土墩和石堆遗址17座。有两座形似墓葬的土墩形制较大,其中一座位于遗址地南部,为石围土墩遗址,双重石围,外围直径114米,内围直径约73米,中间土墩直径50米,高6.5米,顶部有凹坑,坑深约1.8米。在内外石围之间有四条对称的石带,内石围圈低洼,积石呈图案状。外石围的外周有许多小石圈环绕,小石圈似乎组成另外一圈圆圈。另有7座圆形石围土堆墓葬遗址,石围直径31米,土墩直径18米,高0.25米。①

二、齐家文化石圆圈的性质

一般而言,史前时期人类精神文化的发展都具有双重性,一种属于基础性的聚落基层民众,另一种则属于特殊性的聚落统治阶层。基础性的精神文化属于聚落内普通民众日常生活领域的艺术创造活动,是源于聚落民众的物质生产生活和审美情趣的需求而发展的,主要表现在美化日常生活、提升日常生活品质的各种小手工制品等方面,如带有纹饰的陶器、陶塑、石器、木器和纺织品等。特殊性的精神文化则比较复杂深奥,只可能产生于聚落首领、祭司或酋王等人物的极小范围之内,属于纯精神领域,是源于对天文、气候、物候、地理等自然现象的观测和思考,进而上升至价值观、宇宙观与宗教祭祀信仰等精神文化层面,主要表现在用于祭祀的玉石质礼器、大型雕塑、祭坛神庙等大型礼制建筑等方面,齐家文化石圆圈即属于其中之一。

(一)石圆圈与原始宗教

原始宗教的起源与人类本身的意识发展密切相关, 把原始宗教作为一种与自然界沟通的途径,甚至企图通过它来实现控制自然、社会的目的,是人类经济与社会的不断发展促成的。在生产力发展水平低下的情况下,人们往往会幻想借助某种超自然力量,即把自然力、自然物神化来缓解所面临的巨大压力,如此,对食物、生殖、祖先、死亡、自然万物以及社会群体产生神秘观念和祈求敬拜,尔后,日月崇拜、自然崇拜、万物有灵等观念形式便会随之产生。这些崇拜观念与远古时代的巫术一样是一种自然宗教,但是后来出现一种向自然异己力量的神学宗教发展的趋势,即将自然力予以人格化或将祖先神化,并使之成为聚落族群团体的共同信仰和崇拜的对象。族群成员对神的尽职和态度,与个人、家庭及社会的命运联系在一起。随着社会日趋复杂化,宗教与权力的结合越来越紧密,此时的宗教已不仅仅是为了发挥祈求丰收、避除灾祸、惩恶扬善、维持社会道德规范和秩序等作用,而且同时成为一种管理、协调社会的重要手段,并进一步为确定政权的构成方式提供理论依据和组织原则,至此,大量与权力相关联的原始宗教遗迹便会应运而生。

原始宗教遗迹一般可以分为两类,一类是人们为了表达某种信仰、寄托某种愿望或举行某种宗教仪式而专门建造的场所或设施,如祭坛、神庙、石圆圈、祭祀坑等,这类遗存遗迹的宗教性质较为单纯,其代表的宗教功能可能是单一的也可能是多重的,通过它们本身的形状、结构、出土遗物等情况就能比较准确的对其加以界定或推测;另一类是人们最初目的是要进行另外某一种活动,但其中却掺杂了相当浓厚的宗教内容,这类遗迹也可以划入宗教遗迹的范畴。例如墓葬的主要目的是为了埋葬死者,但如积石冢、玉敛葬、坑葬等所体现的内容已远远超过了墓葬本身。另外房屋奠基、人殉等也属这种情

---

① 巫新华:《新疆首次发现大型青铜时代太阳崇拜遗址——"丝绸之路·天山道枢纽路网综合考察"第二天》,中国考古网,2016年8月6日(http://www.kaogu.cn/cn/xccz/20160806/54953.html)。

况。这类遗存遗迹所体现的含义是多层面的,需要从经济、文化、社会关系、社会意识等角度对其加以立体分析。

无论是在旧石器时代的狩猎活动,还是在新石器时代的农业活动,人们在生产过程中都有通过对所依赖的太阳、土地、雨水等自然物进行膜拜,并以此类膜拜来完成经济生产和生活的决策,史前先民或通过对祖先崇拜来加强族群凝聚力和安全感,或通过其他各种形式的生殖崇拜来祈求人口繁衍、族群强盛。原始宗教在构成和维持族群秩序、增强族群凝聚力等方面具有不可替代的作用。从新石器时代晚期的宗教遗迹不难看出,宗教在一定程度上促进了社会分层,加速形成了专门的宗教、手工业等人群,同时也促进了居于统治地位的权贵阶层的形成,另外,更主要的是宗教促进了管理公共事务机构的完善和发展。

原始宗教在某种程度上是社会运动的启动剂和催化剂,巫觋集团既可以看作是聚落族群的组织者和执行者,又是文明因素的创造者和积累者,如文字的创造、天文历法的发明、医学的建立和发展等都与宗教紧密相连。①综合红山文化、良渚文化石圆圈和祭坛发现情况,笔者认为,齐家文化石圆圈与原始宗教紧密相关,它属于一种原始宗教遗迹。

(二)石圆圈与祭祀

《左传》记载:"国之大事,在祀与戎。"井中伟对我国史前祭祀遗迹进行了确认和研究,提出史前祭祀遗迹是那些当时人们祭神祀祖、祈福免灾等活动而遗留下来的考古遗存,它是史前考古研究的一项重要内容。自从有了神的信仰,原始的祭祀也随之产生,以祭祀为核心的宗教活动就成为人们观念中的头等大事。《礼记·祭统》记载:"凡治人之道,莫急于礼,礼有五经,莫重于祭。"祭祀本身是沟通人与神的活动,它的意图在于让神灵享用人们的供品而赐人以福佑。祭祀对象包括天、地、山川、日月星辰等自然神以及祖先、农神、谷神等人神,并且不同的祭祀对象往往会有不同的祭祀形式。史前祭祀虽不像历史时期祭祀礼仪那样规范化,但从祭祀形式上看,显然已经有了初步分化。他将常见的主要祭祀形式划分为四类: 地上祭祀("坛"祭)、地面祭祀("墠"祭)、地下祭祀("坎"祭)、房屋祭祀("庙"祭)。史前时期人们根据祭祀对象和目的不同,已开始有意识地选择不同的祭祀形式,并且祭祀也有了初步的分工。如在规模宏大的祭坛上举行盛大庄严的祭天祀祖仪式;在墓地旁"除地为墠"祭献后土,告慰先灵;掘地为"坎",用猪、狗等家畜祈地丰年等。在同一遗址内还存在着不同祭祀形式共存的现象。史前时期,不同的祭祀遗迹已反映出祭祀人群的等级分化,出现了专门从事宗教祭祀活动的强有力的特权阶层。

考古发现的石圆圈或石台面多位于墓地旁边,与墓葬有直接或间接的联系,很有可能是为祭墓而设的。所谓"祭墓",即葬后设奠,祭祀后土之神。《周礼·春官·冢人》记载:"凡祭墓,为尸。"郑玄注:"祭墓为尸或祈祷焉。"这里的"尸"就是由巫师所扮演的死去的故人,由他(她)代表死者接受礼拜。孔颖达疏:"言父母形体所托,故礼其地神以安之也。"可见,这种祭墓行为是通过祭祀地神(或后土)来使已逝的祖先在地下得到安息,而非直接祭祀祖先。《周礼·地官·牛人》:"丧事共其奠牛。"甘肃大何庄遗址第1号石圆圈附近出土牛骨架这一现象与古文献所载正好相合。②有研究认为,齐家文化大何庄遗址是一处面积较大、保存较好的齐家文化村落遗址,卜骨和牛、羊骨架的出土,说明这里曾作为祭祀的场

---

① 王芬:《中国新石器时代的宗教遗迹》,《四川文物》2004年第4期。
② 井中伟:《我国史前祭祀遗迹初探》,《北方文物》2002年第2期。

所,石圆圈具有祭坛的性质。①

(三)祭坛、石圆圈与天文观测体系

史前早期,人类对外部客观世界的认知很不发达,人类对主宰和推动日月星辰运转、昼夜更迭、四季交替、生命代谢的力量感到无比神秘,并产生难以抗拒的敬畏与不由自主的依赖,认为必须以最虔诚的态度"仰观"和"俯察"来自天地的神秘力量,并希望能借助源自广阔大地和无垠宇宙的终极力量,来解决精神上的困惑与恐惧。在漫长的人类童年期,在思维和语言发展的不同时空过程中,人类尽其可能地通过"观天"与"察地",来追求对天地终极力量的现象和本质进行表述与控制的能力,千万年来形成了内容形式千差万别的各种信仰体系、宗教仪式、礼制规章乃至政治体制等内涵各异的精神文化现象。

《周易·系辞下》记载:"古者包牺氏之王天下也,仰则观象于天,俯则观法于地,观鸟兽之文与地之宜。"《尚书·尧典》记载:"乃命羲和,钦若昊天,历象日月星辰,敬授人时。"庖牺氏即伏羲氏,是上古传说中中华民族的人文始祖,他凭借仰观天象与俯察地理的方法认识了天地万物的变化形式,掌握了天地万物的变化规律,获得了沟通天地的智慧。在中华文明起源前夕,观测天文地理对文明进程具有极其重要的作用。古文献资料一再说明,中国农业文明的起源和发展模式与东亚的天文和地理特征密不可分,中国的精神文化更是深深地植根于该区域人群对这些天文现象和地理环境的观测与研究,其中天文现象的观测

图15　辽宁牛河梁遗第13号地点祭坛

与研究在早期宇宙观与宗教信仰的形成中起到了决定性作用。因此,要研究新石器时代东亚大陆史前人群,尤其华夏早期精神文明的形成,离不开对远古天文信息的研究。

据朱成杰、董婕研究,牛河梁第13号地点的祭坛,完全是按着当时北斗绕极运转的轨道所设计建造的。这个外形呈截锥状的土石混筑的圆台形祭坛,根据考古发掘报告,可大致复原俯视平面图。其最外大圈是直径约100米的锥体底边,底边到第二圈砌石台阶之间是20米的普通护坡石;第二圈外直径60米,它到内圈之间是宽10米的石砌台阶,所用石料讲究,体积大且砌石规整,一丝不苟;中间内圆是用多种颜色的土分层夯筑的圆丘。这个巨型建筑整体设计理念就是仿造了北辰天区的穹顶璇玑。外圈(包括20米宽的环形包石带)象征北斗斗魁四星运行轨道环带,中圈(包括10米宽的环状砌石台阶)象征着北斗斗柄运行轨道带,而内圈直径40米的土丘就是北天极中心区域,也就是锥形璇玑的内顶。而60米直径的石砌台阶就是步入璇玑通往天极太一的"天"梯。所以它是红山文化信仰联盟在牛

———————————
①张德水:《祭坛与文明》,《中原文物》1997年第1期。

河梁祭祀圣地为整个红山文化共同体——红山古国而营建的祭天法坛。这里就是古国的政治精英们与上天沟通的极下"中土"。因为它就是地上的"天",将二者上下贯通,就是一个标准的圆柱形通道,也就是与太极帝星交流沟通的专有通道。第13号地点与"昆仑"有关,与北天极对应。在专著《牛河梁红山文化遗址建筑设计思想研究》中,他们提出:牛河梁的建筑设计思想蕴含了黄河流域和辽河流域分别以黄道坐标体系和赤道坐标体系为主的两种天文学成就。其中对冬夏二至的重视就是融合了两河(黄河、辽河)流域的传统天文成就与观念,辽河流域对两分(春分、秋分)两至(夏至、冬至)的认识与观测自查海—兴隆洼文化就开始了。①

另据朱成杰、董婕研究,在牛河梁遗址中,发现两处三个积石冢遗迹完全符合璇玑的特征。第一处就是遗址核心的第5地点一号冢。根据牛河梁考古发掘报告给出的数据,一号冢三重冢界石墙的直径据残存段推测分别为:外圈20~22米;中圈18~20米;内圈16.5~18.5米。取平均值分别为:外21米、中19米、内17.5米。直径比为:D外/D中=21/19=1.105,D中/D内=19/17.5=1.0857≈1.1。两个比值几乎相等。将公元前3600年立夏节中候天文昏影终这一时刻的北斗天象图叠加在第五地点一号冢俯视图上(图16),发现残存的三重冢界墙分别与天璇、天枢、天玑三星绕极轨迹圆周吻合。而且北斗最亮星玉衡也刚好与中心大墓主人的头部吻合,同时天极点也落在了中心石堆的中心附近(误差大约0.8米)。他们研究认为,这些圆形积石冢就是红山文化晚期古老的璇玑再现。冢内墓葬,体现了红山人的一种北辰信仰,以天极为圆心的北辰璇玑圈(天之中),就是他们的精神家园、灵魂归宿。牛河梁这三个

图16 辽宁牛河梁第5地点一号冢

圆形冢分别有三层叠起的台阶,向上与隆起的冢体相连,对应北天极的锥状穹窿天,就可视作与天之中对应的"中土"之地。(在这两处圆形冢坛所在的第五、第二地点,与圆冢对称的另一侧都有覆斗状方冢分布,也起三重台阶,若将圆冢视为天中,那与之对应的方冢则可视作地中)总之,牛河梁的璇玑葬俗表明,红山古国是体现盖天宇宙观信仰理念的"中国"②。

在中国新石器时代中期以后的远古时期,在以稻作和粟作为主的农业文明生产力发展的促进

---

① 朱成杰、董婕:《最早的中国源于红山古国》,光明网2016年6月20日(http://culture.gmw.cn/2016-06/20/content_20616997.htm)。

② 董婕、朱成杰:《现代科技破译古老璇玑牛河梁再现黄帝族新证》,光明网2016年7月13日(http://culture.gmw.cn/2016-07/13/content_20944563.htm)。

下,在"仰观天文,俯察地理"的认知过程中,中国天文学应运而生,形成了以银河、北斗、东西两宫为核心的东方天文体系,使东亚大陆史前人群以及后来的中国人把"天"看作无限神秘的终极力量。在东亚人群的心目中,"天"虽然不是一个人格化的神,但"天"无疑和西方宗教中的上帝一样,拥有令人敬畏的无穷神秘力量,让人们在精神上产生无尽的感激、恐惧、依赖和膜拜等复杂情感。宗教信仰源自一个民族对天地的认知,也就是宇宙观,而宇宙观主要源自一个民族的天文体系。世界各地不同的文化和宗教源自各民族在各自文明进程中产生的不同的宇宙观,而这些不同的宇宙观的形成主要就是因为不同的天文体系。同样,只有拥有相同的天文体系,才能拥有相同的宇宙观,才能拥有相同的意识形态、宗教信仰和精神文化。

三、齐家文化石圆圈的内涵与源流

齐家文化年代远迟于新石器时代晚期中段的红山文化,也迟于新石器时代晚期末段处于发展巅峰的良渚文化。通过对比分析,红山文化与良渚文化的共同特征,就是两者都拥有非常发达的礼制器物和建筑,其中最突出的就是玉礼器、石圆圈和祭坛,值得注意的是,齐家文化也出现了相同的器物和遗存,与红山文化、良渚文化一样,齐家文化的祭坛和大墓中同样出土有玉礼器,特别是玉璧、玉琮。齐家文化与良渚文化的玉璧、玉琮、石圆圈和祭坛更是息息相关,两者拥有共同的精神文化纽带。

(一)与良渚文化的关系

齐家文化喇家遗址发现的干栏式建筑,与良渚文化干栏式建筑如出一辙,极有可能是来自良渚文化区的齐家先民在生存环境改变后,仍然保留下来的作为礼仪性建筑而在齐家文化区继续存在的良渚文化建筑形式。齐家文化喇家遗址祭坛特意铺设大面积红土的方式,源自良渚文化毋庸置疑。受自身天文体系形成的宇宙观的影响,良渚先民的信仰崇尚红色,良渚文化不论是祭坛还是大墓都刻意使用红土或朱砂,如良渚遗址群中的反山大墓、瑶山祭坛和大墓、汇观山祭坛和大墓,以及其他40多处良渚文化墓地近500座墓葬,都普遍存在使用红土和朱红色矿物颜料涂抹棺(椁)内外的现象。同样,齐家文化石圆圈砾石及出土玉器等器物上经常留有赭石粉末痕迹。为什么是赭石(赤铁矿)粉末而不是朱砂(硫化汞),这是由于红色矿石的产地局限而出现的替代品,因此,《齐家玉魂》一书将出产于西北地区的赭石称为朱砂[①],是值得商榷的。

喇家遗址发掘领队叶茂林研究认为,作为齐家文化礼制建筑的祭坛,与良渚文化的祭坛有诸多相似之处。笔者认为,从玉礼器、石圆圈、祭坛、干栏式建筑等遗物遗迹遗存分析,齐家文化与良渚文化有密不可分的文化传承关系。齐家文化和良渚文化的玉璧形制十分接近,玉琮形制相似,虽然两者器面加工差异较大,但良渚文化和齐家文化玉璧、玉琮所代表的精神信仰内涵一脉相承(笔者将另文详加论述)。单从喇家祭坛的形制及其边缘处理方法来看,几乎与良渚文化祭坛一致。齐家文化与良渚文化的祭坛具有三个共同特点:覆斗形、三层台和砾石护坡,这是由一脉相承的宇宙观所形成并延续而来的礼制建筑营造方式和祭祀理念的独特体现。

一个族群的宗教信仰是该族群的最高意识形态,是一种必须经过对宇宙、自然、社会及族群自身漫长时间的观察、认知和思考才能建立起来的精神世界,它不是从天而降的,也不是一蹴而就形成的,

---

① 马鸿儒:《齐家玉魂》,甘肃人民出版社,2015年。

更不是短时期内能够改变的。从良渚文化到齐家文化，二者建立在天文体系和祭祀文化上的紧密关系，是通过玉璧、玉琮、石圆圈、祭坛等相同的物质载体，由相似甚至相同的意识形态、思想信仰、宗教观念等精神形式纽结在一起，虽远隔千山万水而跨越不同地理环境，持续不断传承而来。齐家文化喇家祭坛在形制上继承了良渚文化祭坛的构建方法和祭祀理念，足以证明喇家聚落齐家先民的统治阶层继承了良渚文化的精神文化。齐家文化石圆圈和祭坛，从意识形态和宗教信仰的角度揭示了齐家文化与良渚文化之间的精神文化纽带，特别是喇家祭坛和大墓的形制证明，西北地区齐家文化是继承了东南地区良渚文化精神信仰文化的一个考古学文化，齐家文化统治阶层是一个全面拥有和接受了良渚文化统治阶层精神文化遗产的特殊群体。

截至目前，齐家文化的祭坛只系统发掘了喇家遗址中的一座。喇家遗址是地震洪水灾难性遗址，祭坛破坏较重，由于发掘条件限制，目前无法获得详细的长宽尺寸和表面覆土情况，此祭坛是否具备真实的天文观测功能，以及特定的天文朝向意义，有待进一步发掘和深入研究。未发掘的甘肃新庄坪遗址，位于积石山县银川乡新庄坪村附近银川河右岸台地上，1989年10月，甘肃省博物馆进行了全面调查①，2013年5月，公布为第七批全国重点文物保护单位。该遗址面积30万平方米，包括一个完整的齐家文化聚落遗址和墓葬区，在李家庄禾等处出土过玉器、石器、陶器等，玉器主要有玉铲、玉刀、玉璧、玉环等。临夏州博物馆藏的大部分玉器，就是由州博物馆工作人员在20世纪70年代中期征集于此地。2015年4月29日，笔者随第四次"玉帛之路"考察团实地踏查新庄坪遗址，聆听见证参与考察的学者专家指认山顶一座孤立的大型土台，一致判断极有可能是祭坛。在此我们建议，在条件成熟时，由专业部门和团队对新庄坪遗址进行科学系统地深度发掘，为深入研究齐家文化揭示、提供、积累更加珍贵的第一手资料。

（二）与"昆仑"的关系

在距今约5500年前的红山文化牛河梁遗址群积石冢、约5000年前的良渚文化瑶山祭坛和约4000年前的齐家文化喇家祭坛当中，无论是方形的或是圆形的祭坛，都是为模拟天上星宿以及相应的天文现象。红山文化、良渚文化礼制建筑群在布局上模拟天文和星象的目的，是为了实现统治阶层对精神信仰和宗教礼仪的极致追求，也是为了向史前社会内部及外部极力展示统治阶层的宇宙观和宗教信仰。由于物质条件的种种局限，其模拟程度并非精确无误，但在生产力低下的远古时代，聚落首领、祭司或酋王等统治阶层能够规划和建构规模如此宏大的礼制建筑群，已经十分不易，足以反映统治阶层精湛的天文观测能力与水平。这些祭坛不但具备一个观象台进行天文观测功能，而且具备一个祭祀建筑完整的精神内涵，亦即，它们不但拥有一套天文观测体系，而且拥有一套完整的宇宙观。

"昆仑"在中国神话体系中是被广泛而深入论及的概念，"昆仑"的名称最早见于《山海经》。从神话体系的角度来看，圆坛和方坛的精神文化内涵就是"昆仑"。《山海经·大荒南经》记载："海内昆仑之虚，在西北，帝之下都。""昆仑"作为祭祀天帝的场所，首先是唯一的"帝之下都"，正如《史记·禹本纪》记载"昆仑……为天地心"，"昆仑"位于天帝居所的"天之中央"的正下方，是天帝降临人间时的居所，所以是"地之中也"。天帝只有一个，就是北斗璇玑环绕的北天极的极星——北极天帝。"天神则主北辰，地祇则主昆仑"（郑玄），根据诸多古文献记载，"昆仑"乃"地之中央"，"地首"，"地中"，是"地祇之位"，就

---

①甘肃省博物馆：《甘肃积石山县新庄坪齐家文化遗址调查》，《考古》1996年第11期。

是地上所有神祇的居所,故为万山之祖。三层台是"昆仑"的重要特征,在红山文化牛河梁、良渚文化瑶山、齐家文化喇家等遗址都可以见到三层祭坛。祭坛为什么是三层,古文献中没有线索,吕宇斐研究提出,从牛河梁 2 号地点三号冢(N2Z3)来看,圆形祭坛三层的覆斗形祭坛的规划原理来自勾股定理计算出来的内、中、外三衡,即两分两至的太阳视运动在天球上所划出的三条黄道带,此形式也象征性地用于方形祭坛,表达的依然是"三衡二间"的原理。①

齐家文化石圆圈具有原始宗教信仰与祭祀功能,石圆圈与祭坛息息相关,两者在意识形态和精神信仰层面的性质内涵完全一致。祭坛是石圆圈的高级形式,如齐家文化喇家遗址祭坛,石圆圈是等级低于祭坛的一种简易形式,是等级较低的、简化的祭坛,如齐家文化大何庄、秦魏家、师赵村等遗址的石圆圈,是齐家文化小型聚落的普通首领或祭司等统治阶层所使用的祭坛。正如史前祭坛是"昆仑"一样,齐家文化石圆圈也是"昆仑"的一种形式,不论石圆圈还是祭坛,它们所代表的就是大地上的"昆仑"。

(三)源流与影响

距今约 7000—6000 年前,随着全新世大暖期鼎盛期降临东亚大陆,中国史前考古学文化开始遍地开花,辽河流域、黄河流域、长江中下游流域、钱塘江流域等地区相继进入了经济文化快速发展阶段。史前中国稻作和粟作区域的农业生产力都有了较大发展,物质生活水平有了较大提高,规模不等的定居农业聚落群迅速兴起。聚落内群体性的更加固定、安全、富足的物质文化,必然导致聚落族群精神文化的第一次大飞跃,促使聚落统治阶层建立起与当地自然地理环境相适应的精神信仰和宇宙观,由此,兴隆洼文化、红山文化、崧泽文化、良渚文化、齐家文化先后出现了祭坛、石圆圈等涉及原始宗教、祭祀、天文观测体系等功能的礼制建筑。

良渚文化和齐家文化都存在类似的石圆圈、祭坛等礼制性建筑,两者拥有相同或至少相似的精神信仰。两者所处时代前后相接,虽然地域相差数千公里,但却传承着一个相同或相似的精神信仰,两个文化族群的信仰源自同一个宇宙观,而这同一个宇宙观源自同一套天文体系。拥有同一套天文体系,说明他们之间必然存在着族属上的某种密切联系。掌控齐家文化上层建筑的统治阶层,就是继承了良渚文化同一套天文体系的特殊群体。

距今约 3500 年前,逐渐衰落的齐家文化在中国西北地区继续向周边辐射传播,影响着其后兴起的四坝、辛店、寺洼、卡约等文化,留下了四川、西藏、新疆等地区的石圆圈文化遗存。《史记·匈奴列传》记载的"其先祖夏后氏之苗裔也"的匈奴人,在内蒙古、新疆等广大的北方及西北草原地区留下了石圆圈遗迹,其后的突厥人在今内蒙古草原地区留下了大量遗存,其中以祭祀性遗址和石圈、石堆墓最为常见。齐家文化族群经过数千年融合演化,形成了羌、戎、氐以及今天的羌、纳西、藏等民族,这在当代羌族的白石崇拜等习俗和民族志资料中留有证明。

四、结　语

分布在中国西北地区的齐家文化,是由来自中国东南地区的良渚文化和来自西亚、中亚的青铜文

---

① 吕宇斐:《红山文化遗址中的天文学内涵》,北京大学文博考古学院《古代文明研究通讯》,2015 年 6 月总第 65 期。

化在西北地区碰撞后,融合产生的新文化。齐家文化融合了来自欧亚草原大通道的西方文明,吸收了其先进的技术和生产力,逐渐形成为中国最早的青铜时代文化。齐家文化中的玉礼器、原始宗教、祭祀礼仪、天文体系、日月崇拜、"昆仑"崇拜等精神层面,都源于东亚玉文化精神信仰体系和石圆圈、祭坛的天文观测体系及宇宙观,而齐家文化中来自西亚、中亚的影响因素除了权杖头属于精神层面外,其他都属于物质层面,这是我们必须加以区别认识的。

齐家文化石圆圈是中国史前祭坛的一种形式,它是东亚大陆史前人群和华夏先民通过天文观测而建立的信仰体系的一部分,也是良渚文化信仰体系在齐家文化的延续和发展,它是齐家先民固守、保持、继承的东亚文明精神信仰的物质表现,也是延续数千年的东亚天文体系和传承有序的东方宇宙观的真实体现和证明。玉礼器、石圆圈、祭坛等代表的齐家文化原始宗教、祭祀礼仪、天文体系、日月崇拜、"昆仑"崇拜等文化内涵,对后代中国商周及先秦时代以玉通神信仰和礼制文化等华夏文明的成熟璀璨产生了广泛深远的影响。

本文在撰写过程中得到了吕宇斐、朱成杰两位老师的学术意见,在此深表谢意!

齐家文化骨卜行为分析

西北民族大学历史文化学院　赵光国

齐家文化分布范围以黄河上游为中心,东起泾、渭河流域,西至湟水流域,南到白龙江流域,北达内蒙古阿拉善左旗。经碳十四测定,其年代范围为距今约4100年—3600年。其典型遗址有甘肃武威皇娘娘台,永靖大何庄、秦魏家,广河齐家坪,兰州青岗岔,临潭磨沟,宁夏固原海家湾,隆德页河子,青海贵南尕马台,大通上孙家,乐都柳湾遗址等。目前在6处遗址,约90片卜骨。其特点是,卜骨大都未经整治,有较为明显的灼痕,极少有钻、凿的现象。

一、齐家文化卜骨

根据目前的考古资料,出土卜骨的齐家文化遗址有甘肃武威皇娘娘台遗址[①]、永靖大何庄遗址[②]、永靖秦魏家遗址[③]、灵台大桥村遗址[④]、宁夏隆德页河子遗址[⑤]。资料显示,目前可基本确定为卜骨的有75块,加上疑似卜骨的块数至少近90片。以下将这些卜骨按所在遗址进行列述。

(一)永靖大何庄遗址

1959年5月至8月以及同年8月到11月,中国科学院考古研究所甘肃工作队对其进行了两次发掘。发掘共出土卜骨14块,均为羊的肩胛骨,未加整治;有灼,无钻、凿的痕迹。其中灼痕少者2处,多者24处。T45:2灼痕24处,长20厘米,T35:4已残,灼痕16处,长约16厘米;T6:8已残,灼痕8处

---

①甘肃省博物馆:《甘肃武威皇娘娘台遗址发掘报告》,《考古学报》1960年第2期;《武威皇娘娘台遗址第四次发掘》,《考古学报》1978年第4期。

②黄河水库考古队甘肃分队:《临夏大何庄、秦魏家两处齐家文化遗址发掘简报》,《考古》1963年第3期;中国科学院考古研究所甘肃工作队:《甘肃永靖大何庄遗址发掘报告》,《考古学报》1974年第2期。

③中国科学院考古研究所甘肃工作队:《甘肃永靖秦魏家齐家文化墓地》,《考古学报》1975年第2期。

④甘肃省博物馆考古队:《甘肃灵台桥村齐家文化遗址试掘简报》,《考古与文物》1980年第3期。

⑤北京大学考古实习队、固原博物馆:《隆德页河子新石器时代遗址发掘报告》,《考古学研究(三)》,1997年。

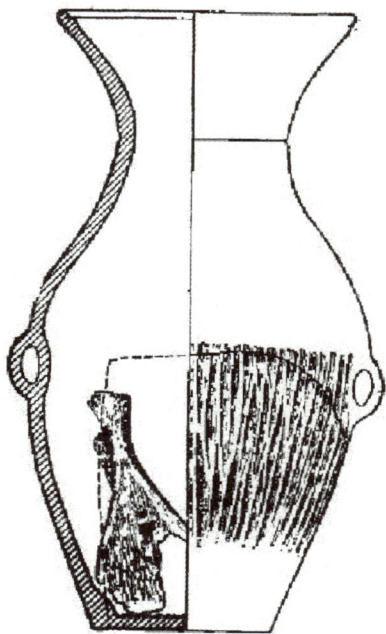

图 1　放在高领罐内的卜骨

（有的相连），长约 16 厘米。

（二）永靖秦魏家遗址

1959 年和 1960 年，中国科学院考古研究所甘肃工作队对该遗址进行了两次发掘。共出土卜骨 3 块，均为羊的肩胛骨，只灼，无钻凿痕迹。灼痕 2~4 处不等。M23:6，灼痕四处（其中 2 处已残破），长 12.2 厘米。出自于高领双耳罐（M23:2）内。此罐腹部已残，卜骨（图 1）从此残破口放入，再把残破的陶片盖上。

（三）灵台桥村遗址

1978 年秋，甘肃省博物馆考古队对该遗址进行了试掘，在桥村遗址中出土的羊、猪肩胛骨较多，共有 17 块，均在灰层中发现。骨面都留有灼痕，个别的有轻微的刮削修治痕迹。在此因用料分为两类。

第一类，羊肩胛卜骨 6 片，完整的很少。肩胛骨的两侧和骨臼周围，稍有刮削痕迹，骨面有灼。标本 H4:76，长 15.2、上端宽 2.5、下端宽 9.5 厘米（见报告图版伍,5 下）。标本 H4:77，灼痕较重，有 13 处之多（见报告图版伍,5）。

第二类，猪肩胛卜骨 11 片。骨脊多完整，骨面有灼。标本 H4:14，上宽 3.5、下宽 9.2、长 18.6 厘米。有灼痕七处（见报告图版伍,5）。标本 H4:15，骨面灼痕 25 处，下端和两侧都用火烧过，残长 13.5、下端宽 10.5 厘米（见报告图版伍,5）。

（四）武威皇娘娘台遗址

在 1957 年至 1959 年，甘肃省博物馆对其进行了三次发掘，在 1975 年 4 月底至 7 月中旬，进行了第四次发掘。前三次发掘出土的、确定为卜骨数量是 26 片，以羊肩胛骨为主。第四次发掘出土的确定卜骨为 13 片，同样是以羊肩胛骨为主。

前三次发掘的时间较早，没有标本编号，仅依类述列如下。

第一类，牛胛卜骨:仅有 1 片，保存完整。出于 H1 圆形窖穴的底部。长 37、上端宽 8、下端宽 23 厘米。骨面有灼痕 12 处，而且不钻不凿。骨板较薄处灼痕并透过背面。这片卜骨的形制很特殊，它的上端有一长 5 厘米、宽 3 厘米的凿孔，下端沿背面磨成锐利的薄刃。刃部的磨损程度，有些部分特别显著，形成连续向内凹入的弧形，且因伤损而出现一个较大的缺口，但边缘上仍保持光滑的薄刃。骨脊被修平。脊与刃部相接的一端，破碴亦被磨平，且甚光滑。上端的凿孔以及下端刃部的磨痕，都表明其极有可能被作为生产工具使用过，有学者则直接将这种工具称为骨锄[1]。（图 2:1、2）

第二类，羊胛卜骨 21 片。大多出于窖穴和第三层黄褐土中，墓葬中仅有 M8 出了 1 片。羊胛卜骨的中心部分大都残缺，有些已成为碎片。胛骨的两侧缘和骨臼的周围，大都具有刮削修治的痕迹。

---

①［韩］朴载福:《先秦卜法研究》,上海古籍出版社,2011 年,第 255 页。

骨脊多数完整,骨面仅有灼,不钻不凿。灼痕较小,且甚轻微,圆形,多在脚骨臼下中部较凹处。边缘较规则,其中有一片脚骨的灼痕,似用圆形的片状工具烫烙而成(图4:3)。灼痕较深重者,也透过骨脊的一面。由于胛骨的中心部分保存不好,灼痕保留的不多,仅见于胛骨中心部分残缺的边缘。甚残的骨片上,仅有灼痕一、二处,较为完整的骨片最多也不超过六处(图2:5)。

第三类,猪胛卜骨约4片。出于窖穴和第三层黄褐土中。骨脊完整,骨面的卜一般也是有灼无凿,仅有出于H5椭圆形窖穴内的一片胛骨,被灼处具有轻微的圆形钻痕。灼痕比较大,不甚规则,多在胛骨臼下中部较凹处。较深重的灼痕,也透过骨脊的一面,唯不甚明显(图2:4、6)。

第四次发掘出土卜骨13件。其中猪肩胛骨四件,余都是羊肩胛骨。都未加整治,有灼无钻、凿的痕迹。骨版较薄,灼痕处一般残缺,个别的在骨脊上还有灼点。T10:12,猪肩胛骨,灼痕十三处,在骨脊处还有一个灼点,长12.5厘米(图3:1)。H46:1,羊肩胛骨,灼痕五处,长17厘米(图:3:2)。

(五)宁夏隆德页河子遗址:

1986年,北京大学考古实习队和宁夏固原博物馆对该遗址进行了发掘。出土卜骨2件,用牛肩胛骨制成,无钻凿,只有灼。灼痕一般呈圆形或椭圆形,两面均有。T103②:8,长24.5厘米(图:4:1)。T102④:13,长27.5厘米(图4:2)。

上述材料中,有一些尚难确定为卜骨。如武威皇娘娘台遗址有10余片出自窖穴、灰层中的羊和牛的胛骨残

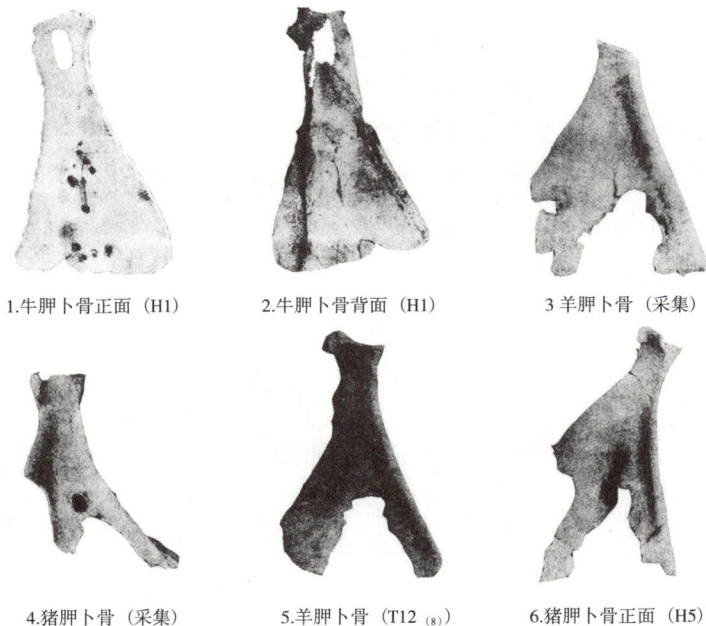

1.牛胛卜骨正面(H1)　　2.牛胛卜骨背面(H1)　　3 羊胛卜骨(采集)

4.猪胛卜骨(采集)　　5.羊胛卜骨(T12(8))　　6.猪胛卜骨正面(H5)

图2　皇娘娘台遗址前三次发掘出土部分卜骨

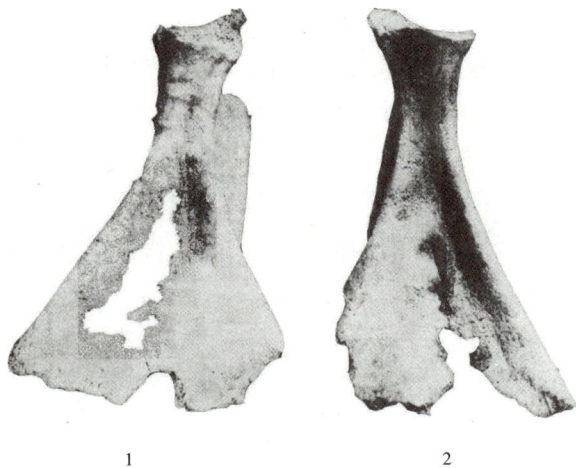

1　　　　　2

图3　皇娘娘台出土"骨锄"

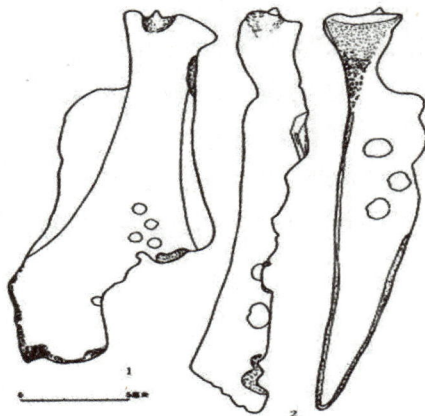

图4　页河子遗址出土卜骨

123

片;大何庄遗址 F12"石圆圈"遗迹旁边,发现 3 块羊肩胛骨;特别是皇娘娘台遗址存在两例钻孔现象的胛骨[1],其羊胛骨的中心部分,有被钻穿的圆孔,牛胛骨的残片上,也有磨光的痕迹和"二联钻"的现象,且钻孔周缘甚为光滑。这些材料中,有的具有刮削修治痕迹,唯均无灼痕保留,暂不列入卜骨。除此之外,可相对确定的卜骨材料,某些存在刮削修治的痕迹,极为普遍的存在灼烧现象,是我们研究齐家文化骨卜行为的重要依据。

二、选择用料

选择何种材料作为占媒,应当是先民首先考虑的问题。而如何正确修整、合理灼烧卜料,甚至可能存在的钻、凿行为,以顺利出现卜兆,则骨卜行为的主体和关键。

根据发掘资料反应的实际情况,我们将卜骨材料分为以下三类。首先是羊肩胛骨。羊肩胛骨在齐家文化出土卜骨中所占比例最大,约为 71%。在永靖大何庄、秦魏家,武威皇娘娘台,灵台桥村遗址中均有出土。其次是猪肩胛骨。猪肩胛骨出土于灵台桥村和武威皇娘娘台遗址,数量相对较少,共有 19片。再次是牛肩胛骨。牛肩胛骨在齐家文化遗址中出土数量最少,仅有 3 片,其中 2 片出土于宁夏隆德页河子遗址,1 片出土于武威皇娘娘台遗址。现列表分析如下(图表 1)。

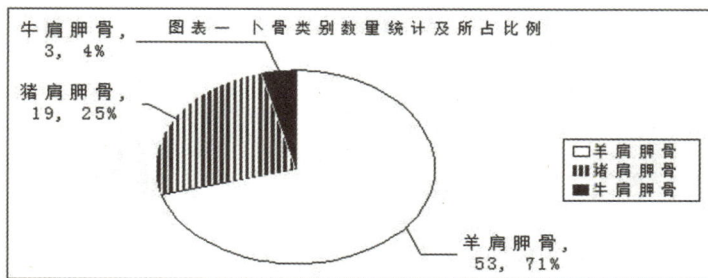

图表 1　卜骨类别数量统计及所占比例

齐家文化先民过着以农业为主,畜牧业其次的定居生活[2],出土的卜骨取材均是兽类的肩胛骨,主要是羊、猪和牛的肩胛骨。遗址中发掘出大量被驯养动物的骨骼,如猪、牛、羊、狗等,猪骨最多。而在现有可确定的卜骨中,羊肩胛骨数量最多。这是一个颇为值得探讨的问题。

首先,使用动物骨骼进行占卜,与齐家文化地处西北黄土高原上,从事以农业、畜牧业为主的生产与生活方式有关,家畜饲养业发达,动物骨骼相对易得。而以肩胛骨为占媒,应与肩胛骨天然骨面较薄,便于整治加工,在烧灼时容易产生裂纹或留下痕迹有关。

其次,使用羊肩胛骨作为最主要的骨料,或与羊的生活习性、时人的习惯和信仰有关。相对于猪来说,羊选食干爽的青草,不像猪杂食肮脏,成长周期也较短;从习惯和信仰方面来说,民族学材料显示,

---

[1] 甘肃省博物馆考古队:《甘肃武威皇娘娘台遗址发掘报告》,《考古学报》1960 年第 2 期。
[2] 谢端琚:《试论齐家文化》,《考古与文物》1981 年第 3 期;一丁:《关于齐家文化主要经济形态的探讨》,《考古》1961年第 7 期。

羌族和纳西族占卜骨料只能使用羊肩胛骨;彝族可兼用牛或猪的肩胛骨,但仍以羊肩胛骨为主[1];在某些地区也会有规定专门使用的骨料,如只能用羊肩胛骨,或者以羊肩胛骨为主。这或许可以在一定程度上解释在甘肃中部地区,只发掘出土了羊肩胛骨做得卜骨;在甘肃西部,随有猪肩胛骨和牛肩胛骨做得卜骨,但是仍以羊肩胛骨为主;甘肃东部地区则主要是猪肩胛骨做得卜骨,宁夏地区却只出土了牛肩胛骨做得卜骨的现象。

再次,与家畜的价值有关。牛肩胛骨数量相对较少,应与牛的成长周期长,价值远远高于羊的价值有关,所以杀生会相对较少。

当然,以上缘由也或有互通之处。我们也相信,随着发掘卜骨数量的增多,我们可以更好地诠释这一问题。

三、用料整治

灵台桥村遗址。个别的有轻微的刮削修治痕迹。羊肩胛卜骨 6 片,完整的很少。肩胛骨的两侧和骨臼周围,稍有刮削痕迹。武威皇娘娘台遗址。出于 H1 被称为"骨锄"的牛肩胛骨,骨脊被修平,脊与刃部相接的一端,破碴亦被磨平,且甚光滑;该遗址羊胛卜骨 21 块胛骨的两侧缘和骨臼的周围,大都具有刮削修治的痕迹。

民乐东灰山。一共出土 4 件卜骨。其中,标本 022 应为猪的右肩胛骨,该卜骨骨脊经过轻微的削磨;另外,标本 87MX:032,应为猪的左肩胛骨,扇形边缘有削磨痕迹。标本 0125,为羊的右肩胛骨,骨脊处有轻微的削磨痕迹。可见齐家文化出土的卜骨大多数都未经整治,仅有少量卜骨有轻微的刮削痕迹,即使用自然的动物肩胛骨为主,已经开始了对胛骨的整治,但整治方法尚不科学、系统。

四、骨卜实施

在骨卜方式上,也大多是有灼的痕迹,具有不钻不凿的特点。但也有特殊情况,如在武威皇娘娘台被称为 H5 的窖穴中出土了一块肩胛骨有轻微钻痕的卜骨;另,皇娘娘台遗址有两例钻孔现象的胛骨[2],其羊胛骨的中心部分,有被钻穿的圆孔,牛胛骨的残片上,也有磨光的痕迹和"二联钻"的现象,且钻孔周缘甚为光滑。应该是年代较晚。因此,我们主要从灼的角度来分析齐家文化的骨卜行为。

首先,从灼痕数量来看。卜骨的灼痕有多有少,少的为 1、2 处,多的达 25 处。圆形灼痕都普遍较小,而且比较轻微,多在骨正面中部较凹处,灼痕比较深的,则透过反面。牛、猪肩胛骨,灼痕比较大,不甚规则。羊肩胛骨和猪肩胛骨灼痕较多,少者 1—2 处,多者可达 25 处。牛肩胛骨灼痕较少,少者 3 处,多者有 12 处。可见齐家文化骨卜行为中,灼制方式简繁不一,灼痕少多差距也大的,应该有文化发展的前后差异。如武威皇娘娘台和宁夏隆德页河子遗址出土的一些卜骨,在卜骨的反面也有灼痕。这样的占卜特点应是从夏代开始出现的,类似的情况在夏代遗址中常见,如二里头文化出土的卜骨,在骨的正反面以及骨脊上都施灼。许多卜骨灼痕较多的,个别的有 20—25 处的,也应该是进入了夏代。

---

[1]林声:《记彝、羌、纳西族的"羊卜骨"》,《考古》1963 年第 3 期。

[2]甘肃省博物馆考古队:《甘肃武威皇娘娘台遗址发掘报告》,《考古学报》1960 年第 2 期。

故此,齐家文化出土的卜骨,灼痕较少的时代较早,灼痕多的卜骨时代应该接近夏代,年代较晚。

其次,从灼烧部位来看,可分为正面施灼、两面施灼,以及在骨脊施灼,骨的正面或反面兼施的情况。

正面施灼:齐家文化出土的卜骨,除了宁夏隆德页河子遗址外,皆为正面直接烧灼。大多数烧灼较为轻微,烧灼较深的,有透过骨脊的另一面,但是较为轻微。如武威皇娘娘台遗址出土的卜骨,包括羊、猪、牛肩胛骨,因骨板较薄,灼痕较深,透过背面。骨面上留有的灼痕,大多呈圆形和椭圆形,灼痕数量不等。一般情况下,牛、猪的肩胛骨比较厚,灼痕较大而深;羊的肩胛骨很薄,灼痕较小,且甚轻微,多位于骨正面中部略凹处较薄的部位,灼痕可以透过另一面。灼痕数量分布不等,少者1—2处,多者可达25处。灼痕的数目及排列,没有明显的分布规律。

两面施灼:齐家文化中只有宁夏隆德页河子遗址中出土的牛肩胛骨(T 103②:8、T 102④:13)是正反两面施灼的。灼痕呈圆形和椭圆形,数量较少,分布没有规律。这种灼的方式应该出现较晚,普遍使用应该是在夏代。

骨脊施灼:此种施灼方式,在骨的正面或反面兼施。此种类型在齐家文化中仅出现一例,是在武威皇娘娘台出土的猪肩胛骨。T10:12,灼痕13处,在骨脊处还有1个灼点。此种类型在新石器时代出现较少。从目前的考古出土的卜骨资料来看,该类型卜骨最早出现在陕北和内蒙古南部地区的文化中,后来传播到其他考古学文化中。在齐家文化中出土的该类型卜骨应该时代较晚。

综上,齐家文化骨卜施灼方式为:选择骨面中间较薄处,以骨正面为主进行单面施灼;有正反面兼施者;在骨脊施灼的情况较为少见,凡骨脊施灼,当兼及骨面。后两种情况,应具有时段或地方类型的差异性。

五、卜骨的处置

卜骨所在遗迹的属性不同,性质与内涵亦当也有所不同,从目前的情况来看,可分为灰坑、房址、墓葬,以及极可能存在的焚烧等方式。

灰坑:在齐家文化中,卜骨大多出土于灰坑中,但是也较为零散,几乎没有出土于同一灰坑中的。有的卜骨属于有意识的行为,这种遗迹主要反映在出土于窖穴之中,但是在齐家文化中这种看似有意识的埋葬并不普遍,仅在武威皇娘娘台的窖穴中发现了卜骨的残片,且没有灼痕。

这种出土情况的差异,反映了对占卜之前或之后所用卜骨的处理方式不同。在灰坑中出土的卜骨,大多都是用过之后的卜骨,通常与生活垃圾等一起出土,用过之后或许就被遗弃。而在齐家文化窖穴中出土的卜骨,均没有灼过的痕迹,这种情况应该是有意识的保存。虽然目前并没有确切的考古学资料证明这种行为是否是先民有意识的行为,但是根据民族学材料,在我国西南少数民族地区,很少有为了占卜临时杀生的事情,因此,巫师们平时就注意收集动物的肩胛骨,并储存起来。而窖穴中出土的有使用痕迹的卜骨,也应该是有意识的存储,但是在齐家文化的遗址中并没有在窖穴中出土有使用痕迹的卜骨,所以在这里不作具体分析。

房址:齐家文化中出土于房子中的卜骨相对较少,主要是在永靖大何庄遗址中。在该遗址中,F1的东边约7米处,发现一具被砍掉了头的母牛骨架,腹内还遗有尚未出生的小牛骨骼。F5的西边发现一具不甚完整的羊骨架。F3的南边发现2块卜骨,F6的东边发现有1块卜骨,F12"石圆圈"以及旁边,发现3块为经灼过的羊肩胛骨。该遗址共发现五处"石圆圈"遗迹,这些遗迹都是利用天然砾石排列而成,直径约4米左右,有的石块上面还遗有赭石粉的痕迹。"石圆圈"附近还分布着许多墓葬,旁边有卜

骨或牛羊的骨架。从遗址的位置来看,"石圆圈"应该属于原始宗教性质的一种建筑遗存,与墓葬有着密切的关系①。

在齐家文化墓葬中,除了大何庄遗址之外,在秦魏家遗址中也发现了一处"石圆圈"遗迹,位于南部墓地的东北边。原报告中指出是原始宗教性质的建筑遗存。据此可以认为,卜骨是原始宗教的一种体现。而且根据齐家文化出土卜骨的数量(约占新石器时代出土卜骨的 34%),可以说明,这种以占卜为形式的原始宗教在齐家文化时期已经盛行。

墓葬:齐家文化中的卜骨大多出土于灰坑中,出土于墓葬的中的极少,仅见于永靖秦魏家遗址和武威皇娘娘台遗址,其年代也可能相对较晚。在秦魏家遗址中的卜骨 M23:2,出自于高领双耳罐内,是羊的肩胛骨。另外,在武威皇娘娘台遗址中,T7M8 出土卜骨一块,为羊肩胛骨,位于墓主人左侧股骨附近。

这种墓葬中随葬卜骨的情况,在新石器时代时期也仅见于齐家文化之中。这种现象很可能与埋葬之前进行的占卜活动有关。根据《周礼·小宗伯》记载,埋葬之前,要先占卜以择穴,即所谓"卜葬兆"。《仪礼·士丧礼》记载,"士"在埋葬之前要占卜来选择幽宅、兆域和葬日,其中占卜幽宅、兆域用筮法,葬日用卜法。这样在墓葬出土的卜骨可能与《仪礼·士丧礼》所说的占卜有关,即埋葬之前占卜用的卜骨,下葬时与明器一起放在墓葬里面②。这是当时占卜习俗的体现,是宗教信仰的一种工具。当然,墓葬中随葬卜骨,因其不常见而特殊。下面,我们也会在墓主人身份这一问题上做以讨论。

除了文献资料的论证,还有民族学材料的佐证。至今,在我国西南少数民族地区,尚存在这种情况。例如,纳西族把卜骨用后送往山脚下掩埋或焚烧,有的是放在陶容器内保存起来,认为卜骨乃神圣之物,乱放就会有祸事发生③。因焚烧之后的卜骨尚难判定,在此不予讨论。

由上述材料可知,齐家文化卜骨的处置方式多以灰坑埋葬为主,房址或祭祀遗迹(大何庄)以及墓葬(秦魏家)中的卜骨都属特例。

余　论

西北地区出土卜骨最早的遗址是武山傅家门遗址。碳十四年代测定为公元前 3815 年。该遗址共出土了 6 件卜骨,为马家窑文化石岭下类型,有阴刻符号,但是只有一件羊肩胛骨有灼痕,猪和牛的肩胛骨并没有灼痕,似非人类有意所为。之后在该地区出土的齐家文化卜骨没有阴刻符号的卜骨,与石岭下类型的卜骨并没有明显的继承关系。我们认为齐家文化时期的骨卜行为应当是受到周边文化,如客省庄二期文化、老虎山文化等影响的产物。

在齐家文化的大何庄遗址和秦魏家遗址中发现了 6 处"石圆圈"遗迹,显然是宗教性质的遗存。在这些遗迹旁边发现了动物的骨架以及卜骨,而且在秦魏家遗址的墓葬之中还发现了卜骨,并被仔细地放在高领双耳罐之中,自然,随葬的羊卜骨是墓主人生前巫师身份的标志。由此可以认为,当时已存在有巫师阶层了。其或为统治者服务,即当时的部族首领,或为人民占卜,并因此而出现占特殊地位的大

---

① 王吉怀:《宗教遗存的发现和意义》,《考古与文物》1992 年第 6 期。
② [韩]朴载福:《先秦卜法研究》,上海古籍出版社,2011 年,第 64 页。
③ 林声:《记彝、羌、纳西族的"羊卜骨"》,《考古》1963 年第 3 期。

小巫师。

从目前的考古资料来看,齐家文化卜骨资料的系统整理,对齐家文化的卜骨及其占卜行为进行分类分析,寻求其在古代文化、宗教发展中的地位和作用,进而探讨齐家文化时期人类的物质和精神生活等方面还有较大的延展空间。

玉器研究

史前华西系玉器与中国玉礼制

台北故宫博物院　邓淑苹

一、前　言

在东亚这片日后发展成中国核心地区的华夏大地上，自东北向西南绵延着一道山脉链：大兴安岭、太行山、巫山、雪峰山。山脉链以西多山脉与高原，形成干旱的华西地区；山脉链以东多平原与丘陵，毗邻大洋而形成低湿的华东地区。①生态差异导致人文景观有别。自远古起华夏大地上的玉器文化就发展出东、西两种不同的风格。

在历史悠久、内涵深厚的中国文化中，玉器，有别于一般的器物，萌芽于八千多年前，约发展到距今五千多年前时，已成为华夏先民与天对话的"灵媒"。到了夏、商、周三代，玉器与青铜器共同用作沟通人神及表彰身份等级的礼器。秦汉以降，铜礼器因时制宜地被陶、瓷、漆等器类取代，唯有玉器始终作为帝王通神时最重要的礼器。封禅大典中，玉册是祝祷文的载体，更需加配象征通天的玉璧同埋于祭坛。玉组佩、玉玺印、玉带等，曾在不同时代作为统治集团中身份级别的标志。分析中国历代礼制所用的玉器，包括象征主祭者身份的"玉瑞器"，以及依附神灵，产生感应沟通法力的"玉祭器"。

分析考古资料可确知，约在仰韶文化早期龙岗寺墓葬，至仰韶文化中晚期之交的西坡墓葬中，可以明显地看到玉石质端刃器逐步礼制化。此即为"玉瑞器"的滥觞。

约属仰韶中期庙底沟类型的杨官寨遗址，出土了完整的石璧与原始石琮的残块，证明中国历史上首度形成的成组玉礼器"璧琮组配"，在史前华西有其本土根源。杨官寨、师赵村是两个具标杆意义的遗址，证明从仰韶中期，经"先齐家时期"，发展到齐家文化早期，璧琮组配从萌芽发展到定制。此即为"玉祭器"的滥觞。

---

① 地理学上称此山脉链以西为第二阶梯、以东为第三阶梯。

二、仰韶文化所见玉质端刃器的礼制化

仰韶文化遗址出土"玉器"的地点虽不多,但非常重要。在地图 A 上红色数字 1–5 标明五个地点,或出土用真正闪玉制作器物(1 大地湾、2 龙岗寺),或出土似玉美石制作的玉礼器(3 杨官寨、4 老坟岗、5 西坡)。有的出土玉器地点,或因首发时未有质地鉴定与彩图公布,日后虽有论文述及,暂不在地图 A 上注记。①

地图 A 上的 1 号为甘肃秦安大地湾,遗址分为五期,第一期属大地湾文化。第二、三、四期分属仰韶文化早、中、晚期。早中期出土玉锛、玉凿,(图 1)第四期出土一件玉方璧。(图 2)②大地湾正式报告所附 19 件出土玉器鉴定书中,属于真正闪玉(nephrite,即是阳起石 actinolite 与透闪石 trmolite 的固溶体)的共 9 件,其中 2 件被闻广订为"半玉",根据测定内容可知是阳起石(actinolite)与钠长石(albite)的混合。换言之,就是不够纯的真玉。图 2 玉璧即为二件"半玉"之一。

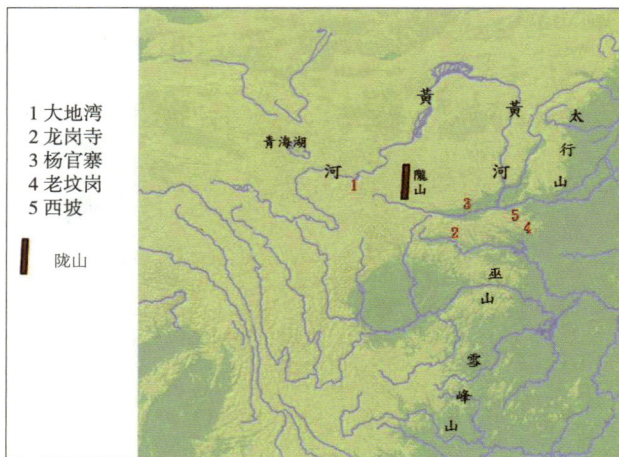

地图 A　仰韶时期华西地区出土较多玉器遗址分布图

在此要强调的是,大地湾遗址没有翡翠制作的小佩。该报告第 226 页述及的编号 F2:18 翡翠佩(该报告彩版一九—3)不在闻广鉴定的清单中。

图 1　仰韶文化早期玉凿　长 4.2 厘米　大地湾二期遗存出土

图 2　仰韶文化晚期玉璧　径 16.9 厘米　大地湾四期遗存出土

①陕西西乡何家湾正式考古报告收入。陕西省文物考古研究所等:《陕南考古报告集》,三秦出版社,1994 年。书中未报道有玉器。但该遗址发掘及报告人杨亚长在 1998 年论文《陕西史前玉器的发现与初步研究》,《东亚玉器》)中述及何家湾仰韶早期遗存出土长 11.1、宽 4.8、厚 2.4 厘米,平面近长方形,圆弧形刃的碧绿色软玉制作的玉斧,另还有玉锛(6.2 厘米)、玉刮削器(4.5 厘米)。

②甘肃省文物考古研究所:《秦安大地湾——新石器时代遗址发掘报告》,文物出版社,2006 年。图 1、2 引自该报告彩版一八、四三。

笔者检视过实物,确知既非翡翠也非绿松石,可能是钠长石?还有待科学检测。①

地图A上的2号为陕西南郑龙岗寺,该处是资料丰富的仰韶文化早期遗址,但因发掘及编写报告甚早,器物线绘图和墓葬平面图只选样公布,许多应该记录、统计交代的数据缺如,②造成玉器研究上的不便。核对日后公布的有限资料可知,在正式报告登记为石器的,部分日后再公布时称为玉器。

1998年,杨亚长在其论述中说明龙岗寺出土26件玉器"均经过地矿学者鉴定,属于绿色或白色半透明状软玉"③。但文中未说明鉴定方法。这里所称的"软玉"即是矿物学所称之闪玉(nephrite)。除了锛、凿外,还有斧、铲、刀、簇四类。已鉴定属真玉的26件,只公布17件线图。④

与大地湾二、三期相比,龙岗寺出土玉器,除了数量多、器类多之外,尺寸也大得多。1998年,杨亚长的论文公布8件彩图、17件线绘图。⑤2005年《中国出土玉器全集》又将1998年已公布彩图中最大的三件再度公布。⑥唯公布的尺寸数据比较正确,但墓号有误。⑦二度公布的三件即是本文图3、

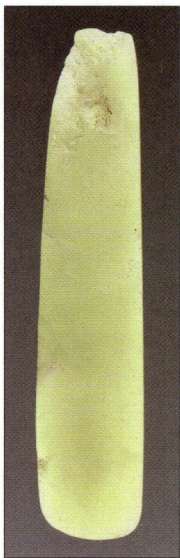

图3 仰韶文化玉铲(斧钺?) 长22.2厘米 龙岗寺出土M119—3

图4 仰韶文化早期玉铲(钺?) 长20厘米 龙岗寺出土M346—7

图5 仰韶文化早期玉刀 长17.8厘米龙岗寺出土M335—1

①2009年夏,承蒙甘肃省文物考古研究所王辉所长特准,检视一批大地湾、一批火烧沟出土玉器,特此申谢。

②陕西省考古研究所:《龙岗寺》,文物出版社,1990年。

③杨亚长:《陕西史前玉器的发现与初步研究》,邓聪主编:《东亚玉器》,香港中文大学中国考古艺术研究中心,1998年,第208—215页。

④2001年,龙岗寺发掘主持人魏京武也撰文讨论这批数据,将26件中的四件请西安地质学院专家做了显微镜观察鉴定。推测玉料来源可能是四川汶川。见:魏京武:《龙岗寺遗址出土的仰韶文化玉质生产工具》,钱宪和主编:《海峡两岸古玉学会议论文专辑》,台湾大学地质系,2001年,第129—135页。

⑤邓聪主编:《东亚玉器》,香港中文大学中国考古艺术研究中心,1998年,彩图44—50。

⑥古方主编:《中国出土玉器全集·14》,科学出版社,2005年。

⑦杨亚长论文中说明最大一件是乳白色玉铲,长22.2厘米。即是《东亚玉器》彩图45,本书图3,考古编号M119-3。但《东亚玉器》彩图44玉铲,即本书图4,考古编号M346-7被注记"长23.8宽4.3厘米",显然超过杨亚长说最大一件的长度为22.2厘米。该件即是《中国出土玉器全集·14》图2,注记"长20、宽4.2、厚0.95厘米",可能尺寸正确,但又误刊墓号为364。另,本文图05的玉刀,在《东亚玉器》中为彩图46,考古编号M335-1,应是正确;但在《中国出土玉器全集·14》为图1,注记为第355号墓。

4、5。①

这三件只有第三件在《龙岗寺》报告中有器物线绘图与墓葬平面图。另二件虽因色美质润、尺寸又大而两度公布彩图，但未曾发表器物线绘图与墓葬平面图。根据墓葬登记资料可知，第119号墓长1.93米，随葬品除陶器外，有一件美丽白玉铲（即图3），二件石斧、一件骨椎、二件石块、三件绿松石，墓主登记为"女（？）40多岁"。第346号墓长2.1米，随葬品除陶器外，有一件美丽豆绿色玉铲（即图4）、十八件骨椎、二件石块、绿松石饰和牙饰共八件。墓主为"男27—28岁"。

第335号墓随葬品除陶器外，只有图5这件玉质的所谓刀、一块磨石，玉刀放置右上臂接近肘部。

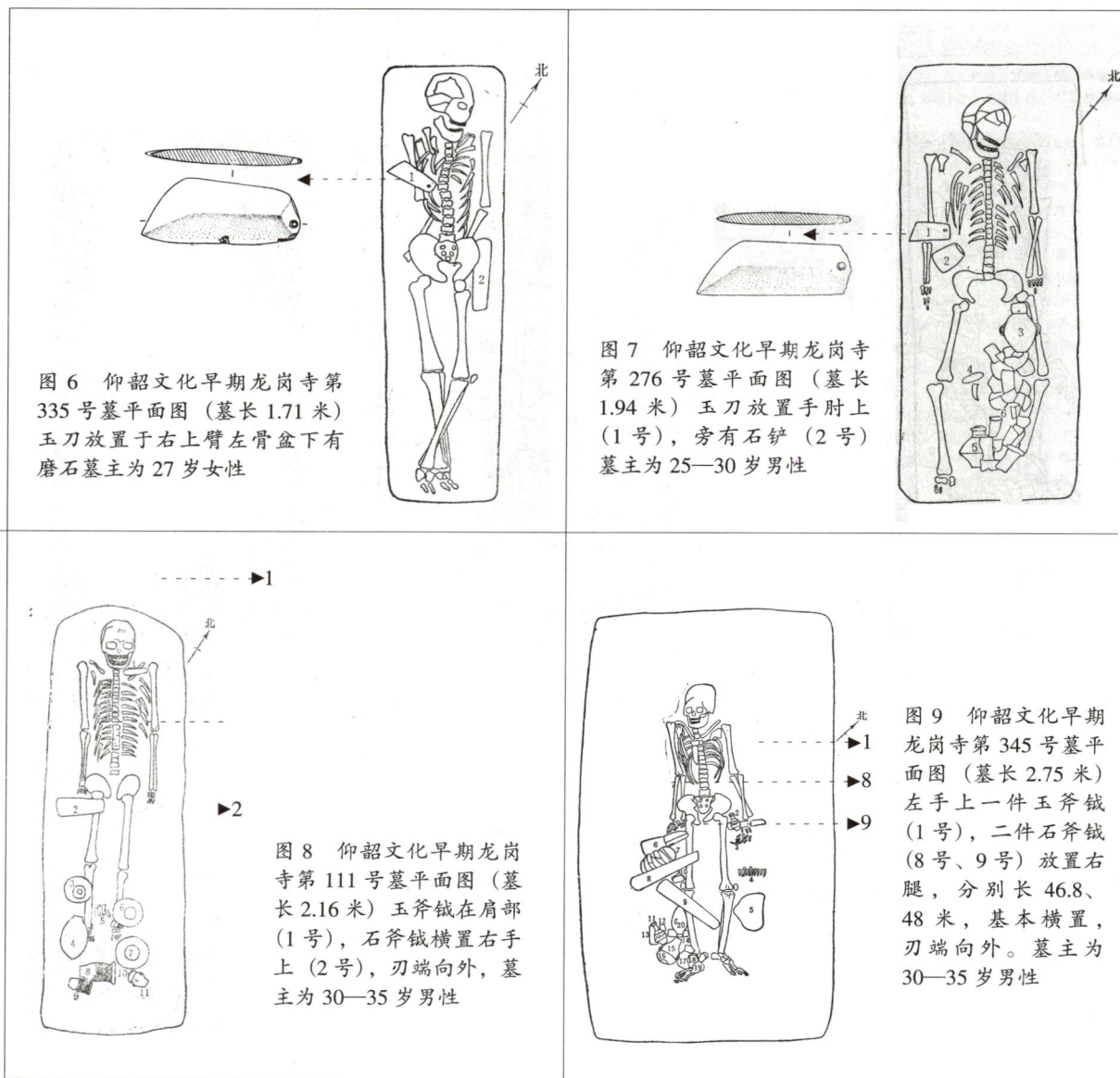

图6 仰韶文化早期龙岗寺第335号墓平面图（墓长1.71米）玉刀放置于右上臂左骨盆下有磨石墓主为27岁女性

图7 仰韶文化早期龙岗寺第276号墓平面图（墓长1.94米）玉刀放置手肘上（1号），旁有石铲（2号）墓主为25—30岁男性

图8 仰韶文化早期龙岗寺第111号墓平面图（墓长2.16米）玉斧钺在肩部（1号），石斧钺横置右手上（2号），刃端向外，墓主为30—35岁男性

图9 仰韶文化早期龙岗寺第345号墓平面图（墓长2.75米）左手上一件玉斧钺（1号），二件石斧钺（8号、9号）放置右腿，分别长46.8、48米，基本横置，刃端向外。墓主为30—35岁男性

①考古编号M346-7的玉铲已发表在本套书第一本图7，该图引自《中国出土玉器全集·14》。为避免引图重复，本书再度发表时，改用2011年笔者在陕西历史博物馆陈列室所拍。（图274）

(图6)龙岗寺第276号墓也出土一把与图5非常相似的玉刀,放置于墓主右肘部。(图7)这二把玉刀的尺寸相近,墓葬中摆放方式相似,被横放在墓主右手肘关节上,刃线向下,有孔的窄端向着墓主,是否曾装接与人体方向相同的木柄? 值得研究。

除了已公布少量彩图的玉器可查到相关墓葬资料外,龙岗寺第111、第345号二座墓葬资料值得分析。如图8、图9所示,虽然每座墓各有一件尺寸不大的所谓玉铲被放在肩部或手上,但同墓内也随葬尺寸较大的一或二件所谓石铲,都在右腿部位,最高可近右手,也可压在大腿、膝盖上,基本横置,刃端向外。这样的放置,暗示它们很可能不是用作撬土的农具铲,而是用作劈砍的斧钺。

图10至图15是凿、锛、斧、铲等工具的装柄或使用示意图。[①]龙岗寺出土长达22.2、20厘米的玉质端刃器(图3、4),虽然器身不宽,但刃线都呈斜弧刃,应如图14那样当作劈砍的斧来使用,而非如图15那般直插入土使用。图4是笔者在陕西历史博物馆陈列室拍摄,隔着玻璃都看得到刃在线布满因长期使用而造成明显的磨蚀沟。

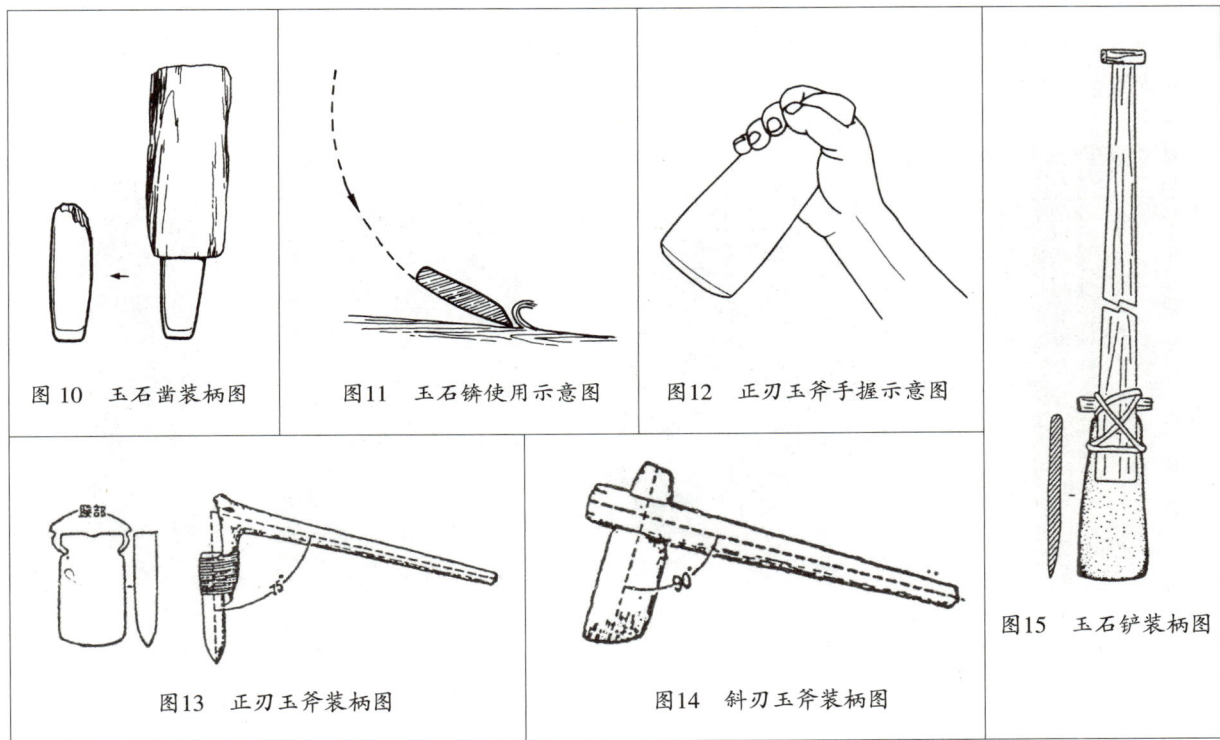

图10 玉石凿装柄图

图11 玉石锛使用示意图

图12 正刃玉斧手握示意图

图13 正刃玉斧装柄图

图14 斜刃玉斧装柄图

图15 玉石铲装柄图

龙岗寺遗址属仰韶文化早期,当时社会阶级分化尚不明显。此墓群又分早中晚三期,属中期的第345号墓(图09)是单人墓中最大、最深、最规整的一座,墓主人是30~35岁男性,高达180厘米,随葬品多达35件,连报告执笔人都特别注记此墓出土长达46.8、48厘米两件大型石斧(报告中称为“石铲”)“在其他墓葬中均无发现”,墓主左手上一件玉斧(报告中称为“玉铲”)“磨制精细”,“在其他墓葬

---

① 图10、15引自李仰松:《中国原始社会生产工具试探》,《考古》1980年第6期。图11、13、14引自佟柱臣:《仰韶、龙山文化的工具使用痕迹和力学上的研究》,《考古》1982年第6期。图12为根据台北故宫藏一件红山文化玉斧刃上的双向使用痕,推测是不接木柄,以手执拿使用的。

中也不多见"①。由此可知，可能在公元前4200至前3800年，仰韶早期中晚段，②玉石斧钺的尺寸、质地，及磨制精致度，已开始成为社会中领导者的身份标志。这是中国历史上"玉瑞器"传统的滥觞。

同属仰韶文化，时序稍晚的河南西峡老坟岗与河南灵宝西坡，也就是地图A上标为4、5的二处，承袭了龙岗寺以玉石斧钺象征身份的传统，又做了进一步的发展。

河南西峡老坟岗属仰韶中期庙底沟类型的早期遗存（约公元前3800至前3500年），出土颇多宽椭形白绿交杂美石磨治的钺，（图16，17）③该报告未交代质地鉴定，仅称"面多有蛇形纹"，笔者怀疑可能属蛇纹石（serpentine）。玉石斧钺在墓中摆放的位置与龙岗寺相似，多在墓主身旁，刃端向外。

属仰韶文化中期晚段至仰韶晚期的河南灵宝西坡（约公元前3500至前2700年），出土的玉石钺多呈长的垂胆形，少数无穿，多数在柄端钻一圆孔。（图18，19）无论放在墓主手臂旁、脸颊下或头端上方，一律与墓主身躯平行，刃端多朝头端。④笔者认为这是华西系统玉瑞器发展成熟的表征。中国历代在典礼中玉圭的执拿方向都将刃端朝上。玉圭，就是玉斧钺在礼制上的专称。新石器时代至夏商，主要以直刃或浅弧刃的玉石斧钺作为礼制上的圭。⑤

灵宝西坡是重要的发掘，可惜对出土十一件玉石钺未做真正科学检测。经测试硬度后仅以肉眼观察判读绿色、褐色为蛇纹石，白色者为方解石。⑥事实上，蛇纹石与从蛇纹石化超基性岩变质的碧玉，外

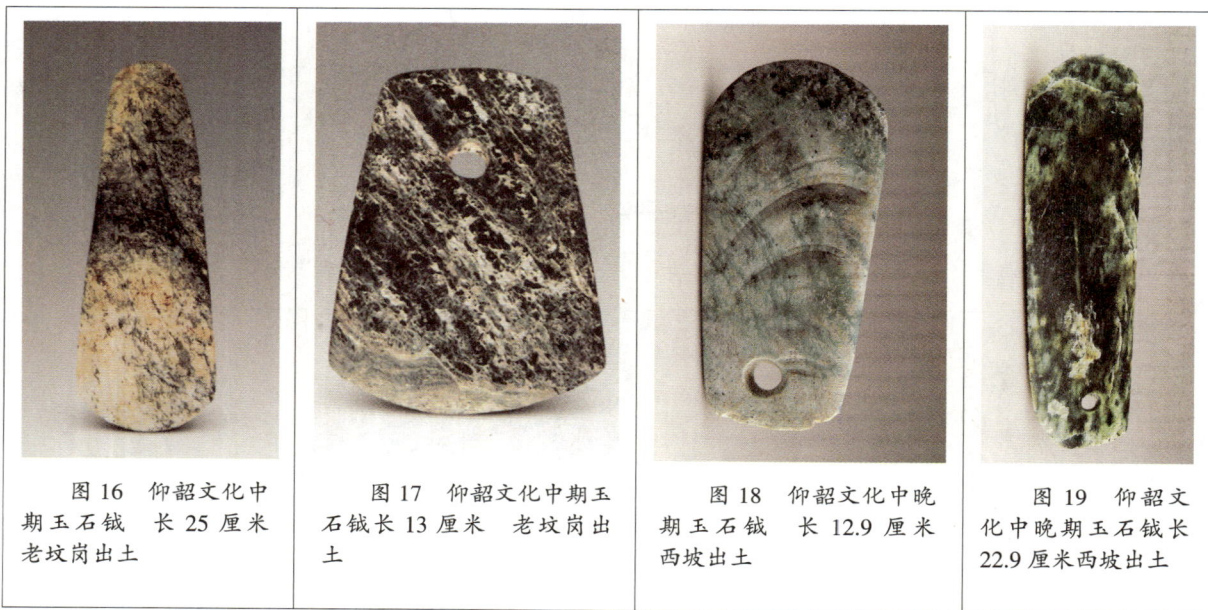

图16 仰韶文化中期玉石钺 长25厘米 老坟岗出土

图17 仰韶文化中期玉石钺长13厘米 老坟岗出土

图18 仰韶文化中晚期玉石钺 长12.9厘米 西坡出土

图19 仰韶文化中晚期玉石钺长22.9厘米西坡出土

①见《龙岗寺》，第71—74页。

②分期参考韩建业：《中国西北地区先秦时期的自然环境与文化发展》，文物出版社，2008年，第52—55页。绝对年代下限参考最新文明探源工程公布数据，下修约200年。

③河南省文物考古研究所等：《河南西峡老坟岗仰韶文化遗址发掘报告》，《考古学报》2012年第2期，第217—268页。

④中国社会科学院考古研究所等：《灵宝西坡墓地》，文物出版社，2010年。

⑤约商晚期、西周时，玉戈逐渐成为玉圭的主体。见邓淑苹：《圭璧考》，《故宫季刊》第11卷第3期，1977年，第49—91页。

⑥马萧林等：《灵宝西坡仰韶文化墓地出土玉器初步研究》，《中原文物》2006年第2期，注6。表中方解石的硬度也高达5度，有违矿物学正常数据。

观其相似;碧玉表面受沁硬度也可能降低,建议该用拉曼光谱重新检测。

值得注意的是,图 18 西坡玉石钺器表有明显的同向不等径的圆弧形线切割痕。华西系本土玉雕工艺多是用片切割技法剖开玉璞,线切割盛行于史前华东地区。西坡的地理位置正处华西、华东两大板块的交界地带,玉器上出现线切割痕,明显是受到华东玉工艺的影响。

但这并不表示西坡出现玉石斧钺,完全是长江下游凌家滩文化(约公元前 3600—3200 年)向西北传播所致。[1]因为早在仰韶文化早期的中晚段(公元前 4200 至前 3800 年),华西本土的玉石斧钺传统已萌芽于陕南汉中地区,龙岗寺与何家湾都有出土。[2]只是考古报告定名不恰当,资料又公布不全,未受学界重视。

值得强调的一点是,龙岗寺与灵宝西坡墓葬数据显示,史前华西地区仰韶时期,并不依性别决定是否可以拥有玉兵(包括斧、钺、刀),这与华东良渚文化玉钺是男性贵族专利的情况完全不同。[3]此一华西传统甚为重要,因为直到西周时期,高级贵族不分男女都在墓葬中放置代表身份的玉圭。[4]

三、仰韶至齐家——璧琮组配礼制的萌芽到定制

地图 A 上的 3 号,是陕西高陵杨官寨,该遗址属仰韶文化中期庙底沟类型(公元前 3800—3300 年)。[5]虽未出土真正闪玉制品,但出土磨治甚佳的一件石璧与二件无射口的原始石琮的断块。(图 20,21)发掘主持人王炜林认为:"过去的研究显示,呈内圆外方体的真正意义上玉琮的出现,可能已经到了良渚文化的晚期,玉璧琮一起使用,也可能在良渚文化晚期才开始。"[6]王炜林还强调:"杨官寨石璧琮的确认,打破了学界以前有关中原地区璧琮可能来自良渚的结论,最起码,璧琮这种传统,应该在庙底沟文化时期已经存在。"

文中附注征引作者 2004 年与良渚文化学者联合发表的论文。[7]该文虽未有对良渚晚期璧琮清晰的论述,但前述观点应

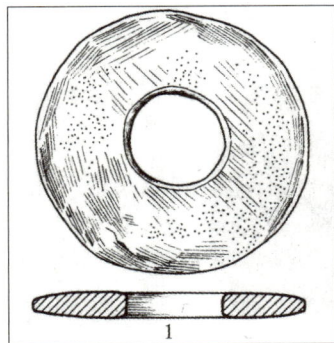

图 20　仰韶文化中期石璧　外径 16.9 厘米　杨官寨出土

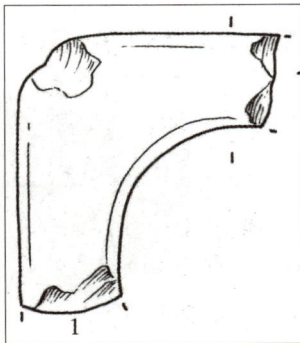

图 21　仰韶文化中期石方筒(原始琮)　肉宽 5.5、厚 0.6—1 厘米　杨官寨出土

---

[1] 持此观点的论文见朔知:《花与钺——从西坡出土玉钺谈起(纲要)》,《中国社会科学院古代文明研究中心通讯》2012 年第 22 期。方向明:《中国玉器通史·新石器时代·北方卷》,海天出版社,2014 年,第 173—178 页。

[2] 陕西西乡何家湾出土"长 11.1、宽 4.8、厚 2.4 厘米,平面近长方形,圆弧形刃的碧绿色软玉制作的玉斧",另还有玉锛(6.2 厘米)、玉刮削器(4.5 厘米)。

[3] 首先注意此点的是方向明。见氏著:《中国玉器通史·新石器时代·北方卷》,海天出版社,2014 年,第 174 页。

[4] 周族本是散居在渭水流域的先民,从玉礼制可看出周族主要承袭史前华西文化传统。

[5] 据发掘主持人王炜林院长口头告知,杨官寨遗址的碳十四年代约公元前 3500 年。

[6] 王炜林:《庙底沟文化与璧的起源》,《考古与文物》2015 年第 6 期,第 30—34 页。

[7] 刘斌、王炜林:《从玉器的角度观察文化与历史的嬗变》,《浙江省文物考古研究所学刊·第六辑》,杭州出版社,2004 年。

是二位作者当时的共识，也合乎十余年后今日考古学界的共识：良渚文化晚期时（约公元前 2600 年以后），遗存中出现许多异变。也在当时突然出现高、方、厚重、纹简的多节玉琮，部分玉琮刻有"鸟立祭坛"等与天象有关的符号；同系列符号也刻在少数良渚晚期玉璧上。

事实上，良渚文化早、中期时并无礼制上的玉琮。只有外壁刻了神祖面纹的玉方镯，充当巫师的行头之一。从吴家埠出土未完工的玉方镯可知，即或已切割出了方筒，还要将其平直的外壁切磨成圆弧形。由此可知，它们不具有"方"的概念。值得注意的现象是：到了良渚晚期，玉方镯突然放弃圆弧器壁传统，朝向方正高大发展。

过去学界对此现象无法提出合理的解释，目前，黄河上游"璧琮礼制"萌芽发展有了研究的新契机，笔者认为：良渚文化中、晚期之交，原本弧壁的玉方镯"突变"成高大方正的玉琮，很可能是通过上层交流网，从黄河上中游那儿学习的新的玉礼制。①

黄河上中游从仰韶文化中期以降，到公元前 2300 年齐家文化早期，正是"璧琮组配"玉礼制从萌芽、发展到定型的时期。杨官寨和师赵村正是两个标杆性资料。

甘肃天水师赵村第七期属齐家文化早期遗存，碳 14 测年约为公元前 2335—2042 年。②师赵村共出土十三件玉器，经质地检测均为闪玉。③这批玉器分三处掩埋，第八号墓随葬的一璧、一琮。玉质色泽相似，不排除本以一块玉料剖切琢制。玉璧相当大而圆正，器表二道切割痕均经仔细磨平，其一已不明显，另一还留有与璧面呈水平的浅凹槽。(图 22)而玉琮或迁就玉料而略有歪斜，但保持四壁平直方正，上下两端均有浅射口。(图 23)④

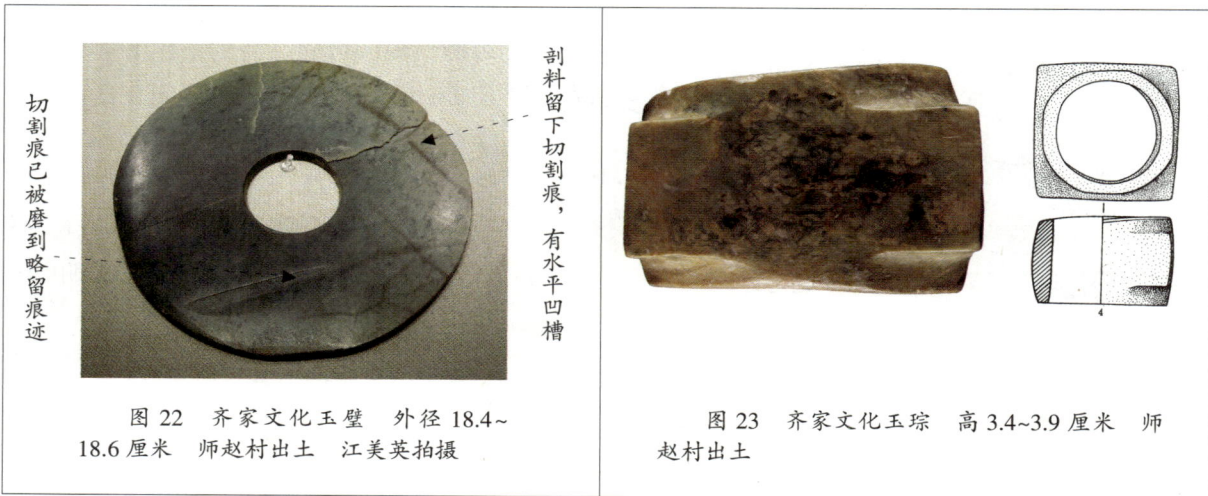

图 22　齐家文化玉璧　外径 18.4~18.6 厘米　师赵村出土　江美英拍摄

（左侧标注）切割痕已被磨到略留痕迹

（右侧标注）剖料留下切割痕，有水平凹槽

图 23　齐家文化玉琮　高 3.4~3.9 厘米　师赵村出土

---

①邓淑苹：《圆与方—古人思维中的天地与阴阳》，《故宫文物月刊》2015 年第 5 期总号 386，第 32—48 页。邓淑苹：《简述史前至夏时期华东玉器文化》，《故宫玉器精选全集》《玉之灵·I》(出版中)。

②师赵村齐家文化的年代参考：师赵村 T307(4) 的校正年代数据 2317—2042BC，或 T406(3)H1，校正年代资料 2335—2044BC，见中国社会科学院考古研究所编：《中国考古学中碳十四年代数据集(1965—1991)》，文物出版社，1992 年，第 282—283 页。

③中国社会科学院考古研究所：《师赵村与西山坪》，中国大百科全书出版社，1999 年。第 175 页说明：璧与琮为"透闪岩"，第 212 页说明其他 11 件为"软玉"，其实这二名词意义相同，即矿物学上的"闪玉"，但书中并未说明鉴定方法。

④图 22 江美英摄于"玉泽陇西"展场，图 23 引自北京艺术博物馆等：《玉泽陇西：齐家文化玉器》，北京美术摄影出版社，2015 年，第 27 页。

　　璧与琮之外的十一件玉器,据报告"大部分出自地层中,少数出自房址中。"核对后可知仅一件残断大孔玉璧(报告中称为"环",编号为 T382②:12)单独出自房址外,其余十件集中出自同一地点。它们的编号最开始均为 T403②:,冒号以后还有分号。经核对可将十件中的六片扇形玉璜拼成二组相当规整的三璜联璧。(图 24、25)另外三片玉璜不属同一组,还有一件制作规整的大孔玉璧。(图 26)[①]

　　师赵村出土玉器,证明齐家文化早期(约公元前 2335—2042 年)的玉器文化,至少已有下述三个面向:

　　一、已发展出四壁平直方正,两端有射口的光素玉琮。这是从黄河上游史前本土文化孕育发展的玉礼器。晋南清凉寺墓地出土器壁有垂直线纹的玉琮,一度曾被许多学者视为长江下游良渚文化玉琮向西北传播,逐渐简化出齐家光素玉琮的中间产物。但随着清凉寺墓地第三期年代的向下修改至公元前 2050 年,以及黄河上游史前玉器面貌逐渐清晰,清凉寺玉琮应释为华西、华东文化相互交流下的混血儿。[②]

　　二、齐家早期时,已发展了"璧琮组配"的礼制,当时还可用作埋葬亡者的随葬品。

　　三、齐家早期时,三璜联璧已发展成熟。由于华东地区完全没有制作多璜联璧的传统,师赵村数据不但证明多璜联璧是华西本土玉器器类,且暗示"先齐家时期"应早已有制作联璧的传统。

　　四、师赵村遗存中,数组多璜联璧与一件大孔圆璧,集中出自一个不是墓葬也不是房址的某处"地层中",这也是值得注意的现象。后文会介绍青海民和喇家齐家文化第 17 号墓,在墓口发现二组三璜联璧,一组平放、一组竖插在填土中,证明联璧不是装饰品,应具有某种祭祀功能的礼器。那么,师赵村地层集中摆放三组联璧与一件圆璧,[③]是否也是为了某种祭仪呢? 值得探索。

　　所以,比师赵村璧、琮更显古拙的璧与琮,就应该是先齐家时期的玉器。而且先齐家时期应该也已有了三璜联璧。在这个原则下,上下无射口,或只有极浅射口的带中孔玉片、玉方筒,可能就是先齐家时期的"原始玉琮";器表留有用较厚的切割工具垂直切锯所造成宽 V 形切痕的玉璧,也可能是先齐

图 24　齐家文化三璜联璧
璜长 7.3~10 厘米　师赵村出土

图 25　齐家文化三璜联璧　璜
长 9.1~9.9 厘米　师赵村出土

图 26　齐家文化玉大孔　璧
径 9.5~9.7 厘米　师赵村出土

---

　　①图 294—296 引自北京艺术博物馆等:《玉泽陇西:齐家文化玉器》,北京美术摄影出版社,2015 年,第 182、30、29 页。

　　②邓淑苹:《从清凉寺墓地探史前西、东二系"璧琮文化"的交会》,中国社会科学院古代文明研究中心等:《2015·广河·齐家文化与华夏文明国际研讨会论文集》,文物出版社,2016 年。

　　③编号为 T403②中还有三件扇形璜,从尺寸玉质观察原非一组,可能齐家人用散片组合当作一组使用。

家时期制作的,因为大部分齐家玉璧只见与器表平行的窄切割痕,如图22。

在此标准下,再检视安特生当年征集自半山瓦罐嘴的玉器中,图27玉璧、图28玉琮都可归入半山文化。图29轮廓不甚圆正的璧、图30三璜联璧、图31玉凿也可暂定为"半山或齐家文化"了。①

"先齐家系玉器"是笔者提出的用词,意指"先齐家诸文化的玉器"。

所谓"先齐家诸文化"是指在齐家文化正式形成前,分布于陕西中西部、甘肃东部、宁夏南部的,与齐家文化形成有关的一些考古学文化。基本上分布于陇山(又称"六盘山")周围,诸如:半山文化(或称"马家窑文化半山类型")、常山下层文化、菜园文化②、客省庄文化等。它们彼此也有叠压、并存、相互消长的关系。

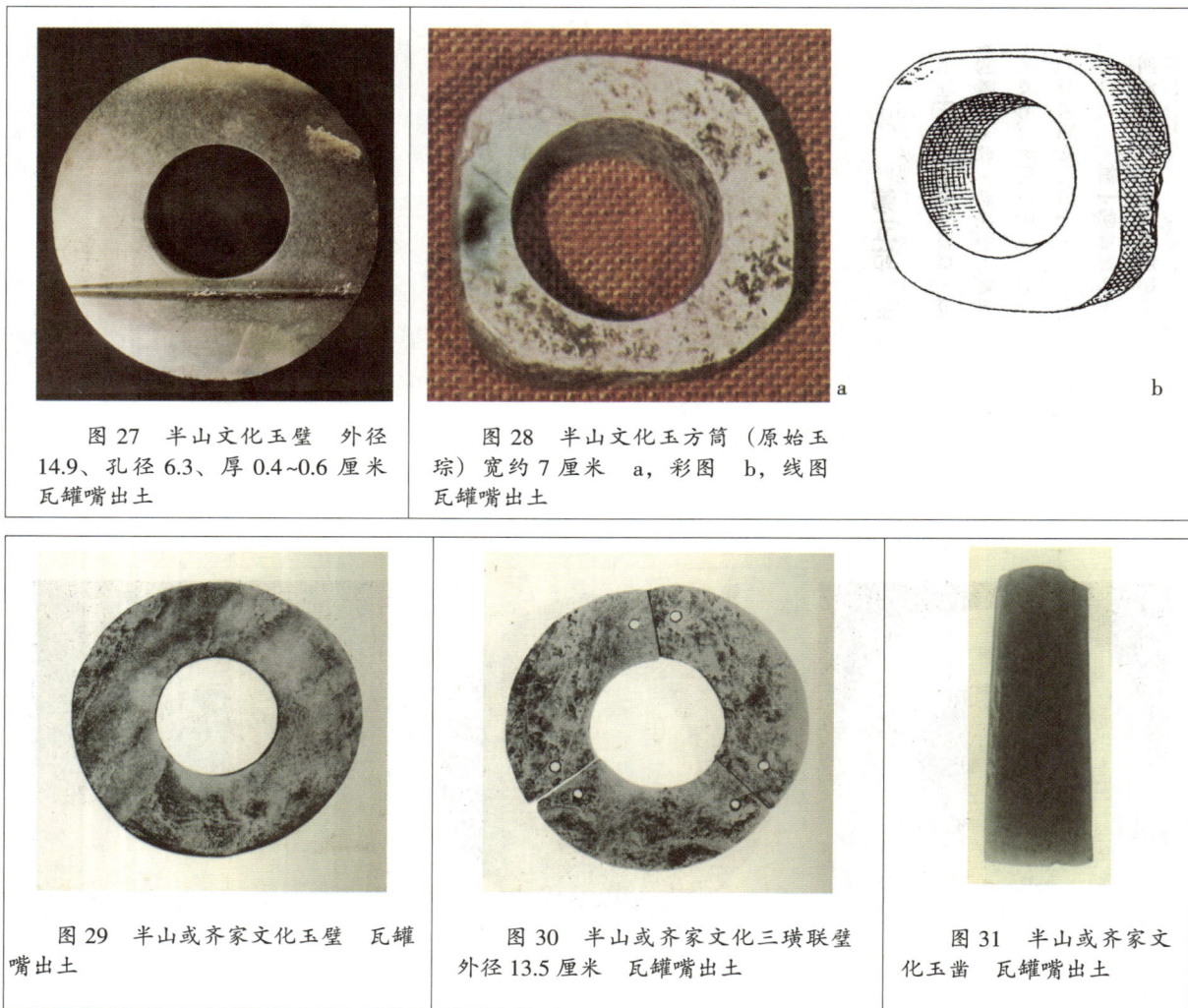

图27 半山文化玉璧 外径14.9、孔径6.3、厚0.4~0.6厘米 瓦罐嘴出土

图28 半山文化玉方筒(原始玉琮)宽约7厘米 a,彩图 b,线图 瓦罐嘴出土

图29 半山或齐家文化玉璧 瓦罐嘴出土

图30 半山或齐家文化三璜联璧 外径13.5厘米 瓦罐嘴出土

图31 半山或齐家文化玉凿 瓦罐嘴出土

①图27,28a引自袁德星:《中华历史文物》,台北河洛出版社,1977年。图28b引自 J. G. Andersson, Research into the Prehistory of the Chinese, *Bulletin of Museum of Far Eastern Art*. No.15. Stockholm. 图29—31引自梅原末治:《古玉图录》,东京桑名文星堂,1955年。

②也有学者认为菜园文化就是常山下层文化。水涛:《甘青地区青铜时代的文化结构和经济形态研究》,1993年后收入水涛:《中国西北地区青铜时代考古论集》,科学出版社,2001年,第193—327页。

图 32,33 是海原征集的石璧,①前者剖面呈枣核形,后者外轮廓明显用"截方取圆"的技术制作。②从制作工艺分析,它们的制作时间甚至可能早于图 20 出土于杨官寨的石璧。

图 34 石琮出土于宁夏固原隆德沙塘页河子,不但器身歪斜、上下射口极为短绌,但四个边壁很平直。图 35 扁矮的闪玉质玉琮,征集于甘肃甘谷渭水峪,射口若有若无,器表很多伤缺,又经长期盘摩。二件都可列为先齐家时期玉器。③

图 32 马家窑—菜园文化石璧 外径约 6~7 米 海原征集	图 33 马家窑—菜园文化石璧 外径约 6~7 公厘米 海原征集	图 34 菜园文化(?)石琮 高 3.8 宽、4.5 厘米 页河子出土	图 35 齐家文化玉琮 高 2、宽 5.6 厘米 甘谷渭水峪出土

从地缘关系及玉器所呈现的朴拙风格,可以将图 27~35 列为先齐家系玉器。所以,从考古数据可知,从仰韶文化中期到齐家文化早期,也就是约公元前 3500 年至公元前 2300 年,就是璧琮组配礼制的萌芽到定制的时期。

四、齐家文化玉器面面观

齐家文化可能是在陇东黄土高原和宁夏南部地区逐渐发展而成。与分布在该地的常山下层文化、菜园文化有密切的关系。有学者认为,齐家文化的年代跨度为公元前 2615—1529 年,集中于公元前 2300—1900 年。④

齐家文化早期时,以甘肃东、宁夏南,渭水上游、西汉水上游、白龙江流域一带为中心,向西可分布到及甘肃中部。出土玉器知名的地点有:宁夏固原沙塘页河子、甘肃天水师赵村。近年发掘的青海民和喇家遗址的碳十四年代数据上限也在齐家早期。⑤

---

①笔者 2009 年摄于宁夏博物馆陈列室。

②就是连续多次地将一块玉石方片轮廓上的方角切去,就会慢慢变成圆片。但常还会在轮廓上留下长短不一的直条边。

③图 34、35 系江美英摄于 2015 年北京市艺术博物馆"玉泽陇西"展场。

④李水城、王辉均认为齐家文化年代为公元前 2615—1529 年,但集中于公元前 2300—1900 年。见李水城:《西北地区新石器时代考古研究》,严文明主编:《中国考古学研究的世纪回顾·新石器时代考古卷》,科学出版社,2008 年。王辉:《甘青地区新石器——青铜时代考古学文化的谱系与格局》,北京大学考古文博学院主编:《考古学研究(九)·庆祝严文明先生八十寿辰论文集》,文物出版社,2012 年。

⑤喇家遗址已经测定的碳 14 年代资料,有近 30 个,绝大部分属于齐家文化的遗存,绝对年代都在公元前 2350—1870 之间。见中国社会科学院考古研究所碳十四实验室:《放射性碳素测定年代报告(二九)》,《考古》2003 年第 7 期,第 640—644 页;《放射性碳素测定年代报告(三一)》,《考古》2005 年第 7 期,第 57—61 页。张雪莲等:《民和喇家遗址碳十四测年及初步分析》,《考古》2014 年第 11 期,第 91—104 页。

发展到中期时，齐家文化已覆盖甘肃全境，包括宁夏南部、青海东部。甘东的渭水上游遗址变少。有名的遗址如：皇娘娘台、秦魏家、大何庄、新庄坪、喇家等，都出土玉器。

发展到晚期时，齐家文化较朝东、东北、东南方向挺进，甘肃河西走廊的齐家文化基本消失，向东进入陕西，在宝鸡地区取代客省庄文化，形成齐家文化川口河类型，分布直达西安附近。更向北到达内蒙古中南部朱开沟、白音浩特一带；向南经白龙江、岷江到四川盆地大渡河流域。[①]

考古发掘证实，内蒙古伊金霍洛旗白敖包是单纯的齐家文化遗址。[②]笔者怀疑，或因齐家文化的强势扩张，才令陕北甚至晋北出现许多齐家风格的玉器。

晋南清凉寺遗址第三期与第二期之间不是和平转移，而是一群拥有优质闪玉所制作齐家风格玉璧、玉琮的先民，强力占据晋南。只要检视清凉寺第三期出土玉器，就豁然明白第三期居民绝对与齐家文化有深厚的关系。[③]

齐家文化的研究是当今考古学界的显学，但齐家文化玉器的研究，迄今还处于混沌不明的阶段。主要因为正式发掘的资料不多，但早已流散民间或进入博物馆的齐家风格玉器数量庞大。其实，检视清宫旧藏中的玉器，会发现明清时期曾大量将齐家风格璧、琮、刀、斧钺类改制成当时文人喜爱的仿古玉器。通晓了传世器与流散品即知，延续了至少八百年的齐家文化（公元前2300—1500年）所制作的玉器数量十分惊人。

数量惊人的玉器，器类却不丰富。主要有圆璧与方琮、多璜联璧（包括大围圈）[④]、斧钺[⑤]、锛凿、刀、管、筒形镯等。此外还常见制作璧或琮的芯料，以及打击剥修成手掌可握持的所谓「玉料」，它们公然可像成品般地用作墓中随葬品，或房内"供台"上的玉礼器。[⑥]传甘肃境内出土数件牙璋，然而只发表新庄坪征集一件，[⑦]是否是其他文化玉器被搬移到甘肃？还是齐家先民制作的？还有待研究。

分析考古出土与征集数据，齐家文化玉器被埋藏的情况有四：一、墓葬。二、房址。三、祭祀坑。四、其他。

所谓"其他"，就是无法归入前三类的情况，如前节所述在师赵村某地层集中摆放三组联璧一件圆璧。显然有意掩埋，但不详是否与某个房址垫基有关的祭埋？

下文则分小节探讨前三类埋藏的玉器。

---

①王辉：《甘青地区新石器——青铜时代考古学文化的谱系与格局》，北京大学考古文博学院主编：《考古学研究（九）·庆祝严文明先生八十寿辰论文集》，文物出版社，2012年，第210—243页。

②马明志：《河套地区齐家文化遗存的界定及其意义——兼论西部文化东进与北方边地文化的聚合历程》，《文博》2009年第5期，第16—24页。王炜林、马明志：《河套地区龙山时代陶鬲谱系与人群》，2016年"早期石城和文明进程——中国陕西神木石峁遗址国际学术研讨会"论文。（待发表）

③邓淑苹：《从黄道、太一到四灵》，《故宫文物月刊》2015年第9期，总号390，第42—60页。邓淑苹：《从清凉寺墓地探史前西、东二系"璧、琮文化"的交会》，中国社会科学院古代文明研究中心等：《2015·广河·齐家文化与华夏文明国际研讨会论文集》，文物出版社，2016年。

④如果由各种玉片拼接而成的联璧的外轮廓不为正圆形，则称为"玉围圈"。

⑤过去称为玉铲的应该改称为玉斧或玉钺。钺是较宽扁的斧。

⑥叶茂林对此现象有独到见解。见氏著叶茂林：《史前玉器与原始信仰——齐家文化玉器一些现象的初步观察与探讨》，黄翠梅主编：《南艺学报》第一期创刊号，台南艺术大学，2010年，第77—88页。

⑦新庄坪牙璋发表于：北京艺术博物馆等：《玉泽陇西：齐家文化玉器》，北京美术摄影出版社，2015年，第76页。从彩图观之，笔者疑其质地或为玉髓类。

（一）墓葬所见埋玉情况

报告较为翔实的墓葬埋玉资料主要见于：齐家早期的师赵村第八号墓[①]、齐家中期的皇娘娘台墓群[②]、齐家中期的喇家第17号墓[③]、第12号墓等[④]。前节已介绍过师赵村了。

从皇娘娘台墓葬资料可发现，当时阶级贫富分化甚剧，随葬玉器最多见的就是玉石璧。多平置于墓主上半身，脸、胸、腹部，或夹在二手臂间；少数也放到腹部或压在骨盆下。[⑤]但比较常见用以垫在肩、腰下面或放在脚下的，多为切割所剩粗玉石片。

皇娘娘台常在一座墓中放置很多件玉石璧，最多可达83件，如系男女合葬，则男性多居墓葬中央，且玉石璧主要堆放在男性身上。（图36）[⑥]有的璧做工很粗放，有的非常厚重且不平整，可知当时绝非当作装饰品（图37，38）。[⑦]

从皇娘娘台第四次发掘报告所附的表可知，虽然玉石质的随葬品主要是璧及一些带切割痕的玉

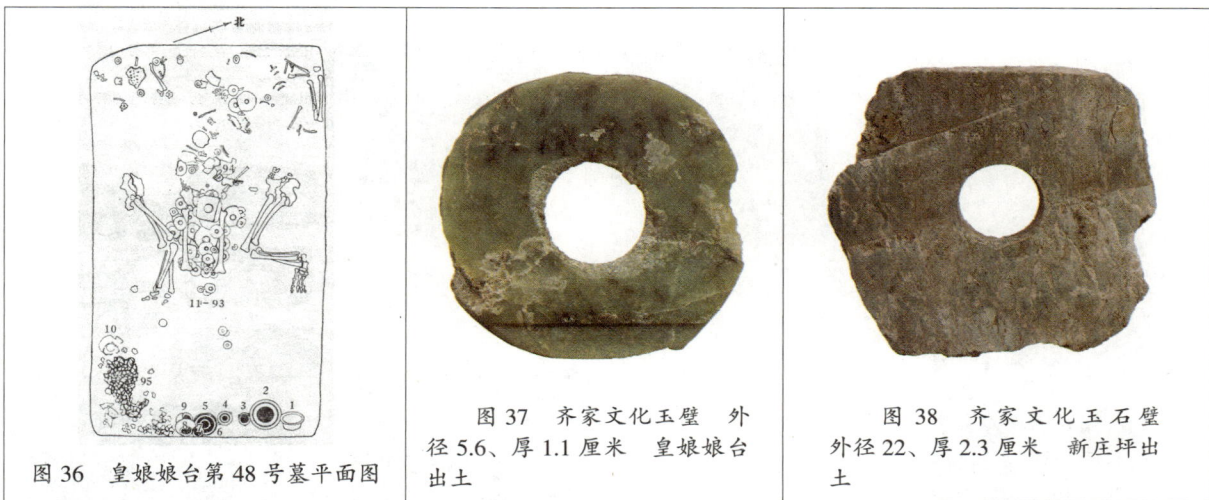

图36　皇娘娘台第48号墓平面图

图37　齐家文化玉璧　外径5.6、厚1.1厘米　皇娘娘台出土

图38　齐家文化玉石璧外径22、厚2.3厘米　新庄坪出土

①中国社会科学院考古研究所：《师赵村与西山坪》，文物出版社，1999年。

②甘肃省博物馆：《甘肃武威皇娘娘台遗址发掘报告》，《考古学报》1960年第2期，第53—71页。甘肃省博物馆：《武威皇娘娘台遗址第四次发掘》，《考古学报》1978年第4期。第421—448页。刘志华等：《武威皇娘娘台出土的齐家文化玉石器》，《故宫文物月刊》总号248，2003年11月，第88—103页。

③中国社会科学院考古研究所：《青海民和喇家遗址发现齐家文化祭坛和干栏式建筑》，《考古》2004年第6期，第3—6页。

④叶茂林：《齐家文化玉器研究——以喇家遗址为例》，费孝通主编：《玉魄国魂（三）——中国古代玉器与传统文化学术讨论会文集》，燕山出版社，2008年，第141—148页。

⑤皇娘娘台第52号墓即将玉石璧放在人体腹部上或压在骨盆下。见《武威皇娘娘台遗址第四次发掘》报告。

⑥皇娘娘台第48号墓，中央男性、左右各一女性，男性身上堆放83件璧1件璜。见《武威皇娘娘台遗址第四次发掘》报告。

⑦图37、38引自北京艺术博物馆等：《玉泽陇西：齐家文化玉器》，北京美术摄影出版社，2015年，第146、68页。图38虽非出自皇娘娘台墓葬，但笔者于2009年夏，曾在甘肃省博物馆库房见过皇娘娘台出土与此玉石璧相似风格的玉石璧。径达30厘米左右。

片,但也偶见璧芯料、玉璜、玉铲,此外,还常埋有很多绿色、白色小石子。①

喇家遗址年代跨度较大,测年数据约在公元前2350—1870之间。②已公布的第17、12号墓属喇家遗址的中晚至晚期。从墓葬数据中可知璧是最重要的玉器,放在墓主人脸颊上或胸前。但随葬玉器的件数多寡与质地优劣,可能与墓葬级别高低有关。

如位于缓坡覆斗形的土台祭坛上方,埋有高等级的第17号墓,据推测墓主可能为巫师。简报称:墓内共出15件玉器。包括:脸颊部位6件(璧2、管2、环1、纺轮(或称小璧)1,(图308)右侧足端旁1件玉凿。墓口套口填土中有6件(三璜联璧、锛、玉料、璧芯、三角玉片、小璧芯各1),墓口填土中有2件(三璜联璧、小璧芯各1)。③

笔者曾检视过其中10件,确知包括放在他的脸颊上的二件璧、玉环,以及足端的凿,都是真正的闪玉,后二者更是洁净的白玉(图39—43)④。

总之,此墓共出二组三璜联璧,墓口填土所出的一组是如图44那样将单片平置堆栈,但更上面的

图40、41、42, 齐家文化玉璧、小环 径10.1、10.5、5~5.15厘米 均出于喇家第17号墓主颈部

图39 齐家文化喇家第17号墓

图43 齐家文化玉凿长14.2厘米 出于喇家第17号墓主足旁

图44 齐家文化三璜联璧出于喇家第17号墓墓口

图45 齐家文化三璜联璧出于喇家第17号墓长方形竖穴墓填土中

①但是从刘志华的报道可知,还有采集的玉质锛凿及琮芯料。刘志华等:《武威皇娘娘台出土的齐家文化玉石器》,《故宫文物月刊》总号248,2003年11月,第88—103页。

②张雪莲等:《民和喇家遗址碳十四测年及初步分析》,《考古》2014年第11期,第91—104页。

③中国社会科学院考古研究所:《青海民和喇家遗址发现齐家文化祭坛和干栏式建筑》,《考古》2004年第6期,第3—6页。图309引自此文。

④2009年夏,承蒙喇家发掘主持人叶茂林研究员协助,及青海省文物考古研究所许兴国所长同意,得以观摩喇家出土玉器,特此申谢。图40—43引自北京艺术博物馆等:《玉泽陇西:齐家文化玉器》,北京美术摄影出版社,2015年第084、085、105、088页。

套口填土中,就竖插斗合好的一组联璧(图45)①。

喇家第12号墓比第17号墓位阶低,可能是祭坛晚期的陪葬墓,出土玉器较少。②墓主胸前放置璧1、喇叭形玉管2,和一片似戈形的玉片。(图46—49)③笔者曾检视这四件实物,璧的质地不是闪玉,应属方解石之类。戈形玉片是前文所称第三类典型华西闪玉,二件玉管因沁色重,无法以目验方式确知其质地。

图46　齐家文化喇家
第12号墓(局部)

图47　齐家文化玉石璧外
径13.5厘米

图48　齐家文化玉片　长13.5厘米

图49　齐家文化玉喇叭管　长5.14厘米

从以上墓葬资料可知,华西地区仰韶文化时期在墓葬中放置玉质、石质带刃器的传统,在齐家文化时已不再延续,而盛行堆放玉石璧的葬俗。此习俗可能从仰韶文化庙底沟类型,经"先齐家时期"逐渐形成。齐家时期放在墓主上半身的除了璧之外,还可以放置环、管、玉片、切磨方正的长玉条等。④叶茂林认为可能璧芯料、纺轮、圆片形玉具有与璧相似的意义。⑤齐家墓葬中有刃玉器少见,似乎只有在特别高级墓葬,如前述第17号墓的墓主足端才放置玉凿。

值得注意的是,多璜联璧在齐家文化中似乎有特殊的礼制意义。从师赵村、喇家共三处未经扰动的出土成组三璜联璧的案例分析,它们不被放置在人身体上,甚至斗合好了再竖插于墓口。有学者认为是"墓祭"所留。⑥

甘青宁地区出土与征集的三璜联璧或四璜联璧,在每组上的单片大致等大,排好时单片之间的空

①图44引自叶茂林:《史前灾难——喇家村史前遗址考古》,《大自然探索》2006年第2期。图45引自杨晶:《中国史前玉器的考古学探索》,社会科学文献出版社,2011年。

②承蒙发掘主持人叶茂林研究员告知。除了本文中所述及的四件玉器外,另在填土中还有二件璧。另还有绿松石饰。

③图46引自叶茂林:《齐家文化玉器研究——以喇家遗址为例》,《玉魂国魄》(三),燕山出版社,2008年,第141—148页。图47—49引自北京艺术博物馆等:《玉泽陇西—齐家文化玉器》,北京美术摄影出版社,2015年,第82、93、94页。

④喇家第2号墓墓主胸上放置一件璧、二件优质白玉磨治的长条玉块。见叶茂林:《齐家文化玉器研究——以喇家遗址为例》,费孝通主编:《玉魄国魂(三)——中国古代玉器与传统文化学术讨论会文集》,燕山出版社,2008年,第141—148页。

⑤关于璧芯料等小型圆形玉具有"璧"的内涵,是叶茂林在2015年齐家文化会议上提出的观点。

⑥阎亚林:《西北地区史前玉器研究》,北京大学博士论文,2010年。

隙大致呈从中央向周围放射的辐射状(图 50)[1]。确实有些像马厂文化彩陶上出现的所谓"写实的太阳纹"(图 51)[2]。但后者并未成为甘青史前彩陶的主流纹饰。倒是齐家文化玉质的联璧、围圈,以及秦魏家、大何庄出土的石围圈(图 52)[3],可能承载了相同的创形理念。部分半山文化彩陶上的纹饰,器腹围绕一圈等大的圆圈(图 53),也是以相同的单元重复且连续围绕成圆。这种回环旋绕、永无终始的设计,或许传递生生不息,"连续"与"永恒"的意念。

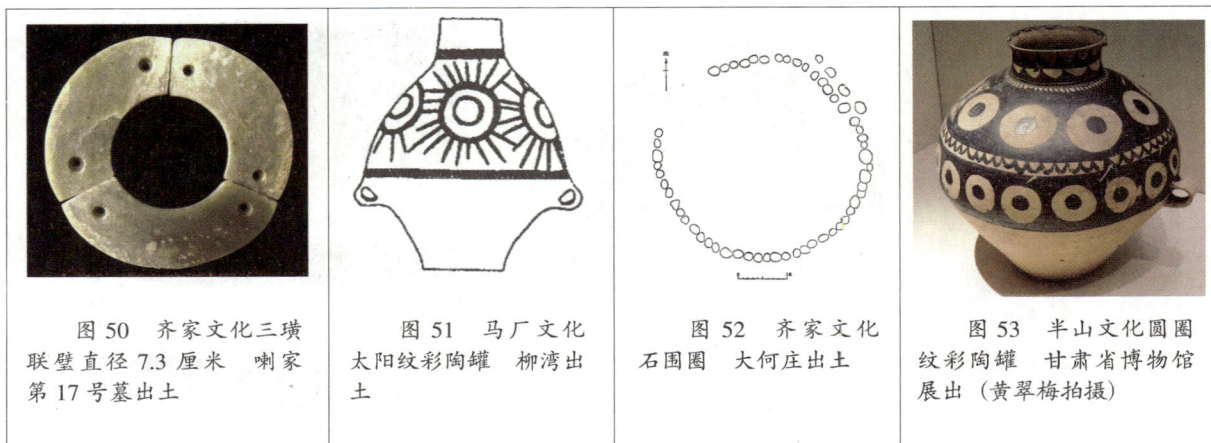

图 50　齐家文化三璜联璧直径 7.3 厘米　喇家第 17 号墓出土

图 51　马厂文化太阳纹彩陶罐　柳湾出土

图 52　齐家文化石围圈　大何庄出土

图 53　半山文化圆圈纹彩陶罐　甘肃省博物馆展出（黄翠梅拍摄）

（二）　房址所见埋玉及相关石器情况

喇家 F4 是最有名的齐家文化房址,测年约公元前 1900 年左右。[4]可能是地震等瞬间发生的灾变把整个房址埋入厚厚的泥沙中。除了好几组人骨外,在房址靠墙壁的地表"如同贡品"般地陈设一白璧、一苍璧,在其左右两旁又放置打击成椭圆形的闪玉料。附近的陶罐中还放置另一件璧。[5]这种摆设明显地具有深厚的礼制意义(图 54)。

笔者曾目验这五件玉器,确知三件璧都不是闪玉,但两件打击过的玉料都是闪玉。

喇家遗址宗教祭祀区出土数十件刻符石器,其中 13 件出自编号 F20 的房址,图 55 为其一。据研究,F20 房址可能不用来住人,或是与某种公共性质的手工业生产活动有关。值得注意的是喇家所出刻符石器的器表常打刻向下凹的符号,最常见的是一面刻圆形、一面刻弯月形,很可能代表日、月。值得深入探索。[6]

①图 50 引自古方主编:《中国出土玉器全集·15》,科学出版社,2005 年第 138 页。经核查,图 50 和 44 应是同一组。
②柳春诚:《浅谈青海古代"太阳"崇拜》,《青海民族研究》第 17 卷第 2 期,2006 年,第 154—158 页。
③石围圈是用圆形河卵石在地上排成。图 52 引自中国科学院考古研究所甘肃工作队:《甘肃永靖大何庄遗址发掘报告》,《考古学报》1974 年第 2 期。第 29—62 页。
④张雪莲等:《民和喇家遗址碳十四测年及初步分析》,《考古》2014 年第 11 期,第 91—104 页。
⑤中国社会科学院考古研究所等:《青海民和喇家史前遗址的发掘》,《考古》2002 年第 7 期,第 3—5 页。叶茂林:《史前玉器与原始信仰——齐家文化玉器一些现象的初步观察与探讨》,黄翠梅主编:《南艺学报》第一期创刊号,台南艺术大学,2010 年,第 77—88 页。
⑥李慕晓:　《喇家遗址刻符石器的整理与研究》,西南民族研究院 2016 年硕士论文。此批资料是叶茂林研究员发掘研究,在他指导下李慕晓完成该论文。

图 54　喇家第 4 号房址墙边地表陈设一白璧、一苍璧，左右又各放置一块玉料

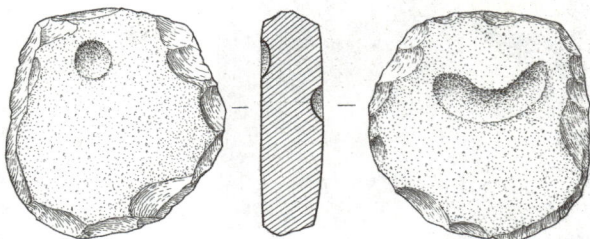

图 55　齐家文化刻符石器（两面线绘图）长 21.2、宽 22.6、厚 5.8 厘米一面刻圆形符号（长 4、宽 3.8 厘米），另一面刻新月形符号（长 11、宽 2 厘米喇家第 20 号房址出土 (T529F20—38)

（三）　祭祀坑所见埋玉情况

目前已知七个地点出土同等数目的齐家文化玉璧、玉琮。除第 1 地点为师赵村第 8 号墓之外，其他六处都不见人骨，也少有其他同埋的文物，极可能是齐家文化时期的祭祀坑。[①]

已公布齐家文化墓葬已有多处，但除了师赵村第 8 号墓出土玉琮外，皇娘娘台、喇家、秦魏家、大何庄等都没发现玉琮。[②]所以有学者认为齐家文化是"重璧轻琮"的文化。[③]但若衡量下述可能属祭祀坑的数据，再检视传世器、流散品中大量的齐家风格玉琮，我们或可怀疑，是否进入齐家中期以后，玉琮不再用于随葬，只用作祭祀的礼器，礼成后直接掩埋（？）

宁夏的史前玉器首度由罗丰整理发表，除黑白图之外，还提供精确的线图。[④]其中有二地点各出一璧一琮：图 326、327 一组璧、琮，1986 年同出于隆德沙塘和平村。图 328、329 一组璧、琮，1984 年同出于海原县海城镇山门村。

图 56、57 两件均相当厚大沉重，但玉料色泽文理非常近似，不排除属一块玉料制作。[⑤]据报告大玉璧出土时破碎成多块，虽经拼合，仍有二小块残缺。如此厚重的大璧居然破成数块，大琮一侧边也有整块的伤缺，推测当初掩埋时，可能特意用重器击破，应是"毁器"的行为。这种行为是表达祭祀者真心诚意将璧、琮奉献给天神地祇，绝不取回再用。

---

①近日承蒙陕西省文物局已退休的刘云辉副局长告知，在陕西武功也曾在同一地点出土三件玉璧、三件玉琮。有待发表。

②甘肃广河齐家坪出土一件无射口的原始玉琮，但考古报告未出版，不详玉琮是否出自墓葬？

③叶茂林：《史前玉器与原始信仰——齐家文化玉器一些现象的初步观察与探讨》，黄翠梅主编：《南艺学报》第一期创刊号，台南艺术大学，2010 年，第 77—88 页。

④罗丰：《黄河中游新石器时代的玉器——以馆藏宁夏地区玉器为中心》，《故宫学术季刊》十九卷二期，2001 年，第 35—68 页。

⑤图 56 是笔者于 2009 年 7 月在隆德文管所检视时所拍摄。承蒙刘世友所长协助及准予发表，特此申谢。图 57 是笔者于 2009 年 7 月在固原博物馆检视时所拍摄。承蒙宁夏考古所罗丰所长与固原博物馆韩彬馆长的协助及准予发表，特此申谢。

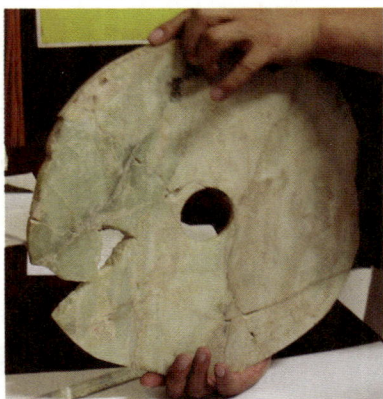

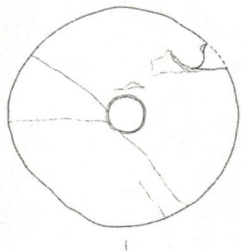

图56　齐家文化玉璧　外径36、孔径5.56厘米　残缺二小块
和平村出土

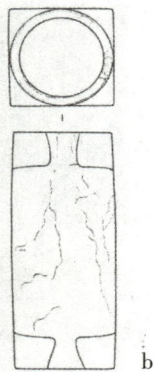

图57　齐家文化玉琮高19.7厘米和平村出土

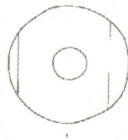

图58　齐家文化玉璧　外径25.8厘米　山门村出土

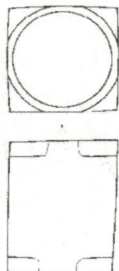

图59　齐家文化玉琮　高11.9厘米　山门村出土

出于海原县山门村的二件(图58、59)展出于"玉泽陇西"特展。①经观察二者色泽完全不同，但均是闪玉制作。也正如罗丰的描述，玉琮的一个射口上有缺口二，可能也是埋葬时刻意毁器致残的结果。

陕西省境内有三处出土一璧、一琮：图60、61出土于宝鸡贾村陵厚村东北土梁上。②图62、63出于宝鸡扶风县城关镇案板坪村，璧的中孔正可套住琮的射口。(图64)③这二组的璧与琮，所用玉料较色浅泽润，比例上中孔孔径较大。且器身上亦未见明显的伤缺。

图65出于长安上泉村，据报告与一大如草帽的玉璧同出，但玉璧已出售，该玉琮被乡民当作枕头使用多年后，被征集入藏陕西省博物馆。④

甘肃省境内有二处出土同等数量的齐家文化璧与琮，一为天水师赵村，一为静宁后柳河村。本文图22、23即师赵村璧与琮，图66—73出于后柳河村。此批玉器最初由杨伯达发表，宣称在静宁县治平

①图58由黄翠梅摄于2015年"玉泽陇西"展场。图59引自：北京市艺术博物馆等：《玉泽陇西—齐家文化玉器》，北京美术摄影出版社，2015年54：53页。

②此组璧与琮第一次由王桂枝发表于《文博》1987年第6期，但当时记录是：除了这两件，还有一件玉璋，三件同出。但到了1995年由高次若撰文《宝鸡市博物馆藏玉器选介》，《考古与文物》1995年第10期。第90—94页。清楚澄清该玉璋出土于另一地点，宝鸡贾村陵厚村东北土梁上只出这一件玉璧、一件玉琮。图330,331由宝鸡青铜博物院提供彩图，特此申谢。

③此组璧与琮第一次由刘云辉发表于：氏著：《周原玉器》，台北中华文物学会，1996年。

④此玉琮第一次发表于戴应新：《神木石峁龙山玉器探索》，《故宫文物月刊》第11卷第5期，总号125,1993年8月，第44—53页。

图 60　齐家文化玉璧　外径
21.6 厘米　陵厚村出土

图 61　齐家文化玉琮　高 7.1 厘米　陵厚村出土

图 64　案板坪村出土的璧与
琮可套叠

图 62　齐家文化玉璧　外
径 12.3 厘米　案板坪村出土

图 63　齐家文化玉琮
高 6.7 厘米　案板坪村出土

图 65　齐家文化玉琮　高
20.7 厘米上泉村出土

乡后柳河村一个灰坑中出土三件玉璧、四件玉琮。①这份资料自公布后一直被称为"静宁七宝"。直到笔者 2009 年 7 月造访静宁博物馆，始知当初是四件璧、四件琮同埋一坑，坑上压着大石板。其中一件璧因已破为数块而未上缴。②图 66 是笔者拍摄静宁博物馆悬挂墙上的图片。图 67—73 是这七件玉器。③推测可能当初祭祀后掩埋前，刻意将其中一件玉璧打碎。显然也是古代祭祀上的"毁器"行为。

宗日文化(约公元前 3500—2000 年)分布于青海省海南州同德、兴海、贵德等县，宗日在同德县境内。文化内涵与马家窑文化关系密切又有本土的特色。④发展到晚期时，齐家文化已势力强大。宗日文

①杨伯达：《甘肃齐家玉文化初探》，《陇右文博》1997 年第 1 期。

②最初是静宁博物馆内人员告知。笔者也向静宁县博物馆的阎惠群馆长求证，确如所言。

③图 66 为笔者在静宁博物馆拍摄墙上悬挂的广告牌。图 67、68、69、71、72 引自甘肃省文物局：《甘肃文物菁华》，文物出版社，2006 年。图 70、73 引自古方主编：《中国出土玉器全集·15》，科学出版社，2005 年。

④青海省文物管理处等：《青海同德县宗日遗址发掘简报》，《考古》1998 年第 5 期，第 1—14 页。陈洪海等：《论宗日遗址的文化性质》，《考古》1998 年第 5 期，第 15—26 页。

图 66　静宁七宝的广告牌

图 67　齐家文化玉璧　外径 32.1 厘米

图 68　齐家文化玉琮　高 16.7 厘米

图 69　齐家文化玉琮　高 14.7 厘米

图 70　齐家文化玉璧　外径 32.1 厘米

图 71　齐家文化玉琮　高 16.2 厘米

图 72　齐家文化玉璧　外径 27.3 厘米

图 73　齐家文化玉琮　高 12.8 厘米

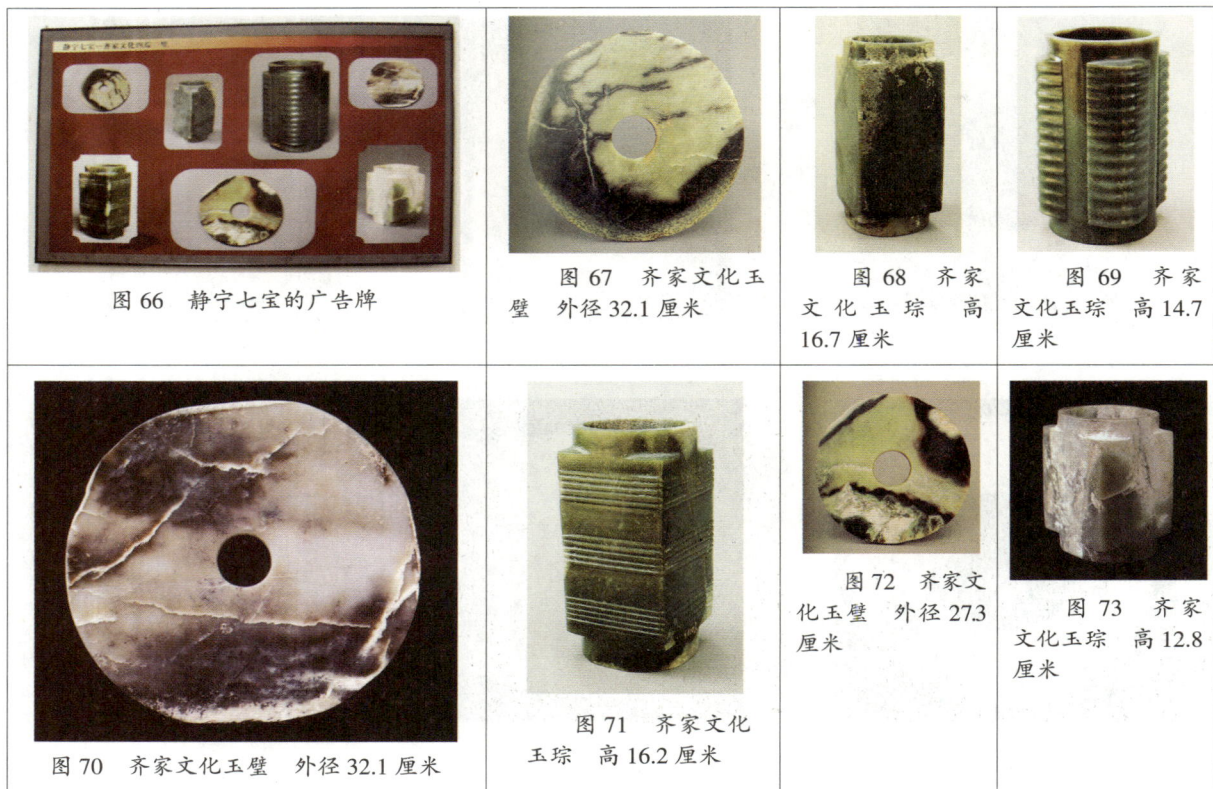

化与齐家文化间是否有过交流？值得探索。

　　引起此一疑义的是宗日第 200 号墓葬(？)，该处是一长 360、宽 160—180、浅 15—20 厘米的圆角长方坑，在其一端集中叠放五件玉器：璧 1、刀 3、玉料 1。虽最初以墓葬编号，但实际应是祭祀坑。①坑中无陶器。(图 74)

　　陈洪海推测宗日第 200 号墓实为祭祀坑，此说受到学界的认同。②笔者于 2009 年夏曾检视这五件玉器，全属真正闪玉，且全属齐家文化风格。③是否宗日文化晚期吸收了齐家文化用玉器祭祀后掩埋的礼制？还是这个祭祀坑根本就是齐家人向青海湖以南地区扩张时所留？必须日后有更多发掘与研究来厘清此一谜团。但笔者认为可以将宗日玉器纳入泛齐家系玉器范围考虑。

　　总之，自公元前 2600 年以降，齐家文化逐渐形成。④极可能由黄河上游本土发展的"天圆地方宇宙观"与"同类感通哲理"，令生活在该地的先民们，用玉石制作带有大中孔的圆片与方筒。地图 B 接续地图 A 上的编号，数字 6 至 19 是出土齐家文化玉器较多的地点。其中以编号 7、8、10、13、15、17 地点，曾在同一墓穴或祭坑出土同等数目的璧与琮。编号 9 地点，曾在同一祭祀坑出土璧与刀。

---

　　①陈洪海：《关于宗日遗址第 200 号墓出土的玉器》，收入格桑木等：《宗日遗址文物精粹论述选集》，四川科学技术出版社，1999 年第 28—30 页。

　　②谢端琚：《黄河上游史前文化玉器研究》，《故宫学术季刊》19 卷 2 期，2001 年第 11 页。

　　③承蒙青海省博物馆祝君馆长准予检视库藏玉器，特此申谢。

　　④至少有二位学者认为齐家文化年代上限可推至公元前 2615 年。李水城：《西北地区新石器时代考古研究》，严文明主编：《中国考古学研究的世纪回顾·新石器时代考古卷》，科学出版社，2008 年，第 347—363 页。王辉：《甘青地区新石器——青铜时代考古学文化的谱系与格局》，北京大学考古文博学院主编：《考古学研究(九)·庆祝严文明先生八十寿辰论文集》，文物出版社，2012 年，第 210—243 页。

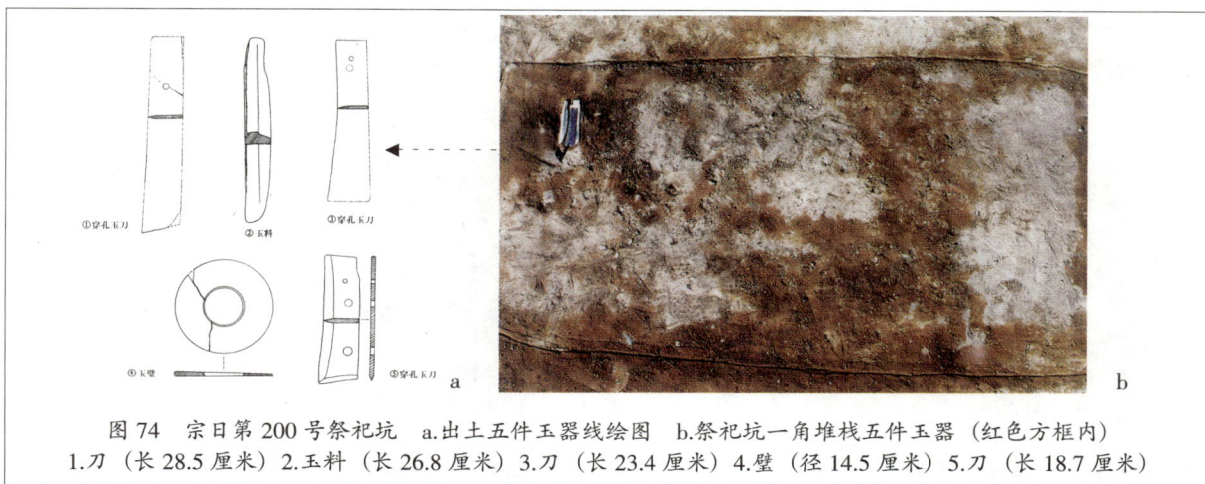

图74　宗日第200号祭祀坑　a.出土五件玉器线绘图　b.祭祀坑一角堆栈五件玉器（红色方框内）
1.刀（长28.5厘米）2.玉料（长26.8厘米）3.刀（长23.4厘米）4.璧（径14.5厘米）5.刀（长18.7厘米）

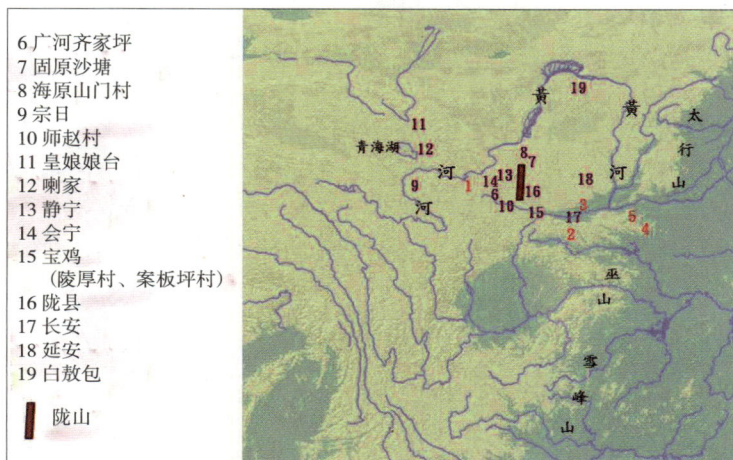

6 广河齐家坪
7 固原沙塘
8 海原山门村
9 宗日
10 师赵村
11 皇娘娘台
12 喇家
13 静宁
14 会宁
15 宝鸡
　（陵厚村、案板坪村）
16 陇县
17 长安
18 延安
19 白敖包

▮ 陇山

地图B　齐家时期华西地区出土较多玉器遗址分布图

总之，玉璧是齐家文化最重要的玉器，平日可以像供品样摆放在家中特殊地方。可与玉琮、玉刀祭祀后共同掩埋，璧也是墓葬中最重要的随葬品。所以出土与传世的齐家文化玉器中，璧的数量最多。

但须强调的是，笔者检视了不少齐家墓葬出土玉璧，证明过去有关璧上出现斜切一片的现象是入葬前刻意削切的"墓葬疤记"的说法，纯属妄言。本文图40、41、47都是齐家墓葬出土玉璧，上面毫无削切的斜面，但图58是与玉琮同埋一坑的玉璧，明显的有大片削切的斜面。

也有学者经过实际测音，认为齐家文化玉璧可能可作为敲击发音的乐器，这种斜面的出现可能为了调整音阶。[1]但迄今所测音的实物数量有限，希望以后有更多检测。

五、齐家文化之外史前华西"坑埋祭玉"举例

除了齐家文化范围内，出现祭祀后将玉礼器埋藏于坑外，齐家文化周围其他华西地区龙山时期"坑埋祭玉"的案例甚多，有的是竖插，有的是平迭。除少数是有人骨的墓葬，多半都是非墓葬的祭祀坑。为节约篇幅，兹简述于下：

1. 陕西商洛东龙山文化东龙山遗址，约当龙山至夏时期的第43号墓。年约50岁男性墓主仰身

①幸晓峰、刘志华等：《甘肃武威皇娘娘台遗址出土玉石璧音乐声学性能初步研究》，《中国历史文物》2008年第4期。幸晓峰、叶茂林等：《青海喇家遗址出土玉石器的音乐声学测量及初步探讨》，《考古》2009年第3期。

直肢,左腹上平置一件石璧。(另随葬了石块、陶器)再于其上方实以填土,在约当头、胸部位平置二件石璧,左右臂、腿外侧部位,各竖插一排石璧。(图75)[①]

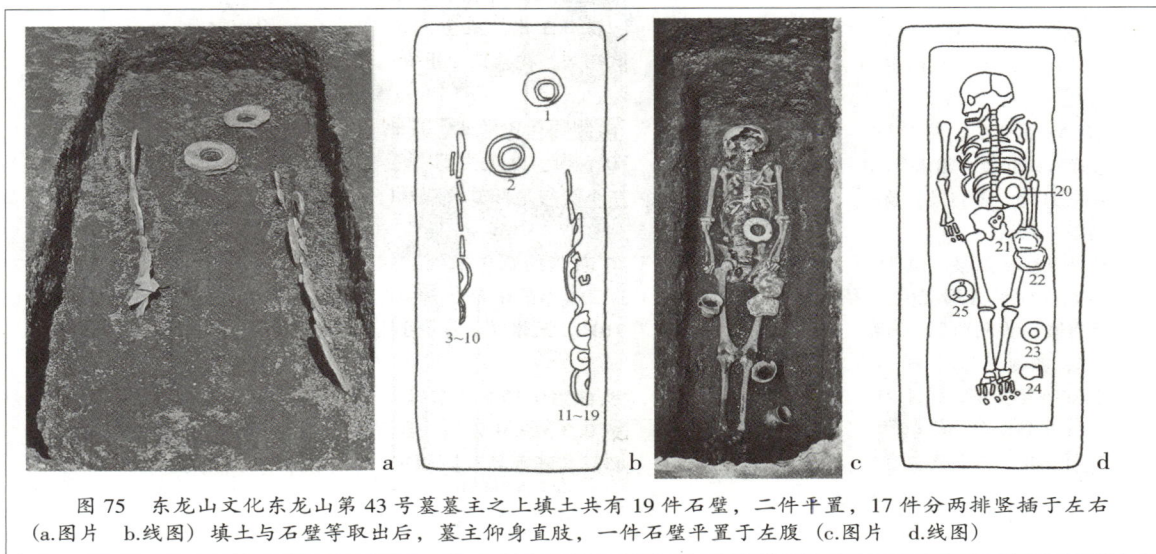

图75 东龙山文化东龙山第43号墓墓主之上填土共有19件石璧,二件平置,17件分两排竖插于左右(a.图片 b.线图)填土与石璧等取出后,墓主仰身直肢,一件石璧平置于左腹(c.图片 d.线图)

2. 陕西榆林神木县新华村石峁文化新华遗址,99K1祭祀坑内竖插36件玉石质带刃器。器分六排,如图76所示平行竖插在祭祀坑。坑长140、宽50、深12—22厘米,所插入的玉器均为宽薄的片状器,有刃者刃端朝下、无刃者,边薄的向下。[②]

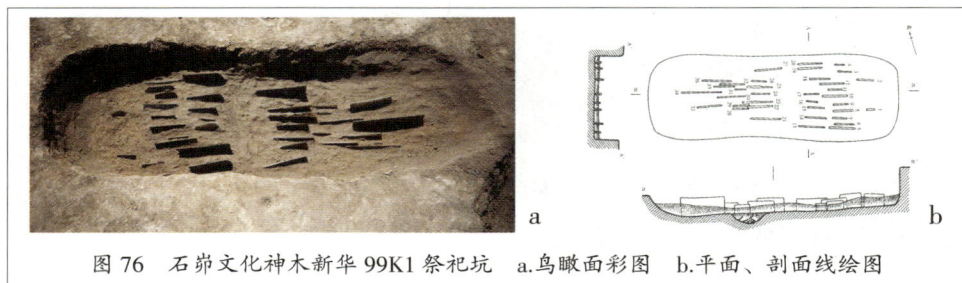

图76 石峁文化神木新华99K1祭祀坑 a.鸟瞰面彩图 b.平面、剖面线绘图

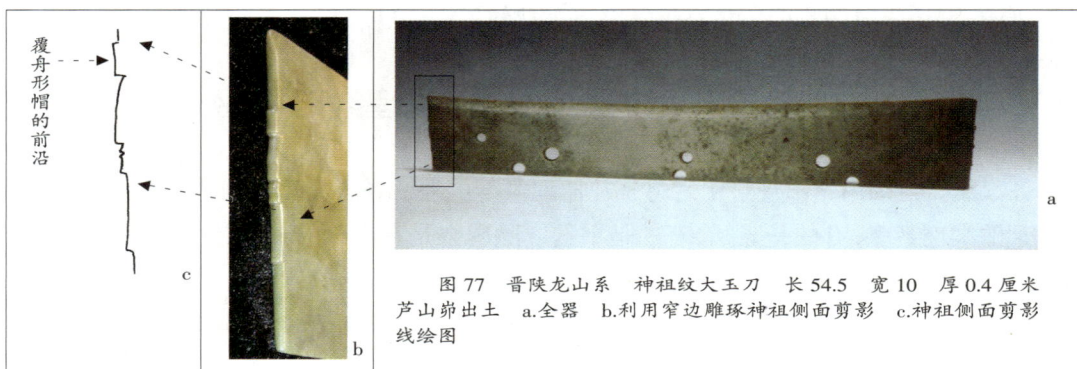

图77 晋陕龙山系 神祖纹大玉刀 长54.5 宽10 厚0.4厘米 芦山峁出土 a.全器 b.利用窄边雕琢神祖侧面剪影 c.神祖侧面剪影线绘图

---

①陕西省考古研究院:《商洛东龙山》,科学出版社,2011年。
②陕西省考古研究院等:《神木新华》,科学出版社,2005年。但该书彩版四印刷时上下倒置,应如本书图76。

3. 陕西延安庐山峁有人在耕地发现四把大玉刀迭放出土,由在场的四人分别收藏,但只有孙起飞将所得一把交给公家,即图77。据说:"其余三件均因收藏者无知,将其损坏遗失。"①

图77大玉刀的左右二侧边都雕琢精致的扉牙,较宽端的扉牙较抽象,较窄端的扉牙雕琢成一个"戴帽神祖"脸部侧影,从额头到鼻梁琢作浅弧线,微噘的双唇、浅翘的下巴,流露优雅的气息。②图77c是笔者1998年在陕西历史博物馆库房亲笔所绘。③这件大玉刀曾于2013年冬展出于"玉器·玉文化·夏代中国文明展",图77b是黄翠梅摄于展场。

4. 陕西榆林市神木县石峁文化石峁遗址,在1975年以前曾成坑出土大批玉器。1975年冬,考古学者戴应新奉派前往征集了126件,包括28件典型石峁文化墨玉牙璋,10余件典型石峁文化墨玉多

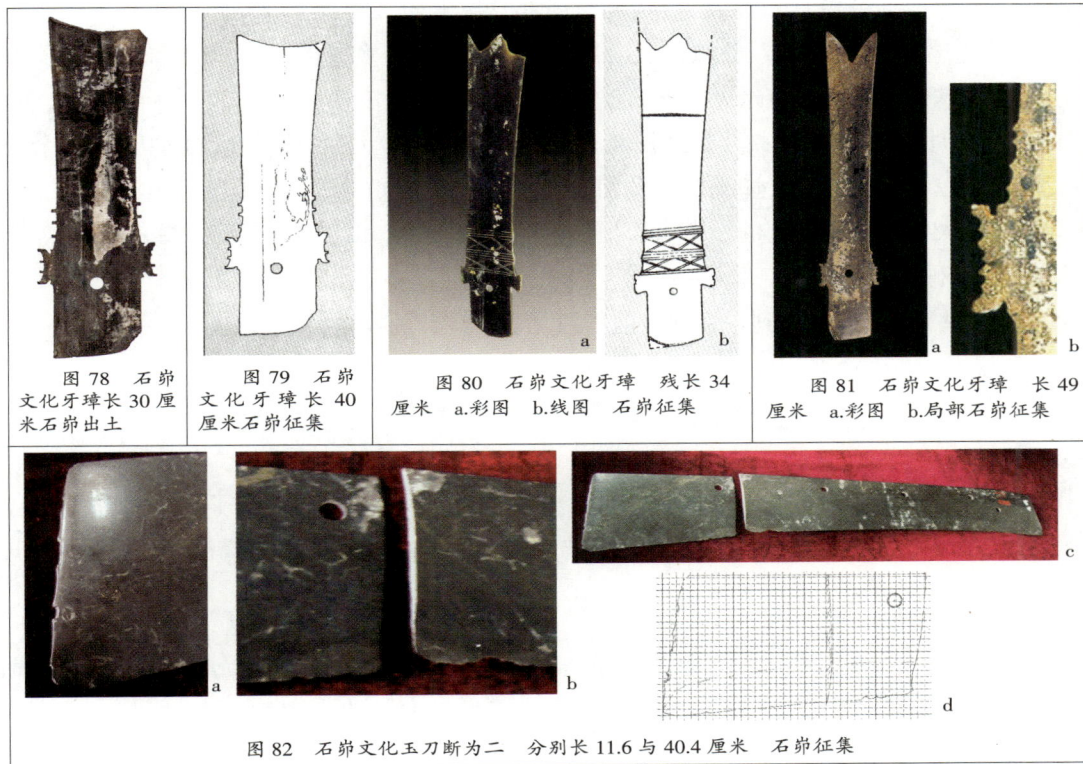

图78 石峁文化牙璋长30厘米 石峁出土

图79 石峁文化牙璋长40厘米 石峁征集

图80 石峁文化牙璋 残长34厘米 a.彩图 b.线图 石峁征集

图81 石峁文化牙璋 长49厘米 a.彩图 b.局部 石峁征集

图82 石峁文化玉刀断为二 分别长11.6与40.4厘米 石峁征集

①姬乃军:《延安市庐山峁出土玉器有关问题探讨》,《考古与文物》1995年第1期,第23、27页。从上缴这件玉刀尺寸和坚韧性可推测,共出的其余三把玉刀不容易被损坏。极有可能所有者不肯上缴,后来伺机出售。二十世纪最后二十年,纽约大都会博物馆及台北各入藏一件相似尺寸、相似风格的大玉刀,不排除是延安出土者。

②图77a引自李炳武、王长启主编:《中华国宝:陕西珍贵文物集成:玉器卷》,陕西人民教育出版社,1999年。

③承蒙陕西省文物局刘云辉副局长安排,1998年春在陕西历史博物馆库房检视这件大玉刀,特此申谢。

153

图83 石峁文化玉戈长21、宽5.5、厚0.2
厘米 石峁征集

图84 石峁文化玉戈长29.4、宽6、厚0.6厘米 石峁征集

孔长刀。[1]图78—84均属此批。[2]

近年陕西省考古研究院在石峁发掘、探勘与局部发掘确知,公元前2300年已建筑面积达400万平方米的石城。包括皇城台、内城、外城,三个层次的宏伟石城。经乡民指认,戴应新征集的玉器中大部分集中出自外城东门东北约300米处。[3]显然当初也是成坑掩埋玉器。

5. 四川广汉月亮湾曾在1927年由居民燕道诚发现一坑玉器。后来部分散卖海内外,所余分批进入四川大学博物馆(原"华西协大博物馆")及四川博物馆。[4]据传1927年燕家院子出土有三、四百件,最特殊的就是从大到小依次排列的石璧。此外还有牙璋、有领璧、斧、刀、戚、琮等。图85—89是目前存留在四川的五件牙璋。[5]

笔者梳理考古出土数据,找到一系列史前华西"坑埋玉器"的实例。

六、史前华西、华东玉礼制的差异与交流

广袤的华西,漫长的史前,人们过着琢玉为兵、磨玉为饰的朴实生活。人们观察一年四季中,与一天晨昏里宇宙的变化,发展出"天圆地方"的宇宙观;他们再体察生命的荣枯、物质的久暂后,认识了玉

---

[1] 戴应新:《陕西神木县石峁龙山文化遗址调查》,《考古》1977年第3期,第154—157页。戴应新:《神木石峁龙山文化玉器》,《考古与文物》1988年第5—6期合刊,第239—250页。戴应新:《神木石峁龙山文化玉器探索(一至六)》,《故宫文物月刊》第十一卷第五至第十期,总号125—130,1993年8月至1994年1月。

[2] 图78引自中国玉文化中心编:《玉魂国魄——玉器·玉文化·夏代中国文明展》,浙江古籍出版社,2013年,第264页。图79、80b引自戴应新:《神木石峁龙山文化玉器探索(二)》,《故宫文物月刊》第十一卷第六期,总号126,1993年9月。图80a、81引自古方主编:《中国出土玉器全图》,科学出版社,2005年。图82a—c为笔者于2006年在陕西省历史博物馆库房拍摄,经申请获准发表,特此申谢。80dd引自林巳奈夫:《中国古玉器总说》,东京吉川弘文馆,1999年,第264页。图83、84引自中国玉文化中心编:《玉魂国魄——玉器·玉文化·夏代中国文明展》,浙江古籍出版社,2013年,第203、202页。

[3] 孙周勇、邵晶:《关于石峁玉器出土背景的几个问题》,陕西省考古研究院等:《发现石峁古城》,文物出版社,2016年,第235—246页。

[4] 冯汉骥、童恩正,《记广汉出土的玉石器》,《文物》1979年第2期。D. S. Dye:"Some Ancient Circles,Squares,Angles and Curves in Earth and in Stone in Szechwan, China",*Journal of the West China Border Research Society*,Vol.4,1930—1931,p.97—105.高大伦、邢进原:《四川两处博物馆藏三星堆玉石器的新认识》,邓聪主编《东亚玉器》,香港中文大学,1998年。许杰考证当初事情发生应在1927年,而非1929或1931年,见氏著:《四川广汉月亮湾出土玉石器探析》,《四川文物》2006年第5期。

[5] 图85—89均引自邓聪主编:《东亚玉器》,香港中文大学,1998年。彩图277—281。

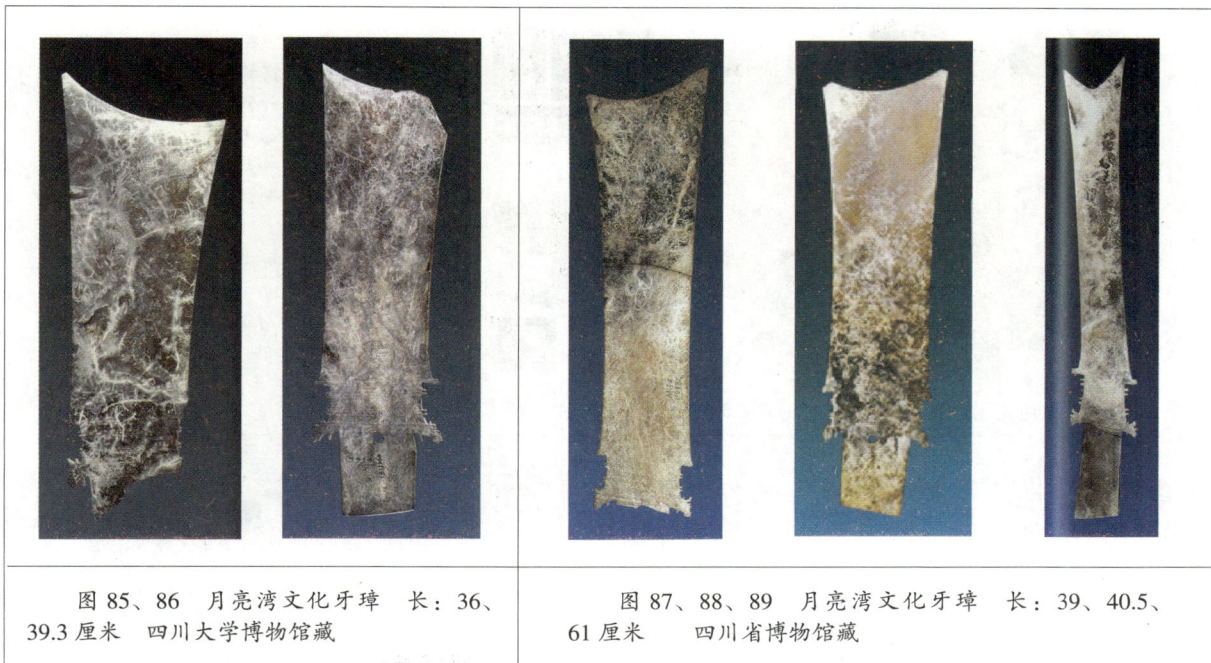

图 85、86　月亮湾文化牙璋　长：36、39.3厘米　四川大学博物馆藏

图 87、88、89　月亮湾文化牙璋　长：39、40.5、61厘米　四川省博物馆藏

是美而不朽的物质，乃以美玉琢磨圆片、方块，钻凿象征"通"的大孔，用它们祈福祭祷，仪式后或瘗埋、或沈淹，希冀神祇能体察民意，攘灾赐福。除了圆璧、方琮外，随身携带的玉兵——钺、刀、牙璋、戈等，既是主祭者身份表征，也可用作盟誓的信物，瘗埋于祭祀坑。

这样的祭仪模式植基于"同类感通"的思维。相信富含"精气""能量"的玉，制作的圆、方之器，能感应圆天与方地。所以，在广袤的华西大地，"坑埋玉器"现象特别多，但是这种"非墓葬"的"坑埋玉器"，在历史流传中易遭破坏且毫无记录。

不同于史前华西先民崇信"天圆地方""同类感通"而常有"坑埋玉器"的行为，史前华东先民发展了完全不同的玉礼制。他们不但高度信奉"物精崇拜"，更相信只有特别聪明，能沟通人神的"巫觋"，[①]才能拥有祭祀权，而各种神灵动物都是巫觋通神时的助手。所以华东玉礼器除了唯一光素的璧之外，主要是各种雕琢了神灵动物的巫觋行头，连最高等级的玉钺，也被雕琢上神徽纹饰；考古数据显示，史前华东地区玉器主要出自大墓，说明了掌祀戎大权的"巫觋"地位显赫。

总之，早自新石器时代，华东、华西先民已发展不同的"以玉事神"的"玉礼制"。地图C即表达这种文化差异。

考古资料证明，公元前第四千纪中叶到第三千纪中叶，是华夏大地礼制发展的重要阶段，而玉礼制明确走向东、西之间既有差异又有沟通的模式。许多表达思维信仰的玉器，常跨越比邻，通过上层交流网，传播至遥远的他方。

如地图D所示，公元前第四千纪中叶到第三千纪中叶，盛行"物精崇拜"的华东，彼此间也有上层交流网的沟通。北方辽西地区红山文化、南方太湖流域崧泽—良渚文化，都特别重视玉雕的胚胎式动

---

① 《国语·楚语》记录观射父回答楚王问题时说："古者民神不杂。民之精爽不携贰者，而又能齐肃衷正，其智能上下比义，其圣能光远宣朗，其明能光照之，其聪能听彻之，如是则明神降之，在男曰觋，在女曰巫。"

华东地区所用玉器图，最上五件中，龙形佩征集自东拐棒沟，其余四件出土于牛河梁。下面六件为：凌家滩出土玉鹰、玉卷龙、玉人（线图），良渚文化玉鸟、玉方镯上小—大眼面纹（线绘图），以及后石家河文化的戴"介"字形冠神祖面玉饰。

华西地区所用玉器图，自右上至左下分别为石峁牙璋、长刀；海原与页河子璧琮；师赵村璧琮；沙塘大璧高琮；月亮湾牙璋、有领璧。

地图 C　华东与华西先民不同的玉礼制

物，或是强调"化生"的能量。[1]

也在公元前第四千纪中叶到第三千纪中叶，华西地区从仰韶中、晚期经过先齐家时期，逐渐发展本土的、内容清晰的玉礼制，即只以光素玉器作为人神之间的"灵媒"，相信其圆方形制与宇宙神明本质相同，在"同类感通"思维下，经由祭仪及仪式后的"坑埋祭玉"，令神祇体察民意，降福世人。

也就在公元前第三千纪中叶，或是人口膨胀、文化传递的速率增快，黄河上游、上中游已发展成熟的以璧琮礼拜天地的信仰，[2]通过上层交流网传递至长江下游，良渚文化晚期玉方镯蜕变成高大方正的玉琮，或即是这一波交流的结果。

地图 D 说明史前曾发生三次上层交流网中的前二次。[3]

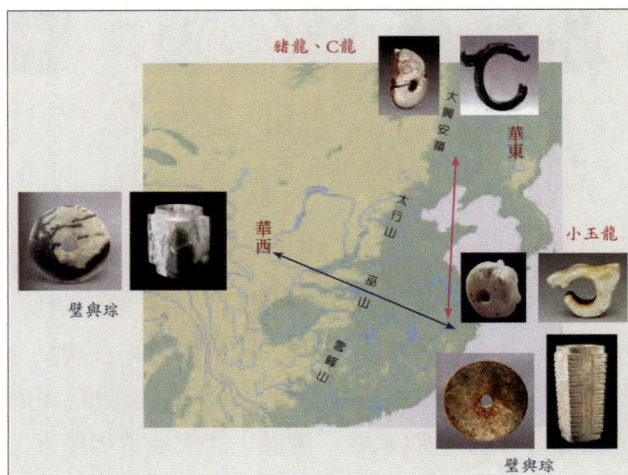

地图 D　史前第一、第二阶段"上层交流网"运作图
红线表示公元前 3600—2600 年华东地区北、南间"物精崇拜"的交流
蓝线表示公元前 2600—2100 年间华西、华东间"宇宙观与感应哲理"的交流

七、小　结

齐家文化早期遗址师赵村出土璧、琮、联璧，及其组配式的掩埋，成为可研究的标杆。证明公元前 2300 年前后，"璧琮组配"礼制在黄河上游发展成熟，联璧的创形或与太阳崇拜有关，或表达华西先民

---

[1] 邓淑苹：《探索崧泽–良渚系"龙首饰"》，浙江省文物考古研究所主编：《2014 年崧泽文化学术研讨会论文集》，文物出版社，2016 年。

[2] 从青海的黄河源头到内蒙古托克托县河口镇为黄河上游，以下至河南郑州桃花峪为黄河中游。陕西境内属上游还是中游？说法不一。本文将甘肃、宁夏境内称为"黄河上游"，将陕西境内称为"黄河上中游"。

[3] 第三次上层交流网发生于公元前 2100—1800 年间海岱、江汉地区间"二元神祖信仰"的交流。见邓淑苹：《简述史前至夏时期华东玉器文化》，《故宫玉器精选全集·玉之灵Ⅰ》，（待刊）。

追求"连续"与"永恒"的意念。这就是礼制上"玉祭器"的滥觞。

属仰韶文化中晚期之交的灵宝西坡墓地,玉钺刃部多无使用痕,均不带木柄,刃端向上放置墓中。就是礼制上"玉瑞器"的滥觞。前文已说明,西坡墓群中无论男女都可拥有"玉圭",宏观来看,这正是华西的大传统,最明显地呈现在西周姬姓贵族墓葬中。

到了龙山时期,多件玉质带刃器的"坑埋"现象见于:宗日、庐山峁、新华、石峁、月亮湾等地。此一现象或也是春秋时期侯马盟书的滥觞。①只是侯马盟书年代晚至公元前500年左右,所埋都是石质尖首圭,"尖首圭"是带尖峰的玉戈在西周时期逐渐制式化发展而成。取代史前平首或圆首玉圭,成为中国礼制上玉圭的主要形制。②

目前年代最早的玉戈,可能是前文图83,84出土于石峁的玉戈,石峁年代下限虽也可能与二里头三、四期相似,③但图83,84玉戈比二里头出土玉戈更显原始。

目前可见到玉璧与"戈形玉器"伴出,最早的一例即为图46,喇家第12号墓墓主胸前的玉器。那件"戈形玉器"并无开刃,但也无法确认它有何功能?

周族,一个黄河上中游的本土氏族,在公元前1047年左右征服商王朝后不久,周武王即重病不治,周公为其兄病重向三代祖先祈求时,就是"植璧秉圭"地宣读他的祷词。④由此可知,"植璧秉圭"是周族在克商之前固有的玉礼制。在地缘关系上,草创江山时期的周族,可能受齐家文化影响甚深。那么,或即是在齐家文化衰亡到周族苗壮的这段时期,华西地区主流玉礼制从"璧琮组配"转变为"圭璧组配"。其时间点大约落在公元前第二千纪的中叶。总之,考古资料证明,中国历史上玉礼制从萌芽到定制都发生于华西地区。

---

①山西侯马出土五千多枚石圭,是春秋晚期晋国贵族盟誓所留下,据研究当时应是由每个参与者各以一尖首石圭写上自己的名字与誓词,再堆埋于坑。

②邓淑苹:《圭璧考》,《故宫季刊》第11卷第3期,1977年,第49—91页。

③陕西考古研究院公布石峁遗址年代为公元前2300至前1800年。但笔者从该地征集的牙璋等与二里头、月亮湾、三星堆等地牙璋形态比较,推测石峁年代下限可能晚到公元前1600—1550年。

④见《尚书·金滕》。

一般等价物视野下的齐家文化玉器

中国社会科学院考古研究所　何　驽

学界越来越一致认为,齐家文化玉器在中国玉文化当中,占有十分重要的、不可忽视的地位。而齐家文化玉器从功能的角度对齐家文化社会政治和宗教的作用,同样是学界一直关注的热点话题。然而,齐家文化玉器功能的主流认识是宗教用玉。笔者通过分析,试从商品经济一般等价物的角度,提出一些不同于主流观点的管见,求教于方家。笔者的分析首先从齐家文化玉器的特点入手。

一、齐家文化玉器的特点

1. 齐家文化玉器数量庞大。据统计,总计约 3500 件[①],其中 20 世纪 90 年代以来考古发现约 1000 件[②]。

2. 齐家文化玉器大部分为采集和征集品[③]。这意味着齐家文化玉器的埋藏和原始的考古存在背景关系有相当一部分不是居址和墓葬,也未见得就是宗教祭祀遗迹,而可能是市场、财富窖藏、制作作坊等以往我们忽视的其他类型与商品经济有关的遗存当中。

3. 齐家文化玉器分布区。主要流通于甘肃、青海、宁夏齐家文化分布区,其中以甘肃地区为中心。但是,非常值得注意的是,齐家文化玉器与晋陕蒙地区的石峁集团玉器和晋南陶寺文化玉器有着许多共通之处。三者之间有文化交流,但是经济上的交流可能更为主要。

4. 器类以片状和条形器为主,钺、斧、铲、锛、刀、凿、璧、联璜璧、异形璧、有领璧、环、琮、璋、纺轮

---

① 王裕昌:《甘肃省馆藏齐家文化玉器调查与研究》,《玉泽陇西——齐家文化玉器》,北京美术摄影出版社,2015 年,第 296 页。
② 朱乃诚:《素雅精致　陇西生辉——齐家文化玉器概论》,《玉泽陇西——齐家文化玉器》,北京美术摄影出版社,2015 年,第 204 页。
③ 朱乃诚:《素雅精致　陇西生辉——齐家文化玉器概论》,《玉泽陇西——齐家文化玉器》,北京美术摄影出版社,2015 年,第 205 页。

等。此外还有数量丰富的玉料(条形料和边角料)、玉芯(琮芯和璧芯)等。装饰品包括镯、管、臂钏①。我认为其中纺轮为圆片玉筹;玉琮中有一部分认为有意去掉射部,转作为玉琮游标,玉铲和铲形器应为长条形兵器,称为戚。

根据好与肉的比率,我将玉璧再分为小孔璧、中孔璧、大孔璧三类。肉大于好为小孔璧,肉几乎等于好为中孔璧,肉小于好为大孔璧。好倍与肉形态更接近环,或称为瑗者,则归为玉环。

齐家文化玉器中,玉钺、戚、璋、刀数量不多。玉璧发达,却不见牙璧(璇玑)。玉琮占一定数量。

5. 除部分玉琮外,绝大多数玉器素面。属于邓淑平先生所谓的"华西系玉器"风格特征。

6. 绝大多数玉器制作工艺比较粗糙。

上述齐家文化玉器的各种特点,都不能成为齐家文化玉器主要用于宗教祭祀的有力的佐证。其一,几乎没有一例出自宗教祭祀遗存的背景关系(context)。其二,庞大的玉器数量与极少的宗教祭祀遗存数量之间的矛盾,难以解释。其三,玉器制作粗糙,用于祭祀不够庄重。其四,大量的玉料、玉芯、边角料,用于祭祀更为不敬。

朱乃诚先生分析齐家文化玉器的功能认为,兵器类、工具类反映部分社会状况;墓葬随葬的玉璧和小型玉琮是财富的象征;青海喇家遗址 F4 内保留的地震灾难来临时人们向玉璧祈祷证明玉璧用于宗教;大部分玉琮缺失出土背景,无法判定功能②。我认为将喇家 F4 内玉璧的考古存在背景关系解释为向玉璧祈祷,作为玉璧用于祭祀的孤证,尚待人类学和考古学其他例证的佐证。况且喇家 F4 内近门口的玉璧与两件玉料共存,玉璧可以作为礼器,玉料作为礼器被顶礼膜拜似乎不合情理。喇家 F4 除了玉器之外,室内的陈设看不出来 F4 的宗教礼仪建筑功能,倒可以假设是一户比较富裕的住宅,玉璧和玉料可作为财富的标志物,那么 F4 很可能被认为质量较好。尽管如此,F4 的面积也不够 14 人居住。因此可以推测在大震来临时,附近的 14 人集中躲进被认为建筑质量较好的富裕户 F4 内避难,最终一同罹难。如此这般不从宗教祭祀的角度解释 F4 内玉器用途,F4 没有祭祀功能的特点的疑难便迎刃而解了。

其实朱乃诚先生关于齐家文化玉器财富功能的见解,是十分值得注意的。他说:"皇娘娘台墓地内随葬的 200 多件玉石璧,都应是作为个人的财富随葬的。这种作为财富的玉石璧,在当时可能具有以物易物的媒介作用,即原始货币的作用。"③

我通过分析认为,齐家文化玉器的功能,确实可以从一般等价物即货币的角度来顺畅地解读。

二、齐家文化商品经济的蛛丝马迹

政治经济学认为,一般等价物的出现是商品交换已经发展到多种商品之间经常性的交换阶段的

---

①朱乃诚:《素雅精致 陇西生辉——齐家文化玉器概论》,《玉泽陇西——齐家文化玉器》,北京美术摄影出版社,2015 年,第 213 页。

②朱乃诚:《素雅精致 陇西生辉——齐家文化玉器概论》,《玉泽陇西——齐家文化玉器》,北京美术摄影出版社,2015 年,第 213、257—260 页。

③朱乃诚:《素雅精致 陇西生辉——齐家文化玉器概论》,《玉泽陇西——齐家文化玉器》,北京美术摄影出版社,2015 年,第 258 页。

产物,用以解决商品的价值量的表现缺乏一个共同的标准问题①。也就意味着商品生产和商品交换发展到了足够的高度,已经在社会中形成了商品经济。而考古上证明商品经济的物证除了市场遗存之外,最直接的证据就是陶筹、石筹、陶封泥球、微型模型陶器、石权、量杯②、疑似货币等遗物。

根据西亚考古发现与研究,我们以往认为的陶纺轮、石纺轮、玉纺轮、陶弹丸、石弹丸等,都有可能是商品交换记账用的陶筹。我们所认为的"玩具"小陶器,也是商品交换记账用的"实物立体符号"。我们以往所谓的"陶响器",实际是保存交易账目陶筹或石筹的封泥包。甘肃永靖县大何庄遗址出土的所谓"红陶铃"(16478),形似保龄球的目标瓶子,中空腹内装有砂石或弹丸,学界多认为"乐器"③。其实摇之很发难出用于演奏的响声,当为"陶筹或石筹的封泥球"。甘肃临潭县陈旗磨沟 M247:1"石权杖头",石质圆柱体,直径 8.82、高 3.03、孔径 3.5 厘米④,对比王莽铜权(秤砣),应当为石权,是衡器。甘肃武威皇娘娘台出土的骨贝⑤,显然是子安贝(货贝)的模型。石峁城址和陶寺遗址均出土过子安贝,山西临汾下靳陶寺文化早期墓地,也出土过石灰贝模型,显然都是公元前 2000 年前后黄河中上游地区出现子安贝仿制品"代币"的现象。大何村出土的石"纺轮"(16751)⑥、小骨璧(16813 和 16814)⑦等,均应为商品交换记账的算筹。

三、齐家文化的商品经济的经济地理区位

齐家文化分布于河套地区,跨越农业区、牧业区、农牧交错带,因此齐家文化经济的复杂性,提供了多种的物资供给,同时不同专业化分工的聚落或部族之间需要物资交流,促进了商品交换。

另一方面,河套地区的通道区位,使其成为西北地区与包括中原地区在内的黄河中游地区在内的东西方物资、商品、信息、技术交流的重要孔道,也是催生商品经济的地理条件。

更重要的条件是,齐家文化分布区有玉矿资源。这里很可能是中国北方史前时期除辽东岫岩玉矿(软玉和蛇纹石)之外的另一个重要矿源。这一资源条件成为齐家文化成为玉器商品生产经济产生的前提。

---

① 《马克思主义政治经济学概论》编写组:《马克思主义政治经济学概论》,人民出版社等,2011 年,第 49—51 页。

② 何驽:《长江流域文明起源商品经济模式新探》,《东南文化》2014 年第 1 期,第 53—64 页。

③ 北京艺术博物馆、中国社会科学院考古研究所等:《玉泽陇西——齐家文化玉器》,北京美术摄影出版社,2015 年,第 9 页。

④ 北京艺术博物馆、中国社会科学院考古研究所等:《玉泽陇西——齐家文化玉器》,北京美术摄影出版社,2015 年,第 21 页。

⑤ 北京艺术博物馆、中国社会科学院考古研究所等:《玉泽陇西——齐家文化玉器》,北京美术摄影出版社,2015 年,第 25 页。

⑥ 北京艺术博物馆、中国社会科学院考古研究所等:《玉泽陇西——齐家文化玉器》,北京美术摄影出版社,2015 年,第 19 页。

⑦ 北京艺术博物馆、中国社会科学院考古研究所等:《玉泽陇西——齐家文化玉器》,北京美术摄影出版社,2015 年,第 180 页。

四、齐家文化玉器的货币功能分析

1. 玉器作为一般等价物的基础条件分析

当多种生业的族群、政体、考古学文化之间商品交流的过程中，会出现不同文化、不同生业、不同生活方式、不同信仰、不同政体之间对于具体商品价值认同上的矛盾。

另一方面，齐家文化、石峁集团和陶寺文化之间已经形成了共同市场或贸易圈，商品交换已经脱离了简单的以物易物，而成为经常的、常规的、多种商品如商品粮、动物产品、石器、玉器、盐、铜等之间的市场交换，商业已经从农牧业（所谓生产部门）分离出来。而不同文化和族群之间，对于商品价值观的差异，越来越阻碍商品交换的成功率。因此，一般等价物便应运而生。

在金银等贵重金属进入东亚之前，距今4300—4000年间，铜器和铜料以及子安贝可提供的数量过少，也难以承担大规模商品交换经济行为中的一般等价物的职能。

玉器在这个时段、这个区域从特殊的商品转化为一般等价物具有得天独厚的条件。其一，东亚地区自三万年以来，一直存在着对玉器的崇拜，从东西伯利亚旧石器时代、辽河流域的兴隆洼文化、红山文化、长江中游的凌家滩文化、下游的崧泽—良渚文化等等，以及龙山时代的山东龙山文化、长江中游的肖家屋脊文化等等。这种玉器的价值观被齐家文化、石峁集团、陶寺文化所接受，成为牧业族群、农业族群、商人集团之间认同的商品价值观。

其二，齐家文化分布区虽然有玉矿资源，但是毕竟是稀缺资源，容易做到控制甚至垄断，不可能像石料和泥料那样人人可及。在稀缺资源的角度看，与金银贵重金属没有本质区别。

其三，玉器的制作，不仅需要高超的治玉技术，而且凝结了更多的社会劳动时间，因此单位商品则具有更高的劳动价值，很容易转化成为商品价值。更加适于作为一般等价物表现其他商品的价值。

其四，玉器的稀缺性与耐久性，很容易产生更多的附加值，更适于作为财富的标志物而执行一般等价物的贮藏、支付甚至"国际货币"功能。

2. 齐家文化玉器一般等价物的价值尺度职能

政治经济学原理认为："各种商品的价值量不同，表现为货币的数量也不同。为了能够衡量和计量各种商品的价值量，也为了交换的方便，必须确定货币本身的计量单位，即在技术上把某一标准固定下来作为货币单位，并把这一单位再划分为若干等分。这种货币本身的计量单位及等分，通常称为价格标准。……价格标准并不是货币本身的一个独立职能，而是为执行价值尺度职能而派生出来的技术规定。货币的价值尺度职能，必须借助于价格标准来完成。"[1]一般等价物即货币作为商品价值衡量职能，要求货币适应各种规模的商品交换的规格，俗称面值。

本文通过分析甘肃、青海地区出土和采集的有详细尺寸统计资料的300件齐家文化玉器[2]，来认

---

①《马克思主义政治经济学概论》编写组：《马克思主义政治经济学概论》，人民出版社等，2011年，第53页。

②北京艺术博物馆、中国社会科学院考古研究所等：《玉泽陇西——齐家文化玉器》，北京美术摄影出版社，2015年，第27—201页。

朱乃诚：《素雅精致　陇西生辉——齐家文化玉器概论》，《玉泽陇西——齐家文化玉器》，北京美术摄影出版社，2015年，第204—275页。

王裕昌：《甘肃省馆藏齐家文化玉器调查与研究》，《玉泽陇西——齐家文化玉器》，北京美术摄影出版社，2015年，第305—339页。

表1　齐家文化玉器材质比重分析表

出土地点	器名	长度或直径	宽度	厚度	体积	重量	比重
银川乡	玉凿	9.7	1.7	1.3	21.437	100	4.7
榆中博物馆	圆片玉筹	4.9		0.5	9.423925	36.55	3.9
临夏博物馆	玉戚	19.5	4.8	1.2	112.32	337	3.0
天祝县	玉戚	15	6.4	0.5	48	140	2.9
临夏博物馆	玉凿	23.3	2.5	1	58.25	158	2.7
安定区	玉钺	12.8	8.3	1.1	116.864	280	2.4
甘肃省博藏	玉琮芯	5.3		4.5	99.22793	225	2.3
皇娘娘台	玉琮芯	5.4		3.5	80.1171	134	1.7
皇娘娘台	玉琮芯	5.8		3.3	87.14442	130	1.5

识齐家文化玉器面值。

历史时期货币包括金银铜币多以重量为价值衡量的标准。然而玉器比重个体变化,同样体积的玉器,很能重量差别很大。

本文采用了齐家文化9件体积与重量明确的玉器,进行比重分析。结果发现9件玉器有9个不同的比重,从1.5至4.7(表1)。如此,决定了玉器作为一般等价物不可能凭借重量,只能凭借长度作为价值衡量的尺度。

有了这样的认识,本文分析不包括玉装饰品在内的300件齐家文化玉器,按照统计的长度,1陶寺尺=25厘米,折算为4000年前后流行于黄河流域的长度单位,考虑到制作的工艺误差与流通过程中的损耗,因此四舍五入归为整数,进而将齐家文化玉器分为八个等级(表2)。

表2　齐家文化玉器长度分级标准表

别级	寸	寸	寸
特级	20	22	
I	14	15	16
II	11	12	13
III	8	9	10
IV	6	7	
V	4	5	
VI	2	3	
VII	1		

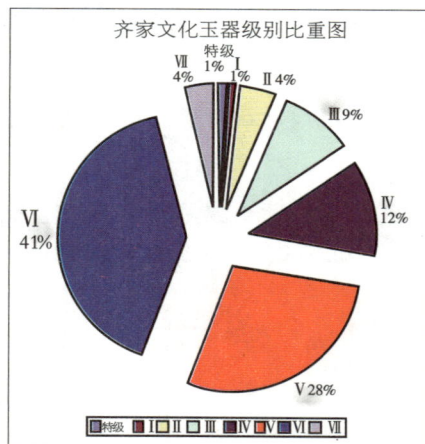

图1　齐家文化玉币等级比重图

根据我们建立的齐家文化玉币分级标准,将300件玉器分级做百分比分析,发现占总量比重最大的是 VI 级,约占41%;其次为 V 级,约占28%;再次为 IV 级,约占12%;III 级约占9%;II 级和 VII 级均约占4%;比重最小的 I 级和 II 级,分别约占1%(图1)。

1)特级玉币

齐家文化特级玉币是指长度在2尺(50厘米)以上的大型玉器,其长度将其他绝大部分齐家文化玉器的长度远远甩在后面。齐家文化玉器中,能够达到特级长度的玉器仅有三件(表3),约占齐家文化玉器总数的1%。其中,大型玉刀2、玉璋1件。

表3　齐家文化特级玉器统计表

出土地点	器名	长度或直径	折合为寸	约合整寸
古浪峡口	玉刀	65.5	26.2	26
牛门洞	玉璋	54	21.6	22
上孙家寨	玉刀	54	21.6	22

齐家文化特级玉器零星出土和采集,本身的存在背景关系很难说明这些特级玉器的功能。根据石峁集团同类的特级玉币集中出土在石峁都城遗址,我们推测齐家文化特级玉器大致与石峁集团的特级玉币的功能相同,很有可能原本用于石峁集团与齐家文化之间巨额商品交易或政权之间经济交往的"国际"支付的巨大面额的货币。古浪峡口、牛门洞、上孙家寨均非齐家文化的中心聚落,因而我们倾向于认为目前发现的齐家文化特级玉币是流散后的巨额面值的货币。

2)I 级玉币

齐家文化 I 级玉器也仅有三件,长度在36至43厘米,折合为14至17寸(表4),约占齐家文化玉器总数1%。器类为玉刀和小孔璧。其中除青海喇家 MHB27 出土一件大玉刀系发掘品外[1],其余皆为采集品,一件大玉刀(35978)收藏于甘肃省博物馆[2],出土地不详;另一件为隆德县城关镇出土的小孔璧[3]。

表4　齐家文化 I 级玉币尺寸表

出土地点	器名	长度厘米	折合为寸	约合整寸
甘肃省博藏	玉刀	43	17.2	17
喇家	玉刀	41.2	16.48	16
隆德城关	小孔璧	36	14.4	14

上述出土背景关系,无法判定 I 级玉器在齐家文化中的主要使用功能,大致推测是流散后的大额面值的货币。可比喻为1000元面值的货币。

[1]叶茂林,何克洲:《青海民和县喇家遗址出土齐家文化玉器》,《考古》2002年第12期,第89页,图一·5。
[2]北京艺术博物馆、中国社会科学院考古研究所等:《玉泽陇西——齐家文化玉器》,北京美术摄影出版社,2015年,第198页。
[3]宁夏固原博物馆编:《固原文物精品图集》上册,宁夏人民出版社,2011年,第70页。

3) II级玉币

齐家文化II级玉币数量为13件,发掘品和有明确采集地点的采集品居多。长度为27~33厘米,折合11至13寸。约占总数4%。

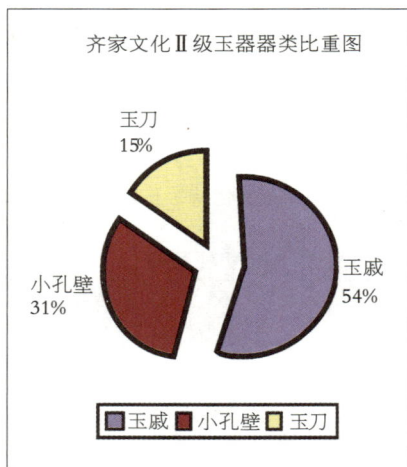

图 2 齐家文化 II 级玉器比重图

齐家文化II级玉币器类主体较特级和I级有较大变化,器类以玉戚为主,约占II级玉币总数的54%。小孔璧次之,约占31%。玉刀最少,但也可占II级总数15%(图2)。这是在经常性的商品交换中不大常用的大面额货币,约占齐家文化玉器总数的4%。打个比方说,像100元面值的货币。

4) III级玉币

齐家文化III级玉币28件,仍然以采集品为主。长度为19~26厘米,约合8~10寸。约占总数9%。

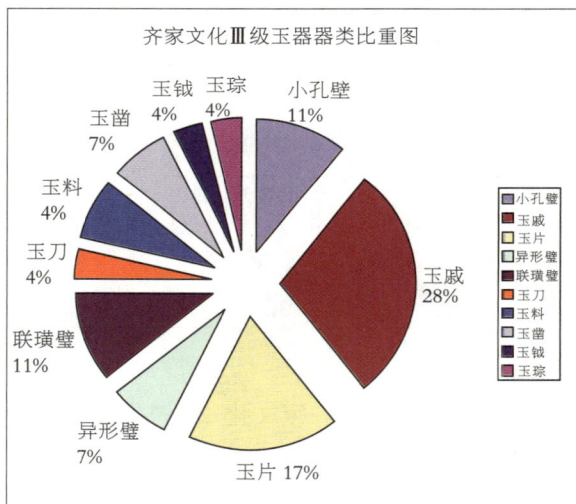

图 3 齐家文化 III 级玉器器类比重图

齐家文化III级玉币器类比重同II级玉币相比,主体略有变化。主要以玉璧为主,总量可约占III级玉币总数29%,其中小孔璧和联璜璧各占总数约11%,异形璧约占7%。其次是玉戚,约占28%。III级中玉片比重异军突起,约占17%。玉凿和玉料各占约7%。玉琮、玉钺、玉刀各占约4%(图三)。假如我们将玉片也视为玉料,则玉料比重便可上升至第三位,小计为24%。

如果我们将齐家文化 III 级玉币比喻为 50 元面值的货币，那么齐家文化在这个规模上的交易里货币流通量并不是很大，约占齐家文化玉币总数的 9%。器类以玉璧和玉戚为主，而包括玉片在内的玉料位居第三，非常值得注意。

5）IV 级玉币

齐家文化 IV 玉币 36 件，除采集品外，也有一部分发掘品，如喇家、宗日、秦魏家等遗址均有出土。长度为 14~18 厘米，约合 6~7 寸。约占齐家玉器总数 12%。

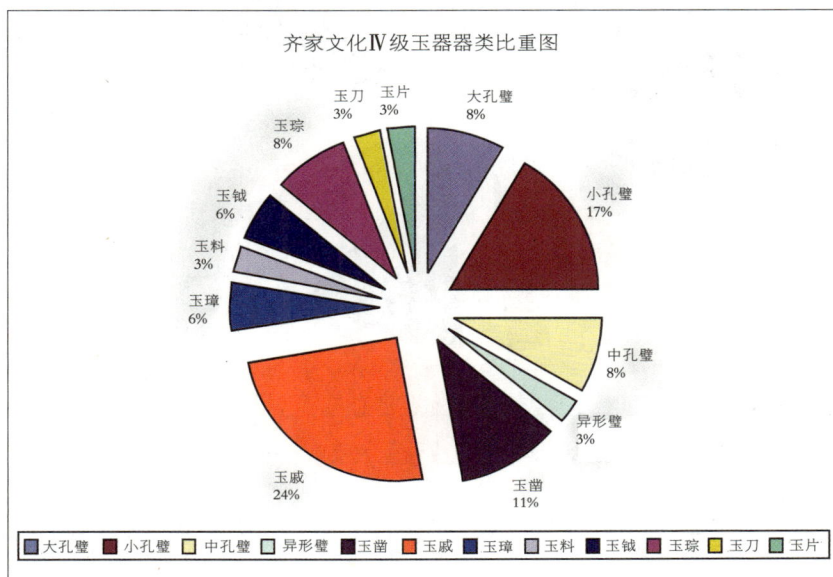

图 4　齐家文化 IV 级玉器器类比重图

齐家文化 IV 级玉币器类主体与 III 级接近，仍以玉璧为主，可占 IV 级玉币总数的 36%，其中小孔璧约占 17%，中孔璧和大孔璧各占 8%，异形璧占 3%。玉戚占第二位，为 24%。玉凿占 11%。玉琮占8%。玉钺和玉璋各占 6%。玉片、玉料和玉刀各占 3%。表明 IV 级玉币中包括玉片在内的玉料也仅能占 6%，比重大为减少（图 4）。这或许从侧面反映出来 III 级玉币中玉料占较大比重显得比较突兀，可能具有一定的特殊性。

齐家文化 IV 级玉币在齐家文化玉器中占 12%，表明是比较常用的货币，比喻为 10 元面值的货币可能比较合适。玉璧和戚是其中最主要的器类。

6）V 级玉币

齐家文化 V 级玉币 84 件，采集品为主，发掘品见于喇家、皇娘娘台、师赵村、陈旗磨沟、黑水国等遗址。长度为 9~13 厘米，约合 4~5 寸。约占齐家文化玉器总数 28%。

齐家文化 V 级玉币器类仍以玉璧为主，约占 V 级玉币总数 32%，其中大孔璧占 17%，联璜璧占7%，小孔璧占 4%，中孔璧占 2%，异形璧和有领璧各占 1%。其次为玉钺占 14%；玉琮占 10%；玉凿占8%；玉斧和玉璜各占 7%；玉锛占 6%；玉料占 5%；玉环和玉刀最少，各占 1%。值得注意的是，V 级玉币中，玉钺的比重取代玉戚的地位，占第二位；开始出现单件的玉璜，数量虽然不多；玉斧、玉凿、玉锛等工具类占有一定比重，可达 21%，实际上可超越玉钺（图 5）。

齐家文化 V 级玉币占玉器总数 28%，表明其为齐家文化商品交换中流通量非常大的货币，可比

165

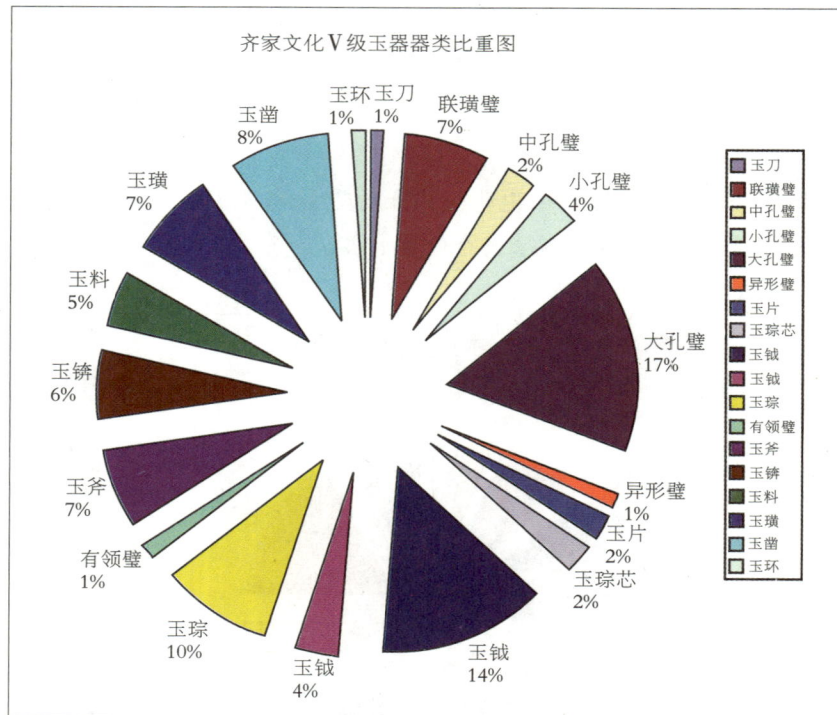

图 5　齐家文化 V 级玉器器类比重图

喻为 1 元面值的货币。其中特别引人注目的是工具类玉器可占 21%，或许暗示这个层级的市场交易的商品以生产资料为主？颇耐人寻味。

7）VI 级玉币

齐家文化 VI 玉币 122 件，以采集为主，喇家、皇娘娘台、宗日、黑水国、师赵村、柳湾等遗址也有出土。长度为 3.8~8.6 厘米，约合 2~3 寸。约占齐家文化玉器总数 41%。

齐家文化 VI 级玉币器类更为庞杂，主体器类也有所变化，独占鳌头的器类变为玉料，可占 VI 级玉器总数的 28%，其中玉料占 12%，可视为玉料的璧芯约占 9%，玉琮芯占 5%，玉片占 2%。玉琮总体约占 19%，其中玉琮约占 17%，玉琮游标即去掉射部的玉琮（原本很可能用于游标砝称之秤砣）约占 2%。玉璧总体也约占 17%，其中大孔璧占 8%，小孔璧占 5%，联璜璧和异形璧各占 2%。工具类也可占到 17%，其中玉锛占 9%，玉凿和玉斧各占约 8%，同玉璧和玉琮并列第二位。玉环占 8%，位居第三。其余器类比重很小，玉璜占 5%。圆片玉算筹（传统认为玉纺轮）约占 3%。在 II、III 和 IV 级中占有重大比重的玉戚，在 VI 级中仅占 2%。玉钺则最少，占 1%（图 6）。

齐家文化 VI 级玉币约占玉器总数的 41%，是齐家文化玉币流通量最大的一个货币单位，可比喻为 1 角面值的货币。器类以玉料为主，类似明代的散碎银子，很可能用于齐家文化社会日常最基本的生活资料的商品交易，因此流通量最大，但是面值偏低。

8）VII 级玉币

齐家文化 VII 级玉币数量不多，有 11 件。发掘品与采集品数量基本持平，喇家、柳湾、皇娘娘台等遗址发掘出土有此级玉币。长度在 1.5~3.6 厘米之间，约合 1 寸。

齐家文化 VII 级玉币器类仍以玉料占绝对优势，可占 VII 级玉器总数的 73%，其中玉璧芯可占 46%，玉琮芯、玉料、玉片各占 9%。其次为圆片玉筹，可占 18%。玉凿最少，约占 9%（图 7）。

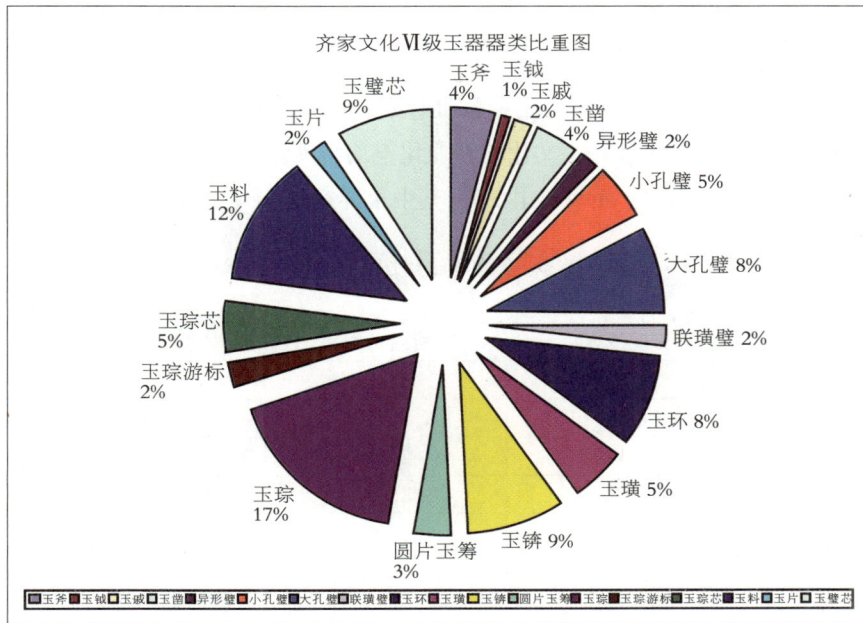

图6 齐家文化Ⅵ级玉器器类比重图

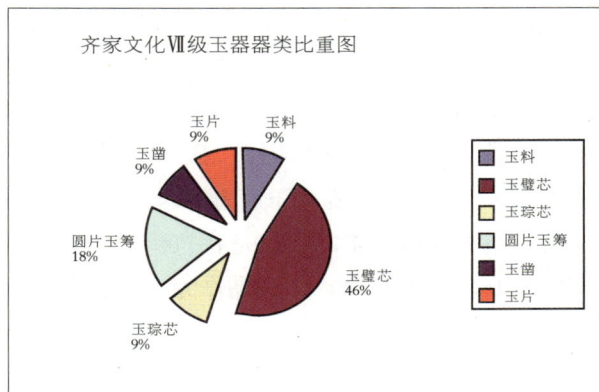

图7 齐家文化Ⅶ级玉器器类比重图

　　齐家文化Ⅶ级玉币数量比重仅占齐家文化玉器总数的4%,表明这一单位层级的货币流通量不大,可比喻为1分面值的货币。器类以玉料占绝对优势,相当于作为低于1元价值找零的散碎银子进行小额支付时使用。很可能由于齐家文化多数基本生活资料商品价格要高于1元,级Ⅵ级玉币单位,因此角分级的Ⅶ级玉币"零钱"使用的机会并不多。犹如今天中国随着生活物价水平的提高,人民币角与分流通量在市场上大为减少,最常用的面值单位是1元纸币或硬币。

　　3. 齐家文化玉器的流通手段职能分析

　　政治经济学原理认为:"货币的流通手段职能是指,货币充当商品交换媒介的职能。……用公式表示为 W—G—W(商品—货币—商品)。"①尽管我们尚不能找到齐家文化玉器作为商品交换媒介的直接

①《马克思主义政治经济学概论》编写组:《马克思主义政治经济学概论》,人民出版社等,2011年,第54页。

167

考古证据，但是我们根据一些遗址中玉器的考古存在背景关系，来间接推测其商品交换的媒介功能。

武威皇娘娘台 M24 为一男二女成人合葬墓，随葬陶器 6 件，铜锥 1 件，玉石璧 1 件，绿松石珠饰数枚[①]。其中玉石璧原为货币，可以作为交换陶器、铜器、人口（买来的女奴陪葬）的媒介。

再如张掖黑水国遗址是一处齐家文化的专业化铜冶铸遗址，发掘出冶炼遗迹矿石、炉渣、鼓风嘴、炉壁残块、范、铜块、铜颗粒等。出土 VI 级玉币 5 件，其中玉斧 3、玉料 1、玉戚 1 件(表5)。

表5　黑水国遗址出土玉器等级统计表

器名	长度厘米	折合为寸	约合整寸	分级
玉戚	8.34	3.336	3	VI
玉料	8.26	3.304	3	VI
玉斧	7.41	2.964	3	VI
玉斧	6.89	2.756	3	VI
玉斧	4.59	1.836	2	VI

表明黑水国冶铸遗址出土的玉币很可能主要用于矿石、铜料、冶铸工艺材料、工匠劳动力、工匠基本生活资料、铜器产品等等之间交易的媒介。由于黑水国遗址为齐家文化专业冶铸遗址，因此玉币器类以生产工具(玉斧)为主，或许暗示交易的主要商品是生产和生活的基本资料。

4. 齐家文化玉币的贮藏手段

政治经济学原理认为："货币的贮藏手段职能，即货币退出流通领域作为社会财富的一般代表可以被贮藏的职能。……货币贮藏也就是社会一般财富的贮藏。"[②]

皇娘娘台 M48 有二女殉葬的男性墓主，随葬玉石璧 83 件[③]。如果从玉璧为玉币的角度解读，埋入墓葬的玉币退出的商品交易的流通领域，实际上就是在执行货币的贮藏手段职能。朱乃诚先生便认为："皇娘娘台墓地内随葬的 200 多件玉石璧，都应是作为个人的财富随葬的。这种作为财富的玉石璧，在当时可能具有以物易物的媒介作用，即原始货币。"[④]朱先生还认为师赵村 M8 出土的玉琮并不与共出的玉璧配套，也应是作为墓主财富而随葬的。他进而怀疑宁静后柳沟村三件大型玉琮与四件大型玉璧同埋一坑为祭祀说，认为更可能是窖藏。[⑤]

我们进一步认为后柳沟村的琮璧玉器坑就是货币窖藏，执行的就是货币贮藏手段。该玉币窖藏的等级偏高，贮藏的 II 级小孔璧和 IV 级玉琮各 3 件，V 级玉琮 1 件(表6)。如前假设齐家文化玉币 II 级为 100 元面值的面额货币，在后柳沟玉币窖藏中可占 42.9%；IV 级为 10 元面值，也可占 42.9%；V 级为 1 元面值，仅占 14.2%。显然后柳沟玉币窖穴以贮藏大额面值和中等面值的玉币为主，小额面值的玉币为辅，其社会财富贮藏职能表现得淋漓尽致。

①甘肃省博物馆：《甘肃武威皇娘娘台遗址发掘报告》，《考古学报》1960 年第 2 期。
②《马克思主义政治经济学概论》编写组：《马克思主义政治经济学概论》，人民出版社等，2011 年，第 55 页。
③甘肃省博物馆：《武威皇娘娘台遗址第四次发掘》，《考古学报》1978 年第 4 期。
④朱乃诚：《素雅精致，陇西生辉——齐家文化玉器概论》，《玉泽陇西——齐家文化玉器》，北京美术摄影出版社，2015 年，第 258 页。
⑤朱乃诚：《素雅精致，陇西生辉——齐家文化玉器概论》，《玉泽陇西——齐家文化玉器》，北京美术摄影出版社，2015 年，第 260 页。

表6　后柳沟玉币窖藏统计表

器名	长度或直径	折合为寸	约合整寸	分级
小孔璧	32.1	12.84	13	II
小孔璧	27.8	11.12	11	II
小孔璧	27.3	10.92	11	II
玉琮	16.7	6.68	7	IV
玉琮	16.7	6.68	7	IV
瓦垄纹琮	14.7	5.88	6	IV
玉琮	12.8	5.12	5	V

5. 齐家文化玉币的黄河中上游地区"国际货币"职能

政治经济学原理认为："货币一旦用于国家间的商品交换,就取得了世界货币的职能。……一是作为国际支付手段,用来平衡国际贸易差额;二是作为购买手段,用于从国外购买商品;三是作为社会财富的代表,在国与国之间转移,例如对外国的资金援助、向国外借款、用于战争赔款等。"[①]

邓淑苹先生提出"华西系玉器"的概念[②],将具有很大共性的齐家文化、石峁集团、陶寺文化和山西芮城清凉寺墓地玉器,归为华西系玉器,同以良渚文化、大汶口文化和山东龙山文化玉器为代表的华东系玉器,有着许多的区别。我们认为邓先生的分析是非常准确的。

我们进一步认为,齐家文化、石峁集团(即老虎山文化)、与陶寺文化(清凉寺墓地可能与陶寺文化有关),不仅是三支不同的考古学文化,更有可能是三个不同的政体,其中石峁集团与陶寺文化已经进入到国家社会形态,它们同齐家文化形成了一个黄河中上游地区的共同商品贸易圈,因此华西系玉器即可作为该商品贸易圈共同使用的"国际货币",相当于当今的"欧元",在三个政体之间流通。

其中,石峁集团以其最大的玉币存量、大额面值的货币保有量以及石峁商贸城市集中出土量,表明石峁集团是这个商品贸易圈的交易中心和金融中心。[③]朱乃诚先生认为,齐家文化的大玉刀、大玉璋等数量很少,很有可能是从中原地区包括陕北输入的。[④]本文通过分析,进一步认为齐家文化的特级和I级玉币,很有可能是石峁集团作为对齐家文化政体的"平衡贸易差额"、购买商品、资金援助或借款等支付的巨额面值的货币,就是在执行"国际货币"的职能。

极为值得注意的是,尽管齐家文化玉币同石峁集团玉币有诸多共同之处,但是二者的区别最大之处有两点。

其一是齐家文化大多数玉币为齐家文化区内"本地制造",对此朱乃诚先生已精到的分析[⑤]。

其二是,齐家文化的大多数玉币都较厚,石峁集团玉币都很薄,且普遍流行将片状玉币从中剖开

---

①《马克思主义政治经济学概论》编写组:《马克思主义政治经济学概论》,人民出版社等,2011年,第56—57页。

②邓淑苹:《也谈华西系玉器》(一至六),《故宫文物月刊》1993年8月总号125至1994年1月总号130。

③关于石峁集团玉器货币功能,笔者将另著文讨论。

④朱乃诚:《素雅精致,陇西生辉——齐家文化玉器概论》,《玉泽陇西——齐家文化玉器》,北京美术摄影出版社,2015年,第262页。

⑤朱乃诚:《素雅精致,陇西生辉——齐家文化玉器概论》,《玉泽陇西——齐家文化玉器》,北京美术摄影出版社,2015年,第260—263页。

"一块钱变两块"的现象。我们统计了 240 件有厚度数据的齐家文化玉币资料,分出四个等级(表 7)

表 7 齐家文化玉器厚度分级数量统计表

	数量 (件)	厚 (厘米)
Ⅰ 级	99	0.95 以上
Ⅱ 级	88	0.55~0.94
Ⅲ 级	37	0.35~0.54
Ⅳ 级	16	0.15~0.34
合计	240	

结果我们发现齐家文化厚度在 0.95 厘米以上的 Ⅰ 级厚度的玉币可达 41%,0.55~0.94 厘米 Ⅱ 级厚度者占 37%,0.35~0.54 厘米 Ⅲ 级厚度者可占 15%,0.15~0.34 厘米 Ⅳ 级厚度者仅占 7%(图八)。于此形成鲜明对比的是,石峁集团的玉币 153 件中,厚度在 0.2~0.3 厘米的 Ⅳ 者竟然能占到 49%(图九)。

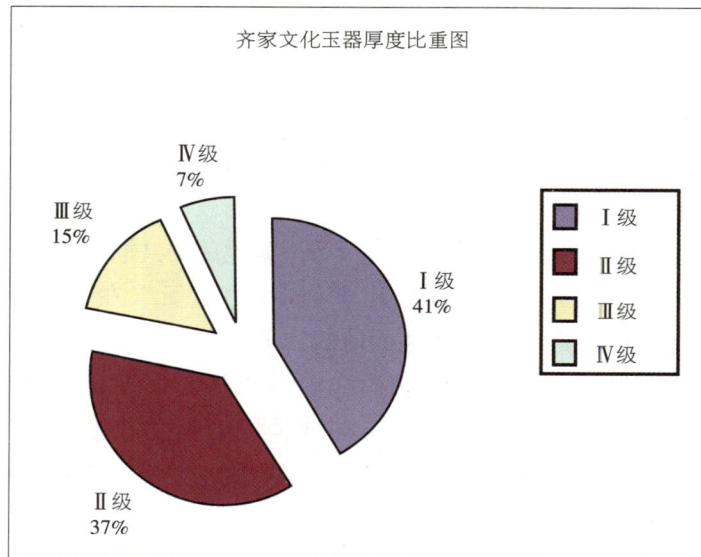

图 8 齐家文化玉币厚度等级比重表

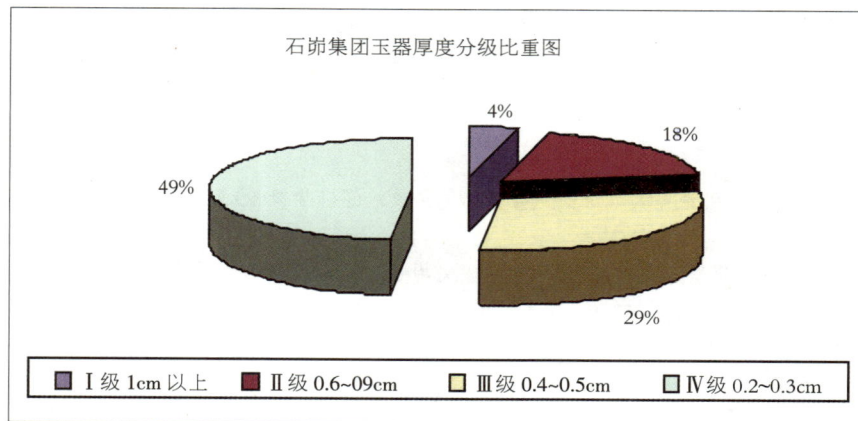

图 9 石峁集团玉器厚度分级比重图

综上分析，我们认为，齐家文化是华西系玉器即黄河中上游地区"国际货币"的主要生产地，也就是说齐家文化是该区域"国际货币"的主要造币工厂，向石峁集团或石峁城址商贸和金融中心重点提供，向陶寺文化少量提供。陶寺文化玉币很可能主要来自同石峁集团政治经济交易。陶寺文化从考古学文化因素面貌上与石峁集团更贴近，与齐家文化略疏远。似乎也支持这样的判断。

石峁集团缺乏玉料并不生产玉币，它从齐家文化"造币厂"得到大量玉币后，进行纵向分剖，在保证玉币长度面值的前提下，增加同面值玉币的数量，这是典型的金融货币增量的手段，今天叫量化宽松货币政策，目的是获得更多的金融暴利。

五、结　语

根据政治经济学关于货币性质与职能的原理，我们分析齐家文化玉器的作为一般等价物的特点及其市场地位，从迥异于传统的玉礼器说的视角，试图重新解读齐家文化玉器的原本功能，虽然可以自圆其说解决以往玉礼器说中所存在的重大障碍，但同也存在很多细节问题，有待今后从经济考古的角度进行更深入的研究。

附记：本文得到中国社会科学院"哲学社会科学创新工程"重大项目"中华思想通史·原始社会编"经费支持。

新石器时代黄河中上游地区多璜联环
及玉琮的发展与流传

台南艺术大学　黄翠梅

近年来随着考古发掘材料的累积，有关新石器时代黄河中上游地区玉器文化的内涵及其分合关系日益受到学界的关注，相关研究也显著增多。然而纵使学术界多数认同两地玉器之间存在密切的交流，由于考古学年代检测方法和数据的推陈出新，各家学者不仅对于两地间具体交流路径仍有歧异，对于其发展先后与交流方向的之主张更明显相左。有鉴于此，本文将以过去的研究为基础，进一步补充近年新出土及新发表的材料，针对黄河中游及下游地区最具代表性的多璜联环（或称多璜联璧、联璜环、联璜璧等）[1]和玉琮进行观察，借由比较其外观形制、组配关系和使用方式，推论二地玉器的发展关系。并期待未来能以前述的成果为依据，梳理齐家文化玉器在商周时代遗址的分布及出土情况，进一步思考黄河中上游地区对后世用玉制度的可能影响。

一、黄河中、上游地区新石器时代玉器的发展谱系及其文化性质

20 世纪 70 年代以来大量精美玉器的出现不仅改写了中国玉器发展史，也促使考古与古史学界重新省思新石器时代文化的物质因素及其精神内涵，因此自 1990 年代开始已有学者尝试为中国新石器时代的玉器发展划定文化范围或梳理文化谱系。[2]2000 年，笔者亦曾发表《新石器时代玉器文化谱

---

[1]本文所称"多璜联环"系指由 2 件以上弧形玉片缀合而成的环状玉器，由于此类玉环之肉部多宽窄不一，内、外径比例也不甚一致，故学界又有多璜联璧、联璜环、联璜璧等不同称呼。经笔者检视目前已发表的陶寺、清凉寺墓葬出土之多璜联环后发现，即或各器内宽有别，使用方式实无显著差异，故本文统一命名为"多璜联环"。至于单件的环状玉器则似因其孔径大小（一般以 6 厘米为界）而有不同的摆放位置，故循惯例依其内、外径大致比例分别以玉璧、玉环称之。

[2]牟永抗、吴汝祚：《试谈玉器时代——中华文明起源的探索》，《中国文物报》第 42 期 3 版，1990 年 11 月 1 日；牟永抗：《古玉考古学研究初论》，浙江省博物馆编：《东方博物》，杭州大学出版社，1997 年，第 10—21 页；牟永抗、吴汝祚：《试论玉器时代——中国文明时代产生的一个重要标志》，《考古学文化论集（四）》，文物出版社，1997 年，第 175—180 页；邓淑苹：《中国古代玉器文化三源论》，《中华文物学会年刊》，台北中华文物学会，1995 年，第 44—58 页。

系初探》一文,[①]文中将中国新石器时代的玉器文化划分为七个区系,并引用苏秉琦所主张的原生、次生、续生的"三模式"文明发展理论[②],依据黄土地与玉矿源的地理分布,以及各区系玉器文化的根源、各类玉器的装饰和形制特色以及用玉内涵的差别,将之区分为原生型系统和次生型系统,其中黄河中游晋南陕北地区和黄河上游的甘青宁地区分属于次生型的"北方系统"和"西北系统"。文中并且指出,位于六盘山、陇山以西至湟水流域的"西北系统"在玉璧和玉琮等玉器的发展上可能还具有续生文化的特质。

其后(2003年),为了进一步探讨玉矿资源的丰匮与中国史前各地区玉器文化的不平衡发展关系,笔者与叶贵玉教授合作发表《自然环境与玉矿资源——以新石器时代晋陕地区的玉器发展为例》一文,[③]文中指出位于巨厚黄土覆盖范围的晋陕地区出土的玉器,无论是形制简单、种类单一的长片状斧、刀,被称为璋、圭等的玉兵,或是璧、环、璜、琮和小型动物形佩饰等,它们不仅玉材种类纷杂,外形与其他地区出土玉器多所相似,并且在玉器壁面、器缘或孔洞四周常见钝锐有别、残缺不整的钻凿、截锯等改制痕迹,以致外形欠缺整体感。这些现象显示新石器时代末期晋陕地区的用玉需求应系来源于外来文化的刺激,并且在玉料短缺的现实条件下,直接将流通自其他地区的玉器加以缀合或重新改制,进而逐步发展出具有"在地"特色的玉器文化内涵,这样的文化汇合正如同苏秉琦在描述陶寺文化之性质时所指出的:"很像车辐聚于车毂,而不像光、热等向四周放射。"[④]亦即晋陕地区的玉器文化是一个在外部因素影响下形成的次生型系统。

二、新石器时代黄河中上游地区的多璜联环和玉琮

事实上,晋陕玉器的形式与内容不仅延续了史前玉文化的生命脉络,它们向黄河上游地区的持续推进,更蕴含历史时期玉器发展的契机。公元前2300至2000年前后的新石器时代末期阶段,长江中下游地区的制玉工业已基本停滞,只有少数地区持续出土玉琮和玉璜,但数量相当零星。相对而言,黄河中上游地区对玉石饰品的使用则相对兴盛,其中表现最为突出的是位于黄河中游的晋南汾河流域、陕北和晋西北黄土高原以及黄河上游的甘青宁地区,而多璜联环(图1)和玉琮(图2)即是其中极具特色及代表性的两类玉器。

(一)黄河中游地区

1. 黄河中游地区多璜联环和玉琮的分布及出土情况

在进入龙山文化时期之前,中原地区除了关中、陕南和豫西一带有少量玉质工具和饰品出土的报道外,基本不见用玉传统,直到庙底沟二期文化晚段至龙山文化阶段(约公元前2450年至前1900年),位于晋南的陶寺、下靳、清凉寺遗址以及陕北黄土高原的芦山峁、石峁、新华和近年发现的晋西北兴县碧村等遗址才开始出现玉器的踪迹。

①本文首次于2000年11月在北京大学考古文博院举办的"中国古代玉器与玉文化高级研讨会"中宣读,2002年正式出版于《史评集刊》第1期,第1—29页(台南艺术大学发行)。
②苏秉琦:《中国文明起源新探》,香港商务印书馆,1997年,第108页。
③本文于2003年10月年在台北中央研究院主办的"新世纪的考古学——文化、区位、生态的多元互动学术研讨会"宣读,2006年收录于《新世纪的考古学——文化、区位、生态的多元互动》,紫禁城出版社,第442—470页。
④苏秉琦:《中国文明起源新探》,香港商务印书馆,1997年,第133页。

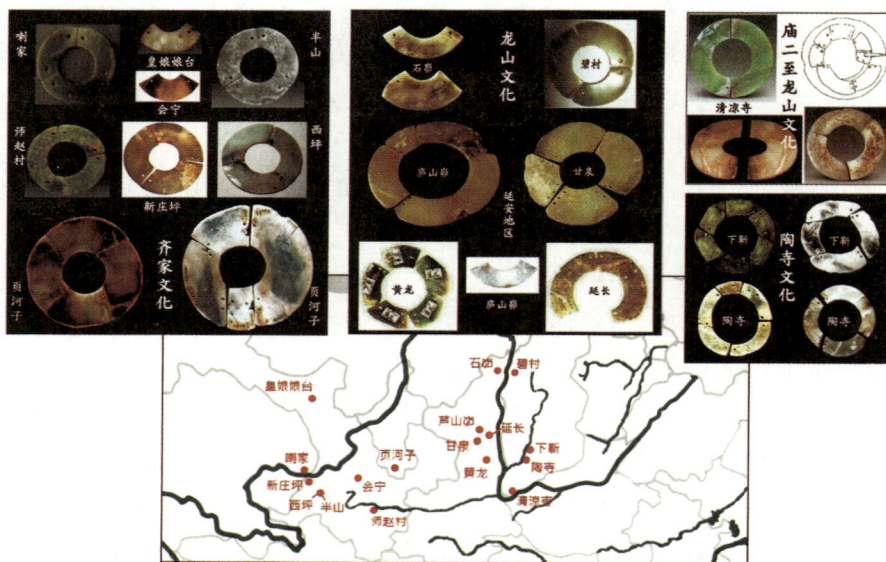

图 1　新石器时代末期（约公元前 2300 至前 1900BCE）多璜联环及玉璜的分布

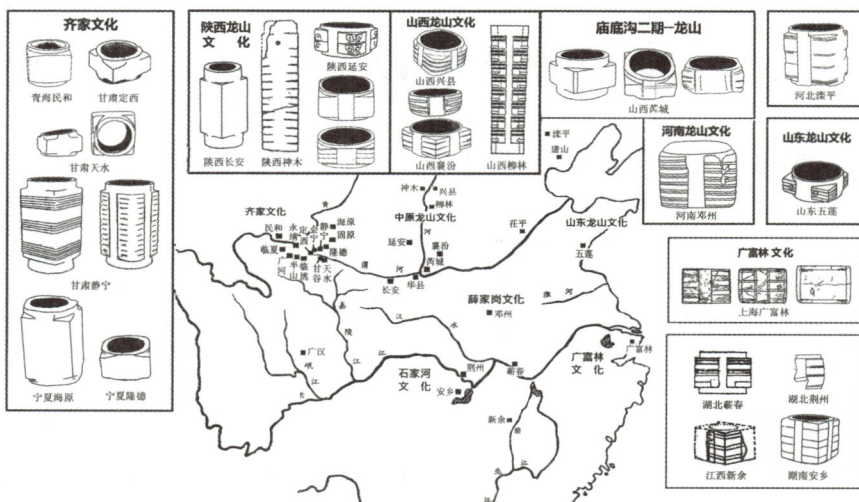

图 2　新石器时代末期（约公元前 2300 至前 1900BCE）玉琮的分布

（1）山西襄汾陶寺和临汾下靳遗址

1978 至 2015 年间，中国社科院考古研究所、山西省考古研究所和临汾市文物局等单位已经在襄汾陶寺遗址进行多次的考古发掘，总计发现陶寺文化（年代约介于庙底沟二期文化晚期到龙山文化时期）墓葬 1300 余座，以及大量的陶器、石器、骨器、礼乐器以及玉钺、多孔刀、玉璧、玉环、玉璜和璜片尺寸与数量不甚规整的多璜联环（图 3、4）以及玉琮（图 5）等玉质随葬品，其中璧、环、多璜联环、琮等出

图3 襄汾陶寺2011号墓出土的多璜联环
（《玉魂国魄——玉器·玉文化·夏代中国文明展》页85）

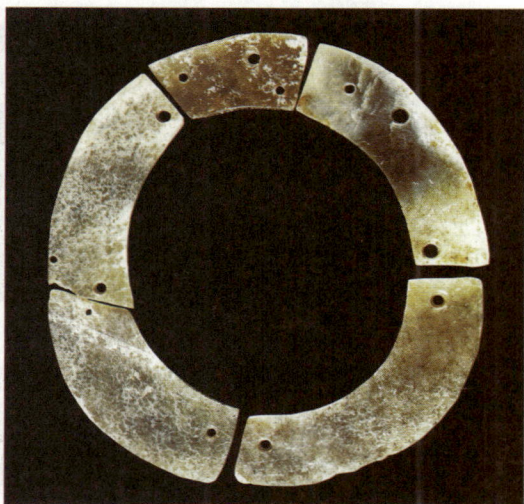

图4 襄汾陶寺3033号墓出土的多璜联环
（《玉魂国魄——玉器·玉文化·夏代中国文明展》页86）

土时多被平置于墓主手臂、胸腹或套戴于墓主手臂。[①]1978至1985年间发掘并有玉器随葬的40余座墓中，年代明确为早期者包括属于首领人物的一类甲、乙型大墓、属于高级贵族的二类甲型墓或作为一类大墓陪葬墓的丙、丁型墓；至中晚期阶段，玉器则多见于属于中等贵族的三类墓中，但出土数量有增加的趋势。至于玉璧和玉琮均出土于三类墓中，其中可确定时代者均属晚期，其余期属不详。[②]

1998年在东南距陶寺遗址约25公里的临汾下靳遗址也发现了一处年代约为庙底沟二期文化晚段的陶寺文化大型墓地，共清理墓葬500余座，其中多座墓葬也随葬了璧、环、多璜联环（图6、7）等玉器，出土位置大致与陶寺墓葬相同。[③]

[①] 中国社会科学院考古研究所山西工作队、临汾地区文化局：《山西襄汾县陶寺遗址发掘简报》，《考古》1980年第1期，第18—31页；中国社会科学院考古研究所山西工作队、临汾地区文化局：《1978—1980年山西襄汾陶寺墓地发掘简报》，《考古》1983年第1期，第30—42页；中国社会科学院考古研究所山西工作队、临汾地区文化局：《陶寺遗址1983—1984年III区居住址发掘的主要收获》，《考古》1986年第9期，第773—781页；高炜：《龙山时代玉骨组合头饰的复原研究》，《海峡两岸古玉学术讨论会论文集》，台湾大学理学院地质科学系，2001年，第321—328页；中国社会科学院考古研究所山西队、山西省考古研究所、临汾市文物局：《陶寺城址发现陶寺文化中期墓葬》，《考古》2003年第9期，第3—6页；王晓毅、严志斌：《陶寺中期墓地被盗墓葬抢救性发掘纪要》，《中原文物》2006年第5期，第4—7页；中国社会科学院考古研究所、山西省临汾市文物局：《襄汾陶寺——1978—1985年发掘报告》，文物出版社，2015年；中华玉文化中心、中华玉文化工作委员会编：《玉魂国魄——玉器·玉文化·夏代中国文明展》，浙江古籍出版社，2013年，第70—93页。

[②] 高炜：《陶寺类型玉器及相关问题》，邓聪主编《东亚玉器》第1卷，香港中文大学出版社，1988年，第193、196—197页。

[③] 石金鸣等：《临汾下靳墓地发掘获重要成果》，《中国文物报》，1998年12月20日；下靳考古队：《山西临汾下靳墓地发掘简报》，《文物》1998年第12期，第4—13页；山西省临汾行署文化局、中国社科院考古研究所山西工作队：《山西临汾下靳村陶寺文化墓地发掘报告》，《考古学报》1999年第4期，第459—486页；古方主编：《中国出土玉器全集(3)山西》，科学出版社，2005年，图18。

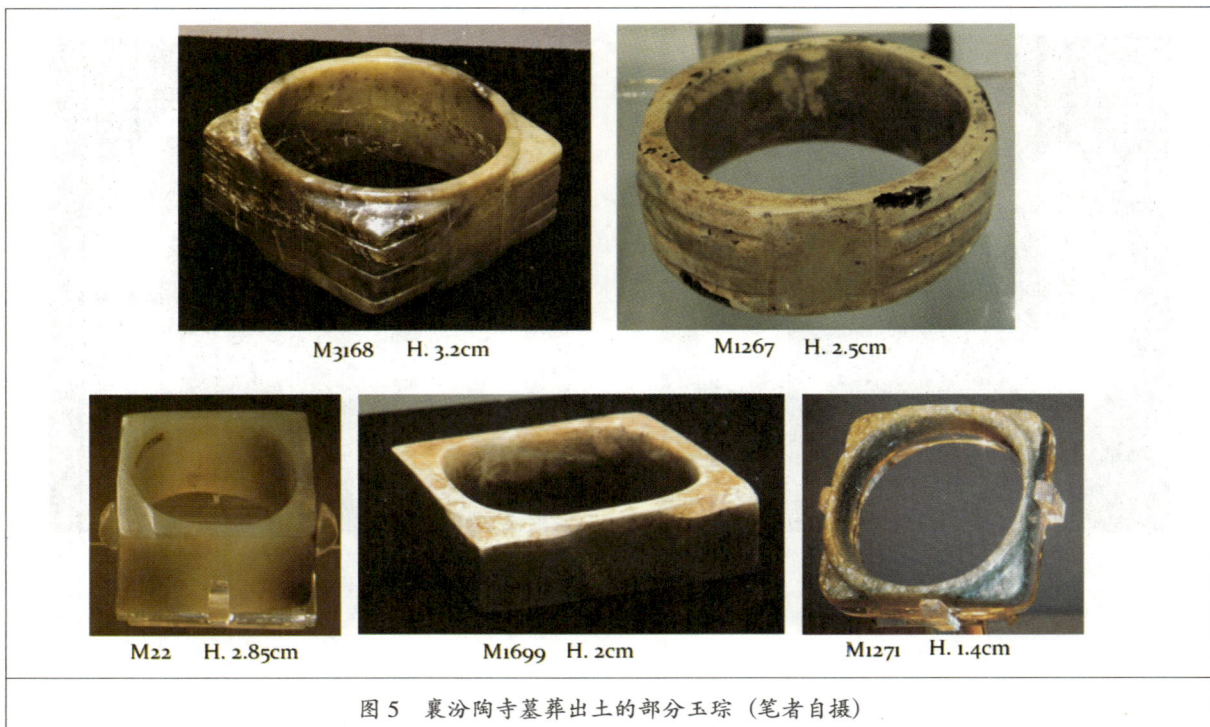

M3168　H. 3.2cm　　　　M1267　H. 2.5cm

M22　H. 2.85cm　　　M1699　H. 2cm　　　M1271　H. 1.4cm

图5　襄汾陶寺墓葬出土的部分玉琮（笔者自摄）

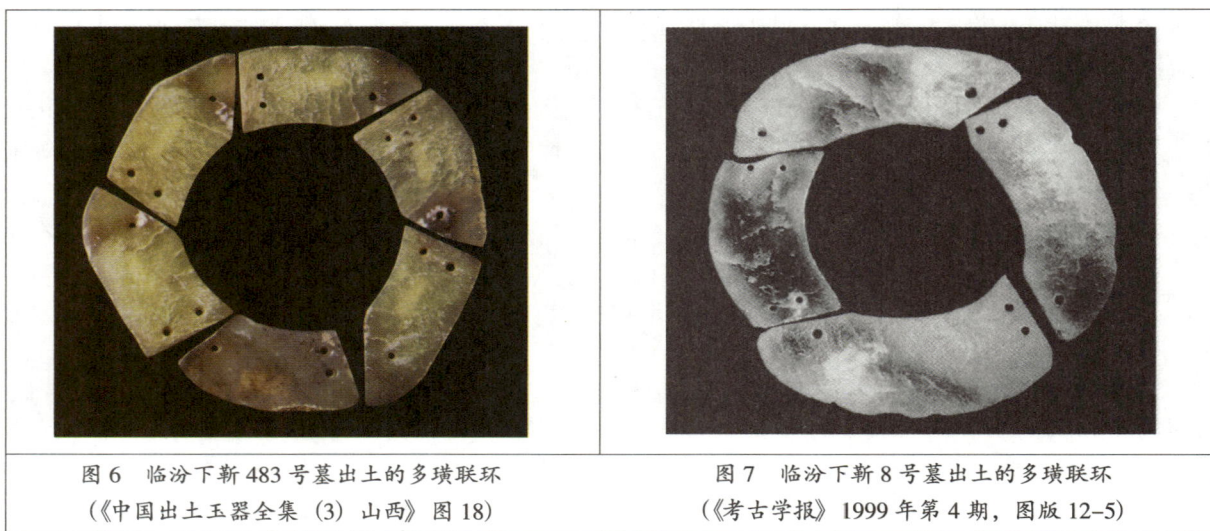

图6　临汾下靳483号墓出土的多璜联环　　　　图7　临汾下靳8号墓出土的多璜联环
（《中国出土玉器全集（3）山西》图18）　　　　（《考古学报》1999年第4期，图版12-5）

目前有关陶寺文化的分期及其年代范围，主要存在三种不同意见。[①]根据新近出版的《襄汾陶寺——1978—1985年发掘报告》所公布的结果，陶寺文化的年代范围大致为公元前2450至前1900年，其测年数据可以被区分为早晚两个时期：早期墓葬约介于公元前2400—2300BC（经同位素分馏效应校正增值）；晚期墓葬约为公元前2200年上下和接近2000年（经同位素分馏效应校正增值），然因

①朱乃诚：《时代巅峰　冰山一角——夏时期玉器一瞥》，中华玉文化中心、中华玉文化工作委员会编：《玉魂国魄——玉器·玉文化·夏代中国文明展》，浙江古籍出版社，2013年，第26页。

墓坑填土含有陶寺晚期陶片，故属陶寺晚期中偏晚遗存。①

（2）山西芮城清凉寺遗址

晋南地区另一处大规模的考古发现，是位于襄汾以南约200公里处的芮城清凉寺墓地。清凉寺墓地和东部较高山梁上的坡头遗址合称"寺里－坡头遗址"，1975年和1984年在清凉寺大殿的东北侧曾先后发现两批据称出土于墓葬的光素琮璧等玉石器（图8、9），②直到2004年，随着芮城清凉寺墓地的发掘，当地出土玉器的使用情况和考古学内涵才逐渐为人所知。

2003至2005年间，山西考古所联合运城市文物局、芮城县文物旅游局等单位在该墓地发掘了庙底沟二期文化晚期到龙山文化晚期墓葬355座，这批墓葬共区分为四期，其中第二至四期墓主皆头向西侧山梁，故属前后相继的不同阶段，唯二、三期之间墓葬风格变化较大。第一期墓葬17座，多数没有发现随葬品；第二期墓葬189座，其中部分墓葬出土了陶器、玉石钺、璧、环、多璜联环和多孔刀等器物，个别墓葬还有鳄鱼骨板以及猪下颌骨；第三期墓葬105座，可惜全数遭到盗扰，其中近半墓葬中仍可发现殉人现象。多座墓中随葬了玉璧、玉环以及由不等分或不规则璜形玉片组成的多璜联环等（图10、11），另52号及87号墓中各出土了一件玉琮（图12、13）；第四期墓葬44座，存在不同程度的盗扰现象，仅极少数墓葬发现不太精致的璧、环等玉石随葬品。③

清凉寺墓地第一期之碳14年代约公元前3800-2050年，其具体文化归属不明；第二至四期前后相继，上起庙底沟二期文化晚期，下迄龙山文化晚期，其大致年代范围为2300—1900年。其中第二期人骨碳14年代为公元前2350—2050，而以公元前2200—2100比较集中；第三、四期为2050—1900。④第三期出土玉器且位置较靠西部的第52、53、57、87、100、146、150等号墓葬与庙底沟二期文化晚期年代比较接近，即使已进入龙山时代，亦属于较早阶段。

（3）陕西神木石峁及新华遗址

1980年代以前，神木石峁遗址征集和发掘出土的玉器共有二批，分别发现于1976—1979和1981

①正式发掘报告中公布了采自13座陶寺墓葬的人骨、猪头骨和木炭等13例标本的碳素数据，排除年代偏离的2例人骨及1例猪骨数据后，其余6例人骨和1例木炭数据可以被区分为早晚二期，另1例人骨和2例木炭虽因缺乏层位证据且无具时代特征之遗物致期属不详，其测年数据亦皆落在早晚二期之年代范围内，故亦属陶寺文化墓葬。其中属于早期者4例（均为人骨标本），经同位素分馏效应校正增值后，约介于公元前2400—2300BC；属于晚期者3例（包括1例木炭和2例人骨标本），经同位素分馏效应校正增值后，约为公元前2200年上下和接近2000年，由于墓坑填土含有陶寺晚期陶片，应属陶寺晚期中偏晚遗存。参见中国社会科学院考古研究所、山西省临汾市文物局 编着，《襄汾陶寺——1978—1985年发掘报告》，文物出版社，2015年，第898—900页。
②山西省考古研究所、芮城县博物馆：《山西芮城清凉寺墓地玉器》，《考古与文物》2002年第5期，第3—6页；陶正刚、王晓莲：《山西芮城县坡头遗址出土玉器与良渚文化关系的研究》，《中国玉文化玉学论丛（三编）》，2005年，第417—425页；李百勤、张惠祥编：《坡头玉器》，文物世界杂志社，2003年。
③山西省考古研究所、运城市文物局、芮城县文物局：《山西芮城清凉寺新石器时代墓地》，《文物》2006年第3期，第4—16页；山西省考古研究所、山西运城市文物局、芮城县文物旅游局：《山西芮城清凉寺史前墓地》，《考古学报》2011年4月，第525—560页。另2014年10月清凉寺墓地主要发掘者薛新民先生曾陪同笔者提件参观清凉寺墓地出土之各类玉器并提供各项说明，特此表达诚挚谢意。
④山西省考古研究所、山西运城市文物局、芮城县文物旅游局：《山西芮城清凉寺史前墓地》，《考古学报》2011年第4期，第556—557页。

图 8　清凉寺大殿的东北侧出土的 1 号玉琮
（《坡头玉器》）

图 9　清凉寺大殿的东北侧出土的 2 号玉琮
（《坡头玉器》）

图 10　清凉寺第三期 100 号墓出土的三璜联环
（《考古学报》2011 年第 4 期，图版 13—6）

图 11　清凉寺第三期 100 号墓出土的二璜联环
（《考古学报》2011 年第 4 期，图版 14—1）

图 12　清凉寺第三期 52 号墓出土的玉琮
（《文物》2006 年第 3 期，页 11）

图 13　清凉寺第三期 87 号墓出土的玉琮
（感谢发掘者薛新民先生惠允笔者拍摄及发表）

年;前者(127件)为戴应新于该遗址进行考古调查和试掘时采集所获,[1]后者(5件)系西安半坡博物馆于1981年在该地调查试掘中所得。总计该遗址出土玉器共132件,包括斧、铲、刀、凿、戈、钺、戚、牙璋、璧、圭、扇形璜、象生动物形和人首形玉器以及小型坠饰等。[2]其中扇形璜的两侧均穿有一孔(图14、15),应系多璜联环的散件,而一件单侧器面左右边缘阴刻多道平行横沟的"玉尺形器"推测是由良渚文化多节玉琮所改制(图16),另一件被称为"十字形器"的光素玉片则应系剖切自短筒形玉琮(图17),此外还有多件长条或长片状有孔"圭形"玉器、小截牙璧,则可能是剖切自较早阶段的山东或辽东地区;至于玉虎头以及被称为"玉蝗"、"玉鹰"的锥形玉器,则与两湖地区石家河文化出土的同类玉器全无二致。这批玉器是我们了解河套地区早期玉器发展的重要线索,可惜由于它们全属征集或采集品,具体出土现象尽失,无法得知其实际使用状况。

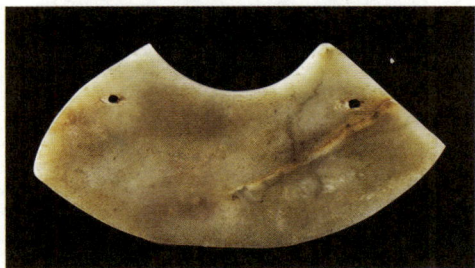

图14 神木石峁遗址出土的玉璜
(《玉魂国魄——玉器·玉文化·夏代中国文明展》 页210)

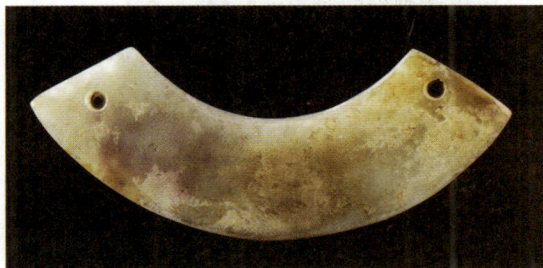

图15 神木石峁遗址出土的玉璜
(《玉魂国魄——玉器·玉文化·夏代中国文明展》 页213)

图16 神木石峁遗址出土的"十字形器"
(《故宫文物月刊》 第130期, 页75 图145、页78 图145)

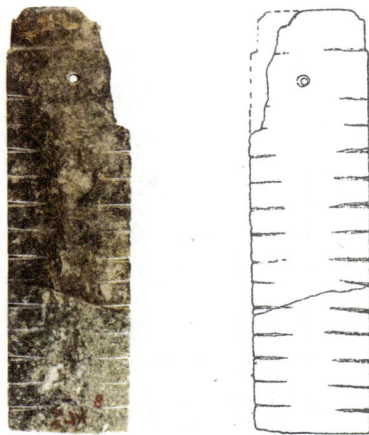

图17 神木石峁遗址出土的"玉尺形器"
(《故宫文物月刊》 第130期, 页75 图144、页79 图144)

---

①戴应新:《陕西神木县石峁龙山文化遗址调查》,《考古》1977年第3期,第154—172页;戴应新:《陕西神木县石峁龙山文化玉器》,《考古与文物》1988年第5、6期合刊,第239—250页;戴应新:《神木石峁龙山文化玉器探索(一至五)》,《故宫文物月刊》第125—130期,1993年8月—12月;戴应新:《我与石峁龙山文化玉器》,《中国玉文化玉学论丛·续编》,紫禁城出版社,2004年。

②西安半坡博物馆:《陕西神木石峁遗址调查试掘简报》,《史前研究》1983年第2期,第92—100页。

2011 年以来，陕西省考古研究院、榆林市和神木县考古单位开始对石峁遗址进行系统性的考古调查、勘探和发掘，并获得了丰硕的成果。2014 年孙周勇整理石峁遗址的发掘成果并访谈当地文化研究者和玉器收藏家后，归纳石峁玉器主要埋藏地点为大型土坑墓、祭坛和祭祀坑，以及石墙墙体或城门周边地层之间，其绝对年代大约为公元前 2300 至 1900 年。[①]目前石峁的正式发掘工作中虽然尚无玉琮出土，但戴应星于 70 年代赴石峁调查时曾见到一件灰白色材质，外方内圆、上下不出射的光素短筒形石琮，惟因故未能征集。[②]另神木龙山文化研究会也收藏了多件据称出自石峁的玉琮，其中部分四壁刻有竖槽或竖槽与横线纹(图 18、19)，[③]推测未来仍有可能发现玉琮的踪迹。

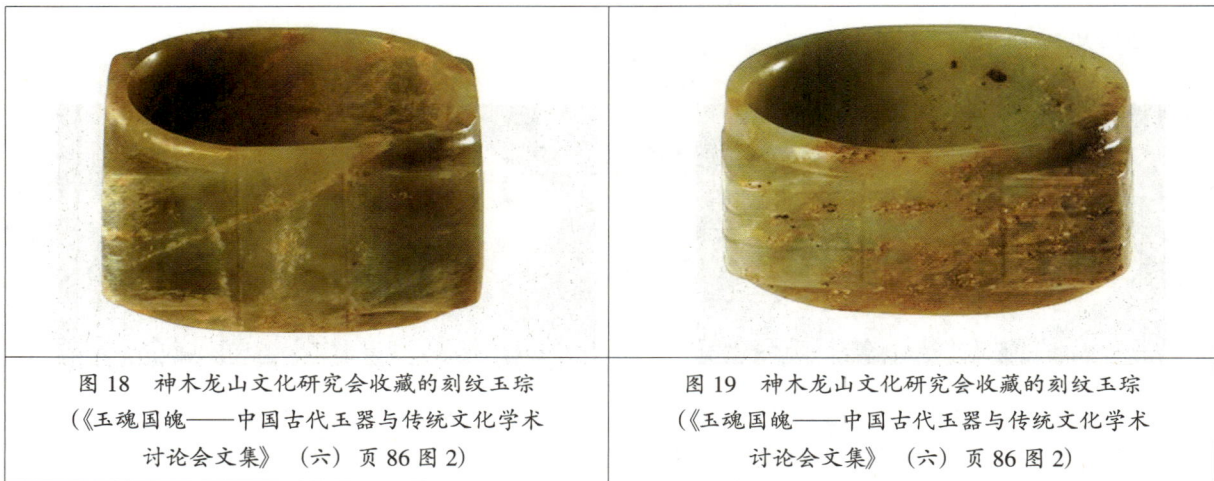

图 18　神木龙山文化研究会收藏的刻纹玉琮
(《玉魂国魄——中国古代玉器与传统文化学术
讨论会文集》 (六) 页 86 图 2)

图 19　神木龙山文化研究会收藏的刻纹玉琮
(《玉魂国魄——中国古代玉器与传统文化学术
讨论会文集》 (六) 页 86 图 2)

新华遗址位于神木县西南的一个土丘之上，地处毛乌素沙漠南部，气候干旱，沙丘起伏，其东边不远处即为石峁遗址。1996 年和 1999 年陕西省考古研究所与榆林市文管会曾先后两次在此进行大规模发掘。该遗址出土之玉石器除极少数出于灰坑或墓葬外，主要出自 K1 祭祀坑。K1 祭祀坑呈南北向，坑口长 1.4 米，宽 0.5 米，残深 0.12~0.22 米，呈不规则的长方形。36 件玉器分 6 排侧插于坑底之中，每排插置玉器数量不等，多者 10 件，少者 2 件，玉器之间基本保持平行。器形包括钺、铲、刀、斧、玦、璜及璋等，其中有数件系由一器断开而成，故经拼合后实际玉器仅有 32 件。[④]除少数断环状玉器外，它们均具有直方薄片状外观，多数在器缘或器面上留下被断切或剖锯的改制痕迹，处理方式与石峁出土玉器相当类似。其中一件被称为"玉铲"(K1∶10)的玉器明显系由多节玉琮改制(图 20)，从其墨绿色泽与外观尺寸判断，原件亦应属良渚文化遗物。

①孙周勇、邵晶：《关于石峁玉器出土背景的几个问题》，杨晶、蒋卫东主编：《玉魂国魄——中国古代玉器与传统文化学术讨论会文集》 (六)，浙江古籍出版社，2014 年，第 84—91 页。

②戴应新：《神木石峁龙山文化玉器探索 (一)》，《故宫文物月刊》第 125 期，1993 年 8 月，第 47 页。

③孙周勇、邵晶：《关于石峁玉器出土背景的几个问题》，杨晶、蒋卫东主编：《玉魂国魄——中国古代玉器与传统文化学术讨论会文集》 (六)，浙江古籍出版社，2014 年，第 86 页。

④陕西省考古研究所陕北考古队：《神木新华遗址发掘有重要收获》，《中国文物报》，1999 年 8 月 4 日；陕西省考古研究所：《陕西神木新华遗址 1999 年发掘简报》，《考古与文物》2002 年第 1 期，第 3—11 页；孙周勇：《陕西神木县新华遗址出土玉器初步研究》，《故宫文物月刊》2002 年第 227 期，第 90—113 页；陕西省考古研究所、榆林市文物保护研究所：《神木新华》，科学出版社，2005 年。

图 20. 神木新华遗址 K1 祭祀坑出土由良渚玉琮改制之"玉铲"
（左图录自《玉魂国魄——玉器·玉文化·夏代中国文明展》页 145；右图系参照左图绘制）

新华与石峁遗址同位于河套地区农牧间杂地带，不仅二地出土的三足瓮、大口尊等陶器和骨器等遗物关系密切，它们与内蒙古准格尔旗大口遗址二期以及朱开沟一、二段文化内涵也基本相似，属于同一类分布于内蒙古中南部、陕北、晋西北一带面貌有别于关中地区同期遗存的文化类型。其年代大致在公元前 2150 至前 1900 年，其中偏早一段大约处于龙山时代晚期，偏晚一段则已经进入夏纪年范围。整体而言，新华遗存与陶寺晚期大致经历相同的发展时期。[1]

2015 年，山西省考古研究所在地处黄河与蔚汾河交汇处的晋西北吕梁市，一处与神木石峁隔着黄河遥相呼应、直线距离仅约 51 公里的兴县高家村镇碧村村北的小玉梁一带，发现了龙山时代晚期石城以及玉璧、环、臂钏、牙璧、多璜联环、琮、刀、钺、璜等 100 余件玉器，[2]也使得晋南、晋西北、陕北等地区在新石器时代玉器的发展和扩散过程中的角色再一次受到瞩目。

（4）延安地区芦山峁等遗址

延安地区出土的新石器时代玉器主要集中在以芦山峁为中心的宝塔区、甘泉、吴起、安塞、延长和黄龙等县区。其中芦山峁村附近自 1940 年代以来即有村民持续发现玉器，姬乃军于 1981 和 1984 在当地进行征集，并于 1984 年和 1995 年公布两批玉器共 28 件，类器包括多孔玉刀、玉斧、玉钺、玉璧、玉璜、多璜联环（图 21—24）和 2 件刻有动物面纹纹的玉琮等（图 25，26），其中一件玉琮发现时已断为四截。[3]征集当时由于缺乏其他共出器物相关记录及地层依据，这些玉器曾一度被订为西周遗物；[4]

[1]陕西省考古研究所陕北考古队：《神木新华遗址发掘有重要收获》，《中国文物报》，1999 年 8 月 4 日；陕西省考古研究所：《陕西神木新华遗址 1999 年发掘简报》，《考古与文物》2002 年第 1 期，第 10—11 页。陕西省考古研究所、榆林市文物保护研究所：《神木新华》，科学出版社，2005 年，第 272、382 页。
[2]马升、张光辉：《碧村遗址玉器及相关问题分析》，《2015 中国广河齐家文化与华夏文明国际研讨会论文集》，文物出版社，2016 年，第 313—318 页。
[3]姬乃军：《延安市发现的古代玉器》，《文物》1984 年第 2 期，第 84—87 页；姬乃军：《延安市芦山峁出土玉器有关问题探讨》，《考古与文物》1995 年第 1 期，第 23—29 页。
[4]姬乃军：《延安市发现的古代玉器》，《文物》1984 年第 2 期，第 84—87 页。

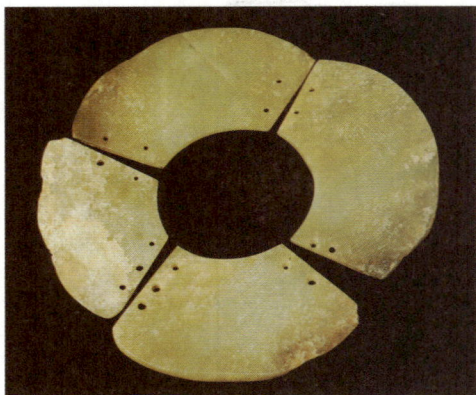

图 21　延安甘泉出土的多璜联环
（《中国出土玉器全集 14—陕西》图 7）

图 22　延安芦山峁出土的多璜联环
（《东亚玉器（III）》图 69）

图 23　延安延长出土的多璜联环
（《玉魂国魄——中国古代玉器与传统文化
学术讨论会文集（六）》页 98）

图 24　延安黄龙出土的多璜联环
（《玉魂国魄——中国古代玉器与传统文化
学术讨论会文集（六）》页 98）

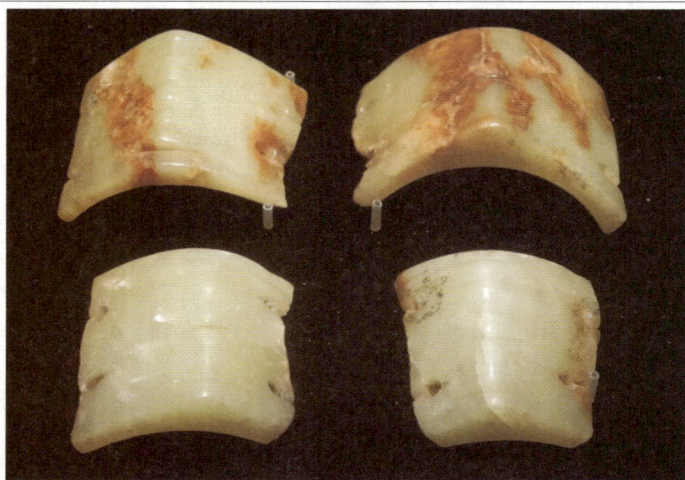

图 25　延安芦山峁遗址出土的玉琮（笔者自摄）

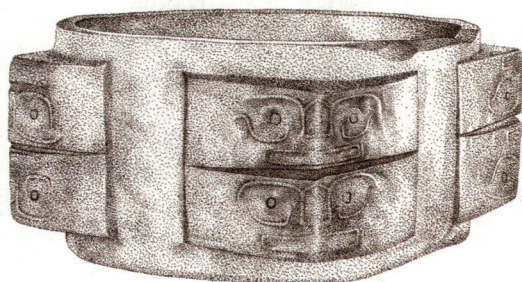

图26 延安芦山峁遗址出土的玉琮（左图为笔者自摄；右图为郑楚玄绘制，邓淑苹教授提供）

随着学界对新石器时代玉器认识的增加，如今已被改订为龙山文化时期遗物。①2014年段双印和张华综合整理延安地区出土的史前玉器总计50余件，其中包括一件出土于吴起县的直角素面玉琮和一件出土于安塞县的委角刻竖槽玉琮。②

2. 多璜联环的使用方式与形制源流

在前述陶寺、下靳和清凉寺等遗址出土的玉器中，璧、环、琮和多璜联环等虽属不同类型，它们被发现时多被套戴在墓主手臂上或放在腕部及臂旁（图27、28、29左），少数肉部较宽、孔径较小的玉璧则被置于墓主胸腹部（图29右），显示它们主要是作为手镯及佩饰使用。

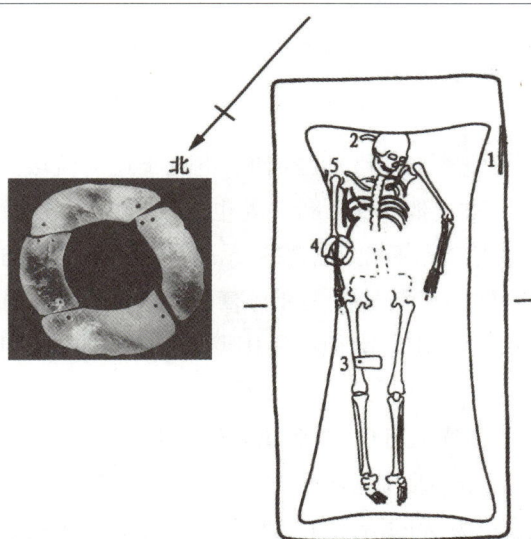

图27 临汾下靳8号墓平面图及套戴在墓主右手腕的多璜联璜（《考古学报》1999年第4期，页464图6、图版12—5）

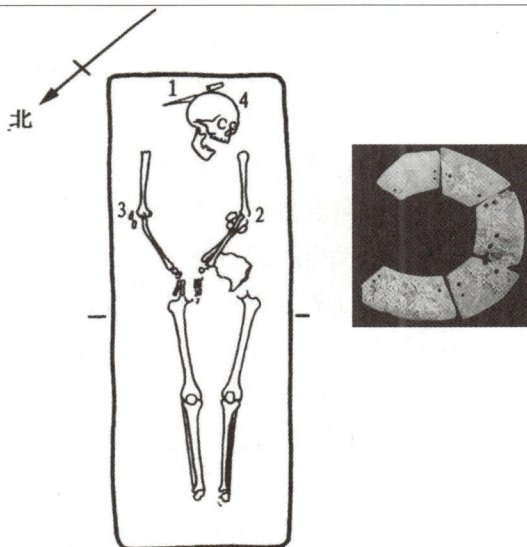

图28 临汾下靳40号墓平面图及套戴在墓主左手腕的多璜联璜（《考古学报》1999年第4期，页465图10、图版12—3）

---

①姬乃军：《延安市芦山峁出土玉器有关问题探讨》，《文物与考古》1995年第1期，第24页。笔者同意芦山峁玉器为龙山时期遗物，唯其中名为"玉虎"者形貌怪异、刻纹简率，与各地出土古玉不类，应属晚近之作。

②段双印、张华：《延安出土史前玉器综合考察与研究——以芦山峁出土玉器为中心》，杨晶、蒋卫东主编：《玉魂国魄——中国古代玉器与传统文化学术讨论会文集》（六），浙江古籍出版社，2014年，第98页。

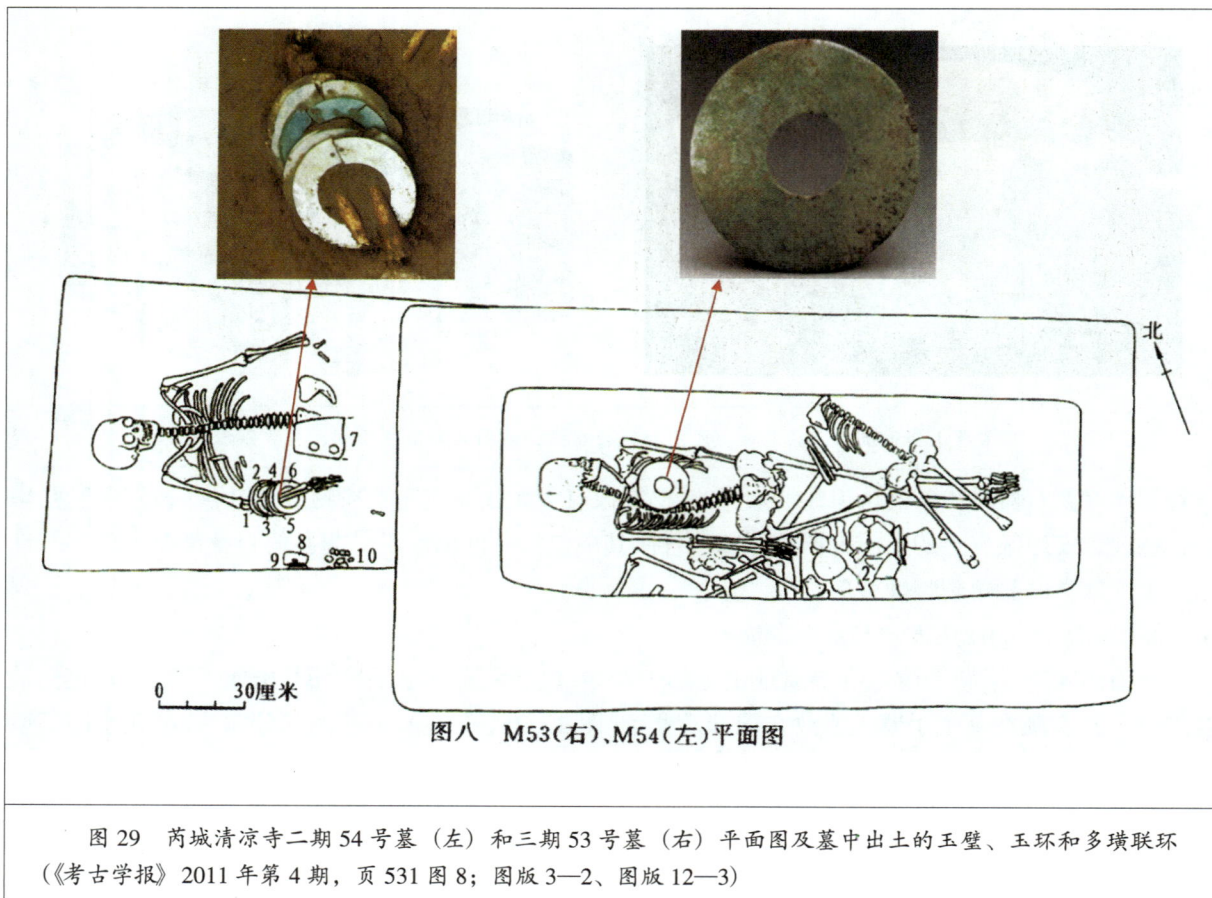

图八 M53（右）、M54（左）平面图

图 29　芮城清凉寺二期 54 号墓（左）和三期 53 号墓（右）平面图及墓中出土的玉璧、玉环和多璜联环（《考古学报》2011 年第 4 期，页 531 图 8；图版 3—2、图版 12—3）

值得注意的是，类似晋南地区在墓主胸颈处和臂腕间佩戴玉石璧环的情况，也见于辽河流域内蒙古赤峰大南沟小河沿文化（约公元前第三千纪）墓葬，其中部分石环断口处也出现接合孔（图 30，31）。①此外，清凉寺第三期 105 号墓墓主左臂上放置的委角方形玉璧（图 32），无论就外形或佩戴方式均与出土于大汶口文化晚期（约公元前第三千纪前中叶）的山东莒县杭头 8 号墓（图 33）②和临沂湖台 1 号（图 34）和 2 号墓（图 35）③的"扁平琮形器"关系密切。④显示晋南地区使用璧、环随葬的习俗可能源自早一阶段的东部和东北部地区新石器时代文化。

此外，陶寺、下靳和清凉寺均出土多组多璜联环，这些多璜联环的璜形构件不仅数量不等，两端又都穿有 1—2 孔，其穿孔方式与常见于玉环断口处的接合孔类似，显示由于玉料匮乏，故将尺寸不一、数量不等的璜形玉片拼凑成环佩戴使用。⑤若进一步观察已发表的清凉寺二期和三期墓葬出土的多璜联环，即可发现相较于二期墓出土的多璜联环（璧）在组件尺寸和数量上的随意性，三期墓葬出土的多

①辽宁省文物考古研究所、赤峰市博物馆编著：《大南沟——后红山文化墓地发掘报告》，科学出版社，1998 年，第 67—141 页；于建设主编：《红山玉器》，远方出版社，2004 年，图 64—72。

②山东省文物考古研究所、莒县博物馆：《山东莒县杭头遗址》，《考古》1988 年第 12 期，第 1058 页。

③临沂市博物馆：《湖台遗址及墓葬》，《文物资料丛刊》第 10 辑，1987 年，第 17—18 页。

④山东博物馆、良渚博物院编：《玉润东方：大汶口——龙山·良渚玉器文化展》，文物出版社，2014 年，第 109、115、116 页。

⑤黄翠梅：《中国新石器时代玉器文化谱系初探》，《史评集刊》2002 年第 1 期，，第 13—14 页。

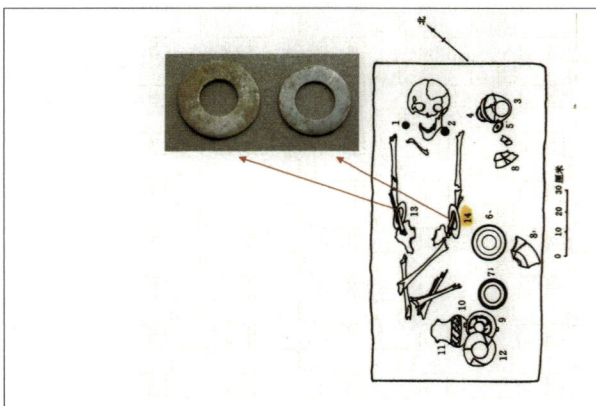

图30　内蒙古赤峰大南沟32号墓平面图及墓主手腕上佩戴的石环（《大南沟——后红山文化墓地发掘报告》图82；彩照为笔者自摄）

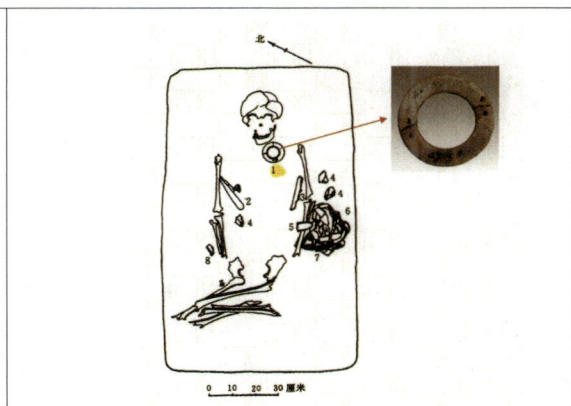

图31　内蒙古赤峰大南沟33号墓平面图及墓主手腕上佩戴的石环（《大南沟——后红山文化墓地发掘报告》图83；《红山玉器》图64）

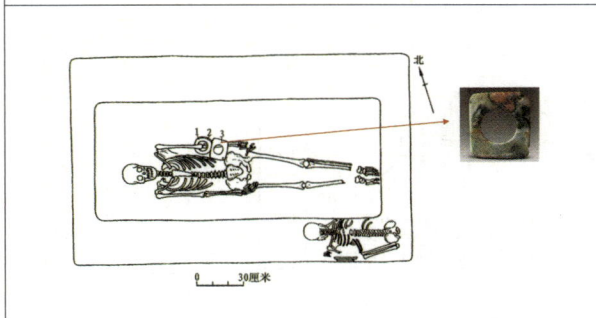

图32　山西芮城清凉寺105号墓平面图与墓主左臂上的"方形璧"（《考古学报》2011年第4期，页538图16、图版11—5）

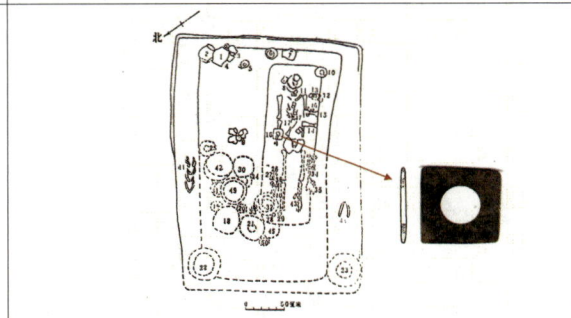

图33　山东莒县杭头村8号墓平面图与墓主右手腕所戴的"扁平琮形器"（《考古》1988年第12期，页1058图4；《玉润东方》页109）

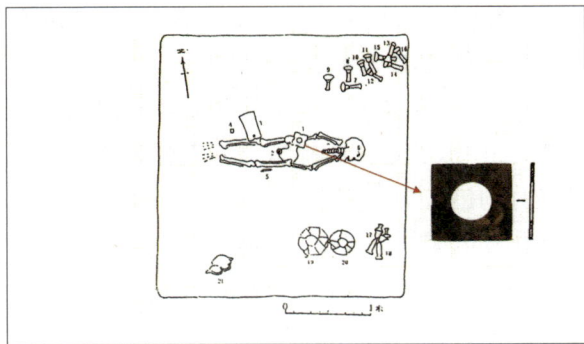

图34　山东临沂湖台村1号墓平面图）与墓主右手臂之"扁琮"（《文物资料丛刊》10，页17图3；《玉润东方》页115）

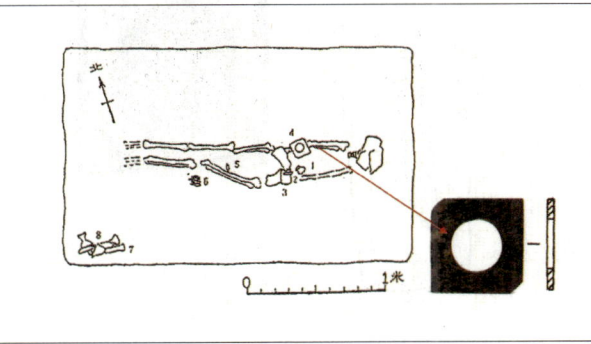

图35　山东临沂湖台村2号墓平面图）与墓主右手臂之"扁琮"（《文物资料丛刊》10，页18图5；《玉润东方》页116）

璜联环基本皆由2至4件大致等分的玉璜组成，玉璜的轮廓和两端穿孔也相对工整(图36)，显示随着时间的推移，璜形构件的制程和截切方式均逐渐趋于规范。因此兴县碧村、神木石峁以及延安芦山峁、甘泉、黄龙和延长等地出土的多璜联环在玉璜构件的尺寸、数量和制作工艺各有精拙之别，很可能分属早晚不同阶段。

3. 玉琮的使用方式与形制源流

陶寺遗址共出土 14 件玉琮与琮形器,分别随葬于多座中晚期中阶贵族墓中,其中又以男性墓主居多。这些玉、石琮除部分与玉石梳共出外,未见与其他器物固定组合。它们出土时多套戴或平置于墓主右臂尺骨、挠骨上,个别平置腹间,推测多数作为装饰配件使用,部分则可能系入葬时置入,具体含意不明。[①]1271 号墓的琮形器出土于墓主右腕部位(图 37),使用方式与同一遗址出土的玉璧、玉环或多璜联环并无明显区别,而或许由于陶寺玉琮主要是作为手镯使用,故该墓地出土玉琮皆为短筒形,其中亦有由较大型玉琮改制者。1271 号墓琮形器高 1.4 厘米,仅一端有射,推测是由一件玉琮截切而成;1699 号墓出土的玉琮一端四个角面微凹,隐约有射,另一端平整无射口,应该也是从较大型的玉琮截切而来。

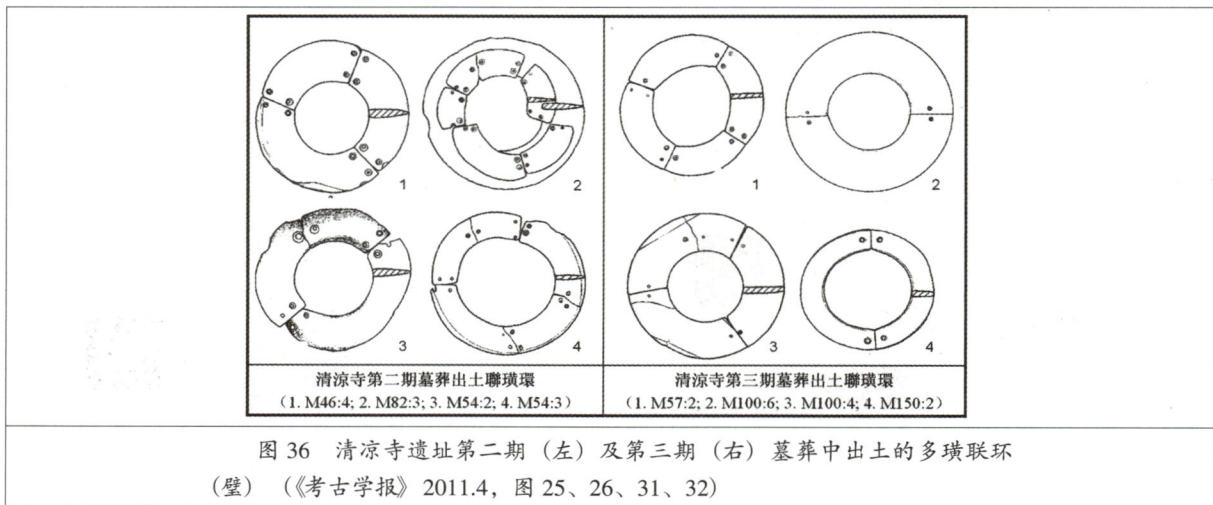

图 36　清凉寺遗址第二期(左)及第三期(右)墓葬中出土的多璜联环(璧)(《考古学报》2011.4,图 25、26、31、32)

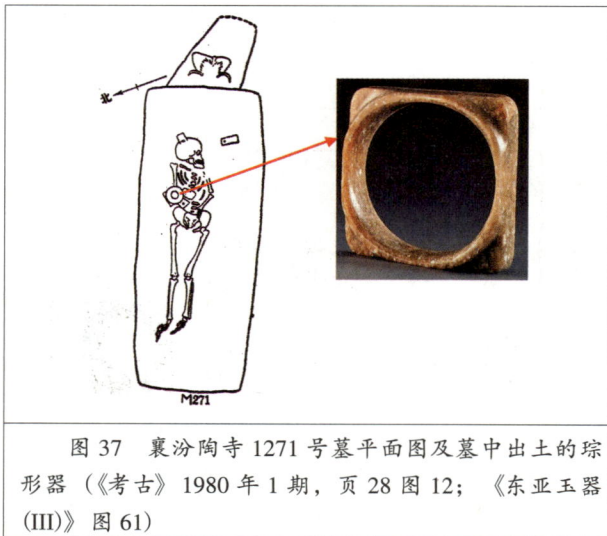

图 37　襄汾陶寺 1271 号墓平面图及墓中出土的琮形器(《考古》1980 年 1 期,页 28 图 12;《东亚玉器(III)》图 61)

整体而言,陶寺遗址出土的玉石琮材质驳杂不一、形式各异,其中多数不具射部,其外壁或光素或仅于角柱两侧雕琢横向凹槽,装饰表现相当简率。此外,这些玉石琮不仅在墓葬中缺乏明确可辨的组合规律,其形制与工艺表现亦缺乏整体感,因此其原产地可能不在陶寺,而分别源自不同时期及地区。[②]其中 3168 号墓中出土的刻纹玉琮上既不具良渚中、晚期大型墓出土玉琮的一致性外形与纹饰章法,也不见良渚简化面纹上代表眼鼻的圆圈和横棱(图 38),而与山东五莲丹

---

① 高炜:《陶寺类型玉器及相关问题》,邓聪主编:《东亚玉器》第 1 卷,香港中文大学出版社,1988 年,第 197 页;黄翠梅、叶贵玉:《自然环境与玉矿资源——以新石器时代晋陕地区的玉器发展为例》,许倬云、张忠培主编:《新世纪的考古学——文化、区位、生态的多元互动》,紫禁城出版社,2006 年,第 448 页。

② 黄翠梅:《良渚文化玉琮之分类及其发展》,中华玉文化中心主编:《玉魂国魄——中国古代玉器与传统文化学术讨论会文集(四)》(中华玉文化特刊),浙江古籍出版社,2010 年,第 201—214 页。

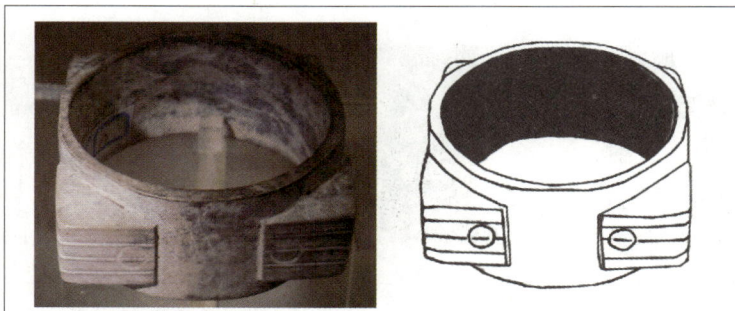

图39 山东五莲丹土遗址出土玉琮
（左图：笔者自摄；右图：李建纬绘制）

图38. 襄汾陶寺 M3168—7 玉琮
（左图：笔者自摄；右图：李建纬绘制）

土①的刻有竖槽、横线及圆圈纹的玉琮（图
39）颇为类似，很可能是良渚玉琮透过山
东地区向北、向西接力传播后逐步退化之
结果。

属于清凉寺第三期的52号大墓的玉
琮出土时也套在墓主左手上（图40），而另
一件清凉寺石琮（图41）则出土于第三期
87号墓北侧墓壁内被扰乱的填土中，原始
使用方式不明。②52号墓出土之玉琮外壁
平直，除每一器面均刻画二道竖线外，其中
一面器壁上方近射口处刻有二道横棱，③左
边竖线旁还有两道轻浅的阴线，相较于陶
寺出土的玉琮，本件玉琮整体器形与西北
地区所见的素琮更为接近，但器面上的刻

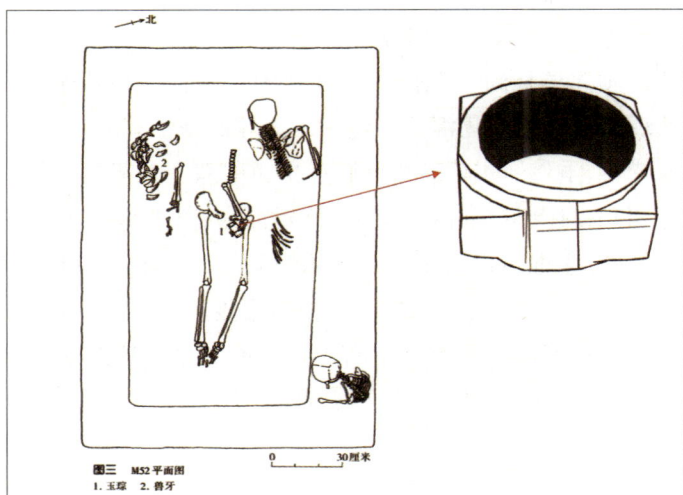

图40 山西芮城清凉寺三期52号墓平面图及套戴在墓
主左手上的玉琮（左侧平面图录自《文物》2006年第3期，
页5图3；右侧线图为据《文物》2006年3期）

①杨波：《山东五莲县丹土遗址出土玉器》，《故宫文物月刊》第14卷第2期（1996年5月），第84—95页。
②有关清凉寺87号墓之玉琮及其相关出土情况为山西省文物考古研究所薛新民研究员提供，特此申谢。
③朱乃诚于"2016中国·广河齐家文化与华夏文明论坛"中对此有比较细致的观察和分析。

纹仍与东方和东南方其他新石器时代遗址出土的刻竖槽和横线纹玉琮关系密切。87号墓石琮色泽深灰、内圆外方、上下有射，四壁中央均刻有以四道竖线表现的竖槽，四个角柱上又刻着三至四道横线，纹饰较52号墓的玉琮更为复杂，由于该墓亦出土2件具有石家河文化风格的小型玉兽头，不排除此件玉琮亦为自外地流入。

整体而言，相较于陶寺的刻纹玉琮，清凉寺52号墓及87号墓的玉琮之装饰线条愈形潦草简化。至于早年出土于清凉寺的2件玉琮，全器光素无纹，制作工整，上下射口高挺（图42），整

图41　清凉寺第三期87号墓出土的玉琮
（感谢发掘者薛新民先生惠允笔者拍摄及发表）

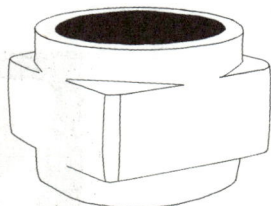

图42　清凉寺大殿的东北侧出土的玉琮（笔者自摄；线图为章筠绘制）

体器形较清凉寺52号墓玉琮和87号墓玉琮更显厚实，制作年代可能更晚，至于它们原始的制作时间和地点，目前尚无法确切论断。

前述那种刻着比较工齐的竖槽及横线纹的玉琮，也曾出现在河北滦平后台子（图43）[①]和河南邓州八里岗（图44），而其源头还可以向南追溯到浙江余杭汇观山良渚文化晚期墓葬出土的2件玉琮[②]，此外湖北枣林岗[③]、湖南安乡杜家冈[④]、江西新余拾年山[⑤]和上海广富林[⑥]等新石器时代末遗址中也有发现。惟良渚文化汇观山遗址的玉琮四壁中央的竖槽下凹，四角上的横线纹也深浅不一、分布位置高低错落，虽然原本代表兽面眼鼻部位的双圈及横棱已经消失，四方角柱依稀可见良渚双节玉琮之侧面轮廓和立体感（图45，46）。相对而言，其他地区出土的玉琮虽上下射口与四面竖槽具备，然射缘短浅，四方角柱也仅阴刻数道或数组弦纹，虽隐约具有双节或三节玉琮之余韵，因其角柱已与四壁竖槽齐平（图47—50），几何化趋势相当明显。

过去笔者曾经撰文指出，清凉寺52号墓的玉琮外壁平直，整体形态与西北地区所见的素琮异常相似，但器面四壁的刻纹又与黄河下游及长江中下游地区刻有竖槽和横线纹的玉琮关系密切，显系良

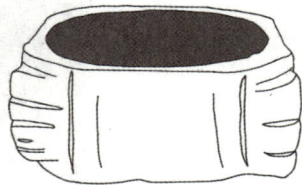

①承德地区文物保管所、滦平县博物馆：《河北滦平县后台子遗址发掘简报》，《文物》1994年第3期，第63页。

②浙江省文物考古研究所、余杭文物管理委员会：《浙江余杭汇观山良渚文化祭坛与墓地发掘简报》，《文物》1997年第7期，第4—19页。

③苏州博物馆编：《石家河文化玉器》，文物出版社，2008年，第166图139。

④何介钧：《湖南史前玉器》，邓聪编：《东亚玉器（I）》，香港中文大学中国考古艺术研究中心，1998年，第224—225页；《东亚玉器（III）》，图97。

⑤江西省文物考古研究所等：《新余市拾年山遗址第三次发掘》，《东南文化》1999年第5期，第149、156页。

⑥黄翔：《广富林遗址出土玉器》，杨晶、蒋卫东主编：《玉魂国魄——中国古代玉器与传统文化学术讨论会文集》（六），浙江古籍出版社，2014年，第259、261页。

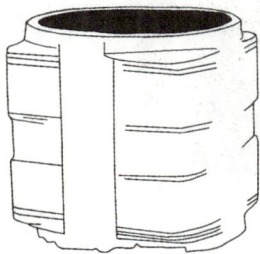

图 43　河北滦平后台子遗址出土玉琮
（左图：《辽何寻根　文明溯源——中华文明起源展》页89；右图：章筠绘制）

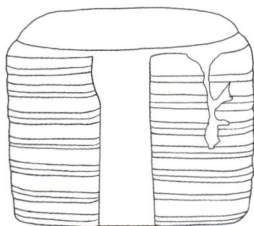

图 44　河南邓州八里岗出土实心玉琮
（左图：江美英提供；右图：章筠绘制）

渚式刻纹玉琮和西北光素玉琮间的重要环节。[1]如今随着清凉寺各件玉琮、神木龙山文化研究会收藏石峁出土刻纹玉琮（图 51，52）以及山西兴县碧村半截玉琮（图 53）的出现，当可以进一步强化此一主张。而石峁与新华遗址出土由良渚文化多节玉琮改制的玉片以及山西柳林出土现藏于山西省博物院的一件高节玉琮（图 54），更明确显示至迟在龙山文化晚期阶段，良渚文化网不仅已经逐步波及陕北和晋西北黄土高原，良渚玉琮本身也曾突破重重藩篱，流传至这片农牧间杂的河套地区。

（二）　黄河上游地区

新石器时代黄河上游地区西北系统玉器文化的分布范围是以六盘山、陇山一线以西的洮河湟水等支流及其周围地区的甘青宁三省为中心，西北并扩及河西走廊一带。此一地区自公元第四、五千纪的大地湾和马家窑文化

图 45　浙江余杭汇观山 1 号墓出土之 2 号玉琮（《浙江考古精华》页 90）

图 46　浙江余杭汇观山 1 号墓出土之 1 号玉琮（《文物》1997 年第 7 期，页 11 图 20）

图 47　湖南安乡杜家冈出土玉琮（《东亚玉器（III）》图 97）

时期即已有珠、管和小型斧、凿等玉器出土的报道，但出土件数零星。[2]直至公元前第三千纪末叶前后的齐家文化阶段，玉器工业才开始兴盛。由于此区不仅具有生成玉矿的条件而得以为自身的玉器工业

①黄翠梅：《再论新石器时代晚期玉琮形制与角色之演变》，《南艺学报》第 1 期，2010 年，第 37 页。
②青海省文物管理处考古队、中国社会科学院考古研究所：《青海柳湾——乐都柳湾原始社会墓地》，文物出版社，1984 年。

图48 江西新余拾年山出土残玉琮（《东南文化》1991年第5期，页149）	图49 上海广富林玉琮H1569:1（邓淑苹教授提供）	图上50 海广富林玉琮H2679:1（邓淑苹教授提供）
图51 神木龙山文化研究会收藏的刻纹玉琮（章筠绘制）	图52 神木龙山文化研究会收藏的刻纹玉琮（章筠绘制）	图53 碧村出土玉琮（《2015中国广河齐家文化与华夏文明国际研讨会论文集》页314）

提供玉材，目前又有甘肃武威和青海喇家等处发现类似齐家文化时期之玉器作坊遗址，[1]因此是一个兼具用玉和制玉二种角色的玉器文化。

1. 黄河上游地区多璜联环和玉琮的分布及出土情况

公元前第三千纪末叶前后，黄河上游甘青宁地区开始出现多孔刀、斧、钺、璧、环、琮、多璜联环和玉璜等多类玉器，由于上述多数类型玉器或其祖型在西北地区齐家文化时期以前多未曾见及，却早已见于其他地区新石器时代玉器文化中，因此就齐家文化玉器的形制而言，显非根植于西北地区自身之传统。但是其整体形制、装饰与工艺表现相当一致，除极少数玉器琢有平直竖线、横线或瓦棱纹外，几乎全部光素无纹，旋锯切割皆平直利落且器形完整，与晋陕地区外形驳杂多元且多见改制的玉器明显有别，极具地域特色。

目前已知出土于甘青宁地区的齐家文化玉器已高达数千件，其中主要的发现包括：1924年瑞典学者安特生（J.G.Andersson）及其助手在甘肃广河购得相传出自半山瓦罐嘴的一批玉

图54 山西柳林新石器时代遗址出土良渚文化多节玉琮（笔者自摄）

①梁晓英、刘茂德：《武威新石器时代晚期玉石器作坊遗址》，《中国文物报》1993年5月30日；业茂林、蔡林海、贾笑冰：《青海最早的新石器遗存发掘》，《典藏·古美术》2000年第92期，第102—103页。

器,包括玉斧、玉锛、玉璧、不具射口的光素玉琮、三璜联环以及玉料等;①1950 至 1980 年代发掘的甘肃武威皇娘娘台遗址②、武威海藏寺遗址③、永靖秦魏家墓地④、广河齐家坪遗址⑤、青海大通上孙家寨墓地⑥、乐都柳湾墓地⑦、宁夏隆德页河子遗址⑧以及 1990 年代以来发掘的甘肃天水师赵村⑨、青海平安东村⑩、武山傅家门⑪、尖扎直岗拉卡⑫、西宁沈那⑬、同德宗日⑭以及民和喇家⑮等遗址。此外,甘肃定西、会宁、积石山和宁夏固原、隆德页河子、海原等地都曾征得各类齐家文化玉器,⑯下文将针对曾有多璜联环或玉琮出土的代表性遗址进行分析。

(1)武威皇娘娘台遗址

1957 年、1959 年和 1975 年甘肃省博物馆在甘肃武威皇娘娘台遗址曾前后进行过四次发掘,共清理数处房址、65 个窖穴和 88 座齐家文化墓葬,出土陶、石、骨、铜器共约 2000 件,其中红铜器共计 30 件,故一般认为此皇娘娘台遗址应已进入铜石并用时代。⑰该遗址出土并经登记入藏的玉石器包括钺、锛、璧、环、璜、纺轮、璧芯和绿松石珠等 600 余件,其中包含 200 余件玉石璧和 5 件璜,它们多数出于

①J.G.Andersson, *Researches into the Prehistory of the Chinese*, Stockholm: The Museum of Far Eastern Antiquities, 1943, pl. 71—73.

②甘肃省博物馆:《甘肃武威皇娘娘台遗址发掘报告》,《考古学报》1960 年第 2 期,第 53—71 页;甘肃省博物馆:《武威皇娘娘台遗址第四次发掘》,《考古学报》1978 年第 5 期,第 421—447 页。

③梁晓英、刘茂德:《武威新石器时代晚期玉石器作坊遗址》,《中国文物报》1993 年 5 月 30 日。

④中国科学院考古研究所甘肃工作队:《甘肃永靖秦魏家齐家文化墓地》,《考古学报》1975 年第 2 期,第 87 页。

⑤文物编辑委员会:《文物考古工作三十年 1949—1979》,文物出版社,1979 年,第 142 页。

⑥青海省文物处、青海省考古研究所:《青海文物》,文物出版社,1994 年,第 149 页、图 47。

⑦青海省文物管理处考古队、中国社会科学院考古研究所:《青海柳湾》,文物出版社,1984 年。

⑧北京大学考古实习队、固原博物馆:《隆德页河子新石器时代遗址发掘报告》,《考古学研究》第 3 卷,科学出版社,1997 年,第 158—195 页。

⑨中国社会科学院考古研究所:《师赵村与西山坪》,中国大百科全书出版社,1999 年。

⑩任晓燕:《平安县东村古墓葬及窑址发掘简报》,《青海文物》1994 年第 8 期。

⑪中国社会科学院考古研究所甘青工作队:《武山傅家门遗址的发掘与研究》,《考古学集刊》第 16 期,科学出版社,2006 年,第 442 页、图 53.5。

⑫胡晓军:《尖扎直岗拉卡乡齐家文化遗址发掘简报》,《青海文物》1996 年第 10 期。

⑬王武:《西宁小桥沈那齐家文化遗址》,《中国考古学年鉴 1992》,文物出版社,1994 年,第 336—337 页;吴平:《西宁市沈那遗址》,《中国考古学年鉴 1994》,文物出版社,1996 年,第 278—279 页。

⑭青海省文物管理处、海南州民族博物馆:《青海同德县宗日遗址发掘简报》,《考古》1998 年第 5 期,第 1—14、35 页。

⑮中国社会科学院考古研究所、青海省文物考古研究所:《青海民和喇家史前遗址的发掘》,《考古》2002 年第 7 期,第 3—5 页;中国社会科学院考古研究所甘青工作队、青海省文物考古研究所:《青海民和县喇家遗址 2000 年发掘简报》,《考古》2002 年第 12 期,第 12—25 页。

⑯甘肃省博物馆:《甘肃积石山县新庄坪齐家文化遗址调查》,《考古》1996 年第 11 期,第 46—52 页;北京艺术博物馆、中国社会科学院考古研究所等:《玉泽陇西——齐家文化玉器》,北京美术摄影出版社,2015 年。另 2009 年笔者在中国社会科学院考古研究所甘青考古工作队队长叶茂林先生陪同下,曾拜访甘青宁各地博物馆,并亲见甘肃定西、会宁、天水、青海喇家和宁夏固原、隆德等地征集的玉器。

⑰中国社会科学院考古研究所编著:《中国考古学·夏商卷》,中国社会科学出版社,2003 年,第 537—541 页。

墓葬之中。①

（2）天水师赵村遗址

1980 至 90 年间，中国社会科学院考古研究所在甘肃天水师赵村遗址进行发掘，发现齐家文化墓葬 3 座、房址 26 座、陶窑 3 座、窖穴 17 个以及一处"石圆圈"祭祀遗迹，出土众多陶、玉石和骨角等器物。在第七期齐家文化层共出土 13 件玉器，包括 M8 的 1 件素璧（图 55）和 1 件素琮（图 56），以及发现于探坑 T403②地层和房址的 9 扇形玉璜（图 57）和 1 件玉环，以及探坑 T382②的 1 件玉环等。②其中 8 号墓与玉璧共出的玉琮，是目前甘青宁地区唯一有明确出土单位和年代的玉琮，至于探方 T403②出土的 9 件玉璜则可以被组成二组三璜联环，其余 3 件应是其他 2 组多璜联环的散件。

根据师赵村与西山坪发掘报告，师赵村遗址第七期年代约与西山坪齐家文化层的碳 14 测年数据相

| 图 55 甘肃天水师赵村 8 号墓出土之玉璧
（《玉泽陇西——齐家文化玉器》 页 28） | 图 56 甘肃天水师赵村 8 号墓出土之玉琮
（《中国出土玉器全集（15）》 图 28 ） |

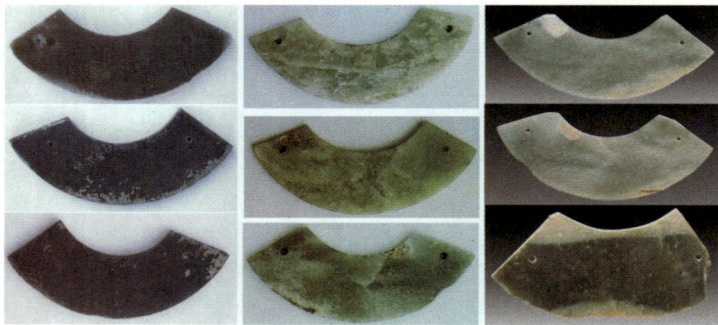

图 57 天水师赵村探坑 T403○2 出土的 9 件玉璜
（《师赵村与西山坪》 彩版 5、6；《玉泽陇西——齐家文化玉器》 页 184、185）

①甘肃省博物馆：《甘肃武威皇娘娘台遗址发掘报告》，《考古学报》1960 年第 2 期，第 53—71 页；甘肃省博物馆：《武威皇娘娘台遗址第四次发掘》，《考古学报》1978 年第 4 期，第 421—447 页；刘志华：《武威皇娘娘台出土的齐家文化玉石器》，《故宫文物月刊》2003 年 21 卷第 8 期，第 97 页。

②中国社会科学院考古研究所：《师赵村与西山坪》，中国大百科全书出版社，1999 年，第 170—175、212—214 页、图版 114—115、彩版 4—6。

当,亦即公元前2140—前1529BC和公元前2138—前1906BC,其中又以后者之年代较为适合。[①]

（3）青海喇家遗址

1981年青海民和博物馆对官亭喇家遗址进行调查时曾经征集到一批共计7件玉器,包括璧、环、刀、斧和锛等,均出土于喇家遗址齐家文化层中。[②]1999年起中国社会科学院考古研究所甘青队和青海省文物考古研究所联合开展官亭盆地古遗址群考古研究,自1999年初次试掘与2000年第一次正式发掘后,迄2007年止共发掘钺、刀、锛、璧、环、三璜联璧、璜、芯等玉器和玉料108件,其中玉璧9件、三璜联环3件(图58,59)、玉璜3件,多数出土于该遗址中晚期至晚期的墓葬和房址之中。[③]

迄今已公布的喇家遗址测年数据共有29例,校正年代基本为2300—1900BC前后,大致可以以公元前2000多年为界区分为早晚两期。[④]另近年新公布的两组取自灾难房址中人骨的测年数据(表1)

图58 喇家M17填土中出土的三璜联璧M17：7	图59 喇家M17填土中出土的三璜联璧M17：8
(《考古》2004年第6期,页5图5)	(《玉泽陇西——齐家文化玉器》页102)

---

①中国社会科学院考古研究所编著:《师赵村与西山坪》,第306页。唯有部分学者主张师赵村测年数据应以公布于《中国考古学中碳十四年代资料集 (1965—1991)》的师赵村第六期T307○4 的校正年代数据公元前2317—2042BC,或T406○3H1校正年代数据公元前2335—2044BC为据。笔者曾就此当面请教师赵村发掘者谢端琚,经其明确说明师赵村遗址第七期年代约与西山坪齐家文化层内涵相同,并再次表示应以西山坪年代数据为依据。相关主张见邓淑苹:《龙山时期四类玉礼器的检视与省思》,《玉魂国魄——中国古代玉器与传统文化学术讨论会文集》(六),浙江古籍出版社,2014年,第6—7页。

②叶茂林、何克洲:《青海民和县喇家遗址出土齐家文化玉器》,《考古》2002年第12期,第89—90页。

③中国社会科学院考古研究所、青海省文物考古研究所:《青海民和喇家史前遗址的发掘》,《考古》2002年第7期,第3—5页,图版壹;中国社会科学院考古研究所甘青工作队、青海省文物考古研究所:《青海民和县喇家遗址2000年发掘简报》,《考古》2002年第12期,第12—25页,图版参-捌;任晓燕:《青海地区齐家文化出土玉器概述》,北京艺术博物馆、中国社会科学院考古研究所等:《玉泽陇西——齐家文化玉器》,北京美术摄影出版社,2015年,第276—278页。

④中国社会科学院考古研究所考古科技实验研究中心碳十四实验室:《放射性碳素测定年代报告 (29)》,《考古》2003年第7期,第67页;中国社会科学院考古研究所考古科技实验研究中心碳十四实验室:《放射性碳素测定年代报告(31)》,《考古》2005年第7期,第60—61页;杨晓燕:《基于不同空间尺度的环境考古研究》,北京大学环境学院博士研究生学位论文,2003年,第34页。

显示,[①]灾难房址人骨的年代约介于 1950 至 1900 年 BC,这个范围大致也是喇家齐家文化的下限。[②]由于 F4 房址有多件玉器出土,因此此一数据对于了解喇家遗址玉器的年代极具参考价值。

表 1　喇家遗址人骨样谝碳十四测年数据

实验室编号	原编号	样品	碳 14 年代 (B.P., 1950, 5568)	树轮校正年代 (OxCal 3.10) (1δ, B.C.)
ZK-3632	2000QMLF3 1	入骨	3565±25	1945~1885 (68.2%)
ZK-3635	2000QMLF4IV	入骨	3580±20	1950~1895 (68.2%)

(引自《考古》2014 年 11 期,页 95)

2. 多璜联环的使用方式与形制源流

从上述内容可知,目前已知齐家文化玉器数量已高达数千件,唯其多数属于采集品或征集品,仅少数经由考古发掘出土并已见诸报导。在这些考古发掘品中又以玉石斧锛和玉石璧最多,玉璜、多璜联环和玉琮的数量则相当零星。

例如,武威皇娘娘台墓葬出土大量玉石璧及 5 件玉璜,其中每墓随葬玉石璧的数量从 1 件到数十件不等,出土时多被置于人骨架上下各处,玉璜则仅有 1 件明确出土于墓主腹部。其中 48 号墓为一座两女一男的三人合葬墓,居中的男性墓主骨架上下出土 83 件玉石璧,腹部上方则放置了 1 件玉璜(图 60)。[③]这些玉石璧多数制作不精,厚薄不一,截锯痕迹明显;至于目前已有图版发表的 1 件玉璜系遗址采集所获,其质地为白玉有褐斑,器形为圆心角近 120 度的素面扇形(图 61)。

天水师赵村第七期齐家文化层共出土玉器 13 件,其中的 9 件玉璜全部见于探坑 T403②地层和房址之中,多数为圆心角为近 120 度的素面扇形,其中 6 件可以被组成二组三璜联环(图 62, 63),其余 3 件则应为其他 2 组多璜联环的散件。

民和喇家遗址已知出土玉器一百余件,其中四号房址的东壁下出土了 5 件玉器,其中 2 件玉璧、2 件玉料和一件石矛放在一起,另一件玉璧则出于敛口瓮中。[④]位于祭坛上

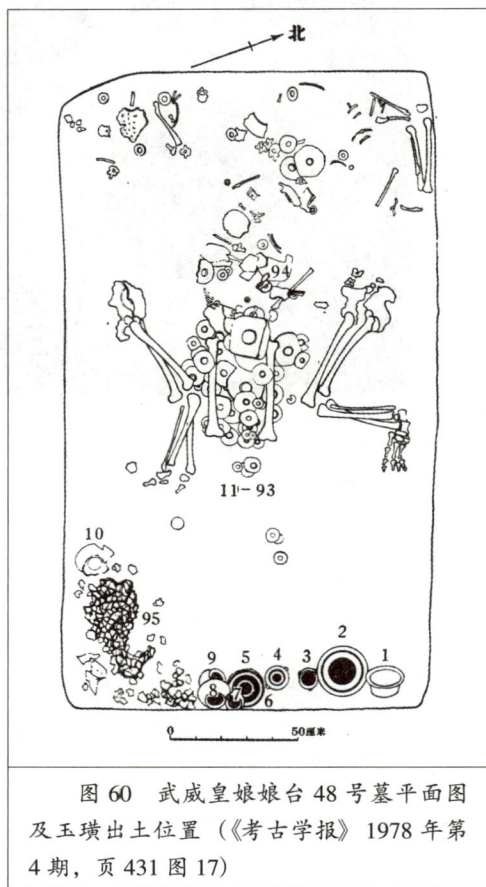

图 60　武威皇娘娘台 48 号墓平面图及玉璜出土位置(《考古学报》1978 年第 4 期,页 431 图 17)

[①]张雪莲等:《民和喇家遗址碳十四测年及初步分析》,《考古》2014 年第 11 期,第 91—104 页;杨晓燕:《基于不同空间尺度的环境考古研究》,北京大学环境学院博士研究生学位论文,2003 年,第 34 页。

[②]感谢叶茂林先生对喇家遗址的测年数据与喇家齐家文化的年代提供极有价值的分析意见。

[③]甘肃省博物馆:《武威皇娘娘台遗址第四次发掘》,《考古学报》1978 年第 5 期,第 430—431 页。

[④]中国社会科学院考古研究所甘青工作队、青海省文物考古研究所:《青海民和县喇家遗址 2000 年发掘简报》,《考古》2002 年第 12 期,第 22 页。

图 61　武威皇娘娘台遗址采集的素面扇形玉璜（《玉泽陇西——齐家文化玉器》页 147）

的齐家文化墓葬 M17 出土玉器数量丰富，包括 2 组三璜联环以及玉璧、玉环、玉纺轮（小玉环）、玉璧蕊、玉锛、玉凿、绿松石玉管、玉料和三角形残玉片等共计 15 件玉器。其中 2 件璧、1 件环、2 件管和 1 件纺轮等玉器堆置在墓主肩颈部（图 64），1 件玉凿在墓主足端，另有 2 件璧芯、1 件玉锛、1 件玉料、1 件三角形残玉片和 1 组切割严整的三璜联环出土于墓口填土中（图 65），另 1 组三璜联环出土位置尚未发表（图 66）。①此外，M2 在墓主腰腹部位放置了 1 件素面玉环和 2 件条形玉器，②M12 墓主右腹部也发现了 1 件玉璧、2 件喇叭形玉管、1 件玉片和绿松石珠（图 67）等等。③

　　目前正式发掘出土的齐家文化多璜联环的数量仍然相当有限，其中已知皇娘娘台 48 号墓的 1 件玉璜出土于墓主腹部，师赵村和喇家遗址出土的玉璜和三璜联环则分别出于地层、房址或墓口填土之中，迄未见到将多璜联环套戴在墓主手腕的情况，至于其具体使用方式尚待更多数据补充。然而若从喇家墓葬出土的玉璧观察，即可以发现其摆放位置与陶寺、清凉寺和大南沟墓葬的玉石环、璧颇为相似，显示以玉器作为墓主佩饰的情况仍然持续；至于皇娘娘台墓地在墓主身体上下放置大量磨制不精的玉石璧的现象，则可以在属于东龙山文化老牛坡类型（碳 14 测年结果约公元前 1930 年至前 1680 年；约相当于二里头文化四期中的一、二期）的陕西商洛东龙山墓葬中见到。④由此可知齐家文化的用玉制度的起源不仅和晋南以及陕北和晋西北黄河两岸地区关系密切，也可能在公元前 1900 年以后向东影响关中东部渭河流域。

图 62　甘肃天水师赵村遗址出土由三件素面扇形玉璜组成的三璜联环（《玉泽陇西——齐家文化玉器》页 30）

图 63　甘肃天水师赵村遗址出土由三件素面扇形玉璜组成的三璜联环（《玉泽陇西——齐家文化玉器》页 182）

①中国社会科学院考古研究所甘青工作队、青海省文物考古研究所：《青海民和喇家遗址发现齐家文化祭坛和干栏式建筑》，《考古》2004 年第 6 期，第 3—6 页；叶茂林：《史前灾难——喇家村史前遗址考古》，《大自然探索》2006 年第 2 期，第 71 页；叶茂林：《齐家文化玉器研究——以喇家遗址为例》，《玉魂国魄》（三），北京燕山出版社，2008 年，第 146 页。

②杨晶：《中国史前玉器的考古学探索》，社会科学文献出版社，2011 年，第 63 页。

③叶茂林：《齐家文化玉器研究——以喇家遗址为例》，《玉魂国魄》（三），北京燕山出版社，2008 年，第 141—148 页。

④陕西省考古研究院：《商洛东龙山》，科学出版社，2011 年，第 80—91 页。

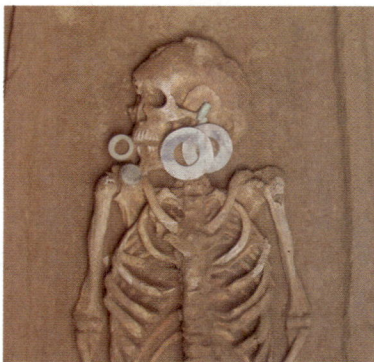

图 64　喇家 17 号墓墓主肩颈部玉器出土情况
（《考古》2004 年第 6 期，页 5 图 4）

图 67　喇家 12 号墓墓主腰部玉器出土情况
（《玉魂国魄（三）》彩版 5-2）

图 65　喇家 17 号墓墓口填土中出土的三璜联环
（《大自然探索》2006 年第 2 期，页 71）

图 66　喇家 17 号墓三璜联环出土情况
（《中国史前玉器的考古学探索》页 60）

　　此外，若就齐家文化遗址出土玉璜和多璜联环的外形观察，可以发现它们不仅制作工整，且多数由 2 至 4 件外形规整一致的素面扇形玉璜组成，其中又以近 120° 圆心角的扇形玉璜最为常见，组合也极具规范性。这些玉器的外形和清凉寺、芦山峁、石峁和碧村等遗址所见的玉璜和三璜联环颇多类似，但相对于黄河中游地区出土者，齐家文化的玉璜更为平整规范，其中三璜联环多数由等分的玉璜组成，各璜片两端以穿打 1 孔最为常见，这种将切割严整的玉璜组成联环或联璧的做法，应系源自晋陕地区璜片尺寸与数量尚未规制化的多璜联环，惟晋陕地区多璜联环的出现与玉料的短缺息息相关，而齐家文化多璜联环的盛行，则显然无关玉料供应的丰匮，而更可能涉及齐家先民对数量、等分与配列等观念的表达。

　　3. 玉琮的使用方式与形制源流

　　黄河上游地区目前已知玉琮的出土地点包括甘肃中部的天水、甘谷、静宁、会宁、定西、临洮，宁南的隆德、西吉、固原、海原以及甘青交界的民和等地区（图 68）。[1]然而其中除了天水师赵村 8 号墓的玉琮与玉璧共出（图 69），具有明确的出土单位与年代范围外，其余玉琮均为采集或征集所得，仅能根据它们的表现形式与共出器物判断其可能年代。这些玉琮尺寸不一，器高从 2 厘米至 20 余厘米不等，其外壁基本顺着射口外缘平直切锯，连接射口与器身的四个肩角也转折利落，孔壁光整，除静宁所见的

---

[1]黄翠梅：《再论新石器时代晚期玉琮形制与角色之演变》，《南艺学报》第 1 期，第 40—42 页；北京艺术博物馆、中国社会科学院考古研究所等著：《玉泽陇西——齐家文化玉器精品展》，北京美术摄影出版社，2015 年。

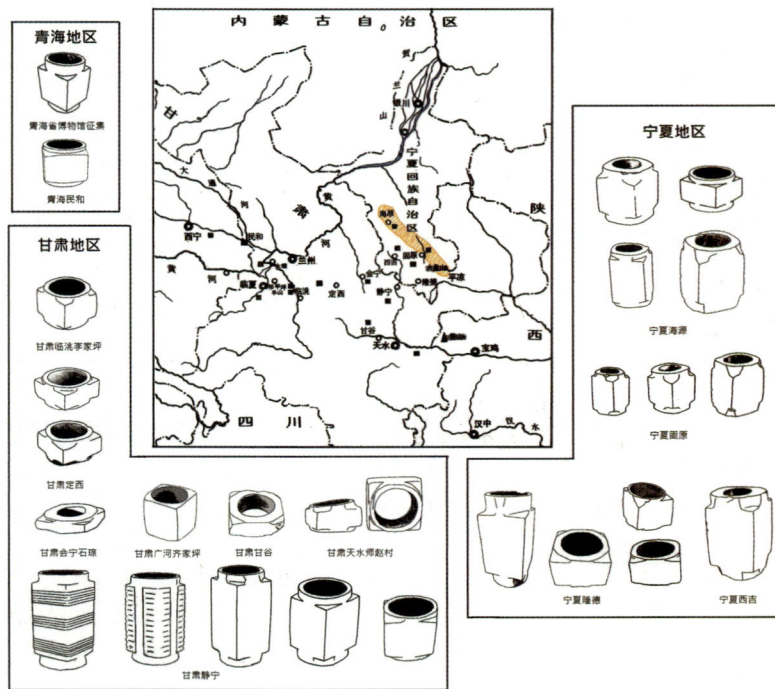

图 68　甘青宁地区新石器时代末期玉琮分布图

两件弦纹玉琮(可能另有来源)外,其余多数玉琮无论尺寸高低,器表均光素无纹,整体形态也相当一致,部分玉琮还可能具有成组的配列关系,区域特色相当鲜明。

值得注意的是,前述静宁出土的刻纹玉琮无论在器形表现或器壁上的瓦沟纹装饰,在众多齐家文化玉琮中都显得相当突兀,却与晋西北碧村出土的半截玉琮非常类似,不排除是从外地输入。除此之外,类似晋陕地区出土刻有简单竖槽装饰的玉琮,以及由多节玉琮剖切的长条状玉片也曾在甘青地区出现。例如台湾蔡氏收藏的 3 件短筒形玉琮和 1 件长条状玉片,据悉出自甘青地区。其中 3 件短筒形玉琮器壁较一般齐家文化玉琮略薄,四壁中央各阴刻两道竖线(图 70—72),整体表现与神木石峁出土的薄壁刻纹玉琮极为相似,不排除和黄河中、下游地区有关,至于窄边一侧具有等距刻痕的长条状玉片(图 73),则应是自良渚文化多节玉琮上剖切所得,这些情况显示不仅齐家文化玉琮和黄河中游地区关系密切,良渚文化玉琮或其改制器很可能也曾远征至甘青地区。

1996 年笔者曾发表《传承与变异:论新石器时代晚期玉琮形制与角色之发展》一文,主张新石器时代晚期分布于中国各地的玉琮系"一元起源、多向传播、多元意涵"[1];2010 年又发表《良渚文化玉琮之分类及其发展》和《再论新石器时代晚期玉琮形制与角色之演变》[2],文中除了梳理良渚玉琮从萌芽、发展、成熟到简化的发展过程外,并且分析良渚玉琮南传、北渐的接力传播路径,进而指出陶寺与清凉寺

---

[1]本文于 1996 年 11 月在浙江省文物考古研究所举办的"中国·良渚文化国际学术讨论会"(浙江余杭)宣读,1999年发表于浙江省考古研究所编:《良渚文化研究》,科学出版社,1999 年,第 215—226 页。

[2]黄翠梅:《再论新石器时代晚期玉琮形制与角色之演变》,《南艺学报》第 1 期,第 25—52 页;黄翠梅:《良渚文化玉琮之分类及其发展》,中华玉文化中心主编:《玉魂国魄——中国古代玉器与传统文化学术讨论会文集(四)》(中华玉文化特刊),浙江古籍出版社,第 201—214 页。

197

所见的刻纹玉琮是联系良渚刻纹玉琮和西北地区光素玉琮间的重要环节，亦即齐家玉琮之渊源应该向东追溯到晋陕地区，至于常见于甘中、宁南的长筒状的素琮，则不排除是直接受到良渚多节玉琮的启发。

至于为数众多的齐家文化玉琮究竟被如何使用？即或屡有齐家文化玉琮与玉璧出于临夏积石山及广河等地祭祀坑之说，由于迄今经由正式考古发掘出土的齐家文化玉琮仅师赵村 8 号墓出土的一件，前述有关祭祀坑之说仍待考古资料证实。纵使如此，从玉璧、玉琮在甘青宁地区的广泛分布以及师赵村 8 号墓中琮、璧共出的现象，仍然足以反映新石器时代末期琮璧组合信仰在黄河上游地区的复苏，而位处黄河中游的晋陕地区则在此波璧琮信仰与记忆流传的过程中扮演了重要的媒介角色。

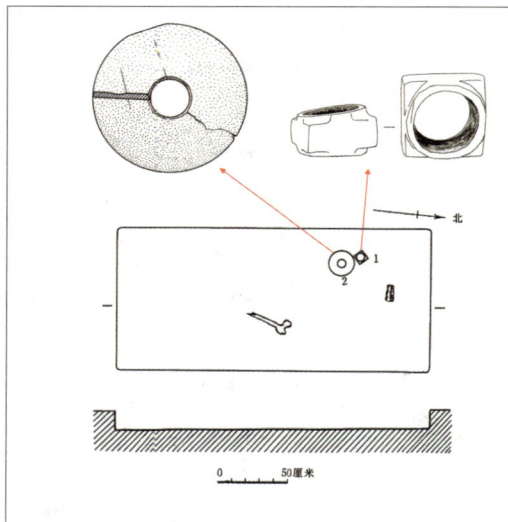

图 69 天水师赵村 8 号墓平面图及墓中出土的玉璧和玉琮（《师赵村与西山坪》，页 173 图 139、图 140-2；玉琮线图为李建纬绘制）

图 70 台湾蔡氏收藏的刻纹一号刻纹玉琮（笔者自摄）

图 71 台湾蔡氏收藏的刻纹二号刻纹玉琮（笔者自摄）

图 72 台湾蔡氏收藏的刻纹三号刻纹玉琮（笔者自摄）

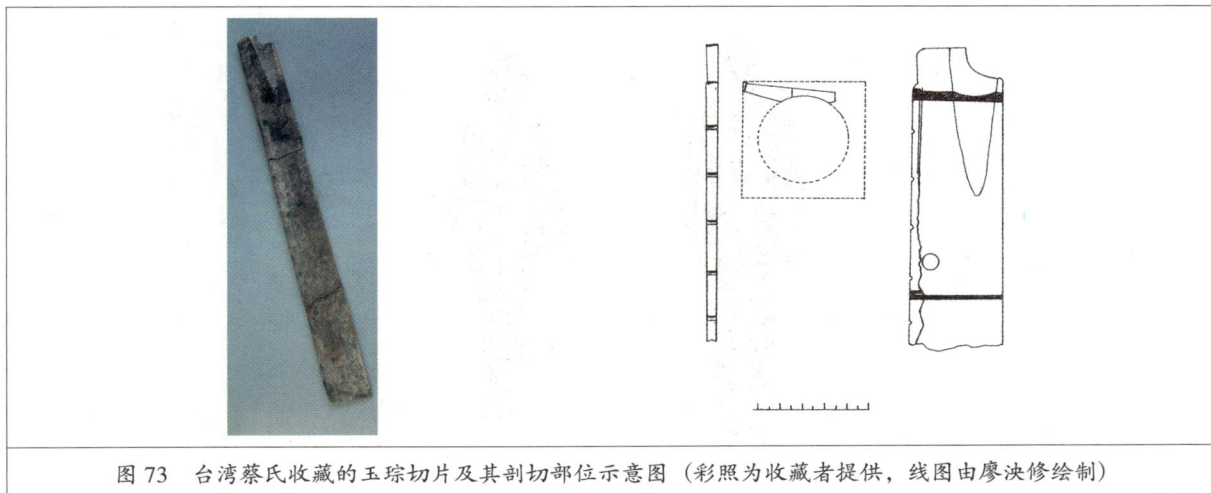

图73　台湾蔡氏收藏的玉琮切片及其剖切部位示意图（彩照为收藏者提供，线图由廖泱修绘制）

结　语

综上可知，公元前第三千纪中叶以后，璧、琮、璜等玉器虽然在长江下游地区逐渐由盛转衰，它们却越过重重的地理及文化关隘，以接力传播的方式在黄河下、中游地区驻点发展，到了公元前二千年前后又继续向西推进至遥远的甘青宁地区，并进而促使多璜联环等分观念的兴盛，以及琮璧组配的传统信仰再度复兴。

进入商周时期以后，玉璜和玉琮等遗留自齐家文化的前期旧玉经常出现在商周时期大型墓葬之中，其中一部分被重新改制或组合，另一部分则被作为具有特殊意义的纪念物留传下来。例如，商代晚期的殷墟妇好墓随葬了多件齐家文化的素面扇形玉璜和素面玉琮，另有为数众多的动物形玉饰是由齐家素面玉璜改制（图74）。[1]进入西周时期以后，素面扇形玉璜不仅和红玛瑙及绿松石等珠管等搭配组合成多彩珠管玉璜串饰，更进一步发展成为中原地区彰显贵族身份的玉璜组佩（图75），[2]而使用前

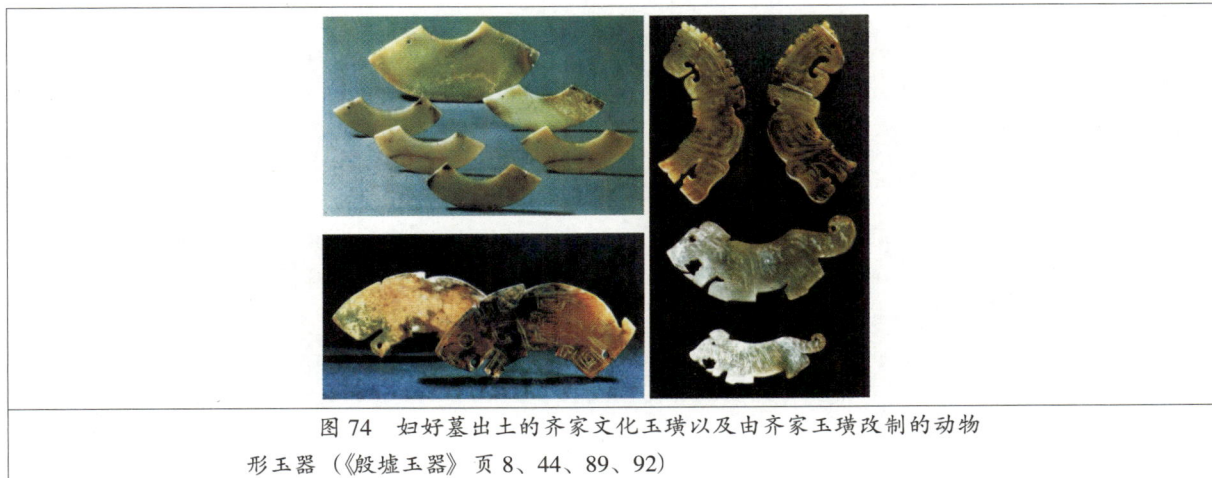

图74　妇好墓出土的齐家文化玉璜以及由齐家玉璜改制的动物
形玉器（《殷墟玉器》页8、44、89、92）

①王裕昌：《甘肃省馆藏齐家文化玉器调查与研究》，《玉泽陇西——齐家文化玉器》，第307页，图2-⑨，北京美术摄影出版社，2015年。
②朱乃诚主编：《玉泽陇西——齐家文化玉器》，第190页，北京美术摄影出版社，2015年。古方主编：《中国出土玉器全集·甘肃青海宁夏新疆》，科学出版社，2005年，第29页。

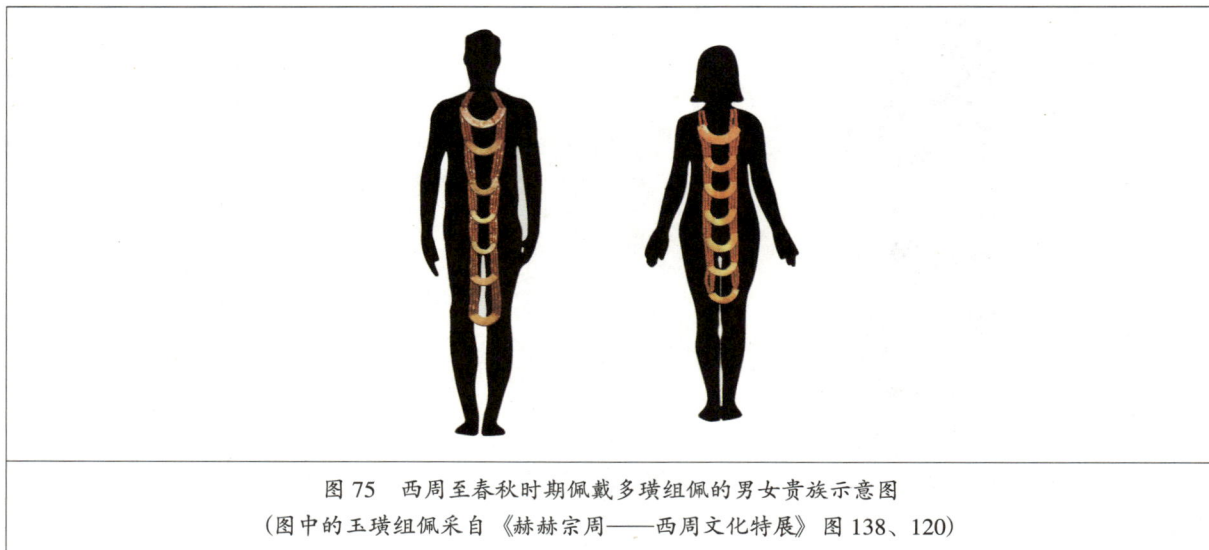

图 75　西周至春秋时期佩戴多璜组佩的男女贵族示意图
（图中的玉璜组佩采自《赫赫宗周——西周文化特展》图 138、120）

期遗留的玉琮随葬则成为西周至春秋时期黄河中下游地区贵族墓葬中具有普遍性的文化现象。

　　换句话说，多璜联环和玉琮等玉器不仅在公元前二千年前后在黄河中、上游地区辗转流传，也借由各种通道以不同的面貌持续在后世生根苗壮。这些玉器的每一个生命阶段对其周遭所属人群都深具意义，而属于它们的"文化传记"①，还有赖于我们继续织写。

---

①Chris Gosden and Yvonne Marshall, *The Cultural Biography of Objects*. World Archaeology 31.2, 1999, pp.169–170.

齐家文化玉琮研究

中国社会科学院考古研究所　朱乃诚

　　齐家文化玉琮,以素面为主要特征。其分布范围虽然偏居我国西北一隅,但因其对西周玉琮产生重要影响,成为中国古代玉琮演化史上承上启下的重要一环。

　　对齐家文化玉琮,早已引起许多研究者的关注,并且对有关问题形成了不同的认识。诸如齐家文化玉琮的年代、文化传统、形制特征及其演变、用途与功能等。然而受资料公布的局限,迄今对齐家文化玉琮没有进行过系统的研究。

　　笔者因筹办"玉泽陇西——齐家文化玉器"展览,收集齐家文化玉琮资料,拟对其进行系统研究,力图准确地认识齐家文化玉琮,以及在中国古代玉琮演化史上的重要地位。

一、齐家文化玉琮的发现情况

　　目前在甘肃、青海与宁夏三省区发现的齐家文化时期使用的玉琮,收藏在文博单位的,初步统计大约有58件。此外,在甘青宁三省的一些齐家文化遗址中虽然没有出土玉琮,但出土了玉琮芯,说明该遗址可能有玉琮,而这些玉琮芯大体能够反映与其有关玉琮的高度与孔径等信息。所以,下面先简要分述玉琮,再简要介绍发现的玉琮芯。

(一)广河半山瓦罐嘴玉琮

　　1924年,安特生及其助手在甘肃广河县(旧称宁定县)从一老人手中购得1件玉琮(图1)[①],据这位老人说这件玉琮出自广河半山瓦罐嘴墓葬中,现藏于瑞典远东博物馆。形制为扁体状,平面为弧边方形或称圆角方形,没有射部,一端局部受损。全器光素无纹。高约2厘米许,宽约6.8厘米。安特生在1943年认为这是中国年代最早、形制最为原始的玉琮。

---

　　①安特生 J.G.Andersson,*Researches Into The Prehistory of The Chinese*.The Museum Far Eastern Antiquities.1943年,第265页,图113.a,图版71-4。

（二）清水张家川玉琮

1957年在清水县张家川征集1件玉琮（图2）①，现藏于甘肃省博物馆。呈青绿色，有较大面积的褐色斑块和土黄色板块。形制为外方内圆高体筒状。射口较长，制作规范，切去四个角而形成，射部的平面呈有四个短直边的圆环形。全器光素无纹。通高11.1厘米，方体高6.8厘米，边长5.4～5.6厘米，射长1.9～2.1厘米，射口外径5.5厘米，内径4.5厘米。

（三）秦安堡子坪玉琮

1961年在秦安兴国镇堡子坪出土1件玉琮②。

（四）秦安榆木村玉琮

1972年在秦安郭集乡榆木村出土1件玉琮（图3）③，现藏于秦安县博物馆。呈青绿色。形制较规整，呈外方内圆的矮体筒状，射部较高，壁较厚。器表有打磨细痕。全器光素无纹。高5厘米，边长6厘米。

图1 广河半山瓦罐嘴玉琮　　　图2 清水张家川玉琮　　　图3 秦安榆木村玉琮

（五）庄浪野狐湾玉琮

庄浪县博物馆藏有2件玉琮。其中1件于1974年在庄浪县白堡乡野狐湾遗址出土（图4）④。琮体纵向有一条褐色条纹斜向贯穿，将琮体玉色一分为二，一半呈青白色，另一半呈淡黄色。形制为外方内圆矮体筒状。射部较短，射部的平面呈有四个直边的近圆环形，琮体略高，近方形。全器光素无纹。高6.7厘米，宽7.2厘米，孔径7厘米。

---

① 王裕昌：《甘肃省馆藏齐家文化玉器调查与研究》，《玉泽陇西——齐家文化玉器》，北京美术摄影出版社，2015年，第306页，图2-③。

② 李晓斌、张旺海：《甘肃齐家文化玉器研究》，《陇右文博》2009年第2期。

③ 李晓斌、张旺海：《甘肃齐家文化玉器研究》，《陇右文博》2009年第2期，封二，照28。

④ 李晓斌、张旺海：《甘肃齐家文化玉器研究》，《陇右文博》2009年第2期，封二，照26。

图 4　庄浪野狐湾玉琮

图 5　通渭西岔玉琮

图 6　广河齐家坪玉琮

（六）通渭西岔玉琮

1974 年在通渭县西岔出土 1 件玉琮（图 5）①，现藏陇西县博物馆。呈青绿色。形制规整，制作精致。为圆形扁体筒状，有射部，在琮体外壁形成了三个凸出的面与三个竖槽刻纹。全器光素无纹。高 3～3.9 厘米，外径 7.5～7.8 厘米，内径 6.4 厘米。

（七）广河齐家坪玉琮

1975 年发掘广河齐家坪遗址发现 1 件玉琮（图 6）②，现藏于甘肃省博物馆。系黄绿色青玉。器形很小，形制为外方内圆的长方形筒状，没有射部，两端为平口，一个角的平面略微低弧，琮孔为两面对钻，内壁光滑，尚存旋纹钻痕，外表打磨光滑。全器光素无纹。高 3.8 厘米，长 3.9 厘米，宽 3.7 厘米，孔径 3.3 厘米。

（八）天水师赵村玉琮

1981—1989 年发掘天水师赵村遗址在 M8 墓中出土与 1 件玉璧共存的 1 件玉琮 M8：1（图 7）③，现藏于中国社会科学院考古研究所。呈浅绿色，泛黄。形制为外方内圆的矮体筒状，不规整，一边高，一边低。射部制作较粗糙，角的平面呈斜坡状，射部的平面呈有四个直边的近圆环形。全器光素无纹。高 3.4~3.9 厘米，边长 5.2~5.5 厘米，孔内径 4.2~4.5 厘米，射高 0.4~0.8 厘米。

---

①王裕昌：《甘肃省馆藏齐家文化玉器调查与研究》，《玉泽陇西——齐家文化玉器》，北京美术摄影出版社，2015 年，第 307 页，图 2-⑨。

②朱乃诚主编：《玉泽陇西——齐家文化玉器》，北京美术摄影出版社，2015 年，第 190 页。古方主编：《中国出土玉器全集·甘肃青海宁夏新疆》，科学出版社，2005 年，第 29 页。

③朱乃诚主编：《玉泽陇西——齐家文化玉器》，北京美术摄影出版社，2015 年，第 27 页。

图 7　天水师赵村玉琮

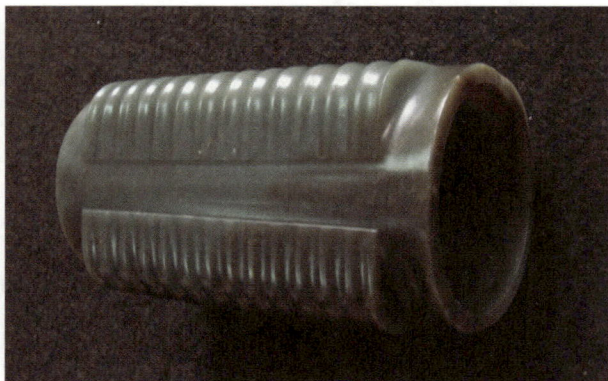

图 8　静宁后柳沟村瓦垄纹玉琮

(九)静宁后柳沟村玉琮

1984 年春静宁县治平乡后柳沟村村民韩彩红携其女儿、儿子一家三人在山脊上挖栽树坑时发现 4 件玉琮和 3 件玉璧。四件玉琮在下，三件玉璧在上覆盖着玉琮，其上有一块石板覆盖。石板当时被挖碎，并被遗弃。他们三人将四件琮三件璧带回家中，置于自己住家院内的树下。后来上交，为静宁县博物馆征集。四件玉琮形制不同，分别为瓦垄纹玉琮、三组弦纹玉琮、褐绿色素面玉琮、青绿色素面玉琮。

后柳沟村瓦垄纹玉琮(图 8)[①]，现藏于静宁县博物馆。呈深青绿色。形制为外方内圆高体筒状。射部凸出，射外壁局部呈内凹弧形的圆弧面，并且保留着横向的剔刻痕迹，射口呈微侈状。射口平面呈规范的圆环形。琮体四面的中轴竖槽，宽不足琮体宽的四分之一，上下没有延长至射部。竖槽边线笔直，竖槽与角面落差约 0.1 厘米。竖槽内平整光滑，略有弧凸，并且保留着竖向的剔刻痕迹。琮体的四个角面分隔清晰，形态基本相同。角的上下平面较为平坦。角面从上到下饰 13 道平行的凹凸瓦垄状纹饰，每道凹凸瓦垄纹的宽度不相等。垄沟有的呈凹弧形，有的呈平底形，在垄沟内保留着横向的剔刻痕迹。垄顶基本为平面，有的垄顶很窄，呈棱状。在同一条瓦垄上亦有粗细不一致现象，角面两侧的瓦垄纹在角棱上大都不能准确对应相接，表现出鲜明的手工制作的特征。整器的抛光极好。高 14.7 厘米，宽 8.2 厘米，孔径 6.9 厘米，射外径 8.2 厘米，射高约 1.4 厘米。

后柳沟村三组弦纹玉琮(图 9)[②]，现藏于静宁县博物馆。呈深青绿色，局部有白色沁斑。形制为外方内圆高体筒状。射部较高，射口外壁近竖直，角的平面平坦而略有斜坡。射口平面呈圆环形。琮体外表分上、中、下饰三组平行凹凸弦纹，每组五道凸弦纹、六道凹弦纹。凸弦纹宽窄不一致，较宽的凸弦纹约在 0.2 厘米以上。凹弦纹亦宽窄不一致，较细的凹弦纹约在 0.1 厘米以下。琮体四面凹凸弦纹在角棱处的相接，存在上下错位现象

图 9　静宁后柳沟村三组弦纹玉琮

①笔者于 2015 年 4 月 23 日参观甘肃省博物馆观摩时拍摄。
②古方主编：《中国出土玉器全集·甘肃青海宁夏新疆》，科学出版社，2005 年，第 36 页。

图 10　静宁后柳沟村三组弦纹玉琮

（图 10）①，其中一个角棱最为明显，可能是施刻琮体四面凹凸弦纹过程中的最后一道角棱的相接处。三组平行凹凸弦纹的这些特征，显示出对玉琮上凹凸弦纹的制作手法较为原始而笨拙，但却使得这件玉琮显得粗放而古朴。高 16.7 厘米，宽 7.2 厘米，射部外径 7.2 厘米。

后柳沟村褐绿色素面玉琮（图 11）②，现藏于平凉市博物馆。器表有褐斑与白斑。形制为外方内圆高体筒状。射部制作较规范，切去四个角而形成，射口较高，射口外壁近竖直而内收，角的平面较小，平坦而略有斜坡。射部外表与琮体中轴外表相同面的部分，没有做切弧加工，所以射口平面呈有四个直边的近圆环形。全器光素无纹。高 16.7 厘米，宽 7.2 厘米，射部外径 7.2 厘米。

后柳沟村青绿色素面玉琮（图 12）③，现藏于静宁县博物馆。有较大面积的乳白色沁斑。形制为外方内圆高体筒状。射部制作规范，射口较高，射口外壁近竖直，有明显的横向剔刻痕迹。角的平面平坦，射部外表与琮体中轴外表相同面的部分，有明显的分界，射口平面呈圆环形。全器光素无纹。高 12.8 厘米，宽 8.3 厘米，射部外径 8.3 厘米。

图 11　静宁后柳沟村褐绿色玉琮

图 12　静宁后柳沟村青绿色玉琮

①笔者于 2015 年 4 月 22 日参观静宁县博物馆观摩时拍摄。
②古方主编：《中国出土玉器全集·甘肃青海宁夏新疆》，科学出版社，2005 年，第 37 页。
③古方主编：《中国出土玉器全集·甘肃青海宁夏新疆》，科学出版社，2005 年，第 38 页。

（十）静宁县博物馆藏矮体玉琮

静宁县博物馆另外还征集收藏了 1 件玉琮（图 13）[1]，呈灰白色夹褐色条块与斑点。形制为外方内圆矮体筒状。射部制作规范，射口平面呈代四个直边的近圆环形。全器光素无纹。高约 5.5 厘米，宽约 6.5 厘米。

（十一）西和任河村玉琮

西和县博物馆藏有 4 件玉琮。其中 1 件出自城关乡任河村（图 14）[2]，呈青绿色。形制较特殊，呈外三角内圆矮体筒状，即外壁形成三个角面。射部较短。全器光素无纹。高 9 厘米，外径 7 厘米，孔径 5.8～6 厘米。

图 13　静宁县博物馆藏矮体玉琮

图 14　西和任河村玉琮

（十二）甘谷渭水峪玉琮

甘谷县渭水峪出土 1 件玉琮（图 15）[3]，现藏于甘肃省博物馆。呈青绿色。形制为外方内圆扁体筒状。射部极短，制作粗糙不规范，略微剔去四角而形成，角的平面呈凹洼斜坡状。射部的平面外形呈八角形。全器光素无纹。高 2 厘米，宽 5.6 厘米。

（十三）定西清溪村玉琮

定西市安定区清溪村出土 1 件玉琮（图 16）[4]，现藏于定西市博物馆。呈青褐色，局部呈白色，有黑

图 15　甘谷渭水峪玉琮

---

① 笔者于 2015 年 4 月 22 日参观静宁县博物馆观摩时拍摄。
② 王裕昌：《甘肃省馆藏齐家文化玉器调查与研究》，《玉泽陇西——齐家文化玉器》，北京美术摄影出版社，2015 年，第 307 页，图 2-⑩。
③ 朱乃诚主编：《玉泽陇西——齐家文化玉器》，北京美术摄影出版社，2015 年，第 35 页下。古方主编：《中国出土玉器全集·甘肃青海宁夏新疆》，科学出版社，2005 年，第 30 页。
④ 古方主编：《中国出土器全集·甘肃青海宁夏新疆》，科学出版社，2005 年，第 32 页。

图 16　定西清溪村玉琮

图 17　定西高泉村玉琮

图 18　临洮李家坪玉琮

色斑点。形制为外方内圆矮体筒状。射部制作较规整，射部较短，角的平面略呈斜坡状，射部的平面呈圆环形。全器光素无纹。高 4.1 厘米，宽 6.7 厘米。孔径 4.9 厘米，射高 0.6 厘米。

（十四）定西高泉村玉琮

定西市团结乡高泉村出土 1 件玉琮（图 17）①，现藏于甘肃省博物馆。呈黄绿色。形制为外方内圆矮体筒状。射部制作较规整，射部较短，角的平面较平整，射部的平面呈有四个直边的近圆环形。全器光素无纹。高 3.2 厘米，宽 5.5 厘米。

（十五）临洮李家坪玉琮

临洮县李家坪出土 1 件玉琮（图 18）②，现藏于定西市博物馆。呈青白色，有褐色与黑色条纹及斑点与斑块。形制为外方内圆矮体筒状。射部较短，射部的平面呈有四个直边的近圆环形，琮体略高，近方形。全器光素无纹。高 5.4 厘米，宽 6.3 厘米，孔径 5.8 厘米，射高 0.7 厘米。

定西市博物馆还藏有一件据说是临洮县出土又说市安定区征集的高体玉琮③。玉料一半呈青色，另一半为浅赭色，局部呈褐色。形制为外方内圆高体筒状。射部很短，制作十分规整，射部平面呈圆环形。全器光素无纹。高 8.8 厘米，射高 0.4 厘米，宽 6.8～7 厘米，孔径 6 厘米。这件玉琮的角的平面边棱以及琮体的四个角棱十分整齐，琮体四面也十分平整，与其他齐家文化玉琮迥然不同。窃疑这是一件晚期作品。

（十六）临夏罗家湾玉琮

临夏州博物馆藏有 2 件玉琮。其中 1 件玉琮征集于临夏市南龙乡罗家湾村（图 19）④，1979 年 3 月入藏临夏州博物馆。呈白色，有褐色斑点。形制为外

---

①古方主编：《中国出土玉器全集·甘肃青海宁夏新疆》，科学出版社，2005 年，第 34 页。
②古方主编：《中国出土玉器全集·甘肃青海宁夏新疆》，科学出版社，2005 年，第 33 页。
③见古方主编：《中国出土玉器全集·甘肃青海宁夏新疆》，科学出版社，2005 年，第 31 页。又见王裕昌：《甘肃省馆藏齐家文化玉器调查与研究》，《玉泽陇西——齐家文化玉器》，北京美术摄影出版社，2015 年，第 306 页，图 2-⑤。
④朱乃诚主编：《玉泽陇西——齐家文化玉器》，北京美术摄影出版社，2015 年，第 77 页。王裕昌：《甘肃省馆藏齐家文化玉器调查与研究》，《玉泽陇西——齐家文化玉器》，北京美术摄影出版社，2015 年，第 306 页，图 2-⑥。

方内圆矮体筒状。射部制作规范，切去四个角而形成，射部的平面呈有四个短直边的圆环形。全器光素无纹。高 4～4.3 厘米，边长 4.7 厘米，外径最宽（中间）4.8 厘米，射口孔径 3.9 厘米、中部孔径 2.6～2.8 厘米，射高 1.3 厘米。这件玉琮器形很小，为微型矮体玉琮。

（十七）临夏玉琮

临夏州博物馆藏的另外 1 件玉琮（图 20）①，据说出自积石山新庄坪遗址。呈青绿色。形制为外方内圆高体筒状。射部较长，制作规范，切去四个角而形成，射部的平面呈有四个短直边的近圆环形。全器光素无纹。高近 9 厘米，边长约 4 厘米许。这件玉琮器形较小，为微型高体玉琮。

（十八）甘肃省博物馆藏玉琮

甘肃省博物馆藏有 13 件玉琮。除以上介绍的 4 件外，下面再介绍 3 件。

甘肃省博物馆藏品 08603 号玉琮（图 21）②，呈青色，多半泛土黄色。形制为外方内圆方体筒状。射口切去四个角而形成，射部的平面呈有四个短直边的近圆环形。全器光素无纹。高 7.2 厘米，边长 7.2 厘米，孔径 6.1 厘米。

甘肃省博物馆藏品 08648 号玉琮（图 22）③，呈青灰色，夹杂大量黑褐色条带状与块、点状斑纹。形制为外方内圆高体筒状。射口较长，制作较粗糙，切去四个角而形成，射部的平面呈八边环形。中孔为两面对钻，孔内有对钻留下的错茬台阶，孔壁上有明显的旋钻痕迹。全器光素无纹。高 10.5 厘米，边长 5.5 厘米，孔径 4.1 厘米。

甘肃省博物馆藏品 08604 号玉琮（图 23）④，为征集品。呈青绿色，有土黄斑块。形制为外方内圆高体筒状。射口较长，呈收口状，射部的平面呈圆环形。高 7.1～7.2 厘米，方体高 2.3～3.2 厘米，边长 5.1～5.6。一端射长 1.4～1.6 厘米，外径 5～5.1 厘米；

图 19　临夏罗家湾玉琮

图 20　临夏玉琮

图 21　甘博藏品 08603 号玉琮

---

① 笔者于 2015 年 4 月 22 日参观临夏博物馆观摩时拍摄。另见朱乃诚主编：《玉泽陇西——齐家文化玉器》，北京美术摄影出版社，2015 年，第 248 页，图 109。
② 朱乃诚主编：《玉泽陇西——齐家文化玉器》，北京美术摄影出版社，2015 年，第 189 页。
③ 朱乃诚主编：《玉泽陇西——齐家文化玉器》，北京美术摄影出版社，2015 年，第 191 页。
④ 王裕昌：《甘肃省馆藏齐家文化玉器调查与研究》，《玉泽陇西——齐家文化玉器》，北京美术摄影出版社，2015 年，第 306 页，图 2-⑦。

图22 甘博藏08648号玉琮

图23 甘博藏08604号玉琮

图24 会宁石琮

另一端射长1.9～2.4厘米，外径5.3～5.4厘米。孔内径4～4.2厘米。

（十九）会宁石琮

会宁县博物馆旧藏的1件石琮（图24）①，呈青灰色。形制为外方内圆扁体筒状。制作较粗糙，射部很短，切去四个角而形成，射部的平面呈有四个直边的近圆环形。全器光素无纹。高1.8厘米，边长6.4厘米，孔径3厘米。

（二十）甘肃省其他博物馆藏玉琮

除上述外，甘肃省其他一些地市县级博物馆也藏有少量玉琮。如武威市博物馆藏有1件玉琮，临洮县博物馆藏有1件玉琮，通渭县博物馆藏有2件玉琮，陇西县博物馆另藏有2件玉琮，天水市博物馆藏有1件玉琮，武山县博物馆藏有1件玉琮，积石山县民族民俗博物馆藏有1件玉琮，灵台县博物馆藏有1件玉琮，崆峒区博物馆藏有1件玉琮②。粗略统计，甘肃省各级博物馆藏玉琮约43件。

（二十一）固原中河乡玉琮

1960年在固原市固原县（现原州区）中河乡征集1件玉琮（图25）③，现藏于宁夏固原博物馆。呈青灰色。形制为外方内圆矮体筒状。制作较粗糙，射口很短，切去四个小角而形成，射口平面呈八角环形。全器光素无纹。高5.3厘米，边长7.5厘米，射高0.3厘米，孔径5.3厘米。

（二十二）海原征集玉琮

海原县在20世纪60年代和70年代分别征集了1件玉琮，现都藏于宁夏回族自治区博物馆。

---

①笔者于2015年4月21日参观会宁博物馆观摩时拍摄。另见朱乃诚主编：《玉泽陇西——齐家文化玉器》，北京美术摄影出版社，2015年，第194页。
②王裕昌：《甘肃省馆藏齐家文化玉器调查与研究》，《玉泽陇西——齐家文化玉器》，北京美术摄影出版社，2015年。
③罗丰：简化第19卷2期，第62页图5-2。

209

海原60年代征集玉琮(图26)①，呈青绿色。形制为外方内圆高体筒状。制作很规整，射部切去四个小角而形成，射口平面呈有四个直边的近圆环形。全器光素无纹。高12厘米，边长6.8厘米，射高1.5厘米。

海原70年代征集玉琮，藏品号NCⅢ：61(图27)②，呈青色。形制为外方内圆矮体筒状。制作较规整，边角端正，射部切去四个小角并打磨成弧形，射口平面呈圆环形。全器光素无纹。高4.2厘米，边长5.4厘米，射高0.8厘米，孔径4.5厘米。

(二十三)固原毛湖北山梁玉琮

1973年至1979年在固原市原州区张易乡毛湖北山梁出土3件玉琮，现都藏于宁夏回族自治区博物馆。

1973年出土的1件玉琮，藏品号NCⅢ：212(图28)③，呈浅灰色泛青绿。形制为外方内圆高体筒状。制作较粗糙，射部切去四个小角而形成，射口平面呈有四个直边的近圆环形。全器光素无纹。高6厘米，边长4.2厘米，射高0.9厘米，孔径2.9厘米。这件玉琮形体较小，为微型玉琮。

1973年出土的另1件玉琮(图29)④，呈灰白色。形制为外方内圆高体筒状。制作粗糙，器表有崩坑。射部制作不规范，切去四个小角而形成，射口较高，射口外壁呈竖斜坡状，角的平面很小，与射口外壁连接呈一个不规范的斜面。射口平面呈不规则圆角方形的环状。琮孔为对钻加工形成，错位较大，孔内有对钻形成的凸棱，孔壁有旋纹。高7.6厘米，射高1~1.5厘米，孔径3.7厘米。

1979年出土的1件玉琮，藏品号NCⅢ：211(图30)⑤，半边呈青白色，半边呈灰白色。形制为外方内圆高体筒状。制作较粗糙，射部切去四个小角而形成，射口平面呈有八角形。全器光素无纹。高4.8厘米，边长2.9厘米，射高0.5厘米，孔径2.1厘米。这件玉琮形体较小，为微型玉琮。

图25 固原中河乡玉琮

图26 海原60年代征集玉琮

图27 海原70年代征集玉琮

①罗丰：简化第19卷2期，第62页图5-6。
②朱乃诚主编：《玉泽陇西——齐家文化玉器》，北京美术摄影出版社，2015年，第37页。
③朱乃诚主编：《玉泽陇西——齐家文化玉器》，北京美术摄影出版社，2015年，第39页。
④2015年4月4日笔者参观宁夏回族自治区博物馆时拍摄。又见罗丰：《黄河中游新石器时代的玉器——以馆藏宁夏地区玉器为中心》，《故宫学术季刊》第十九卷第二期，图5.5，2001年，第62页。
⑤朱乃诚主编：《玉泽陇西——齐家文化玉器》，北京美术摄影出版社，2015年，第38页。

图28 毛窪北山梁 NCⅢ:212 玉琮

图29 毛窪北山梁玉琮

图30 毛窪北山梁 NCⅢ:
211 玉琮

图31 隆德梁堡玉琮

图32 海原山门村玉琮

（二十四）隆德梁堡玉琮

1984 年在隆德县莫安乡梁堡出土征集 1 件玉琮（图31）①，现藏于隆德县文物管理所。呈绿褐色。形制为外方内圆矮体筒状。射部很短，切去四个角而形成，射部的平面呈有四个直边的近圆环形。全器光素无纹。高 2.7 厘米，边长 4.6 厘米，孔径 3.5 厘米。这件玉琮形体较小，为微型玉琮。

（二十五）海原山门村玉琮

1984 年在海原县黑城镇山门村出土 1 件玉琮（图32）②，现藏于海原县文物管理所。呈墨绿色，系墨玉。形制为外方内圆高体筒状。一头大，一头略小；一边高，一边低。外表光滑，但在琮体大头一端的一角面有切割凹槽与凹块。射部制作较规范，切去四个小角并将切面磨成圆弧形，射口平面呈有四个直边的近圆环形。全器光素无纹。高 11.9 厘米，边长 9.4 厘米，射高 1.4 厘米，大头一端射口外径 9.8 厘米，小头一端射口外径 9.4 厘米。与这件玉琮一起出土的还有 1 件玉璧、2 件陶罐。这种质地呈墨绿色的玉琮，在齐家文化中少见。其玉料的来源地，值得探索。

（二十六）隆德页河子玉琮

宁夏隆德县页河子遗址曾出土征集了一批齐家文化玉器，其中有 1 件玉琮和 1 件石琮，现都藏于宁夏固原博物馆。

---

① 朱乃诚主编：《玉泽陇西——齐家文化玉器》，北京美术摄影出版社，2015 年，第 193 页。宁夏固原博物馆编：《固原文物精品图集》上册，宁夏人民出版社，2011 年，第 65 页下。

② 朱乃诚主编：《玉泽陇西——齐家文化玉器》，北京美术摄影出版社，2015 年，第 53 页。罗丰：《黄河中游新石器时代的玉器——以馆藏宁夏地区玉器为中心》，《故宫学术季刊》第十九卷第二期，2001 年，第 63 页，图 5.8。照片系笔者于 2015 年 9 月 1 日参观"玉泽陇西"展览时拍摄。

图 33　隆德页河子石琮

图 34　隆德页河子玉琮

1985 年出土的 1 件石琮，藏品号 GB06056（图 33）①，呈青灰色。形制为外方内圆矮体筒状。射口较短，制作较粗糙，切去四个角而形成，射部的平面呈有四个短直边的近圆环形。全器光素无纹。高 3.8 厘米，边长 4.5 厘米，射高 0.2 厘米，孔径 3.8 厘米。

1986 年出土的 1 件玉琮，藏品号 GB05179（图 34）②，呈灰白色，局部泛青绿色。形制为外方内圆高体筒状。射口较长，制作较规范，切去四个角而形成，射部的平面呈近圆环形。全器光素无纹。高 19.7 厘米，边长 8.1 厘米，射长 3.2 厘米，孔径 6.4 厘米。

（二十七）西吉南湾村玉琮

1987 年在西吉县白崖乡南湾村出土征集 1 件玉琮（图 35）③，现藏于西吉县钱币博物馆。呈棕黄色中含青绿，局部泛白。形制为外方内圆高体筒状。玉琮平面呈长方形。射部制作不规范，切去四个角而形成，射口较高，射口外壁呈竖斜坡状，角的平面很小，呈带一点平面的斜坡状。射部平面呈有四个直边的八角形。孔为对钻加工形成，孔内有对钻形成的凸棱。高 11.8 厘米，长 7.2 厘米，宽 6.8 厘米，射高 1.26 厘米。在琮体的一面阴刻一披羽站姿的凤鸟，刻纹线条拙劣，为后期所刻。

粗略统计宁夏回族自治区各级博物馆收藏的玉琮有 11 件。

（二十八）民和红崖村玉琮

青海省民和中川乡红崖村曾出土 1 件玉琮，（图 36）④，现藏于青海省民和回族土族自治县博物馆。呈墨绿色。形制很小，为外方内圆方体筒状。射口较短，切去四个小角并打磨呈弧形，射口平面呈圆环形。全器光素无纹。高 4.4 厘米，边长 4.5 厘米。属微型玉琮。

图 35　西吉南湾村玉琮

图 36　民和红崖村玉琮

---

① 朱乃诚主编：《玉泽陇西——齐家文化玉器》，北京美术摄影出版社，2015 年，第 41 页。

② 朱乃诚主编：《玉泽陇西——齐家文化玉器》，北京美术摄影出版社，2015 年，第 40 页。

③ 朱乃诚主编：《玉泽陇西——齐家文化玉器》，北京美术摄影出版社，2015 年，第 192 页。宁夏固原博物馆编：《固原文物精品图集》上册，宁夏人民出版社，2011 年，第 65 页上。

④ 朱乃诚主编：《玉泽陇西——齐家文化玉器》，北京美术摄影出版社，2015 年，第 143 页上。照片系笔者 2015 年 9 月 1 日参观"玉泽陇西"展览拍摄。

图 37　青博藏玉琮

(二十九)青海省博物馆藏玉琮

青海省博物馆藏 1 件玉琮(图 37)①,呈深绿色。形制很小,为外方内圆高体筒状。射口较长,切去四个小角并打磨呈弧形,射口平面呈圆环形。全器光素无纹。高约 5 厘米,边长约 4 厘米。这件玉琮很小,属微型玉琮。

(三十)武威皇娘娘台玉琮芯

武威皇娘娘台遗址在 1975 年出土的一批齐家文化玉器中有两件玉琮芯。现都藏甘肃省博物馆。

其中,黄娘娘台 75WXT19:7 玉琮芯,藏品号 19933(图 38)②,呈深青绿色,圆柱状,一头大一头小,外表光滑,有密集的旋转磨痕。高 5.4 厘米,大头一端直径 3.5 厘米,鸦头一端直径 3 厘米。

皇娘娘台 75WXT18:17 玉琮芯,藏品号 20060(图 39)③,呈深青绿色,圆柱状,一头大,一头小,外表光滑。高 5.8 厘米,大头一端直径 3.3 厘米,小头一端直径 2.7 厘米。

(三十一)庄浪郭李家玉琮芯

1998 年在庄浪县杨河乡郭李家遗址出土 2 件玉琮芯,现都藏庄浪县博物馆。其中一件为一头大一头小的圆柱状玉琮芯(图 40)④,呈青绿色,外表光滑,有单面旋转磨痕。高 4.5 厘米,大头一端直径 4.5 厘米,小头一端直径 4 厘米。

另一件为中段芯体交错的玉琮芯(图 41)⑤,呈深青绿色,芯体交错处的边缘有断茬,外表磨光,有旋转磨痕。长 3.2 厘米,大头一端直径 3.5 厘米,小头一端直径 3.2 厘米。

图 38　黄娘娘台 75WXT19:7 玉琮芯

图 39　皇娘娘台 75WXT18:17 玉琮芯

图 40　庄浪郭李家玉琮芯

①笔者于 2015 年 2 月 5 日上午参观青海省博物馆拍摄。

②朱乃诚主编:《玉泽陇西——齐家文化玉器》,北京美术摄影出版社,2015 年,第 160 页上。刘志华、孙玮:《武威皇娘娘台出土的齐家文化玉石器》,《故宫文物月刊》,第二十一卷第八期(总 248 期),第一图,2003 年,第 96 页。

③朱乃诚主编:《玉泽陇西——齐家文化玉器》,北京美术摄影出版社,2015 年,第 160 页下。刘志华、孙玮:《武威皇娘娘台出土的齐家文化玉石器》,《故宫文物月刊》,第二十一卷第八期(总 248 期),第二图,2003 年,第 96 页。

④王裕昌:《甘肃省馆藏齐家文化玉器调查与研究》,《玉泽陇西——齐家文化玉器》,北京美术摄影出版社,2015 年,第 334 页,图 17–⑤。李晓斌、张旺海:《甘肃齐家文化玉器研究》,《陇右文博》2009 年第 2 期,封三,照 46。

⑤李晓斌、张旺海:《甘肃齐家文化玉器研究》,《陇右文博》2009 年第 2 期,封三,照 47。王裕昌:《甘肃省馆藏齐家文化玉器调查与研究》,《玉泽陇西——齐家文化玉器》,北京美术摄影出版社,2015 年,第 334 页,图 17–⑥。

（三十二）会宁老鸦沟村玉琮芯

会宁县中川乡老鸦沟村油坊庄出土 1 件玉琮芯（图 42）①，现藏会宁县博物馆（藏品号 0669）。呈白色，有水波状条纹纹理与红褐色瑕斑。一端粗，一端细。在粗端一面的中部琢成凹坑。高 7.8 厘米，大头一端直径 13.5 厘米，小头一端直径 7.1 厘米。

（三十三）临洮县博物馆藏玉琮芯

临洮县博物馆藏玉琮芯 1 件（图 43）②，呈青绿色。一头大一头小，周壁有两道台阶状旋转磨痕。高 3 厘米，大头一端直径 5 厘米，小头一端直径 4.6 厘米。

（三十四）甘肃省博物馆藏玉琮芯

甘肃省博物馆藏品 07030 号玉琮芯（图 44）③，呈深灰绿色。头大一头小，周壁有台阶状旋转磨痕。高 4.5 厘米，大头一端直径 5.3 厘米，小头一端直径 4.1 厘米。

（三十五）西吉苏家村玉琮芯

1984 年在西吉县玉桥乡苏家村遗址出土 1 件玉琮芯（图 45）④，现藏西吉县文物管理所。呈浅绿色泛白，一端残断，残高 9.5 厘米，直径 6 厘米。与这件玉琮芯同出的有红陶罐。

（三十六）彭阳古城乡玉琮芯

1986 年在彭阳县古城乡征集 1 件玉琮芯（图 46）⑤，现藏隆德县文物管理所。呈深青绿色。分上下两节，一节粗，一节细，都为梯形柱状，两节相交处，在粗的这一节上形成不规则断裂台面。两节的外表都有旋转磨痕。高 10 厘米，粗的这节端面直径 4 厘米，细的这节端面直径 2.8 厘米，两节相交处的最大直径 5.5 厘米。

图 41　庄浪郭李家芯体交错玉琮芯

图 42　会宁老鸦沟村玉琮芯

图 43　临洮县博物馆藏玉琮芯

①朱乃诚主编：《玉泽陇西——齐家文化玉器》，北京美术摄影出版社，2015 年，第 64 页。古方主编：《中国出土玉器全集·甘肃青海宁夏新疆》，科学出版社，2005 年，第 51 页。

②王裕昌：《甘肃省馆藏齐家文化玉器调查与研究》，《玉泽陇西——齐家文化玉器》，北京美术摄影出版社，2015 年，第 333 页，图 17–①。

③王裕昌：《甘肃省馆藏齐家文化玉器调查与研究》，《玉泽陇西——齐家文化玉器》，北京美术摄影出版社，2015 年，第 333 页，图 17–②。

④罗丰：《黄河中游新石器时代的玉器——以馆藏宁夏地区玉器为中心》，《故宫学术季刊》第十九卷第二期，图 2.7,2001 年，第 58 页。

⑤罗丰：《黄河中游新石器时代的玉器——以馆藏宁夏地区玉器为中心》，《故宫学术季刊》第十九卷第二期，图 6.1,2001 年，第 64 页。

图44 甘博藏07030号玉琮芯

图45 西吉苏家村玉琮芯

图46 彭阳古城乡玉琮芯

图47 民和喇家玉琮芯

（三十七）民和喇家玉琮芯

民和喇家遗址出土1件玉琮芯 T537④b:4（图47）[1]，现藏青海省文物考古研究所。呈青绿色，夹杂黑色斑纹，圆柱状，一头大，一头小，外表光滑，有细密的旋转磨痕。大头一端的圆面上有钻磨形成的内外多道圆形浅凹槽磨痕。高7.9厘米，大头一端直径4.1厘米，小头一端直径3.8厘米。

粗略统计，甘青宁三省各级博物馆藏齐家文化玉琮芯约10件。玉琮芯在甘青宁多处齐家文化遗址的发现，说明齐家文化中的玉琮，大都是齐家文化制作的。其中宁夏南部的两件玉琮芯，都较长，表明那里能够制作高体的大型玉琮。

二、齐家文化玉琮形制的分析

以上逐一介绍的齐家文化玉琮有36件，占甘青宁文博单位收藏玉琮总数的近三分之二。这些玉琮基本上反映了齐家文化玉琮的形制特征。依据这36件玉琮，大体上可将齐家文化玉琮的形制分为外方内圆筒状玉琮、圆形筒状玉琮、不规则形筒状玉琮、微型玉琮四大类。每大类中，依据形制的区别，还可以分为不同的形式。

第一类，外方内圆筒状玉琮。这类玉琮的数量最多，是齐家文化玉琮的基本形态。依据玉琮的高度与宽度的比例，可分为扁体玉琮、矮体玉琮、方体玉琮、高体玉琮四型。

一类Ⅰ型 扁体玉琮。这类玉琮为外方内圆的扁体筒状，射部不明显，高与宽之比的比值在0.5及以下。目前发现较少，以甘谷渭水峪发现的1件玉琮为代表（见图15），还有会宁县博物馆藏的1件石琮（见图24）。

---

①任晓燕：《青海地区齐家文化出土玉器概述》，《玉泽陇西——齐家文化玉器》，北京美术摄影出版社，2015年，第228页，图27。

一类Ⅱ型　矮体玉琮。这类玉琮为外方内圆的矮体筒状,射部明显,高与宽之比的比值在 0.5 以上至 0.85 之间。如秦安榆木村玉琮(见图 3)、天水师赵村 M8：1 玉琮(见图 7)、静宁县博物馆藏矮体玉琮(见图 13)、定西清溪村玉琮(见图 16)、定西高泉村玉琮(见图 17)、临洮李家坪玉琮(见图 18)、固原中河乡玉琮(见图 25)、海原 70 年代征集玉琮(见图 27)等。

一类Ⅲ型　方体玉琮。这类玉琮为外方内圆的方体或近方体筒状,射部明显,高与宽之比的比值在 0.85 以上至 1.15 之间。如庄浪野狐湾玉琮(见图 4)、甘肃省博物馆藏 08603 号玉琮(见图 21)。

一类Ⅳ型　高体玉琮。这类玉琮为外方内圆的高体筒状,高与宽之比的比值在 1.15 以上,有的达到 2.4 以上。可分为制作精致、器表有纹饰以及制作规范与制作简陋等四式。

一类Ⅳ型Ⅰ式　玉琮制作精致,射部较长,器体外表四壁中部有竖槽,四个角面鲜明,并且施刻纹饰。如静宁后柳沟村瓦垄纹玉琮(见图 8)。

一类Ⅳ型Ⅱ式　玉琮制作精致,射部较长,器表有纹饰,但四壁中部没有竖槽纹饰。如静宁后柳沟村三组弦纹玉琮(见图 9、10)。

一类Ⅳ型Ⅲ式　玉琮制作规范,射部较长,器表为素面。如清水张家川玉琮(见图 2)、静宁后柳沟村褐绿色素面玉琮(见图 11),静宁后柳沟村青绿色素面玉琮(见图 12),甘肃省博物馆藏 08604 号玉琮(见图 23)、海原 60 年代征集玉琮(见图 26)、海原山门村玉琮(见图 32)、隆德页河子玉琮(见图 34)。

一类Ⅳ型Ⅳ式　玉琮制作较为简陋粗糙,器形不规整,射部较短或平面为多边形,器表为素面,并且有坑斑或切割制作深痕。如甘肃省博物馆藏 08648 号玉琮(见图 22)、固原毛溎北山梁 1973 年出土的 1 件玉琮(见图 29)、西吉南湾村玉琮(见图 35)等。

第二类　圆形筒状玉琮。目前仅发现 1 件,如通渭西岔玉琮(见图 5)。因在圆筒外表有凸出的三个面,由此形成了射部以及外壁的竖槽这些作为琮的特征。

第三类　不规则形筒状玉琮。有 2 件。1 件是广河半山瓦罐嘴玉琮(见图 1),为圆角方形扁体筒状,没有射部。另 1 件是西和任河村玉琮(见图 14),呈外三角内圆矮体筒状。这两件玉琮的形制不规则,可能受玉料的局限有关。

第四类　微型玉琮。这类玉琮的形制很小,四边的长宽在 5 厘米以下,中孔较小。有 9 件。可分为微型矮体玉琮、微型方体玉琮、微型高体玉琮、微型不规则玉琮等四型。

四类Ⅰ型　微型外方内圆矮体玉琮。如隆德梁堡玉琮(见图 31)、隆德页河子石琮(见图 33)。

四类Ⅱ型　微型外方内圆方体玉琮。如临夏罗家湾玉琮(见图 19)、民和红崖村玉琮(见图 36)。

四类Ⅲ型　微型外方内圆高体玉琮。如临夏玉琮(见图 20)、固原毛溎北山梁 1973 年出土的 NCⅢ：212 玉琮(见图 28)和 1979 年出土的 1 件玉琮(见图 30)、青海省博物馆藏玉琮(见图 37)。

四类Ⅳ型　微型不规则玉琮。仅 1 件,广河齐家坪玉琮(见图 6)。这件玉琮没有射部,也没有角面特征,而且形制很小,是一件琮形器。

上述齐家文化四类玉琮,数量上以第一类与第四类玉琮为主,分别有 24 件和 9 件,占所分析的总数 36 件玉琮的百分之九十以上;而且除 2 件玉琮外,都是不施纹饰的光素玉琮。由此表明齐家文化玉琮以外方内圆的素面玉琮为主要特征。其中第四类素面微型玉琮是第一类素面玉琮的微型版。这种素面微型玉琮是齐家文化开始出现的,是齐家文化玉琮的一项重要特征。

三、齐家文化玉琮的年代分析

齐家文化玉琮的年代,目前主要指上述 36 件玉琮的年代。

通常而言,齐家文化玉琮的年代与齐家文化的年代相始终,大约在公元前 2200 年至公元前 1500 前后。这里探讨齐家文化玉琮的年代,主要是进一步探索齐家文化各类型玉琮的年代问题。由于齐家文化玉琮的绝大多数是征集品,目前的资料条件尚不具备对齐家文化玉琮进行分期分段研究,所以对齐家文化各类型玉琮年代的探索异常困难。下面拟对资料条件较为充分的几件玉琮作进一步的年代分析,以窥探齐家文化各类型玉琮的年代。

(一)师赵村玉琮的年代分析

师赵村玉琮出自该遗址 T409M8 墓葬中,在墓中共存的有 1 件玉璧。从发掘出土层位分析,该墓开口于遗址层位的第 2 层下,早于出有残石璧的 T403F25 房址,该房址在遗址层位的 2 层内。该遗址发掘出土的其他玉器如 1 件完整的玉环、2 件三璜联璧、3 件三璜联璧组合玉片可能都与 T403F25 房址有关系。据此推测师赵村遗址 T409M8 墓葬出土的玉琮与玉璧的年代可能略早于师赵村遗址其他玉器及石璧的年代。

发掘报告将师赵村与西山坪的齐家文化分为早晚两段[①],并依据西山坪齐家文化层测年数据,认为公元前 2138—公元前 1906 较为合适地代表了师赵村与西山坪齐家文化遗存的年代[②]。如果师赵村 T409M8 墓葬出土的玉琮与玉璧属于早段,其他玉器及石璧属于晚段,那么可将师赵村玉琮的年代推定在公元前 2138—公元前 2000 年之间。

(二)齐家坪玉琮的年代

齐家坪玉琮是 1975 年发掘齐家坪遗址而出土。当年发掘揭露了 100 多座齐家文化墓葬,墓葬中出土的陶器,大多呈齐家文化中晚期的特征。据此推测齐家坪玉琮的年代属齐家文化中晚期。

(三)页河子石琮与玉琮的年代

页河子石琮与玉琮都是采集征集品,其年代较难明确。但可通过对页河子遗址发掘资料的分析做初步的推定。

页河子遗址在 1986 年发掘揭露 400 平方米,在发现的一批齐家文化遗存中有 2 件残缺较甚的玉璧、1 件玉锛、1 件玉片饰。分属页河子齐家文化一期一段与一期二段。发掘者王辉等认为页河子一期二段的年代与永靖秦魏家下层墓葬接近[③]。秦魏家下层墓葬的年代大致在公元前 2000—公元前 1700 年之间。据此推测,页河子齐家文化石琮与玉琮的年代可能在公元前 2000—公元前 1700 年之间。其中页河子玉琮形体较大,为外方内圆的高体玉琮;页河子石琮形体较小,为外方内圆的微型石琮。前已阐述,外方内圆的微型玉琮是外方内圆玉琮的微型版,其出现年代相对较晚。齐家坪微型玉琮的年代属齐家文化中晚期就是一个例子。由此可以推定页河子微型石琮的年代晚于页河子高体玉琮,可能在公元前 1700 年前后;页河子高体玉琮的年代可能在公元前 2000 年前后。这个年代推定尽管不是很精

---

① 中国社会科学院考古研究所编著:《师赵村与西山坪》,中国大百科全书出版社,1999 年,第 301—306 页。
② 样品 ZK2205,碳 14 测年数据为 3750±80,经高精度树轮校正为公元前 2138—公元前 1906。
③ 北京大学考古实习队、固原博物馆:《隆德页河子新石器时代遗址发掘报告》,《考古学研究(三)》,科学出版社,1997 年。

确,但毕竟有了一个年代框架。

（四）山门村玉琮的年代

山门村玉琮是征集品,据说一起出土征集的还有一件玉璧和两件陶罐。在筹办"玉泽陇西——齐家文化玉器"展览时,特意请宁夏回族自治区文物考古研究所所长罗丰寻找这两件陶罐与玉琮、玉璧一起展出(图48、49)。玉璧形体较大,很精致,直径25.8厘米,孔径5.8厘米,厚1.1厘米,为特大型小孔玉璧(见图49),是齐家文化玉璧中年代较早的一种。两件陶罐的特征显示其属菜园文化末期的遗存(图50、51)。菜园文化末期的年代大致与齐家文化早期的年代同时,由此推测山门村玉琮的年代可能在公元前2200前后。当然,由于山门村玉琮、玉璧与两件陶罐都不是考古发掘品,目前还不能够确认山门村玉琮与这两件陶罐是共存的。所以,此推测还有待今后发现的验证。

（五）喇家玉琮芯的年代

喇家玉琮芯(T537④b:4)为发掘品,出自地层中[1]。出土层位表明,其属于喇家遗址齐家文化的偏晚阶段。据对喇家遗址层位、出土物的文化面貌及测定的碳十四样品年代数据的综合分析,喇家遗址齐家文化偏晚阶段的年代在公元前2000多年—公元前1900年前后[2]。据此推测喇家玉琮芯(T537④b:4)的年代在公元前2000多年—公元前1900年之间。

（六）半山瓦罐嘴玉琮的年代问题

半山瓦罐嘴玉琮,安特生在1943年认为是中国年代最早、形制最为原始的玉琮。这是因为当时考古出土的玉琮还没有,对玉琮的认识产生了偏差所致[3]。由于安特生将半山瓦罐嘴玉琮作为半山期文化遗存,后来一些研究者不加分辨地认同,作为马家窑文化半山类型的典型玉琮来使用,并产生了与其有关的一系列的认识。其实,半山瓦罐嘴玉琮是件形制不规则的玉琮,没有射部,也没有角面的特征,和齐家坪玉琮一样,也是一件琮形器。这种形制不规则的琮形器,可能是在玉琮演化过程中产生的。依据齐家坪玉琮的年代属齐家文化中晚期的现象推测,半山

图48　海原山门村玉琮与陶罐

图49　海原山门村玉璧

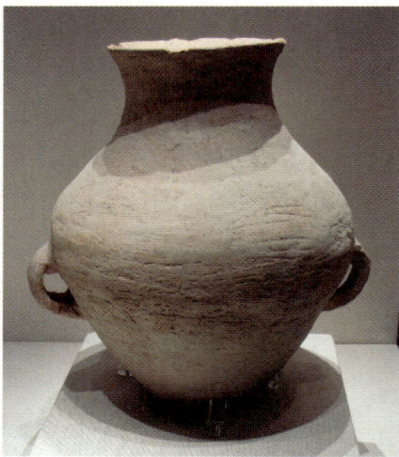

图50　海原山门村双耳陶罐

---

①任晓燕:《青海地区齐家文化出土玉器概述》,《玉泽陇西——齐家文化玉器》,北京美术摄影出版社,2015年。

②张雪莲、叶茂林、仇士华、钟建:《民和喇家遗址碳十四测年及初步分析》,《考古》2014年第11期。

③当年安特生将瓦罐嘴这件玉琮之所以认作是中国年代最早、形制最为原始的玉琮,是他认为那时的工匠们还没有发展出精确的和复杂的技巧,并认为这件玉琮所反映的宇宙天地观的出现,无疑是史前时代与王朝时代之间最重要的联系之一。安特生的这些认识是建立在当时将传世的刻纹玉琮(良渚式玉琮)的年代定在王朝时代为前提的基础上的,由于瓦罐嘴这件玉琮是没有纹饰的素面玉琮,所以他将其作为原始玉琮的代表。然而,20世纪70年代以来良渚文化玉琮的发现与刻纹玉琮年代的确立,已经彻底推翻了安特生这一认识的基础。见朱乃诚:《素雅精致陇西生辉——齐家文化玉器概论》,《玉泽陇西——齐家文化玉器》,北京美术摄影出版社,2015年,第247—248页。

瓦罐嘴玉琮的年代也可能在齐家文化中晚期。

（七）齐家文化中年代最早玉琮的分析

目前在齐家文化中发现的 50 多件玉琮中,从考古发掘出土的层位及同层位的陶器陶片看,可以确定年代较早的玉琮是天水师赵村 M8 出土的素面玉琮[①]。一起出土的还有玉璧。而从形制角度分析,师赵村玉琮制作不太精致,一边高,一边矮,射部制作简略粗糙,显示其不可能是上述 36 件玉琮中年代最早的玉琮。

图 51　海原山门村单耳陶罐

从形制角度看,上述 36 件玉琮中年代最早的大概是静宁后柳沟村瓦垄纹玉琮和通渭县西岔出土的圆形短射玉琮。

静宁后柳沟村瓦垄纹玉琮,制作精细,在玉琮四壁中轴有竖槽刻纹(见图 8)。这种玉琮四壁中轴施刻竖槽纹饰,使得玉琮琮体的四个角面界线清晰。这种在玉琮四壁中轴做出竖槽的特征是由良渚文化发明的。齐家文化制作的玉琮基本上都是玉琮四壁没有中轴竖槽刻纹的素面玉琮。后柳沟村瓦垄纹玉琮的四壁中轴竖槽特征鲜明,显示其应早于齐家文化种那些素面玉琮的制作年代,推测在公元前 2200 年之前。

西岔圆形玉琮的琮体外壁形成了三个凸出的面与三个竖槽刻纹(见图 5)。1979、1980 年分别在山东莒县陵阳河、诸城前寨遗址发现与西岔圆形玉琮形制相同的玉琮。其中诸城前寨近圆形玉琮在琮体外壁形成了四个凸出的弧面与四个竖槽刻纹(见后述)[②],依据共存的陶器可以判定属大汶口文化末期,其年代在公元前 2300 年之前。由此可推定西岔圆形玉琮的制作年代在公元前 2300 年之前。

以上的粗略分析表明,齐家文化玉琮的年代比较复杂。其中最早一批玉琮的制作年代都早于齐家文化,早至公元前 2200 年以前至公元前 2300 以前,而且制作比较精致。普通素面玉琮可能在公元前 2200 年至公元前 2000 年之间就已经产生,并且一直延续发展,大概在齐家文化中晚期出现微型玉琮以及不规则的琮形器。

四、齐家文化玉琮使用功能的探索

齐家文化玉琮都应是当时的一种财富的象征。同时也应有具体的用途,即使用功能。由于考古尚未发现反映齐家文化玉琮使用功能的现象,所以目前对齐家文化玉琮使用功能的了解,几乎是一无所知,也较难深入探索。如师赵村 M8 墓葬,随葬了 1 件玉璧与 1 件玉琮。玉琮形体较小,而玉璧形体较大,不知是属于配对使用的还是作为财富随葬的。只能推测玉璧是该墓主的财富,玉琮也应是作为墓主的财富而随葬的,却无法进一步分析其具体的使用功能。

从形态上看,那些扁体、矮体、方体玉琮以及微型玉琮,可能都是人体的装饰品。那些孔径略大一些的玉琮可能是套入手腕、手臂的装饰品。而那些孔径很小的微型玉琮,不能套入手腕、手臂,可能是套在人体其他部位使用的。

那些大型玉琮,如静宁后柳沟村四件大型玉琮、隆德沙塘页河子遗址出土的大型玉琮,原本的使

① 中国社会科学院考古研究所编著:《师赵村与西山坪》,中国大百科全书出版社,1999 年。
② 山东博物馆、良渚博物院编:《玉润东方:大汶口-龙山·良渚玉器文化展》,文物出版社,2014 年,第 164 页中。

用功能可能都是礼仪用器，但使用方式不明。而静宁后柳沟村四件大型玉琮与三件大型玉璧同埋一坑的现象，可能是一处窖藏。或者说目前以窖藏来解释这四件大型玉琮与三件大型玉璧同埋一坑的现象比较妥当些。如果是窖藏，那么从这三璧四琮的共存现象也很难说明其组配使用方式。

至于那些形体较大、制作粗劣的玉琮，如固原毛寺北山梁出土的1件玉琮、海原山门村出土的1件玉琮等，是否也是作为礼器，尚无据可作分析。但从形体较大，制作不易的角度分析，推测原本也应是一种礼仪使用的物品。

以上仅是根据目前有限的资料对齐家文化玉琮使用功能的一点推测，实际情况如何，有待新的发现与进一步研究。

五、齐家文化玉琮文化传统的探索

探索齐家文化玉琮的文化传统，要从齐家文化玉琮中年代最早的玉琮切入。前述齐家文化玉琮中年代最早的是静宁后柳沟村瓦垄纹玉琮和通渭县西岔圆形短射玉琮。所以下面主要分析这两件玉琮的文化传统。

（一）静宁后柳沟村瓦垄纹玉琮的文化传统

静宁后柳沟村瓦垄纹玉琮的主要特点是玉琮四壁中轴的竖槽刻纹与四个角面上的瓦垄纹。

玉琮四壁中轴的竖槽刻纹这种玉琮风格与特征，是由良渚文化发明的。在太湖地区从良渚文化晚期至广富林文化时期，玉琮经历了由刻纹玉琮向素面玉琮的演变。玉琮四壁中轴的竖槽刻纹逐渐消失①。

中原地区的陶寺文化也有在玉琮四壁中轴施刻竖槽的玉琮，并且陶寺文化也正在经历着由竖槽角面刻纹玉琮向素面玉琮的演变。直至玉琮四壁中轴的竖槽刻纹逐渐消失。如由陶寺 M3168：7 玉琮（图 52）至清凉寺 M52：1 玉琮（图 53）、安塞平桥玉琮（图 54），直至坡头 1 号玉琮（图 55）。其中清凉寺 M52：1 玉琮介于这种演变的中间环节。这从陶寺 M3168：7 玉琮与清凉寺 M52：1 玉琮的制作刻纹的微观特征，可以得到说明。

图 52　陶寺 M3168：7 玉琮

图 53　清凉寺 M52：1 玉琮

图 54　安塞平桥玉琮

图 55　坡头 1 号玉琮

①朱乃诚：《试探广富林文化对中原地区的文化影响及其在中国文明形成中的作用——从玉琮谈起》，《城市与文明国际学术研讨会论文集》待刊稿。

陶寺 M3168：7 玉琮，质地为滑石，呈黄褐间黑褐色，半透明。形制为外方内圆的扁体玉琮，四壁微显弧度，中孔为较规整的圆形。射部较短，但制作规范，射部平面为圆形。四壁中轴为竖槽刻纹，形成界边清晰的四个角面，角面上刻三道平行凹槽刻纹。高 3.2 厘米，边长 6.8 厘米，中线长 7.1 厘米，中孔直径 6.3 厘米，射高 0.3 厘米。在墓中平置在左手部位[①]。

图 56　陶寺 M3168：7 玉琮

在这件玉琮的四壁竖槽刻纹内，通过偏光可以看出，还保留了未被磨平的横向凹槽刻纹，并且可以看出这未被磨平的横向凹槽刻纹的走向与两侧角面上的三道平行凹槽刻纹的一致（图 56）。这一现象显示这件玉琮四壁竖槽刻纹与四个角面上的三道平行凹槽刻纹的制作，是先施刻玉琮四壁的三道横向的凹槽刻纹，然后施刻四壁的竖向凹槽刻纹，最后进行了打磨，形成了四个角面之间不相连接的三道横向凹槽刻纹。由于玉琮四壁略有凸弧，四壁中部竖槽部位原本是最为凸弧的位置，竖槽刻纹的两边竖向刻纹又较深，竖向刻纹两侧打磨较重，致使四个角面上三道横向凹槽刻纹，越接近竖槽刻纹变得越浅。四壁竖槽中间打磨较少，致使在四壁竖槽内还保留了部分横刻凹槽刻纹。

陶寺 M3168：7 玉琮制作刻纹的这一特征在清凉寺 M52：1 玉琮上也有体现。

清凉寺 M52：1 玉琮（见图 53），质地为闪玉，呈乳白色间会蓝色和浅褐色。形制为外方内圆的矮体玉琮。玉琮四壁中，两壁平直，两壁微显弧度，中孔为较规整的圆形。射部明显，制作规范，射口较陶寺 M3168：7 玉琮的略高。射部平面为带四个直边的近圆形。四壁中轴都有两道竖向的凹槽刻纹，形成玉琮四壁中轴的竖槽，以及玉琮角面的边界。但在竖槽内没有剔地或打磨，竖槽的表面与角面的表面在同一个平面上，没有形成严格意义上的玉琮四壁中轴的竖槽刻纹。高 4.2 厘米，外径（中线长）7.3～7.5 厘米，中孔直径 6.2 厘米，射高 1 厘米。在墓中套在左手上[②]。

清凉寺 M52：1 玉琮没有形成严格意义上的玉琮四壁中轴的竖槽刻纹，只是象征玉琮四壁中轴的竖槽刻纹，显示玉琮四壁中轴的竖槽刻纹在这件玉琮上处于简化的表现形式。这表明制作这件玉琮

图 57　清凉寺 M52：1 玉琮

时，玉琮的角面特征在弱化，玉琮四壁中轴的竖槽刻纹逐步失去存在的意义。这应是刻纹玉琮向素面玉琮演化的开始。而通过偏光还可以看出，在这件玉琮的一个外壁面上还保留了两道横向凹槽刻纹和两三道竖向的短刻纹（图 57）[③]。两道横向凹槽刻纹从一个角面延伸至两道竖槽刻纹之间，而通过横向凹槽刻纹与竖向

①中国社会科学院考古研究所、山西省临汾市文物局编著：《襄汾陶寺——1978—1985 年考古发掘报告》第二册，文物出版社，2015 年，第 707、708、710 页。

②山西省考古研究所、运城市文物局、芮城县文物局：《山西芮城清凉寺新石器时代墓地》，《文物》2006 年第 3 期。

③此照片由江美英拍摄提供，谨此致谢。又见江美英：《清凉寺型玉琮探讨分析》，《齐家文化与华夏文明国际研讨会论文集》，文物出版社，2016 年。

凹槽刻纹的相交点,可以判断是先施刻横向凹槽刻纹,然后再施刻竖向凹槽刻纹。这表明清凉寺 M52：1 玉琮外壁的横向凹槽刻纹与竖向凹槽刻纹的先后施刻的顺序与陶寺 M3168：7 玉琮的完全一致。这些现象既表明了清凉寺 M52：1 玉琮应属于陶寺文化,而其竖槽刻纹简化、三个角面没有横向凹槽刻纹,又表明清凉寺 M52：1 玉琮的制作年代晚于陶寺 M3168：7 玉琮的制作年代。

安塞平桥玉琮公布的资料比较简略,呈青绿色。形制为外方内圆的矮体玉琮。射部很短(见图54)[1]。与清凉寺 M52：1 玉琮一样,在玉琮四壁中轴都有两道竖向的凹槽刻纹,形成玉琮四壁中轴的竖槽,以及玉琮角面的边界,但在竖槽内没有剔地或打磨,竖槽的表面与角面的表面在同一个平面上,没有形成严格意义上的玉琮四壁中轴的竖槽刻纹。而两道竖向的凹槽刻纹趋向角面,致使形成的象征四壁中轴的竖槽更宽一些。角面上没有横向刻纹。

安塞平桥玉琮上没有角面上的横向刻纹,表明其彻底省略了在玉琮角面施刻横向刻纹的程序。表明其制作年代要略晚于清凉寺 M52：1 玉琮的制作年代。而其四壁中轴的竖槽趋宽的现象,则是陶寺文化玉琮中由刻纹玉琮向素面玉琮演化过程中产生的晚于清凉寺 M52：1 玉琮的有一种特征。依据这一特征,可以判断出自陕西省韩城梁带村芮国 M27 号墓的四件玉琮中的三件刻纹玉琮(M27：215、M27：216、M27：218)(图58、59、60)[2],原本是陶寺文化制作的。

坡头 1 号玉琮则进一步省略了竖槽刻纹(见图55)[3],形成了既没有角面刻纹又没有竖槽刻纹的素面玉琮。

上述这些玉琮显示的在陶寺文化中由刻纹玉琮向素面玉琮演变的制作特征,表现得相当清楚。而齐家文化制作的玉琮没有表现刻纹玉琮向素面玉琮演变的制作特征,因为齐家文化制作玉琮的年代相对较晚,没有制作玉琮角面刻纹、四壁竖槽刻纹的那种角面特征鲜明的刻纹玉琮。由此可以依据静宁后柳沟村瓦垄纹玉琮四壁中轴的竖槽刻纹推断其可能是陶寺文化制作的。

图 58　梁带村 M27：215 玉琮

图 59　梁带村 M27：216 玉琮

图 60　梁带村 M27：218 玉琮

---

①段双印、张华：《延安出土史前玉器综合考察与研究》,《玉魂国魄：中国古代玉器与传统文化学术讨论会文集(六)》,浙江古籍出版社,2014 年。

②蔡枚芬、蔡庆良主编：《赫赫宗周——西周文化特展》,台北故宫博物院,2012 年,第 238、239 页。

③山西芮城坡头一名即清凉寺,因最初在这里发现玉器时使用了坡头一名。见李百勤、张惠祥：《山西·芮城坡头玉器》,《文物世界》杂志社,2003 年。

至于后柳沟村瓦垄纹玉琮四个角面上的瓦垄纹特征,目前考古发现的未见第二件,但据说在山西西北部的兴县碧村曾有村民发现类似的玉琮①。估计玉琮角面上的瓦垄纹,也是陶寺文化玉琮的一个特征,有待发现研究。

静宁后柳沟村瓦垄纹玉琮的竖槽特征,在甘青宁地区没有文化源头。而与陶寺 M3168：7 玉琮所具有的竖槽特征的风格相同。陶寺文化又与瓦垄纹玉琮可能存在着某种关系。由此说明后柳沟村瓦垄纹玉琮与陶寺文化玉琮有关。

静宁后柳沟村瓦垄纹玉琮是齐家文化玉琮中最为精致的一件,一起出土的另一件三组弦纹玉琮亦十分精致(见图10),他们可能都是由中原地区陶寺文化制作后传入齐家文化的。

(二)通渭西岔圆形短射玉琮的文化传统

通渭西岔圆形玉琮最主要的特征是在琮体外壁形成了三个凸出的面与三个竖槽刻纹,以及很短

图61　前寨玉琮

的射口(见图5)。前述 1980 年在山东诸城前寨遗址出土的一件近圆形玉琮,形制与西岔圆形玉琮接近。前寨玉琮呈灰白色,形制为圆角弧边的近圆形矮体玉琮,中孔圆形。射部很短,在四边弧形外壁上有四个竖槽刻纹,形成四个弧形凸出的角面。高 3.8 厘米,外径 7 厘米,内径 5.8 厘米,壁厚 0.5～0.7 厘米(图 61)②。属大汶口文化晚期,年代在公元前 2300 年之前。

前寨玉琮的出土现象以及年代,显示其早于齐家文化,因为齐家文化的开始年代在这件玉琮制作年代之后,所以前寨玉琮显然不可能是齐家文化制作东传的结果。

前寨玉琮是良渚圆形玉琮的一种发展形式,并且向北、向中原、向陇西扩散。这件玉琮大概是太湖地区良渚文化制作后传播到海岱地区的。因为山东地区不制作玉琮。山东地区的史前玉琮都是由周边地区传过去的。尤其是良渚文化向北扩张而传过去的,后来的钱山漾文化玉器、广富林文化玉器,都会产生程度不同的向北影响。

据此也可以推测,西岔圆形玉琮应是良渚文化制作后通过有关途径传到齐家文化分布区的陇西。只是什么时间传到陇西的,因西岔圆形玉琮是征集品而说不清楚。也许是齐家文化时期,也许是齐家文化之后。如果这件玉琮出自齐家文化遗址,那么应该是在齐家文化时期传入的,而传入的途径可能与陶寺文化有关。因为陶寺文化发现有类似的圆形玉琮。

目前在陶寺遗址发现的圆形玉琮有一件,M1267：2 玉琮。呈乳白色,形制为内外圆形扁体玉琮,没有射部。玉琮外壁相对应的四方施刻四组每组两道竖向的凹槽刻纹,形成象征玉琮四壁的四个竖槽与弧形的四个角面及其边界,但在竖槽内没有剔地或打磨,竖槽的表面与弧形角面的表面处在同一个弧面上,没有形成严格意义上的玉琮四壁的竖槽刻纹。这种风格与清凉寺 M52：1 玉琮没有形成严格

①马升、张光辉:《碧村遗址玉器分析及与齐家文化玉器的关系》,《齐家文化与华夏文明国际研讨会论文集》,文物出版社,2016 年。

②山东博物馆、良渚博物院编:《玉润东方——大汶口-龙山·良渚玉器文化展》,文物出版社,2014 年,第 164 页中。

意义上的玉琮四壁竖槽刻纹的特征相同。在四个弧形面上施刻横向的三道凹槽刻纹。高 2.5 厘米，外壁直径 7.2 ~ 7.5 厘米，孔径 5.8 ~ 6.2 厘米。在墓中套在右肱骨上（图 62）[1]。

陶寺 M1267：2 玉琮是良渚圆形玉琮在陶寺文化中的进一步演化形式，年代可能要晚于诸城前寨圆形玉琮与西岔圆形玉琮，但应是在中原地区的陶寺文化时期制作的。

由此推测西岔圆形玉琮不是齐家文化的作品，而是太湖地区良渚文化的作品，其文化传统属良渚文化，并且可能是经过中原地区的陶寺文化传播到陇西地区的。

图 62　陶寺 M1267:2 玉琮

齐家文化中年代最早的玉琮不是由齐家文化制作的，而是由陶寺文化制作或是通过陶寺文化传播过去的；齐家文化制作的玉琮都是素面玉琮，这种素面玉琮的源头又在陶寺文化。这可以说明齐家文化玉琮的文化传统是在中原地区的陶寺文化或与陶寺文化有关系。

需要指出，齐家文化从早期开始出现的素面玉琮，有的与陶寺文化晚期素面玉琮具有相同的特征与风格。共同表现为制作简略，器形不规整，尤其是射口的制作风格相同。两地的素面玉琮具有十分相同的风格这一现象显示，虽然齐家文化玉琮的文化传统在中原地区的陶寺文化，但是齐家文化早中期与陶寺文化中晚期可能一直保持着密切的文化交流。这种密切的文化交流应是双向的，不排除部分陶寺文化晚期的素面玉琮是由齐家文化制作东传的可能。因为在齐家文化中，从甘肃东部、宁夏南部直至青海东部、甘肃武威一带，都发现有玉琮芯，表明在齐家文化分布区域内都在制作玉琮。而陶寺文化目前尚未发现玉琮芯。所以不排除在陶寺文化晚期使用由齐家文化制作的素面玉琮。

六、从齐家文化玉琮的文化传统看齐家文化的来源

在齐家文化玉器中，数量最多的是玉璧，而制作程序最复杂、难度最大的是玉琮。玉琮的使用者与拥有者，应当是当时身份地位较高的人。齐家文化玉琮的文化传统与陶寺文化有关，那么齐家文化早期使用玉琮的这批身份地位较高的人应与陶寺文化的居民有关系。

这就涉及齐家文化的来源问题。

关于齐家文化的来源，曾进行过多种方式的探索。形成的主流观点大致可归纳为三种。一是齐家文化是由马家窑文化马厂类型发展来的[2]。二是齐家文化是受到陕西龙山文化（客省庄文化）影响而形

---

①中国社会科学院考古研究所、山西省临汾市文物局编著：《襄汾陶寺——1978—1985 年考古发掘报告》第二册，文物出版社，2015 年，第 707、708、710 页。

②甘肃省博物馆：《甘肃古文化遗存》，《考古学报》1960 年第 2 期。青海省文物管理处考古队、北京大学历史系考古专业：《青海乐都柳湾原始社会墓葬第一次发掘的初步收获》，《文物》1976 年第 4 期。端居：《齐家文化是马家窑文化的继续和发展》，《考古》1976 年第 6 期。严文明：《甘肃彩陶的源流》，《文物》1978 年第 10 期。

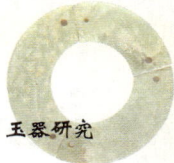

成的①。三是齐家文化是由菜园文化(常山下层文化)发展来的②。

然而,马家窑文化马厂类型、客省庄文化、菜园文化(常山下层文化)这三种考古学文化发现的玉器很少,尤其是马家窑文化马厂类型、菜园文化(常山下层文化)更是缺少玉琮、玉璧等大型玉器。

前述分析,齐家文化玉琮的文化传统是在中原地区的陶寺文化。其实,不仅仅是玉琮,齐家文化中的许多种玉器的文化传统都与陶寺文化有关。如玉铲形器、大玉刀、双刃(端刃、边刃)玉刀、玉璧、多璜联璧等玉器,都与陶寺文化有关③。我们推测,齐家文化的形成,可能与陶寺文化向西的传播与影响有关,在陶寺文化向西的传播与影响过程中,吸收了客省庄文化、菜园文化晚期、马家窑文化马厂类型的一些文化因素,所以形成的齐家文化具有多种文化的特征。而陇山东侧与北侧是陶寺文化向陇西地区文化影响的重要的地理通道,在这一区域内应有反映这种文化影响的重要遗存,有待发现。

从齐家文化玉琮等玉器角度看,齐家文化的形成与早期发展应是隐含着公元前2200年前后至公元前1900年前后中原与陇西地区的一段十分复杂而又极其重要的历史事件。对于这一历史事件与历史背景,有待今后更深入的探索。

---

①夏鼐:《碳–14测定年代和中国史前考古学》,《考古》1977年第4期。梁星彭:《齐家文化起源探讨》,《史前研究》1984年第3期。

②胡谦盈:《试论齐家文化的不同类型及其源流》,《考古与文物》1980年第3期。张忠培:《齐家文化研究(下)》,《考古学报》1987年第2期。宁夏文物考古研究所、中国历史博物馆考古部:《宁夏海原县菜园村遗址、墓地发掘简报》,《文物》1988年第9期。

③朱乃诚:《齐家文化玉器所反映的中原与陇西两地玉文化的交流及其历史背景的初步探索》,《齐家文化与华夏文明国际研讨会论文集》,文物出版社,2016年。

试论齐家文化玉璧之源

中国社会科学院考古研究所　朱延平

　　与中国东北地区、长江下游等地相比,黄河中上游地区的玉璧似乎出现得较晚,但龙山时期及其稍后的阶段,不仅拥有数量众多的玉璧,而且这些玉璧充分显现了地域特色,以至于被学者誉为"华西系统玉器"[①]中"黄河上游"的典型玉器之一[②]。既然这些玉璧无论质料还是体征都具有鲜明的特点,那么,它们的崛起就不会是横空出世,也不会是受到良渚等异域文化同类玉器影响的结果[③]。最有可能的是,黄土高原的玉璧植根于本土,和其他反映地域特色的器类同样,而有着自身的起源。

一

　　在黄河中上游地区,齐家文化的玉璧不仅数量多,分布广,特征显赫,而且,往往与"同料同工"的玉琮形成固定的"组配关系",故被视作"大量使用玉璧、玉琮及其他玉礼器的齐家方国"[④]的代表性玉器。

　　该文化的玉璧中,有一种近乎染色者十分显眼,发掘品如甘肃会宁县油坊庄所出:"直径14.6、孔径5、厚0.7厘米。甘肃省会宁县中川乡老鸦沟村油坊庄出土。现藏于会宁县博物馆。青玉质,有黑、绿色斑纹。体扁圆,外缘不规整,中心有一单面穿圆孔,通体磨光,素面无纹。"[⑤](图1)

---

　　①邓淑苹:《也谈华西系统玉器(一)—(六)》,《故宫文物月刊》第十一卷第五—十期,总号125—130(1993年8月—1994年1月)。

　　②邓淑苹:《"华西系统玉器"理论形成与研究展望》表三,《玉魂国魄——中国古代玉器与传统文化学术讨论会文集(三)》,北京燕山出版社,2008年,第101页。

　　③不少学者持"齐家璧与琮是受良渚影响的产物"之观点(黄宣佩:《齐家文化玉礼器》,邓聪主编《东亚玉器》第1册,香港中文大学中国考古艺术研究中心,1998年,第191页)。

　　④邓淑苹:《史前至夏时期璧、琮时空分布的检视与再思》,《玉魂国魄——中国古代玉器与传统文化学术讨论会文集(四)》(中华玉文化特刊),浙江古籍出版社,2010年,第183、187页。

　　⑤古方主编:《中国出土玉器全集·15卷(甘肃、青海、宁夏、新疆)》,科学出版社,2005年,第8页(撰文:王辉、杜永强。摄影:王辉、杜永强)。

图1　甘肃省会宁中川乡老鸦沟村油坊庄玉璧

图2　甘肃武威市皇娘娘台"小玉璧"
（甘肃省博物馆编号08825）

又如甘肃武威市皇娘娘台遗址出土的"小玉璧"（甘肃省博物馆编号08825）："直径6.6厘米，厚0.45厘米……甘肃省武威市皇娘娘台遗址出土。甘肃省博物馆藏。玉质，浅绿色，有褐色沁斑。不规则圆形。玉璧表面平整，可见切割痕迹，好为单孔钻。表面打磨光滑，素面无纹。"[①]（图2）

再如青海同德县宗日遗址的95TZM200:5（青海省博物馆编号QB1121）："直径14.5、孔径6.3、厚0.7厘米。青海省同德县巴沟乡宗日遗址出土。现藏于青海省博物馆。青绿色，一半已受沁，呈黄白色。圆形，素面，单面钻孔，孔壁倾斜。璧中部厚，边缘渐薄。通体磨光。"[②]（图3—1、2）此器并介绍："绿色，夹杂黄斑。圆形较规则，两侧有裂纹，均未穿透。边缘切割后又经打磨，两面磨光。直径14.5、孔径5.5、肉宽4.5～4.8、厚0.3～0.7厘米。"[③]"外径15.6厘米，孔径7.6厘米，厚0.4~0.8厘米"[④]"用灰黄色软玉精心磨制而成，单面钻孔，通体光亮。直径14.5、厚0.7、孔径2.65厘米。"[⑤]（后者的孔径数据当有误）

另如青海民和县喇家遗址的QMLM12:1，"直径13.5厘米，孔径5.7厘米，厚0.84厘米……青海省民和县官厅镇喇家遗址出土。青海省文物考古研究所藏。玉质，浅绿色，部分位置受沁成白色。圆形。整璧周缘加工规整。好为单孔钻。器身素面，平整光洁"[⑥]"孔内有磨制痕迹"[⑦]（图4）。此器并介绍为"蛇纹石，鸡骨白色。圆形较规则，有两条裂纹，未穿透。一面打磨抛光较好，另一面比较粗糙，黏有土锈。直径13.5、孔径5.5、肉宽4，厚0.8～1厘米。"[⑧]

还有喇家遗址2000QMLT2610M2:1，"青海省民和县

①北京艺术博物馆等：《玉泽陇西——齐家文化玉器》，北京美术摄影出版社，2015年第145页。

②古方主编：《中国出土玉器全集·15卷（甘肃、青海、宁夏、新疆）》，科学出版社，2005年，第140页（撰文：崔兆年。摄影：叶茂林）。

③幸晓峰等：《青海喇家遗址出土玉石器的音乐声学测量及初步探讨》图一五，《考古》2009年第3期，第87页。

④邓淑苹：《史前至夏时期璧、琮时空分布的检视与再思》图一九，《玉魂国魄——中国古代玉器与传统文化学术讨论会文集（四）》（中华玉文化特刊），浙江古籍出版社，2010年，第163页。

⑤青海省文物管理处、海南州民族博物馆：《青海同德县宗日遗址发掘简报》图三——1，《考古》1998年第5期，第13页，图版伍—2。

⑥北京艺术博物馆等：《玉泽陇西——齐家文化玉器》，北京美术摄影出版社，2015年，第82页。

⑦古方主编《中国出土玉器全集·15卷（甘肃、青海、宁夏、新疆）》，科学出版社，2005年，第132页（撰文：蔡林海。摄影：叶茂林）。

⑧幸晓峰等：《青海喇家遗址出土玉石器的音乐声学测量及初步探讨》图二，《考古》2009年第3期，第85页。

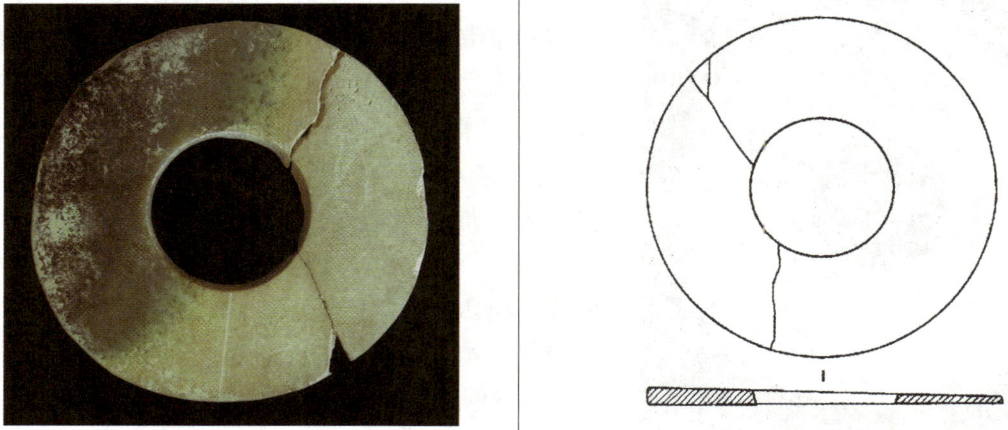

图3　青海同德县宗日玉璧 95TZM200：5

图4　青海民和县喇家玉璧 QMLM12：1

图5　青海民和县喇家玉璧 2000QMLT2610M2：1

喇家遗址2号墓出土,现藏于青海省文物考古研究所。绿色,颜色局部为深褐色,部分位置受沁呈灰白色。椭圆形,孔亦呈椭圆形。素面抛光,不透亮。"①(图5)"外长径8.44厘米、外短径8.04厘米、上孔长径4.55厘米、上孔短径4.05厘米、下孔长径4.27厘米、下孔短径3.7厘米、厚0.65~0.8厘米。"②此器并介绍为"透闪石,墨绿色,夹杂黑色、白色斑纹。圆形不规则,一侧边缘整齐地切割掉呈'八'字形对称的两个斜面,好孔呈椭圆形,两面磨光,加工精致。直径8.2、孔径3.7~4.2、肉宽2~2.2、厚0.8厘米。切割掉的边缘一处长4、宽0.5厘米,另一处长3、宽0.5厘米。仔细观察切割痕迹,可确认是在玉璧做好后,有意识在边缘切割掉两块"③。

---

①古方主编《中国出土玉器全集·15卷(甘肃、青海、宁夏、新疆)》,科学出版社,2005年,第137页(撰文:蔡林海。摄影:叶茂林)。

②叶茂林、任晓燕、蔡林海、陈启贤:《青海民和喇家遗址出土玉器研究报告》,《玉魂国魄——中国古代玉器与传统文化学术讨论会文集(五)》,浙江古籍出版社,2012年,第346页。本文出示的彩色照片引自《玉魂国魄——中国古代玉器与传统文化学术讨论会文集(三)》(北京燕山出版社,2008年)彩版三—2。

③幸晓峰等:《青海喇家遗址出土玉石器的音乐声学测量及初步探讨》图一一、图一二,《考古》2009年第3期,第86页。

图 6　宁夏隆德县页河子玉璧
（固原博物馆编号 GB05181）

一个显著的共同特征是，此 5 件玉璧的主体部分为浅青或浅绿色，而靠近一边的少半部却主要呈现为墨绿或淡褐、褐等深暗之色。表现出与之类似的"两分色"特征的齐家文化玉石璧还有很多，如宁夏隆德县页河子遗址的黄色玉璧（固原博物馆编号 GB05181），"直径 17.4 厘米，孔径 4 厘米，厚 0.5 厘米……宁夏回族自治区隆德县沙塘乡页河子遗址出土。宁夏固原博物馆藏。玉质，整体呈土黄色。圆形。素面无纹，制作不太规则，边缘薄中间厚，且边缘磨制薄厚不均。好为两面钻"[1]（图 6）。从照片可知，此璧虽"整体呈土黄色"，但占据璧面较多的一半是深土黄色，另一半则呈作较浅的土黄色，两种颜色的分野处约略形成一线。

又如甘肃积石山县新庄坪遗址的石璧（甘肃省博物馆编号 35994），"直径 22 厘米，孔径 5.6 厘米，厚 2.3 厘米……甘肃省积石山县新庄坪遗址出土。甘肃省博物馆藏。石质（沉积岩），灰绿色。不规则五边形。边角略加打磨，表面留有多道直线切割痕迹，凹凸起伏。好为单面钻，边缘未加修整"[2]（图 7:1）。从照片看，此器实为灰绿中杂有较多褐色，而器表颜色又可分为两半部，一半以灰绿色为主，另一半褐色的成分似较突出，沿这两部分颜色的分界恰好留有一道不甚明显的"直线切割痕迹"。切痕两侧的颜色是如此的不同，以至于新庄坪遗址调查报告的线图也专门表现了这个特征[3]。（图 7:2）

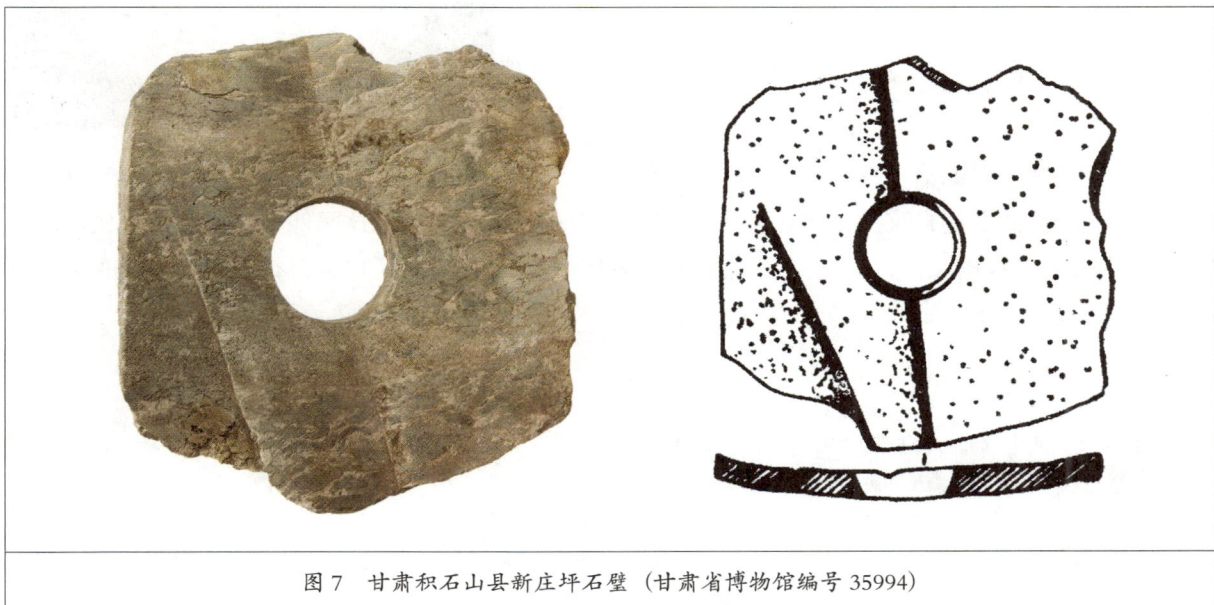

图 7　甘肃积石山县新庄坪石璧（甘肃省博物馆编号 35994）

---

① 北京艺术博物馆等：《玉泽陇西——齐家文化玉器》，北京美术摄影出版社，2015 年第 45 页。
② 北京艺术博物馆等：《玉泽陇西——齐家文化玉器》，北京美术摄影出版社，2015 年第 68 页。
③ 甘肃省博物馆：《甘肃积石山县新庄坪齐家文化遗址调查》图三—12，《考古》1996 年第 11 期，第 47 页。

再如宁夏隆德县城关镇(沙塘乡和平村①)出土的杂色玉璧(隆德县文物管理所编号 Z0765),"直径 36 厘米,孔径 5.56 厘米,厚 1.5 厘米……宁夏回族自治区隆德县城关镇出土。宁夏回族自治区隆德县文物管理所藏。玉质,杂质较多,局部有绿褐色沁。不规则圆形,好为两面对钻。外缘有多处磕痕,璧中残缺两处,中间有多处裂纹"②(图 8)。这件玉璧的表面颜色虽然驳杂,但大体可分为两半部,一半基本是浅褐色,另一半则是杂有浅褐条斑的绿色,两部分颜色的分野总体来说还算比较清晰。

另如 1981 年自青海民和县喇家征集的 L:1,"呈浅绿色。椭圆形,一面起弧,厚薄不匀,磨制不精。纹理含黄褐色杂质较多,质较差。最大直径 27.1、最厚 1.2 厘米"③。"孔径 6.7 厘米。青海省民和县喇家遗址征集,现藏于民和县博物馆……光素无纹"④(图 9)。又据朱乃诚介绍,此璧"直径 25.6~27.1 厘米"⑤。照片显示在靠近一边的玉璧表面有一道近乎直线的绿色沁痕,此痕两侧的璧面颜色有所区别,一侧占璧面的主体部分,为浅绿和黄褐相杂之色,另一侧占璧面小部分,基本表现为较纯的黄褐色。

图 8 宁夏隆德县城关镇(沙塘乡和平村)玉璧
(隆德县文物管理所编号 Z0765)

图 9 青海民和县喇家玉璧 L:1

二

在齐家文化玉璧的诸多特征中,上述现象也不失为其一。杨美莉注意到出自陕西凤翔县河南屯东周时期秦墓的 FH6、FH7 这两件"几何形龙纹大型璧"⑥,"此二璧若除去花纹的装饰,见其原初素璧的制作风格以及玉材的类型,均与新石器时代晚期齐家文化的玉璧一致无二,"推测它们"原为齐家文化之物"⑦。两件玉璧尤其是 FH7 被描述为"两面玉色不尽相

①罗丰:《黄河中游新石器时代的玉器——以馆藏宁夏地区玉器为中心》,《故宫学术季刊》十九卷二期,2001 年。
②北京艺术博物馆等:《玉泽陇西——齐家文化玉器》,北京美术摄影出版社,2015 年,第 171 页。
③叶茂林、何克洲:《青海民和县喇家遗址出土齐家文化玉器》,《考古》2002 年 12 期,第 89 页。
④古方主编《中国出土玉器全集·15 卷(甘肃、青海、宁夏、新疆)》第 143 页(撰文:何克洲。摄影:叶茂林),科学出版社,2005 年。
⑤朱乃诚:《素雅精致,陇西生辉——齐家文化玉器概论》,《玉泽陇西——齐家文化玉器》,图 76,北京美术摄影出版社,2015 年,第 235—236 页。
⑥刘云辉:《春秋秦国玉器》,邓聪主编《东亚玉器》第 2 册第 89—91 页;第 3 册第 279 页照片 383、384,香港中文大学中国考古艺术研究中心,1998 年。
⑦杨美莉:《科学方法与古玉研究——人文科学与自然科学结合的省思》,《玉魂国魄——中国古代玉器与传统文化学术讨论会文集》,北京燕山出版社,2002 年,第 212 页。

图10 陕西凤翔县河南屯东周时期秦
墓玉璧FH7

图11 故85346

同,呈墨绿色和浅绿色"①,(图10)由照片可知这墨绿色占璧面一多半,另一少半则是浅绿色。可见,此器也显现了齐家文化玉璧典型的"两分色"璧面。

徐琳经研究,辨识出北京故宫所藏的一批齐家文化玉璧。至少在清宫旧藏中的故85346、故84003、故83939、故83908这4件玉璧上亦可清楚地观察到上述特征。

故85346,"玉璧明显地分为两种颜色,一小部分为灰白色玉质,上有黄沁色,另一大部分为含明显的点状石墨黑色,器内夹杂着黑褐色的蚁线纹。玉质内有条状水线。器内孔单面钻,孔壁倾斜。玉璧的原始切割厚薄不均,有明显的倾斜,外径不圆。外径15.4~15.8厘米,内孔径4.1~4.8厘米,厚0.5~1厘米。"②(图11)

故84003,"玉质一半为青绿色,绿色中有黑色的条带状结构,另一半的颜色为黄白色到黄褐色的过渡色,应是原矿的风化石皮并受沁颜色加深而成,此部分玉材中有褐色的卷毛纹结构。玉璧内孔基本为单面钻,钻面处有旋痕,还有一点台阶痕。内孔有一定的倾斜度,因钻到底部后敲击取芯,故在孔径小的一面留下断茬,外缘采用去角并修磨为圆的方法,并不十分圆。外径12.2~12.25厘米,内径5.2~5.5厘米,厚0.4~0.65厘米。此璧无清代后染色,除有一定的包浆外,呈现出一部分玉色原貌。"③(图12)

故83939,"玉璧由糖白色过渡到青绿色,玉中有糖色、水线还有白斑。边缘及绺裂处也有清代后染色。玉璧不甚圆,单面钻孔,内孔倾斜度较大,外径25.5厘米,孔径6.4~6厘米,厚1厘米。玉璧虽经过清代重新打磨抛光,依然有原始璧面切剖不平的痕迹。此玉璧清代时被改制为插屏座芯,正反两面均加刻了清代花纹。"④(图13)

故83908,"玉璧通体呈黄褐色,器表有黑褐色牛毛条纹沁斑,故看不出原玉色,边缘有小部分黄白色沁点。整璧外缘不够规整,非正圆,外径15.9厘米,内径4.5厘米,厚0.6~1厘米。玉璧一面雕琢一首乾隆二十八年(1763)时所写的诗,名为《题汉玉璧》:'土华盈手璺璘璘,大孔规圆制朴淳。进道不如先驷马,同心有若掷河滨。诚看特达经千载,言念温其见古人。质以天全容以粹,世间烧染自纷陈。'后有'癸未春御题'及一阴刻'乾'字方框印,书体为隶书,此诗作于乾隆五十三岁时,从诗文可知,乾隆皇帝知道世间烧染玉器的情况很多,但并不认为此玉璧有染色,而是天全而成"⑤(图14)。

①刘云辉编著:《陕西出土东周玉器》,文物出版社、众志美术出版社,2006年,第58页。

②徐琳:《故宫博物院藏齐家文化玉璧综述》图十二,《故宫博物院院刊》2016年第3期,第142页。

③徐琳:《故宫博物院藏齐家文化玉璧综述》图十一—1、2,《故宫博物院院刊》2016年第3期,第141页。

④徐琳:《故宫博物院藏齐家文化玉璧综述》图二十一——1、2,图二十二—1,《故宫博物院院刊》2016年第3期,第143—144页。

⑤徐琳:《故宫博物院藏齐家文化玉璧综述》图三—1、2,《故宫博物院院刊》2016年第3期,第138—139页。

图 12　故 84003

图 13　故 83939

图 14　故 83908

不难想象，稍晚于齐家文化的后继者，对"两分色"玉璧之于先人遗物中的含义尚较清楚，抑或还能对齐家文化先民赋予"两分色"玉璧的原初理念有所继承，但毋庸置疑，对此先世真谛的认知势必会随着时间的推移而变得愈益含糊不清。不过，尽管如此，历朝历代都没有放弃对此圣物的追寻和崇奉，以至于仍能以某种形式使这古老的精神流传于世。

三

综观亚洲的上古时代，许多地域都经历过流行以陶、石、骨、蚌、木等质料制作圆饼形器的漫长阶段，尽管它们最初可能被作为某种工具而使用（如无论有无中孔的圆饼形器都可用作纺轮），但在多数情况下，应是普遍存在的祭祀用器①。既然考古发掘见有古代的陶璧②，那些陶质的圆饼形器或许就是陶璧之类的祭器。以陶纺轮或陶饼之形式出现的陶璧中，有的器面只有一半施纹③，（图 15）也有的在焙烧过程中特意追求半分器表的两种颜色④。（图 16）出土频次更多的陶璧，则是用陶容器残片改制而成的圆陶片，年代最早的如日本绳纹文化草创期所见⑤，（图 17）这类圆陶片至少在

图 15　湖南湘阴县青山的"陶饼" T③:31

①朱延平：《辽西区古文化中的祭祀遗存》，《中国考古学跨世纪的回顾与前瞻（1999 年西陵国际学术研讨会文集）》，科学出版社，2000 年，第 207—211 页。

②河北省文物研究所、唐山市文物管理处：《唐山东欢坨战国遗址发掘报告》图二〇—7~9，图二一——4，《河北省考古文集》第 193 页，图版一七—1，东方出版社，1998 年。

③如湖南湘阴县青山遗址的"陶饼" T10③:31，"一面局部饰折线状几何纹，另一面素面。"（湖南省文物考古研究所：《湘阴青山——新石器时代遗址发掘报告》第 241 页，图二〇五—5，图版七〇—6，科学出版社，2015 年）

④如山东日照市两城镇遗址的"陶纺轮" T010G10①:104（中美联合考古队：《两城镇——1998—2001 年发掘报告》第 878 页，图 5107 之 9，彩版三九 3 上左 2）。

⑤如日本長崎県福井洞穴（鎌木義昌・芹沢長介 1967 長崎県福井洞穴"日本の洞穴遺跡"平凡社的"有孔円盤"（横浜市歴史博物館埋蔵文化財センタ—1996"縄文時代草創期'資料集"図版 952）。

图16 山东日照市两城镇的"陶纺轮"
T010G10①:104

图17 日本长崎县福井洞穴的"有孔円盤"

图18 西藏昌都卡若的"陶纺轮"
T61④:26

宋元之时尚有沿用①。圆陶片陶璧不乏特意截取陶器某部位之现象,若是取自器壁,则有不少是恰好处于构成两分器表的地方——或是两种纹样各据一半②,(图18)或是有纹无纹的部分各占一半③,(图19)甚或由某种纹理将器表半分④,(图20)……总之,可简称为两分纹饰圆陶片。

黄河中上游的两分纹饰圆陶片最早见于7000多年前的老官台文化,并自此时起一直长演不衰。黄河上游老官台文化的这类圆陶片如甘肃秦安县大地湾遗址的"陶纺轮"H363:11、H363:12。"H363:12,夹细砂红褐陶,直径4.3、孔径约0.3、厚0.2厘米。……H363:11,夹细砂红陶。

①如河南登封市王城岗遗址的"陶圆饼"W5T2378③:1、W5T0674③:10、W5T0144③:3、W5T0671③:1(北京大学考古文博学院、河南省文物考古研究所:《登封王城岗考古发现与研究(2002~2005)》图五七三—1,图版一七〇—1、2、3、6,大象出版社,2007年)。

②如西藏昌都卡若遗址的"陶纺轮"T61④:26(西藏自治区文物管理委员会、四川大学历史系:《昌都卡若》,图六四1,图版四九—6,文物出版社,1985年,第120页)。

③如河南登封市王城岗遗址"二里岗文化"的"陶圆饼"W5T0244H38:2(北京大学考古文博学院、河南省文物考古研究所:《登封王城岗考古发现与研究(2002—2005)》,图二九七—4,图版九三—1,大象出版社,2007年,第297页)。

④如山西垣曲县商城"二里岗下层"时期的"陶饼"H235:33(中国历史博物馆考古部、山西省考古研究所、垣曲县博物馆:《垣曲商城(一)1985—1986年度勘察报告》,图一二二—9,科学出版社,1996年,第190页)。

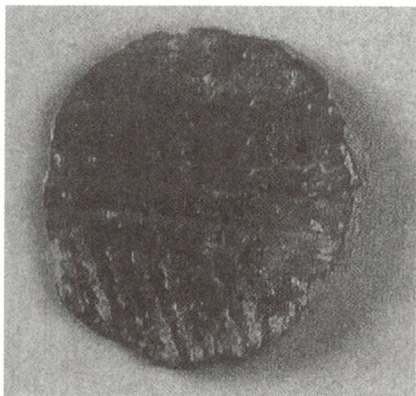

图 19　河南登封市王城岗的"陶圆饼"
W5T0244H38:2

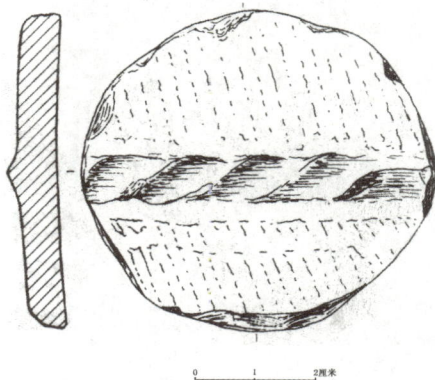

图 20　山西垣曲县商城的"陶饼" H235:33

直径 6.2、孔径约 0.3、厚 0.4 厘米"①（图 21）。由照片可知，后者以专门截取的陶容器口部残片制成，这残片表面的主体部分存留交叉绳纹，另外少半则是陶器口沿外表涂饰红彩的部分。

黄河上游半坡文化的这类圆陶片，如大地湾遗址的"陶纺轮"，"T218③:10，利用宽带纹彩钵口沿片改制而成。红陶。直径 5.5、厚 0.4 厘米。……G300:49，无钻孔，正面为宽带纹，红陶。直径 4、厚 0.5 厘米"②（图 22）。此两件圆陶片表面多半存留黑彩，少半部是陶钵原表面的红色。再如 T7④:P5 这件具

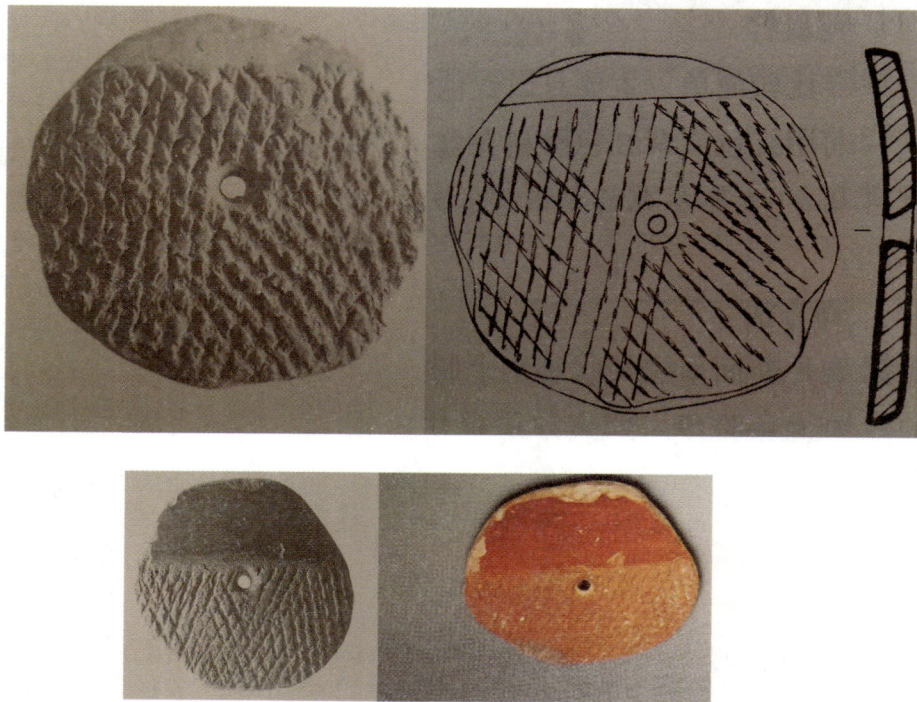

图 21　甘肃秦安县大地湾 H363:11（下）、H363:12（上）

---

①甘肃省文物考古研究所：《秦安大地湾——新石器时代遗址发掘报告》，图二八—2、4，图版一四-2、3，彩版九—6左，文物出版社，2006 年，第 43 页。

②甘肃省文物考古研究所：《秦安大地湾——新石器时代遗址发掘报告》，图一三八—1，彩版一六—1 左，文物出版社，2006 年，第 178 页。

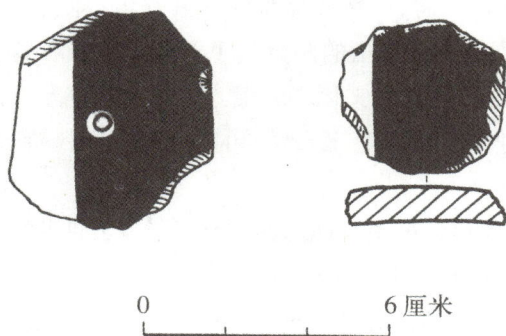

图 22 甘肃秦安县大地湾 T218③:10（左）和 G300:49（右）

图 23 甘肃秦安县大地湾 T7④:p5

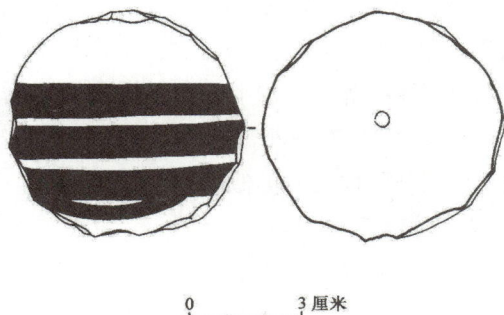

图 24

图 25 甘肃天水市西山坪 T25②:1

有"刻画符号"的"残钵口"①,（图 23）器表多半覆盖黑彩,其上加施"D"字形刻符,遗留陶钵原体橙色表面的只是一小部分。

黄河上游马家窑文化的两分纹饰圆陶片如宁夏海原县菜园村马缨子梁遗址的 "陶纺轮坯"MH4:1,"用破碎泥质橙黄陶片琢成。未经修磨,孔未钻穿。标本 MH4:1,背面饰黑彩条带纹。直径 6.2、厚 0.4、孔径 0.4 厘米。"②（图 24）黑彩条带纹之外的部分当为原陶器橙黄色器表,仅占此陶片的少半部。

齐家文化也不乏此类圆陶片,如甘肃天水市西山坪遗址的 "圆陶片"T25②:1,"利用绳纹陶片加工成。直径 4.9 厘米,厚 0.6 厘米。"③（图 25）照片显示这件陶片属原陶器之绳纹与凹弦纹相交的部位,加工成圆陶片后,器表多半部分为绳纹,少半部存留凹弦纹。

上举两分纹饰圆陶片与齐家文化两分色玉璧的关联性不言自明,特别是包括前述甘肃省博物馆 08825 在内的皇娘娘台小型玉石璧,无论它们的长宽或直径,还是不规则圆形的体态,都与圆陶片十分相像,可见齐家文化的玉璧在很大程度上是对黄河上游本土圆陶片的一种仿制。

陕西华县泉护村遗址 1997 年发掘的 H22②:27 这件庙底沟文化"石纺轮","系凝灰岩磨制而成。

①甘肃省文物考古研究所:《秦安大地湾——新石器时代遗址发掘报告》,彩版一四—2,文物出版社,2006 年,第 176 页。

②宁夏文物考古研究所、中国历史博物馆考古部:《宁夏菜园——新石器时代遗址、墓葬发掘报告》,图六—1,科学出版社,2003 年,第 9 页。

③中国社会科学与考古研究所:《师赵村与西山坪》,中国大百科全书出版社,1999 年,第 293 页,图版 132—8。

形状呈扁平圆形,中部对钻有一小圆孔……"①从照片来看,虽然此器整体为紫褐色,却有意将器面的一多半磨光,少半部未加磨制而呈现着粗糙的表面,故应是典型的两分色小石璧。西安客省庄遗址的"石纺轮"H7:4从照片观察②,或许也是有着类似做法的客省庄文化小石璧。透过这些迹象,可以想见,黄河上游在齐家文化之前的时段未必没有出现过小型的两分色玉石璧,可能受刊布资料所限,而难以为学界所掌握。

不过,大型玉璧在黄河上游最初的登场并不会太早。虽说大地湾四期已见长9.2厘米的圆角方形石璧(QD0:224)③,但大型玉璧的集中涌现主要是齐家文化时的新创。

诚然,陕北、渭河中下游、汾河下游等地也出有一定的两分色玉璧。如陕西延安市芦山峁遗址"龙山文化"玉璧,"直径18.5"厘米④,从照片看,璧面略呈青与紫褐的两分色。又如陕西眉县槐芽清湫村的"龙山文化"玉璧,"直径10、孔径2.7~3、厚0.5厘米。陕西省眉县槐芽清湫村新石器时代遗址出土,现藏于眉县图书博物馆。青白色并夹有浅褐色。扁平体,圆形,内孔缘为斜面,外缘圆度欠规整,上有切割痕,两面均抛光"⑤。此器照片显示,璧面的"青白色"和"浅褐色"一分为二,前者居多,后者占少半部分。再如山西芮城县清凉寺遗址的"玉璧4:青色,有白色、褐色沁斑。晶莹温润,外表光滑,制作规整。璧外径14.8、孔径6.8、厚0.65~0.8厘米。"⑥细审照片,知其主体为青色,璧面一少半为夹杂褐斑的深色。山西襄汾县陶寺遗址的玉璧MDC:9,也是"豆绿色"占大半,"浅褐色"只有一小部分⑦。

这些游离在齐家文化外围的两分色玉璧是否与齐家文化玉璧同样有着类似的渊源,尚待深究。

四

除两分色之外,杨美莉概括出齐家文化玉璧(玉石质环形器)的四个特征:"(一)玉质者大多属青玉类;(二)外缘不甚圆整,常留下磨面和磨棱,有时尚可见敲击伤痕;(三)器表一面或二面留有开料所造成的截口……(四)中孔大多单面钻成,孔壁斜而留有旋转纹,上口大,底口小且留有毛边……"⑧

自7000多年前以来,从陶容器残片改制的圆陶片,大多数都是外缘欠规整的形态,若是取自器壁的圆陶片,还往往保留着略见漫弧的器面。既然齐家文化玉璧是对圆陶片的模拟,那么,"外缘不甚圆

---

①陕西省考古研究院、渭南市文物旅游局、华县文物旅游局:《华县泉护村——1997年考古发掘报告》,图三三—4,彩版四八—5,文物出版社,2014年,第482页。

②中国科学院考古研究所:《沣西发掘报告——1955~1957年陕西长安县沣西乡考古发掘资料》,图版贰叁—11,文物出版社,1962年,第53页。

③甘肃省文物考古研究所:《秦安大地湾——新石器时代遗址发掘报告》,表一三七,彩版四三—2,图版二七三—8,文物出版社,2006年,第625页。

④邓聪主编:《东亚玉器》第3册第51页照片67,香港中文大学中国考古艺术研究中心,1998年,第346页。

⑤古方主编:《中国出土器全集·14卷(陕西)》,科学出版社,2005年,第6页。

⑥山西省考古研究所、芮城县博物馆:《山西省芮城清凉寺墓地玉器》,《考古与文物》2002年第5期,第4页,封三—1。

⑦中国社会科学与考古研究所、山西省临汾市文物局:《襄汾陶寺——1978—1985年考古发掘报告》第698页,图4—155之7,图版三一二—5,彩版四四—4,文物出版社,2015年。此器尚见:陈志达、方国锦主编:《中国玉器全集·2·商、西周》第2页彩版,河北美术出版社,1993年,第221页(高炜文)。

⑧杨美莉:《大漠孤烟直,长河落日圆:古代西北地区的环形玉、石器系列之一——齐家文化风格的环形器》,《故宫文物月刊》第十一卷第十一期(1994年2月,总131期),第72页。

整"甚至像喇家 L:1 那样"一面起弧"也可以说是再现了圆陶片在外观上的特征。

　　至于为何在器表留有切璞时造成的截口,也不妨考虑是两分色璧面的一种简化模式。迄今为止,所见大多数齐家文化玉石璧,凡有这类截口者,截痕两侧的璧面部分多是一大一小①,(图26)甚或在贴近边缘处施有截痕②,(图27)亦即截痕的位置与前述璧面两种颜色的交界带约略相重。不难想见,可供制作两分色玉璧的特殊质料毕竟不易寻求,开璞时留在璧面的那道截痕则可充作两分色之界线的象征,而不必将它完全磨消。上述新庄坪石璧沿两种颜色的分界带恰有一道"直线切割痕迹",或有助于印证这一推想。

　　邓淑苹观察到"齐家文化的玉璧器表……有时还有一大片斜向削磨"③(该文举例喇家遗址的玉璧F27:2,边缘"有小片斜切面"④),幸晓峰提出这样的斜面可能与玉璧的调音有关⑤,如该文提到的喇家遗址玉璧 QB1404。(图28⑥)尽管就目前发表的照片而言尚难看清这类斜面的原貌,但仍可怀疑这其中也许不乏为模拟两分纹饰圆陶片而局部削磨的璧面。

　　另外,齐家文化玉璧常见杂有牛毛沁纹和蚁线纹的玉质,这一点早就引起广泛的关注。含牛毛沁纹玉质的传世玉璧如前述故 83908,故 85346 则是杂蚁线纹玉质的玉璧。发掘品中,像出自喇家遗址

图 26　甘肃定西市安定区内官营镇清溪村
玉璧

图 27　甘肃武威市皇娘娘台 "小玉璧"
(甘肃省博物馆编号 19818)

　　①杨万荣、王辉:"直径 7.8、孔径 3.9、厚 0.4 厘米。甘肃省定西市安定区内官营镇清溪村出土。现藏于定西市博物馆。青色,有白色斑点。体扁平,圆环形。器表残留有切割玉料时留下的痕迹。外缘不甚规整,琢磨精致,光素无纹。"(古方主编:《中国出土玉器全集·15 卷(甘肃、青海、宁夏、新疆)》,科学出版社,2005 年,第 18 页。)关于此器的介绍又有:"直径 7.9 厘米,孔径 5.5 厘米,厚 0.3 厘米。"(北京艺术博物馆等:《玉泽陇西——齐家文化玉器》,北京美术摄影出版社,2015 年,第 59 页)

　　②"小玉璧(19818),直径 5.6 厘米,孔径 2.1 厘米,厚 1.1 厘米……甘肃省武威市皇娘娘台遗址出土。"(北京艺术博物馆等:《玉泽陇西——齐家文化玉器》,北京美术摄影出版社,2015 年,第 146 页)。

　　③邓淑苹:《史前至夏时期璧、琮时空分布的检视与再思》,《玉魂国魄——中国古代玉器与传统文化学术讨论会文集(四)》(中华玉文化特刊),浙江古籍出版社,2010 年,第 169 页。

　　④邓淑苹:《史前至夏时期璧、琮时空分布的检视与再思》,《玉魂国魄——中国古代玉器与传统文化学术讨论会文集(四)》(中华玉文化特刊),浙江古籍出版社,2010 年,第 195 页"注释(34)"。承叶茂林惠示此璧照片,这"斜面"正显示为与玉璧主色不同之沁痕。

　　⑤幸晓峰等:《青海喇家遗址出土玉石器的音乐声学测量及初步探讨》,《考古》2009 年第 3 期,第 87—88、90 页。

　　⑥幸晓峰、韩宝强、沈博:《中国玉石器的音乐性能研究》第 382 页"图集"2—29、第 383 页"图集"2—31,中国戏剧出版社,2013 年。

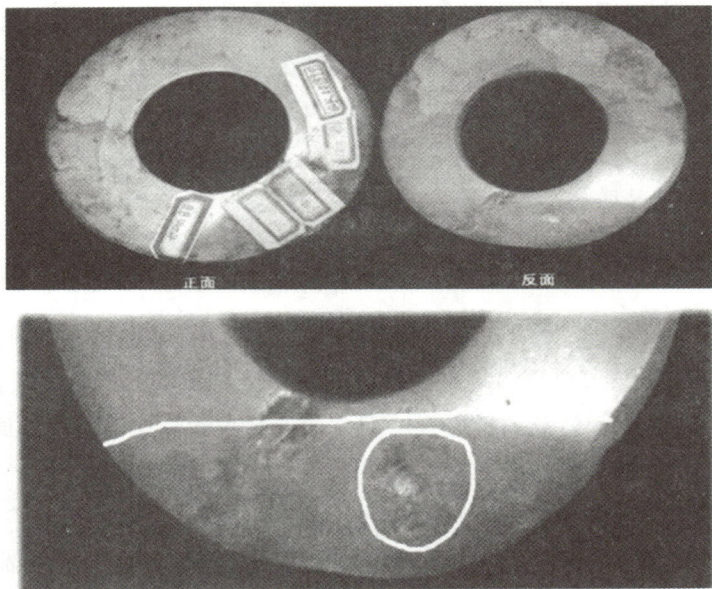

图 28　青海民和喇家玉璧 QB1404（上）及其边缘处的削磨斜面（下）

19 号灰坑的"深绿色"玉璧①、甘肃静宁县深沟乡晨光梁遗址的"青灰色"玉璧②、宁夏海原县海城镇山门村遗址的玉璧（海原县文物管理所藏品号 0533）③都是夹杂蚁线纹的玉质，而前述新庄坪石璧周身布满绿、褐相间的细密条纹，与牛毛沁之纹理颇为相似。据张学云等分析，牛毛沁纹"是玉矿体中的玉料由于受地应力作用，形成牛毛状张性裂隙并被后期铁锰氧化物充填所致。玉器上的牛毛纹早已存在于玉器成器之前的玉石原料中"④。所以，含牛毛沁纹或蚁线纹的玉质的确是齐家文化先民有意采选的独特的矿料。黄河上游自老官台文化起，一直流行绳纹陶器，如上所述，该地区史前时期的圆陶片有不少即取自绳纹陶器，呈纽条状缜密排列的多股绳纹，与隐蕴在莹透之玉质中的牛毛沁纹何其相似。看来，齐家文化先民在制作玉璧时，不仅模仿圆陶片的外形，还刻意寻求与圆陶片纹饰相近的玉料，尽其所能追究拟古的完美性。乾隆帝虽不知情，却慧眼识得这玉璧周身光洁，而内中浸润着遍体皱褶，乃至题诗首句便吟出"土华盈手襞璘璘"。

事实上，玉器仿自本地土著文化的陶器或其纹饰，这在不少地方都有明确的表现⑤。黄河上游古文化以绚丽多姿的彩陶著称于世，玉器的发达势必与这样的背景相关联。从呈现于世的大量的齐家文化玉璧中，我们看到的是，黄河上游古陶璧底蕴的弘扬和永续。

成稿于 2017 年 2 月

（蒙叶茂林提供有关资料，并审阅拙稿，特此鸣谢。）

①古方主编：《中国出土玉器全集·15 卷（甘肃、青海、宁夏、新疆）》，科学出版社，2005 年，第 133 页。

②古方主编：《中国出土玉器全集·15 卷（甘肃、青海、宁夏、新疆）》，科学出版社，2005 年，第 6 页。

③北京艺术博物馆等：《玉泽陇西——齐家文化玉器》，北京美术摄影出版社，2015 年，第 54 页。

④张学云、李加贵、郭继春、徐琳：《古玉器中牛毛纹沁的形成机理初探》，《中国西部科技》第 13 卷第 6 期（2014 年 6 月，总 299 期），第 69 页。

⑤朱延平：《红山文化箍形玉器探源》，《浙江省文物考古研究所学刊》第六辑（第二届中国古代玉器与传统文化学术讨论会专辑），杭州出版社，2004 年，第 98—104 页；朱延平：《凌家滩 87M4 玉版图形探源》，《玉文化论丛·3》，文物出版社、众志美术出版社，2009 年，第 132—139 页。

陕西关中地区出土的齐家文化玉器

陕西省文物局　刘云辉

陕西省考古研究院　刘思哲

　　从1924年瑞典学者安特生根据他在甘肃调查发掘的资料提出齐家文化,迄今已九十余年,近几十年的发掘研究使齐家文化的面貌和内涵更加清晰,学界多认为其分布范围主要在今甘、青地区,属于青铜时代早期的考古学文化。齐家文化的起始年代早于夏代,其延续年代大致与夏代同时。也有人主张齐家文化延续的时间更长,齐家文化有数量较多的玉器发现,对于齐家文化玉器的玉色、材质、种类、造型、工艺雕琢特征也在逐渐明晰。但学术界较多的是关注甘青地区及宁夏出土的齐家文化玉器,而台北故宫博物院邓淑苹研究员最早关注并深入研究了与甘肃、宁夏毗邻的陕西出土的齐家文化玉器,并发表了许多具有真知灼见的论著[1]。陕西省考古研究院研究员张天恩博士,依据西安老牛坡、商州东龙山、甘肃临潭磨沟等考古发现的资料,并结合对过去有关考古材料的梳理,提出了齐家文化的活动似不限于甘青地区,在陕西、内蒙古、山西的考古发现中亦多有发现,甚至中原地区二里头文化的发展,似也存在齐家文化的参与的观点。张天恩先生认为关齐家文化在陕西分布或对陕西地区有影响,关中西部有齐家文化川口河类型遗址,关中东部有带齐家文化色彩的东龙山文化老牛坡类型[2]。长期以来,由于受到考古的局限,许多玉器出土的遗址缺乏其他遗物参照,还有许多齐家文化玉器就是出自西周或较晚时期遗址墓葬之中,人们往往将许多齐家文化玉器误认为是西周玉器。依据上述考古发现和学者们的研究成果,笔者对陕西关中地区早期遗址出土的玉器,以及从商周时期甚至更晚遗址、墓葬出土的玉器进行了一番梳理,认为其中的以下若干件组玉器应属于齐家文化玉器。

　　1. 1975年,在陇县堎底下乡王马嘴村东塬遗址内出土了一件大型玉器,该遗址文化内涵丰富,有仰韶文化庙底沟类型的器物以及陕西龙山文化至西周时期的陶片。当地农民在此挖土时从断崖上挖出,后交给博物馆。原将此器定名为五孔玉璋,并认为是西周时期的器物。此器呈青灰色,内夹有黑云斑,蜡状光泽,大型片状,首端和一侧端开刃,首端刃部较锋利,呈曲形,有刃的一端较无刃的另一端高

----

[1] 邓淑苹研究员对华西玉器研究系列论著,其中有许多涉及陕西关中的早期玉器论述,笔者不再一一列举。

[2] 张天恩:《齐家文化对中原地区文化的影响》,朱乃诚主编:《2015中国广河齐家文化与华夏文明国际研讨会论文集》,文物出版社,2016年。

且宽,首端刃宽 32.5 厘米,下端宽 28.5 厘米,侧刃部高 77.5 厘米,无刃边高 68.5 厘米,通体钻有五孔,分为两面对钻和单面钻两种,其中下端两孔,竖行排列,孔间距离为 1.5 厘米,无刃侧边 4.5 厘米竖向排列 3 孔,孔间距离为 22.5 厘米,孔径为 1.8~2 厘米,该器最厚处为 1 厘米,最薄处为 0.7 厘米,根据它的玉色、材质、形制、工艺特征以及带有突出的刃部造型,它的时代要比西周早至少五六百年,更与所谓玉璋毫无关系。它属于齐家文化中晚期的器物,应定名为五孔玉刀,其制作年代相当中原夏时期的中后段。这是一件硕大无比的玉器,它的体量即面积在此期玉器中无能出其右,毫无疑问这是一件等级极高的玉器,由于王马嘴东塬遗址并没有进行科学发掘,对遗址内涵尚无法准确界定,但出土如此高等级的玉器,如果排除了它是作为传世品再埋入的话,那么该遗址的规格就不可等闲视之了。总之,这是我们迄今为止发现的齐家文化等级最高的玉礼器。此器现藏陕西历史博物馆①。(图 1)

2. 1975 年,长武县文物工作者从该县农副产品废品收购站拣选了两件玉璧。

其中一件玉璧为深绿色并有灰量及褐色斑,玉质晶莹鲜润,圆度不规整,外沿有残失,厚度不均匀,玉璧直径 21 厘米,孔径 5.8 厘米,厚度 0.8~1 厘米(图 2)。

另一件玉璧呈青黄色,上有瑕,直径 13 厘米,孔径 5.6 厘米,厚 0.4~0.6 厘米,玉璧另一面还沾有坚硬的土垢(图 3)。

这两件玉璧均是由长武县农民在生产劳动中从地下挖出,卖给了废品收购站②。长武县博物馆一

图 1

图 2

直将它们作为商、周玉器登记,从玉材、器形和工艺特征观察应为齐家文化器物较为合适。

3. 地处泾河岸畔位距今长武县城东南 20 多千米的亭口乡樊罗村一带,在 1978—1981 年村民在生产劳动中先后共发现了 8 件玉璜,长武县博物馆将其征集收藏。但从器物特征观察确系出土品,则毫无疑问,博物馆将其定为商代玉璜,笔者从玉璜的玉色和形制对比,发现它们分属一组双璜联璧和两组三璜联璧(A 组和 B 组)③。

①肖齐:《陇县博物馆收藏的玉璋》,《文博》,1993 年。
②咸阳市文物事业管理局编:《咸阳市文物志》,三秦出版社,2008 年,第 385 页。现存咸阳市中心库房。
③咸阳市文物事业管理局编:《咸阳市文物志》,三秦出版社,2008 年,第 385 页。现存咸阳市中心库房。

图 3

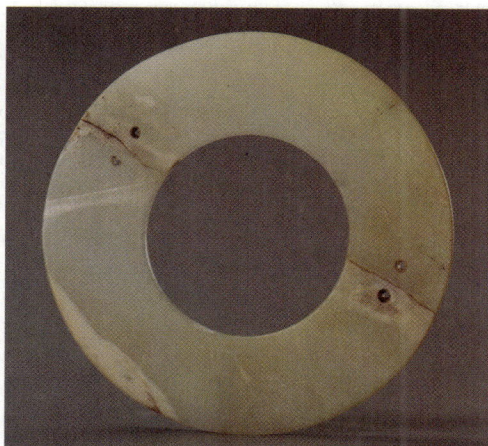

图 4

图 5

图 6

双璜联璧为白玉，玉质莹润，该器原为一件大孔璧，可能由于某种原因断裂成两块璜形，在每件璜两端各钻一孔，这样分开为璜，连缀起来就是璧，两面均有切割痕，璧面薄厚不均匀，璧直径 12.6 厘米，孔径 6.2 厘米，厚 0.6 厘米（图 4）。

A 组三璜联璧，玉色青白并有少许褐色，是由一块较厚的玉材切剖为三件扇形璜，其中一件璜一端略有残缺，每件璜两端各钻一孔，孔为单面钻透，另一面孔口并不修整，其中有件璜一端钻出一个半圆形孔，直径 13.6 厘米，孔径 6.5 厘米，厚 0.4 厘米（图 5）。

B 组三璜联璧，玉色青黄，也是由一块玉材切剖为三件扇形钟，璜薄厚不完全相同，璜两端均有单面钻透的孔，另一面孔口也不修整。直径 18.2 厘米，孔径 7.5 厘米，厚 0.5 厘米。（图 6）。

笔者认为这些玉器从玉色、玉材、形制及制作工艺综合观察应是齐家文化器物，现藏长武县博物馆。

4. 1996 年 6 月，麟游县蔡家河村村民在生产活动中发现了一件石琮（图 7），上交给了麟游县博物馆。石琮呈灰白色并夹杂极少量绿色斑点，呈四面方形柱状，中部从两面对钻一圆孔，上下两端平齐，无射，通体抛光，形制规整，高 17.5 厘米，外方边长 9 厘米，中孔直径 6.5 厘米，现藏麟游县博物馆。出土石琮的地方属于蔡家河遗址，于 1992 年 4 月被公布为第三批陕西省文物保护单位。遗址位于蔡家河村杜水河（漆水河上游）北岸的二级台地上，遗址平面略呈方形，面积约 14 万平方米。从该遗址采集到仰韶文化的泥质和夹砂红陶片，龙山文化泥质红、褐、灰陶片，还发现商周时期的陶片。1987 年该遗

图 7

图 8

址曾暴露出铜器窖藏，出土了商代晚期至西周早期6件青铜器①。对于石琮的年代，省文物鉴定组（现在的陕西省文物鉴定研究中心的前身）认为属于陕西龙山文化时期。由于在甘肃广河齐家坪和甘肃甘谷渭水峪都曾出土过无射玉琮，后两地无射玉琮虽然体量较小，但此种形制在齐家文化玉琮中存在是客观的。蔡家河遗址出土的石琮形体高大，它与甘肃静宁后柳以及宁夏隆德沙塘乡出土的高体琮体量接近，因此，笔者认为蔡家河石琮为齐家文化器物较为妥当。这种无射琮究竟是未完工的半成品？或就是当时就制作成这种形制的琮不再加工了，目前还难下结论。

5. 1980年6月，在宝鸡县贾村乡陵厚村东北的土梁上出土了1件玉琮和1件玉璧，两件玉器出土时位于地表下约50厘米，王桂枝撰文认为可能是出自西周墓葬②，由于未发现其他任何遗物，高次若后又撰文认为不能证明是出自墓葬③。玉琮编号（宝2220IB2），琮为青玉，外表有灰白沁斑，琮体上有绺裂，外方内圆，两端有短射，高7.1厘米，外方6.5厘米，孔径5.1厘米。通体抛光，在琮体一方面留有一条斜竖刻痕。玉璧编号（宝2220IB3），璧为乳白色，质地较为粗糙，外径21.6厘米、厚0.7厘米，好径7.6厘米（图8）。对这两件玉器的年代，王桂枝和高次若均认为是属于西周时期，邓淑苹女士第一个指出这两件玉器是齐家文化玉器。两件玉器均藏宝鸡青铜器博物院。

6. 1972年，在凤翔县县城北约10公里的范家寨镇柿园村出土了两件玉琮和两件玉璧，两件玉琮外表呈青褐色及棕红色，抛磨光亮，表面有切割线痕④。

编号总0128:1的琮高4~4.2厘米，外方边长6.1~6.3厘米，内孔径5.2厘米，上端射较长，下端射极短，形制原始古朴，切割改制的现象明显（图9）。

编号总0128:2的琮高4.6~5.2厘米，外方边长5.5~5.7厘米，内孔径大端5.4厘米，小端4.2厘米，形制一端较规整，另一端四角上部不规整（图10）。

根据以上两件玉琮形状大小以及以材质颜色纹理比对，证实它们原为一件较大的玉琮，后被切割成两件使用。

---

① 石琮相关资料由麟游县博物馆提供。
② 王桂枝：《宝鸡西周墓出土的几件玉器》，《文博》1987年第6期。
③ 高次若：《宝鸡市博物馆藏玉器选介》，《考古与文物》1995年第1期。
④ 现陈列在凤翔县博物馆，被当作西周玉器介绍。

图 9   图 10

图 11   图 12

编号总 0129:4 的玉璧，为青玉，直径 13.8 厘米，单面钻孔，大端孔径 5.2 厘米，小端孔径 4.8 厘米，璧面厚度不均匀，从 0.4~0.65 厘米（图 11）。

编号总 0129:5 的玉璧件材质与两件玉琮大致相同，呈棕红色，直径 9 厘米，单面钻孔，大端孔径 4.4 厘米，小端孔径 4 厘米，厚度 0.55~0.7 厘米，璧外缘有磕碰痕（图 12）。

这些玉器长期以来被认为是西周器物，但从材质到不规则的形制及雕琢工艺特征观察，无疑是齐家文化的器物。现藏凤翔县博物馆。

7. 1980 年，在扶风县太白公社的高家嘴出土玉璜 3 件，1981 年，在高家嘴南约 2 千米的太白公社浪店大队高三生产队又发现 5 件玉璜[1]。

高家嘴 3 件玉璜均呈扇形，青白玉，有少许灰斑或褐斑，宽度相同均为 5.4 厘米，厚度在 0.2~0.4 厘米，薄厚不均匀，表面不平整，璜面上留有不少切割痕。长度分别为 15.8 厘米、16.1 厘米、16.2 厘米；系由一块较厚的玉材切割成大小基本相对的三件玉璜，既可单独作璜使用，又可连接在一起作为璧使用。每件璜两端的穿孔，均为单面钻透，另一面孔口也不修整。经拼对可组成一个三璜联璧，外径 18.6

---

①刘云辉著：《周原器》，台湾中华文物学会，1996 年，第 249 页图二六七、253 页图二七三。

厘米,孔径 6.9 厘米。(图 13)

浪店高三队的 5 件玉璜,其中 3 件亦可组成一个联璧。系用一块夹有少许白色不规则线纹斑的青玉,先切割成三个玉璜,玉璜两端中部各钻一孔,然后再组成三璜联璧。三件玉璜其玉色、材质以及形制、宽度、厚度都相同,唯长度略有差异。

编号 0655 玉璜,外缘有少许缺失,通长 8.2 厘米,宽 2.3 厘米,厚 0.5 厘米;编号 0666 玉璜,通长 8.4 厘米,宽 2.3 厘米,厚 0.5 厘米;编号 0667 玉璜,通长 9 厘米,厚 0.5 厘米。此三璜组成的联璧,直径 10 厘米,好径 6 厘米(图 14)。

以上玉璜从玉色、形制和工艺特征观察应属齐家文化玉器。因为均属村民在生产活动中发现上交的,缺乏明确地层关系,故长期以来被误认为是周代器物。现藏扶风县博物馆。

8. 1974 年,在距今扶风县城东的城关公社案板大队案板坪生产队群众,在劳动中发现了一件玉琮和一件玉璧,因此处有仰韶文化龙山文化以及西周遗存,发现玉器附近有西周灰坑,推测玉器可能出自西周灰坑,一直被认为是西周玉器。因两件玉器形体较大较完整,玉质上乘,所以周代将其弃之灰坑的可能性不大。玉琮和玉璧的玉色,材质完全相同,青玉泛黄,玉质温润,均通体抛光,素面无纹,玉琮外方内圆,四角都大于直角,两端有射,通高 6.7 厘米,外方 8 厘米,孔径 5.3 厘米。玉璧虽然孔璧和

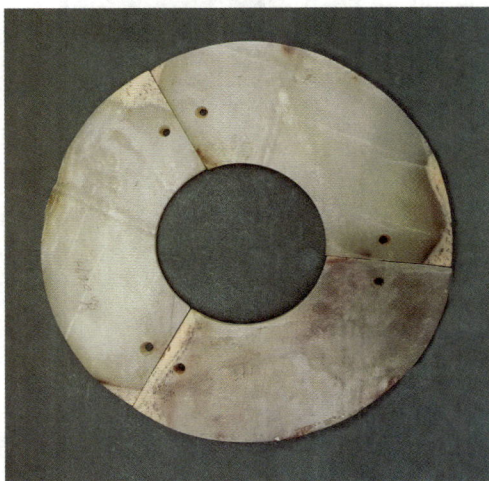

图 13-a

图 13-b

图 14

图 15

外缘的圆度都很规整,但其厚度却不均匀,璧面上有倾斜,反映了切割技术的古拙。玉璧直径 12.3 厘米,孔径 6.1 厘米,厚度 0.5~0.7 厘米。该璧可套在玉琮上下两端的射部旋转自如,此种现象是有意为之,或属偶合,尚需进一步研究(图 15)。从两件器物材质和工艺特征观察,应属齐家文化玉器。两器均藏于扶风县博物馆[①]。

9. 武功县杨凌李台乡胡家底遗址,位于漆水河西岸,面积约 4 万平方米,在漆水和渭水交汇的二级台地上,文化层厚 1~3 米,暴露有灰坑,白灰居住面,窖穴及墓葬,在遗址中采集有仰韶文化泥质红陶片黑条彩带纹,可辨识的器物有钵、罐,客省庄二期文化泥质和夹砂灰陶片,其纹饰有篮纹、绳纹,可见的器型有鬲、斝、罐,另外,还发现了先周文化的夹砂灰褐陶片等。20 世纪 70 年,当地群众在该遗址范围内的生产劳动中发现了 3 件玉琮和 3 件玉璧,先后上交给武功县文物管理部门,群众上交时的玉器表面多附着有很坚硬的黄土[②]。

图 16

编号为 IB1047 的玉琮,原附着一层坚硬的土垢,经剥离后才露出了青玉原色,该琮形制规制作考究,外方内圆,两端有射,通体光素无纹,高 11.2 厘米、口径 6.1 厘米、外方宽 7.3 厘米(图 16)。

编号为 IB1048 的玉琮,外表颜色较为一致,为灰白色,形制与前者相同,只是形体较小,高 4.8 厘米,内孔径 4.8 厘米,外方 6 厘米(图 17)。

编号为 IB1049 的玉琮,形体最小,外表呈夹有青黑斑点的灰白色,形制属扁矮方型,其中外方一角。下削与前两者相同。高仅 2.7 厘米,孔经 3.8 厘米,外径 4.8 厘米(图 18)。

编号为 IB1066 的玉璧最大,呈豆绿色夹有黑斑,璧面倾斜最甚,直径 25.4 厘米,在径 5 厘米,最厚处 0.8 厘米,最薄处仅

图 17

图 18

[①] 高西省:《扶风出土的西周玉器》,《文博》,玉器研究专刊。1993 年。
[②] 现存武功县文管会库房。

0.2 厘米,边缘制作亦欠规整(图 19)。

编号为 IB1067 的玉璧,玉色呈夹有黑斑点的豆绿色,直径 19.5 厘米,孔径 6.4 厘米,厚度为 0.3~0.4 厘米,边缘欠规整(图 20)。

编号为 IB1050 的玉璧,玉色青白夹有少量灰色和褐色,直径 12.4 厘米,孔径 5.8 厘米,最厚处 0.4 厘米,最薄处 0.2 厘米,璧面上切割线痕突出(图 21)。

以上 6 件玉器,从玉色、玉质、形制以及制作的工艺特征综合观察,毫无疑问它们均属于齐家文化器物。这些玉器收藏在武功县文管会。

10. 1974 年,在武功县普集乡三联村下雷家的村民在生产劳动中挖出了 4 件玉璜,交给了县文管会。4 件玉璜均为白玉,有蜡状晕斑,均呈扇形,厚度基本相同,大小相近,但璜两端所钻之孔则不尽相同①。

编号为 IB1053 的玉璜,一面边缘有少许残失,两端其钻有 4 个小孔,均为单面钻,其中 3 个孔从一面钻,另外一个孔从另外一面钻,通长 12.4 厘米,宽 6 厘米,厚 0.3 厘米。

编号为 IB1054 的玉璜,两端共钻 3 个孔,一端 2 孔,另一端 1 孔,均从一面单钻。

编号为 IB1055 的玉璜,与 1054 号玉璜形制及钻孔情况相同,但大小略有差异。其大小尺寸却与 1053 号玉璜相同。编号 IB1056 的玉璜,比以上 3 件璜多了一些灰褐斑和赤褐斑,璜两端从单面亦钻了 3 个孔,但有一个孔残破与边缘相通,玉璜厚度不统一,其上留有明显的片切割痕。最薄处厚 0.2 厘米,最厚处厚 0.3 厘米,通长 12.8 厘米,宽 6 厘米。

以上 4 件玉璜可组成一个外径 19 厘米、内孔径 7 厘米的四璜联璧(图 22)。从以上玉璜的材质、形制及雕琢工艺特征分析,应属齐家文化玉器,现藏武功县

图 19

图 20

图 21

①现存武功县文管会库房。

图 22

图 23

文管会。

11. 1974 年，在凤翔县瓦窑头村东秦雍城遗址范围内出土了一件青玉琮，外方内圆，外方大于 90 度，两端有短射，中部圆孔从两端钻成，故两端外口均较大，除在一侧口沿下有一小块地方未抛光外，其余外表均打磨抛光。琮通高 4.5 厘米，两端射部高 0.6 厘米，外方边长 9.2 厘米，孔径 7.1 厘米。现藏凤翔县博物馆(图 23)。

12. 1975 年，又在瓦窑头村西秦都雍城遗址范围内出土了另一件玉琮，玉呈青绿色并夹有黄白色，玉质温润莹秀，形体长方而高大，内圆外方，两端有射，形制规整，外表和内孔均抛磨光洁，通体光素无纹，高 12.7 厘米，外方边长 6.5 厘米，孔径 5.2 厘米，射高 1.2 厘米。此琮现藏凤翔县博物馆(图 24)。

上述两件玉琮从玉色、玉质及形制特征观察与齐家文化玉器无异，是秦国对齐家文化玉器的再利用，现藏凤翔县博物馆①。

13. 1986 年，在西安市长安县新旺村出土一件矮体玉琮②，青白色，琮外方内圆，两端有射，通体光素，高 5.4 厘米、边长 6.8 厘米、孔径 5.4 厘米。此琮从玉色、材质、形制、工艺均与齐家文化玉琮十分相似，应为齐家文化玉器。现藏西安博物院(图 25)。

14. 1987 年，西安市南郊雁塔区三门口村出土的玉琮③，青玉，少许灰白沁，琮体较高，外方内圆，两端有射，形制规整，通体光素无纹，琮高 8.5 厘米、边长 4.9 厘米、孔径 4 厘米。此琮一直被现为西周玉器，但它与甘肃发现的齐家文化有些玉琮从材质、形制及工艺特征几乎完全相同，因此为齐家文化玉器无疑。现藏西安博物院(图 26)。

15. 1981 年，陕西省考古研究所研究员戴应新先生，在长安县客省庄上泉村村民张积盛家征集到一件大玉琮，张将此琮当枕头使用，此琮形体高大，红绿黄青紫诸色杂驳如玛瑙，晶莹光滑，高 20.7 厘米，外方内圆，横宽 9.7 厘米，内孔径 6.7 厘米色，光素无纹，重约 4 千克(图 27)。据收藏者张积盛回忆，此器是 1965 年前后他在村南土壕取土时发现，同时还有一"玉饼"，大如草帽，圆形片状正中有孔，当是玉璧无疑，此玉饼于 1977 年被人收走。这个说法应是真实可靠，光素无纹的大体量玉琮和大体量玉璧相配组合，正是齐家文化玉器的重要特征，戴应新先生认为它属于陕西龙山文化。笔者赞成邓淑苹女士将其定为齐家文化的观点。现藏陕西历史博物馆④。

---

① 尚志儒、赵丛苍：《秦都雍城出土玉器研究》，《文博》玉器研究专刊。1993 年。
② 西安市文物保护考古所编著：《西安文物精华·玉器》，世界图书出版西安公司，2004 年，8 页图上。
③ 西安市文物保护考古所编著：《西安文物精华·玉器》，世界图书出版西安公司，2004 年，8 页图下。
④ 戴应新：《从上泉玉琮说起》，《文博》玉·器研究专刊，1993 年。

图 24

图 25

图 26

图 27

16. 1974 年，西安市东郊灞桥区老牛坡商代遗址出土了一件碧玉琮（图 28），呈镯形，体为圆筒状，外周有三个凸出的等大弧形面，通体光素无纹，高 3.9 厘米、孔径 6.7 厘米。西安博物院的出版物将其名称定为璧琮，并将其时代定为商[①]。现藏西安博物院。由于类似的镯形琮在甘肃通渭县西岔村亦出土一件[②]，因此，暂将这件琮考订为齐家文化遗物似无不妥。

17. 20 世纪 80 年代中国社会科学院考古研究所对位于陕西长安县张家坡西周墓地进行了发掘，在其中两座高等级墓葬（M170、M32）中共出土玉琮 5 件（含一件残器）。

M170 墓为一座单墓道大墓，属张家坡西周墓葬第一等级墓葬，葬具为一椁两棺，棺均为彩绘漆棺，墓主人为成年男性，发掘者推测墓主人为一代井叔。该墓出土了两件形制相同的玉琮，其中一件为残器。M170:197 玉琮为透闪石软玉，褐色，外方内圆，器呈方筒形，中为圆孔，两端有射，其中一端射略有残失，玉琮四面方体上均雕琢出相同的凤鸟纹，钩喙垂冠，展翅、卷尾、凤鸟呈半卧姿，爪部有力，此凤鸟为西周时期流行的纹样，琮高 5.5 厘米，外方边长 4.3 厘米，孔径 3.6 厘米，射高 0.9 厘米。琮出土于墓室东南角的棺椁之间[③]。此件玉琮从玉质形制特征观察属于齐家文化玉雕，西周时又雕琢了凤鸟纹。现藏中国社会科学院考古研究所（图 29）。

M32 大墓出土的 3 件玉琮，该墓葬具为一椁两棺，属张家坡西周墓地第二等级墓葬，墓主为 40 岁左右，性别不明，该墓共出土玉器 15 件组，其中 3 件玉琮同出土于东南角的二层台上[④]。

M32:1 琮，器型特殊，前所未见，器呈黄色且间有黑斑，经鉴定材质为利蛇纹石十方解石，器型为长方形高筒状，中孔亦为方形，由两端凿通，两端有射，器表抛光无纹。高 8.6 厘米、外方边长 4.6~5.1

① 西安市文物保护考古所编著：《西安文物精华.玉器》世界图书出版西安公司，2004 年，第 8 页图下。
② 王裕昌：《甘肃省馆藏齐家文化玉器调查与研究》，《玉泽陇西——齐家文化玉器》，北京美术摄影出版社，2015 年。
③ 中国社会科学院考古研究所编著：《张家坡西周玉器》，文物出版社，2007 年，第 17 页。彩版 45。
④ 中国社会科学院考古研究所编著：《张家坡西周玉器》，文物出版社，2007 年，第 50 页，图版 255、253、254。

厘米，中孔长 4.3~3.8 厘米，射高 0.8 厘米（图 30）。

M32:2 琮，灰色并有青色晕斑，经鉴定材质为透闪石软玉，琮形体较高，内圆外方，两端有射，通体抛光无纹，高 9 厘米、外方边长 6.8 厘米、孔径 5.5 厘米、射高 1 厘米（图 31）。

M32:3 琮，灰绿色并有青色晕斑，其材质经鉴定为透闪石软玉，内圆外方，器身扁矮，两端有射，一端射略有残损，通体抛光无纹，高 4.8 厘米、外方边长 5~5.6 厘米、孔径 4.5 厘米、射高 0.5 厘米（图 32）。

以上 3 件玉琮均藏中国社会科学院考古研究所。此 3 件玉琮虽然均出土于西周墓葬，但它的制作年代并不是西周时期。荆志淳先生在《张家坡西周地玉器地质考古学研究》一文认为 M32 出土的三件玉琮，根据琮的形制、雕琢技术和装饰，它们应该都是年代属于新石器时代的传世品，因此，这些琮不可能是西周墓葬用玉中制度化的礼玉[1]。笔者认为这 3 件玉琮只有第一件的器型特别，虽然可以肯定不是西周时期制作的，但因无它例佐证，现在还不能明确肯定是否为齐家文化器物之外，其余两件玉琮毫无疑问是属于齐家文化玉器，周代只是将它视为玉质遗物继续使用而已。

18. 20 世纪 80 年代发掘的长安县张家坡西周墓地 M14 墓出土的齐家文化玉璧，该墓与 M32 规模相同，属于张家坡西周墓地第二等级墓葬，葬具为一椁两棺，墓主尸骨无存。墓室中出土玉器 56 件，集中放在内棺北端，其中 M14:22 玉璧为褐色且有云纹斑，经鉴定属阳起石软玉，此玉璧形制不规整，较大的中孔由单面钻成，两面均有切割痕，薄厚不均匀，最大径 9.3 厘米、孔径 4.4 厘米、最厚处 0.7 厘米[2]。此璧从形制和工艺特征分析应属齐家文化遗物无疑。现藏中国社会科学院考古研究所（图 33）。

19. 宝鸡纸坊头西周弜国墓出土的玉琮，2003 年，考古工作者清理了宝鸡市金台区纸坊头的一座西周残墓（2003B2FM2），一件青玉琮是从塌落的崖面中发现的[3]，因此，该玉琮在墓葬中的具体位置并不清楚。琮呈青灰色，体呈矮方型，内圆外方，两端有射，通体光素，但布满了自然绺裂，

图 28

图 29

图 30

---

①中国社会科学院考古研究所编著：《张家坡西周玉器》，文物出版社，2007 年，第 156 页。
②中国社会科学院考古研究所编著：《张家坡西周玉器》，文物出版社，2007 年，第 44 页，彩版 225。
③宝鸡市考古研究所：《陕西宝鸡纸坊头西周早期墓葬清理简报》，《文物》2007 年第 8 期。

图 31

图 32

图 33

高 3 厘米、外方边长 5.5 厘米、内孔径 5 厘米、两端射高 0.6 厘米（图 34）。此琮从玉质和形制观察为齐家文化遗物，现藏宝鸡市考古研究所。

另外，20 世纪 80 年代发掘的彊国墓葬中出土的不少素面玉璜，台南艺术大学的黄翠梅教授曾明确指出多数应是齐家文化遗物[1]。

20. 1974 年，扶风县法门齐家村出土一件玉琮，青灰色并有大面积黑斑，身矮，呈扁方形，外方内圆，两端有射，通体抛光，高 3.2 厘米、边长 7 厘米、孔径 4 厘米，现藏扶风县博物馆（图 35）。因这件玉琮系当地群众在生产活动中发现，缺乏其他遗物参照，因法门齐家村有西周遗址、窖藏、墓葬，故长期将其当作西周时期玉器[2]。

21. 韩城梁带村春秋早期墓地 M27 号大墓出土的 4 件玉琮[3]。2005 年，陕西省考古工作者在韩城市梁带村发掘了 M27 号大墓，该墓是这里发掘的大量墓葬中唯一有两条墓道的中字形大墓，墓室一椁两棺，依据研究已经确认墓主为春秋早期的芮国国君芮桓公，在墓主人两条腿之间发现了四件玉琮，M27:215，边长 7.6~7.8 厘米；M27:216，边长 6.9 厘米；M27:217，边长 6.8 厘米；M27:218，边长 7.2 厘米。对于这 4 件玉琮，学界公认不是春秋早期制作的，由于其造型和阴线纹接近山西芮城清凉寺墓地所出玉琮，台湾南华大学江美英女士认为其属于山西陶寺文化清凉寺类型[4]。但其中 M27:218 玉琮为青玉，呈浅豆青色，受沁，体扁矮中孔较大，形制规整，内圆外方，两端有短射，射一角有残失，素面，通体抛光。高 3.5 厘米、外方边长 7.4 厘米、孔径 6.7 厘米、射高 0.4 厘米（图 36）。从玉色、材质、形制乃至工艺特征综合判断应属齐家文化玉琮，现藏陕西省考古研究院。

①刘云辉著：《周原玉器》，台湾中华文物学会，1996 年，第 231 页，图二二四
②陕西省考古研究所等：《陕西韩城梁带村遗址 M27 发掘简报》，《考古与文物》2007 年第 6 期。
③陕西省文物鉴定研究中心，曾受省公安厅委托，对澄城县公安局破案所收缴的这件玉琮进行了鉴定。
④黄翠梅：《金属弧形项饰的出现与玉璜串饰的再兴——从齐家化谈起》，朱乃诚等主编：《2015 中国广河齐家文化与华夏文明国际研讨会论文集》，文物出版社，2016 年。

22. 2004 年 8 月,位于关中东部的城澄县王庄镇良甫河村一座古墓于被盗,出土了一件玉琮①。琮高 11 厘米,外宽 7.3~8 厘米,孔经 6.3 厘米,外方内圆,两端有射,形制规整,通体光素无纹,颜色呈青绿太有灰白,从玉色、玉质、形制及工艺特征观察,该玉琮属齐家文化玉器。现藏城澄县博物馆(图 37)。

23. 1976—1986 年,陕西省考古研究所对凤翔县南指挥村秦公一号大墓进行了发掘,根据墓葬形制、规模、陪葬品,尤其是石磬上的刻辞证实,其墓主就是春秋晚期在秦国执政达四十年之久的秦景公。该墓盗洞的填土中出土了一件青玉璧②,玉色淡黄,外缘欠规整,薄厚不均匀,璧面上留有明显切割痕,直径 12.3 厘米、孔径 3.8 厘米、厚度 0.5~0.9 厘米。此璧为齐家文化玉器无疑,现藏秦始皇帝陵博物院(图 38)。

另外,在该墓室中还出土了两件不同的玉琮残件。从残琮的玉色、材质、形制观察是齐家文化常见的玉琮。到了春秋晚期秦国玉工早已不知琮为何物?只是将它当作玉材在其表面包括两端射上都加刻了细阴线组成的方折回转的秦式龙纹③。其器现藏秦始皇帝陵博物院(图 39)。

24. 1972 年,在凤翔县河南屯村农民在村东平整土地时于地表下约 4 米的深处发现了两件玉璧④。

第一件璧玉色墨绿,但有不少受沁的灰白斑,在强光照射下发现它的玉质属碧玉,两面均阴刻出 4 圈环带状细线组成的秦式龙纹,每圈龙纹外均有内填短斜线的圆环相隔,两面共阴刻 98 条秦式龙纹。该璧面倾斜,厚度不一,反映了切割工艺较为原始,直径 29.7 厘米,孔径 5.9 厘米,厚 0.6~0.9 厘米(图 40)。

第二件此第一件较小,玉色墨绿间以浅绿,边缘

图 34

图 35

图 36

① 江美英:《清凉寺类型玉琮探讨分析》,朱乃诚等主编:《2015 中国广河齐家文化与华夏文明国际研讨会论文集》,文物出版社,2016 年。
② 刘云辉著:《陕西出土东周玉器》,文物出版社、众志美术出版社,2006 年,第 66 页,上图。
③ 刘云辉著:《陕西出土东周玉器》,文物出版社、众志美术出版社,2006 年,第 79 页。
④ 刘云辉著:《陕西出土东周玉器》,文物出版社、众志美术出版社,第 56—59 页。

图 37

图 38

有受沁白斑，直径 16.8 厘米，孔径 4.2 厘米，厚度亦是 0.6~0.9 厘米不等，璧面不平整，两面均阴刻出细线组成的秦式龙纹 124 条(图 41)。

以上这两件玉璧从玉色玉料及薄厚不一的形制看，原器均为齐家文化先民制作使用的素面玉璧，传至春秋晚期，秦国玉工在秦都雍城对它进行了再加工，在玉璧两面阴刻了秦式龙纹，并将其再埋入地下作为祭祀之用。两件玉璧现均藏凤翔县博物馆。

25. 无独有偶，2004 年，陕西省考古研究所工作人员，在西安北郊文锦路发掘的一座新莽时期的墓葬，墓中出土了一件直径达 21.9 厘米，厚度 0.5~0.8 厘米的玉璧，玉色青灰，在玉璧两面均阴刻了 3 圈环带状秦式龙纹，其龙纹的样式和雕琢技法同前者河南屯出土的第一件大玉璧如出一辙，极似出自同一玉工之手①。从其玉色、玉料、形制特征等分析，毋庸置疑，原物是齐家文化玉工制作的素面玉璧，春秋晚期秦国玉工在璧面上阴刻了秦式龙纹，传至新莽时期，再将它葬入墓中。此璧现藏陕西省考古研究院(图 42)

26. 1980 年，在西安市西北郊芦家口出土的两件玉琮，同时出土的玉器数量较多，如尖首玉圭，小孔小型素

面玉璧由雕琢玉璧改制的钻有 5 个细孔的璧形器，玉琥、玉璧改制的玉猪、片状无臂玉人，而一对 21 厘米、厚 2.5 厘米的半圭形玉璋，特别引人注目。出土的两件玉琮，通体抛光，素面无纹，外方内圆，两端虽然均有射，但两端射长短不一，玉色呈青灰色并夹有青黄色和赤褐色，将两件玉琮叠放在一起，不但形制大小相同，而且玉色纹理都完全能够拼成一体，由此证实这两件玉琮原为

图 39

①刘云辉:《西安汉代墓葬出土的传世玉器的特征与意义》,《杨建芳师生古玉研究会玉文化论丛系列之三》,文物出版社、众志美术出版社,2009 年。

一件,从玉质和形制综合分析,此琮原是齐家文化器物,大致在战国晚期到秦汉之际将其横向一剖为二成为两件使用。琮高 3.5 厘米、外方边长 7 厘米、孔径 6 厘米、两端射高 1.2 厘米①。现藏陕西省文物总店(图 43)。

27. 1985 年,陕西省考古研究所对位于西安市东郊隋兴宁坊清禅寺寺院主持代德□□墓进行了发掘,墓中出土了一件玉琮②,琮为青灰色含少量褐色,琮形制为外方内圆,两端有射,通体光素无纹,琮高 7 厘米、外方边长 5.9 厘米、内孔径 4.5 厘米,现藏陕西历史博物馆(图 44)。从玉质和形制观察,此琮应为齐家文化器物。该墓同时出土的还有玛瑙棋子、琉璃棋子、彩色琉璃珠、水晶等物,这些都是所谓的佛教七宝,因此,这座寺院主持墓中陪葬齐家文化玉琮,视其为佛教七宝之中玉而已。

上述出土齐家文化玉器的遗址和墓葬遍关中平原渭河及泾河两岸,除了在周秦墓葬中出土的齐家文化玉器,属于对传世品的再利用外,早期遗址中齐家文化玉器的发现,它与齐家文化独有陶器,在夏时期的关中西部到关中东部遗址或墓葬中多有发现互相呼应,证明齐家文化曾经扩张到整个关中平原,应是一个不争的事实。唯一遗憾的是上述玉器,均不是在经科学发掘的能够证明属明确的齐家文化的墓葬或遗址中出现的。但透过这些玉器的材质、形制以及雕琢工艺特征与已经确认的甘肃、青海及宁夏南部出土的齐家文化玉器对比,综合观察分析,能够判断出上述玉器的确属于齐家文化器物。而随着今后考古工作的继续开展,相信一定会在陕西关中地区齐家文化遗址中墓葬中发现玉器。

除了陕西关中地区之外,在陕北的神木石峁遗址中,也发现了一些齐家文化的玉琮和玉璧,由此可见,属夏纪年时期的齐家文化在陕西境内发展扩张范围之广。陕西关中地区出土的齐家文化玉器是夏时期整个齐家文化玉器的重要组成部分,尤其是在关中地区出土的若干例"琮璧组配"玉器的发现更有意义,关中地区出土的齐家文化玉器有些体量之大、制作之精,反映了它的等级之高,其价值并不亚于齐家文化的核心区域青海、甘

图 40

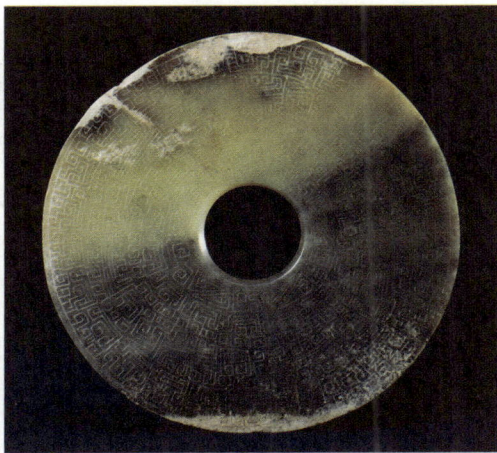
图 41

图 42

①刘云辉著:《陕西出土东周玉器》,文物出版社、众志美术出版社,第 199 页,上图。
②郑洪春:《西安东郊隋舍利墓清理简报》,《考古与文物》1988 年第 1 期;又见刘云辉著:《北周隋唐京畿玉器》,重庆出版社,2000 年,第 14 页,下图。

图 44

图 43

肃、宁夏南部所出土的玉器。因此对陕西关中出土的齐家文化玉器必须予以充分重视,有必要再做更进一步的深入研究。

甘肃境内馆藏齐家文化玉牙璋初探

甘肃省博物馆　王裕昌

牙璋属玉礼器，又称刀形瑞刃器。其与圭、璧、琮、璜合称"五瑞"（或五玉）；加上玉琥，合称"六瑞"（或六器）。《周礼·春官》之《大宗伯》中记载，"以玉作六器，以礼天地四方，以苍璧礼天，以黄琮礼地，以青圭礼东方，以赤璋礼南方，以白琥礼西方，以玄璜礼北方"，《典瑞》又称"牙璋以起军旅，惟治兵守"。东汉许慎《说文解字》解释说，"璋，剡上为圭，半圭为璋"。《诗经·大雅》之《生民之什·板》有"如璋如圭"句，孔颖达疏"半圭为璋，合二璋则成圭，以喻民合君心"。

目前全国发现的玉石牙璋近百件（不包括早年流传海外的牙璋）。主要分布在中原地区、陕北与陕南地区、山东东部地区、川西成都平原地区，湖北、湖南以及福建与广东沿海、香港也有零星的发现，在越南北部也发现四件。据目前公布资料看，新石器时代遗址出土玉牙璋的地区较多，以陕北神木石峁一带出土数量最多，世界各地博物馆收藏的玉牙璋

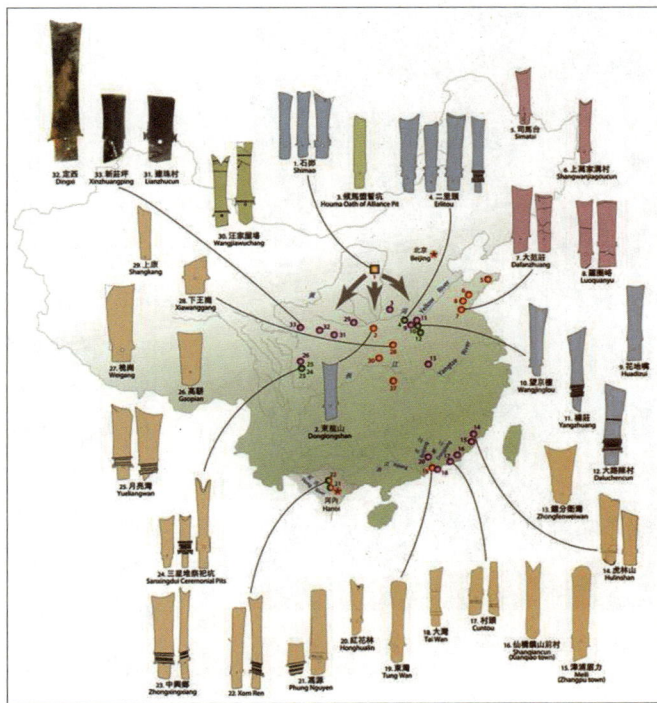

图1　东亚玉牙璋分布示意图①

---

①邓聪：《牙璋在中国西部地区的扩散——甘肃牙璋》，《齐家文化与华夏文明国际研讨会》，甘肃广河县，2015年7月31—8月2日。

多源于这一地区①，距石峁不远的新华遗址，也出土一批同时代玉璋。石峁遗址属龙山文化晚期至夏代早期之间的一个超大型中心聚落②，在这一区域里出土了较多的玉牙璋，说明石峁龙山文化时期为玉璋的盛行期。全国其他地方如：四川广汉中兴乡，河南二里岗、二里头，山西省侯马牛村，福建漳浦眉力，香港大湾③等地都有牙璋出土或发现。

朱乃诚先生依据国内出土牙璋的端刃形状、阑部以及阑部两侧扉牙的形态特征，将牙璋分为九型：I"简单型"、II"一牙型"、III"无阑有扉牙型"、IV"单阑多扉牙型"、V"双阑简单扉牙型"、VI"双阑复杂扉牙型"、VII"双阑密集扉牙型"、VIII"双寓卷云型"、IX"戈身双阑型"。石峁有 I、II、IV 型牙璋，二里头有 V、VI、VII 牙璋，三星堆有 VIII、IX 牙璋④。他还注意到故宫有两件更原始的玉璋，认为石峁牙璋地层不确定可能是外来传入，推断牙璋起源于陶寺文化⑤。

甘肃境内馆藏齐家文化玉牙璋目前发现有 11 件（包括国有和民营博物馆以及个人收藏的），其中 3 件有明确的出土地点，1 件为博物馆早年从齐家文化遗址地征集所得，还有 7 件是民营博物馆或个人收藏品，据收藏人自己介绍，2 件是从甘肃广河县私人手中收购所得，1 件是从定西一个收藏家手中收购所得，4 件是从齐家文化遗址地征集所得（2 件出自甘肃漳县，2 件出自甘肃康乐县）。这些玉牙璋有的与陕西神木石峁或国内其他地区出土牙璋的形制大体相同，仅有细微差别；有的却与之有较大差别。有的玉牙璋相关资料从未被公开发表，不为世人所知。对于甘肃境内齐家文化玉牙璋进行深入研究，有助于了解齐家文化治玉工艺、仪礼制度，及其与龙山、陶寺、二里头等文化的关系具有重要意义，并很有可能是解决中国史前玉璋的传播线路等悬而未决的问题的重要突破口。笔者现就甘肃境内已知牙璋的形制及玉料进行介绍，并将其与国内其他地区牙璋的差异略做初步分析和研究。

照1 清水县金集镇连珠村出土牙璋

甘肃清水县金集镇连珠村周代遗址出土绿玉端刃器，曾被认为是"钺"。杨伯达认为是石峁文化残牙璋，经周人改制成现状另作他用（照1）⑥。此璋呈茶绿色，顶端有褐色沁斑。体扁薄，形近长方形。刃部宽大，斜刃微弧，两尖微斜出，一牙残。长体两腰内曲成对称的优美内弧。侧饰三齿状扉棱和"业"字形鸡冠突阑。在阑部两侧边分别出一组较复杂的扉棱，每组扉棱上有四个小扉牙，在阑部以上器身两侧出 3 个小扉牙。下端为柄，柄端两坡似"人"字形不平齐。柄上部近阑处有一单面穿圆孔。此牙璋制作精细，打磨光滑，素面无纹，阑部装饰复

①王炜林、孙周勇：《石峁玉器的年代及相关问题》，《考古与文物》2011 年第 4 期。
②见陕西省文物考古研究院 2011 年《考古年报》。
③戴应新：《神木石峁龙山文化玉器》，《考古与文物》1988 年第 5、6 期。
④朱乃诚：《牙璋研究与夏史史迹探索》，《夏商都邑与文化（二）》，中国社会科学出版社，2014 年。
⑤朱乃诚：《时代巅峰冰山一角——夏时代玉器一瞥》，《玉魂国魄：玉器玉文化夏代中国文明展》，浙江古籍出版社，2013 年。
⑥杨伯达：《甘肃齐家玉文化初探——记鉴定全国一级文物所见甘肃古玉》，《陇右文博》1997 年第 1 期。

杂，显示了很高的琢玉水平。长 16.5 厘米，宽 8 厘米，厚 0.3 厘米。现藏于甘肃省清水县博物馆。此牙璋虽然出土于周代遗址墓葬中，但专家们认为它应该属于齐家文化玉牙璋①。

这类牙璋是朱乃诚先生所说的Ⅳ型，即"单阑多扉牙型"。其形制以石峁 SSY：15 号牙璋为代表（照 2）②。该牙璋阑部两侧边分别出一组较复杂的扉棱，每组扉棱上有四个小扉牙，在阑部以上器身两侧出 3 个小扉牙。全器长 30.6 厘米，上端的刃部一角残，宽 9.3 厘米，厚 0.4 厘米。石峁遗址发现同类牙璋 3 件。清水县金集镇连珠村出土的牙璋形制与石峁出土的 SSY：15 号牙璋的形制基本一致，只是清水县金集镇连珠村牙璋端刃为斜刃，而石峁出土的 SSY：15 号牙璋端刃呈浅圆弧凹刃。台北故宫博物院邓淑苹认为："此牙璋应是残断的石峁牙璋的下半截，它与石峁牙璋中第二种'对称多尖式扉牙'非常相似。"③

据笔者观察，其器身极薄，作长条形，内两侧各饰锄牙，中有一孔，与国内其他地区发现的牙璋相比其身较短，很可能是像邓淑苹先生认为的应是残断的石峁牙璋的下半截，端部后改制成斜刃，并有使用痕迹，推测此器应为切割用的玉工具，而并非礼仪用玉钺。可知周人心目中石峁文化

照 2　石峁 SSY：15 号牙璋　　　　照 2　石峁 SSY：15 号牙璋 1

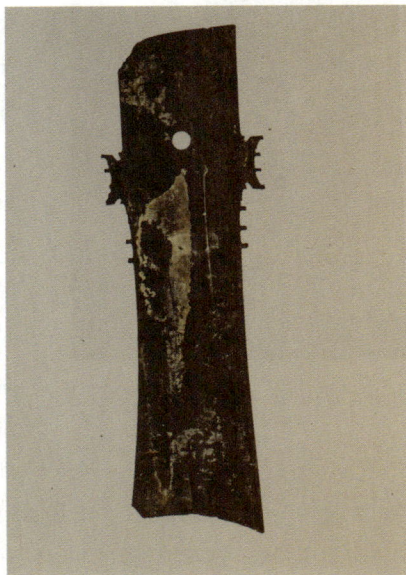

玉器是何等地位。延安芦山峁出土的玉器中确有璧、琮，然其中的琮仍为良渚形式，素面琮、璧为数并不多，目前尚未发现其影响齐家玉文化璧、琮的迹象，反过来还可考虑有齐家玉文化北进而波及芦山峁玉文化的可能。所以，从其与周邻玉文化的关系来看，也不能排除齐家玉文化独立性、地方性特色的存在与发展。

1976 年，临夏州文物普查小组从积石山县新庄坪遗址征集了一件牙璋，该牙璋出土于齐家文化

①甘肃省文物局编：《甘肃文物菁华》，文物出版社，2006 年，第 60 页。
②朱乃诚：《牙璋研究与夏史史迹探索》，《夏商都邑与文化（二）》，中国社会科学出版社，2014 年，第 281 页。古方：《中国出土玉器大全·陕西卷》，科学出版社，2005 年，第 18 页。
③邓淑苹：《万邦玉帛——夏王朝的文化底蕴》，《夏商都邑与文化（二）》，中国社会科学出版社，2014 年，第 199 页。

遗址（照3）①，呈豆青色玉质，有竖向弯条形斑纹。体扁平片状，基本呈长方形。下端为柄，柄端斜直，柄一侧有一小凹口，柄上偏移中轴一侧有一大一小两个竖向排列的单面穿孔，上大、下小，大孔的右部有缺豁，应属玉材本身所致。上端为刃，是原牙璋上部（刃部）残断后改制磨出的刃部，刃部略宽，双面直刃。两侧边从刃角至阑脚边呈微凹弧形。一侧有一牙（有一凹孔），一侧平直，无牙，略成弧形。通体表面打磨圆润光滑，素面无纹，不见明显使用痕迹。长边18厘米，

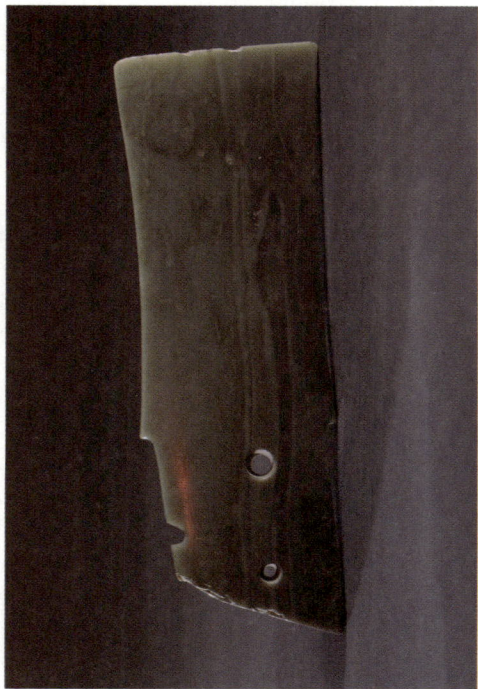

照3 积石山新庄坪出土牙璋

短边16厘米，最宽4.7～5.7厘米，刃宽6.1厘米，上孔距上边0.7厘米，两孔间2.6厘米，厚约0.8厘米。现藏临夏州博物馆。

闫亚林先生在《西北地区史前玉器研究》中提及这件牙璋，他认为是经过改制的②，邓淑苹先生也持相同意见。朱乃诚先生根据形制推断应该是由牙璋改制的钺③。他认为这是一件承载了很多信息的玉器，这件牙璋的刃部及柄端的小穿孔以及柄部侧边的小凹口，可能都是后来改制时所为。原本的牙璋还要长一些，可能在20厘米以上，刃部的宽度可能是全器的最宽处。从阑角处尚未出牙的特征分析，原件牙璋应是一件形态原始的牙璋。也就是说它曾经残断过，改制后经过打磨作为刃来使用。此牙璋有两个孔，很特殊，使用功能不是牙璋的功能，显然是一件由牙璋经过改制成的玉钺。其最初的制作年代可能在新砦一期④或更早。至于其改制的年代，从其出自积石山新庄坪齐家文化遗址的现象推测，可能在齐家文化中晚期阶段。这件牙璋的玉质也很特殊。目前全国发现的100多件牙璋中（不包括早年流传出去的），玉质大部分呈黑色或墨玉色，但这件牙璋所采用的是甘肃本地产的豆青色玉料，而不是石峁黑玉，由此推断这件牙璋应该是在甘肃境内由齐家先民制作的。

1976年会宁县头寨子镇牛门洞遗址出土的一件大玉璋（图4、5）⑤，呈青黄色玉质，在光线暗淡中呈现为黑色，用光照则显现为黄色。表面有明显的土沁色斑。形制为长条形片状。端刃，刃部

①朱乃诚：《素质静雅 陇西生辉——齐家文化玉器概论》，《玉泽陇西——齐家文化玉器展》，北京美术摄影出版社，2015年，第256页。王裕昌：《甘肃馆藏齐家文化玉器调查与研究》，《玉泽陇西——齐家文化玉器展》，北京美术摄影出版社，2015年，第314页。

②闫亚林：《西北地区史前玉器研究》，北京大学博士论文，2010年，图2-9-2。

③朱乃诚：《素质静雅 陇西生辉——齐家文化玉器概论》，《玉泽陇西——齐家文化玉器展》，北京美术摄影出版社，2015年，第255页。

④赵青春：《关于新砦期与二里头一期的若干问题》，《中国·二里头遗址与二里头文化国际学术研讨会论文集》，中国社会科学出版社，2005年。

⑤朱乃诚：《素质静雅 陇西生辉——齐家文化玉器概论》，《玉泽陇西——齐家文化玉器展》，北京美术摄影出版社，2015年，第255页。王裕昌：《甘肃馆藏齐家文化玉器调查与研究》，《玉泽陇西——齐家文化玉器展》，北京美术摄影出版社，2015年，第314页。

照4　牛门洞遗址出土牙璋

照5　牛门洞遗址出土玉璋局部

斜弧状。最宽处在刃部，柄端略为收窄。两侧边平直。束柄，柄两侧呈内凹弧形，在柄两侧边内凹弧的上下两端，分别有上下两个极为细尖的齿棱，其中一侧边的柄端一个齿棱已受损。在柄部以上约器身的四分之一范围的中轴线上即距柄部18.8厘米处，14.2厘米处，8.8厘米处分别有三个单面穿孔，孔内未做打磨修理，是为绑缚木柲而设的穿孔。中部残断为两节后修补。阑部有凹槽，一端两小牙，一端一小牙。通体打磨抛光精细，素面无纹。长54.2厘米，刃短处长52.1厘米，刃部宽9.9厘米，两面刃。上部牙缺处宽7.5厘米，中部宽9.3厘米，厚度仅为0.1~0.2厘米。因为极薄，好像一大刀片，应该是齐家文化玉器中仅见的玉璋精品，也是齐家文化玉器中尺寸最大的重器之一，级别之高，罕有其匹，称为齐家文化玉璋王，一点也不夸张。誉之为中国史前文化玉璋王，从尺寸、玉质和工艺三个方面指标看，也是名副其实的。现藏于会宁县博物馆。

由于整个器形的形制，似牙璋又不是牙璋，似刀又不是刀，似圭又不是圭。朱乃诚将其称之为"束柄齿棱端刃器"[①]。这种形制目前仅见此一件，无从比对。但从玉料为墨玉，器形很薄，器身无阑而在束柄处饰有细尖齿棱等特点分析，其制作工艺较高，不像齐家文化先民所制作，应是由中原传入的。而其细尖齿棱的特点，则与二里头文化一、二期的玉钺上的扉牙有近似的特征却更加细尖，据此推测这件牙璋或"束柄齿棱端刃器"的制作年代相当于二里头文化一期或更早。

目前所知陕西神木石峁遗址采集的龙山文化玉牙璋最大者长49厘米。河南二里头遗址有一件大牙璋，也是54厘米，但其年代较晚，玉质也不通透。2015年以前，会宁县头寨子镇牛门洞遗址出土的这件大玉璋从未公开发表过，2005年由古方主编的《中国出土玉器全集·甘肃青海宁夏新疆卷》（15卷）里内没有收录这件玉璋，大多数玉器及玉文化研究者并不知道它，以至于普遍认为齐家文化没有玉璋。目前研究认为，玉璋分布在自山东半岛至甘肃东部的大半个中国，最南端到达香港和越南。但是其起源地在何处，传播路线如何，还是悬而未决的疑问。可以预期，会宁大玉璋的再认识和深入研究，将会改写中国玉文化史，对于近年有人提出的"玉文化先统一中国"说，也是一个生动的证据。

---

①朱乃诚：《素质静雅　陇西生辉——齐家文化玉器概论》，《玉泽陇西——齐家文化玉器展》，北京美术摄影出版社，2015年，第256页。

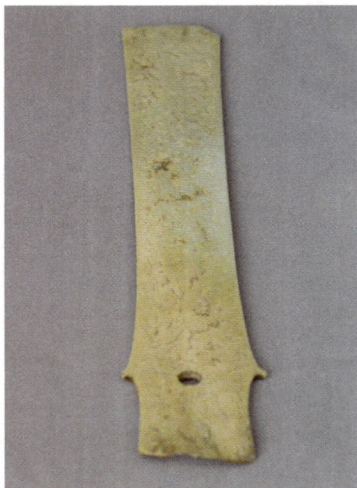

照6 积石山县甫川乡
代山村出土牙璋

照7 定西市众甫博物馆藏牙璋

照8 临夏州马鸿儒收藏牙璋

甘南州博物馆在临夏州积石山县甫川乡代山村征集的一件牙璋（照6）①，呈青绿色玉质，上部和下部有黄褐色斑沁，半透。体扁平呈长条形，束腰，长体两腰内曲成对称的优美内弧，凸弧形端刃，一刃角残；柄部呈长方形，柄端两坡似"人"字形不平齐；柄上部近阑处有一单面穿圆孔。两侧边从刃角斜弧形往下，并在下部形成由上而下逐步斜凸的阑角。长34厘米，宽4.5厘米，厚0.3厘米。现藏甘南州博物馆。此牙璋的形制与陕西神木石峁遗址出土的牙璋非常相似，但刃部有所不同，此璋为外圆弧凸形，而陕西神木石峁遗址出土的牙璋基本为内圆弧凹形，即浅的圆弧凹刃。二者所用的玉料也不相同，前者呈青绿色玉质，而后者呈黑色或墨色玉质。

定西市众甫博物馆藏的一件玉牙璋（照7）②，呈青色玉质，中部和下部有黄褐色斑沁。体扁平呈长条形，束腰，长体两腰内曲成对称的优美内弧，浅圆弧凹刃，刃部一角有残，刃部为全器的最宽、最薄处。柄部呈长方形，柄端两坡似"人"字形不平齐；柄上近阑处有一单面穿圆孔。两侧边从刃角斜弧形往下，并在下部形成由上而下逐步斜凸的阑角。长31.8厘米、宽5.3～8.2厘米、厚0.2～0.7厘米。这件牙璋也与陕西神木石峁遗址出土的SSY：7牙璋非常相似，据该馆刘歧江馆长介绍，这件牙璋是他从定西一位收藏家手中收购所得。

临夏州收藏家马鸿儒先生收藏了两件牙璋。其中一件（照8）③青色玉质，有黄褐色土沁斑，通体钙化。扁平状。长援，短内，援端外撇，双面刃，弧形内凹，似为双尖内弧刃，一刃角残。有一组凸出体侧的阑齿，内呈不规则长方形，有一圆穿。长18.5厘米、刃残宽3.8厘米、腰宽6.2厘米、肩宽7.2厘米、底宽4.2厘米、孔径0.9厘米、厚0.8厘米。

以上3件牙璋是朱乃诚先生所说的Ⅱ型牙璋，即"一牙型"。这类牙璋以陕西神木石峁遗址SSY：

---

①笔者于2015年8月到甘南州进行全省新增文物鉴定定级时在甘南州博物馆拍摄。
②资料和照片由定西市中甫博物馆刘歧江先生提供，在此表示感谢。
③马鸿儒：《齐家玉魂》，甘肃人民出版社，2015年，第258—259页。

Ⅱ牙璋为代表（照9）①，在牙璋的阑部两侧边分别出一短小扉牙。全器长26厘米，刃宽7厘米，柄端厚0.6厘米。该型牙璋数量较多，有的体宽短，有的体窄长，但基本特征相同，都是在阑部两侧边分别出一短小扉牙。

这类牙璋分布很广，在陕北神木石峁②、山东东部的临沂大范庄③、海阳司马台④、五莲上万家沟北岭⑤、沂南罗圈峪村⑥、秦岭南侧丹江上游的商洛东龙山⑦、河南淅川下王岗⑧、湖南石门桅岗⑨，以及越南北部的永富省佳唐村雄仁（Xom Ren）等地⑩，都有分布。在香港烂头岛东湾发现的一件牙璋与Ⅱ型牙璋接近。⑪其中以石峁遗址发现得最多，约有20件，其次是山东东部，有4件。

临夏州收藏家马鸿儒先生收藏的另一件牙璋（照10）⑫为青白色玉质，通体钙化，有黑色沁斑和朱砂。扁平长条，长援，短内，呈斜坡状；刃端残，亦呈斜坡状。在内和柄相援处有两组扉牙，两侧扉牙既有装饰作用，又可缚绳捆绑木柄，柄近内处有一双面穿圆孔。璋体较为粗糙。长22.5厘

照9　石峁遗址SSY：7出土牙璋　　　　照10　临夏州马鸿儒收藏牙璋

①戴应新：《石峁牙璋及其改作——石峁龙山文化玉器研究札记》，《南中国及邻近地区古文化研究》彩版8.6，香港中文大学出版社，1994年。中华玉文化中心、中华玉文化工作委员会编：《玉魂国魄：玉器·玉文化·夏代中国文明》，浙江古籍出版社，2013年，第205页。朱乃诚：《牙璋研究与夏史史迹探索》，《夏商都邑与文化（二）》，中国社会科学出版社，2014年，第281页。

②戴应新：《陕西神木县石峁龙山文化遗址调查》，《考古》1977年第3期。

③冯沂：《山东临沂市大范庄调查》，《华夏考古》2004年第1期。

④王洪明：《山东省海阳县史前遗址调查》，《考古》1985年第12期。

⑤王永波：《关于刀形端刃器的几个问题》，《故宫文物月刊》第135期，1994年。

⑥山东省博物馆于秋伟、赵文俊：《山东沂南县发现一组玉、石器》，《考古》1998年第3期。

⑦陕西省考古研究院、商洛市博物馆：《陕西商洛市东龙山遗址仰韶与龙山时代遗存发掘简报》，《考古》2009年第12期。陕西省考古研究院、商洛市博物馆：《商洛东龙山遗址Ⅰ区发掘简报》，《考古与文物》2010年第4期。陕西省考古研究院、商洛市博物馆：《商洛东龙山》，科学出版社，2011年。

⑧河南省文物研究所、长江流域规划办公室考古队河南分队：《淅川下王岗》，文物出版社，1989年，第285页。

⑨王文建、龙西斌：《石门商时期遗存》，《湖南考古辑刊》第4辑，岳麓书社，1987年，第17页，图八.2。

⑩Ha Van Tan，Yazhang in Viet Nan，《南中国及邻近地区古文化研究》彩版5.3，香港中文大学出版社，1994年。王永波：《耜形端刃器的分类与分期》，《考古学报》1996年第1期，第37页，图二一.11。

⑪陈公哲：《香港考古发掘》，《考古学报》1957年第4期，图版陆.8。

⑫马鸿儒：《齐家玉魂》，甘肃人民出版社，2015年，第260—261页。

中国·广河齐家文化与华夏文明国际论坛 论文集

照11 定西市众甫博物馆藏牙璋　　照12 定西市众甫博物馆藏牙璋　　照13 中国古玉器研究会
甘肃中心藏牙璋

米、刃残宽5.1厘米、肩宽7.2厘米、底宽5厘米、孔径0.5～0.9厘米、厚0.7～0.8厘米。

定西市众甫博物馆还藏有两件玉牙璋。一件（照11）①，呈青绿色玉质，中部和柄部有黄褐色斑沁。体扁平呈长条形，束腰，端刃略呈"丫"字形弧刃，一刃角残；柄端呈斜坡状；凸阑双齿，与陕西神木石峁遗址出土的牙璋"介"字形冠阑不同，亦不同于凸阑。柄上部近二个扉齿对称处有一单面穿圆孔。长24.7厘米、宽4～5.7厘米、厚0.2～0.7厘米。从其形制看，应该是甘肃出土的早期牙璋。另一件牙璋（照12）②，呈青绿色玉质，中部有黄褐色斑沁。体扁平呈长条形，刃部宽，柄部窄，双直斜边；柄部不明显，柄端部一角有残缺。浅圆弧凹刃，柄上部中心处有一单面穿圆孔。长19厘米、宽2.8～4.2厘米、厚0.2～0.8厘米。从其形制来看，应为长柄玉铲。如果是牙璋的话，那就应该是甘肃出土的早期牙璋的雏形。据该馆刘歧江馆长介绍，定西市漳县有数十个齐家文化遗址，出土过不少牙璋，可惜都流散到他乡，这两件玉牙璋也是从定西市漳县马泉乡的一个齐家文化遗址中出土的。

中国古玉器研究会甘肃中心杜义德先生收藏了两件齐家文化玉牙璋。一件（照13）③，用祁连青白玉制成，呈黄褐色，形体较为宽大。形制为直边的长方形柄部，双阑，器身两侧边略内弧，宽弧形刃，刃部的宽度为整器的最宽处。两牙完整，器型较长，牙端琢磨为"丫"字形的边刃，左右两侧向上斜出成尖峰，在柄部接近阑处有一单面穿圆孔，孔径0.6～1.1厘米。在牙璋下阑的两侧边分别为由两组小扉棱组成的一个大扉棱。两组小扉棱中，每组扉棱有2个扉牙，并且向下凸出，凸出面上有两个短牙；上部小扉棱有2个扉牙。在柄两侧边分别有三组扉棱，每组2个扉牙。在上阑两侧边分别有一组扉棱3个扉牙。整器受沁，表面已钙化，工艺朴拙、大气、端庄。长47.9厘米、宽5.4～9厘米，厚0.7～0.9厘米，柄长7.8厘米。另一件（图14）④，用祁连青白玉制成，呈黄褐色，形体较为宽大。形制为直边的长方形柄部，双阑，器身两侧边略内弧，宽弧形刃，刃部的宽度为整器的最宽处。一牙稍有伤残，器型较长，牙端琢磨为"丫"字形的边刃，左右两侧向上斜出成

①资料和照片由定西市众甫博物馆刘歧江先生提供，在此表示感谢
②资料和照片由定西市众甫博物馆刘歧江先生提供，在此表示感谢。
③资料和照片由中国古玉器研究会甘肃省中心杜义德先生提供，在此表示感谢。
④资料和照片由中国古玉器研究会甘肃省中心杜义德先生提供，在此表示感谢。

262

照 14 中国古玉器研究会甘肃中心藏牙璋

尖峰，在柄部接近阑处有一单面穿圆孔。在牙璋下阑的两侧边分别为由两组小扉棱组成的一个大扉棱。两组小扉棱中，下部小扉棱有 4 个扉牙，并且向下凸出，凸出面上有两个短牙；上部小扉棱有 2 个扉牙。在柄两侧边分别有二组扉棱 3 个扉牙。在上阑两侧边分别有一组扉棱 2 个扉牙，上部的扉牙还向下凸出。根据刃上崩伤的破碴来看，可知此牙璋在当时是实用的，很可能是因过于用力杀伐，以致刃端严重残断。整器受沁，表面已钙化。长 34.3 厘米，宽 6.4～10 厘米，厚 0.6 厘米，柄长 8.8 厘米。据杜义德先生介绍这两件牙璋都是从甘肃广河县一私人手中收购所得。

这类牙璋是朱乃诚先生所说的Ⅵ型牙璋，即"双阑复杂扉牙型"，阑部扉牙形式多变。这类牙璋的形制以二里头 80YLVM3:4\5 两件牙璋为代表。

二里头 80YLV M3:4 牙璋（照 15）[①]，形体较为宽大，青灰色，器表两面都涂有一层朱红色颜料。形制为直边的长方形柄部，双阑，器身两侧边略内弧，宽弧形刃，刃部的宽度为整器的最宽处，在柄部接近阑处穿一孔。在下阑两侧分别形成由 4 个齿牙组成的扉棱，扉棱下部朝下出一齿牙。扉棱上的牙，细而尖，显示其制作较为精工。双阑之间的柄的两侧分别有两组扉棱 4 个齿牙。在上阑两侧略微凸出形成一扉牙。全器长 54 厘米。在器身上部的一侧边上有一小孔，镶嵌一圆绿

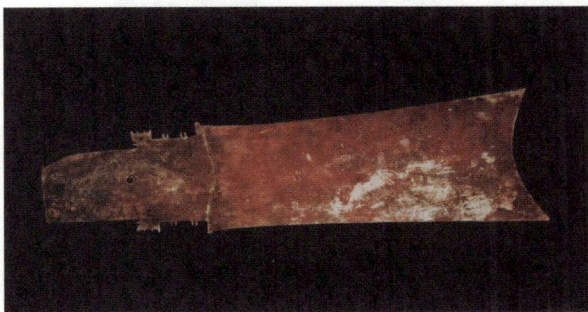

照 15 二里头 80YLV M3:4 牙璋

照 16 二里头 80YLV M3:5 牙璋

---

①中国社会科学院考古研究所二里头队：《1980 年秋河南偃师二里头遗址发掘简报》图 J0.6，《考古》1983 年第 3 期，第 204 页。中华玉文化中心、中华玉文化工作委员会编：《玉魂国魄：玉器·玉文化·夏代中国文明》，浙江古籍出版社，2013 年，第 236、237 页。朱乃诚：《牙璋研究与夏史史迹探索》，《夏商都邑与文化（二）》，中国社会科学出版社，2014 年，第 281 页。古方：《中国出土玉器大全·河南卷》，科学出版社，2005 年，第 11 页。

松石片。这是目前发现的二里头文化牙璋中体量最大的一件。

二里头 80YLVM3:5 牙璋（照16）①比前一件牙璋略小一点，亦为青灰色，只有一面器表涂朱红色颜料。其双阑与柄部的扉牙也与前一件相似但略有区别。在牙璋下阑的两侧边分别为由两组小扉棱组成的一个大扉棱。两组小扉棱中，下部小扉棱有3个扉牙，并且向下凸出，凸出面上有两个短牙；上部小扉棱有2个扉牙。在柄两侧边分别有一组扉棱2个扉牙。在上阑两侧边分别有一组扉棱2个扉牙，上部的扉牙还向上凸出。全器长48.1厘米。

二里头文化的这两件牙璋同出一墓，形制基本相同，都属二里头文化三期。而二里头 80YLV M3:5 牙璋的双阑及柄部的扉牙装饰比二里头 80YLV M3:4 牙璋略微复杂些，推测二里头 80YLV M3:5 牙璋的制作年代，可能比二里头 80YLV M3:4 牙璋的略微晚一点。

杜义德先生收藏的这两件玉牙璋从形制上看与二里头 80YLVM3:4\5 出土的两件牙璋大体相同，但二者的端刃和玉料有所区别。前者端刃呈"丫"字形，用的是甘肃境内产的青白玉；后者端刃为浅的圆弧凹刃，用的则是河南产的南阳青玉。端刃呈"丫"字形的牙璋除神木石峁遗址出土的SSY:17 号牙

照17　石峁 SSY:17 号牙璋

照18　三星堆 K2③:202-2 牙璋

照19　三星堆 K2③:202-2 牙璋

①中国社会科学院考古研究所二里头队：《1980年秋河南偃师二里头遗址发掘简报》图一〇.5，《考古》1983年第3期，第204页。中华玉文化中心、中华玉文化工作委员会编：《玉魂国魄：玉器·玉文化·夏代中国文明》，浙江古籍出版社，2013年，第238、239页。朱乃诚：《牙璋研究与夏史史迹探索》，《夏商都邑与文化（二）》，中国社会科学出版社，2014年，第281页。

照20 虎林山 M13:1 石牙璋

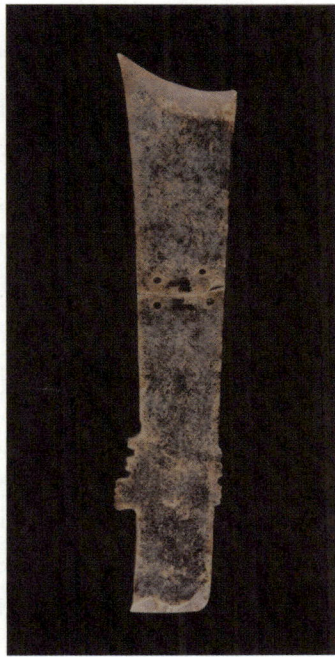

照21 香港南丫岛大湾遗址出土牙璋

璋外（照17）[1]，还见于四川三星堆遗址二号祭祀坑出土的 K2③202-2 牙璋（照18[2]、照19[3]）、福建漳浦眉力出土的一件牙璋[4]、漳州虎林山 M13:1 石牙璋（照20）[5]、香港南丫岛大湾遗址出土玉璋（图21）[6]、广东东莞村头出土的一件牙璋[7]，端刃似与此型牙璋接近。杜义德收藏的这两件牙璋因为是从藏家手里收购的，它究竟是中原地区传入的，还是齐家文化先民制作的，目前尚无法考证，但就从牙璋使用的是甘肃玉料，又有甘肃境内黄土高原所特有的沁色来看，应该是在甘肃境内由齐家先民制作的。首先玉牙璋所用的玉材是典型的甘青祁连玉即甘青地方玉包括马衔山玉，这种材质在齐家文化玉器中比较常见的。其次，牙璋所受沁色及皮壳包浆非常符合当地的土质，俗称老土沁。第三，牙璋的加工工艺也比较端庄大气，粗犷豪放，不注重细节的修饰，征集时据老乡讲是在平田整地挖土时所得，当时只有牙璋等玉礼器，并无出土其他文物，现在推断牙璋等玉礼器当时应该是祭祀用品，所以是在祭祀坑中发现并出土的。

就目前所见甘肃境内馆藏的 11 件牙璋扉牙的特征考虑，清水县金集镇连珠村出土的牙璋具有早期牙璋特征，代表甘肃较早期的牙璋。而积石山新庄坪和甫川乡代山村征集的 2 件牙璋以及定西众甫博物馆、临夏州马鸿儒和中国古玉器研究会甘肃省中心收藏的 7 件牙璋，可能稍偏晚。甘肃地

①戴应新：《石峁牙璋及其改作——石峁龙山文化玉器研究札记》，《南中国及邻近地区古文化研究》，香港中文大学出版社，1994 年，彩版 8.6。朱乃诚：《牙璋研究与夏史史迹探索》，《夏商都邑与文化（二）》，中国社会科学出版社，2014 年，P281。古方：《中国出土玉器大全·陕西卷》，科学出版社，2005 年，第 17 页。

②四川省文物考古研究所编：《三星堆祭祀坑》，文物出版社，1999 年，第 363 页，图二〇〇-2。朱乃诚：《牙璋研究与夏史史迹探索》，《夏商都邑与文化（二）》，中国社会科学出版社，2014 年，第 284 页。古方：《中国出土玉器大全·四川重庆卷》，科学出版社，2005 年 10 月，第 30 页。

③四川省文物考古研究所编：《三星堆祭祀坑》，文物出版社，1999 年，第 363 页，图二〇〇-2。朱乃诚：《牙璋研究与夏史史迹探索》，《夏商都邑与文化（二）》，中国社会科学出版社，2014 年，第 284 页。古方：《中国出土玉器大全·四川重庆卷》，科学出版社，2005 年，第 29 页。

④曾凡：《关于福建和香港所出牙璋的探讨》，《南中国及邻近地区古文化研究》，香港中文大学出版社，1994 年，彩版 10.4。

⑤福建博物院、漳州市文管办、漳州市博物馆：《虎林山遗址》，海潮摄影艺术出版社，2003 年，第 51 页，图四八.1，图版一三。朱乃诚：《牙璋研究与夏史史迹探索》，《夏商都邑与文化（二）》，中国社会科学出版社，2014 年，第 284 页。

⑥古方：《中国出土玉器大全·广东广西福建海南香港澳门台湾卷》，科学出版社，2005 年，第 229 页。

⑦朱非素：《珠江三角洲贝丘、沙丘遗址和聚落形态》，《南中国及邻近地区古文化研究》，香港中文大学出版社，1994 年，图 29.4。朱乃诚：《牙璋研究与夏史史迹探索》，《夏商都邑与文化（二）》，中国社会科学出版社，2014 年，第 284 页。

区发现的几件牙璋，形制上均与陕北石峁出土的牙璋基本相似。如连珠村牙璋除改制后端刃不同外，其他部分的制作工艺就是石峁式Ⅳ型牙璋的翻版。据目前考古资料的发现，黄河中、下游均未见此类型扉牙牙璋的出现。因此陕北的石峁可能是此种牙璋的起源地。目前国内发现的100多件牙璋中（不包括早年流传出去的），玉质大部分呈黑色或墨玉色，但甘肃境内馆藏或个人收藏的11件牙璋大多所采用的是甘肃本地产的玉料，结合其形制特征和制作工艺来看，这些件牙璋应该是受到石峁文化牙璋的影响，或者是陕北政治集团向西南移动进入甘肃，再由齐家文化先民在甘肃境内制作的。据最近石峁的考古发现，碳14年代测定数据显示石峁式牙璋的年代在距今4000年前后，其时正值中国万邦玉帛辉煌的阶段。在当时东部发达玉文化的影响下发展起来的石峁类型玉器，分别向黄河上游和中游东西的扩散，极大地推动了黄河中上游地区玉文化的发展，甘肃境内所发现的玉牙璋正是在这一影响下得以出现和发展的。

附记：本文为甘肃省文物局文化遗产保护领域甘肃省省级科研课题"甘青宁馆藏齐家文化玉器的调查与研究"的阶段性成果。在调查过程中，各文博收藏单位给课题组提供了很大的支持和帮助，课题组的全体同志也为本课题付出了辛勤劳动并做了大量工作，在此一并表示感谢。

玉出"二马岗"，古道复真颜

——论甘肃闪石玉与"玉石之路"

上海交通大学人文学院　丁　哲

一

长期以来，在地质学界、宝玉石界和考古学界均知甘肃酒泉祁连山地区产蛇纹石玉，即酒泉岫玉，又称祁连玉，但甘肃也产优质透闪石玉（Nephrite）却鲜为人知。甘肃闪石玉，即甘肃省境内产出透闪石玉之总称，现较明确的产地主要有马鬃山玉矿和马衔山玉矿。据调查，酒泉的肃南、金塔、敦煌一带可能还有透闪石玉矿存在。

马鬃山玉矿，位于酒泉肃北蒙古族自治县马鬃山镇境内。由于早期的大规模开采、消耗，现今玉矿几近枯竭，罕见大块玉料，出产玉料的块度都较小，工艺价值不高。2007年以来，甘肃省考古研究所在马鬃山地区进行了多次考古调查、发掘和测绘工作，共发现矿坑200余处，均为露天开采矿坑，另发现房址、作坊、防御遗存、斜井、灰坑、灰沟、石料堆积多处。[①]目前已确认了径保尔草场和寒窑子草场两处古代玉矿遗址。其中径保尔草场玉矿遗址年代为战国至西汉，可能存在四坝文化（距今约3900—3400年）时期的遗存；寒窑子草场玉矿遗址最早开采年代为骟马文化时期（距今约3500—3000年），明清时期也进行过开采。马鬃山玉矿遗址，是中国已发现的最古老的玉矿遗存。（图1、2）

马衔山玉矿，主要指定西临洮县峡口镇北约9公里处的"玉石山"。现今马衔山地表玉矿已开采殆尽，玉矿脉深藏山顶的矿洞之中，半山腰处也会见到风化剥离的山料。逢夏秋时节暴雨，山洪暴发过后，玉矿附近的大碧河及其支流漆家沟、王家沟中还会零星见到籽玉。马衔山玉矿尚未进行过正式考古发掘。据当地百姓告知：曾有人在"玉石山"上发现过古矿坑（现已填平），以及古代加工玉器的小作

---

① 甘肃省文物考古研究所、北京大学考古文博学院、北京科技大学：《甘肃肃北马鬃山古玉矿遗址调查简报》，《文物》2010年第10期；甘肃省文物考古研究所：《甘肃肃北马鬃山玉矿遗址2011年发掘简报》，《文物》2012年第8期；甘肃省文物考古研究所：《甘肃肃北县马鬃山玉矿遗址》，《考古》2015年第7期；甘肃省文物考古研究所：《甘肃肃北县马鬃山玉矿遗址2012年发掘简报》，《考古》2016年第1期。

图1　马鬃山玉矿矿坑

图2　马鬃山玉矿上剥离的碎料

坊,并采集到带有古代加工痕迹的玉料、边角料。[1](图3、4)

马鬃山玉与马衔山玉,均为甘肃闪石玉的代表。二者玉质相近,不易区分,唯地质产状和个别色泽有所差异。马鬃山玉,以山料、戈壁料为主,罕见籽料。马衔山玉,则有山料、山流水料和籽料。开采方式都是在玉矿脉露头处敲击剥离玉石,捡拾已风化剥落的玉料,或在河流中寻找籽料。(图5、6)

就实地考察收集到的甘肃闪石玉料标本看,其透闪石含量大于95%,内部呈毛毡状纤维交织结构,半透明或微透明,朦胧乳质感较强,粒度较细。摩氏硬度值为5.00~6.60,大部分硬度在6.0以上;相对密度值为2.781~3.029,大部分在2.90以上[2]。

甘肃闪石玉有多种颜色,大体可分为白色系列、黄色系列、绿色系列、青色系列和青花、糖色。白色系

图3　马衔山玉矿远眺

图4　马衔山原生玉矿

① 古方:《甘肃临洮马衔山玉矿调查》,叶舒宪、古方主编:《玉成中国:玉石之路与玉兵文化探源》,中华书局,2015年。

② 赵朝洪等:《丝绸之路上的明珠——马鬃山古玉矿遗址的发现及其意义》,中国文物学会玉器专业委员会编:《丝绸之路与玉文化研究》,故宫出版社,2016年,第21页。

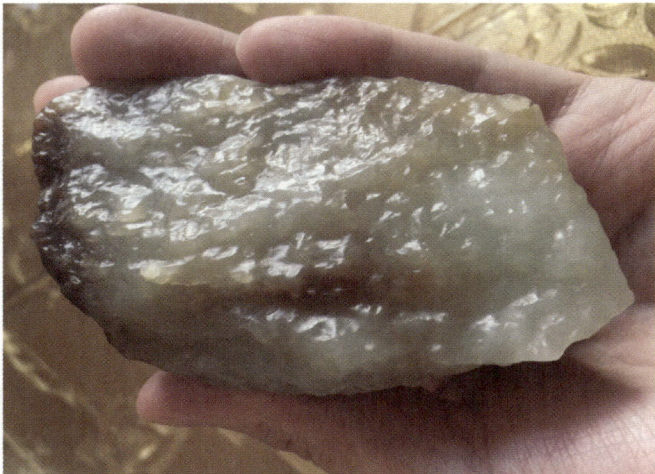

图5 马鬃山玉戈壁料

图6 马衔山玉籽料

列有白色、青白、灰白等黄色系列有黄白、浅黄、鸡油黄等,绿色系列有浅绿、黄绿、韭绿、深绿、灰绿等,青色系列有青色、青灰等。其中,马鬃山玉以白色、青白色最具代表性,而马衔山玉中的韭绿、黄绿、鸡油黄较为典型。甘肃闪石玉内部多泛有成片浓郁的红褐色,因其颜色若红糖,故称"糖色",糖色界线多不明确。"糖色"面积占据大部分玉块者,可称作"糖玉"。"糖色"系由靠近地表的玉石内渗入三氧化二铁溶液所致,属于一种次生色,主要出现于山料中,而罕见于籽玉。一般看来,马鬃山玉的糖色较马衔山玉更为浓郁。(图7、8、9)

甘肃闪石玉山料,外表多包裹有较厚的奶白色、黄白色风化层,与玉质相接的风化层边沿为晕散状。风化层是由于玉矿裸露于地表或距离地表很近,经年受辐射、风吹日晒雨淋所致。实际上,玉料风化层的部分依然主要由透闪石组成,坊间流传此系"钙化",不确。玉质、风化层内还常散布有饴糖色、黑色丝藻状纹理(俗称"蚂蚁脚""松枝沁"),亦为铁分子侵入所致。(图10、11)

马鬃山玉戈壁料,是原生玉矿经风化剥落,并长期暴露于地表,辐射、日晒、风沙雨水长期作用而成,其润泽度和质地明显好于山料。在风沙的打磨下,戈壁料表面会出现凹凸不平,周身布满圆滑的坑坑洼洼的显著特点。

清末刘大同在《古玉辨》中记有:"甘肃境内,昆仑山脉之北,青海及南,山之间亦产玉,其色如

图8 甘肃闪石玉料

图7 甘肃闪石玉料

图9　甘肃闪石玉料

图10　甘肃闪石玉料打磨风化皮

图11　甘肃闪石玉料打磨风化皮

云、如雾，或如嫩叶，且有似硫磺者。"1936年日人滨田耕作《古玉概说》亦称："一八八一年，俄国地质学者又于其（即昆仑山）东之甘肃、青海与南山之间发现淡绿、乳白、硫磺色之软玉。"这些描述正与马鬃山、马衔山玉矿所产玉料之特征相符。

除此之外，临洮还产有一种俗称"布丁石"（pudding stone）的透闪石玉，其外观若砾岩，与上述典型的透闪石软玉有明显区别，但实为优质闪玉。不透明，略透光，较细腻，多带有显著沉积构造，典型者有布丁状团块、韵律波浪条斑、冰裂纹等纹理。色调从黄褐到深绿、绿绿、灰蓝，直至灰褐、青灰、灰色，甚至黑色。闻广先生认为"布丁石"由质地均匀细腻的沉积白云岩变成，具有变质作用之前母岩的沉积岩构造特征[1]。钱宪和先生认为此类玉料质地组织均匀，剖作薄片状不会崩碎，故常被用来制作牙璋、玉刀、玉铲、玉戈等大而薄的片状带刃玉器[2]。（图12）

二

古代玉器的玉材及其产地来源一直是学术界关注的热点，也是难点之一。近年来，我们对各地考古出土玉器、博物馆藏传世品以及民间收藏进行了多次考察和观摩，并在甘肃、青海、新疆地区的玉矿

[1] 闻广：《中国大陆史前古玉若干特征》，邓聪主编：《东亚玉器》，香港中文大学中国考古艺术研究中心，1998年，第220页；闻广：《古玉地质考古学研究方法续》，中国社会科学院考古研究所：《张家坡西周玉器》，文物出版社，2007年，第136—138页。
[2] 钱宪和：《古玉之矿物学研究》，邓聪主编：《东亚玉器》，香港中文大学中国考古艺术研究中心，1998年，第227页。

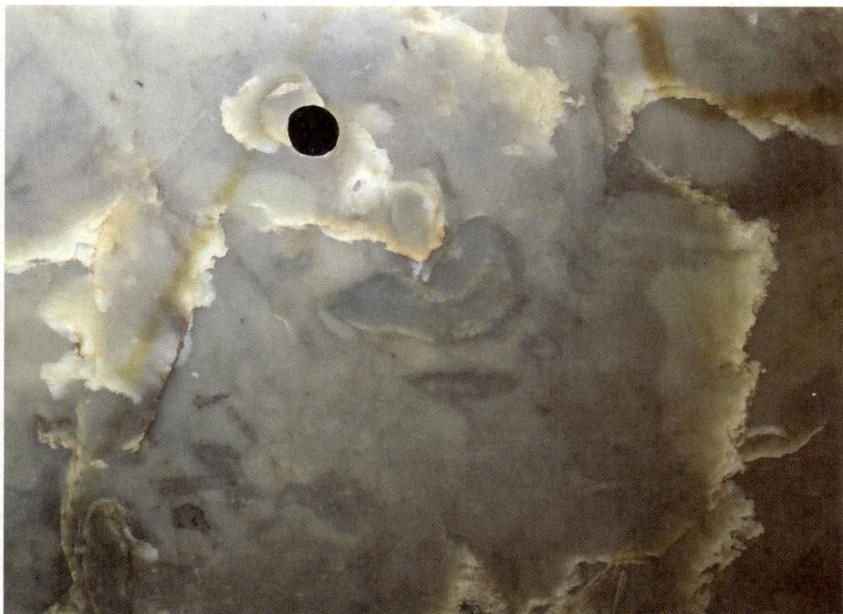

图 12 布丁石

多次实地调查、采集标本。通过对历代玉器与甘肃闪石玉标本进行的对比分析和研究,并借鉴前人相关成果,可初步确定齐家文化、石峁文化、龙山文化、陶寺文化、商周时期、春秋战国、汉代玉器的质料主要或部分为甘肃闪石玉。甘肃闪石玉,系早期玉器的主流玉材之一。

　　齐家文化是黄河上游新石器时代晚期到青铜时代早期的考古学文化,齐家文化玉器主要分布于泾渭上游地区、洮河流域地区、河湟地区。齐家文化玉料基本上是就近获取,主要采用甘肃闪石玉和青海格尔木闪石玉,以及武山、临夏等地出产的蛇纹石玉。如武威皇娘娘台遗址出土的玉璧[1]、定西市博物馆藏玉琮[2],从质地、色调、光泽及糖色、风化层特征看,均与甘肃闪石玉非常接近。同德宗日遗址出土的玉刀(95TZM200:2)[3],色调灰暗,不透明,内部有布丁状团块、波浪条斑等岩理,属甘肃闪石玉中的"布丁石"。齐家文化先民是甘肃、青海玉矿的最早开发者,齐家文化起到了联系西北玉矿资源与中原的重要纽带作用[4]。(图 13、14、15)

　　石峁文化、陶寺文化、龙山文化对甘肃闪石玉均有不同程度地使用。可见芮城清凉寺 M29 出土玉环(M29:1)[5],青黄色,内部有大面积浓郁糖色,温润、细腻,半透明,具有朦胧乳质感,可以初步确定为

　　①叶茂林、闫亚林、王辉、罗丰、巫新华主编:《中国出土玉器全集 15》,科学出版社,2005 年,第 1 页。
　　②叶茂林、闫亚林、王辉、罗丰、巫新华主编:《中国出土玉器全集 15》,科学出版社,2005 年,第 31 页。
　　③青海省文物管理处、海南州民族博物馆:《青海同德县宗日遗址发掘简报》,《考古》1998 年第 5 期,第 12 页;叶茂林、闫亚林、王辉、罗丰、巫新华主编:《中国出土玉器全集 15》,科学出版社,2005 年,第 151 页。
　　④叶茂林:《黄河上游新石器时代玉器初步研究》,邓聪主编:《东亚玉器》,香港中文大学中国考古艺术研究中心,1998 年,第 181 页。
　　⑤山西省考古研究所、运城市文物局、芮城县文物局:《山西芮城清凉寺新石器时代墓地》,《文物》2006 年第 3 期,第 12 页;山西省考古研究所、山西运城市文物局、芮城县文物旅游局:《山西芮城清凉寺史前墓地》,《考古学报》2011 年第 4 期,第 551 页。

图 13　武威皇娘娘台遗址出土玉璧　　　图 14　定西市博物馆藏玉琮　　　图 15　同德宗日遗址 95TZM200:2

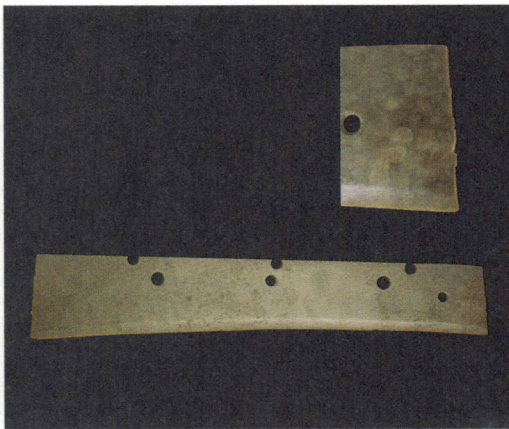

甘肃闪石玉制成。延安芦山峁遗址出土玉刀[①]、黎城出土玉戚[②]，皆为"布丁石"质地，深灰褐色，不透明，沉积岩构造显著，具有布丁状团块、韵律条斑等纹理。上述考古学文化所见甘肃闪石玉制成的玉器，说明早在 4000 年前业已发生西玉东输，早期玉石之路始现。（图 16、17、18）

甘肃闪石玉，是殷商、西周时期一种重要的玉材。

安阳殷墟，系商代后期都邑。殷墟墓葬出土了大量玉器，尤其 1976 年发掘的妇好墓，出土各类玉器达 755 件。通过考察妇好墓、花园庄东地 M54、黑河路墓地出土玉器，发现殷商时期有不少玉器的材质与甘肃闪石玉颇为接近[③]。妇好墓中甘肃闪石玉特征较典型者有玉璧（1976AXTM5:450、911、1034、1099），"玉纺轮"（1976AXTM5:890、915、1105），玉箍（1976AXTM5:1004、1057），玉戈（1976AXTM5:950），玉龙（1976AXTM5:424、985），玉鸱鸮（1976AXTM5:402、472、599），玉鸟（1976AXTM5:385），玉鱼（1976AXTM5:519、966），玉琮（1976AXTM5:594、1244），玉璜（1976AXTM5:333、878、879、896、901、1017、1019、1020），柄形器（1976AXTM5:934），玉戚（1976AXTM5:591），玉匕首（1976AXTM5:328），玉

图 16　芮城清凉寺 M29:1　　　图 17　延安芦山峁遗址出土玉刀　　　图 18　黎城出土玉戚

①姬乃军:《延安市发现的古代玉器》,《文物》1984 年第 2 期,第 87 页;刘云辉主编:《中国出土玉器全集 14》,科学出版社,2005 年,第 8 页。

②宋建忠主编:《中国出土玉器全集 3》,科学出版社,2005 年,第 51 页。

③这里包括在晚商继续被沿用的早期旧玉(如齐家文化、陶寺文化玉器)及在旧玉基础上改制而成的作品。

铲(1976AXTM5：1094)等①。花园庄东地 M54 出土玉箍(M54：159)②，其色黄白，内部"窜糖"，温润、细腻，半透明，朦胧乳质感强烈，可在甘肃闪石玉中找到相似的材质。该墓所出玉龙(M54：327、368)③从质地、色调、光泽看，均与甘肃闪石玉非常接近。"布丁石"在殷墟玉器中也较为常见，主要用来制作玉戈、玉戚、玉钺等仪仗器，可参考黑河路 M5 出土铜内玉援戈(M5：23)④。(图 19、20)

　　作为西周王朝的都邑，丰镐地区乃西周文化遗存保存最丰富的地区之一。张家坡西周墓地是目前所见丰京内最大的一处墓地。1983 年至 1986 年在张家坡墓地发掘墓葬 390 座，年代从西周早期延续至西周末年，共出土玉、石、料器 1246 件(组)⑤。绝大多数的玉、石器标本都经闻广和荆志淳先生鉴定，其中数量最多者为软玉，占鉴定标本总量的 65%⑥。鉴定结果认为：张家坡玉器样品中软玉的稳定同位素变化范围包括中国内地已知软玉产地，说明玉材来自中国大陆多个产地⑦，但未提及甘肃马鬃山、马衔山玉矿。经目测比对，张家坡墓地所出部分玉器可能是用甘肃闪石玉制成的，典型者如柄形器(M44：11、M58：9、M61：10、M61：17、M152：11、M152：19、M161：3、M163：19、M168：10、M301：12、M302：22、M302：26、M302：38)，长条形饰(M157：07)，玉璜(M152：101)，玉管(M37：7、M152：108)，玉戈(M170：196、M302：40)，玉琮(M32：3)，玉鱼(M14：16、M60：5、M170：116)，玉鸟(M58：7、M50：12：3)，兽面形饰(M14：43)等⑧。

　　逄国墓地位于济阳刘台子村西。1979 年、1982 年和 1985 年在这里先后清理、发掘了数座西周墓

图 19　安阳殷墟花园庄东地 M54：159

图 20　安阳殷墟黑河路 M5：23

　　①中国社会科学院考古研究所：《殷墟妇好墓》，文物出版社，1980 年；中国社会科学院考古研究所、广东省博物馆：《妇好墓玉器》，岭南美术出版社，2016 年。

　　②中国社会科学院考古研究所：《安阳殷墟花园庄东地商代墓葬》，科学出版社，2007 年，第 194 页，彩板三六.4；中国社会科学院考古研究所：《安阳殷墟出土玉器》，科学出版社，2005 年，第 153 页。

　　③中国社会科学院考古研究所：《安阳殷墟花园庄东地商代墓葬》，科学出版社，2007 年，第 181 页，彩板三五.2、4。

　　④中国社会科学院考古研究所：《安阳殷墟出土玉器》，科学出版社，2005 年，第 187 页。

　　⑤中国社会科学院考古研究所：《张家坡西周墓地》，中国大百科全书出版社，1999 年。

　　⑥中国社会科学院考古研究所：《张家坡西周玉器》，文物出版社，2007 年，第 9 页。

　　⑦闻广、荆志淳：《沣西西周玉器地质考古学研究——中国古玉地质考古学研究之三》，《考古学报》1993 年第 2 期。

　　⑧中国社会科学院考古研究所：《张家坡西周玉器》，文物出版社，2007 年。

葬,考古工作者根据墓葬形制和铜器、陶器、瓷器的特征,推测刘台子墓葬的年代为西周早期偏晚阶段的昭王时期[①]。该墓地出土玉器有一些质地与甘肃闪石玉颇为相近,如 M2 出土玉戚(M2:24)、玉鸟(M2:16)、鱼鹰衔鱼形玉雕(M2:17)。[②](图 21、22)

春秋战国时期,甘肃闪石玉的使用较为普遍,严山玉器窖藏、金胜村 M251、曾侯乙墓、九连墩墓地、侯马盟誓遗址等遗存出土玉器很好地反映了此期甘肃闪石玉料的使用情况。

严山玉器窖藏,位于苏州吴中通安乡,共出土玉器 204 件。通常认为严山窖藏的年代在春秋晚期,这批玉器是吴王夫差战败逃遁之际仓皇埋藏的。经考察发现一部分玉器的质料与良渚文化玉器非常相似,主要呈现出"象牙黄"、"南瓜黄"和"鸡骨白"等色,也有乳白色网状纹路与浓淡不一的杂斑。还有部分玉器的材料可能来源于甘肃,如长方形牌饰(J2:71)[③],米黄色,温润细腻,较通透,具有乳质感,与甘肃闪石玉标本高度一致。

太原金胜村 M251 年代为战国早期偏早,出土玉、石器 545 件[④],有一些玉器明显具有甘肃闪石玉特征,如玉环(M251:342、363、366),玉珩(M251:351、439),玉龙佩(M251:379、410、438、446),玉剑珌(M251:353),玉剑璏(M251:5、356),玉管(M251:370)。[⑤](图 23)

曾侯乙墓位于随州擂鼓墩附近,年代为战国早期偏晚,墓主为曾国君主。该墓出土玉、石器 240 件[⑥],有不少系甘肃闪石玉制成,典型者有玉璧、环(E.C.11: 62、66、77、80、83、139、

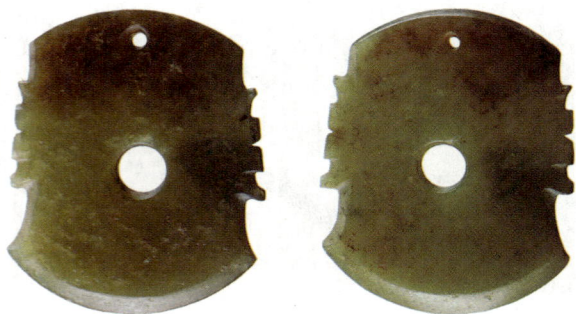

图 22 济阳刘台子 M2:17

图 21 济阳刘台子 M2:24

---

①德州行署文化局文物组、济阳县图书馆:《山东济阳刘台子西周早期墓发掘简报》,《文物》1981 年第 9 期;德州地区文化局文物组、济阳县图书馆:《山东济阳刘台子西周墓地第二次发掘》,《文物》1985 年第 12 期;山东省文物考古研究所:《山东济阳刘台子西周六号墓清理报告》,《文物》1996 年第 12 期。

②山东省文物考古研究所、济南市文物局、德州文化局、济阳县文化局:《山东济阳刘台子玉器研究》,众志美术出版社,2010 年,第 64、71、72 页。

③吴县文物管理委员会:《江苏吴县春秋吴国玉器窖藏》,《文物》1988 年第 11 期,第 4 页。

④山西省考古研究所、太原市文物管理委员会:《太原晋国赵卿墓》,文物出版社,1996 年。

⑤太原市文物考古研究所编:《晋国赵卿墓》,文物出版社,2003 年。

⑥湖北省博物馆:《曾侯乙墓》,文物出版社,1989 年。

图23 太原金胜村 M251:5

197、267、272、E.146)，玉珩(E.C.11:68、71、106、126、129、141、155、169、184、185、202、204、214、220)，玉玦(E.C.11:51、211)，玉带钩(E.C.11:94、268)，玉鞢(E.C.11:102)，玉梳(E.C.11:56)，玉方镯(E.C.11:111、112)，玉龙佩(E.C.11:105、151、158、159、193、213、217、225、229、234)，四节龙凤螭玉饰(E.C.11:81)，十六节龙凤螭玉饰(E.C.11:65)，玉虎(E.C.11:109)，玉鱼(E.C.11: 203)，鸟首形玉饰(E.C.11:221)，玉人(W.C.2:9)。这些玉器色泽青白、青黄，有不少泛有浓郁的糖色，玉质温润细腻，较通透，朦胧乳质感强烈，边沿多保留有熟旧的风化层，皆可在甘肃闪石玉中找到与之非常相似的玉料标本。(图24)

九连墩墓地，位于枣阳吴店镇东赵湖村与兴隆镇乌金村以西。九连墩 M1、M2 号墓墓主之爵等均属"大夫"，两墓为夫妻异穴合葬墓，下葬年代皆为战国中期晚段。九连墩1号墓随葬玉器75件套，单个计数为295件；2号墓随葬玉器29件套，单个计数为237件[1]。九连墩 M1、M2 出土玉器中材质与甘肃闪石玉颇为相近者有：玉璧(M1:955、942、950、968、715、688)，玉珩(M1:709、696)，玉龙佩(M1:974、

图24 随州曾侯乙墓 E.C.11:159

①湖北省文物考古研究所:《湖北枣阳市九连墩楚墓》,《考古》2003年第7期。

960、938、943),羽人玉饰(M1:962),三人踏豕形玉饰(M2:481),玉管(M1:964)等。[①](图 25)

1965 年至 1966 年,侯马晋国盟誓遗址出土了玉、石质盟书 5000 余件[②],即"侯马盟书",有圭形、圆形、不规则形等,盟辞基本用朱砂书写,少量为墨笔。玉质盟书的材料多为质地较差的甘肃闪石玉。(图 26)

图 25　枣阳九连墩 M2:481　　图 26　侯马盟誓遗址出土玉
　　　　　　　　　　　　　　　　　　　　　质盟书

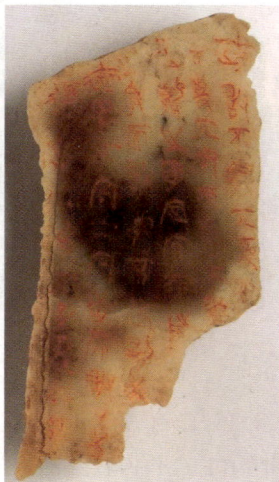

甘肃闪石玉材在两汉时期仍然流行,可以徐州狮子山楚王陵、定县 43 号汉墓出土玉器为例。

徐州狮子山楚王陵,下葬年代为公元前 175 年至前 154 年,属西汉前期。墓主人可能是第二代楚王刘郢客或第三代楚王刘戊[③]。该墓出土的二百余件玉器中,有一组作品引人注目,均系白色、青白、青黄色透闪石玉,玻璃光泽,雕琢精致,以各类玉龙佩、玉璧、玉环、玉珩、玉容器、玉剑具等为主,如玉璧、环(W1:99,W5:16、66,甬道:251),玉珩(甬道:164、206、264、322、364,盗洞:101、102、103,后室:20、64、W5:8),玉钺(甬道:228),玉戈(W4:6),玉卮(W1:93),玉冲牙(W5:19),玉龙佩(甬道:329,塞石:21、144、W4:30、31,W5:1、44、72)等。[④]过去曾有人认为这组玉器为新疆和田玉,但该批玉器的材料与新疆和田玉有显著差异,却同甘肃闪石玉非常相似,其质地比和田玉更为通透,光洁度高却不够油润,结构略疏松,手头偏轻,内部多"窜"有赭红色浓郁糖斑,且白玉者,色调偏惨白。推测玉料之来源或为马鬃山玉矿。(图 27、28)

定县 43 号汉墓,墓主人为东汉中山穆王刘畅[⑤]。该墓所出玉璧、玉珩、玉剑珌、玉剑璏、玉剑格、玉座屏、鞢形佩、玉舞人的质料明显具有甘肃闪石玉特征。(图 29)

以上所述,系建立在经验基础上的感官分析结论。虽然各地透闪石玉的主要成分、矿物相差不多,

---

①中华玉文化中心、中华玉文化工作委员会:《玉魂国魄——湖北枣阳九连墩楚墓玉器特展》,浙江摄影出版社,2015 年。

②山西省文物工作委员会:《侯马盟书》,山西古籍出版社,2006 年。

③狮子山楚王陵考古发掘队:《徐州狮子山西汉楚王陵发掘简报》,《文物》1998 年第 8 期。

④中国国家博物馆、徐州博物馆:《大汉楚王——徐州西汉楚王陵墓文物辑萃》,中国社会科学出版社,2005 年。

⑤定县博物馆:《河北定县 43 号汉墓发掘简报》,《文物》1973 年第 11 期;于平、常素霞、赵文刚主编:《中国出土玉器全集 1》,科学出版社,2005 年。

且多为交叉纤维织构，凭此难以辨别产地，但它们在物理感官方面往往具有产地意义的宏观特征，如新疆和田玉、青海玉、甘肃闪石玉、岫岩闪石玉、俄罗斯玉、韩国春川玉等在色调、光泽、结构、油润度、半透明度、手头分量，甚至糖色和风化皮的特征上均有一定差异，故以感官特征来判别的玉料产地（尤其产地特征典型的玉料），虽科学依据不甚充足，仍颇有参考价值，可作为科学检测的有力补充。近年来试图对玉石中的微量元素进行检测分析来识别

图27　徐州狮子山出土玉龙佩　　　图28　徐州狮子山出土玉璧

玉料的来源，应是一种可行的研究方法。但在相关研究中，均未将古玉样品与甘肃闪石玉料标本进行比对，可谓遗憾之处。对于考古出土玉器中的甘肃闪石玉，尚需地质学家予以关注、调查并进行自然科学方面的系统研究，以印证笔者之推断。（图30）

三

甘肃境内蕴藏着较丰富的透闪石玉矿，质地精优者并不逊于新疆和田玉。在相当长一段时间内甘肃是中国古代重要的玉矿资源区，其区位优势突出，位置较接近玉料主要消费区——中原，且黄河水道为大型玉材的运输提供了便利条件①。此外相比新疆和田玉山料开采之艰辛，甘肃透闪石玉获取相对便利。故时人大量开采甘肃闪石玉，并将之作为主流玉料之一②。

从现有的考古资料看，新石器时代玉料的来源基本上是就地取材、就近取材，但在新石器时代晚期一些考古学文化之间已经出现了较长距离传输玉料的现象。夏商、两周时期的玉材主要是来自甘

图29　定县43号汉墓出土觿形佩　　　图30　甘肃闪石玉（左）与俄罗斯玉（右）对比

①叶舒宪：《玉石之路黄河道再探——山西兴县碧村小玉梁史前玉器调查》，《民族艺术》2014年第5期。
②丁哲：《甘肃玉之我见》，《丝绸之路》2015年第15期。

图31 咸阳汉元帝渭陵建筑遗址出土和田玉熊

肃、青海等地及就近获取。彼时新疆和田玉籽料或已零星被使用，但山料和田玉尚未进入中原。以往认为夏商周时期新疆和田玉即已大量东输中原的观点[1]，无论科学检测还是物理感官识别均缺少有力证据支撑。西汉武帝以来，张骞出使西域，中央政府对西域的控制不断加强，至宣帝神爵二年(前60年)设立西域都护府，才真正全部控制了天山南麓及其以南地区，方有较多的新疆和田玉流入内地，但甘肃、青海等地出产的玉料仍占据重要地位。自隋唐以降，新疆和田玉山料、籽料大规模东输中原，逐渐取代其他透闪石玉材，成为最主流玉材。(图31)

丝绸之路的前身，是西北地区玉料输入内地的玉石之路，其早于丝绸之路出现2000余年[2]。传统观点认为，所谓玉石之路是特指和田玉东输的路线，又可称为"和田玉路"[3]。但现在看来。这条玉石之路上最早大规模输送的透闪石玉料应来自甘肃马鬃山、马衔山，青海格尔木等地，早期玉石之路上真正的"主角"，乃是甘青地区出产的玉料。新疆和田玉较大规模输入中原的时间，当在张骞凿通西域之后。"昆山之玉"这一概念，至迟在战国时期业已形成，如屈原《离骚》中便载有"登昆仑兮食玉英，与天地兮同寿，与日月兮同光"。李斯《谏逐客书》亦载："今陛下致昆山之玉，有随和之宝……"《史记·赵世家》："若秦军斩常山而守之，三百里而通于燕，代马胡犬不东下，昆山之玉不出，此三宝者亦非王有已。"但先秦时期的昆仑山究竟在何处？历来学者观点纷呈。叶舒宪先生近年撰文指出，汉武帝之前昆仑地望尚为一个宽泛的概念，中国西北诸山均在"昆仑"这一范畴之内[4]，笔者赞同此说。这样看来，马鬃山玉、马衔山玉、青海玉等均属"昆山之玉"。张骞出使西域之后，汉武帝据其所报，钦定于阗南山为昆仑山，正如《史记·大宛列传》所载："汉使穷河源，河源出于阗，其山多玉石，采来，天子案古图书，名河所出山曰昆仑云。"自此以后直至今天，"昆山之玉"方特指新疆和田玉。《管子》一书多次提及禺氏之玉，如"玉出于禺氏之旁山"，"至于尧舜之王，所以化海内者，北用禺氏之玉……""禺氏边山之玉，一策也"，"玉出于禺氏，金起于汝汉，珠起于赤野"，"禺氏不朝，请以白璧为币乎？昆仑之虚不朝，请以璆琳、琅玕为币乎？"禺氏即月氏，为匈奴崛起之前，活跃于西北地区的游牧民族，马鬃山

①申斌:《"妇好墓"玉器材料探源》,《中原文物》1991年第1期;古方:《对玉石之路形成时间和路线的一些认识》,《考古与文物》2004年增刊;陈志达:《关于新疆和田玉东输内地的年代问题》,《考古》2009年第3期。

②叶舒宪:《"丝绸之路"前身为"玉石之路"》,《中国社会科学报》2013年3月8日;叶舒宪:《丝绸之路还是玉石之路——河西走廊与华夏文明传统的重构》,《探索与争鸣》2013年第7期;叶舒宪、唐启翠:《玉石之路》,《人文杂志》2015年第8期。

③杨伯达:《中国古代玉器面面观》,《故宫博物院院刊》1989年第1期;古方:《对玉石之路形成时间和路线的一些认识》,《考古与文物》2004年增刊。

④叶舒宪:《多元"玉成"一体——玉教神话观对华夏统一国家形成的作用》,《社会科学》2015年第3期;叶舒宪:《从"玉教"说到"玉教新教革命"说——华夏文明起源的神话动力学解释理论》,《民族艺术》2016年第1期;叶舒宪:《河出昆仑神话地理发微》,《民族艺术》2016年第6期。

一带便是月氏控制与活动之地。结合出土玉器的材质特色看,"月氏之玉""禺氏之玉"可能为马鬃山玉[①],而非以往认为的新疆和田玉。

除上述这条沟通东西的玉石之路外,还至少存在着"东北玉石之路"和"西南玉石之路"等玉料传播途径。

"东北玉石之路"主要有两层含义:其一,俄罗斯西伯利亚贝加尔湖周边地区[②]所产透闪石玉,即贝加尔湖闪石玉,在新石器时代晚期输入呼伦贝尔地区、吉黑地区、科尔沁地区、西辽河流域,直至在夏商时期进入内地这一路线。邓淑苹[③]、冯子道[④]、冯恩学[⑤]、邓聪[⑥]、杨伯达[⑦]、刘景芝[⑧]、郭大顺[⑨]等都曾论述过东北史前玉料的来源可能与贝加尔湖地区有关。萨尔蒙尼认为殷商玉器的质料很可能来自贝加尔湖一带[⑩]。从现有的材料看,吉黑地区新石器时代玉器,红山文化、哈民文化、哈克文化、南宝力皋吐类型、夏家店下层文化的玉器中确有部分与贝加尔湖一带史前遗址出土玉器质地相似者,其很可能为贝加尔湖闪石玉制成。笔者在殷商玉器中亦发现个别玉器质地疑似贝加尔湖闪石玉。辽金元时期也可能存在对贝加尔湖玉料的使用,此期玉器中常见一种灰白色闪石玉,其内部充满团块云絮状纹理且有黑色瑕隙;还有一种飘墨点的青灰色闪石玉[⑪],较透明,二者均可能来源于贝加尔湖地区。(图32、33、34)

其二,即辽宁岫岩闪石玉输入东北、华东和中原地区的路线。岫岩闪石玉为东北地区史前玉器的主要材质,已成学界之共识。[⑫]2004年,杨伯达先生曾将岫岩闪石玉输往北至依安乌裕尔河大桥遗址,东北至饶河小南山遗址,西至克什克腾旗好鲁库遗址,南至大连郭家村遗址的路线命名为"夷玉之

---

①闫亚林认为"禺氏之玉""月氏之玉"与马鬃山玉有关,见闫亚林:《关于"玉石之路"问题的探讨》,《考古与文物》2010年第3期,第40页。

②据杨伯达先生所述,贝加尔湖地区有两处玉矿藏:其一在伊尔库茨克州南部的东萨彦岭,其二在布里亚特蒙古自治共和国东北部外兴安岭以西的维季姆河支流地带。见杨伯达:《"鬼"玉考》,《故宫博物院院刊》2004年第1期,第60页。

③邓淑苹:《中华五千年文物·玉器篇》,台北故宫博物院,1985年。

④郭大顺:《从以玉示目看西辽河流域与外贝加尔地区史前文化关系——兼谈红山文化玉料的来源》,杨伯达主编:《中国玉文化玉学论丛四编》,紫禁城出版社,2007年。

⑤冯恩学:《我国东北与贝加尔湖周围地区新石器时代文化交流的三个问题》,《辽海文物学刊》1997年第2期;冯恩学:《俄国东西伯利亚与远东考古》,吉林大学出版社,2002年,第188—189页。

⑥邓聪:《蒙古人种与玉器文化》,邓聪主编:《东亚玉器》,香港中文大学中国考古艺术研究中心,1998年;邓聪:《玉器起源的一点认识》,杨伯达主编:《中国玉文化玉学论丛》,紫禁城出版社,2002年;朱永刚、吉平:《关于南宝力皋吐墓地的几点思考》,《考古》2011年第11期。

⑦杨伯达:《珣玗琪考》,《北方文物》2002年第2期;杨伯达:《"鬼"玉考》,《故宫博物院院刊》2004年第1期。

⑧刘景芝、赵越:《呼伦贝尔地区哈克文化玉器》,杨伯达主编:《中国玉文化玉学论丛三编》,紫禁城出版社,2005年。

⑨郭大顺:《从以玉示目看西辽河流域与外贝加尔地区史前文化关系——兼谈红山文化玉料的来源》,杨伯达主编:《中国玉文化玉学论丛四编》,紫禁城出版社,2007年。

⑩A. Salmony. Chinese Jade: Through the Wei Dynasty. New York: Ronald, 1962, p.4.

⑪于宝东认为有一种青中带有黑色斑点的玉质在元代被广泛使用,其透明度略强,黑色斑点如黑芝麻粒或疏或密分布玉材内,其可能产于贝加尔湖一带,见于宝东:《辽金元玉器研究》,内蒙古大学出版社,2007年,第146页。

⑫王时麒、赵朝洪、于洸、员雪梅、段体玉:《中国岫岩玉》,科学出版社,2007年;赵朝洪:《东北地区史前玉器原料产地的初步考察及思考》,刘国祥、于明主编:《名家论玉(一)——2008绍兴"中国玉文化名家论坛"文集》,科学出版社,2009年。

图 32　朝阳牛河梁遗址 N16-79M1:4　　　图 33　海拉尔团结遗址采:147　　　图 34　敖汉大甸子遗址 M1032:4

路"①,至今仍颇有参考价值。大汶口文化、龙山文化、良渚文化玉器中有一类透闪石玉材,以黄、青黄、黄绿、绿色为主,质地温润细腻,应并非当地所产,有学者推测其来源可能为辽宁岫岩②,当可信从。据研究,商代也出现了岫岩闪石玉制成的玉器。③(图 35、36)

　　"西南玉石之路"主要是指四川出产的玉料在夏商时期输入中原这一路线。叶舒宪先生曾从神话学角度对巴蜀特产岷玉或蜀石自夏商以来输入中原这一实况进行过分析④,此文对于研究西南玉石之路具有指导意义。古文献中对蜀地出玉曾有过记载,《山海经·中山经》云:"岷山,江水出焉……其上多金玉,其下多白珉"。《续汉志·郡国志》注引《华阳国志》记有:"有玉垒山,出璧玉,湔水所出"。成都金沙遗址是古蜀王国都邑, 主体文化遗存的时代约为商代晚期至西周时期, 该遗址出土玉器2000 余件,取材多样、质地丰富。金沙玉器中有一类透闪石玉材,黄白色、牙黄色、黄褐色,不透明,

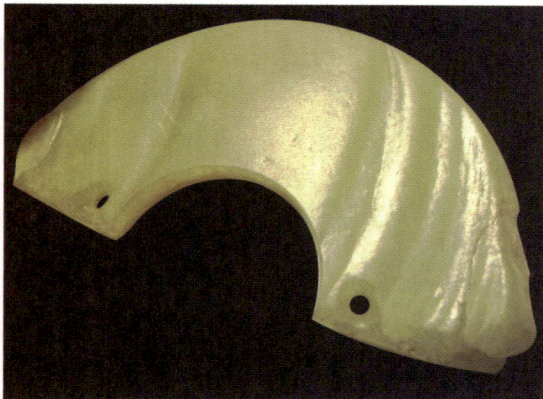

图 35　良渚文化玉璜　　　　　　　图 36　巴林右旗那斯台遗址出土红山文化玉蝉

　　①杨伯达:《"玉石之路"的布局及其网络》,《南都学坛》(人文社会科学学报)2004 年第 3 期。
　　②闻广:《中国史前古玉若干特征》, 浙江省文物考古研究所编:《良渚文化研究——纪念良渚文化发现六十周年国际学术讨论会文集》,科学出版社,1999 年;王时麒、赵朝洪、于洸、员雪梅、段体玉:《中国岫岩玉》,科学出版社,2007 年;邓淑苹:《辽河、黄河流域新石器时代古玉玉料的初步观察》,《钱宪和、罗焕纪教授荣退研讨会论文集》,台湾大学地质科学系,2002 年;古方:《良渚玉器部分玉料来源的蠡测》,《华夏考古》2007 年第 1 期。
　　③王时麒、赵朝洪、于洸、员雪梅、段体玉:《中国岫岩玉》,科学出版社,2007 年。
　　④叶舒宪:《三星堆与西南玉石之路——夏桀伐岷山与巴蜀神话历史》,《民族艺术》2011 年第 4 期。

具有沉积构造,质地细腻,打磨抛光后呈现出瓷器般光泽,主要用来制作有领璧、环、玉戈、工具形玉器等,且有大量经粗打磨的坯料(被称作"磨石")。发掘者推测金沙玉材基本出自成都平原北部山区或遗址附近的河滩①,应包括此类玉料。中原商代玉器中有不少玉戈、玉矛、玉戚和有领璧、环的质地与上述金沙玉材相近,其玉材来源地(之一)可能为四川。(图37、38)

中国境内玉矿资源丰富,透闪石玉产地很多,邻近我国的俄罗斯贝加尔湖地区也有透闪石玉矿,

图 37　金沙遗址出土玉坯料

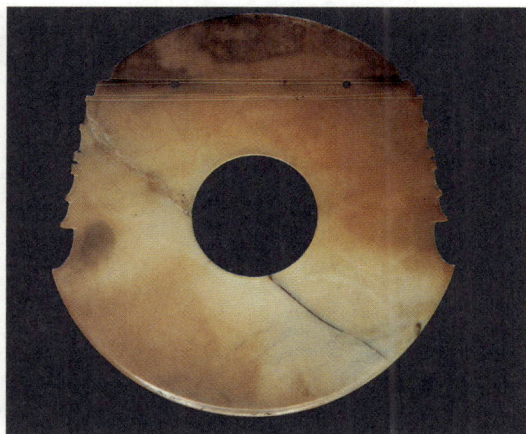

图 38　安阳殷墟花园庄东地 M54:315

《山海经》记载产玉之山达 186 座,并非完全是神话虚构。但长期以来,人们在研究古代玉材时,往往独尊新疆和田玉,却轻视了新疆以外其他地区蕴藏的玉矿资源。我们有必要充分重视到早期玉器用料的多元性、复杂性,以还原甘肃、青海、辽宁、四川、贝加尔湖地区所产透闪石玉的真实历史地位和玉石之路的本来面貌。

图片资料来源:

图 1、8:彭小东提供。图 2、3、4、5、6、9、12、20、27、28、30、35、37:丁哲拍摄。图 7、10、11、34、36:庞雷提供;图 13、14、15:采自《中国出土玉器全集 15》,科学出版社,2005 年。图 16、18、23:《中国出土玉器全集 3》,科学出版社,2005 年。图 17、31:采自《中国出土玉器全集 14》,科学出版社,2005 年。图 19、38:采自《安阳殷墟出土玉器》,科学出版社,2005 年。图 21、22:采自《山东济阳刘台子玉器研究》,众志美术出版社,2010 年。图 24、25:采自《中国出土玉器全集 10》,科学出版社,2005 年。图 32、33:采自《中国出土玉器全集 2》,科学出版社,2005 年。

①王方:《金沙玉器制作工艺的初步观察》,《中原文物》2006 年第 6 期。

齐家玉文化浅谈

甘肃省齐家文化研究会　马鸿儒

　　1924年,著名的地质学家、考古学家、勇于探索的瑞典人安特生,受聘于中国北洋政府,以农商部矿政司顾问的身份,开始了他梦寐以求的中国探险考察之路。之后数年间,他在中国一系列令人激动的考古发现接踵而至。1924年,安特生和他的考察团在甘肃省发掘灰嘴遗址、辛店遗址之后,在临夏州广河县发现了齐家坪遗址,并以此地名将其命名为齐家文化。每一位热心研究史前文化的中国人,应该感谢瑞典人安特生先生,他是中国考古学创世纪的拓荒者。他的勇于探索,揭开了中国近代考古学的序幕,为近代考古学在中国的发展做出了重大贡献。他为世人指出了研究齐家文化的道路,从而使湮没在历史长河中的齐家文明逐渐褪去了神秘的面纱。

　　作为土生土长的临夏人,笔者对齐家文化有特别的感情。临夏人爱玉藏玉之风由来已久,目前所知,发现齐家玉器数量最多的省份,应该是甘肃,而以命名地为核心的地区——临夏回族自治州,更是齐家玉器发现地中的佼佼者。笔者十九岁到古玩店做学徒时接触齐家玉至今,从事收藏齐家玉二十余年,走遍了临夏山山水水,用心收集齐家玉器,有意保护家国文物。齐家古玉逐渐被人们认识、研究、珍藏了,但其过程可谓既漫长又短暂。现将个人对齐家玉文化的感悟和认识做一简要论述,谬误在所难免,恳请各位读者不吝指正。

一、齐家玉器概况

　　根据考古学碳14测年数据,齐家文化的年代应在公元前2300—公元前1630年前后,相当于中原文明的夏王朝、商早期。齐家文化目前已发现遗址1100多处,主要分布范围东起泾水、渭河流域,西至湟水流域及青海宗日,南抵白龙江流域,北达内蒙古阿拉善右旗,也就是甘肃大部、青海东部、宁夏南部、陕西北部和内蒙古西南部的广大地区,面积达几十万平方公里,其分布中心区域为甘肃中部、西南部和青海东部。

　　在四千多年前,齐家玉文化犹如璀璨的明珠,在广阔的黄土高原上,给后人留下了绚丽夺目的文化财富,至今令人惊叹不已!通过识别齐家玉器,你会发现齐家先民凭借他们的慧眼,就近取材,所用玉料为著名的马衔山玉、武山鸳鸯玉、祁连山玉、青海昆仑玉以及各地似玉似石的料材。齐家先民深谙"他山之石,可以攻玉"之理,选取了各地美玉加工制作齐家玉器,流传至今,令人刮目相看。更让人称道的是,他们特别善于发现美,加工制作器物时,并不仅仅局限在美玉方面,而是材质品种丰富多样,如选用绿松石、天河石、玛瑙、石英石、海绵化石、珊瑚虫化石等,以尽其所能装饰美化着他们的生活,并开阔着我们的眼界。齐家玉器不乏和田玉制品,推测其来源,或许为寻玉而至和田,或许古人以玉交流的范围超出我们的想象。齐家先民以他们的勤劳、智慧、高超的治玉技艺,开启了令世人瞩目的玉器时代。

二、齐家玉器的种类和特色

在中国悠久灿烂的高古玉历史中,相比较而言,唯有齐家玉存世量最大,品种最多。从清宫帝王收藏,到海内外博物馆的展品及私人收藏,根据众多的齐家文化遗址发掘报告及现存的齐家玉料,可以判断当时齐家先民生活在一个玉文化氛围相当浓厚的时代。齐家玉器种类繁多,可分为礼器、祭器、工具、兵器、饰品、随葬品等,而每一类又有着多个品种,至今还没有研究定论。例如玉璧,有异形璧、方形璧、对璧、小孔璧、璧芯璧等,根据璧的孔径和璧体直径大小,又可分为小璧小孔、小璧大孔、大璧小孔、大璧大孔等,由于制作风格不同,极可能各有其用。玉琮类型各异,可分为扁体琮、矮体琮、高体琮、无射琮、圆体琮等。更有特殊类型,因为其造型不同于平常种类,用途更无法知晓,无法定名,只有称之为不知名器,或者称为异形器。而从某种意义来讲,此类器物就是孤品,更为珍贵。从现存的玉器分析,齐家先民对玉极其推崇,也可以说,玉和齐家先民生活的方方面面紧密相连,形成了无玉不成礼仪、无玉不显身份、无玉不葬的生活习俗。

齐家玉器制作风格极具特色,选料广泛,形成了独特的治玉理念,器物绝大多数素面无工。偶尔出现带工器物,也仅是粗细不等的平行阴刻纹饰,线条极其规整,技艺娴熟,浑然天成。如《齐家玉魂》第146页玉璧(图1)背面那一道槽,犹如现在的车床加工一样,是由高速运转的工具加工而成,平直、干净,不留一点手工痕迹,好像是玉工专门为了展示当时的高超技艺。齐家玉器极少有弦纹工艺,仅仅出现在琮、圭、璋、刀等器物上,极有可能属于齐家文化晚期。从器型来研究齐家时代对玉器的审美观念,古朴典雅、简洁大方是其主要特征。绝大部分器物在形体上不追求规整,器身平面薄厚不匀,很多器物在正面或背面或侧面留有切割痕,并不加

图1 《齐家玉魂》第146页

以修饰,似乎以此特征为荣耀。

齐家玉器既有大件成型器,如璧、琮、璋、刀等,也有方寸间小件美玉,均制作古朴,韵味十足。笔者曾辨识过一件特大璧,被敲打成碎片,残件直径为38厘米,可惜齐家先民专以特大璧敲碎入葬,空留

破碎的遗憾。上海博物馆藏有一件齐家文化四孔玉刀，长约50厘米，宽约8厘米。以上两件器物足以证明齐家先民的解玉技巧炉火纯青。在笔者收藏的齐家文化老玉料中，有当时的玉工切割后的料体及一片片极薄的玉片，最薄处只有0.02厘米，甚至还有更薄的玉片，如果放在书页上，透光的玉片下赫然显示清晰的字迹。笔者经常思考一个问题，齐家先民治玉技艺如此之高，为何却不肯在成型器上多加以纹饰，虽偶尔出现带工现象，但也仅仅寥寥几刀。由此可见，齐家先民对玉有自己独特的理解，那就是他们以素为美，以简为尚，以拙为韵，崇尚多色玉质。

齐家玉璧去繁就简、厚重冷艳，多彩多姿的天赐之沁色使玉璧本身宛如一幅自然风景画，天地玄黄，云蒸霞蔚。齐家玉琮不论器型大小，皆气势非凡，庄严肃穆，犹如以王者之尊静静矗立，无须炫耀自身锋芒。齐家玉刀、玉璋线条凌厉，刃口极锋，细观之下肃杀之气迎面而来，礼器的外形之下依然隐藏着唯我独尊的霸气。古玉专家艾丹先生如此评价，"我想用完美两个字来形容它们，还有简洁和朴素，还有优雅和力度，简直没有任何杂念。玉工一定是怀着虔诚的心情制作它们的，以心中神的形象驱走世俗的杂念，从而达到了如此境界。"

三、齐家玉器的加工方法

研究齐家文化玉器的璧、刀、铲等器物上的钻孔方法，可以发现其钻孔工艺十分先进。很多钻孔一次成型，一气呵成，极其完美，为玉器本身增添亮丽，画龙点睛，有极高的研究价值。从钻孔痕迹来判断，只有用强力及高速运转的钻孔方式，方能留下如此干净利索的孔道旋转痕，以致令今天的仿制者无能为力。有些玉璧和玉环在正面孔周留下一圈旋转磨痕（图2、3、4、5），证明当时的管状钻头结构比较复杂，设计为内外两部分，外圈钻头好像先行一步，在固定内圈孔的位置时留下了一圈旋转磨痕，然后内圈的钻头开始旋转，轻松钻入，在即将钻透时停止旋转，由玉工从背面敲断，取出璧（环）芯（琮的钻法应该与此一致，区别是钻头的长度不同，由双面对钻而成）。敲击的力度是技巧的关键，用力过度会造成璧（环，以及琮）表面的裂痕（图6、7、8、9、10）。绝大多数玉璧背面孔缘留有敲击断裂痕，断茬并

图2 《齐家玉魂》第95页上图

图3 《齐家玉魂》第147页

图4 《齐家玉魂》第 180 页

图5 《齐家玉魂》第 197 页下图

不加以修饰,显得粗犷豪迈。少数璧进行了修孔,几乎所有的玉环都经过修孔,精心打磨后成了直孔。

钻头设计应该有不同种类,按照器物的类型使用不同的钻头。玉勒、玉铲的钻头别具一格,孔内总是留下让人叹为观止的旋转痕,一圈一圈旋转而下,孔径由大到小,钻痕极清晰,只有螺尖状的钻头才能够留下如此痕迹。玉刀、三合璧以及极薄的器物,钻头应该是最为精致的。

齐家玉器不刻意追求抛光效果,而是以解料时已形成的表面光泽,作为成型器表面温文尔雅的光泽特色,素到极致。虽有极少数经过抛光的玉器,但从不出现玻璃光泽。从遗留出土的边角料分析,当时解玉方式有页岩石片锯割式、转盘切割式、片状金属锯割式等,无论哪种方式解料,都必须配有解玉砂。解玉砂或是石英类矿物,或是河边的砂子,其硬度高于玉石,经过筛选加工,颗粒极为细腻,因为只有配用这样的解玉砂切割后,才能出现两个切割面光泽没有反差的现象。

齐家文化玉器切割技术极其高超,例如笔者收藏的一件玉料及切片(图11),料体长 10 厘米、宽

图6 《齐家玉魂》第 86 页

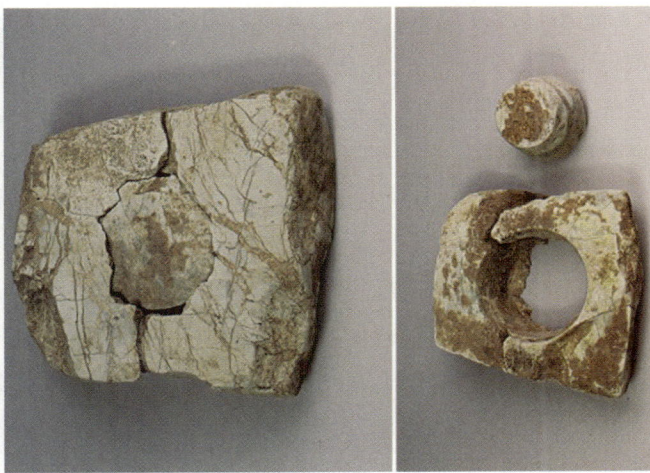

图7 《齐家玉魂》第 87 页

图 8 《齐家玉魂》第 92 页上图

图 9 《齐家玉魂》第 110 页

图 10 《齐家玉魂》第 184 页

图 11 《齐家玉魂》第 45 页下图

6.9 厘米、厚 3.9 厘米。重 422.4 克。切片 4.25 厘米、宽长 7.5 厘米、厚 0.05 厘米。重 12.2 克。马衔山青黄色玉质。原皮钙化，有白、黑褐色沁。有碱壳。切片系从料体切割而来，切割痕完全吻合。切片黄白色玉质。大部钙化。因为极薄，土沁发生变化，与料体截然不同。两者合并后，断面丝丝入扣，天衣无缝，完全吻合。观察可知齐家文化玉工所用治玉工具十分先进，切片最薄处仅 0.05 厘米，而目前实验已知，齐家文化治玉切割工具锋刃最小厚度应在 0.03 厘米以下，长度应在 10 厘米以上。

我们暂且把齐家文化治玉工具称之为刀，因为从很多料体和切片表面切割痕判断，不是旋转切割法，而是极细的切割横纹层层深入至断裂处，且两者切面光滑平整。切割开口宽度为 0.05 厘米，切割方式为从切片一侧斜向入刀 0.4 厘米后，直向切割至断裂处，切割痕宽度为 0.03 厘米。料体现存厚度 3.9 厘米，玉工能够切出 0.05 厘米厚的玉片，表明齐家文化治玉工艺极其发达先进。

以上需要解释的是，关于原皮，也称浆皮，是玉料形成时混合在其中的石性杂质，包裹或掺杂在玉料之中，较厚，大部分有程度不同的钙化现象。笔者将玉料或玉器本有的浆皮，称为原皮。玉石未经打磨、琢制或切割的天然表皮，有人亦称为原皮，称为自然面。关于钙化，指入土玉器在地下生成一层白色松软的包体。玉质钙化后,常常会比重变轻,硬度下降。视其程度,可分为两种:一是入土时间不太长,或玉质上佳,周围环境呈中性者,钙化稍弱,其表层呈薄雾云烟的粉状,稍盘即无,水煮或阳光照射后即现;二是入土时间长的高古玉,或因水土环境,或因玉质较次,造成钙化严重,而呈"鸡骨白""象牙白",甚至有完全腐化变质者。"鸡骨白"是玉器钙化现象的一种,因古玉器埋在地下年代久远,经受地压、地热、地气、地湿等作用,玉质变化为或薄或厚、或白或黄的钙化物,通常为鸡骨头一样的白色,且表面有油性光泽,故称为"鸡骨白"。关于碱壳,是指在出土器物表面由其他物质形成的一种附着凝结物,主要为土壤中可溶性矿物凝结,或为墓土或腐烂杂物自然凝结形成,附着牢固,不易脱落。

四、齐家玉器的动物雕件

齐家玉器也出现过小动物雕件,多为羊、牛、马、鱼等生活中常见之物种,器体大小可以手握,造型简单且传神。例如笔者收藏的一件羊首雕件(图12),高 6.9 厘米、长 6.78 厘米、顶宽 6.1 厘米、顶长 6.7 厘米、底宽 2.5 厘米、底长 2.65 厘米。重 330.7 克。临夏白褐色玉质。玉中局部有流水状纹路,有灰褐色沁,带碱壳。顶、鼻、面部均为磨制,角为槽纹状雕刻,嘴、颈部为凹槽式磨制。两眼管钻而成,大小不一。颈底磨平,呈方形。此羊首琢磨手法简洁粗犷,刚健有力,造型昂扬向上,气势非凡。

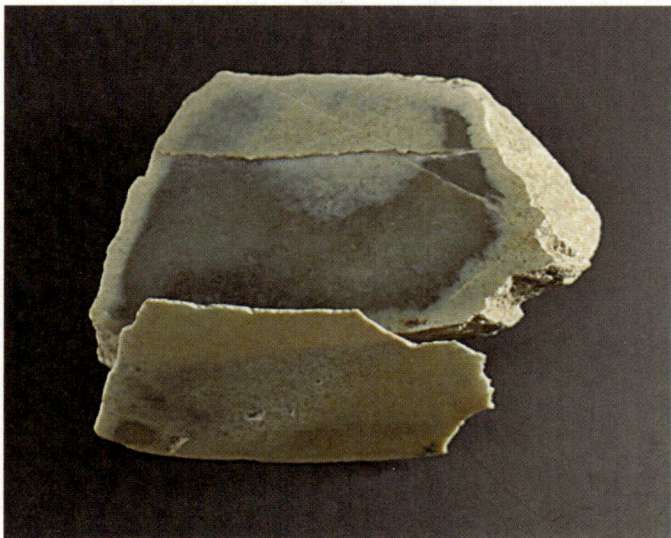

图 12 《齐家玉魂》第 400 页

目前所知,齐家文化延续有六百余年历史,但是在成型器看不到雕刻有神、兽、鸟、人等纹饰。有许多人解读此现象,认为当时玉工不会雕刻工艺,或因为治玉工具所限制,无法在高硬度的玉器上进行雕刻。笔者认为这种观点值得商榷:一是从齐家文化玉器出土时所伴随的玉料以及半成品切割痕来判断,当时玉工在玉器表面添加工艺纹饰绝非难事。因为我们知道齐家文化另一个更精彩的方面,就是它的青铜文化,齐家先民在当时已经掌握了成熟的冶铜技术!中国最早的铜器是 1977 年出土于临夏州东乡县的一件五千年前马家窑文化时期的青铜刀,而齐家文化遗址不断出土有红铜、青铜制品,且品种多样,工艺非凡。以铜器作为雕刻工具,条件更加具备,但是齐家先民无意雕刻。二是在六百余年的漫长历史中,为何齐家玉器数量庞大,种类繁多,出土地域辽阔,但是器物上不曾出现供人崇拜的纹饰?难道齐家先民在六百余年的时间内还没有学会雕刻纹饰的技艺? 这不是一句简单的"不会加工"所能回答的,莫非是王国力量,或者是宗教信仰以统一标准制定了齐家文化玉器的规章(圭、璋)制度,从而使齐家先民循规蹈矩遵守了数百年? 此种现象耐人寻味。仔细观察齐家先民所制器物,欣赏他们大智若愚、大巧若拙的智慧,揣摩他们对天、地、人、玉的理解,探究他们开创的震撼世人的玉器时代,我们会发现,齐家先民所创造的齐家玉文化,足以让后人敬仰不已!

五、齐家玉器的玉料

西北自古多美玉。在辉煌的中国玉文化当中，大西北以其广阔的地域为人们提供了多姿多彩的各色美玉。世人皆知的和田玉、昆仑玉、祁连山玉、蓝田玉等，但是我们在欣赏古代齐家玉器时，又发现大西北的玉种真是别有洞天，不但有甘肃酒泉马鬃山玉、武山鸳鸯玉、临洮马衔山玉、临夏各色玉种，还有更多不知地名的玉。这些玉种各显其美，丰富着齐家玉文化，让人感慨苍天对大西北的厚爱！

齐家先民在使用玉料方面，有其独特的审美眼光，尽其所能地利用了各地各种不同质地、不同色彩的玉料，加工出各种朴素精美的器物。他们就近取材，并发现了著名的马衔山玉，由于马衔山玉几乎囊括了所有颜色的玉种，从而使他们加工的齐家古玉绚丽多姿。特别是临夏玉在齐家玉器中用量很大，虽然临夏玉大部分硬度较低，但品种及色彩极其繁多，经过齐家先民加工，历经数千年沧桑而风采不减。临夏玉中也不乏密度、硬度和油润度较高的玉种，被齐家先民用来制作高等级的礼器。

笔者专著《齐家玉魂》展示了大量古玉料，目的就是为了让人们了解齐家先民用料品种，以及切割方法、钻孔技术、打磨方式等加工特征，以便人们对齐家古玉有更近距离、更深层次的认识，也为研究和鉴别齐家古玉提供依据和资料。

以笔者陋见，认识和研究一种古玉文化的全貌，必须从玉料入手。只有通过仔细观察古代先民的用料情况，了解他们的加工特征，才能在鉴定古玉真伪时起到至关重要的作用。这与学习研究古瓷器先从古老瓷片入手是一个道理。

《齐家玉魂》所录的各种老玉料，包括切割料、打孔料和各种成型器残件，比较全面地展现了齐家玉料的特征。值得研究的是，有些切割料和半成品料并非是齐家先民所废弃之物，而是作为珍贵物品随葬入土的。这种葬俗在齐家文化时期相当普遍，而随葬玉料中更有品质极高的玉种。另有特别之处是，齐家文化葬玉中有特大玉璧敲碎入葬的现象，玉环、玉铲亦如此，因而产生了大量的器物残件及碎片。认识老玉料，研究老玉料，对深入探索古玉文化内涵是必不可少的环节，对鉴定古玉真伪尤为重要，它是研究古玉、收藏古玉过程中极其重要的教材。

马衔山是甘肃中东部黄土高原的最高峰，自古出玉，尤以黄玉名气最大，常有爱玉者不远千里，不惧气候恶劣，上山求购。马衔山玉可分为三种：第一种为身价昂贵的子玉，既出在河边，也出在半山腰；第二种为剥皮子玉，由于马衔山海拔高，空气稀薄，紫外线强烈，几乎所有裸露的石头表面形成深褐色石皮。而马衔山玉形成年代极其久远，好多玉料被村民捡到时满身都被浆皮、红皮、黑皮所包围，无法知晓里面到底有没有玉，唯一的办法就是要么切割、要么磨掉外皮来判断玉种；第三种为山料，多发现在山顶，浆皮依然厚重，也只有通过切割打磨，知晓玉种。量少，且禁止开采。故村民手里玉料绝大多数为子玉。经科学检测，马衔山玉的莫氏硬度为 6～7，地质年龄距今约 17.89 亿年。

马衔山玉颜色丰富多彩，既有纯净如一汪碧水的青玉，又有五彩斑斓图案如画的糖色玉，有淡淡黄色至纯至润的黄玉，也有凝如羊脂的白玉，更有布满黑色松枝纹的各种杂色玉，种类繁多，几乎包括各种玉色。青玉包括青黄色、青白色、青绿色等，糖色玉包括红褐色、黑褐色、灰褐色、黄褐色等，黄玉包括浅黄色、黄绿色、黄白色等，人们渴望得到的"鸡油黄"却从未曾出现过，而白玉也属凤毛麟角。笔者专心关注马衔山玉十多年，也仅遇到了几块白玉小籽料，白玉似乎被古人开发枯竭。

马衔山所出的玉料坚硬、致密，油脂性极强，绝大部分玉料质地是极为细腻均匀的微晶质玉料，其硬度、密度均可以与和田玉比肩而望，而油脂性更胜一筹，颜色更加丰富多彩，尤其表现在沁色方面。

关于沁色，笔者认为它是指外界物质沁入玉中所呈现出的色彩变化和状态特征。色彩是有别于玉质本色的来自于外界的其他色素，一般表现为两种状态：一是非交互状态，表现形式为色素有相对独立性，没有与玉的分子结构产生互变；二是交互状态，表现形式为外来色素与玉内原色素产生互变，从而导致玉的分子结构变化，这一过程往往需要很长时间。受沁程度因土壤、气候、压力、温度等条件而异，一般都是由表及里的分布，有一种层次感、灵动感和通透感，看上去自然舒服。出土高古玉常见沁色有白色雾状的水沁、黄色的土沁、黑色的水银沁、绿色的铜沁、原因不明的黑色或紫色斑状沁等等。由于马衔山特殊的地理环境与气候条件，对玉质形成了其他玉种无法比拟的沁。笔者曾见过一块马衔山籽玉，重量不到三千克，通体沁色分为黄色、红色、黑色三种，色彩艳美，令人赏心悦目，更绝的是这块籽玉的玉色，整块玉料在一面局部显现出白色玉质，另一面却显现出黄色玉质，其神奇令人感叹不已。

马衔山玉料形成的沁里面，以白皮沁居多，也就是民间俗称的"豆腐皮"。其特点是，只要形成白皮沁，表面就带有黑点或黑斑，或者是带有松枝纹状或线状的黑色沁。这种黑沁几乎是所有马衔山玉的显著特征，当然有些籽玉属于例外。籽玉的沁色多为红色、黄色、褐色、黑色等，且每块籽玉沁色并不单一，多者为五色斑斓，少者也有两三种颜色。沁色自然柔美、沁入肌理、层次分明，甚至勾勒出一幅幅奇异的山水画、人物画，观之美不胜收。还有部分玉料里面有红点沁，犹如洒上点点朱砂，别有韵味。

马衔山玉与其他玉种相比，还有奇特之处，就是它的玉性更适合人体佩带。一块新剥皮籽玉，只要贴身佩带一年，其面貌与初带时截然不同，能形成美丽的沁色。如果佩带两年，有些沁色会变成红色、红褐色。能够看到佩带的玉在自己身上不断变化，那种喜悦感是爱玉者才能体会到的。笔者曾收藏过一块马衔山黄白色籽玉，大部分为"豆腐皮"，中间显露出很纯的黄白色玉质，表面有一层云雾状黄白色沁，用手盘摸一个小时后，云雾状沁就消退一部分，显露出更多的黄白色玉质。到第二天，云雾状沁又重新出现，黄白色玉质开始若隐若现。现收藏有一块马衔山黄玉籽料，有红黄色沁，如果较长时间不去盘摸，其表皮沁是干涩的黄白色，感觉其品质并不出众，但是用手盘摸几个小时后，其沁色就变成了红黄色，而且油脂感极强，令人爱不释手，变化之快，真让人感叹造物之妙！

齐家玉文化在黄河中上游蓬勃发展时，马衔山玉成为首选，堪于重任。四千年前，马衔山玉被齐家先民用来制作玉器，数量最多，质量最好。如今，它依然被人们喜爱着、追捧着、佩戴着、把玩着，它的凝如羊脂的油性，丰富多彩的沁色，诠释多色美玉的玉种，被海内外的收藏家和专家学者们赞不绝口。马衔山历史悠久，文化灿烂，流传有各种民间传说。自古至今，爱玉的人们登山寻宝，探索求知，以此丰富着自己的精神与物质生活。

在夜深人静之时，手捧一块齐家美玉，与古人对话，解读它所传达的信息，遥想当时的人文环境，你会不由自主思绪万千。齐家先民既有端庄典雅谦谦君子般的王者风范，又有粗犷豪放不拘小节之个性；既有用玉作媒介企图实现天人合一的愿望，又有身佩美玉感受天地苍茫的悲凉之气……这一切使人不由感慨，从古至今，人类对于美好生活的向往及追求，对生死之界的参悟及探索，从未停止过脚步……

齐家文化玉琮杂谈

南京大学历史学院　黄建秋

齐家文化玉器中有不少玉琮，多位学者对包括玉琮在内的齐家文化玉器做了比较细致的观察和分析。笔者试图从良渚文化玉琮研究的视点拟考察齐家文化玉琮来源、数量和功能问题，并谈谈今后研究的思路。

一、齐家文化玉琮造型来源

关于齐家文化琮来源，有两种看法：一种看法是来自东部的良渚文化[1]，另一种看法是本地发明。两种看法都是基于出土玉琮的考古学文化的年代并结合造型分析后提出来的，前一种看法是基于早先对齐家文化绝对年代的认识。而后一种看法是根据近年齐家文化遗址碳14测年数据提出的，不仅认为玉琮是齐家文化先民的发明，而且东传，良渚文化玉琮在此基础上发扬光大。[2]

笔者认为，具体到考察跨文化分布的玉琮起源于何地时，不仅需要看出土玉琮的考古学文化的碳14测定年代，更需要看其造型及其变化过程。学术界一般认为齐家文化的年代为公元前2200—1700年[3]，少数学者赞成把齐家文化年代放在公元前2615—公元前1529年[4]。现在尚不清楚导致齐家文化年代差异的原因是碳14数据解读问题还是测年技术问题。我们认为，无论如何，今后公布碳14测年数据时，应该增加碳标本自身的背景材料。一个文化层存续时间数十年乃至数百年是很正常的现象，文化层上部和底部测年标本所反映的年代差异有时会很大，少则数十年，多则一二百年。还有碳标本

---

[1]黄建秋：《良渚文化分布区以外的史前玉琮研究》，浙江省文物考古研究所编：《浙江省文物考古研究所学刊·第八辑·纪念良渚遗址发现七十周年学术研讨会文集》，科学出版社，2006年。

[2]邓淑苹：《龙山时期四类玉礼器的检视与省思》，杨晶、蒋卫东执行主编：《玉魂国魂——中国古代玉器玉传统文化学术讨论会文集（四）》，浙江古籍出版社，2010年。

[3]王裕昌：《齐家文化玉器略考》，杨晶、蒋卫东执行主编：《玉魂国魂——中国古代玉器玉传统文化学术讨论会文集》（四），浙江古籍出版社，2010年。

[4]邓淑苹：《龙山时期四类玉礼器的检视与省思》，杨晶、蒋卫东执行主编：《玉魂国魂——中国古代玉器玉传统文化学术讨论会文集（四）》，浙江古籍出版社，2010年。

性质不同,一定程度上会影响或左右人们对碳标本所反映的年代的认识。用树木做碳14测年标本时,必须考虑到树木生长时间长短,采用边材测得的年代基本反映了树木死亡年代,而采用其芯材测得的年代就要老很多。更为重要的是,碳14测得年代与玉琮的年代是否一致也是必须考虑的问题。就目前的情况看,根据碳14测年数据确定玉琮的年代尚存较大困难,追究玉琮起源更为有效的方法仍然是形态分析。

玉琮是采用玉为原料制作的造型比较复杂的玉器。制作玉琮需要掌握开料、切割、钻孔、刻纹、研磨和抛光等比较复杂的工艺技术。良渚文化制作玉琮所需的钻孔技术、线切割和片切割技术、研磨技术等皆来自本土崧泽文化治玉技术,玉琮造型来源及其变化已经比较清楚。①反观齐家文化玉琮则不然,齐家文化制作玉器的技术来源尚不清楚。齐家文化玉琮总体上看,造型不规整;除少数玉琮有间隔和牙角外,很多玉琮四个面为平直面;单节;几乎都是素面无纹;射口,有的玉琮有,有的玉琮没有;内孔,孔径很大,孔壁薄;外壁,四面都是矩形,有的壁面高而有的壁面低。纹饰,除了少数玉琮有若干直线外,绝大多数玉琮皆素面无纹。其造型与良渚文化玉琮只是神似。齐家文化中除了琮以外,没有发现可以看作玉琮前身的圆筒形或方筒形玉器,早于齐家文化的马家窑文化中也没有可以看作琮造型来源的玉器,其造型当来自外部。

就目前的考古资料看,齐家文化玉琮造型既然只是与良渚文化玉琮神似,那么它肯定不是直接来自良渚文化,而是间接来自良渚文化。笔者推测,良渚文化分布区到齐家文化分布区之间的存在若干个"治玉驿站",良渚文化玉琮被传播到各个"治玉驿站"时不断被简化,比如湖北安乡度家岗等地已经把良渚文化玉琮上的纹样简化到仅剩意义不详的线条②,而线条的做法也与良渚文化玉琮上的眉纹不同。由此再向西传播,途中不知在何地可能又被改造,到达齐家文化分布区时玉琮变成了现在看到的那样,极简造型的玉琮,成为西北地区流行的"标准"玉琮。

虽然目前缺少能够完整地把良渚文化玉琮与齐家文化玉琮串联起来的呈线性分布的遗址群资料,但是还是有些信息可做辅证。比如发源于山东大汶口文化的牙璋就是逐步向西传播到齐家文化,最终成为富有西北特色的牙璋。③笔者认为,牙璋向西传播路径与玉琮向西传播的路径大致相同。

二、齐家文化玉琮数量与功能

据称齐家文化玉琮的数量远远超过良渚文化琮。④目前所知齐家文化玉琮主要是散见有关公私收藏单位,发掘出土的有的是见诸齐家文化遗址的文化层,有的是墓葬的随葬品,与良渚文化玉琮集中见于少数墓葬不同。

造成齐家文化玉琮数量多的原因主要有以下几个。一个原因是齐家文化琮体量小于良渚文化琮,单件琮所需玉材体量小于良渚文化。在玉材总量一定的前提下,齐家文化制作的玉琮数量多于良渚文化制作的玉琮。另一个原因是齐家文化琮造型简单,几乎没有纹样,制作玉琮投入的劳动量要远远小于良渚文化,制作这种玉琮相对容易,便于推广玉琮制作。还有一个原因是齐家文化玉琮的用途可能

①黄建秋:《良渚文化玉琮研究》,邓聪、陈星灿主编:《桃李成蹊集——庆祝安志敏先生八十寿辰》,中国考古艺术研究中心,2004年。
②何介钧:《湖南史前玉器》,邓聪编:《东亚玉器》(第一册),香港中文大学中国考古艺术研究中心,1998年。
③李伯谦:《再识牙璋》,《华夏文明》2017年2期。
④邓淑苹:《从清凉寺墓地探史前西、东二系"璧、琮文化"的交会》,朱乃诚、王辉、马永福主编:《2015中国广河齐家文化与华夏文明国际研讨会论文集》,文物出版社,2016年。

不同于良渚文化,玉琮使用方面不像良渚文化那样有严格的规制。

玉琮在良渚文化中被认为是用于宗教活动的法器,神人兽面纹被认为具有通神的媒介,只要玉琮被当作法器,无论是繁还是简,其表面必定雕刻纹样,玉琮成为持有者身份和地位象征。根据有关专家的研究,齐家文化中沟通人、神的方式是占卜。[1]虽然也有不少玉琮出自墓葬,但是并不像良渚文化那样具有象征死者地位和身份的作用。一般认为包括玉琮在内的大量玉器在齐家文化中是财富的象征。这也是造成玉琮使用广泛的重要原因之一。

三、展　望

(一)来源与分布

形态比较表明,齐家文化玉琮造型渊源于东部良渚文化。但是它不是直接来自良渚文化,今后要探讨它是经过什么通道传播来的?需要落实它与牙璋是否同步传播来的。需要通过访谈等方式确定收藏于公私机构的玉琮的出土地点,哪怕是具体方位也好,据此归纳不同造型玉琮在齐家文化分布区内的分布特点,为探讨玉琮造型来源方向提供依据。

(二)玉料与制作

学者们认为齐家文化玉琮是用本地玉料制作而成的,马鬃山被看作是史前时期开创玉料的古玉矿。今后要在玉矿附近寻找治玉作坊,把疑似治玉作坊的遗迹清理好,便于把制作玉琮的玉料来源说清楚。

为了探讨玉琮制作工艺,需要在出土的玉石器中把治玉材料和工具例如砺石、玉石边角料和废品等辨识出来。还可以结合玉琮表面的各种痕迹,辨识出制作工艺细节,为从制作工艺方面探讨玉琮造型来源积累资料。

玉琮造型多样化是工艺不同、技术水平高低不一造成的,还是用途不同造成的,是需要深入探讨的问题。

同时要探讨齐家文化不同造型玉琮所用玉料是否完全相同问题,探讨不同造型玉琮是否同一个产地的作品,还要探讨玉琮出土地点即玉琮消费地与玉料产地关系问题,在条件具备时探讨产地与消费之间的流通方式问题。

(三)社会意义

今后要把玉琮研究与齐家文化内涵研究结合起来,细化玉琮在齐家文化社会结构和分层中作用的研究。齐家文化玉琮功能不同于良渚文化被认为是财富象征,其依据何在值得探讨。事实上,齐家文化玉琮的制作投入的劳动量要比制作良渚文化玉琮所需劳动量小得多,而这种玉琮没有赋予其作为沟通人神媒介的功能,却也大量制作和使用,说明它在齐家文化中具有特殊用途。

(四)历史贡献

从造型美观与纹样精美程度看,齐家文化玉琮在史前和三代玉器中算不得上品,但是其造型却被继承下来,商周时期玉琮造型多与之相似,妇好墓中就有齐家文化玉琮,这是齐家文化玉琮被传承下来的基本线索。今后要把齐家文化玉琮或齐家式玉琮放到商周社会中考察其功能与用途,从而多方面地揭示齐家文化玉琮的历史贡献。

---

[1]张忠培:《齐家文化研究》,《考古学报》1987年第1、2期。

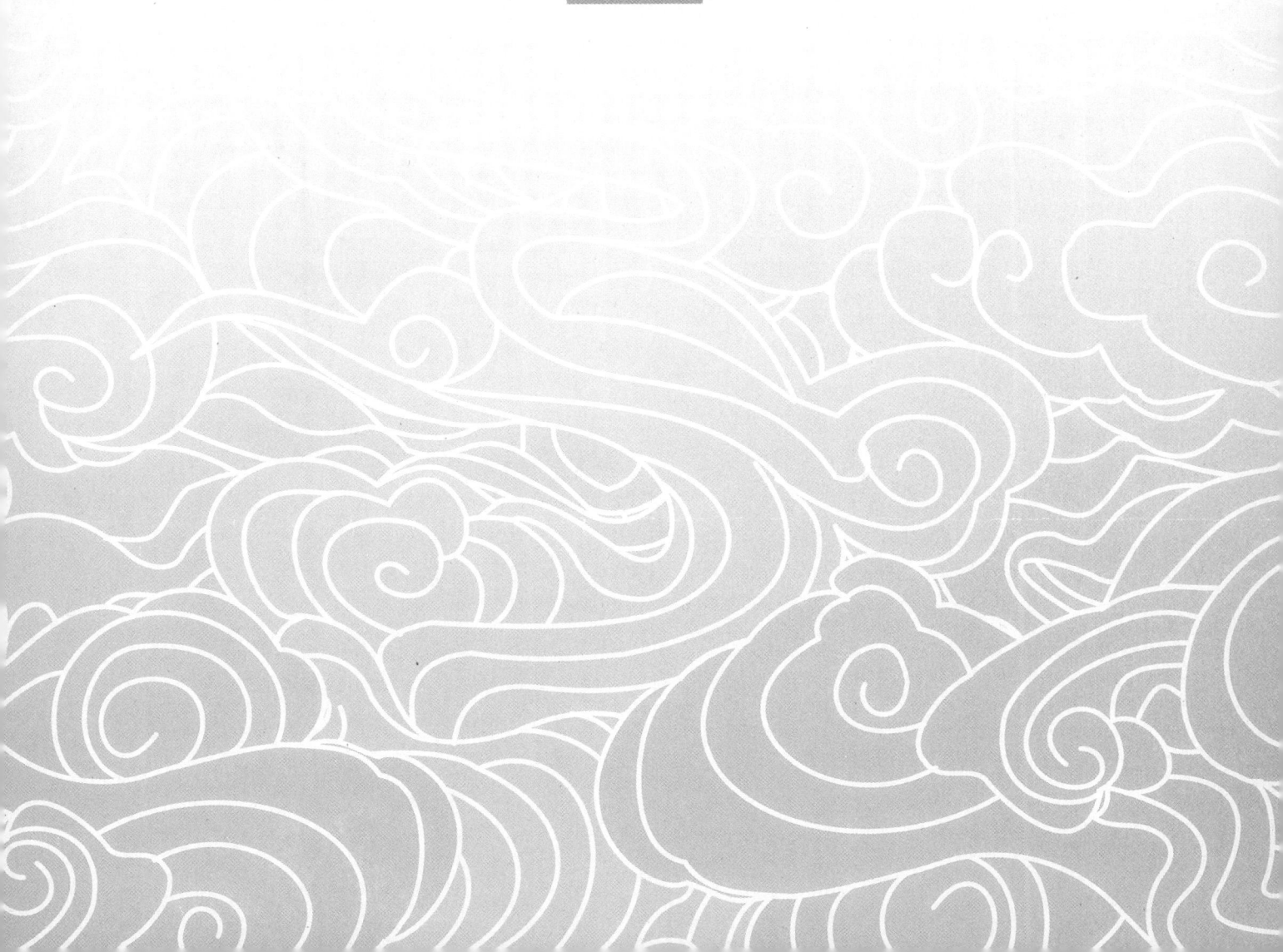

陶器研究

中国彩陶文化的源头在哪里?

中国社会科学院考古研究所　　王仁湘

中国彩陶发现已有近一个世纪的历史，关于彩陶起源与发展的研究取得很多成绩，但关于彩陶源头的探索却并没有结束。根据学界对彩陶发展谱系的研究，特别是追溯仰韶文化源头的研究，本文得出一个新的结论——彩陶起源于渭河上游的陇原地区。

上　篇

彩陶,是史前时代编绘的一个梦幻世界。中外许多史前文化中,都发现了史前彩陶,彩陶的世界那么精妙,那么迷幻,深深打动了我们。

在了解到彩陶的主要内涵之后,我们会很自然地追踪起彩陶的源头来。中国史前彩陶分布地域很广,南北东西都有发现,彩陶艺术传统从何处起源成为一个必答问题。这也是一个不容易解答的问题,许多学者前后经历了八十多年的努力,现在也没有确定的答案。

我自己也在探索中不留神成为彩陶追踪者,居然与彩陶亲密接触也有了三十多年的时间。自以为在彩陶上看到了前人没有看到的景致,觉得似乎向着源头的方向又跨出了一步,为后来者的研究提示了另一个思路。

1998 年,我往西北从事田野考古工作,主要负责史前遗址的调查与发掘。起初我并不知自己去西北可以做出些什么,结果我在那里发现了一个文化源头,以为寻到了史前中国彩陶文化的源头,因此得出了与传统认识完全不同的结论。

瑞典学者安特生于 1921 年发掘河南渑池仰韶村遗址之后,提出了"仰韶文化"的命名,又称之为"彩陶文化",从此彩陶的研究进入中国学术领域。

在中国突然发现的彩陶文化有怎样的发展过程,它又是怎样起源的? 在这样的思考中安特生将他的目光转向了西亚,他推测中国彩陶并非本土起源,它的技术与文化传统应当是来自遥远的西方。安特生将自己的研究方向转到中国西北,他推测那里应存在着一条彩陶自西向东传播的通道。

安特生 1923—1924 年沿黄河西行,去追溯仰韶文化和彩陶文化的源头。他在甘肃和青海一带发现了丰富的古文化遗存,发现了比中原数量更多的彩陶,这使得他流连忘返,一直在那里待了近两个年头。

安特生发现了六种考古学文化遗存,在这些文化中都见到了彩陶,他认为这些考古学文化处于新石器时代晚期至向青铜时代过渡的时期,绝对年代约在公元前 3500 ~ 前 1500 年之间,包括仰韶在内它们代表了六个发展阶段,它们是齐家期、仰韶期、马厂期、辛店期、寺洼期和沙井期,这便是他创建的"六期说"。将齐家期放在仰韶期之前,齐家期简单而质朴的彩陶纹饰,被认定是彩陶开始出现的证据。

安特生在甘肃地区发现的大量彩陶,现在看来大多不属于中原仰韶文化范畴,内涵与时代都有不同。

虽然包括他在内的一些国外的研究者急于将中国彩陶与西亚彩陶相提并论,由此倡导中国文化很早就表现有西来特征的学说,但是他所找到的证据虽然在他看来是那样确凿无疑,当时的提法在后来者看来其实并不能成立。尽管在后来还有一些研究者仍然着力于演绎中国彩陶西来说,但在大量新发现面前,那些论说早已没有了存在的根基,从研究的理论与方法层面上暴露出许多无法弥合的漏洞。

中国考古学家在大半个世纪以前就纠正了安特生在学术上出现的错误。

1937 年,尹达先生即撰文指出,仰韶村遗址包含有龙山文化遗存,甘肃史前文化的齐家期不一定早于仰韶期(《龙山文化与仰韶文化之分析》,《新石器时代》,三联书店,1979 年)。1945 年以后,夏鼐先生通过在甘肃的一系列发掘,澄清了安特生在考古发掘过程中所犯的层位颠倒的错误,他指出甘肃地区史前文化正确的时间顺序应当是仰韶文化、马厂文化、齐家文化,后面的辛店、寺洼、沙井文化已进入青铜时代(《临洮寺洼山发掘记》,《中国考古学报》第四册,1949 年;《齐家期墓葬的发现及其年代之改定》,《中国考古学报》第三册,1948 年)。安特生所说的甘肃古文化六期中的"仰韶期",主要内涵是 20 多年后夏鼐命名的马家窑文化,后来的一些研究者常常称之为甘肃仰韶文化,但并不能等同于起先发现于黄河中游的仰韶文化。

在二十世纪五六十年代,甘肃及邻近的青海东部地区新发现大量的马家窑文化遗址,同时也进行了一些发掘工作,为马家窑文化及彩陶来源的深入研究提供了丰富资料。

关于马家窑文化与仰韶文化的关系,体现在彩陶上的线索非常明确,石兴邦先生就此进行了探讨,他在 1962 年发表的一文中认为马家窑文化彩陶受到庙底沟类型彩陶的影响,纹饰母题与演变规律都有相似之处(《有关马家窑文化的一些问题》,《考古》1962 年第 6 期)。严文明先生 1978 年发表的

《甘肃彩陶的源流》,论及半坡类型向陇东和庙底沟类型向陇西及青海东部的扩展,认为马家窑文化彩陶的源起与中原地区的仰韶文化有关(《文物》1978年第10期)。

　　马家窑与仰韶文化的关系,在以后揭示的多处地层证据中得到进一步确认。在临洮马家窑—瓦家坪遗址,发现了马家窑文化叠压在仰韶文化庙底沟类型之上的地层关系;在武山石岭下遗址,发现了早于马家窑类型的石岭下类型遗存;在天水罗家沟遗址,又发现庙底沟类型、石岭下类型与马家窑类型由早到晚的三叠层关系,有关马家窑彩陶来源的研究取得了实质性的进展。特别是后来又发掘了秦安大地湾、天水师赵村与西山坪、武山傅家门等遗址,不仅在地层上确认了仰韶文化与马家窑文化的早晚关系,出土大量彩陶也为追寻彩陶的源头找到了线索。

秦安大地湾四期文化双旋纹彩陶

　　一部分研究者所称的石岭下类型,主要分布于渭河上游的秦安、天水、武山一带。也有一部分研究者将这一内涵的文化直接称为仰韶晚期文化,特别是像秦安大地湾四期文化的面貌,与仰韶时期的庙底沟文化表现有更多的联系。

　　表现在彩陶上,石岭下类型承续了庙底沟文化的一些特点,如圆点、三角、旋纹图案都有相似之处。石岭下类型也孕育了马家窑类型彩陶因素,如较多旋纹,特别是形似变形鸟纹的旋纹与圆圈纹奠定了马家窑类型彩陶纹饰演变的基础。根据大地湾等遗址木炭标本碳14测定结果判断,石岭下类型年代约为公元前3500~前3000年,年代上限大体与庙底沟文化相衔接。先前许多学者认为马家窑文化是仰韶文化的继续与发展,可见证据是越来越充实了。

　　甘肃境内既有仰韶早中期半坡和庙底沟文化分布,又有仰韶晚期文化发现,在青海东部也有仰韶中晚期文化遗存发现。由这些发现看,我们就可以为甘肃彩陶繁荣时期的兴起做出一个基本的判断,甘肃及青海东部地区在距今6000年前左右,就已经是仰韶文化的分布区域,马家窑文化彩陶的来源应当就在这个本土区域,应当就是仰韶时期的庙底沟文化,与遥远的西方没有什么关系。

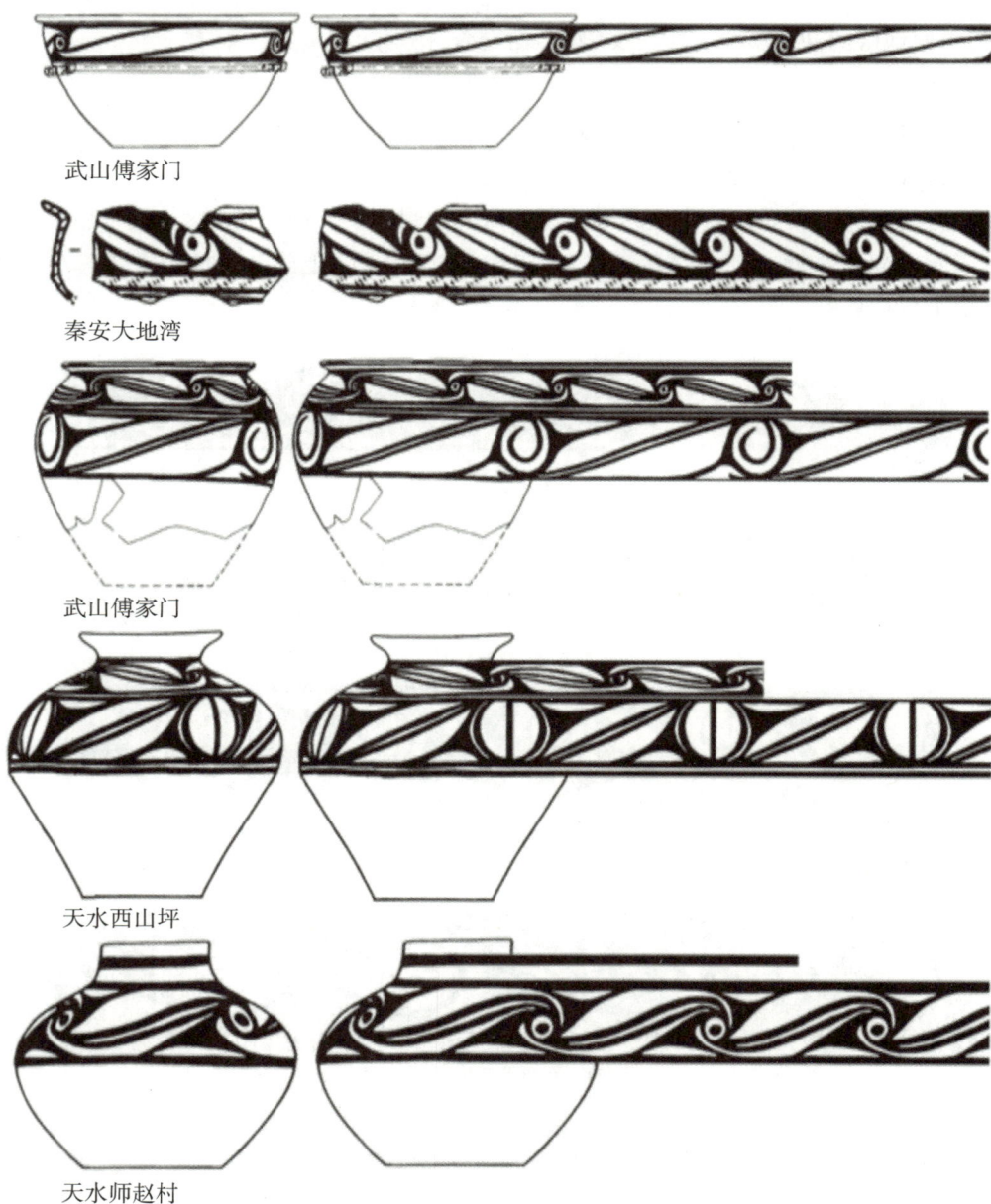

武山傅家门

秦安大地湾

武山傅家门

天水西山坪

天水师赵村

石岭下类型旋纹彩陶

当然这是安特生当年所没有见到的资料,我们排除他在主观因素和方法论上的原因不论,那时资料的不系统不完善也是出现"西来说"错误的一个重要原因。

随着田野考古的深入,后来又在秦安大地湾、天水师赵村和西山坪遗址发现更早的前仰韶文化彩陶,这些具有初始特征的彩陶,将甘肃及以西邻近地区彩陶起源的年代追溯到了距今7000年前的年代。

已有的发现完全能证实甘肃史前彩陶具有完整的起源与发展序列,这样的序列不仅在中国其他区域没有见到,在世界其他区域也没有见到,由这一个角度看,这是一个非常值得关注的原始艺术生长的典型区域。

甘肃及邻近区域的彩陶,距今7000年以前起源于陇东至关中西部边缘一带,经过半坡和庙底沟

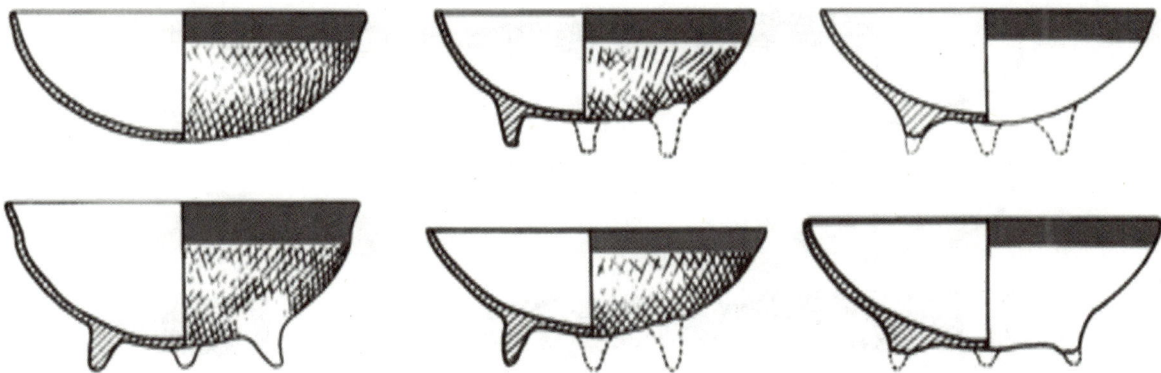

大地湾一期彩陶宽带纹

文化时期的提升发展,到马家窑文化时期进入繁荣发展阶段。前仰韶和仰韶前期(半坡和庙底沟)的彩陶,与关中地区属于同一系统,彼此之间没有明显的传播动能。自仰韶文化晚期即大地湾四期文化(石岭下类型)开始,彩陶体现出一定的地域特色。进入马家窑文化时期,彩陶的地域特色彰显,形成独特的纹饰发展演变体系。

甘青地区彩陶纹饰演变的主线,即由旋纹向四圆圈纹的演变趋势,以往一些研究者已有明察。

张朋川先生对于旋纹向四大圆圈纹发展的脉络,曾经有比较明晰的勾勒。他说:"以石岭下彩陶的变体鸟纹发展成以圆点纹为旋心的二方连续纹。石岭下彩陶的瓶和罐经常将变体鸟纹列在上层,将变体鱼纹列在下层,而结合成分层的图案。"(《中国彩陶图谱》,文物出版社,1990年)虽然对于这些与旋纹相关的纹饰究竟是不是鸟纹和鱼纹的变体还需要斟酌,但他对纹饰演变过程的描述却是可取的。

他进一步指出:"马家窑类型彩陶这类图案花纹的结构与石岭下类型彩陶相同,以表示头的圆圈为旋心,圆圈两边斜对的弧边三角纹反向地旋动。但在弧边三角纹内出现了小圆点,作为旋心的圆愈来愈大,由圆点纹变为同心圆纹,显示出旋纹的雏形。发展到半山文化时期,旋纹有了成熟的面貌,成为半山类型彩陶的主要花纹。半山的旋纹完全成为脱离了自然形的几何图案,早期的旋纹,实体的弧边三角纹变成弧边三角的线纹,斜对的弧边三角纹之间的距离拉长,旋心圆之间以两或三根旋线连接起来。半山中期旋纹的旋心圆不断扩大,旋心圆中饰以圆点、十字、对三角等简单的花纹,以红色带纹作为连接旋心的旋线……发展到半山晚期,旋纹的旋心圆变为大圆圈,圈内的花纹较复杂,有网纹、叶纹或十字、米字的间隙中再填圆点等各种花纹。""发展到马厂时期,四大圈之间连接的旋纹消失,这种四大圈纹成为马厂彩陶的代表花纹之一。"(《中国彩陶图谱》,文物出版社,1990年)圆圈纹内结构多样的填纹,在马厂时期又有了更多变化。

这样说来,西北地区的马家窑文化是承继庙底沟文化发展起来的,而庙底沟文化及更早的考古学文化已经在西北形成体系且发展有序,那马家窑文化的来源应当是在本土,不存在我们意念中的西源(西亚)与东源(中原)。

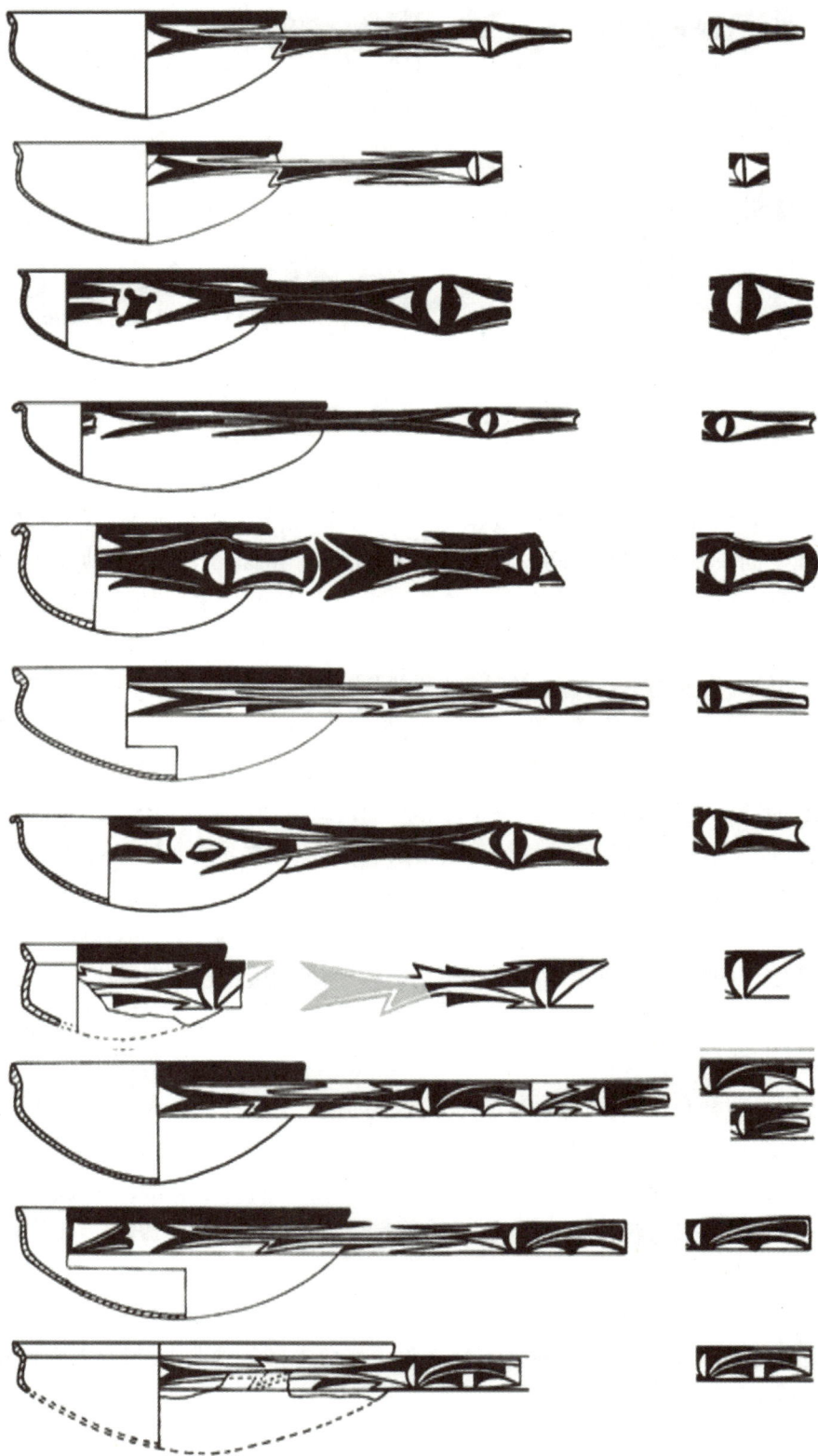

大地湾彩陶二期（半坡）文化鱼纹彩陶

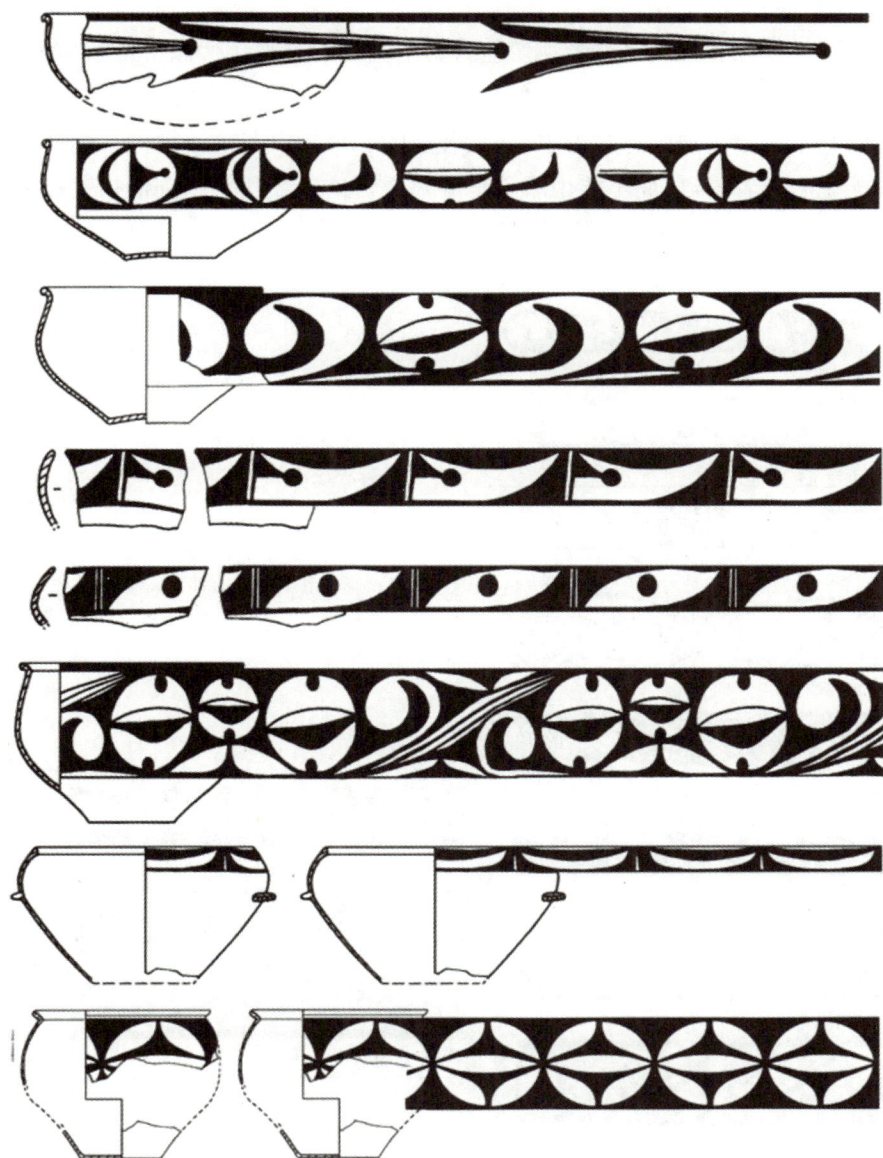

大地湾三期（庙底沟）文化彩陶

下　篇

　　与彩陶来源相关的讨论,还有关于庙底沟文化的来源研究,也存有明显疑问。这个问题我们现在并没有真正解决,有说庙底沟文化起自关中的,也有说它起自晋南豫西的,为何不会是起自甘肃?

　　这个问题涉及半坡与庙底沟文化关系的研究,出现过许多的争论,这争论由完全对立变为大体一致,又由大体一致变为严重分歧。

　　我们面对的是同样的材料,用的又是同样的研究方法,可是结论的距离却很远,甚至完全相反。我们不免要问这样的问题:是地层学与标型学这样的编年学方法不灵便,还是我们自己的头脑中出现了偏差?

　　最初在缺乏地层资料的时候,研究者急切地为两个类型的早晚年代做了判断,有相当多的人是以彩陶的繁简为出发点的,所依据的材料一样,因为判断的标准不同,所以结论相反。

　　当时的标准,基本是以主观的感受为主,并无客观的标尺。以花纹繁缛为早期特点或是简单为早期特点,其实只能说服论者自己,而不能说服争辩的对方。这也让我们想到最初安特生判断齐家期早于仰韶,就是以为齐家少而简的彩陶一定是彩陶开始出现时的景象。

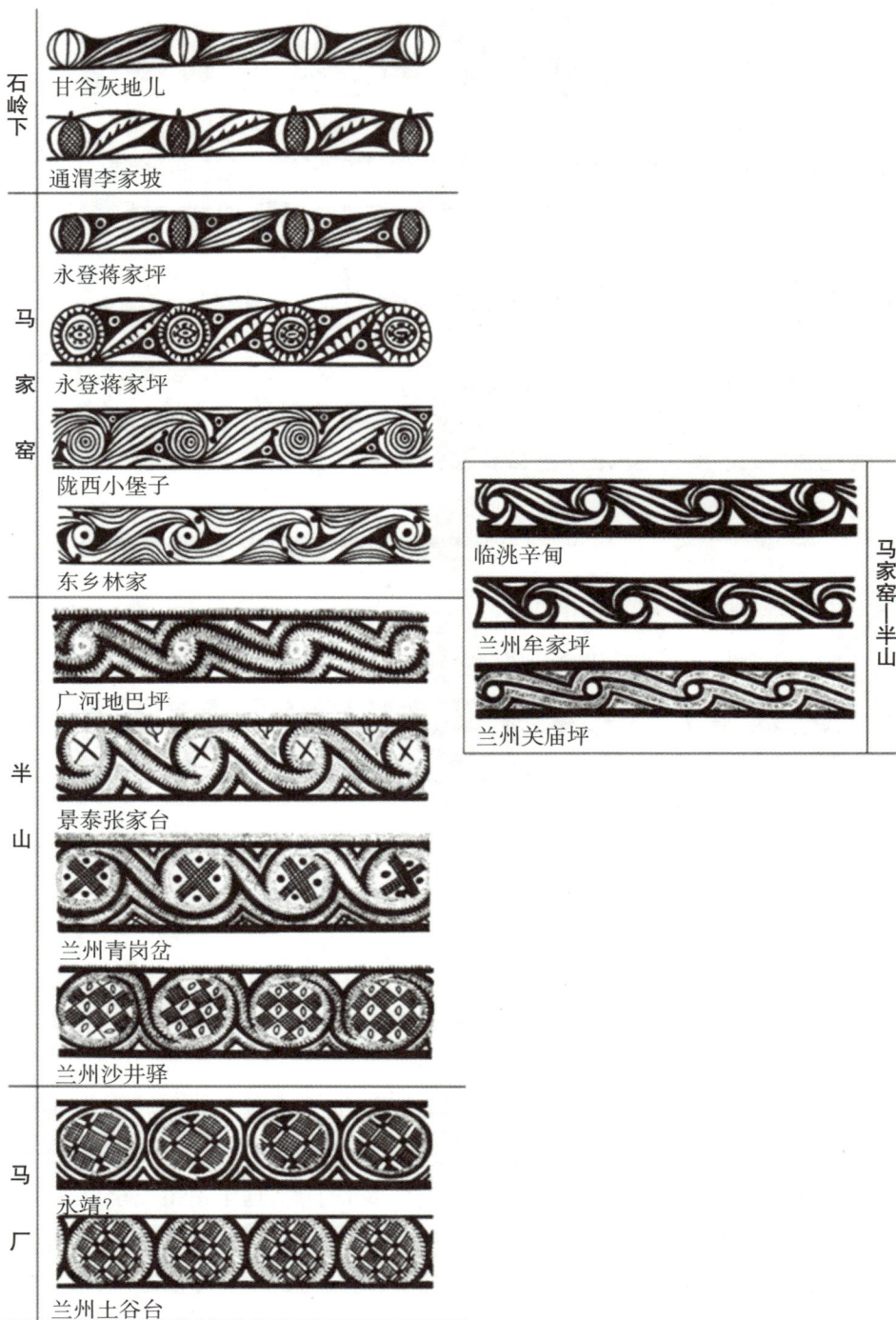

马家窑文化彩陶由旋纹向四大圆圈纹的演变(依张朋川原图改绘)

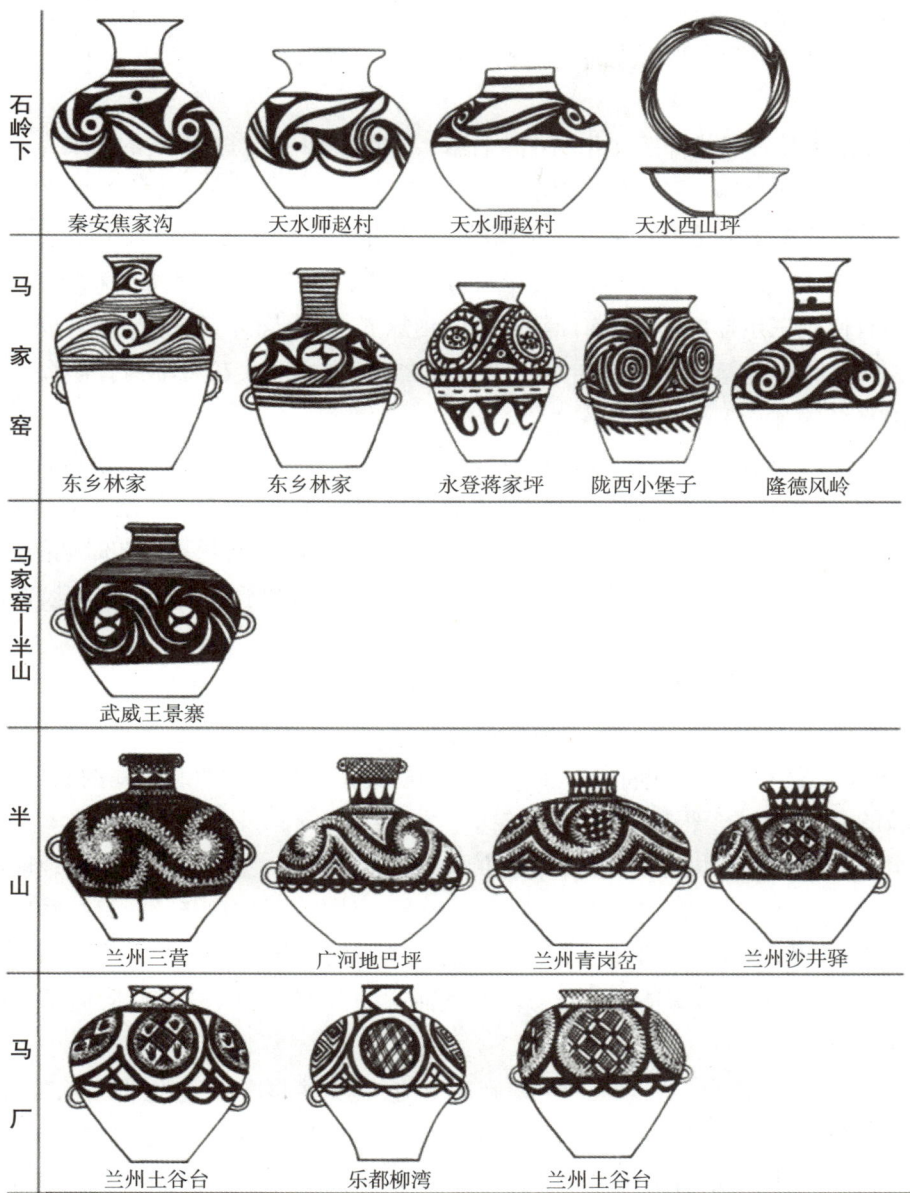

马家窑文化彩陶由旋纹向四大圆圈纹的演变（依张朋川原图改绘）

现在关于半坡与庙底沟文化关系讨论的焦点,是庙底沟文化从何而来,是传统所说的来自半坡文化,还是其他。

确定了庙底沟来自半坡之后,自然还要探讨半坡文化的来源。《考古》刊发我的论文《仰韶文化渊源研究检视》(《仰韶文化渊源研究检视》,《考古》2003年第6期)一文认为:"半坡人是绝对拒绝使用三足器的,正是由于这个原因,半坡人中断了黄河中游史前居民用鼎的传统。如果从这个角度认识,半坡的这个传统应当来自关中以外的其他地区而不是它的东方,因为东方及关中都有使用三足器的传统,前仰韶时期的白家人、裴李岗、磁山人、北辛人,都大量制作和使用三足器"。"半坡人的传统显然来自干旱的黄土高原,这传统很让人怀疑可能生长在甘肃青海地区,仰韶文化的正源,似乎要从关中以西的地区去寻找。这似乎有点不合常理,这又与安特生当年的想法相似,他在发现仰韶村遗址后不久就去了甘青,指望在那里寻找到仰韶的源头。现在我们旧事重提,与安特生的出发点和立足点有根本性的不同。"

在这里明确提出到甘青寻找仰韶文化的正源,但却不同于安特生当初设定的出发点。

也就在这一年,《文物》刊出了我另一仰韶文化相关论文《半坡和庙底沟文化关系研究检视》,又一次强调:"我们知道半坡文化中是绝对不见三足器的,正是由于这个原因,半坡人中断了关中本来存在的使用三足器的传统。半坡文化无三足器的传统有可能是来自关中以西而不是它的东方,因为在它之前东方及关中都有使用三足器的传统,前仰韶时期的白家人、裴李岗人、磁山人、北辛人,都大量制作和使用三足器。由前仰韶盛行三足器,到半坡不见三足器,两者之间实在看不到有什么一脉相承的关系。"(《文物》2003 年第 4 期)。

后来我又写成《秦安大地湾遗址彩陶研究》(《中国史前考古论集·续编》,文物出版社,2017 年),讨论甘青彩陶的序列,也表达了类似观点:"甘肃及青海东部地区在距今 6000 年前左右,就已经是仰韶文化的分布区域,马家窑文化彩陶的来源应当就在这个本土区域,应当就是仰韶时期的庙底沟文化。从文化的分布与地层堆积关系找到了甘肃地区考古学文化明确的传承关系,由彩陶纹饰演变的考察也能寻找到传承的脉络。"

应当说秦安大地湾遗址,就地理位置而言,是处在西北与中原文化带的边界,或者说它地处西北,但更邻近中原。在这样一个特别的位置,大地湾及与它邻近的一批遗址显示出了一种纽带作用,它们既联结着中原文化,又发展起本区域特色。由大地湾四期文化彩陶探讨西北彩陶的起源,探讨甘青彩陶与豫陕晋区域的联系,是一个很好的着力点。

可以确信至少自前仰韶文化时期开始,邻近中原的西北区域与中原,特别是关中地区的考古学文化已经属于同一系统。到了半坡和庙底沟文化时期,这种一体化态势得到延续,只是在庙底沟文化以后,情形才开始有所改变,西北地区迎来了自己更加繁荣的彩陶时代。

过去我们都认为,马家窑彩陶是从仰韶彩陶发展而来的,这个认识没有问题,但是发展演变的路径并不非常准确。

提到马家窑的源头,都认为是从豫陕晋传播到这里的,其实并非这样,这里本来就有仰韶分布。甘青地区的彩陶是一脉相承发展下来的,从大地湾出现彩陶,到仰韶、马家窑,是有完整链条的,彩陶传统是本来就有的,它的主体用不着由传播途径得来。基于这个认识基础,我们对甘青地区的文化高度就会有一个新的判断,也就是,它从东西吸收长处,促进自身发展。

值得强调的是,彩陶在这里的发展最繁荣,传统延续最久,这里是彩陶的一个重要中心区。中原地区仰韶之后就没有彩陶文化了,衰落了。有了这些认识发展的变化,我们会更加重视这里的研究,关注其在华夏文化形成过程中有什么样的地位和影响。我认为,甘青从仰韶到马家窑文化,到齐家文化,始终处在一个文化高地。

西北大学的张宏彦先生前些年发表了《从仰韶文化鱼纹的时空演变看庙底沟类型彩陶的来源》(《考古与文物》2012 年第 5 期)一文,他从仰韶文化鱼纹的时空演变入手,探讨庙底沟期彩陶的起源,认为仰韶文化半坡期与庙底沟期是同一文化前后相继的两个发展阶段,庙底沟文化起源于关中西部至渭河上游区域。将庙底沟文化的起源地域确定到这样一个区域,也为探讨彩陶的起源确立了一个着力点。

这些研究表明,陇原那一块文化高地,是中国黄河流域彩陶文化的源泉。

甘青东部地区彩陶的衰落及其原因探析

兰州大学考古学及博物馆学研究所　张奋强

甘青地区史前文化遗存丰富,尤其以彩陶最引人注目。彩陶是甘青地区史前遗存中最具特色的文化遗物,延续的时间跨度长达 5000 年。

甘青地区的彩陶在发现之初被认为是"中华文明西来"的证据[①]。这一理论在 20 世纪 40 年代已被否认,但也拉开了甘青地区史前文化研究的序幕。此后经过一个多世纪的研究,不仅对甘青地区史前文化序列及内涵有了较清楚的认识,同时对这一地区彩陶的研究也逐步深入。严文明先生在《甘肃彩陶的源流》一文中对甘青地区彩陶的源流、不同时段文化彩陶的纹饰、风格等做了研究,认为"甘肃地区的彩陶是起源于关中的"[②]。

甘青地区彩陶发展的年代序列比较清晰:从大地湾一期开始出现彩陶,经师赵村一期、西山坪二期的发展,到了甘肃仰韶文化之后,在甘青地区东部兴起了常山下层文化,中部形成了马家窑文化。其中,马家窑文化时期,彩陶的发展达到了顶峰。在马家窑文化之后,在东部兴起了齐家文化,彩陶迅速衰落;西部形成四坝文化,彩陶仍占较大比重,但不及马家窑时期发达。经过辛店文化和寺洼文化之后,甘青地区的彩陶最终结束于沙井文化时期。

在彩陶发展的过程中,齐家文化时期,彩陶衰落较快,所占比例远不及马家窑文化时期。那么甘青地区东部的彩陶是从何时开始衰落?为什么会衰落?本文就这两个问题作简要的分析和研究。其中的不足之处,还请方家批评指正。

一、彩陶衰落的时间

(一)马家窑文化时期

需要指明的是,关于齐家文化的起源,目前有四种不同的说法,但越来越多的人倾向于齐家文化

---

①安特生著,乐森璕译:《甘肃考古记》,《地质专报》甲种第五号,1925 年。

②严文明:《甘肃彩陶的源流》,《文物》1978 年第 10 期。

起源于宁夏菜园文化和常山下层文化。因此,马家窑文化和齐家文化可能并不是源与流的关系。但是在甘青地区,由于马家窑文化时期是彩陶的鼎盛时期,且齐家文化的分布区基本叠压或共存于马家窑文化的分布区域内,同时马家窑文化对齐家文化影响较大。在张掖西城驿遗址,发现马厂时期的陶片与齐家文化时期的陶片共存,这似乎可以证明二者之间的关系。

事物的发展一般会经历一个由低到高再到低的过程,经历过高峰之后,事物便向低谷发展。彩陶的发展亦不例外。马家窑文化时期是彩陶发展的最高峰,经过这个高峰之后,彩陶逐渐开始衰落。那么,我们研究彩陶的衰落,应该从马家窑文化开始。

马家窑文化可分为马家窑、半山和马厂三种类型。马家窑类型时期,彩陶的发展达到了新的辉煌,彩陶由早到晚逐渐增加,彩陶在整个陶系中所占比例20%~50%[1]。这一阶段彩陶的纹饰受仰韶文化的影响较大,彩陶的纹饰以旋涡纹、水波纹以及同心圆纹为主。

半山类型时期彩陶的数量猛增,是整个马家窑文化时期出土彩陶数量最多的一个时期。笔者根据李水城先生《半山与马厂彩陶研究》,将书中所涉及的半山时期遗址出土彩陶的情况加以统计(表1):

表一中所见的彩陶虽然基本都是出土于墓葬,由于墓葬受当时人为主观因素的影响比较大,同时还包括很多征集来的彩陶,因此不能很好地反映当时彩陶的真实数量。但是可以反映这一时期大的趋势。我们从表中可以看到,大部分遗址彩陶的比例接近或超过50%,彩陶在整个陶器总量中占有很大的比重。彩陶的纹饰以发达的锯齿纹为显著特征。半山时期,甘青地区彩陶达到了顶峰。

马厂类型是马家窑文化晚期,这一时期的彩陶大部分继承了半山类型的彩陶,同时也呈现出一些新的特点。根据《半山与马厂彩陶研究》,将所涉及的马厂时期遗址出土彩陶的情况加以统计(表2):

表1 《半山与马厂彩陶研究》所见半山类型遗址彩陶出土情况[2]

遗址名称	青岗岔遗址	鸳鸯池遗址	地巴坪遗址	张家台遗址	花寨子遗址
彩陶占陶器总量比例	大部分	29%	84.9%	50%	45%
遗址名称	土谷台遗址	柳湾墓地	西滩1号墓	边家林遗址	苏呼撒遗址
彩陶占陶器总量比例	56%	50%强	67%	50%	40%
遗址名称	兔儿滩遗址	师赵遗址	菜园遗址		
彩陶占陶器总量比例	36%	15.96%[3]	极少量		

表二与表一的情况基本相同,所见的彩陶虽然基本都是出土于墓葬,由于墓葬受当时人为观念影响比较大,同时还包括很多征集来的彩陶,因此不能很好地反映当时彩陶的确切数据。但也可以反映这一时期大的趋势。我们从表中可以看到,大部分遗址彩陶的比例大约为44%左右,彩陶依旧占较大比重,但比例与半山时期相比开始下降。同时这一时期,马厂类型遗存已经扩散到了整个河西走廊地

---

①郎树德、贾建威:《彩陶》,敦煌文艺出版社,2004年,第104页。

②李水城:《半山与马厂彩陶研究》,北京大学出版社,1998年,第7—11页。

③中国社会科学院考古研究所:《师赵村与西山坪》,中国大百科全书出版社,1999年,第142页。

区,部分甚至到了新疆天山北路。

(二)四坝文化时期

表2 《半山与马厂彩陶研究》所见马厂遗址彩陶出土情况①

遗址名称	白道沟坪遗址	糜地岘遗址	马家湾遗址	鸳鸯池遗址	柳湾遗址
彩陶占陶器总量比例	50%	45%	43.6%	46%	不详②
遗址名称	红古山遗址	土谷台遗址	核桃庄遗址	阳山遗址	阳洼窑遗址
彩陶占陶器总量比例	81%	不详	42%	46.6%	39%以上③
遗址名称	东大梁遗址	蒋家坪遗址	总寨遗址	马排遗址	老城遗址、高家滩遗址
彩陶占陶器总量比例	36.7%以上④	不详	不详	多数为彩陶	50%
遗址名称	菜园遗址				
彩陶占陶器总量比例	彩陶数量极低				

四坝文化的分布,最东端到达甘肃山丹一带⑤,最西端到达新疆哈密盆地⑥。它是由河西马厂类型经过渡类型发展演变而来的,同时齐家文化对它也产生了影响⑦。

四坝文化时期的彩陶依然发展,根据考古发掘和调查,酒泉干骨崖遗址出土的彩陶约占25%,玉门火烧沟墓地为50%,砂锅梁遗址彩陶约占25%,民乐东灰山遗址的彩陶较多见,西灰山遗址为24.1%,安西瓜州鹰窝树遗址彩陶占29.7%⑧。

可见,四坝文化时期彩陶的数量约占陶器总量的25%,最多的是玉门火烧沟墓地,约为50%。但是彩陶有部分是来自墓葬,同时在调查的过程中,调查者的主观因素也会影响到采集标本,因此不能准确反映当时彩陶的数量。但同样可以反映当时大的趋势。因此基本可以粗略反映这一时期彩陶的数量。相对于马厂类型,四坝文化时期的彩陶数量有所下降。

(三)齐家文化时期

关于齐家文化的起源,前面已经提到,它可能起源于菜园文化。其分布范围主要集中分布于甘青地区东部,向西则可到张掖地区一带⑨。但是有一个明显的现象就是,齐家文化时期的彩陶数量较少,远不及马家窑文化时期。在甘肃武威皇娘娘台遗址出土的彩陶片"……数量甚少……显然都是马厂文

---

① 李水城:《半山与马厂彩陶研究》,北京大学出版社,1998年,第100—104页。
② 该遗址共出土陶器13227件,目前已公开发表彩陶750件左右,彩陶的具体数量不明。
③ 该遗址共出土31件陶器,简报中发表12件彩陶,因此是否将全部彩陶发表不得而知。
④ 报告中未写明彩陶的具体数量。
⑤ 甘肃省文物考古研究所等:《甘肃张掖市西城驿遗址》,《考古》2014年第7期。
⑥ 李水城:《天山北路墓地一期遗存分析》,《俞伟超先生纪念文集·学术卷》,文物出版社,2009年,第193—202页。
⑦ 李水城:《四坝文化研究》,《东风西渐——中国西北史前文化之进程》,文物出版社,2009年,第88—91页。
⑧ 以上数据均引自李水城:《四坝文化研究》,《东风西渐——中国西北史前文化之进程》,文物出版社,2009年,第59—83页。
⑨ 甘肃省文物考古研究所等:《甘肃张掖市西城驿遗址》,《考古》2014年第7期。

化遗物……"①永靖秦魏家遗址中,发掘者对出土遗物较多的 5 个灰坑做过整理,但未见有彩陶,同时考古报告中也未提到有彩陶出土②,永靖大何庄遗址的情况也与之相同③。青海柳湾墓地出土齐家文化时期可复原的陶器 1618 件,其中彩陶约 139 件,占 8.6%,并且齐家早期的彩陶数量多于齐家晚期的彩陶数量④。吉林大学任瑞波博士将目前发现的齐家文化遗址和墓葬中出土的彩陶分为 A、B、C、D、E 五组,其中 B 组属于马厂类型遗存,C 组属于西城驿文化,D 组属于四坝文化,而只有 A、E 两组属于齐家文化。同时这两组文化的分布范围基本未出青海地区,且数量极少,不是齐家文化的主体,也不是代表性器物,因此认为齐家文化不属于"彩陶文化"⑤。同时这一时期彩陶的纹饰也变得比较单一,主要以线条纹为主。

齐家文化时期,彩陶数量剧减,与基本同时期的四坝文化彩陶相比也是相形见绌。

二、彩陶衰落的原因

(一)生业模式的转变

马家窑文化时期已经开始种植粟、黍等作物,墓葬中也随葬有很多农业生产工具,如石斧、石铲、石磨等等。马家窑文化时期以农业生产为主,同时家畜饲养业也有所发展。

根据目前的研究,大部分学者认为齐家文化时期,农牧业并重。到了晚期,畜牧业比重大于农业。任晓燕女士通过研究尕马台墓地随葬品发现,尕马台人农业衰退,畜牧业兴起⑥。相对于农业而言,畜牧业需要花费更多的时间去经营。同时,畜牧业的流动性较农业大。王妙发先生通过研究甘肃地区的 1627 处齐家文化遗址的规模和文化层厚度发现,齐家文化时期遗址的规模和黄河流域中、下游的其他文化遗址规模无太大差别,但是文化层差别较大,相对于黄河中下游其他文化遗址薄,因此流动性较强⑦。

从事畜牧业,需要投入更多的时间。相对于从事农业,人们的空闲时间更少了,因此也就没有更多的时间去细心绘制彩陶。同时陶器易碎,对于流动性强的畜牧业来说不便于携带,因此人们也不愿也不必要花费大的力气去制作精美的彩陶。

(二)人群的变化

齐家文化相比马家窑文化,有几个比较明显的区别:第一,就陶器的大小而言,齐家文化时期的陶器明显小于马家窑文化时期,不见马家窑文化时期体型较大的陶器;第二,陶器的器壁明显要比马家窑时期薄;第三,陶器以橙黄陶为主,红陶较少;第四,目前发现的齐家文化的房址地面一般都涂白灰面,用以防潮,而在马家窑时期则不见;第五,马家窑时期的生业模式以农业为主,到了齐家文化时期

① 甘肃省博物馆:《甘肃武威皇娘娘台遗址发掘报告》,《考古学报》1960 年第 2 期。
② 中国科学院考古研究所甘肃工作队:《甘肃秦魏家齐家文化墓地》,《考古学报》1975 年第 2 期。
③ 中国科学院考古研究所甘肃工作队:《甘肃永靖大何庄遗址发掘报告》,《考古学报》1974 年第 2 期。
④ 青海省文物管理处考古队等:《青海柳湾——乐都柳湾原始社会墓地(上)》,文物出版社,1984 年,第 309—403 页。
⑤ 任瑞波:《西北地区彩陶文化研究》,吉林大学博士毕业论文,2016 年,第 365 页。
⑥ 任晓燕:《论尕马台墓地丧葬习俗及相关问题》,《齐家文化与华夏文明国际研讨会论文集》,文物出版社,2016 年,第 14 页。
⑦ 王妙发:《齐家文化聚落规模试探》,《齐家文化与华夏文明国际研讨会论文集》,文物出版社,2016 年,第 40 页。

则农牧业并重发展。可见齐家文化时期的人群和马家窑文化时期的并不是同一种人群,社会主体人群可能发生了变化。而人群发生变化,首先,可能导致社会意识形态的变化,包括现世和往生两个世界的社会意识形态。虽然我们目前无法探知齐家文化时期这种社会意识形态究竟是怎样的,但是从目前的发现来看,他们并不像马家窑文化时期一样那么"喜欢"彩陶,不管在现实生活还是在墓葬中,都很少见到彩陶的踪影。虽然马家窑文化对它的影响较大。其次,生活方式发生了变化。相对于农业人口相对稳定的生活方式,游牧人群更具流动性。这也影响了彩陶的发展。同时,人群的审美观念可能发生了变化。齐家文化的陶器多为素面,或饰有刻划纹或镂空,可能这一时期的人们以"清新淡雅"为美,不以"浓墨重彩"为美。

(三)青铜器和玉器的兴起

据目前的考古发现,早在马家窑文化时期就已经出现了铜器。在东乡林家遗址[1]、永登蒋家坪遗址[2]、酒泉高苜蓿地和照壁滩[3]以及近年发掘的张掖西城驿遗址[4]等都出土了马家窑文化时期的青铜器或冶炼设备,而且林家遗址和蒋家坪遗址的铜刀都是锡青铜[5]。

到了齐家文化时期,铜器的发展较快。根据考古调查与发现,目前齐家文化的铜器约有100多件,主要器型有镜、刀、环、镯、锥、矛、镞、斧以及铜泡等。虽然目前发现的数量不多,但足可证明齐家文化时期,冶铜业的发达程度。尤其是青海贵南尕马台墓葬中出土的铜器比较集中,在43座齐家时期的墓葬中,共出土39件铜器,其中中国现今最早的铜镜就是在该遗址M25中发现的[6]。有学者对该遗址的铜器做过分析,其中徐建炜等分析的8件铜器中(7件铜泡,1件铜镯),其中铜镯为砷铜,其余7件铜泡为锡青铜,工艺有铸造成型、热锻以及冷加工等工艺[7]。罗干武等分析了其中的22件铜器,其中有12件为锡青铜,4件砷铜,2件类砷铜,1件铅青铜,3件红铜,以锡青铜为主,砷铜含量较高[8]。在M25中发现的铜镜,使用合范铸制。这些足以反映齐家文化时期冶铜业已达到了一个相当的水平。

在制铜业快速发展的同时,玉器也绚丽夺目。根据目前考古发现齐家文化时期的玉器约有3000件以上,其种类有20多种,如钺、铲、琮、璧、刀等,其中以玉璧最多。这些玉器大部分是齐家文化分布的区域内制作的,部分是外部传入的[9]。在这些所发现的玉器当中,不乏一些制作精美的器物,制作工艺精湛。如玉璧,虽然这些玉璧薄厚不一,就是同一块玉璧,其厚度也有差异,但这些玉璧的平均厚度

①《考古》编辑部:《甘肃东乡林家遗址发掘报告》,《考古学集刊》(第4辑),1984年,第111—161页。

②文物编辑委员会编:《甘肃省文物考古三十年》,《文物考古工作三十年》,1979年,第140页

③李水城等:《酒泉县丰乐乡照壁滩遗址和高苜蓿地遗址》,《中国考古学年检(1987年)》,文物出版社,1988年,第272页。

④甘肃省文物考古研究所、北京科技大学冶金与材料史研究所等:《甘肃张掖市西城驿遗址》,《考古》2014年第7期。

⑤孙淑云、韩汝芬:《甘肃早期铜器的发现与冶炼、制造技术的研究》,《文物》1997年第7期。

⑥徐新国:《青海省出土古文物选粹》,《青海社会科学》1991年第1期。

⑦徐建炜、梅建军、孙淑云、许新国:《青海贵南尕马台墓地出土铜器的初步初学分析》,《中国冶金史论文集》(第五辑),科学出版社,2012年。

⑧罗武干、任晓燕、王倩倩、杨益民:《青海省贵南县尕马台墓地出土铜器的成分分析》,《贵南尕马台》,科学出版社,2016年,第187—192页。

⑨朱乃诚:《齐家文化玉器多反映的中原与陇西两地于文华的交流及其历史背景》,《齐家文化与华夏文明国际研讨会论文集》,文物出版社,2016年,第161页。

大多小于1厘米[①]，在没有现代切割工具的情况下能达到这种水平，已是不易。

对于铜器和玉器来说，不管从原料采集，还是到制作过程，所花费的人力和时间，都远远大于陶器。因而需要投入更多的人力和时间去生产和制作铜器和玉器，这也在一定程度上影响到了陶器和彩陶业的发展。

（四）丧葬习俗的变化

目前所发现的马家窑时期的墓葬中的随葬品基本以石器和陶器为主，很少随葬其他物品。到了马家窑文化晚期，才出现了个别随葬铜器的墓葬，玉器基本不见。彩陶在当时来说可能比较珍贵。但到了齐家文化时期，随葬品的种类较之前丰富，除了比较常见的石器和陶器之外，齐家文化墓葬还随葬有铜器、玉器，甚至海贝等。

从半山类型开始出现随葬品多寡不一的现象，到了马厂时期，随葬品多寡不一的现象较明显。到了齐家文化时期，这种现象更加突出，个别墓葬随葬品多达百余件，而有的墓葬则无随葬品。以贵南尕马台墓地为例，在发掘的43座齐家墓葬中，有9座无随葬品，其余34座有随葬品。而在这34座墓葬中，其中30座墓葬有装饰品[②]。作为更贵重的铜器和玉器，它不仅在墓葬中出现，同时也改变了现实社会，逐渐出现了权力、地位以及财富的不均。

同时普遍发现男女合葬墓和殉人墓。所发现的男女合葬墓，一般男性仰身直肢，女性侧身屈肢，面向男性。随葬品也多置于男性一侧。在武威皇娘娘台第四次发掘的62座墓葬中，有10座男女合葬墓和2座三人合葬墓，除了M76（女性背向男性）之外，其余都是男性仰身直肢，女性侧身屈肢面向男性[③]。甘肃临潭磨沟齐家文化墓葬多有在墓道埋人的现象，发掘者认为"可能具有殉葬的性质"[④]。

这些虽然目前还无法确定齐家文化时期是否已经进入阶级社会，但从随葬品、葬式葬俗的变化可以看出，这一时期贫富对立和阶级分化十分显著。社会财富已经向少数人集中。此时，比较常见的物品已经不能反映社会地位，因此随葬品中出现了一些在当时社会而言比较稀有的物品，如铜器和玉器，来突出自己特殊的社会地位。所谓物以稀为贵。而彩陶由于原料易得，制作简单，大部分人可以制作，因此它并不是稀罕物，拥有它不足以显示其社会地位。这也是彩陶衰落的一个重要原因。

（五）气候的变化

通过对甘肃东部黄土剖面孢粉和其他环境指标的分析，发现在距今4000年前后，气候发生了巨大的变化，气候迅速变得干凉[⑤]。这一时期正是齐家文化晚期。笔者统计柳湾墓地齐家文化的彩陶发现，柳湾墓地出土的齐家文化彩陶139件，其中早期112件，中期25件，晚期只有2件[⑥]。晚期彩陶数量极少。二者的重合并非偶然事件。

气候可以影响经济结构的改变，同时也会影响人群的变化，而这两点又可以影响丧葬制度和社会

---

① 徐琳：《故宫博物院藏齐家文化玉璧综述》，《齐家文化与华夏文明国际研讨会论文集》，文物出版社，2016年，第175—189页。

② 任晓燕：《论尕马台墓地丧葬习俗及相关问题》，《齐家文化与华夏文明国际研讨会论文集》，文物出版社，2016年，第14页。

③ 甘肃省博物馆：《武威皇娘娘台遗址第四次发掘》，《考古学报》1978年第4期。

④ 甘肃省文物考古研究所、西北大学文化遗产与考古学研究中心：《甘肃临潭磨沟齐家文化墓地发掘简报》，《文物》2009年第10期。

⑤ 安成邦等：《甘肃中部4000年前环境变化与古文化变迁》，《地理学报》2003年第5期。

⑥ 青海省文物管理处考古队等：《青海柳湾——乐都柳湾原始社会墓地（上）》，文物出版社，1984年，第309—403页。

意识形态的变化。因此气候因素没有直接影响彩陶的发展,但通过其他方面间接地影响到彩陶。因此气候因素居于一个很重要的位置。

通过对甘青地区马家窑文化、四坝文化、齐家文化三个不同文化彩陶数量的对比发现,在马家窑半山类型时期,彩陶的数量达到了顶峰,到了马厂类型时期,彩陶开始衰落。处在甘青地区西部四坝文化时期,彩陶衰落的比较缓慢,而处在甘青地区东部的齐家文化时期,彩陶则衰落的比较迅速。影响甘青东部地区彩陶迅速衰落的原因主要有生业模式、社会主体人群、葬俗、铜器玉器的兴起以及气候变化等。

本文为 2015 年国家自然科学基金项目"丝绸之路沿线河西段绿洲化时空过程及其驱动机制研究"(41471163)阶段性成果。

齐家文化彩陶形式特征刍议

兰州财经大学　胡桂芬

前　言

　　齐家文化为黄河上游地区新石器时代晚期到青铜时代早期文化。因1924年首先发现于甘肃广河齐家坪遗址而得名。齐家文化主要分布在甘、青境内的黄河沿岸及其支流、陕西西北部、内蒙古西部和宁夏部分地方,其年代在距今4000年左右。此前,学术界公认的文化特征主要有二:一是有一批独具特征的陶器,二是出现了红铜器和青铜器。它还有一批独具特色的玉器,其内涵之丰富,品种之繁多,工艺之精美,令人折服。这些当为齐家文化乃至西北原始文化的重要特征之一。

安特生在1924年发现齐家文化时,在他1925年发表的《甘肃考古记》中认为它是该地最早的新石器时代文化,认为甘肃和河南的仰韶文化源自于齐家文化,但后来的考古发现,证明其在仰韶文化之后,大约在公元前2500年至公元前1500年。齐家文化的分布是甘肃省兰州一带为中心,东至陕西的渭水上游,西至青海湟水流域,北至宁夏和内蒙古,遗址有三百多处,除了齐家坪遗址之外,较著名的有甘肃永靖大河庄遗址、泰魏家遗址、武威的皇娘娘台,青海乐都的柳湾遗址等。这些遗址出土的陶器,风格特点非常明确,既有来自于马家窑文化晚期的造型特点,还表现出临近青铜文化的元素,甚至有来自于西方陶器的元素。

一、齐家文化与马家窑文化的渊源关系

　　马家窑文化晚期的马厂类型约为距今4300到4000年,而齐家文化的发展时间约为距今4200到3700年,可见马厂类型和齐家文化在发展时间上,有共存两百年的历史。这样一段特殊的历史阶段,不仅使齐家文化获取了更加先进的制陶技术,而且有了新的突破。齐家文化是在马家窑文化基础上发展起来的,再加上此时多元文化共存,齐家比马家窑文化更胜一筹那是历史的必然!

（一）陶器型制的传承

　　马家窑文化经过一千年的发展,历经马家窑、半山和马厂类型三个阶段,他们表现出许多共有的

的造型元素,但每个阶段又具有其各自独特的风格特色。到马家窑文化晚期的马厂类型,陶器形制趋于简单,彩绘粗犷,到马厂类型晚期彩陶数量减少,彩陶壶更显瘦长,腹部内收明显,仅饰淡淡的一层红色陶衣而不饰彩的双耳壶十分多,出现了素面敛口瓮等新的器物和折肩的作风。马厂类型中的大双耳罐也是有特色的造型,这种罐多为敞口、长颈、斜肩,腹部有一对耳,平底。这与齐家文化皇娘娘台类型具有类似的特征。

从陶器的质地、色泽、制作方法上看,齐家文化与马厂类型是相同的。再从陶器的组合、器形和纹饰的演变方面,均可看出从马厂类型到齐家文化是一脉相承发展下来的。特别是马厂类型晚期和齐家文化早期,许多器物的器形几乎雷同,甚至都很难区分开(如图1)。如彩陶壶、双耳彩陶罐、豆、侈口罐、粗陶双耳罐、壶、双大耳罐、高颈双耳罐等,不仅器形相似,而且纹饰大体一致,器物的种类组合也相同,并存在着上下演变的关系。从器物形制特点及其演变规律,不难看出齐家文化与马厂类型的关系是非常密切的,特别是马厂类型晚期与齐家文化早期尤为明显,两者之间存在着紧密的联系,所以说,齐家文化是马家窑文化的继承与发展。总的来说,马厂类型的晚期这个阶段彩陶逐渐走向衰落,但马厂类型在整体上仍处于中国彩陶的鼎盛期,这个过程也在为齐家文化的兴起做了承接和铺垫。

(二)彩陶纹样的互动

马家窑文化的制陶工艺仍使用慢轮修坯,并利用转轮绘制同心圆纹、弦纹和平行线等纹饰,表现出娴熟的绘画技巧。彩陶在纹饰内容上,早、中、晚三个时期变化丰富,各具特点,并有从早到晚富有规律的演变与传承。几何纹样的发展变化显得富有规律性,更多的带有装饰艺术的特点,并逐步走向成熟和精美,这与制陶、彩绘工艺的提高有着必然的联系。如马家窑类型彩陶旋涡纹瓶,其纹饰具有图案形式美的节奏和韵律,说明当时人们已经掌握了如何对图案规则的运用。如从仰韶晚期即已出现的旋纹,几乎成为马家窑文化彩陶装饰的主旋律,旋纹的律动由复杂到简单、由旋心很小的涡旋状态到放大到极致的四大圈纹。

然而在彩陶花纹方面却马厂类型和齐家文化存在共性和差别,共性是在马厂类型晚期彩陶上出现的三角折线纹,在齐家文化彩陶上依然非常流行,但由三角折线衍生出多种纹样,如复道纹、连续的排列三角纹、三角网文等,开始在甘青地区及周围地区流行起来。其他如菱形纹,网纹、回纹、三角纹等两类文化都很盛行。差别也特别突出,如马厂类型常见的四大圆圈纹、全蛙纹或半蛙纹,到齐家文化都不见,而齐家文化出现的蝶形纹、枝叶纹等,马厂类型却未见。可见在马厂晚期,社会的分化,来自多元文化的冲击,文化面貌开始趋于复杂(如图1)。

二、齐家文化是自成体系的彩陶文化

(一)器型演变的多样性

由于齐家文化是在马厂类型的基础上发展起来的,所以文化遗址分布较为广泛,类型呈现出多样性。依地域的不同与文化内涵的差异,可把齐家文化分为东、中、西部三个区。东部以甘肃的泾渭水流域为主,以镇原常山、陕西客省庄二期、天水师赵村遗存等为代表;中部以河湟和洮河流域为主,大河庄、秦魏家、柳湾遗存为主;西部主要在甘肃的河西地区,以武威的皇娘娘台为代表(如图版一)。齐家文化的发展演变与其分布有很大的关联,基本上是按从东部到西部渐次过度,不断演化。这一演化过程与中国"彩陶之路"的发展趋势是相吻合的。

齐家文化与马厂类型共有的陶容器如彩陶壶、双耳彩陶罐、盆、豆、双耳罐、双大耳罐、高颈双耳罐

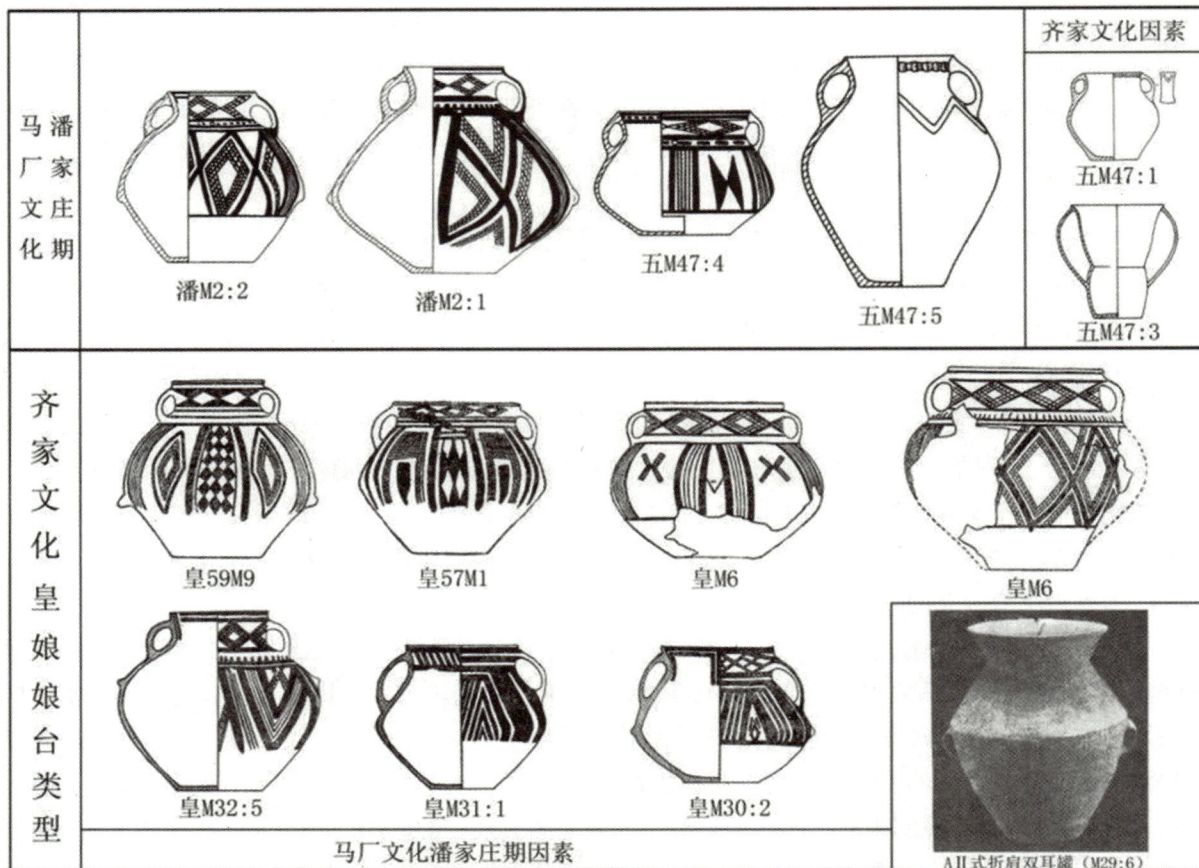

图 1　马厂类型与齐家文化彩陶器

等。此外还有捏塑人物和动物鸟、羊、狗等各种形象的陶塑品,均形体小巧,姿态生动。彩陶器演变的轨迹是很清晰的。

1. 彩陶壶由小口细颈演变成侈口高颈,腹部由椭圆形变成长腹形,体型由粗矮变成瘦长(如图2)。

2. 双耳彩陶罐是由侈口短颈演变成侈口高颈,两耳由环形小耳发展成弧形大耳。高领双耳罐器形较大,腹部由圆形发展成长圆形,肩腹间的折棱由明显折角往圆弧角演变,体型由粗胖演变成瘦长形(如图2)。

3. 盆由弧壁深腹演变为斜壁浅腹宽沿。双大耳罐最明显的变化是两个耳把由小环耳发展成弧形大耳,腹部由椭圆形演变成长圆形(如图2)。

4. 豆由矮圈足发展成高圈足,由彩陶豆演变成素陶豆(如图2)。

因齐家文化彩陶是经马家窑文化发展而来,在早期部分陶器体现出马厂类型陶器的特征,到了中期器型饱满凝重,再往后其发展造型越发夸张,由曲线造型转为直线造型。总之,这些器物的演变发展有一定规律,即器物的体型是由粗矮往瘦长发展,腹部由扁圆、浑圆向长圆形发展,耳把由小环耳往弧形大耳发展,豆是由矮圈足往高圈足发展。有学者提出齐家文化的双大耳罐是水器,双大耳彩陶罐应该是用来装饮用液体食物的器皿,并且使用双手持耳的方式进行饮用,这种陶质器皿的器型和使用方式应该是在齐家文化中首先开始流行起来的。在河湟地区的柳湾遗址的齐家文化墓葬出土的彩陶中,

彩陶壶	
彩陶罐	
彩陶盆、豆	彩陶盆　　　　　　　　彩陶豆

图 2　齐家文化彩陶器型

双大耳罐已成为最重要的彩陶器型,应是在特殊场合由少数人使用的饮器。在永靖大何庄、广河齐家坪的齐家文化遗址中,都发现了圆形的石祭坛。这类精制的双大耳彩陶罐,也可能是用于祭祀等活动的特殊器皿。

(二)纹样的独特性

齐家文化的制陶业在手工业中占重要地位。在师赵村遗址发现有烧制陶器的窑址 3 座,均属横穴窑,这几座陶窑同在一地,系同时使用,反映制陶生产有了一定的规模。制陶者已能熟练掌握烧窑技术,陶色纯正,多呈红褐色,很少出现颜色不纯的斑驳现象。彩绘颜色有黑色和红色,大多为单色绘制,很少有如马家窑中晚期的复彩描绘,有的器表施有一层白陶衣。齐家文化陶器装饰手法依然继承了之前的文化装饰特点,如纹饰以篮纹和绳纹为主,次为弦纹、划纹(有蜥蜴、鹿、贝形纹、"×"等)和附加堆纹。彩绘花纹题材丰富,变化多样。其一是几何纹样,多数表现为复道纹、连续的排列三角纹和三角网纹、菱形纹、回纹等;　其二是植物纹样,出现较少,如树枝纹;其三是动物纹样,有人形纹、鹿纹、蜥蜴纹、贝形纹、蝶形纹(对顶三角纹形)等;其四是陶符,如"卍""×""Z""M"字纹等。以几何纹为大宗(如图3)。

复道纹	
交叉复道纹	
三角网纹	
菱形纹和回形纹	
蝶形纹	
其他纹样	 人形纹和鹿纹　　　　　蜥蜴纹　　　　　贝形纹

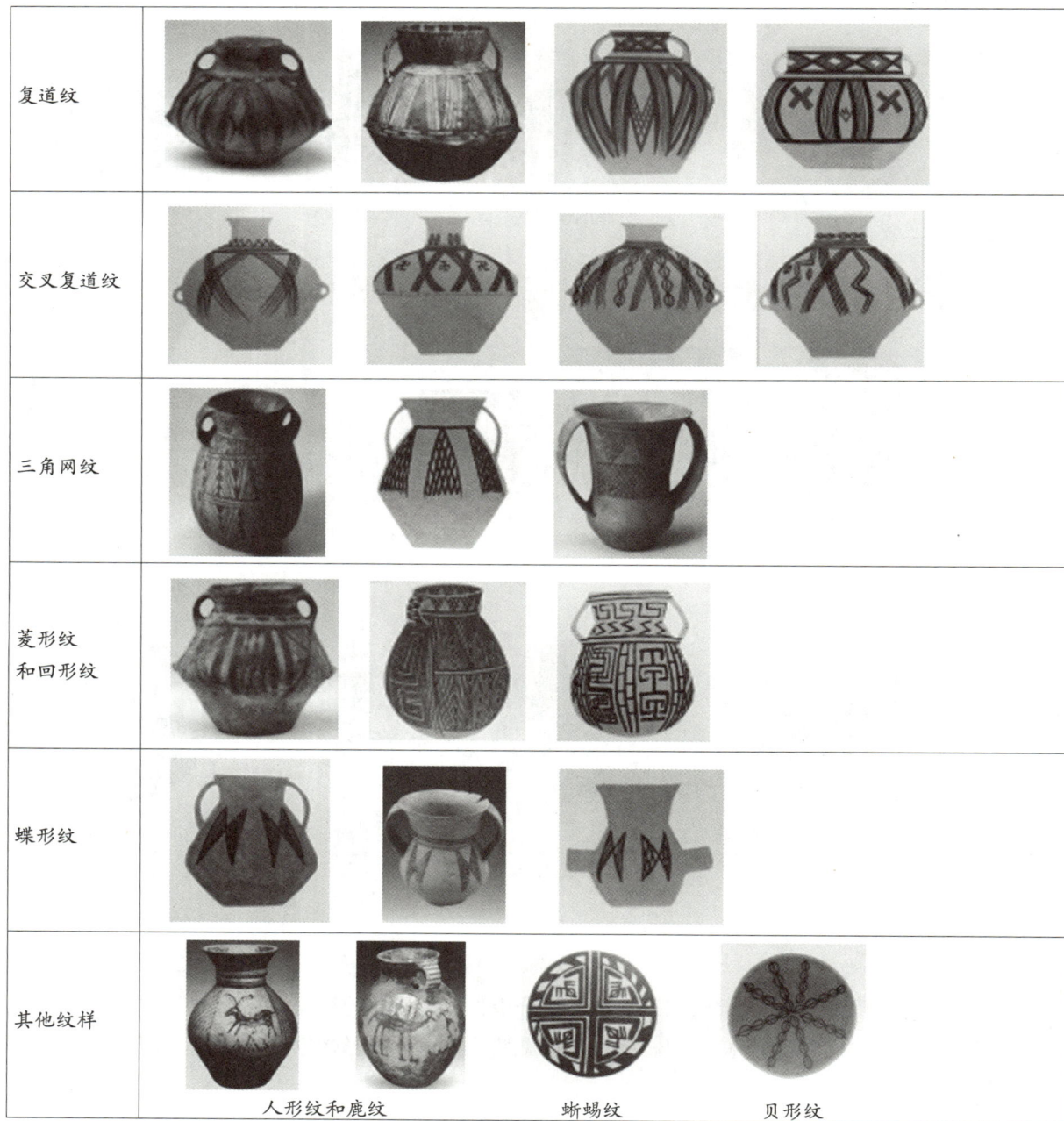

图3　齐家文化彩陶装饰纹样

三、齐家文化与周边文化的关系

(一)与陕西龙山文化的关系

与齐家文化有着密切关系的邻近地区古文化还有东边的陕西客省庄二期文化与北边的内蒙古伊克昭盟朱开沟文化。陕西龙山文化即客省庄第二期文化,早于齐家文化是有实物为依据的。首先,表现在两者陶器上,例如齐家文化常见的双大耳罐、高领折肩双耳罐、侈口罐与高档扇等均可以从客省庄

二期文化中找到它的同类器物,并且客省庄发现的高领折肩罐、肩腹间折角明显、扁档高、豆座粗矮与圆底罐等都明显地具有齐家文化早期的特征。这说明了齐家文化与客省庄二期文化由于所在的地区邻近,彼此间有一定的关系。但是,客省庄文化二期文化和齐家文化仍有显著的差别,它的文化面貌比较接近于河南洛阳王湾的龙山文化①。

齐家文化中最常见的双大耳罐、高领双耳罐和侈口罐等陶器均可在客省庄二期文化中找到相同或相似的同类器。这是两者地域相邻,彼此间有较频繁的文化交流的结果。朱开沟遗址的部分墓葬中所反映的墓葬形制、葬式和随葬品等方面与秦魏家墓葬有不少共性。朱开沟出土的陶器双大耳罐、高领双耳罐等与秦魏家同类陶器亦相似。这反映了齐家文化与朱开沟文化是处于同一社会发展阶段,两者之间也许有某种文化联系。

(二)与辛店文化(山家头类型)的关系

山家头墓地位于民和县核桃庄附近,1980 年,青海省文物管理处在此地共清理墓葬 30 余座。关于这些墓葬中出土遗存的文化性质,学者一般将其分为两类,但是具体的划分以及文化属性的认定又有不同。其中第一类为平底陶器群,可以称为"山家头第一类遗存"。第一类墓葬中随葬陶器为泥质红陶,器类有双大耳罐、堆纹口沿罐、长颈壶、双耳彩陶罐、单耳罐等。此遗存的文化性质与齐家、卡约文化均不相同,是齐家文化向辛店文化过渡的中间环节②。平底系属于河湟齐家文化的晚期遗存,发展为卡约文化。第二类遗存为圆底陶器群,葬中随葬陶器为夹砂红褐陶,器类有双耳圆底罐、绳纹双耳罐、双耳钵、盆等。圆底系源自齐家文化中的外来因素,发展成为辛店文化的单彩系,即典型的辛店文化山家头类型。除此之外,辛店文化唐汪式类型彩陶的折腹双大耳罐、双肩耳壶、以及彩陶豆等,与齐家文化晚期的造型如出一辙(如图 2、3)。由此,可以看出辛店文化系由齐家文化发展而来,他们有直接的渊源关系。

(三)与四坝文化的关系

与齐家文化密切相关的四坝文化主要分布在河西走廊的中段和西段。四坝文化的年代与中原地区的夏代相当。从文化面貌看,受到来自东面的齐家文化的深刻影响,四坝文化的双大耳高领彩陶罐,与齐家文化的同类彩陶罐的器形基本相同。在葬俗和陶器的特征上,很明显四坝文化对马厂文化有承袭关系。但在陶器的纹饰风格上,马厂文化和四坝文化之间的差异比较明显。1986 年的河西走廊史前考古调查中,李水城先生识别出一类遗存,将其命名为"过渡类型"③。李水城先生对这类遗存的成功辨识,使得马厂文化和四坝文化之间的陶器演变关系更为紧凑。潘家庄彩陶罐和典型的齐家文化大双耳罐共存的情形是相同的。这种两支文化中陶器互见,表明潘家庄遗存对齐家文化早期产生了一些影响,同时它也吸收了一些齐家文化的因素,两支文化在年代上有部分重叠(如图 4)。

从器物形态和陶器组合上来看,四坝文化主要是在马厂文化和潘家庄遗存的基础上,同时也吸收了一些来自东部地区齐家文化皇娘娘台类型的因素而形成的。马厂类型彩陶罐的双肩耳的上端与罐口持平,但齐家文化彩陶罐的双肩耳的上端要低于罐口,而且为了更适合双手捧持,在腹部增添了一对小突鋬。在器物的装饰纹样四坝文化与齐家也有很多公共用元素,如三角折线纹、三角网纹、复道纹、"×"和"Z"字纹等(如图 2、3)。河西地区在齐家文化之后的四坝文化,在彩陶器型中仍能见到这种

---

① 端居:《齐家文化是马家窑文化的继续和发展》,《考古》1976 年第 6 期,第 352—355 页。
② 陈小三:《河西走廊及其临近地区早期青铜时代遗存研究》,吉林大学,2012 年,第 86 页。
③ 李水城:《四坝文化研究》,《考古学文化论集(三)》,文物出版社,1993 年,第 80—121 页。

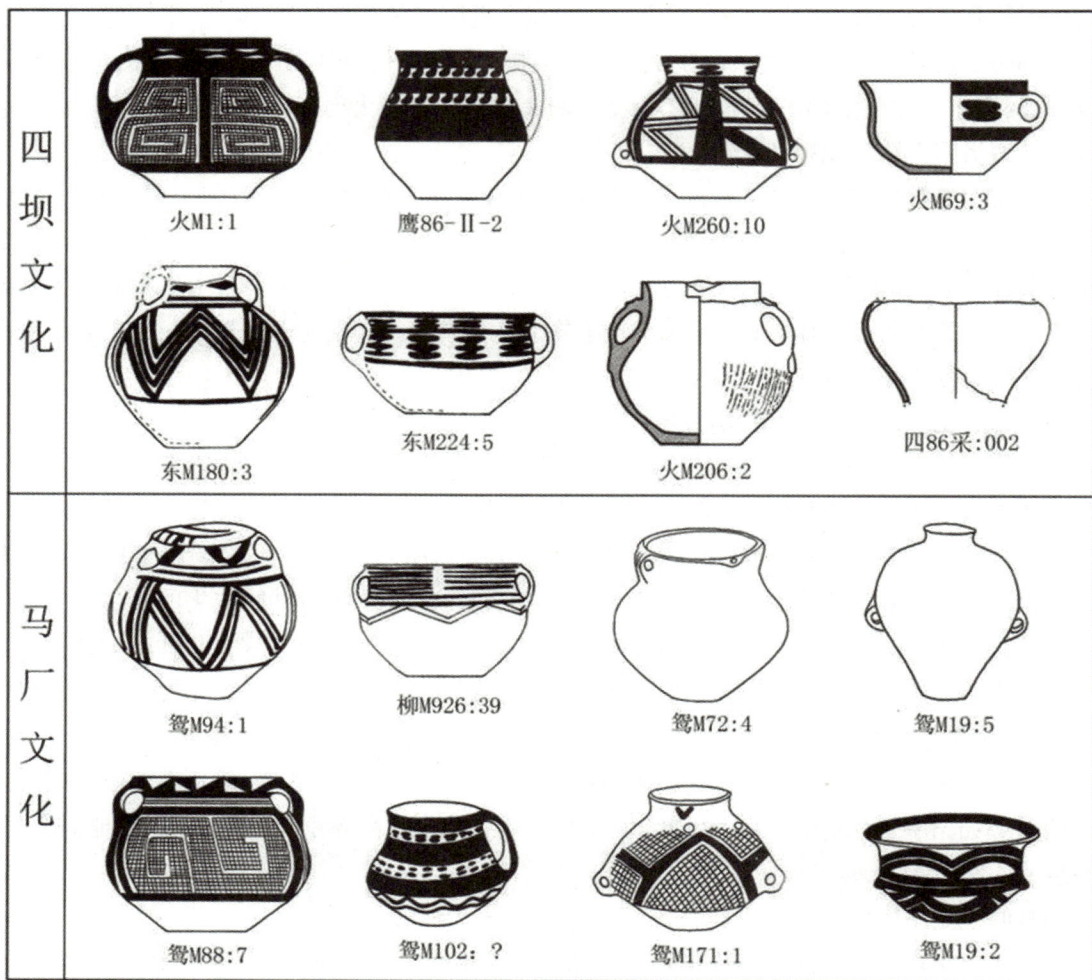

图4 四坝文化与马厂类型彩陶器

双肩耳带腹鋬的彩陶罐。而四坝文化的彩陶又影响到新疆东部古文化的彩陶,天山北路文化的彩陶也是以双肩耳彩陶罐为主要器型,天山北路早期的双肩耳彩陶罐,与河西地区的齐家文化双肩耳彩陶罐相似,双耳上端略低于口沿,在腹部也有一对小突鋬。可见河西地区的齐家文化彩陶,经由四坝文化对新疆东部的早期彩陶产生了深远的影响①。

　　综上,齐家文化与其他考古学文化,诸如客省庄二期文化、四坝文化、辛店文化、卡约文化等都存在着密切的关系。考古研究证实了客省庄二期文化属于齐家文化早其类型;齐家文化进一步发展产生辛店文化,两者存在着先后继承的发展关系;在河西走廊齐家文化之后是四坝文化;青海西部齐家文化之后是卡约文化,卡约文化是直接承袭齐家文化而来的;齐家文化确实与上述文化存在着一些共性,如双大耳罐、双小耳罐、腹耳罐、粗陶侈口罐等陶器,造型上有些相同,齐家文化与上述文化的关系是密切的,但差别也是明显的。刘学堂先生在《中国早期青铜文化的起源及其相关问题新探》一文中提出"西北文化圈"的观点,这个文化圈主要包括甘青交界地区,河西走廊,以及新疆一带。在这个文化圈内,各文化相互交融,共同发展,与其他史前文化共同铸造了华夏文明的根基。

----

①张卉:《齐家文化彩陶的艺术价值》,《南京艺术学院学报》2015年第4期。

齐家文化制陶工艺研究

西北民族大学历史文化学院　任振宇

一、史前制陶工艺研究回顾

关于陶器的制作工艺研究,前人进行了很多,其中坯体成型技术作为古代陶器研究的重要内容之一,在中国考古学最初的数年里就已经被学术界所关注。例如:安特生(J.G.Andersson)[①]、阿尔纳(T.J. Arne)[②]、李济[③]、梁思永[④]等学者在其研究论著中,都或多或少地对陶器坯体成型技术有所涉猎。只是这些观察较为零散,尚未形成相对系统的论述。

直到 20 世纪 30 年代初期,山东历城城子崖遗址发掘报告的出版对中国古代陶器坯体成型技术的深入研究起到了极大的推动作用[⑤]。在这部报告中,执笔陶器分析章节的吴金鼎先生在实物观察的基础上,结合民族志和实验考古学的认识,把陶器的成型技术分为"手制、范制、轮制"等具体方法。吴金鼎先生对于城子崖出土陶器成型技术的总结在中国古代陶器研究史上无疑具有里程碑的意义,他的这些认识与分类几乎构成了中国古代制陶工艺研究的基本框架,为该领域以后的继续发展提供了良好的思路与范式。

城子崖之后,吴金鼎先生又对河南安阳高井台子遗址出土陶器的制作工艺进行了详细的分析[⑥],并将相关陶器的成型技术归纳为模制、手制、范制及圈泥法等方式。尤其是"圈泥法"与"模制"技术的明确提出,丰富了学界对于中国古代陶器成型技术的认识。

1938 年,吴金鼎先生的《中国史前的陶器》(Prehistoric Pottery in China)得以出版。书中将全国范

---

①安特生:《中华远古之文化》,《地质汇报》第五号 1923 年。
②阿尔纳:《河南石器时代之着色陶器》,《古生物志》丁种第一号第二册 1925 年。
③李济:《西阴村史前的遗存》,清华学校研究院丛书第三种 1927 年。
④梁思永:《山西西阴村史前遗址的新石器时代的陶器》,梁思永考古学论文集》,科学出版社,1959 年。
⑤中央研究院历史语言研究所:《城子崖》,中国考古报告集之一,1934 年。
⑥吴金鼎:《高井台子三种陶业概论》,《田野考古报告》第一册,1936 年。

围内(特别是北方地区)出土陶器的成型技术分为手模法(hand-modelling)、范制法(mouding)或拍打法(beating)、轮制法(throwing on the wheel),而"手模制法"包括以前所说的"圈泥法""手制"以及"模制"等[1]。这部著作是吴金鼎先生在"翻遍了所有已出版的关于中国史前陶器的书籍""亲身观摩了数万片已出土的陶片实物","实习原始制作陶器的方法"的基础上完成的[2],集中体现了他本人对于中国古代陶器成型技术分类体系的思考。

总的来看,吴金鼎先生对于陶器述体成型技术的研究,在很大程度上反映了20世纪50年代以前的中国考古学在该领域的成就[3]。手制、范制、轮制以及模制、圈泥法等技术的相继发现,为日后中国古代陶器成型技术的继续研究提供了借鉴。

20世纪50年代末,李仰松先生根据对云南佤族的考察结果,指出:"手制陶器中除捏塑法之外,我们还发现有泥圈盘筑法。"[4]可见,他所理解的"手制"至少包括捏塑法和泥圈盘筑法。这与我们今天的认识大多一致[5],也意味着之前所理解的"手制"内涵发生了变化。

进入20世纪七八十年代,李文杰先生通过详细考察与系统分析甘肃秦安大地湾遗址中,陶器出现的"陶片分层剥落的现象",指出大地湾一期陶器遗存中存在着"内模敷泥法成型"和"外模敷泥法成型"两种技法,并将二者统称为"模具敷泥法",认为此法的具体操作为"揪一块泥料附在模具上,通过挤压和拍打而铺开",应是中国新石器时代早期的制陶方法之一。它与"后来的模制法"(即将泥料先搓成泥条,再盘筑或圈筑在模具上)均属于模制法的范畴[6]。

几乎同时期,因河姆渡、磁山、裴李岗、城背溪等一批新石器时代较早遗存的发现与研究,俞伟超、牟永抗二位先生将"用数块泥片逐片捏合成器的成型技术"命名为泥片贴塑法或泥片贴筑法[7],且认为该方法是模制法制陶工艺中较晚出现的一种技术。但是,李文杰先生通过对城背溪文化制陶工艺的观察与具体操作手法的复原,指出:"泥片贴筑的陶器,内壁未见模具痕迹,却常有陶垫窝,似河卵石印痕",进而"说明泥片贴筑法属于手制范畴。"

二、 齐家文化制陶工艺

齐家文化是甘青地区重要的史前文化之一,晚于马家窑文化。其分布于黄河上游及其支流渭河、洮河、大夏河、湟水与西汉水流域,并以渭河上游、洮河中下游与湟水中下游地区为中心分布。若以现在的行政区划定位,东起甘肃省庆阳地区宁县,西至青海湖北岸沙柳河,北入内蒙古阿拉善左旗,南抵甘肃省文县,地跨甘、宁、青、蒙四个省区,东西长达800多公里。[8]陶器根据陶质陶色的不同,陶器可分为红陶、灰陶、黑陶、白陶等,又可根据是否添加羼和料分为夹砂陶和泥质陶两类。齐家文化出土陶器

①Wu J D. Prehistoric Pottery in China. London,1938.
②夏鼐:《吴金鼎先生传略》,《中国考古学报》第四册,商务印书馆,1949年。
③赵辉:《史前制陶工艺的研究》,《中国考古学研究的世纪回顾·新石器时代考古卷》,科学出版社,2008年。
④李仰松:《从佤族制陶探讨古代陶器制作上的几个问题》,《考古》1959年5期。
⑤李文杰、黄素英:《黄河流域新石器时代制陶工艺的成就》,《华夏考古》1993年3期。
⑥李文杰、郎树德、赵建龙:《甘肃秦安大地湾一期制陶工艺研究》,《考古与文物》1996年2期。
⑦俞伟超:《我国早期的模制法制陶技术》,《文物与考古论集》,文物出版社,1986年;牟永抗:《关于我国新石器时代制陶技术的若干问题》,《考古学文化论集》(二),文物出版社,1989年。
⑧谢端琚:《甘青史前考古》,文物出版社,2002年,第145、114页。

陶片主要有泥质红陶和夹砂红陶两种,并有少量灰陶和极少量白陶,彩陶亦有少量出土。灰陶、白陶与彩陶并不是齐家文化的主流陶器,所以在此我们仅讨论关于泥质红陶与夹砂红陶的制作工艺。

齐家文化陶器制作技术是对马家窑文化马厂类型制陶技术的继承,包括泥料的淘洗技术、泥条筑坯技术、纹饰的制作技术、陶器磨光技术等,经过发展,产生了新的陶器制作技术,包括三足器的模制技术,同时又对后来的辛店文化制陶技术产生影响。

(一)选料及加工

齐家文化陶器以泥质红陶和夹砂红陶两种为主,并有少量灰陶和极少量白陶,彩陶亦有少量出土。

制陶原料可分为塑形原料和瘠型原料两种,塑形原料即黏土,为制陶的主要原料,瘠性原料为羼和料,在齐家文化中使用的主要是石英砂,取自河沙。

齐家文化地处黄河上游的黄土高原,主要有黄土、红土、沉积土、瓷土等黏性土质。齐家文化出土的陶器数量多、分布范围广,从和黄河上游及支流渭河、洮河、大夏河、湟水一直到河西走廊的广大地区众多的齐家文化遗址中出土了大量陶器或陶片,从陶器的特征看,齐家文化的陶器大部分是自己烧制,陶土取之于本地。齐家文化陶器制作选料继承马家窑文化传统,一般不用马兰黄土制陶[1],而是就近选择可塑性好、含钙量低的可熔黏土作为陶土。在泥料处理技术上,齐家文化继承了马家窑文化对泥料的淘洗技术与陈腐技术,虽然没有发现淘洗池遗迹,但陶质纯净,无细小颗粒。泥料淘洗技术在新石器时早期即出现,在裴李岗文化中就发现了淘洗池遗迹。淘洗泥料的目的是纯净泥料,去除黏土中的杂质,粗颗粒,钙质结核。淘洗前需要粉土,将采集的土块经晒干粉碎碎,去掉土料中的粗颗粒、钙质结核及其他杂质,加水搅拌成泥浆,之后将泥浆进行澄滤以除残存杂质,然后将过滤后的泥浆澄去水分,便成为光滑细腻的制坯泥料。从陶片断口看,有些细泥陶质地均匀,断口致密,其化学组成中 CaO 含量很低,说明当时对陶土淘洗已得到了应用。泥料淘洗过后还需要陈腐,陈腐是指将泥料置于阴湿、温暖、不通风处闷一段时间再用的过程。陈腐的目的是为了提高泥料的可塑性,陈腐时间越长可塑性越好。同时,黏土的可塑性还与其所含矿物成分及胶体物质含量,腐殖质含量有关。这种提高泥料可塑性的加工工艺直接影响到铜器的范铸工艺。

另外齐家文化时已经开始用瓷土或高岭土来制作陶器,只是一般陶土淘洗不够,陶片中含有大量的白砂、氧化铁含量也较高,制出来的陶器白度不够高。如甘肃灵台桥村出土的齐家文化素白陶片,陶质中夹有量红色砂子,其 Fe_2O_3 含量为 3.9%,而 Al_2O_3、SiO_2 含量加起来已达到 87.6%[2]。

(二)坯体的成形及加工

制陶工艺根据造型方法的不同分为手制法、模制法、轮制法三种制陶工艺,其中手制法又可分为捏塑法、泥片贴筑法、泥条筑成法三种方法,轮制法可分为快轮拉坯法(以下简称快轮法)和慢轮修整法(简称慢轮法)两种方法。齐家文化陶器制作以手制法为主,并采用慢轮修整的方法。同时使用模制法制作陶鬲等三足器。

1. 捏塑法

适指用手直接对泥料进行捏塑,适合小件陶器的制作。齐家文化出土的小件陶塑,如鸟、羊、狗等动物形象及人物形象,器物中的杯、圜底罐等均属捏塑法制作,如甘肃广河县齐家坪遗址出土,现藏于

①刘东生、张宗佑:《中国黄土》,《地质学报》42 卷 1962 年第 1 期。
②马清林、李现:《甘肃古代各文化时期制陶工艺研究》,《考古》1991 年第 3 期。

图 1 莲花形碗

广河县齐家文化博物馆的莲花形碗（GC0493）高 7 厘米，口径 13.5 厘米，底径 8.3 厘米，重 0.25 千克（图 1）即为直接捏塑而成。

2. 泥条筑成法

泥条筑成法可根据盘泥条的顺序分为正筑法和倒筑法两种，正筑法是指从底部开始盘筑，倒筑法是指从器物口部开始盘筑，倒筑法多用于尖底瓶等尖底器。齐家文化陶器造型以平底器、圜底器为主，其次为三足器少有尖底器，所以使用的多为正筑法。根据秦魏家遗址 M15 出土陶罐底部麻布遗留的痕迹我们可知，齐家文化陶器制作是垫在麻布上进行的①。

根据泥条筑成法筑坯的方法不同，可以分为泥条盘筑法和泥条圈筑法两种。

（1）筑坯

筑坯是坯体成形的步骤，是制作陶器最为关键的一步。筑坯的第一步是制作器底，先将泥料拍打成圆饼作为器底，再将泥料搓成粗细适宜的泥条，泥条的粗细由所制作陶器的大小决定，器体较大，泥条较粗。器体较小，相应的揉制的泥条也较细。将搓好的泥条沿底边缘上侧或外侧筑成器壁。筑器壁的方法又分为泥条盘筑法和泥条圈筑法两种：

①泥条盘筑法

泥条盘筑指将泥条一根接一根连续延长，盘旋上升，盘出需要的器型。

②泥条圈筑法

泥条圈筑法指将泥条一圈又一圈落叠而上，每圈首尾衔接，不断落叠直到成形。器壁各部位形状的变化全凭捏泥条的手指改变姿势来控制。

齐家文化陶器器身由泥条盘筑而成，器耳等部件分制后再与器身相连。

3. 模制法

模制法②系指用泥条盘筑（或圈筑）在模具（或实用袋足器）外面，再拍打（或滚压）成与模具（袋器）形状相同、大小相近坯体的方法。齐家文化出土陶鬲等三足器的器足就是由模制法分制的。三足分别模制后与器身连接，由于三足模制，形状大小完全相同，故三足器造型匀称平稳。模具是模制法专用的工具，不同于陶垫、陶拍等其他制陶工具，由于齐家文化尚未出土陶制模具，故推测齐家文化使用诸如鸡蛋、卵石等原始模具制陶。模具法主要应用于制作袋足器（如陶鬲）。

模制法以陶鬲的制作方法为例，第一步，先利用单足内模分制三足，在模具上盘泥条或者敷泥。为了顺利脱模，采取下列措施防止粘模：利用含水量适宜的泥料；将模具外表浇湿，暂时有吸附作用，再撒一层干燥粉砂土面，在模具与坯体之间起隔离层作用；通过拍打或滚压使胎壁延展，坯与模之间出现空当立即可脱模。

①黄河水库考古队甘肃分队：《临夏大何庄、秦魏家两处齐家文化遗址发掘简报》，《考古》1960 年第 3 期。
②李文杰：《中国古代制陶工艺研究》，科学出版社，1996 年，第 13 页。

第二步,将袋足以及上半身粘接成袋足器或用泥条筑成上半身。将三足分制的坯体切割(相当于剪裁)成斜口三个袋足相接处补水后将裆部内壁捏合成"Y"字形棱脊,成为下半身。将下半身扣放,在裆部附加泥条后用圆棍压实,再与倒置的上半身套接。翻身后加工口沿,安装器耳成为鬲。

(2)修坯

坯体成形后,用手指抹去泥条盘筑和拼接的痕迹,使用陶垫与陶拍将坯体整形,经过陶垫拍打整形过的陶器会在器物内壁留下凹痕,这是判断是否使用陶垫整形的一个标志,同时经过拍打的陶器质地也更加致密。使用陶拍与陶垫对坯体进行加工是齐家文化制陶工艺的一个特点,一般而言传统制陶工艺中,是使用卵石与陶拍配合使用来加固坯体,而齐家文化使用了专门的工具:陶垫。这也是齐家文化制陶工艺进步的一个体现。另外,齐家文化部分陶器是经过磨光处理的,具体方法是先使用骨质、木质或金属工具将坯体上多余泥料刮去,使坯体变得更加规整,再用手指、光滑的圆木棒或光滑坚硬的圆球对坯体进行打磨、抛光,在武威皇娘娘台遗址四次发掘时,就出土了这样的陶球。在陶器表面打磨抛光技术上,齐家文化不如马家窑文化,可能与彩陶不发达有关。同时在齐家文化陶器口沿和肩部上还发现明显的慢轮修整的痕迹[1]。

(3)施加纹饰[2]

施加纹饰可以使泥条接合牢固,施加纹饰的方法是使用陶拍或木棍进行拍打或滚压。陶拍分为素面、刻篮纹或方格纹、缠绕麻绳三种,进行拍打和滚压时绳股的麦粒状凸起将泥料往两边挤压可有效地消除泥条缝隙,提高器壁致密度。

齐家文化陶器纹饰以篮纹、绳纹为主,兼用镂孔、弦纹,划纹、锥刺纹、附加堆纹印压纹等纹饰,其中泥质红陶纹饰以竖行篮纹为主,绳纹较少。夹砂红陶以竖行绳纹为主,篮纹较少。另外,齐家文化陶器部分还存在施加陶衣的情况,陶衣以白色为主。陶衣是用细陶土或调入颜料的黏土调成泥浆,施于陶器的表面,经烧制成的陶器表面层。一般有红、橙、棕、黄、白等色,颜色取决于所用黏土的颜色及成分。齐家文化陶器施陶衣的较多,有的呈白色,有的呈红色,有的呈橙黄色,这是用白垩土或红土调成泥浆后施涂的。齐家文化陶器施加的陶衣厚薄不均,有的陶器的陶衣很厚,达1毫米,有的很薄,只有0.1毫米左右。有些彩衣是在泥浆中调入了一定量的颜料,如褚石、高岭石和铁锰矿。给陶器施陶衣,一方面是为了器表漂亮悦目,同时也增加了陶器表面的致密度。齐家文化使用的陶衣主要成分是高岭土和细泥浆[3]。

(三)入窑烧制

当坯体经晾干后入窑烧制,陶器的烧成温度习惯上称为火候。烧成温度受许多因素影响,最主要的就是陶窑的结构和陶土的化学成分,陶窑的结构越合理,烧成温度提高的就越高;另外黏土的成分对烧成温度的提高也有影响,使黏土具有耐火性的是 Al_2O_3 而 Fe_2O_3、CaO、K_2O、Na_2O、MnO 之类的 R_xO_y 类物质起助熔剂作用。当存在含铝高的硬水铝石或三水铝石时,会提高耐火度,降低可塑性;而助熔剂如碱、铁的化合物、硫化物、石膏、方解石等存在时,则降低了陶坯的烧成温度。陶土的成分和烧制气氛对陶器的颜色具有一定的影响,灰陶、黑陶和红陶的烧成温度一般不超过1050℃。把陶器中 Fe^{++}/Fe^{+++} 的比值叫还原比值。从 Fe^{++}/Fe^{+++} 数值可以看出烧制时的气氛。当 Fe^{++}/Fe^{+++} 大于1时为还原气氛,这时

[1]甘肃省岷县文化馆:《甘肃岷县杏林齐家文化遗址调查》,《考古》1985 年第 11 期。

[2]李文杰:《中国古代制陶工艺研究》,科学出版社,1996 年,第 30 页。

[3]马清林、李现:《甘肃古代各文化时期制陶工艺研究》,《考古》1991 年第 3 期。

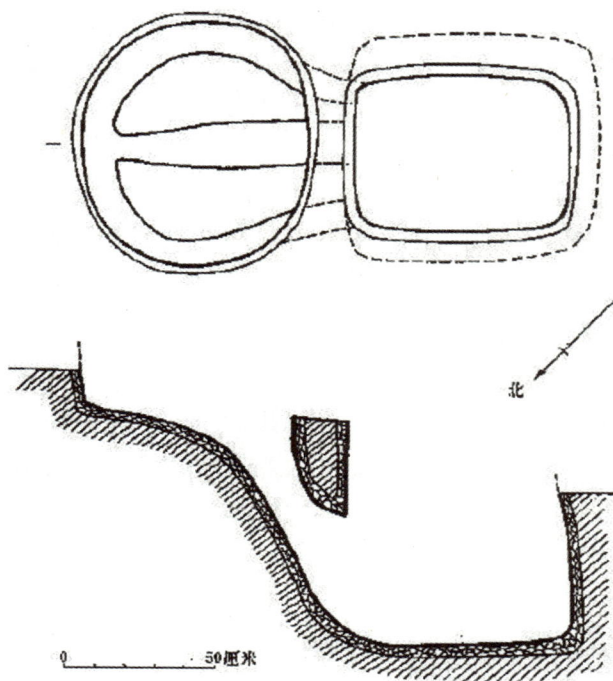

图 2　Y4 平、剖面图

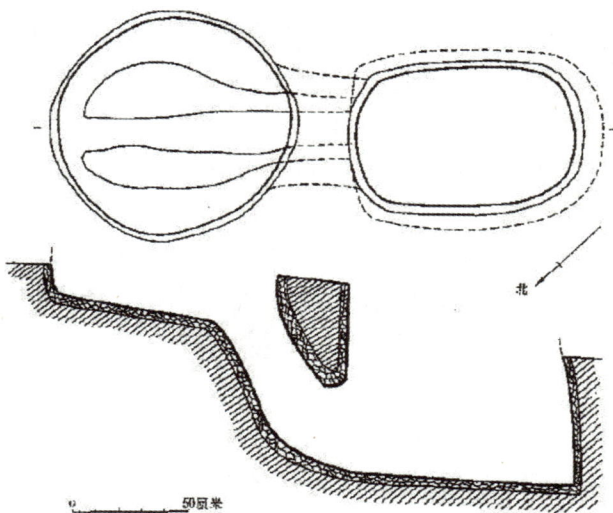

图 3　Y5 平、剖面图

Fe^{+++} 被还原为 Fe^{++}，含黑色的 Fe_3O_4 量增大，因而陶器呈灰色或灰黑色；当 Fe^{++}/Fe^{+++} 小于 1 时为氧化气氛，这时 Fe^{++} 被氧化为 Fe^{+++} 含红色 Fe_2O_3 的量增大，因而陶器呈红色或橙黄色。黑陶则是由于在烧出窑前短时间的烟熏渗碳而成，白陶则是用含有 SiO_2、Al_2O_3 较高的高岭土烧制而成的。

齐家文化陶器的烧成温度较高，一般在 900℃~1050℃ 之间，有少部分在 750℃~900℃ 之间。当时制陶者已经能熟练掌握烧窑技术，陶色纯正，很少出现颜色不纯的斑驳现象。多数器表呈红褐色、橙黄色，说明当时多用火直接烧制而较少封窑，齐家文化已经使用瓷土或高岭土烧制陶器，但为何没有烧成原始瓷？一个最重要的原因就是陶窑的烧成温度达不到瓷土的玻化温度。

陶窑的发展是衡量制陶工艺水平的又一个标志。陶窑的结构基本上可分为横穴式和竖穴式两种。横穴窑的结构比较原始，它们的结构是窑室和火膛两者基本位于同一水平面上。齐家文化继承了从仰韶时期产生，经马家窑文化发展的横穴窑，未发现使用竖穴窑遗迹。天水师赵村遗址第七期齐家文化发现三座陶窑（Y4—Y6）[1]，均为横穴窑，其中，Y4 和 Y5 保存较好。

Y4（图 2），位于 T365 北侧，开口在第 2 层下，建于生土之中，方向 225 度。由窑室、火道、火膛三部分组成。窑室上部及其口部已残，现存遗迹距地表深 0.4 米，窑室平面呈椭圆形，直径 0.7~0.85 米，残深 0.1 米左右，窑底有环状火道和一条直形火道，从而构成三股火道，火道从窑室略向下倾斜通向火膛至于火膛底部，火道径或宽 0.15~0.17 米，窑室与火膛之间隔梁宽 0.4 米，火膛在窑室西南侧，圆角方形，底平坦。口部长 0.73 米，宽 0.55 米，底部长 0.87 米，宽 0.8 米，底部至窑室平面深度为 0.5 米，火膛口低于窑室口部约 0.6~0.7 米。窑室、火道和火膛的表面都曾涂抹厚 1~5 厘米的草拌泥，经火长期烧烤已硬

①中国社会科学院考古研究所：《师赵村与西山坪》，中国大百科全书出版社，1999 年。

结成坚固的琉璃体,呈青黑色或青灰色,在其下是厚 4~5 厘米左右的红烧土,窑址内填灰土堆积,含草木灰渣,并有少量齐家文化碎陶片。

Y5(图 3)位于 T365 和 T366 之间,在 Y4 的西南方向,相距 2 米左右,开口于第二层下,建于生土之中。方向 225 度比 Y4 略大,结构基本相同,仅形状小有差别。Y5 由窑室、火道、火膛三部分组成。窑室上部及其口部已残,窑室平面为圆形,直径 1 米,残深 0.15 米,窑室底部有环状火道和一条直形火道,从而构成三股火道,火道平均径或宽 0.2~0.4 米,火道从窑室略向下倾斜通向火膛至于火膛底部,窑室与火膛之间隔梁宽 0.6 米,火膛位于窑室西南侧,椭圆形,袋状,平底。口部长径 1.1 米,短径 0.8 米,火膛深 0.58 米,表面烧结成青灰色琉璃硬面,厚 1 厘米左右,其下是红烧土,厚 4 厘米—6 厘米。窑址内充填灰土堆积,含草木灰烬,出土少量齐家文化残陶片。

这几座陶窑同在一地,系同时使用,反映陶器集中生产,制陶生产有了一定规模。同时,也证明了齐家文化陶器系本地烧造,并非异地生产。

关于制陶技术的识别是古代陶器研究的基本内容之一,只有在此基础上对相关技术特征和时空分布进行概括和总结,才有可能对古代陶器坯体成型技术选择之背景和动机进行比较研究,进而管窥古代陶器生产的社会行为。

结　语

齐家文化陶器制作技术是对马家窑文化马厂类型制陶技术的继承,包括泥料的淘洗技术、泥条筑坯技术、纹饰的制作技术、陶器磨光技术以及横穴窑烧造等,经过发展,成为具有自身特色的技术,同时又对后来的辛店文化制陶技术产生影响。

齐家文化陶器以红陶为主,并有少量灰陶、白陶、彩陶,多红陶主要与齐家文化使用横穴窑和窑内氧化气氛有关。陶质细腻,与泥料淘洗技术被广泛应用有关。红陶以泥质红陶和夹砂红陶为主,泥质红陶纹饰以竖行篮纹为主;夹砂红陶以竖行绳纹为主,同时使用镂孔、弦纹、划纹、锥刺纹、附加堆纹印压纹等纹饰装饰陶器。齐家文化制陶工艺以手制为主,主要使用泥条筑成法筑坯。三足器由模制法制作而成。陶拍与陶垫被大量应用于陶器整形上。同时由发现集中的陶窑遗址及制陶工具可知,齐家文化陶器系本地烧制,并形成一定规模。

齐家文化镂孔陶器浅析

兰州大学考古学及博物馆学研究所　郭永利

齐家文化在西北地区分布广泛,发现的遗址数量众多,文化内涵复杂。齐家文化陶器具有鲜明的特点。本文仅对其中的镂孔陶器进行讨论。

齐家文化的镂孔器目前发现的材料并不少见,镂孔技法作为陶器制作中一个特殊的做法存在并且极具特点,故本文对其特征及来源进行探讨,从期对齐家文化的面貌能有更深入的认识。

一、出土镂孔陶器举例

1. 圈足罐,标本号为 966:1。出土于青海乐都柳湾墓地。

该陶杯高 8.7 厘米,口径为 6.7 厘米,灰陶制。器物上部分为带双耳的罐型,下部分为高圈足。圈足部分开三层镂孔,呈锯齿状,齿尖均向下。但此器与其他诸器不同之处在于,镂孔并未雕透,是在器壁表层浅雕形成锯齿状纹饰(图 1:1)。

2. 双耳圈足罐。现藏白银市博物馆,出土于会宁地区。

该陶罐高 21 厘米、口径 11.5 厘米、底径 11 厘米。器身无纹,侈口,束颈,颈部有双耳。垂腹,下有小圈足,镂孔位于圈足,有四个对称镂孔。此类罐在临夏地区及靖远等地都有发现(图:1:2)。

3. 陶豆,标本号为 M46:3。出土于秦魏家墓地。

该豆为喇叭形高细圈足,豆腹较深。在高圈足处,镂出二排三角状孔,孔尖相向而错。该墓地同出的其他豆也有简单的镂孔(图 1:3)。[①]

4. 陶豆,标本号为 1366:5。出土于青海乐都柳湾墓地。

陶豆为浅腹盘,下有粗筒状的高圈足,圈足上对称开有较大的镂孔(图 1:4)。

5. 双大耳罐,标本号 696:3。出土于青海乐都柳湾墓地。

---

① 中国科学院考古研究所甘肃工作队:《甘肃永靖秦魏家齐家文化墓地》,《考古学报》1975 年第 2 期。

器型素面无纹,大口高领,腹径小于口径,双耳较宽,镂孔位于双大耳上根部。镂孔呈圆形,自上至下竖向排列(图:1:5)。

6. 双大耳彩陶罐。出土于青海大通上孙家寨遗址。

器型大口高领,鼓腹。口径与腹径大体一致。肩腹饰红彩大三角纹。双大耳顶部对称饰有多个镂孔。镂孔呈三角形,孔尖相向,尖部有对称的二个小圆孔(图 1:6)。

7. 双大耳罐。出土于青海贵南尕马台。

器物素面无纹,大口高领,口径大于腹径,镂孔位于双大耳上根部,呈对称分布,孔形中间为一道竖线型镂孔,两侧对称雕镂三角形及小圆孔(图 1:7)。

8. 双大耳彩陶罐。出土于榆中地区,现藏于榆中县博物馆。

器型大口高领,口径大于腹径。颈部绘红彩,红彩分为二层。双耳较宽,在耳根部有镂孔,每侧各有两组角尖相对的三角形孔,再辅以一组两个的小圆孔(图 1:8)。

9. 双大耳罐。出土地点不详。

器型高领,大口,瘦腹,口径大于腹径,耳较宽。耳上镂有一组相对的三角形孔,辅以圆形小镂孔(图 1:9)。

10. 双大耳罐。现藏临夏州博物馆,出土于临夏地区。

器型大口高领,瘦腹短矮,口径大于腹径,双大耳较宽,耳部镂孔,孔形呈长条形,其一侧有小三角形及小圆形孔,另一侧无(图 1:10)。

11. 双大耳罐。临夏州博物馆藏。出土地为临夏地区。

器型大口高领,瘦腹短矮,口径大于腹径,双大耳较宽,耳部镂孔,孔形为小三角形,尖相对(图 1:11)。

12. 双大耳罐。出土于广河盖子坪,现收藏于甘肃省博物馆。

该陶器通高 13 厘米,口径 8.6 厘米,底径 4.7 厘米。微直领,侈口,折肩。口径与腹径大体一致。腹部有镂孔,镂孔呈三段折线形,共四处。底部剔圆孔及四个三角形镂孔[1],镂孔大小不详。此外,罐内有硬丸(图 1:12)。

13. 陶尊。1975 年出土于庄浪县韩店乡,收藏于庄浪县博物馆。

为细泥橘红陶,轮制,磨光,镂空。通高 14.8 厘米、口径 9.5 厘米。敞口,圆唇,高领,折腹,平底。口径与腹径大体一致。下层内置陶丸两只。底部剔圆孔及三个三角形镂孔,镂孔大小不详。肩部线刻一龙纹(图:1:13)。

14. 双大耳罐,标本号为 M47:11。出土于武威皇娘娘台遗址,系该遗址第四次发掘所获。夹砂陶

| 1 | 2 | 3 | 4 |

A 型　圈足镂孔

---

[1]甘肃省博物馆:《武威皇娘娘台遗址第四次发掘》,《考古学报》1978 年第 4 期。

5   6   7   8
B 型　耳部镂孔

9   10   11

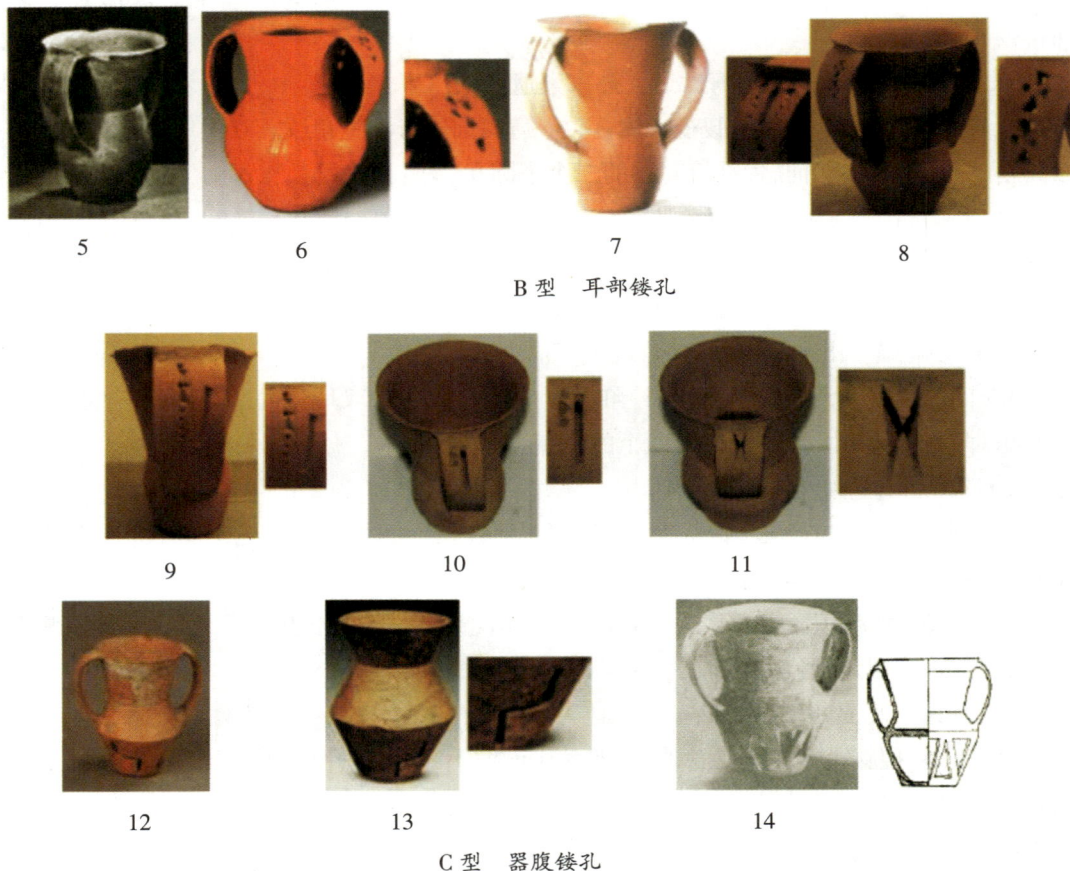

12   13   14
C 型　器腹镂孔
图 1　齐家文化镂孔器类型
（1、2 圈足罐　3、4 豆　5—11 双大耳罐　12、14 双大耳罐式陶铃　13 尊式陶铃器）

制，双层底，折肩部有底。最底层中间有圆孔。耳有刻画人字形纹。腹部呈镂空状，镂孔呈正倒三角形，孔尖相向而错。同时，在此次发掘的双大耳罐的双耳上均有如长方形状的极简单的镂孔。此式罐为折肩收腹式（图:1:14）。

二、齐家文化镂孔陶器类型

齐家文化所见的镂孔陶器器型有圈足罐（例 1、2）、豆（例 3、4）、双大耳罐（例 5、6、7、8、9、10、11）、尊（例 13）及双层底双大耳罐（例 12、14）等。在器身较小的双大耳罐以及三大耳罐类器型上没有发现类似镂孔的做法。

从镂孔所处的位置来看，其分布特点较为明确。根据镂孔位置，将其分为 A、B 和 C 三个类型。A 型为圈足镂孔陶器。镂孔均雕刻在器物的圈足处。B 型为器腹镂孔型陶器。镂孔雕刻在器物的腹部。C 型为耳部镂孔型陶器。镂孔均雕刻在耳部顶端（见图 1）。

A 型

镂孔均雕刻在圈足的位置，有带圈足的罐及豆两种器型。

圈足罐，如例 2。此类器物一般做出圆形镂孔，镂孔为 2 个或 2 个以上呈一圈对称分布于圈足之

上,亦有方形镂孔。镂孔数量不多,大小相同。罐多为双耳罐,有的罐口部带有管状流,同时此类器型圈足较矮。青海柳湾墓地的圈足罐例3,报告中称为杯。但此器虽小,器身仍为罐形,应属于圈足罐。该器圈足相对较高,镂孔为二排较细的三角形,整体器型并不大。需要注意的是,此器与其他不同之处在于,是在器表雕镂成锯齿状。

豆的镂孔形式因圈足的形制不同而不同。圈足低矮或略呈筒状高圈足的豆,镂孔一般对称有二个,位置在圈足近底处,多见圆形,也有少量的方形,如例4。呈细喇叭状的高圈足,镂孔形式多样,未见二个镂孔对称分布的形式,并且豆腹较深。镂孔均呈三角形,有刻二排的做法,如例3。也有刻一排三角形的做法,一般尖角相向,孔形也较大。

B 型

镂孔雕刻在双大耳根部,均为双大耳罐器型,如例5、6、7、8、9、10、11。

从目前收集到的资料来看,在双大耳根部刻镂孔的做法也不算少见。如果将此类镂孔放在与双眼平齐的位置进行平视的话,看不到镂孔或者说观察不到其镂孔的全貌。而从上往下看,则可以很清楚地看到镂孔部位。无论怎样,能够观察并判断的,双大耳罐是齐家文化陶器群中最具典型性的器物。那么有镂孔器和无镂孔器之间的区别是什么,暂还不得而知,需要做大量的工作。此类器均在耳部镂孔形式上其主题为相对的三角形孔,有些在角尖相对之处的两侧辅助以小圆孔。有些在耳中央或侧边镂长条形孔,在两侧或一侧镂出三角形辅以小圆孔的式样。

C 型

该型器物镂孔刻在器腹处,有双大耳罐及尊二种器型,如例12、13、14。

双大耳罐共举出二例,即例12和例14。例14双大耳罐从发掘报告可知,此罐为双层底,镂孔正处于二层底的中间部分,呈三角形。镂孔较大。例14的双大耳罐与例13的镂孔在形式上类似——镂孔在腹部近底处,均为折线形。器身瘦长。值得关注的是例12器腹(即二层底)的中间部分,里面被放置了硬丸,器物在被摇动的同时可以发声。

例13尊,为大口,高领,折肩。在肩上部刻画动物纹。器腹镂刻折线形孔。腹有双层底,镂孔同样位于二层底的中间,其中亦内置二丸,摇动可发声。

A、B、C三型中,A、C型器物均可合并看作是在底足处镂孔的做法。主要原因是C型均为二层底罐,而镂孔均在二层底之间部位。这样一来,应将二层底部位视为整器的器座,即上部分为容器,下部分为底座。而这个底座部分内置陶丸或石子,因其可发声,故被一些学者归入乐器类,也被称为响铃。例14在发掘报告中并没有报道双层底部是否置硬丸,但与例12、13对比,这种双层底的做法,其目的,就是为了在内装硬丸可使其发声。所以例14也应是响声器,这3件器物的功能应是相同的。

B型的镂孔,因在耳根部,其功能应具有装饰作用,而实用功能则较弱。

三、齐家文化镂孔器文化因素分析

以下对所见器型,从其形制与镂孔特点,对其文化因素进行分析。

圈足罐,双耳位于颈部,垂腹,有些器物在肩部带流,同时口与底大体一致的特点,与马厂晚期小罐类的特点具有很强的共性。但马厂类型晚期的陶器以平底为主要特征,不见带圈足的做法,在罐底

图 2　镂孔器（左：马厂类型陶豆　右：崧泽文化镂孔器）

加上圈足的做法,这应视为齐家文化陶器的新创造。

在中原地区的陶寺文化早期,可见有圈足罐,但不见在圈足上镂孔的做法。齐家文化对此类器型不仅加了圈足,而且圈足处有对称的镂孔,怀疑是模仿了马厂类型陶豆圈足作镂孔的做法。

高圈足的豆,尤其是较粗呈筒状的圈足的豆,在马厂类型较为常见,并且部分器物在圈足处镂对称的大小相同的圆形孔。齐家文化此类器物的形制上与马厂类型几乎相同,也在圈足处雕镂出与其相同的大小相同的圆形镂孔(图 2:左)。

齐家文化中最具特点的,是细长喇叭状圈足豆,其具有更多的形式。因圈足加高,上部变细,其镂孔变大,有方形和三角形镂孔二种形式。方形镂孔多见于略呈筒状的圈足上,而三角形镂孔仅见于高细喇叭形的圈足上。这应看作是齐家文化陶豆圈足的新发展。尤其是高细喇叭状的圆足,更加重视豆足制作上技法的提高和应用。豆足上进行镂孔的做法在客省庄文化多见,但均为圆形小孔,与齐家文化中马厂类型因素的陶豆相似。在长江流域的史前晚期陶器中,也可见到陶豆圈足处的镂孔,但此类镂孔与齐家文化区别较大,如崧泽文化中的高圈足豆上,镂刻图形发达,但主题多为圆形孔,孔似玉璧形状,绝不见于齐家文化图像式样中。圈

图 3　马厂类型三角形纹

足处镂三角形孔,应是齐家文化结合马厂类型彩绘图像而产生的新做法(图 3)。

双大耳罐,是齐家文化最具典型性的器物。在耳部镂孔,多见大口高领小腹双大耳罐,偶见于大口短颈鼓腹的器物上,且后者多为简单的长条形镂孔。有些器身施有红彩纹饰。镂孔均为尖相对的三角形小孔,其旁或辅以小圆孔。此类器型与镂刻技法,完全不见于与齐家文化分布区相同的马厂类型器中。马厂类型器耳部的装饰做,常见彩绘横向线纹等,主要是彩绘加堆塑的方法,这也是马家窑文化诸类型在耳部进行装饰的主要做,也就是说,在耳部进行镂孔,不是马家窑文化的传统(见图 3)。因此,耳上镂孔应视为齐家文化独有的传统。同时观察可知,耳部镂孔的双大耳罐也是齐家文化器物群里最为精细的陶器,尤其是陶质极细,陶胎较薄,彩绘精美,颈部塑造极为发达。其高领的做无论器型大小均极有气势。双大耳较宽,其镂孔也极为精细,器腹有变得较为简单且较小的趋势,似乎器腹变为器座

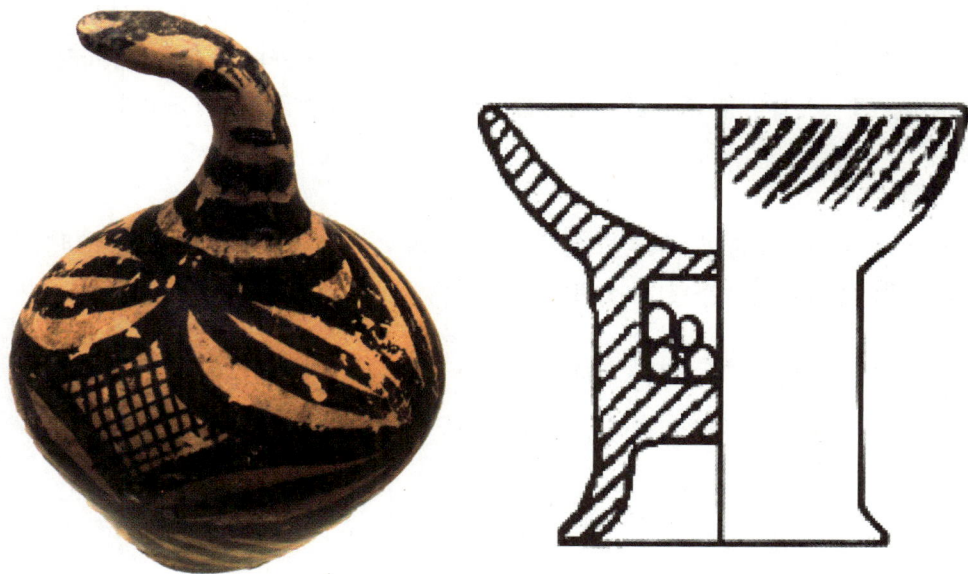

图4　陶响铃（左：马家窑文化响铃　右：阿善文化陶豆）

性质,而作为容量其盛量的多少,似主要体现在器颈的高低和粗细上。

　　带底座器,镂孔形式有所不同。如例14,底座部分镂上下交错的大三角形孔。这种三角形两尖相对的式样,在马厂类型的彩陶器中是常见的做法(见图3)。而例14是将彩绘的表现形式转换成了镂雕的形式。例13与例14镂孔简单。

　　在器物中置硬丸发声的做法,在阿善文化(前2800—前2500年)、客省庄文化(前2600—前2000年)出土物中也有。马家窑文化中也有发现。但客省庄文化和马家窑文化中的此类器物,直接装入器身中,仅阿善文化可见陶豆的双层底中装小石块的做法(图4)。而在齐家文化中实际上是将能发声的部位做成了整器底座的形式。这种做法,应是齐家文化结合了陶铃与陶豆双层底的做法而成,将容器与响声器结合而成。史前时期在南北方响铃是多见的器物,学者一般将其视为乐器或儿童玩具,但从齐家文化在响铃上做了容器的做法来看,似乎并不单纯如此,其真正的功能引起思考。

　　如果将探讨的视野扩大,我们可以看到,齐家文化镂孔器中的二种器物,即陶豆和响铃,都是中国远古时代最古老的器型。陶豆在圈足上镂孔的传统也很古老,不同之处仅在于地域不同而形成的图式的变化。响铃也同样,其原型来自于古老的文化传统。齐家文化双大耳罐独具特点,但与客省庄文化的双大耳罐的相似,也说明了二者之间不可忽视的联系。

　　或许双大耳罐上的精美镂孔,才是齐家文化的独创。然而能将镂孔技术应用于双耳,也与新石器时代末期文化中对圈足器镂孔的发展有关,客省庄文化、龙山文化、崧泽文化、良渚文化中圈足豆、圈足杯等,虽都有各自镂孔作法,却极为精美。这种风尚,对齐家文化镂孔器的发展无疑是有作用的。能说明这一点的是,齐家文化的镂孔器,延续了陶豆和响声器的传统,即对这二种器物功能进行了保留,在器型上有所发展,还进而新创出了双大耳罐上的镂孔。

结　语

　　在以上分析,可以看出,齐家文化镂孔器的出现和发展,虽是对器物功能和形式进行改良的结果,但更应看到的是它与区域之间文化的直接或间接的联系。镂孔器的器型,可以说是从马家窑文化中吸收而来,在新的做法产生后,采用了马家窑文化诸多因素而产生了新的镂孔形式;同时也有对齐家文化陶器的新创造,即双大耳罐双耳上对三角形镂孔的出现,别开生面,成为齐家文化陶器中最令人心动的图形式样。

本文为 2015 年国家自然科学基金项目"丝绸之路沿线河西段绿洲化时空过程及其驱动机制研究"(41471163)阶段性成果。

青铜器研究

运用 GIS 浅析甘肃齐家文化青铜器分布

兰州大学考古学及博物馆学研究所　陈月莹

　　甘青地区是中华文明的发源地之一,从新石器时代马家窑文化起,甘肃林家遗址就出土了迄今为止最早的青铜器,但当时的青铜器制作技术尚属刚刚起步,无论从取材还是冶铸等方面来说,都不算是很成熟的阶段。从齐家文化时期起,青铜器的制作由西向东扩展,与后来的辛店、寺洼文化逐渐相连,虽然当时的铸造水平还略欠火候,材料也主要以红铜为主,但是后期却出现了二元合金等相对进步的现象,装饰纹样也逐渐显露出北方草原的风格。而为后来青铜时代的器物铸造奠定了一定的基础。

　　金属器物的冶炼、加工和使用是人类进入文明社会的重要标志。本文希望通过对甘肃省齐家文化时期青铜器分布的研究,对当时文明的进程略窥一二。

一、研究现状

　　对甘肃地区青铜器的研究自其发现之日起便受到了学界的重视。但是总体来说,现在对于甘肃地区青铜器的研究大都停在宏观的早期概述,东西方文化的交流,冶金技术的检测、分析等方面,而专门集中在具体某一地区或时代的则少之又少,尤其是集中在齐家文化时期,或是涉及地理信息系统等方面的文章。

　　首先在对甘肃地区早期青铜器的概述方面,孙华[1]、李水城[2]、王辉[3]、白云翔[4]、安志敏[5]等人,就曾对其谱系、分布和传播等进行深层次的分析。吉林大学等的一些博士、硕士论文,也对甘肃地区各个时

---

[1]孙华:《中国青铜文化体系的几个问题》,《考古学研究》2003年。
[2]李水城:《西北与中原早期冶铜业的区域特征及交互作用》,《考古学报》2005年第3期。
[3]王辉:《甘青地区新石器—青铜时代考古学文化的谱系与格局》,《考古学研究》2012年。
[4]白云翔:《中国的早期铜器与青铜器的起源》,《东南文化》2002年第7期。
[5]安志敏:《中国早期铜器的几个问题》,《考古学报》1981年第3期。

代出土的青铜器进行了梳理和总结,陈小三的博士论文《河西走廊及其邻近地区早期青铜时代遗存研究》①就专门针对河西走廊地区青铜时代的遗存进行了探讨,但是该文中对青铜器的分析则很少。蒋超年的《甘青地区青铜时代考古学文化及其族属研究》②分门别类,对青铜时代的遗物分析很多,并且将甘青地区分为六个区域,详细叙述,而刘翠的《早期甘青地区冶铜及铜器铸造技术研究》③则对甘青地区的早期冶铜及铜器铸造技术进行了深入的探讨。

在东西文化交流方面,主要有李水城④、刘学堂⑤、李文瑛⑥、贾建威⑦等人的研究,从出土的不同形制、不同文化的青铜器来分析当时与西亚、欧亚草原地区以及同中原等地的联系,甚至构建出一条东西方交流的通道。但与之前不同的是,这些分析大多基于对于青铜器冶金成分的分析之上,所以更具有说服力。

而对于冶金成分的分析和检测,当前随着科技考古的兴盛,而日益受到人们的重视。孙淑云对东灰山遗址的青铜器进行了金相组织检测⑧,北京科技大学也曾对甘青地区的青铜器展开过检测研究⑨,除此之外还有水涛⑩、李水城⑪等对四坝文化出土的青铜器也进行过比对。但只是主要集中在铸造手法、合金成分等的检测分析上,在矿产资源的来源问题上,涉及的学者更是少之又少。魏国峰的《古代青铜器矿料来源与产地研究的新进展》⑫一文中,只是提及甘肃青铜矿料的分布和类型等,但未就其与附近出土的青铜器相联系起来。

而针对齐家文化青铜器的研究中,多数也只是基于对出土青铜器纹饰的比对来探究当时甘青等地与西北地区的文化交流等问题。在2015年广河举行的齐家文化国际研讨会上就有学者对于齐家文化与四坝文化以及当时新疆东部的文化关系、交流,以及对于整个西北青铜文化圈的形成、划分提出了自己的见解⑬。刘学堂最新一篇文章中,对此进行了详细的梳理和总结,以及对齐家文化青铜器的时空分布、纹饰以及与西北青铜文化圈等问题做了详细的解释⑭。但所引用的数据,像目前在甘肃省发现的齐家文化遗址点以及其中出土青铜器的遗址点数量等还有待商榷。

总之,在基于这些资料的基础上,本文准备利用GIS软件对甘肃地区齐家文化时期的青铜器进行梳理和数据上的整理,通过对其数量、材质、铸造手法等方面来分析其特点与对外交流等问题。

①陈小三:《河西走廊及其邻近地区早期青铜器时代遗存研究》,吉林大学博士学位论文,2012年。
②蒋超年:《甘青地区青铜时代考古学文化及族属研究》,东北师范大学硕士学位论文,2011年。
③刘翠:《早期甘青地区冶铜及铜器铸造技术研究》山西大学硕士学位论文,2012年。
④李水城:《西北与中原早期冶铜业的区域特征及交互作用》,《考古学报》2005年第3期。
⑤刘学堂、李文瑛《史前青铜之路与中原文明》,《新疆师范大学学报》2014年第4期。
⑥刘学堂、李文瑛《史前青铜之路与中原文明》,《新疆师范大学学报》2014年第4期。
⑦贾建威:《从甘肃出土文物看东西方文化交流》,《文博》2010年第3期。
⑧孙淑云、韩汝玢:《甘肃早期铜器的发现与冶炼、制造技术的研究》,《文物》1997年第7期。
⑨北京科技大学冶金与材料史研究所:《火烧沟四坝文化铜器成分分析及制作技术的研究》,《文物》2003年第8期。
⑩李水城、水涛:《四坝文化铜器研究》,《文物》2000年第3期。
⑪李水城、水涛:《四坝文化铜器研究》,《文物》2000年第3期。
⑫魏国峰:《古代青铜器矿料来源与产地研究新进展》,中国科学技术大学博士学位论文,2007年。
⑬朱乃诚、王辉、马永福:《2015中国·广河齐家文化与华夏文明国际研讨会论文集》,文物出版社,2016年。
⑭刘学堂:《齐家铜器西承东接》,《丝绸之路》2015年第13期。

二、GIS 制图与分析

本文拟用 Arcgis10.2 中文版软件进行该次试验。数据调查来源于甘肃省第三次文物普查资料。经统计,甘肃地区共有齐家文化遗址点 1620 处(不计消失的遗迹和不确定确切时代的遗址点),其中出土青铜器的遗址点共 11 处。将其坐标转换成十进制之后,按其名称、纬度、经度以及出土青铜器的种类、数量、铸造手法和合金成分分绘至两个 Excel 表格当中。然后打开 Arcmap,将甘肃省的底图转为 Shapefile 格式之后,将表格导入地图,实现遗址点的精确定位。再按同理,将甘肃境内的矿产资源和两处新发现的冶炼遗址也导入其中,结果如图 1 所示。

由上图可以清晰地看到,黄色的圆圈代表齐家文化的遗址点(由于文化属性上认识的偏差,第三次文物普查中将一些位于菜园文化、客省庄文化等其他文化的遗址也列入齐家文化遗址中,在此并未将其排除在外)[①],绿色的则代表其中出土青铜器的遗址点,黑色的三角代表各地的矿产资源,绿色的星星则代表新发现的冶炼遗址。其中,境内的齐家文化主要分布在东部和东南部,并呈现出由东向西从少至多再逐渐减少的趋势。尤其是到兰州和白银一带,西部几乎没有该时期的遗址点,直至酒泉附近才又出现零星几处。而发现青铜器的遗址点更是少之又少,主要集中在甘肃境内的东南部。矿产遗址却在东部较少,西北部偏多,东部主要集中在兰州、白银、甘南、陇南一带。

图 1 甘肃省齐家文化遗址分布图

由于在制图的过程中,提取不同的遗址点时,具有多重属性的遗址在显示过程中会有重叠的部分,所以笔者又对出土青铜器的遗址点单独出图(如图 2 所示)。

由图二可看到,其遗址点主要集中在临夏、定西、甘南、平凉及武威附近(包括皇娘娘台遗址、海藏遗址、永靖大何庄遗址、永靖秦魏家遗址、广河齐家坪遗址、陈旗磨沟遗址、新庄坪遗址、魏家台子遗址、广河西坪遗址、康乐商罐地遗址和岷县杏林遗址)。而其周边的矿产主要集中在白银、甘南、天水等。但是在武威,出土青铜器的遗址点靠近河流,在其河流西部有多处矿产,是否可以成为当时的原料来源呢?这就引出了接下来对于其地形地势以及坡度、坡向等具体的分析。

---

①这些遗址点主要根据第三次文物普查结果绘制。但因为认知不同,其中位于金塔境内的遗址点和宁夏、陕西的一些遗址点,虽然不属于齐家文化,或者有的可能属于菜园文化、客省庄二期文化、常山下层文化,但也根据资料包含在本次实验中。

图 2　甘肃省齐家文化出土青铜器的遗址点

而要想对这一地区进行上述的分析，首先需要将其地形用 DEM 高程图覆盖。在 http://srtm.csi. cgiar.org/ 网站下载 SRTM 90M Digital Elevation Data 的高程图；接着将其拼接成一个完整的数据集，提取海拔值，制作山体阴影图和箱线图。再同理炮制其坡度图和坡向图。以此对甘肃境内齐家文化的遗址点和该时期出土青铜器遗址点的分布规律略窥一二。

由上图可以看到齐家文化遗址大致分布在海拔较低处的浅色阴影部分。除在河西走廊西部的几处零星遗址周围山峰较少外，临近甘肃东南部的大部分遗址皆靠近山体。但由于图 3 中部分出土青铜器的遗址为其他齐家文化的遗址所覆盖，所以笔者又对其单独出图（如图 4、5 所示）。

由图 4 和图 5 可以更加清晰地看到，出土青铜器的遗址大都分布在山底且靠近河流的地带，海拔较低，而矿产地则大都分布在高山之上，海拔较高。为了更加准确的分析，笔者又制作了关于甘肃境内齐家文化遗址和其出土青铜器遗址的海拔箱线图（如图 6 所示）。

由图 6 可以看出，齐家文化的遗址最低海拔为 1700 米，最大观测值约 1875 米，有三个离散点，最高海拔约 2020 米，其中一半遗址海拔约在 1700~1813 米，有四分之一遗址海拔约在 1850~1875 米，四分之一的遗址在 1700~1800 米左右。而出土青铜器的遗址海拔最低约为 1125 米，最高约为 2400 米，无离散点，其中四分之三的遗址海拔不高于 2100 米，近一半的遗址海拔则处在 1125~1750 米左右。总体看来，出土青铜器的遗址海拔分布较该时期其他的遗址点更为分散。

接着笔者又做出该时期的坡度图（如图 7、图 8 所示）及其箱线图（如图 9）。

由上两张图可知,坡度越高的地方颜色越深。齐家文化的遗址除张掖附近的几处是在 10 度以下,其余皆在坡度较高的地方。但是出土青铜器的遗址虽然坡度较高,周围皆有河流,颜色较浅。所以为了进一步探索清楚,笔者又配合箱线图做进一步的观察。

由图 9 可看出,齐家文化遗址点分布的坡度最低为 1 度,最高约为 13 度,其中一半的遗址坡度不超过 2 度,只有四分之一的遗址点超过 7 度。而出土青铜器的遗址点坡度最低为 1 度,最高为 14 度,无离散点,其中一半的遗址坡度在 1 度至 4 度之间,但有四分之一的遗址坡度为 8 度至 14 度。总体看来,出土青铜器的遗址坡度要高于齐家文化时期其他的遗址。

最后,笔者又作了关于该时期遗址分布的坡向图(如图 10、图 11 所示)及其箱线图(如图 12),企图结合前两项对其分布一探究竟。所谓坡向,即坡面的朝向,是坡面法线在水平面上的投影与正北方向的夹角,范围在 0~360 度之间。其中 0~22.5 度是北坡,22.5~67.5 度是东北坡,67.5~112.5 度是东坡,112.5 度~157.5 度是东南坡,157.5~202.5 度是南坡,202.5~247.5 度是西南坡,247.5~292.5 度是西坡,292.5~337.5 度是西北坡,337.5~360 度是北坡。

由上图我们可以看出齐家文化的遗址点大都分布在东南坡、南坡或者东坡,出土青铜器的遗址点则大都分布在东北坡或者东坡。而在箱线图中,齐家文化的遗址分布坡向最低为 17 度左右,最高为 350 度左右,有近一半的遗址坡向为 17 至 60 度,四分之三的遗址坡向不超过 310 度。出土青铜器的遗址点最低坡向为 10 度,最高为 350 度,近一半的遗址为 10~110 度,但四分之三的遗址点坡向不超

图 3　甘肃省齐家文化分布山体阴影图

图 4　甘肃省齐家文化出土青铜器遗址点山体阴影图

图 5　肃省齐家文化出土青铜器遗址点山体阴影图

339

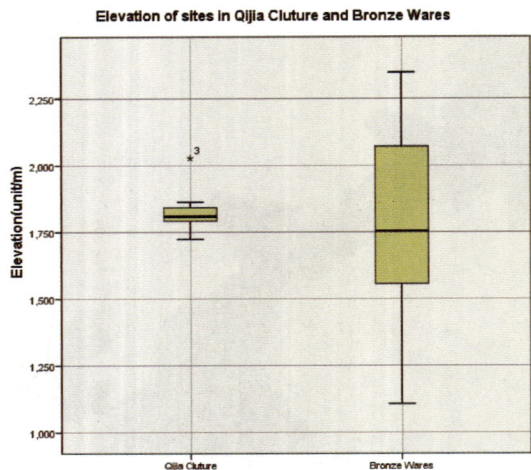

图 6　甘肃省齐家文化海拔箱线图

甘肃省齐家文化青铜器分布坡度图

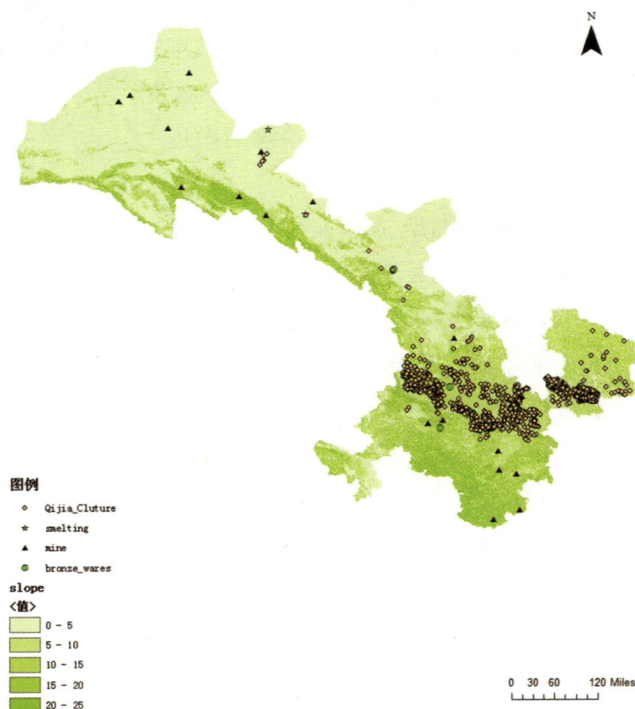

图 7　甘肃省齐家文化遗址分布坡度图

图 8　甘肃省齐家文化出土青铜器分布坡度图

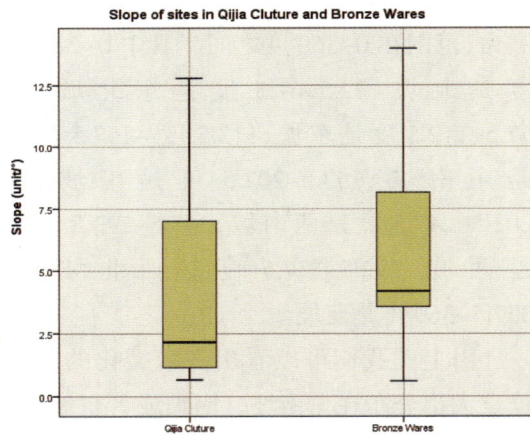

图 9　甘肃省齐家文化遗址分布坡度箱线图

过 230 度。所以总体看来,出土青铜器的遗址点较该时期其他的遗址的坡向分布较高,且更为集中。

　　总而言之, 这一时期的遗址大多沿着河流分布,海拔较低,河岸地势较为平坦,故坡度值也较小,可能当时生产力水平还不甚发达,先民对于周遭环境的认识需要一个相对较长的过程,选址自然随着时间的推移而有所差异,靠近河岸也许更有利于先民的生活和发展。出土青铜器的遗址较该时期其他类型的遗址坡度较大,有可能是因为选址要靠近矿产原料,而矿产大都出自山体,靠近河流则有可能因为交通便利,更有利于其发展、运输和交流。虽然在坡向分布上,二者大都集中在东坡、东北或者东南坡,但是从阴坡和阳坡上看,出土青铜器的遗址较其他遗址更集中在阳坡和半阳坡的范围之内。很有可能是因为当时齐家文化内部的发展起伏,而青铜器的制造正值其兴盛之际,生产技术具有很高的水平,生活环境也都处于较为有利的时期。

　　除此之外,单从该时期出土青铜器的遗址来看,其分布与出土器物的数量、材质是否有些许联系

图 11 甘肃省齐家文化出土青铜器遗址分布坡向图

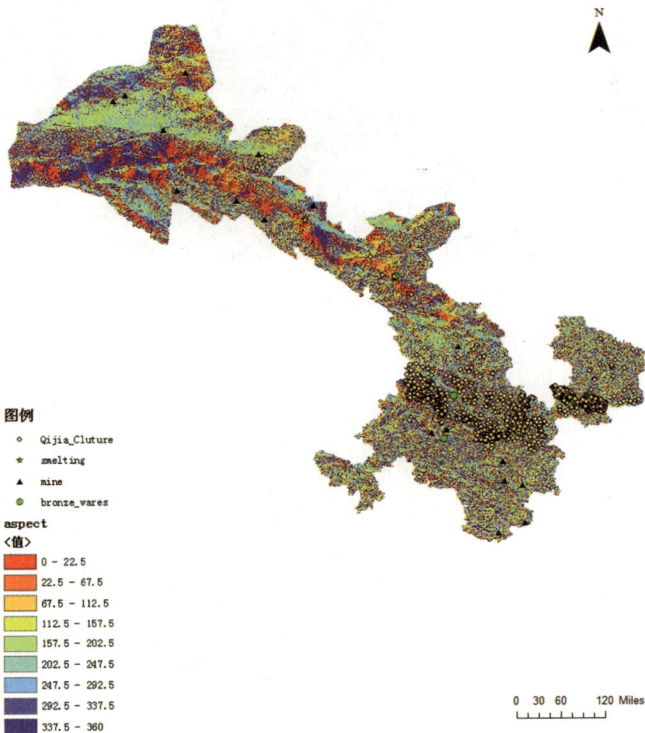

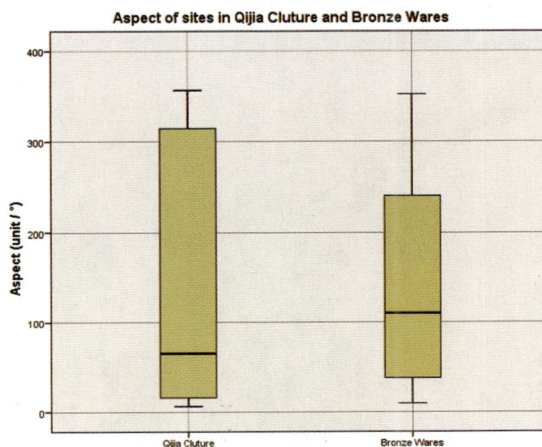

图 10 甘肃省齐家文化遗址分布坡向图

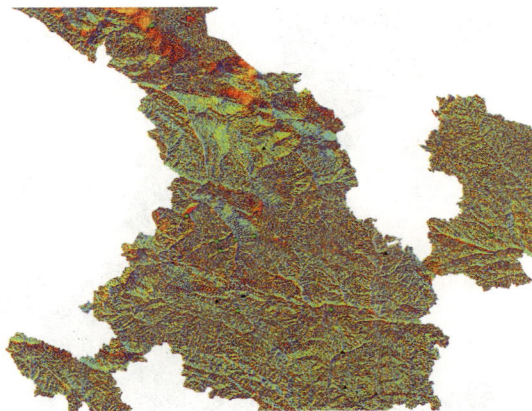

图 12 甘肃省齐家文化遗址分布坡向箱线图

呢？对此，笔者又进行了以下详细的分析。

首先对于这 11 处遗址点出土青铜器的数量，根据其平均值划分为出土十五件以下和十五件以上两组，再将其标示在山体阴影图、坡度及坡向图中（如图 13 至 18）。其中出土十五件以下青铜器的遗址有海藏遗址、永靖大何庄遗址、永靖秦魏家遗址、广河齐家坪遗址、新庄坪遗址、魏家台子遗址、广河西坪遗址、康乐商罐地遗址、岷县杏林遗址；出土十五件以上青铜器的遗址有皇娘娘台遗址、陈旗磨沟遗址。

由上图可看到，出土青铜器较少的遗址点大都分布在境内的西部，出土较多数量的则大多分布在东部和东南部，呈现出由西至东逐渐过渡的过程。且从坡度和坡向图中可知，出土数量较少的地方大都分布在阴坡且坡度较高的地方，出土数量较多的大多分布在阳坡、半阳坡及坡度较低的地方。但其实出土数量的多少并不能说明当时此地铸造青铜器水平的高低，因为冶铸青铜器时不仅看生产量的大小，还有冶铸材料的成分及铸造手法。齐家文化时期属于承上启下的时代，矿产原料已不仅有红铜，还出现了锡青铜、铅青铜、铅锡青铜等二元及三元合金成分。冶铸手法也从原来的锻造发展出了少量的铸造（如图 19 至 22）。其中出土红铜的遗址有皇娘娘台遗址、秦魏家遗址、西坪遗址、岷县杏林遗址；出土二元及三元合金的遗址有秦魏家遗址、齐家遗址、陈旗磨沟遗址、西坪遗址等。

由图中可以看出，出土红铜器的遗址点大都位于甘肃中部和偏西的位置。出土锡青铜等二元及三

图 13　甘肃省齐家文化出土青铜器十五件以下遗址
分布山体阴影图

图 14　甘肃省齐家文化出土青铜器十五件以上遗址
分布山体阴影图

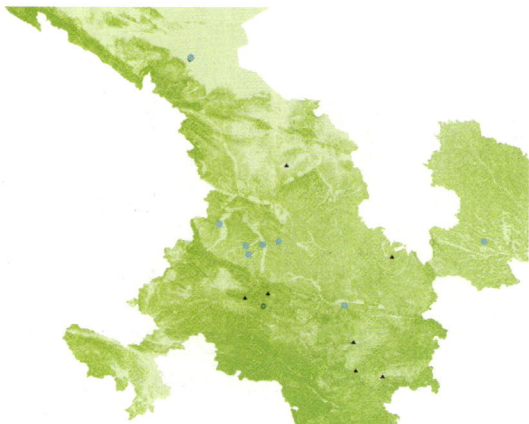

图 15　甘肃省齐家文化出土青铜器十五件以下遗
址分布坡度图

图 16　甘肃省齐家文化出土青铜器十五件以上遗址分
布坡度图

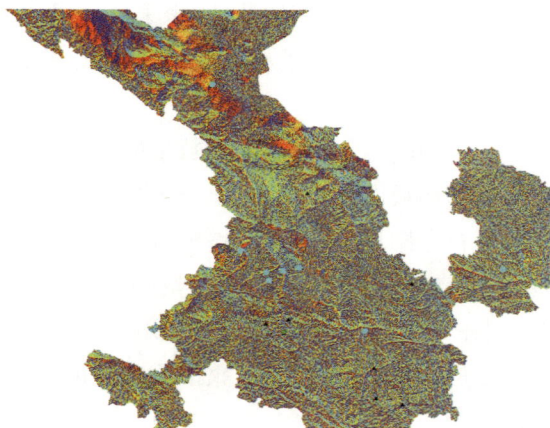

图 17　甘肃省齐家文化出土青铜器十五件以下遗址分
布坡向图

图 18　甘肃省齐家文化出土青铜器十五件以上
遗址分布坡向图

图19　甘肃省齐家文化出土红铜遗址

图20　甘肃省齐家文化出土二元及三元合金青铜器遗址

图21　甘肃省齐家文化出土铸造青铜器遗址

图22　甘肃省齐家文化出土锻造青铜器遗址

元合金的遗址大都位于甘肃的东南部。铸造手法上来说，东南部也是略高于中西部的。而且结合图十三和十四来分析，出土数量较多的皆为红铜锻造，少数为铸造，二元及三元合金虽数量较少，但多为铸造，技艺明显高于前者。

结　论

总之，通过此次实验，可以得出如下结论：

首先，甘肃境内的齐家文化遗址除在河西走廊西部有一些零星分布之外，其余的主要集中在境内的东部和东南部，海拔较低，约在1700~1800米，坡度较小，主要集中在阳坡半阳坡的东南坡、东坡等，靠近河流沿岸，地势低平，土地肥沃，使得与其当时的生产力相适应。出土青铜器的遗址与其相比虽然海拔分布较为分散，但坡度较高，与矿产原料地接近，坡向多为阳坡、半阳坡，靠近河流，交通便利，有利于扩大其发展和交流。

其次，从出土的青铜器来看，齐家文化继承马家窑文化，由西至东部逐渐扩展，总体来看，西部以红铜为主，东部以锡青铜为主。有学者认为齐家文化中出现的斧、刀等工具大都是早期文化的产物，而铜环饰、泡、铜镜等大都为中晚期产物,而这些所发现的器物在附表和上述实验图中也可清晰看出,早期铜器大都为红铜制造,中晚期则为锡青铜或者合金制造。而这与当时冶铸技术的发展也有联系。红铜最先是锻造而成铜器,而后锻造数量有了大幅度增长,甚至还由原来的锻造发展出了铸造手法,锡青铜虽然数量较少,但后期发展出了铅锡青铜等三元合金的成分冶铸,甚至出现了四坝文化中较为常见的砷铜。风格上也与外来青铜器有些许相似之处。像刘学堂在《中国西北青铜文化圈的形成》一文中就提到,天山北路墓地出土的放射状缕孔饰与广河齐家文化博物馆中的太阳纹铜牌饰,在构思上就有异曲同工之妙,还有在齐家坪发现的双耳斧和赛伊玛墓地发现的铜斧风格也很接近,只是没有几何纹样的装饰。因此有学者推断:因为欧亚草原的铜器大都锡青铜制造,像铜矛,而在齐家文化中锡青铜只出现一件,大都为红铜。而在新疆等地出现的铜器成分中出现了砷铜,虽然在齐家文化中砷铜比例一样很少,但是在中原地区二里头等地却较多出现。一方面说明在不同时期流行不同的青铜产物,齐家文化中的青铜器并不完全是欧亚草原的舶来品,而只是借鉴的产物。另一方面,它的成分和样式在新疆以及中原等地有着较大的相似性,那么是否可以认为其作为一个过渡地区,对青铜器的传播和发展起到了桥梁的作用?还有待进一步的验证。

此外,该次试验还利用 Arcgis 软件对甘肃省齐家文化时期的一些数据进行了整理和分析,在整理的过程中,也对其相关信息进行了存储。这与以往的纸质存储不同,该存储方法可以在计算机里进行永久保存,而且随着现在国内 GIS 软件的技术日趋成熟,可以在互联网的帮助下实现资料共享。在该软件内,也可以随时对新发现的资料进行填充和修改,而不必再重新作图;在完成的图上,也可以利用 Arcgis 软件,对于想要查询的地点进行有效的信息查询,十分方便快捷。

当然,该次实验只是对于甘肃省齐家文化出土的青铜器遗址做一下简单的分析,像对于两处新发现的冶炼遗址距离出土青铜器的遗址较远,二者之间是否存在一些联系,以及运用 GIS 还可对其水系、聚落分布进行下一步详细的分析,最终做出预测模型等都还未实现,也需要进一步的探索和学习。

2015 年国家自然科学基金项目"丝绸之路沿线河西段绿洲化时空过程及其驱动机制研究"(41471163)阶段性成果。

齐家文化铜器铸造技术研究

西北民族大学历史文化学院　张少昀

齐家文化是新石器时代晚期到青铜时代早期文化,距今已有 3500—4200 年。新中国成立后考古部门发掘了大量有关齐家文化的遗址,主要有武威皇娘娘台、永靖大何庄、秦魏家、广河齐家坪、兰州青岗岔、秦安寺嘴坪、青海乐都柳湾和贵南尕马台、宁夏固原的海家湾等,基本揭示了齐家文化的分布范围、文化特征、经济生活和社会状况。在上述遗址中出土大量中国早期铜器有数百件之多,文章通过梳理前人相关研究资料,对齐家文化铜器出土数量、冶金成分、铸造工艺等进行分析研究。

一、齐家文化出土铜器

自 1957 年甘肃省博物馆首次在武威皇娘娘台发现齐家文化铜器以来,已陆续在甘肃永靖大何庄、秦魏家、广河齐家坪、武威海藏寺、临潭磨沟、青海贵南尕马台等地均发现齐家文化时代的铜器。

(一)甘肃武威皇娘娘台出土铜器

从 1957 年到 1975 年皇娘娘台遗址共发掘四次,共发现铜器 30 件,其中,前三次发掘中清理窖穴 42 个,房址 2 处,墓葬 26 座,出土铜器共 23 件,除 1 件铜锥出土于墓葬外,其他全出土于房址及其周围的窖穴中[1]。第四次发掘齐家文化墓葬 62 座,房址 4 座,窖穴 23 个,出土铜器 7 件,均出土于房址或地层中[2]。

(二)甘肃武威海藏寺出土铜器

从 1983 年到 1985 年,甘肃武威海藏公园修建人工湖时陆续发现了一批新石器时代晚期的遗物,其出土情况、铜器种类与形制都未介绍,仅知出土铜器 12 件。该遗址中,与这批铜器共出的遗物包含大批玉石器及大量毛坯和半成品,发掘者推测此处为"齐家文化一处玉石作坊遗址[3]。

---

[1]甘肃省博物馆:《甘肃武威皇娘娘台遗址发掘报告》,《考古学报》1960 年 2 期。
[2]甘肃省博物馆:《甘肃武威皇娘娘台第四次发掘报告》,《考古学报》1978 年 4 期。
[3]梅建军等:《青海同德宗日遗址出土铜器的初步科学分析》,《西域研究》2010 年第 2 期。

（三）青海互助总寨

青海省互助土族自治县总寨遗址共发现齐家文化墓葬 10 座，其中 3 座墓中随葬有铜器。随葬铜器刀 4 件和锥 2 件两种器型，其中 4 件安装有骨柄①。

（四）甘肃永靖大何庄

大何庄遗址发掘房址 1 座，居住面遗迹 6 座，窖穴 15 个，墓葬 82 座，发现铜器 2 件，1 件铜匕，和 1 件残铜片均出土于居址②。

（五）甘肃永靖秦魏家

秦魏家遗址共出土铜器 6 件，分别为 1 件铜锥、1 件铜斧、2 件铜环、2 件铜挂饰③。

（六）青海西宁沈那

西宁沈那共发现铜器两件，分别为铜环 1 件和铜矛 1 件④。

（七）青海同德宗日

宗日遗址 1994—1996 年连续三年发掘中都出土有铜器，出土铜器分别为铜环 6 件、铜饰 2 件、铜器残片 2 件⑤。

（八）青海贵南尕马台

尕马台墓地共发掘四十多座单人葬和合葬墓，出土有石器、骨器和铜器等，出土铜器据李水城统计有铜环、铜泡、铜镜等共 49 件⑥。

（九）甘肃广河齐家坪

齐家坪遗址出土素面镜和空首斧各 1 件，其中铜镜出土于墓葬，空首斧出土于居址⑦。

（十）甘肃临潭陈旗磨沟

从 2008 年开始，甘肃省文物考古研究所与西北大学丝绸之路文化遗产保护与考古学研究中心联合对磨沟齐家文化墓地进行了多次发掘，共清理出以齐家文化为主的墓葬 1688 座，共出土随葬品 13000 余件，其中出土石器、骨器、铜器、金器等共 3500 余件。铜器种类包括铜削、铜耳坠、铜泡、铜牌饰、铜管、铜项饰、铜钏、菱形铜片等，据不完全统计，磨沟墓地中约有六分之一墓葬出土有铜器，临潭磨沟齐家文化墓地出土铜器至少超过百件⑧⑨⑩。

此外，还有通过采集获得的齐家文化铜器。如 1989 年由甘肃省博物馆对积石山县新庄坪遗址进行了调查，共采集获得铜镯 5 件、铜泡 6 件、残缺铜刀 1 件，共计 12 件⑪。另外，在甘肃临夏魏家台子、

①青海省文物考古队：《青海互助土族自治县总寨马厂、齐家、辛店文化墓葬》，《考古》1986 年第 4 期。
②中国社会科学院考古研究所甘肃工作队：《甘肃永靖大何庄遗址发掘报告》，《考古学报》1974 年第 2 期。
③中国社会科学院考古研究所甘肃工作队：《甘肃永靖秦魏家齐家文化墓地》，《考古学报》1975 年第 2 期。
④王国道：《西宁市沈那齐家文化遗址》，《中国考古学年鉴（1993 年）》，文物出版社，1995 年。
⑤梅建军等：《青海同德宗日遗址出土铜器的初步科学分析》，《西域研究》2010 年第 2 期。
⑥李水城：《西北与中原早期冶铜业的区域特征及交互作用》，《考古学报》2005 年第 3 期。
⑦甘肃省博物馆：《甘肃省文物工作三十年》，《文物考古工作三十年》，文物出版社，1979 年。
⑧甘肃省文物考古研究所等：《甘肃临潭磨沟墓地齐家文化墓葬 2009 年发掘简报》，《文物》2014 年第 6 期。
⑨毛瑞林：《黄河上游的早期青铜文明——临潭磨沟遗址齐家文化墓地》，《大众考古》2013 年 05 期。
⑩钱耀鹏等：《甘肃临潭磨沟齐家文化墓地发掘的收获与意义——"2008 年度全国十大考古新发现"之一》，《西北大学学报》2009 年第 5 期。
⑪甘肃省博物馆：《甘肃积石山县新庄坪齐家文化遗址调查》，《考古》1996 年第 11 期。

广河西坪、岷县杏林等地出土有铜刀、铜斧等器物。

二、甘青地区金属矿产资源分布

要制作出精美铜器,至少具备以下两个条件:首先要有充足的铜矿资源(铜中加入锡和铅有提高铜的硬度、降低铜的熔点、提高其流动性等优点,因此,锡矿和铅矿资源也应关注);其次要掌握冶铜技术。

(一)甘青地区金属矿产资源分布

我国铜矿资源丰富,分布广泛。其中,江西、西藏和云南等 3 个省区的储量占全国铜矿储量的 47.1%,甘肃、安徽、内蒙古、山西、湖北、黑龙江等 6 省区,占全国铜矿储量的 32.3%,甘肃铜矿储量占全国 8% 左右。

甘肃省铜矿资源分布表

序号	矿名	所在地	矿物组成
1	白银多金属矿	白银	铜、铅、锌等
2	阳坝铜矿	康县	铜、铁、银、钴、金等
3	辉铜山铜矿	安西	铜、砷、银、钼等
4	公婆泉铜矿	肃北	铜、银、铁等
5	白山堂铜矿	金塔	铜、铅、铁等
6	石居里铜矿	肃南	铜、铅、锌、铁等
7	天鹿铜矿	肃南	铜、银、锌等
8	筏子坝铜矿	文县	铜、金、铁等
9	金川铜镍矿田	金昌	铜、镍、钴、铂、镁等
10	花牛山铅锌矿	安西	铅、锌、金、银等
11	下拉地银铅矿	卓尼	银、铅、锌等
12	窑沟铅锌矿	卓尼	铅、锌、铜等
13	西成铅锌矿	西和、成县	铅、锌、银、镉等
14	大东沟铅锌矿	肃北	铅、锌、铜、金等
15	蛟龙掌多金属矿	庄浪	铜、银、铂等
16	窑泉锰铁铅锌矿	张掖	铁、铅、锌等
17	明锡山锡矿	肃北	砷、锡、铜、银、钼等

此表来自刘翠:《早期甘青地区冶铜及铜器铸造技术研究》,山西大学,2012 年。

从以上表格可以看出,甘肃省黄河沿岸地区富含有各种金属矿产,河西走廊地区也有铜、铁、锡、铅、锌等多种金属矿产资源。

青海省矿产资源较甘肃较少,但也有铜锡铅等矿产资源。主要分布在兴海和玛沁等县市以及靠近甘肃东部的门源、化隆等县市。

(二)齐家文化冶铜技术

古人炼铜多采用孔雀石(因其色彩似孔雀身上的羽毛,呈鲜艳的绿色,故得此名)——一种含铜的碳酸盐矿物,化学式为 $Cu_2(OH)_2CO_3$。齐家文化时期由于当时人们生产能力及对金属认知的限制,故铜矿石的开采多为地表采掘,在最初炼铜时可能还没有认识到锡铅等金属对铜的影响。

中国古代最初的冶铜技术为火法冶铜,即将木炭、孔雀石堆放在一起,加热燃烧后得铜。铜的熔点为 1083℃,因此只要达到足够的温度便可以冶炼出铜。有学者对马家窑陶器进行了实验复原研究,得出马家窑文化时期陶器的烧成温度可达 950℃~1050℃[1],而实际的窑温可能会更高一些,因此纯铜的熔点虽然较高,但在当时亦能达到。随着人们对金属进一步的认知,了解到加入锡和铅会降低铜的熔化温度,若加 10%的锡,熔点降到 890℃;加 25%的锡,熔点就会降到 800℃。可以看出,当时已经完全可以达到冶炼铜所需要的温度。

我们有理由相信,齐家文化时期人们所采矿石很有可能为就地取材,并且地表开采的可能性较大,因为裸露在地表的孔雀石很容易被发现;同时伴随着冶铜技术的提高,古人亦有可能已经认识到锡和铅对铜的作用。

三、齐家文化铜器铸造工艺研究

(一)铜器成分研究

对于齐家文化铜器成分的分析研究最早为 1981 年北京钢铁学院(现更名为北京科技大学)进行,随后到九十年代又对部分齐家文化铜器进行了分析研究。分析结果表明武威皇娘娘台齐家文化出土铜器均为红铜制品,而且大多为生产工具;之后的秦魏家和广河齐家坪出土铜器不仅有红铜制品,亦有青铜制品,同时这些出土铜器中也出现了装饰品和铜镜[2][3]。近年来有人对陈旗磨沟齐家文化出土铜器进行了研究[4],结果表明陈旗磨沟齐家文化出土铜器主要为青铜制品,既有生产工具又有装饰品,锡的含量在 4%~35%之间,大多铜器锡含量在百分之十几至二十几之间,可以看出至磨沟齐家文化时期先民已经熟悉掌握铜器的冶炼方法,也认识到铜中添加锡的作用的重要性;但出土部分铅青铜器中铅的含量从百分之几至百分之八十多,说明这一时期可能还没有认识到铅在青铜中的作用。

从上述分析可以看出,齐家文化铜器的发展经历了从红铜到青铜发展的阶段,在这一时期人们逐渐认识到锡和铅对铜器的重要性;同时从出土器物也能看出,在基本满足日常生产需要

①马清林、李现:《甘肃古代各文化时期制陶工艺研究》,《考古》1991 年第 3 期。
②北京钢铁学院冶金史组:《中国早期铜器的初步研究》,《考古学报》1981 年第 2 期。
③孙淑云、韩汝玢:《甘肃早期铜器的发现与冶炼、制造技术的研究》,《文物》1997 年第 7 期。
④徐建炜:《甘青地区新获早期铜器及冶铜遗物的分析研究》,北京科技大学 2009 年硕士论文。

后，人们出于对美的追求，也会制造装饰性饰品。

（二）工艺研究

金属铸造技术的出现与模范用具是同步的，在世界很多地区出现铸造技术的同时，都会选择一种硬度不高、易于雕刻、耐高温的石料制作石范，之后会逐渐发展成更为灵活的陶范。另一方面，在模范技术出现之前，曾有过一段使用锻造（即器物是直接捶击而成的）技术的时期，以满足人们制作一些形体简单的铜器。但并不意味着出现模范技术之后，锻造技术便被取代，事实上是在相当长的时间内，这两种技术是并行发展应用的①。

北京科技大学对齐家文化出土部分铜器做了金相鉴定，结果显示既有锻造，也有范铸制造②③④。如武威皇娘娘台出土铜器多为红铜锻造，也有同器型的刀和锥为红铜铸造。永靖秦魏家出土铜锥则为青铜冷锻，而铜斧系红铜单范铸造。陈旗磨沟铜饰为热锻后冷加工，铜泡和铜匕为铸造而成。广河齐家坪出土空柄双耳铜斧为锡青铜合范铸造。

从目前鉴定的已有结果来看，齐家文化铜器多数为锻造而成，少数采用了铸造工艺。齐家文化早期多红铜器，红铜熔点高，质地较软，虽在当时温度已经能够达到红铜熔点，但相对困难，因此采用铸造法亦相对困难，由于红铜质地软的特性，反而采用锻造法较为简单。随着铸造技术的成熟，齐家文化后期铜器采用铸造技术亦逐渐增多，可分为单范铸造和合范铸造。单范铸造方法比较简单，属于比较原始的制作方法，只需要一块范便可铸造出铜器；而合范铸造相比单范铸造已经有了很大的进步，而且也要复杂得多。合范就是在铸造器物时需要至少两块及两块以上的范才能够铸造出器物，即不但要有外范，还要有内范。早期铜器制作工艺中这种合范技术的发明，要比冷锻技术和单范法有很大进步，为以后青铜铸造业的高度发展奠定了重要基础。

四、总　结

1. 由于甘青地区丰富的金属矿产资源，到齐家文化时期已经脱离原始铜合金阶段而发展到冶炼和制作红铜阶段是技术上进步的表现。随着人们选择矿石和冶金经验的不断积累，使用较纯净的氧化铜矿冶炼红铜是必然的结果。

2. 齐家文化铜器早期红铜器较多，到后期青铜器逐渐增多。这从侧面反映出人们逐渐认识到了锡和铅对铜的重要性，不过这一时期人们对锡的认识已经相对成熟，对铅的认识还在探索中。

3. 齐家文化早期铜器多采用锻造技术，发展到后期，铸造技术兴起。不过齐家文化铸造技术只能算作铸造的初始阶段，多采用石范作为模具，因此只能铸造一些器型简单的铜器。

4. 青铜时代是指一个文化或社会的生产和生活（包括物质生活和精神生活）明显地依赖于青铜制品，而不是偶然地使用和制造铜器⑤。齐家文化出土的青铜器数量虽少，但种类有装饰

---

① 李水城：《西北与中原早期冶铜业的区域特征及交互作用》，《考古学报》2005年第3期。

② 北京钢铁学院冶金史组：《中国早期铜器的初步研究》，《考古学报》1981年第2期。

③ 孙淑云、韩汝玢：《甘肃早期铜器的发现与冶炼、制造技术的研究》，《文物》1997年第7期。

④ 徐建炜：《甘青地区新获早期铜器及冶铜遗物的分析研究》，北京科技大学2009年硕士论文。

⑤ 何弩：《青铜时代和青铜文明概念管锥》，《考古与文物》2001年第3期。

品、工具、兵器三种,显然齐家文化青铜器已经应用于社会生活和生产,正如张忠培先生所说:"即使把这时期归入青铜时代,也只能是这时代的伊始阶段。"①因此,齐家文化可以说是青铜时代的初始阶段。

①张忠培:《齐家文化研究(下)》,《考古学报》1987 年第 2 期。

尕马台发现齐家文化铜镜补论

西北民族大学历史文化学院　陈亚军

前　言

（一）发现概况

尕马台遗址位于青海省海南藏族自治州贵南县拉乙亥乡昂索村之南 0.5 公里处，地处黄河南岸第二台地，北距黄河约 1 公里，高出黄河现水面约 60 米，台地平坦，早在新石器时代就有人类生活。1977 年 7—9 月，为配合龙羊峡水电站建设工程，由青海省文化局和北京大学历史系考古专业联合举办的"龙羊峡工程亦工亦农考古短训班"主要对尕马台新石器时代遗址进行了发掘，发掘面积 1626 平方米。发掘结果显示，尕马台遗址是一处以马家窑文化为主体的居住址，后被齐家文化墓葬打破。尕马台发现的齐家文化墓葬 44 座，1 座瓮棺葬，43 座竖穴土坑墓，墓葬排列无明显规律，但较为整齐有序，埋葬习俗相同，随葬品文化特征相同，应为同一氏族的公共墓地，对于研究齐家文化丧葬习俗、思想宗教有着极为重要的价值[1]。这次发现中最为引人注目的是"七角星纹"铜镜（M25：6），该镜镜面为圆形，直径 9 厘米、厚 0.25 厘米[2]，重 109 克，镜面平滑，背面有钮，镜背饰七角形图案（图 1）。

（二）研究检视

自从这柄铜镜发现以来[3]，引起了学界广泛的关注，研究的焦点主要是讨论中国古代铜器的起源

---

① 任晓燕：《贵南尕马台遗址与墓地》，青海省文物考古研究所编著：《再现文明：青海省基本建设考古重要发现》，文物出版社，2013 年，第 34—44 页。

② 尕马台出土这件铜镜的厚度报道不一。宋新潮文中谓之厚 0.4 厘米，或为 0.3 厘米，也有报道厚 3 厘米，厚为 0.25 厘米。这里从最新报告《贵南尕马台》中报道厚为 0.25 厘米，见青海省文物考古研究所、北京大学考古文博学院：《贵南尕马台》，科学出版社，2016 年，第 130 页。

③ 青海省文物管理处考古队：《青海省文物考古工作三十年》，《文物考古工作三十年（1949—1979）》，文物出版社，1979 年；《我省考古工作的一项重大发现》，《青海日报》1978 年 2 月 18 日第三版。

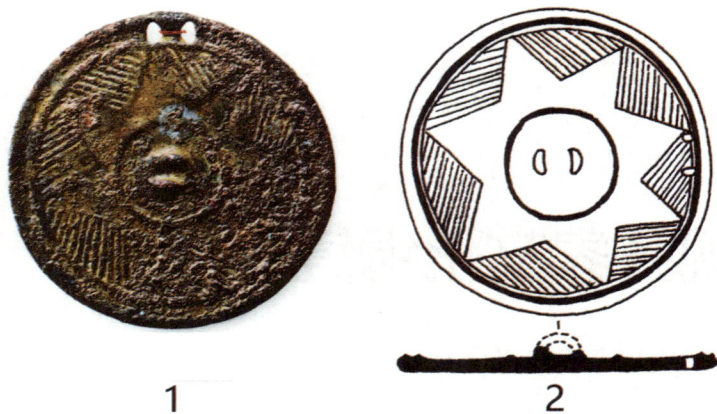

图1　尕马台 M25 出土铜镜
1.M25:6 图片　2.M25:6 线图

问题，如李虎侯从不破坏的方法入手，使用放射化分析得出铜镜中至少有铜、锡两种金属，且铜锡比例为 1∶0.096[①]。宋新潮先生认为黄河上游的甘青地区是中国铜镜最初的发源地，大约在商代后期传至黄河中下游的中原地区，向西传入天山东麓的哈密、吐鲁番一带[②]。董亚巍认为齐家文化至西周时期的铜镜制作技术相较于同时期的青铜制作技术和造型艺术有着极大的反差，铜镜的制作技术尚处于摸索阶段[③]。刘学堂在比较早期发现铜镜后认为中国早期铜镜起源于西域地区（特指天山北路），且这些铜镜并非用来照面的，不仅是身体装饰品，也是原始社会巫师在宗教活动中使用的法器或巫具[④]。程建提出铜镜的使用大概经历了三个阶段，齐家时期铜镜可能作为装饰品或者是宗教仪式来使用[⑤]。何堂坤认为铜镜的起源是受铜刀、铜指环、铜泡等多种早期金属器光洁表面映像事物的启发后发明处出来的[⑥]，李淮生持此观点的同时，认为齐家文化铜镜是本地文化的产物[⑦]。因为这件铜镜时代较早，大多探讨早期铜器起源时候均会涉及这一重要材料[⑧]。

这些研究的问题主要集中在中国早期铜器起源以及铜镜起源的问题上[⑨]。本文拟从其年代、使用方法、装饰艺术、用途、源流以及所附含的文化含义补充一些认识。

---

①李虎侯：《齐家文化铜镜的非破坏鉴定——快中子放射化分析法》，《考古》1980 年第 4 期。

②宋新潮：《中国早期铜镜及其相关问题研究》，《考古学报》1997 年第 2 期。

③董亚巍：《论古代铜镜制模技术的三个历程》，《收藏家》2004 年第 2 期。

④刘学堂：《新疆地区早期铜镜及其相关问题》，《新疆文物》1993 年第 1 期；刘学堂：《论中国早期铜镜源于西域说》，《新疆师范大学学报》（哲学社会科学版）1999 年 7 月。

⑤程建：《试论中国铜镜的起源和早期映照的方式》，《东南文化》1992 年第 1 期。

⑥何堂坤：《铜镜起源初探》，《考古》1988 年第 2 期。

⑦李淮生：《中国铜镜的起源及早期传播》，《山东大学学报》（哲学社会科学版）1988 年第 2 期。

⑧安志敏：《中国早期铜器的几个问题》，《考古学报》1981 年第 3 期；北京钢铁学院冶金史组：《中国早期铜器的初步研究》，《考古学报》1981 年第 3 期；孙淑云等：《甘肃省早期铜器的发现与冶炼、制造技术研究》，《文物》1997 年第 7 期；白云翔：《中国的早期铜器与青铜器的起源》，《东南文化》2002 年第 7 期；李水城：《西北与中原早期冶铜业的区域特征及交互作用》，《考古学报》2005 年第 3 期；王振：《从齐家文化铜器分析看中国铜器的起源与发展》，《西部考古》（第三辑），三秦出版社，2008 年，第 74—90 页；杨建华、邵会秋：《中国早期铜器的起源》，《西域研究》2012 年第 3 期。

⑨刘学堂、李文瑛：《中国早期青铜文化的起源及其相关问题新探》，四川大学中国藏学研究生所编：《藏学学刊》（第 3 辑），四川大学出版社，2007 年，第 1—63 页。

一、年代考订

尕马台遗址的第一层为扰乱层,第二、三层为文化堆积层,发掘结果表明该遗址应该是一处以马家窑文化为主体的居住址,后被齐家文化墓地打破。尕马台墓地发现的这批墓葬的随葬陶器有双大耳罐、小灰陶罐、彩陶罐、粗陶碗、粗陶盆等;装饰品有海贝、绿松石珠、骨珠、骨饰等组装成的手链、足链;铜器有铜镜、铜泡、铜环等;骨器有骨镞、骨针等。随葬品基本沿袭了宗日遗址的传统风格①。尕马台墓地最为普遍的生活用具双大耳陶罐,是齐家文化代表性的陶器且时代鲜明,造型风格与齐家坪、喇家遗址、秦魏家等典型齐家文化遗址出土同类器相近,因此我们可以肯定的是这批墓葬应当属于齐家文化时期的墓葬②。

尕马台出土铜镜的 M25 为竖穴土坑墓,平面为长方形,长 223 厘米、宽 90 厘米、深 110 厘米;填土可以分为两层,上部分为黄沙土,下部分为黑黄色土;单人俯身直肢葬,男性;随葬品是尕马台墓地随葬品最多的墓葬,其中陶器 2 件、海贝 11 件、骨珠 583 件、绿松石珠 16 件、铜泡 2 件、铜镜 1 件③(图 2、3),墓地未见陶鬲,双耳罐体型瘦长,腹部为圆曲线,应该是张忠培先生所说的第三期的阶段的陶器

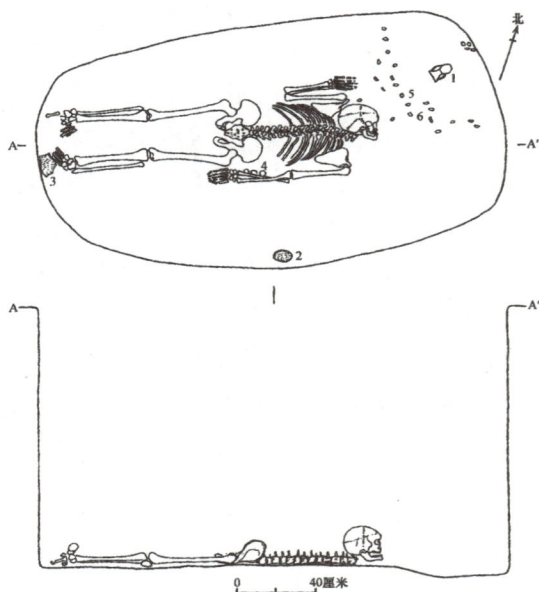

图 2　尕马台 M25 平剖面图
1.陶罐　2.研磨器　3.石块　4.铜泡　5.绿松石　6.海贝(采自《贵南尕马台》,第 104 页,图八六;铜镜未标示)

图 3　M25 出土遗物
1.铜泡　2.绿松石　3.陶盆　4.双耳罐

①陈洪海、格桑本、李国林:《试论宗日遗址的文化性质》,《考古》1998 年第 5 期。
②任晓燕:《贵南尕马台遗址与墓地》,青海省文物考古研究所编著:《再现文明:青海省基本建设考古重要发现》,文物出版社,2013 年,第 34—45 页;青海省文物考古研究所、北京大学考古文博学院:《贵南尕马台》,科学出版社,2016 年。
③青海省文物考古研究所、北京大学考古文博学院:《贵南尕马台》,科学出版社,2016 年,第 104 页。

风格①。

目前在甘青地区发现的齐家文化遗址总计有1100余处,其中武威皇娘娘台、武威海藏寺、广和齐家坪、秦魏家、天水师赵村、西山坪、大通上孙家寨、乐都柳湾、贵南尕马台、西宁沈那遗址等,关于齐家文化的编年,谢端琚先生分为东、西两区,其中东、中区分为早晚两期,西区分为早中晚三期②。目前据师赵村、大地湾、柳湾遗址的层位关系,我们认为齐家文化的相对年代晚于马家窑文化,而早于辛店文化和卡约文化,另外碳14测年的结果基本确定了齐家文化的绝对年代在公元前2183—前1630年③。综上,我们认为尕马台齐家文化墓葬属于齐家文化晚期的遗存,M25出土铜镜是同时期的遗存之一。

二、使用方式

这柄铜镜(M25:6)镜面平滑,镜背面有钮,且镜的边缘钻有两个小孔,两孔之间有一道凹形细绳纹的痕迹,在清理时发现有木质镜柄,镜柄应是通过镜缘的双孔用细绳捆绑固定使用。

古代铜镜大体上可以分为两大类:一类是圆板带钮的铜镜,一类是带柄类型的铜镜。其中前者主要流行于东亚及其周边区域,尤以古代中国为代表;后者主要流行于西亚、中亚及近中东区域,以古代希腊、罗马、埃及等为代表,这一类铜镜在欧亚大陆有着悠久的发展历史和流行地域,据日本学者樋口隆康在其《古镜》一书介绍,早在公元前6000年的土耳其卡达尔弗克新石器时代地层中就有出土(黑曜石制作),至公元前3000—前2000年(早期铁器时代)的伊拉克基什遗址、伊朗苏萨遗址、巴基斯坦印达斯文明时期遗址中均有带柄铜镜出土,以后发现相当普遍④。美索不达米亚平原的伊拉克基什遗址(Kish Site),其年代在前2900至2340年之间,是目前出土带柄铜镜最早的遗址。略晚的还有伊朗高原的苏萨遗址(Susa Site),还有南亚次大陆的印度河流域的哈拉帕遗址(Hara-ppan Site)和摩佐达罗遗址(Mohen-jodayo Site),均距今前2350至1750年。带柄铜镜在我国唐宋以后也有较为普遍出现,但其镜面与镜柄系同体铸造,镜背多与我国传统纹饰母题相近,且镜面形制较为多样(除圆形外,还有葵瓣形、菱花形等),另外宋代以后的大多此类镜背中心部位标有记铭、号铭等文字⑤,当是早期钮形镜的一种继续。因此,我国境内发现带柄镜使用,当是外来文化

①张忠培:《齐家文化研究》(上、下),《考古学报》1987年第1、2期。
②谢端琚:《甘青地区史前考古》,文物出版社,2002年,第120页。
③谢端琚:《甘青地区史前考古》,文物出版社,2002年,第115页;中国社会科学院考古研究所:《中国考古学中的碳十四数据集(1965—1991)》,文物出版社,1991年;叶茂林:《喇家遗址绝对年代的初步认识》,《中国文物报》2004年2月6日第7版。
④[俄]A.A.提什金、H.H.谢列金著:《金属镜:阿尔泰古代和中世纪的资料》,陕西省考古研究院译,北京:文物出版社,2012年;A.H.Dina and V.M.Masson,*History Of Civilizations Central Asia,Volume,The dawn of civilization:earliest times to 700B.C*,United Nations Educational,1992.该书中译本见A.H.丹尼、V.M.马松主编:《中亚文明史》(第一卷),中国对外翻译出版公司,2002年。
⑤孔祥星、刘一曼:《中国古代铜镜》,文物出版社,1984年,第137—212页;王仲殊:《铜镜》,《中国大百科全书·考古学》,中国大百科全书出版社,1986年。

传播和影响所致①。

根据发掘报告的报道和对世界范围内铜镜类型的审视，我们认为这柄铜镜的使用大致经历了两个阶段，即用钮使用和用柄使用两个阶段。从镜钮和双孔的方向与位置观察，之间应当没有直接的联系。具体讨论如下。

尕马台 M25 出土铜镜的钮部已残，这里根据已有的发现稍做推测。目前发现属于齐家文化的铜镜如广河临夏齐家坪 M41 出土 1 件钮为桥形钮②，铜镜的钮为桥形钮③，上海博物馆藏的 1 件镜钮为桥形钮④。另外在哈密天山北路墓地发现的 5 件早期铜镜均为桥形钮，年代相当于中原地区的夏代晚期到商代早期⑤。安阳殷墟妇好墓出土 4 件铜镜，其中 2 件为桥形钮⑥。另外，大司空南地墓地⑦、鄂尔多斯⑧、甘肃平凉⑨、青海湟中共和乡前营村⑩、陕西淳化县⑪、新疆焉不拉克等等遗址所发现的时代较早的铜镜均为桥形钮，由此可以推断尕马台铜镜的钮可能为"桥形钮"。桥形钮镜的使用应该是使用其他可以系绳等通过钮来辅助使用。

这柄铜镜发现木质镜柄，是通过镜缘的双孔用细绳捆绑固定使用。这类带柄铜镜的镜身与镜柄为先分铸或分做，后经捆绑、铆接、焊接、合铸等方式二次组合使用，镜柄用木、铜、铁等不同材料。如在阿尔泰地区墓出土巴泽雷克时期铜镜的镜缘有两孔⑫（图4:1），新疆地区也有同样的发现，如鄯善苏贝希三号墓地 M17 发现一件直径 9.1 厘米、厚 0.1 厘米的带柄镜缘也有双孔⑬（图4:2）。乌鲁木齐板房沟发现的一件铜镜边缘有两孔，内有铁质物⑭（图4:3）。伊吾县拖背梁墓地 M15 中半环形柄，就是

①N.G.容格、V.容格等著，朱欣民译：《西藏出土铁器时代铜镜》，收入《西藏考古》（第 1 辑），四川大学出版社，1994年，第 180—189 页；霍巍：《再论西藏带柄铜镜的有关问题》，《考古》1997 年第 11 期；霍巍：《从新出土考古材料论我国西南的带柄铜镜问题》，《四川文物》2002 年第 2 期；吕红亮：《西藏带柄铜镜补论》，《藏学学刊》（第五辑），四川大学出版社，2009 年；仝涛：《三枚藏式带柄铜镜的装饰风格来源问题》，《藏学学刊》（第六辑），四川大学出版社，2010 年；郭富：《四川地区早期带柄铜镜的初步研究》，《四川文物》2013 年第 6 期；赵慧民：《西藏曲贡出土的铁柄铜镜的相关问题》，《考古》1994 年第 7 期。

②北京钢铁学院冶金史组：《中国早期铜器的初步研究》，《考古学报》1981 年第 3 期；安志敏：《中国早起铜器的几个问题》，《考古学报》1981 年第 3 期。

③中国青铜器全集编辑委员会：《中国青铜器全集》（第 16 卷），文物出版社，1998 年，第 2 页，图版二。

④上海博物馆编：《镜映乾坤——罗伊德·扣岑先生捐赠铜镜精粹》，上海书画出版社，2012 年，第 20、21 页。

⑤哈密博物馆：《哈密文物精粹》，科学出版社，2013 年，第 36、89 页。

⑥中国社会科学院考古研究所：《殷墟妇好墓》，文物出版社，第 103—104 页；中国青铜器全集编辑委员会：《中国青铜器全集》（第 16 卷），文物出版社，1998 年，第 4 页。

⑦中国社会科学院考古研究所安阳工作队：《1986 年安阳大司空南地的两座殷墓》，《考古》1989 年第 7 期。

⑧田广金、郭素新：《鄂尔多斯式青铜器》，文物出版社，1986 年，第 4 页。

⑨高阿申：《甘肃平凉发现一件商代铜镜》，《文物》1991 年第 5 期。

⑩李汉才：《青海湟中县发现古代双马铜钺和铜镜》，《文物》1992 年第 2 期。

⑪姚生民：《陕西淳化县出土的商周青铜器》，《考古与文物》1986 年第 5 期。

⑫[俄]A.A.提什金、H.H.谢列金著：《金属镜：阿尔泰古代和中世纪的资料》，陕西省考古研究院译，文物出版社，2012年，第 6 页，图二,7。

⑬新疆文物考古研究所：《鄯善县苏贝希墓群三号墓地》，《新疆文物》1994 年第 2 期。

⑭乌鲁木齐文管所：《乌鲁木齐板房沟新发现的两批铜器》，《新疆文物》1990 年第 4 期。

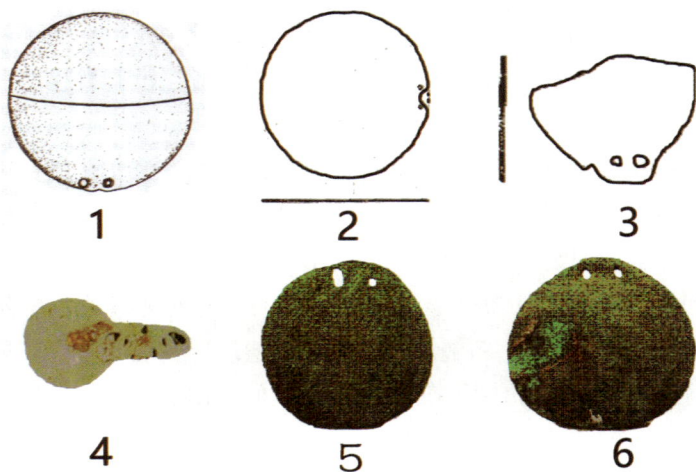

图 4　带柄铜镜
1.阿尔泰地区　2.苏贝希墓地　3.板房沟墓地
4.拖背梁墓地　5、6.西宁平安东村墓地

利用镜缘双孔固定的①（图 4:4）。青海平安村墓葬 M1 中发现 2 件镜面无钮，镜缘有双孔②（图 4:5、6）。甚至在吐鲁番艾丁湖墓葬③和新源铁木里克④出土的铜镜的镜缘有三个孔。这些镜缘的双孔或三孔应是用来捆绑镜柄所专门制作的。

综上，我们发现 M25 出土这柄铜镜由钮和带柄使用两种方式，且两种使用方式并非同时使用，可以推测的是这柄铜镜先是用钮使用，后再依靠木柄来使用。

三、装饰艺术

尕马台 M25 出土铜镜的镜背绕镜钮起两凸弦纹圈，将整个镜背⑤分为圆形钮座、镜缘、主区三部分，镜钮已残，形制不明，镜缘较窄，沿着镜缘分布有七块大小不等扇形，每块扇形中填充有平行的凸斜线纹，衬托出未施直线段的扇形和素面的中部，使镜背整体呈放射状的不规则"七角星"。镜背纹饰类似的还有中国国家博物馆收藏的 1 件（传为临夏出土），绕镜钮起两周凸弦纹圈，中间区和镜缘内分别饰有多扇形，内填充有平行线纹，镜背呈放射状的十三角和十六角星纹⑥（图 5:1）。同样在上海博物馆藏有一件，不同的是这件的主区和部分空间被扇形分割，但未见平行线填充，镜背主题纹饰呈放射状的十二角星纹，镜缘较窄，上设有两个小孔，外部密集排列一周小乳丁纹（图 5:2）。这两件铜镜的年代虽然存在争议较大，大多学者认为是齐家文化时期或者稍晚时期的铜镜。

中国境内发现的早期装饰镜镜背大多运用繁密的细斜线纹装饰铜镜是早期铜镜的特点之一。20 世纪 20 年代安特生曾在河北省北部的张北县征集 1 件，镜背以拱桥钮为中心饰五周阳弦纹，弦纹间填短斜线纹⑦。青海湟中县共和乡前营村发现一件形体显得厚重，铸作粗糙，镜面微微鼓起，镜背中央

---

①西北大学文化遗产保护与考古学研究中心、新疆文物考古研究所、哈密地区文物局：《2009 年新疆伊吾县托背梁墓地发掘简报》，《考古与文物》2014 年第 4 期。

②青海省文物考古研究所编著：《再现文明：青海省基本建设考古重要发现》，文物出版社，2013 年，第 106 页。

③新疆维吾尔自治区博物馆：《吐鲁番艾丁湖墓葬》，《考古》1982 年第 4 期。

④新疆文物考古研究所：《新疆新源铁木里克古墓群》，《文物》1988 年第 8 期。

⑤关于镜背和镜面的区别，在《贵南尕马台》的描述中应当有误，铜镜的正面应为光滑的一面，装有有纹饰和镜钮的一面应为镜背。

⑥中国青铜器全集编辑委员会：《中国青铜器全集》（第 16 卷），文物出版社，1998 年，第 2 页，图版二。

⑦J.G.Andersson, *Hunting Magie inthe Animal Stgle.MFEAB. NO.4.1932.*又见刘一曼、孔祥星：《中国早期铜镜的区系及源流》，宿白主编：《苏秉琦与当代中国考古学》，科学出版社，2001 年。

有小桥钮,钮外饰锯齿纹,主区饰两周双阳线弦纹,中间饰粗疏密的短斜线纹,直径5.5厘米、厚0.12厘米①。鄂尔多斯地区发现两件,镜背以拱桥钮为中心饰两周阳弦纹,弦纹之间饰密集的短斜线纹②。河南安阳殷墟小屯妇好墓出土的多圈短斜线纹镜,该镜为较规整的圆形,镜背同样以桥形钮为中心饰阳线纹为特色,只是这件镜背为七圈阳弦中间饰细密规整的短线纹,墓的年代属殷墟文化晚期偏早,是目前安阳乃至整个中原地区唯一的一件商代多圈短斜线纹早期铜镜③(图6:2-4)。新疆天山北路出土的多圈短斜线纹铜镜④(图6:1)。这件铜镜形体显得厚重,纹样稍显粗疏,镜面平直,镜背有较宽大的桥钮,正视钮呈正方形。镜背以钮为中心饰四圈阳弦纹,弦纹间饰短斜线纹⑤。

无独有偶,类似此类图样和装饰形式在新石器时代的白陶上也有大量发现,如⑥,如在坟山堡遗址发现的一件器盖上的图案分为三圈,外圈就刻画有八角形纹饰⑦(图7:1),无论从构图形式、图案风格和孖马台齐家文化铜镜如出一辙,但年代距今7700—7300年⑧,另外在汤家港M1、M103出土的二件白陶礼器上也刻画有相近的纹样(图7:2、3),年代距今6800—6300年⑨。白陶作为史前

图5　齐家文化铜镜
1.中国国家博物馆藏　2.上海博物馆藏

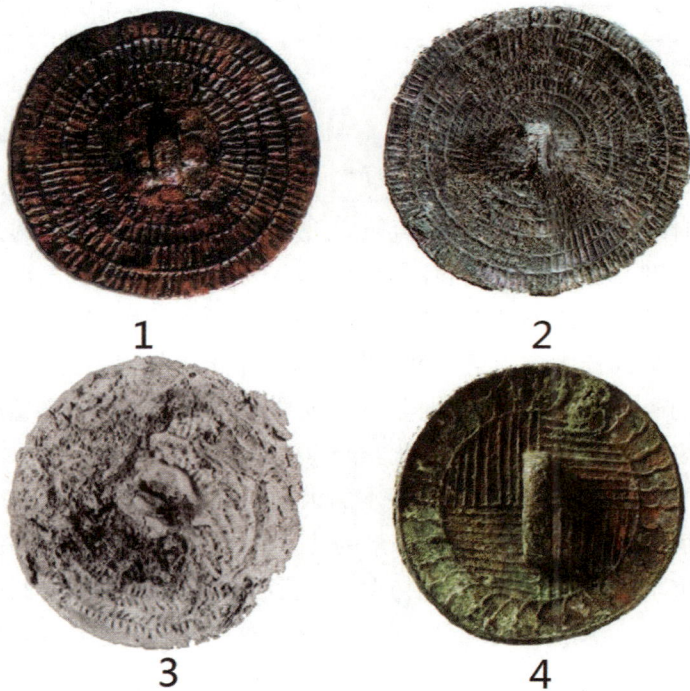

图6　早期铜镜
1.天山北路墓地　2-4.殷墟妇好墓

---

① 李汉才:《青海湟中县发现古代双马铜钺及铜镜》,《文物》1992年第2期
② 宋新潮:《中国早期铜镜及其相关问题》,《考古学报》1997年第2期。
③ 高西省:《中国早期铜镜的发现与研究》,王纲怀编:《中国早期铜镜》,上海古籍出版社,2015年。
④ 刘学堂:《论中国早期铜镜源于西域》,《新疆师范大学学报》(哲学社会科学版)1999年第7期。
⑤ 哈密博物馆编:《哈密文物精粹》,科学出版社,2013年。
⑥ 贺刚、陈利文:《高庙文化及其对外传播和影响》,《南方文物》2007年第2期。
⑦ 岳阳市文物工作队、钱粮湖农场文管会:《钱粮湖坟山堡新石器时代遗址试掘报告》,《湖南考古辑刊》1994年第6辑,第31页,图十六。
⑧ 注:这两个遗址出土器物的碳十四年代均未经树木年轮校正。
⑨ 郭静云、郭立新:《从新石器时代刻纹白陶和八角形图看平原与山地文化的关系》,《东南文化》2014年第4期。

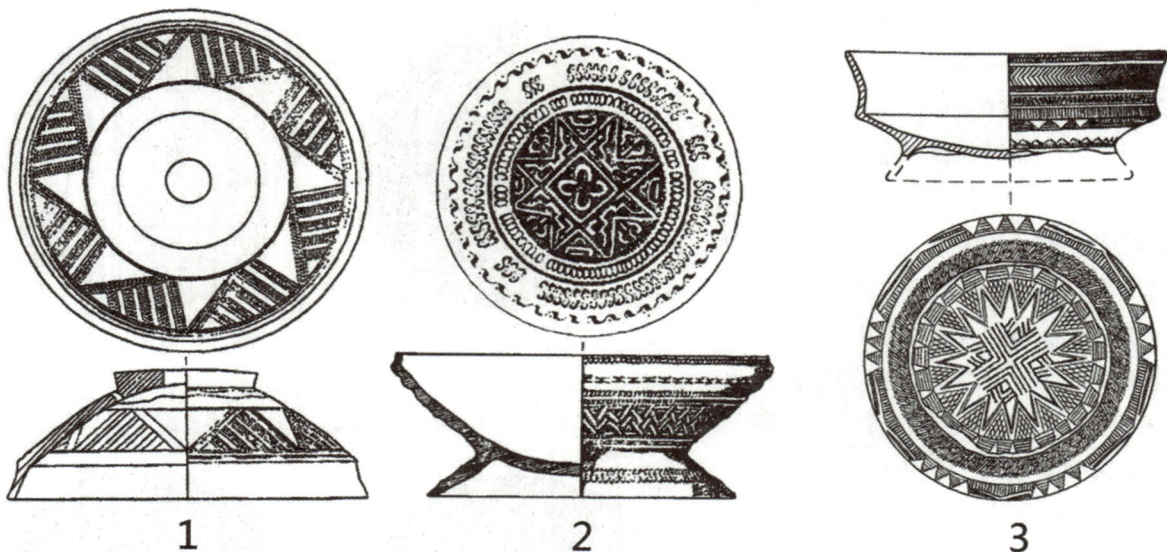

图7 刻纹白陶与八角形图案

1.坟山堡 T9H13 上:8   2.汤家港 M1:1   3.汤家港 M103:9

时期重要的礼器在长江流域广泛发现之外,在黄河下游的大汶口文化、龙山文化,黄河中游仰韶文化、二里头文化等遗址,黄河上游的马家窑文化也有少量发现。目前的发现表明南方地区的白陶出现时间最早,中原地区的白陶受海岱地区的影响较为直接,且中原地区的白陶,纹饰多仿制青铜器之上的纹饰[1],同样大多出自大型墓葬或者为祭祀等使用的礼器,白陶的消亡是伴随着青铜器的生产和使用的[2]。近年来在喇家遗址发现了少量的,为高铝质的硅酸盐材料[3],无疑,尕马台铜镜上的七角纹纹饰应当是齐家文化受东方文化交流、互动和影响的结果。

影响铜镜纹样最为根本的因素是制作技术,尤其是铸造技术决定了铜镜的形制、镜背花纹等,这柄铜镜的镜背纹样为线条形的几何纹样,且纹饰粗疏不够清晰,是石范镜的技术特征。白云翔先生提出东亚地区石范技术最初发生于黄河上游的甘青地区,此后沿着长城地带向东传播,直到中国东北地区,乃至朝鲜半岛和日本九州地区[4],这一传统一直延续到3世纪前后。

四、功能用途

这柄铜镜出土时位于 M25 死者的胸前,死者为俯身直肢葬,这柄铜镜在死者胸部位置,可以看出,这面铜镜并非仅是用来照容,而有其他的用途。尕马台墓地发现墓葬44座,其中1座瓮棺葬,43座竖穴土坑墓,墓葬排列无明显规律,但较为整齐有序,埋葬习俗相同,随葬品文化特征相同,应为同一氏族的公共墓地,且 M25 中除了随葬铜镜外,还有海贝 11 件、骨珠 583 件、绿松石珠 16 件、铜泡 2 件、陶器 2 件等(图8),是整个墓地随葬品最为丰富的墓葬,墓主生前应该是具有特殊身份地位的人。

---

① 谷飞:《白陶源流浅析》,《中原文物》1993 年第 3 期。
② 张俭俭、李伟东、王芬:《中国古代白陶》,《中国陶瓷》第 47 卷第 4 期,2011 年 4 月。
③ 叶茂林:《青海喇家遗址新发现白陶和初步研究》,《中国文物报》2014 年 8 月 29 日第 4 版。
④ 白云翔:《试论东亚古代铜镜铸造技术的两个传统》,《考古》2010 年第 2 期。

欧亚很多民族视铜镜为神物，在斯基泰和萨尔玛人中具有双重功能，既作为在日常生活中照容用具，又作为巫师的法器。在中亚游牧民族中，铜镜是作为护身符或者是吉祥物。斯基泰人认为铜镜代表神，被当作是神奇力量的来源。萨尔玛人在将铜镜放入墓葬之前要用火烤一下，在举行葬礼之前，铜镜会被故意打碎，有的镜片上有穿孔，戴在死者身上当作附身符。铜镜是萨满教驱鬼治病的用具和权利的象征，而且可以将人和天联系起来[①]。有些是放在死者的手中，如果没有铜镜，或者使用木镜代替，但多出现在儿童墓葬。且这种铜镜通畅与兽牙、子安贝、人齿等一起与死者埋葬在一起，或者将其放在死者的手中，起到辟邪作用。这些特征都体现了游牧民族以原始的"萨满"教作为特征的、特殊的铜镜崇尚习俗，可以作为我们考察尕马台铜镜用途与功能的参考材料。萨满教一直流行于北部中国以及欧亚草原地带，大量的民族志、民俗调查资料充分显示，从遥远的古代起，普遍存在过萨满崇拜，不仅在历史上是如此，直到今天我国东北地区操通古斯语的少数民族中的社会生活中还有萨满崇拜的遗痕[②]。

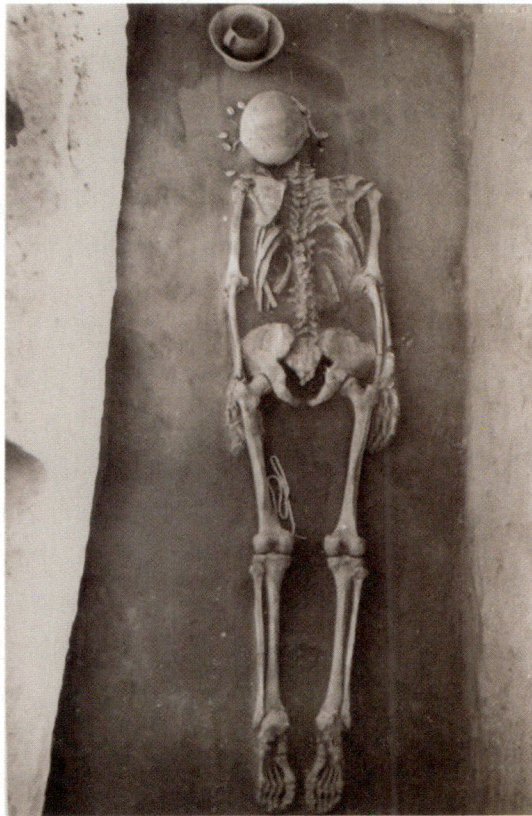

图 8　尕马台 M25

因此，尕马台出土铜镜不仅是用来照容使用，还是萨满使用的法器之一，其中 M25 的墓主应该在当时的社会中具有一定的特殊地位，是萨满或巫等负责祭祀或者是重要礼仪的人。

余　论

中国境内的铜镜发现大体可分为三个区域：一是黄河下游和渭水流域的河南、陕西，二是中国北方长城沿线的内蒙古、辽宁和河北及东北地区，三是甘肃、青海、新疆相互毗邻的中国西北地区。我们分别就年代、使用方法、纹饰、用途等方面进行探讨这柄铜镜的渊源。

综合前面的论述，尕马台发现这柄铜镜的年代在齐家文化晚期阶段。哈密市天山北路先后发现墓葬 700 余座，出土有数百件圆方形铜牌饰，直径大小不一，小者在 5 厘米左右，大者 6~10 厘米左右，背有钮或边缘有孔，称为铜镜或镜形饰。这一墓地的早期铜镜常常是一座墓中、一骨架上覆盖数件、数十件圆形牌饰。在天山北路墓地，除少见的铜刀、锥、镰等生产工具和生活用具外，绝大多数为铜装饰品，特别是以各种圆形和方形铜牌饰为大宗，反映出天山北路墓地独特的文化特征，铜镜就包括在各种圆

① [俄]弗拉基米尔·库巴列夫著，周金玲译：《亚洲游牧民族使用的铜镜是考古学的原始资料》，《新疆文物》2005 年第 1 期。

② 孟慧英：《中国北方民族萨满教》，社会科学文献出版社，2000 年；《中国大百科全书全书·宗教卷》，中国大百科全书出版社，1988 年，第 326—328 页。

形铜牌饰中。刘学堂认为天山北路墓地是目前国内早期铜镜资料最集中、最早的一处墓地，出土的铜镜不晚于齐家文化铜镜①。考古发掘主持者吕恩国、常喜恩等在整理研究后，将墓葬分为四期，其中第三期开始出现素面铜镜，第四期有多圈短斜线纹铜镜，年代定在公元前 19 世纪到 13 世纪之间②。李水城认为甘肃河西走廊的文化对新疆东部产生了影响，约距今 3800 年，并认为天山北路墓地年代与四坝文化基本同时，四坝文化绝对年代划在距今 3950—3550 年③。可见，新疆天山北路地区发现的铜镜的时代早于尕马台发现的铜镜，从铜镜的基本形制来说尕马台铜镜直接或者间接受其影响。

综上，我们发现，无论是从其使用方式、功能用途还是装饰艺术等，其来源是复杂的，并非单一的，应该是今新疆天山北路地区、中原史前文化与外来文化共同交流、融合的产物，这一结果应该是早期东西方文化碰撞与融汇的产物。黄河上游的河湟地区是东西方文化交流的通道之一，正是这种东西方文化的频繁互动与交流，为丝绸之路的开通打下了基础，且新疆东部地区、甘青地区为中心的中国西北冶金文化圈是逐渐形成④。就这柄铜镜提供的视角和已有的研究成果⑤，可以看出齐家文化的铜器的文化因素来自不同的地区，并且形制和母题来自不同的渠道。铜镜中对东方白陶文化和青铜镜纹饰的应用可以看出，外来文化在传播的过程中并非原封不动的被齐家文化全盘接受，而是存在改造和创新。外来文化以欧亚草原地区文化因素较多，如刀、空首斧、平板斧、矛、权杖等，也有一些是中亚地区的文化，如单层的环饰、铜泡等⑥。这些铜器始终并未形成典型的齐家文化特征的铜器组合而影响中原文化的铜器传统。至于这件铜器的制作技术的来源，限于当前的材料，本文不能给出明确的答案，有待冶金史研究的更好合作。

另外，关于甘青地区乃至中国早期铜镜的起源问题历来是学界关注的热点之一，大多是从考古学的证据出发，利用自然科学技术的相关手段进行的类比研究，虽然已经取得了可喜的成果和结论，往往忽视了引起这一文化现象发生的动因问题，这一过程并非一个孤立的事件，它是早期东西方文化交流的结果，与之相关的是全球气候干冷化引起的资源不均和人口扩张，以至农业生业方式的瓦解和游牧化过渡密切相关⑦。

本文为西北民族大学中央高校基本科研业务专项资金项目（项目号：31920140015）阶段性成果之一。

---

①刘学堂：《论中国早期铜镜源于西域》，《新疆师范大学学报》（哲学社会科学版）1999 年第 7 期。

②吕恩国、常喜恩：《新疆青铜时代考古文化浅论》，《苏秉琦与当代中国考古学》，科学出版社，2001 年。

③李水城：《西北与中原早期冶铜业的区域特征及交互作用》，《考古学报》2005 年第 3 期。

④李水城：《西北与中原早期冶铜业的区域特征及交互作用》，《考古学报》2005 年第 3 期。

⑤杨建华、邵会秋：《中国早期铜器的起源》，《西域研究》2012 年第 3 期。

⑥李水城：《西北与中原早期冶铜业的区域特征及交互作用》，《考古学报》2005 年第 3 期。

⑦王明珂：《华夏边缘：历史记忆与族群认同》，社会科学文献出版社，2006 年。

生业与环境

金禅口遗址木炭遗存指示的
木材利用和生态环境
——兼论齐家文化时期的生业模式

中国社会科学院考古研究所　王树芝

中国社会科学院考古研究所　赵志军

青海省文物考古研究所　王倩倩

青海省文物考古研究所　任晓燕

　　木炭分析不仅可以提供古代人类利用木材的信息,探索古代人类与自然界植物的相互关系,而且能认识地域性木本植物种类,重建古环境和古气候。木炭分析可以鉴定到属,甚至可以鉴定到种[1],而且木炭分析的优点还在于木材来自文化层,与考古学文化具有同时性,还能代表较小范围的地方性植被、气候特征,特别是一些当地植被的优势种或建群种,它们具有较强的气候指示意义[2]。近30年,木炭分析和微炭屑测量在国内外广泛开展,已经取得了不少的研究成果,成为第四纪和第三纪环境研究中的重要的研究工具,同时还是提取古人类利用木材资源信息的研究工具。

　　金禅口遗址地处甘青文化分布区大通河南岸的二级阶地上,是一处齐家文化聚落遗址。关于这一文化区在全新世中晚期的环境变化对文化演化产生的影响研究成果较多[3],对植物种子资源利用状

---

①中国社会科学院考古研究所:《科技考古的方法与应用》,文物出版社,2012年,第108—112页。

②崔海亭、李宜垠、胡金明等:《利用木炭碎块显微结构复原青铜时代的植被》,《科学通报》2002年第47卷19期,第1504—1507页。

③安成邦、王琳、吉笃学等:《甘青文化区新石器文化的时空变化和可能的环境动力》,《第四纪研究》2006年第26卷第6期,第923—927页。侯光良、许长军、樊启顺:《史前人类向青藏高原东北缘的三次扩张与环境演变》,《地理学报》2010年第65卷第1期,第65—72页。侯光良、魏海成、鄂崇毅、孙永娟:《青藏高原东北缘全新世人类活动与环境变化——以青海湖江西沟2号遗迹为例》,《地理学报》2013年第68卷第3期,380—388页。莫多闻、李非、李水城等:《甘肃葫芦河流域中全新世环境演化及其对人类活动的影响》,《地理学报》1996年第51卷第1期, 第59—69页。An C B, Feng Z D and Tang L Y.*Environmental change and cultural response between 8000 and 4000 calyr B.P.in the western Loess Plateau,northwest China.*Journal of Quaternary Science,2004,32(2):226-235.F.An C B, Tang L Y,Barton L et al.*Climate change and cultural response around 4000 cal.yr BPin the western part of Chinese Loess Plateau.*Quaternary Research,2005,63（3）:347-352.G.Dong G H,Jia X,An C B et al.*Mid~Holocene climate change and its effect on prehistoric cultural evolution in eastern Qinghai Province,China.*Quaternary Research,2012,77(1):23-30.H.Liu F G and Feng Z D.*A dramatic climatic transition at~4000 cal. yr BP and its cultural responses in Chinese cultural domains.*The Holocene,2012,22(10):1181-1197.

况方面也已经有一些研究①,然而对木材资源的利用的研究尚显不足②。为了弄清楚齐家文化时期甘青地区的局域环境、居民对木材的利用和经济模式,2012年,结合青海省文物考古研究所对金禅口遗址的考古发掘,我们采用针对性取样方法和随发现随取样采集了120份的木炭样品,试图利用木炭分析方法达到这些研究目的。

一、研究区概况

(一)自然地理概况

大通河流域地处青藏高原东北边缘,东接黄土高原,西南为柴达木盆地,南靠湟水谷地,北临河西走廊。地理位置位于北纬36°30′~38°25′,东经98°30′~103°15′,大通河发源于青海省天峻县木里山,自西北向东南流经青海省刚察、祁连、海晏、门源、互助、乐都,折经甘肃省天祝、永登、兰州市红古区等(区)县再转流至青海省民和县享堂镇汇入湟水,是湟水的最大一级支流(图1)。大通河流域地势西北高,东南低,东西长,南北窄,形状羽毛,海拔大多在4700米~1650米之间,且多山。流域内按照地貌、地形特点,可分为三段,即河源至孕大滩水文站为上游,孕大滩至甘肃连城为中游,连城盆地至河口为下游。上游以高山草原为主要特征,中游为森林和种植生长期较短的农作物为主,下游光热资源充足,适宜种植生长期较长的农作物。

区内属大陆性气候,年平均温度为0.6℃(门源)~8.3℃(民和)之间,降水量300~600毫米之间,从东南向西北递减。流域内植物区系交汇,林木类型多种,植物资源达千余种,已定名有980余种,居青

①安成邦、吉笃学、陈发虎等:《甘肃中部史前农业发展的源流:以甘肃秦安和礼县为例》,《科学通报》2010年第55卷第14期,第1381—1386页。

刘长江、孔昭宸、郎树德:《大地湾遗址农业植物遗存与人类生存的环境探讨》,《中原文物》2004年第4期,第26—30页。

周新郢、李小强、赵克良等:《陇东地区新石器时代的早期农业及环境效应》,《科学通报》2011年第56卷第4—5期,第318—326页。

赵志军:《青海互助丰台卡约文化遗址浮选结果分析报告》,《考古与文物》2004年第2期,第85—91页。

Jia X, Dong G H, Li H et al. *The development of agriculture and its impact on cultural expansion during the late Neolithic in the Western Loess Plateau, China*. The Holocene, 2013,(1):85-92.

Li X Q, Sun N, Dodson J. *Vegetation characteristics in the western Loess plateau between 5200 and 4300 cal. B. P. based on fossil charcoal records*. Vegetation History and Archaeobotany, 2013, 22(1):61-70.

②王树芝、李虎、张良仁、陈国科、王鹏、赵志军:《甘肃张掖黑水国西城驿遗址出土木炭指示的树木利用和古环境》,《第四纪研究》2014年第34年第1期,第43—50页。

李虎、安成邦、董惟妙、王树芝、董广辉:《陇东地区齐家文化时期木炭化石记录及其指示意义》,《第四纪研究》2014年第34年第1期,第35—42页。

Li X Q, Sun N, Dodson J. *Vegetation characteristics in the western Loess plateau between 5200 and 4300 cal.B.P. based on fossil charcoal records*. Vegetation History and Archaeobotany, 2013,22(1):61-70.

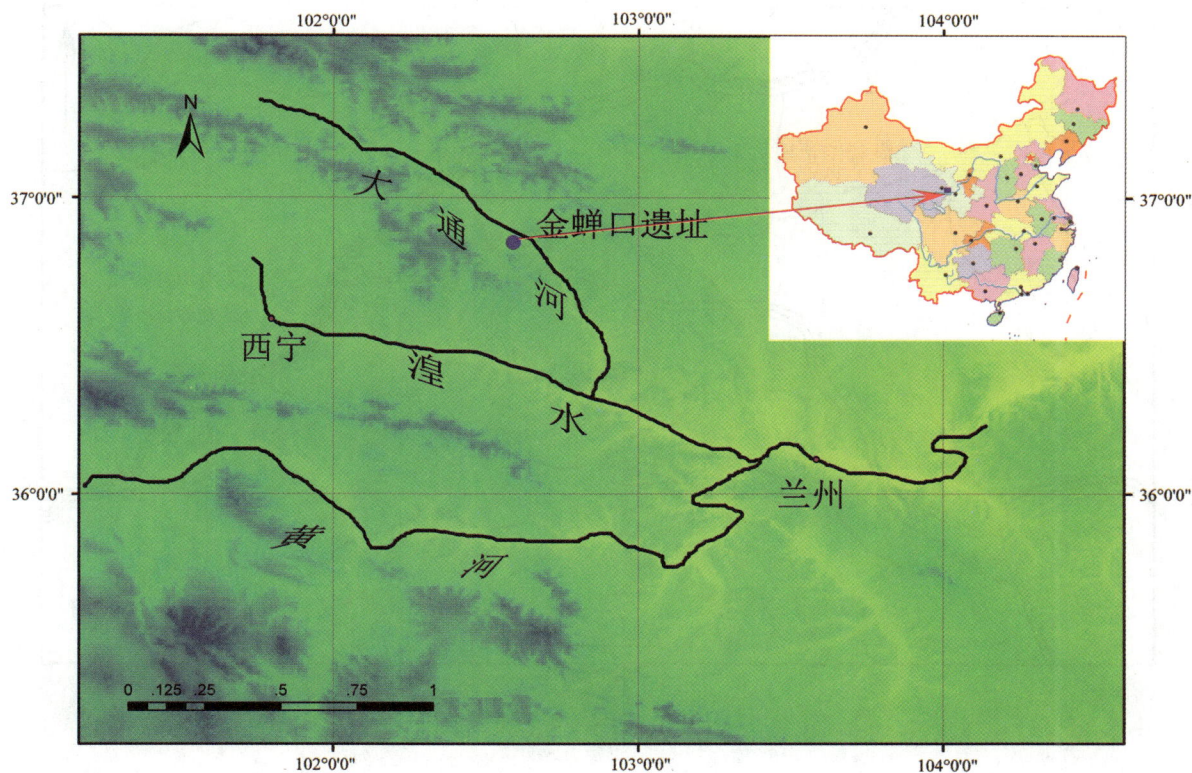

图1　研究区域与采样地点

海省之冠。茂密森林和灌木丛为野生动物提供了良好的生存条件①。

（二）考古发现

金禅口遗址（36.92° N，102.54° E，2309 米）位于互助县加定镇加塘村金禅口一社西侧的缓坡上，东北与甘肃省天祝藏族自治县隔河相望（图2:a）。遗址地处大通河南岸的二级阶地上，南距大通河河谷约300m（图2:b）。遗址南北长约100m，东西宽约80m，面积约8000m²。2012年7—9月，青海省文物考古研究所对金禅口遗址进行了考古发掘，揭露面积285平方米，获得了较为丰富的遗存。共发现房址5座（图2:c）、灰坑15个、墓葬1座及窑址2座。出土遗物丰富，种类齐全，有陶器、石器、玉器、骨（角、牙、蚌）器及铜器等木器等230余件。已发掘出土的文化遗迹、遗物表明，该遗址是一处重要的齐家文化时期的聚落遗址②。考古发掘过程中，选取了炭化作物种子样品，进行加速器质谱（AMS）测年，测年结果显示，金禅口遗址的年代范围为2200~1770 B C，文化遗物属齐家文化。

二、研究方法

2012年，青海省文物考古研究所对金禅口遗址进行了考古发掘。在发掘过程中，采用针对性取样

---

①李万寿、陈爱萍、李晓东、高永福：《大通河流域水资源外调及其对生态环境的影响》，《干旱区研究》1997年第14卷第1期，第8—16页。

②王倩倩：《青海互助县金禅口遗址的考古发现及其意义》，《青海社会科学》2013年第5期，第156—159页。

图 2　a.金禅口位置；　b.遗址图；　c.F2 下层全景

和随发现随取样两种采样方法,在房址、柱洞、灶、窑址、灰坑等处取到 120 份木炭样品。将采集的木炭样品用孔径 2mm 的筛子筛,取大于 2mm 的木炭碎块进行鉴定和分析,共获得可鉴定木炭碎块 7710 块。

　　将木炭样品放置在体式显微镜下观察,根据树种木材特征和现代炭化木材的构造特征进行树种的初步鉴定。然后将木炭样本放置在扫描电子显微镜下进行进一步鉴定和拍照。每个样品除了记录树种外,还记录出现的块数,统计树种的出土概率和绝对数①。

---

① 赵志军:《植物考古学:理论、方法和实践》,科学出版社,2010 年,第 50—51 页。

三、鉴定及统计结果

根据鉴定结果,大于 2mm 的 7710 块木炭分别属于 15 种木本植物种属(表 1),有松属的硬木松(subgen. *Diploxylon*)、软木松(subgen. *Haploxylon*)、云杉属(*Picea*)、杨属(*Populus*)、柳属(*Salix*)、沙棘属(*Hippophae*)、桦属(*Betula*)、灯台树(*Cornus controversa*)、桃亚属(*Amygdalus*)、沙枣(*Elaeagnus angustifolia*)、梨属(*Pyrus*)、桤木(*Alnus cremastogyne*)、鼠李属(*Rhamnus*)、领春木(*Euptelea pleiosperma*)和一种未知阔叶树种。另外有一些秸秆、草和树皮等植物大遗骸。树皮经鉴定为桦树皮。

表 1   15 种木本植物种属

植物种属	房址	灶	窑址	灰坑	地层	绝对数量
松属	4114	163	175	157	71	4680
云杉属	415	4		1	5	425
杨属	711	4		69		784
柳属	1314	54	3	190	6	1567
沙棘属	10	30		141	3	184
桦属	16	4	6		7	33
灯台树	4	3		1		8
桃亚属	3	14			2	19
沙枣	1	2				3
梨属			1			1
桤木				1		1
鼠李属				1		1
领春木		1				1
未知阔叶树种		3				3

根据数量统计分析结果,松木出土概率最高,为 77.4%;其次是杨属,为 37.4%;云杉属占第三位,为 27.8%;柳属占第四位,为 24.3%;沙棘属占第五位,为 11.3%;桦属占第六位,为 5.2%,其余种属出土概率较低(图 3)。

我们还对不同的遗迹单位出土木炭的树种分别进行了统计和分析,例如灰坑、房址、灶坑等。

从灰坑中采集了 9 份木炭样品,经鉴定有松属、沙棘属、杨属、柳属、云杉属、鼠李、灯台树和桤木。出土木炭统计分析结果表明,松木出土概率最高,为 100%;其次是沙棘,为 33.3%;柳属和杨属占第三位,为 33.3%;云杉属、鼠李、灯台树和桤木出土概率为 11.1%(图 4)。

从 F₁、F₂、F₃、F₄、F₅ 5 个房址采集了 96 份样品,经鉴定有松属、杨属、柳属、云杉属、桦属和沙棘属。统计分析结果表明,5 座房子松属出土概率均最高,分别为 100%、71.4%、88.9%、100% 和 90.5%。其余依次是杨属,云杉属和柳属。F₁ 木柱、F₂ 灶旁柱洞内、F₃ 1 号柱洞内、F₃ 3 号柱洞内、F₄ 8 号柱洞内、F₅ 8 号、9 号和 13 号柱洞内木炭都为松木,只有 F₃ 3 号柱洞内为杨木(图 5)。

从 4 个灶坑里取到了 4 份木炭,经鉴定有松属、柳属、沙棘属、杨属、云杉属、沙枣、领春木、桦属、灯台树、桃亚属和灯台树。统计分析结果表明,松属和柳属出土概率最高,为 75%;其次是沙棘属,为 50%;最次的是杨属、云杉属、沙枣、领春木、桦属、灯台树、桃亚属和灯台树,分别为 25%(图 6)。另外,

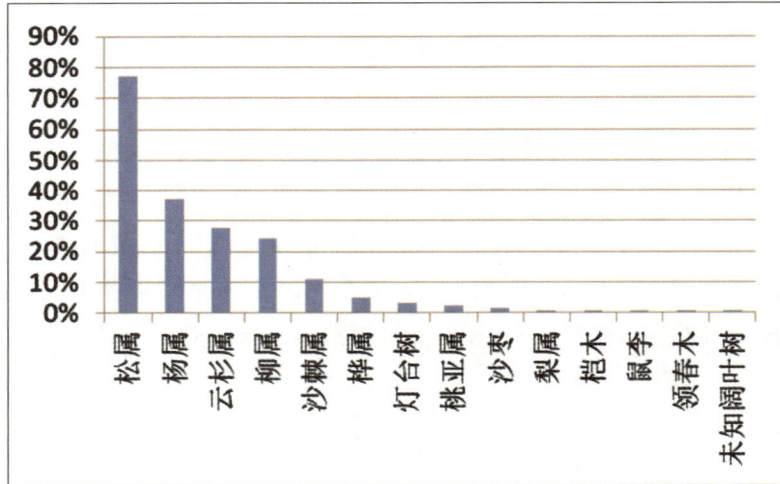

图3　整个遗址不同种属出土概率

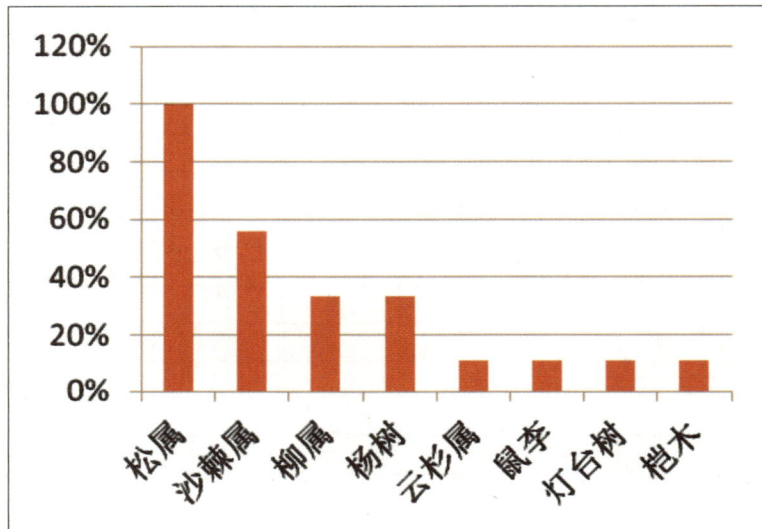

图4　灰坑中不同种属出土概率

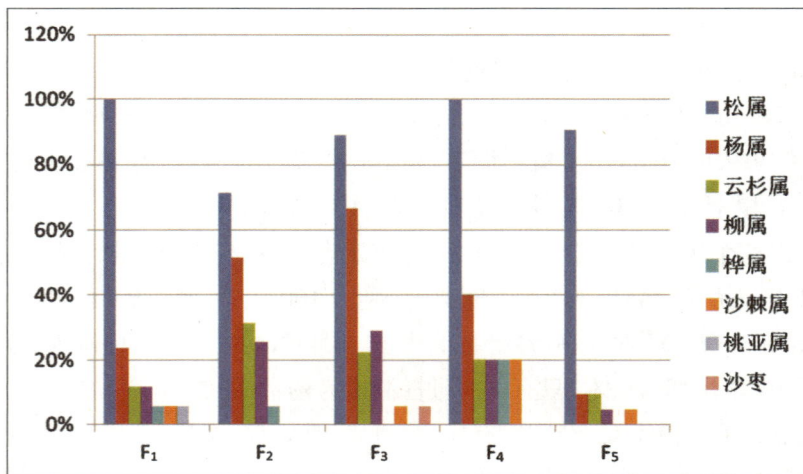

图5　五座房址不同种属出土概率

窑洞火塘的木炭为松木、柳木、桦木和梨木。

根据古气候研究中常被应用的均一性原理，古今气候有着同一属性。对此，我们对出土木炭进行共存生态因子分析（Coexistence Approach，简称 CA），即根据中国木本植物分布图集[①]，查出考古遗址所在地的现今树种及其年均温（MAT）、年降水量（AP）、湿润指数（IM）的气候参数的最大和最小值，找出所有树种的共同的耐受区间。结果表明，金禅口遗址周边年均温为 1.8℃~8.2℃，年均降水量为 677~707 毫米，湿润指数为 2.4~55.3（图7）。

图 6　四个灶不同种属出土概率

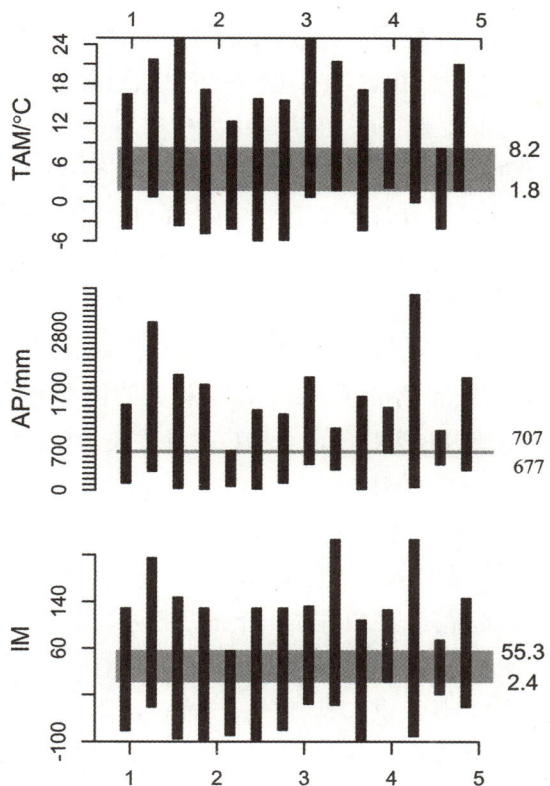

四、讨　论

1. 木炭遗存指示的古植被和生态环境

考古遗址中的木炭遗存，虽然是古人类对树木选择利用的结果，比如建筑材料、薪柴和工具等，但是，依据"最省力原则"，人们在遗址周边随意采集薪柴[②]，每个树种的出土频率与史前该树种在林地植被中的丰度一致[③]，而且，地层中分散的木炭，是多次实践活动的遗存。因此，考古遗址中的木炭遗存在一定程度上代表了遗址周边的植被组成。通过鉴定，金禅口遗址出土了 15 种树种，根据《青海植物志》[④]和《中国森林》[⑤]，在青海，云杉生于河谷、阴坡、山顶，海拔 2400~3800m 处，云杉可组成大面积的纯林。油松生于山坡、河边，海拔 2000~2800m 处，可形成纯林；华山松生于河谷林中，海拔 2200~2600m 处，可形成纯林；山杨生于山坡、山脊和沟谷地带，海拔 2000~3000m 处；柳

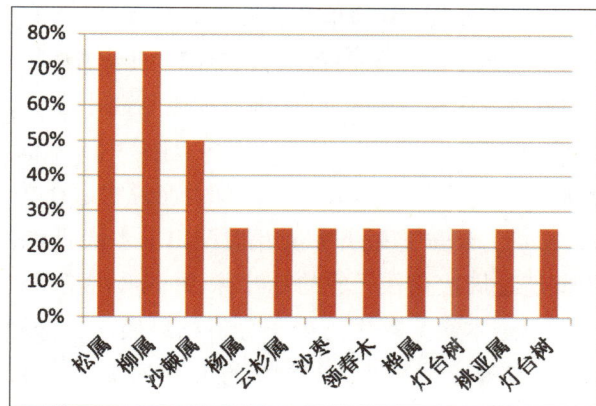

图 7　出土木炭树种共存生态因子法分析

---

①李万寿、陈爱萍、李晓东、高永福：《大通河流域水资源外调及其对生态环境的影响》，《干旱区研究》1997 年第 14 卷第 1 期，第 8—16 页。

②Shackleton C M, Prins F. *Charcoal analysis and the principle of least effort – a conceptual model.* Journal of Archaeological Science, 1992, 19:631–637.

③Salisbury K J, Jane F W. *Charcoals from Maiden Castle and their significance in relation to the vegetation and climatic conditions in prehistoric times.* Journal of Ecology. 1940, 28:310–325.

④中国科学院西北高原生物研究所：《青海植物志》，青海人民出版社，1997 年，第一册第 47、51、50、69、124、329 页；第二册第 365、369 页。

⑤《中国森林》编辑委员会：《中国森林·第 1 卷》，中国林业出版社，1997 年，第 519—534 页。

林喜湿,耐水淹,多分布水分良好的地方;白桦生于山坡、河谷林地、海拔 2300~3900m 处,常与云杉混生成林;鼠李生于山沟林间、山坡灌丛下、水沟边,海拔 2100~3700m 处;沙枣生于田边、道旁、河岸阶地、海拔 2080~2900m 处;中国沙棘生于高山灌丛、河谷两岸、阶地河漫滩和山坡海拔 1800~3800m 处。而且,齐家文化遗址出的墓葬很多,埋葬用了木框、木棺(有的是用原木挖成独木舟式的木棺),许多墓葬使用了巨大的原木或木材,有力地说明了在数千年前新石器时代青海东北部的山地有天然森林分布[1]。而且,喇家遗址齐家文化时期出土木炭研究表明距今 4200~3800 年的齐家文化时期森林茂密[2]。因此遗址周边存在天然的针叶林、针阔叶混交林还有零星的杂木和果树。

出土木炭共存生态因子分析结果表明,金禅口遗址周边年均温为 1.8℃~8.2℃,年均降水量为 677~707 毫米。现今大通河流域年平均温度为 0.6℃(门源)~8.3℃(民和)之间,降水量 300 毫米~600 毫米之间[3],通过比较可以看出,遗址周边年均温与现今相差不大,而降水量高于现在,在冬季寒冷,夏季较潮湿。史前房屋建筑的发展受多种因素的制约,其中生态环境和气候直接影响到房屋的建筑式样和方法,为了防寒,房址选在山坡东部,房址均系半地穴式建筑结构,门向朝东南,处在避风处,减轻冬季寒冷,而且,在 F3 中有壁炉的遗迹,这些都是适应西北寒冷气候的最佳选择。

值得注意的是,在房址中发现有草、秸秆及树皮,尤其在 F2 柱洞填土有桦树皮存在,桦树皮可以起到防水、防潮的作[4]。根据考古发现,齐家文化房屋在地面常有一层坚实而平整的白灰面,不仅坚固美观,而且起着防潮作用[5]。而金禅口遗址五座房址居住面及穴壁虽然平整、结实,但是未经过特别加工,因此,是否因地域的差别,建筑的防潮采用的是秸秆、草和桦树皮,而不是白灰面?

2. 木炭遗存指示的木材资源的利用

古代人类对树木的利用,主要包括木材、食用、药用和香料等方面。大多数树木的木材可用于建筑材料、薪柴、制造各种工具和器具;有的树木的根、茎、叶、花、果实、种子乃至树皮可食用;有的树木具有药用成分和香精等。金禅口遗址先民对植被的利用方式可能有下列几种。

(1)建筑材料

建筑材料的选择不仅受到聚落周边植被状况的影响,更与木材性质有关。作为房屋建筑的树木,不仅树体要高大、顺直,而且,木材也要有适当的抗拉、抗压、抗弯强度、耐腐朽、耐风化。

通过鉴定,多数柱洞出土的是松木。松树树干高大、通直,力学性能高,且具有一定耐腐性,同时,取材便利,是房屋建筑的良好材料。还有一个柱洞出土了杨木,杨树为高大乔木,木材较轻软,是北方主要用材树种,供农具、建筑、门窗等用。

(2)薪柴

"木,火之母也。"[6]薪柴是古代使用最早,也是使用最广泛的能源之一。房址灶旁有 11 种树木的木炭,窑洞火塘有 4 种树木的木炭。灶旁 11 种树木的木炭中松属和柳属出土概率最高,为 75%,而且,窑

[1]李琼:《青海省长宁遗址的动物资源利用研究》,吉林大学,2012 年。
[2]王树芝:《喇家遗址出土木炭分析与研究》,《喇家遗址发掘报告》,待刊。
[3]李万寿、陈爱萍、李晓东、高永福:《大通河流域水资源外调及其对生态环境的影响》,《干旱区研究》1997 年第 14 卷第 1 期,第 8—16 页。
[4]蓝白、杨福喜:《弓箭杂谈》,《兵器知识》2008 年第 11 期,第 16—19 页。
[5]谢端琚:《甘青地区史前考古》,文物出版社,2002 年。
[6][汉]扬雄撰,[晋]范望注:《太玄经》,四部丛刊景明翻宋本,第四页。

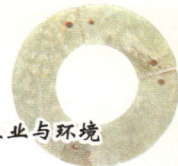

洞火塘的木炭也有松木和柳木。因此齐家文化时期的金禅口遗址先民主要用松木和柳木做薪柴。

松木含油脂高,是良好的燃料。柳木木材密度较高,质硬,耐烧。如中国古代有燧人上观辰星下察五木以为火的传说。"春取榆柳之火,夏取枣杏之火,季夏取桑、柘之火,秋取柞楢之火,冬取槐檀之火"[1]。

3. 经济形态、生业模式的探讨

从遗址出土房屋遗迹、陶器、陶窑遗迹和磨制石器来看,金禅口遗址的先民们曾过着定居生活。坚硬的烧结面,红烧土厚度、以盛储器和炊器为主的陶器组合和刀、斧、锛、凿石质生产生活工具及遗迹仓储性质的窖穴,表明当时有农耕经济存在。而且,植物浮选结果表明,该遗址存在以粟为主要农作物的农业生产[2]。遗址中存在狩猎、肉食加工为目的的细石器工具,动物遗存鉴定有大量的羊骨表明畜牧业发展到一个新阶段。大量的鹿骨的发现说明可能采集野生动物[3]。

在我们鉴定出的木本植物中,有许多有食用价值的经济林树种,包括桃亚属、梨属、沙棘属、沙枣等。

桃亚属为蔷薇科,原产我国。桃果外观艳丽,肉质细腻,营养丰富,是我国人民普遍喜欢的鲜果,甜仁也可食用。《大戴礼记·夏小正》:"[一月]梅、杏、杝桃则华。""杝桃,山桃也。"《诗经·魏风·园有桃》中有记载:"园有桃,其实之肴。心之忧矣,我歌且谣。"[4]在考古遗址中,桃的果核发现甚多。如湖南澧县八十垱[5]、浙江余姚田螺山遗址[6]、河南瓦店遗址[7]、二里头文化二期和四期、二里岗晚期都出现了大量的桃核[8]。

梨属为蔷薇科,营养价值较高,味甜多汁,并有香味,是深受人们喜食的果品之一,有"百果之宗"的声誉。据我国药典《本草从新》,梨具有"甘寒微酸,凉心润肺,利大小肠, 止咳消痰, 清喉降火,除烦解渴,润燥消风,醒酒解毒"[9]等功效。

沙棘属为胡秃子科。沙棘果实中维生素C含量高,素有维生素C之王的美称。沙棘可降低胆固醇,缓解心绞痛发作,还有防治冠状动脉粥样硬化性心脏病的作用[10]。沙枣为胡颓子科,沙枣果实、种子、叶片和花粉都含有多种有用的营养成分,具有较高的利用价值和经济价值。沙枣还是一种淀粉植物,据测定,沙枣果肉约占全果重的 2/3,其营养成分接近玉米。沙枣果可鲜食,磨碎做面、酿酒、加工、制醋等。沙枣面可以蒸馒头、烙饼、做面条,还能做糕点、果酱、酱油等,每 50kg 沙枣面可出 60% 的沙枣酒[11]。

采集经济林树种的果实,并不像栽培作物与驯化动物需要花费人们很多的时间和精力,而且,果

① [周]尸佼著:《尸子》,清平津馆农本书,第 51 页。
② 杨颖:《河湟地区金蝉口和李家坪齐家文化遗址植物大遗存分析》,兰州大学,2014 年。
③ 李志鹏、任乐乐、梁官锦:《金禅口遗址出土动物遗存及其先民的动物资源开发策略》,《中国文物报》2014 年 7 月 4 日。
④ 冯广平、包琰、赵建成、赵志军等:《北京皇家园林·树木文化图考》,科学出版社,2012 年。
⑤ 湖南省文物考古研究所:《彭头山与八十垱》,科学出版社,2006 年,第 518—543 页。
⑥ 北京大学中国考古学研究中心、浙江省文物考古研究所:《田螺山遗址自然遗存综合研究》,文物出版社,2011 年,第 97—107 页。
⑦ 刘昶、方燕明:《河南禹州瓦店遗址出土植物遗存分析》,《南方文物》2010 年第 4 期,第 55—64 页。
⑧ 中国社会科学院考古研究所:《夏商都邑与文化(二)——"纪念二里头遗址发现 55 周年学术研讨会"论文集》,中国社会科学出版社,2014 年,第 372—382 页。
⑨ [清]吴仪洛撰:《本草从新》,清刻本,第 106 页。
⑩ 李晓燕:《沙棘性状及形态解剖特征与其生态适应性研究》,内蒙古农业大学博士学位论文,2006 年。
⑪ 袁宝财、单巧玲:《沙枣树经济价值与栽培技术》,《林业科技通讯》2001 年第 8 期,第 36 页。

实营养丰富,口味好。金禅口遗址先民为了满足其身体各种营养素需要和各种口味,除了食用粟、黍、大麦、小麦[①]和羊肉外,自然会采集经济林可食用部分食用。金禅口遗址这些经济林树种的发现,从一个侧面说明先民采集其果实食用。总之,金禅口遗址齐家文化时期的经济模式应是以粟为主要农作物的农业生产、以养殖羊为主要动物的畜牧生产,兼具有采集、狩猎活动多种经济形式并存的混合经济。

小 结

通过对青海互助金禅口遗址出土的齐家文化中晚期的7710块木炭鉴定和分析,得出以下认识:

(1)遗址周边存在针叶林和针阔叶混交林,有稀疏的杂木和一些果树。当时的气温与现今相差不大,但降雨量明显高于现在。

(2)松属在古代人类生活中占有重要作用,不论整个遗址出土概率还是房址、灰坑和灶中,松属出土概率都最高。松木是主要的建筑材料和薪柴。此外,建筑材料还有杨木,桦树皮可能用于建筑防潮。

(3)金禅口遗址齐家文化时期的经济模式应是以粟为主要农作物的农业生产、以羊为主要养殖动物的畜牧生产,兼具有采集、狩猎活动多种经济形式并存的混合经济。古代人类有可能采集桃亚属、梨属、沙棘属、沙枣等经济林的果实食用。

国家科技支撑计划项目"中华文明形成过程的人地关系研究"课题 (编号:2013BAK08B02)和中国社会科学院创新工程项目课题资助。本文部分内容发表在《农业考古》2016年第1期上。

[①]杨颖:《河湟地区金禅口和李家坪齐家文化遗址植物大遗存分析》,兰州大学研究生学位论文。

甘青地区齐家文化时期家畜的
分子考古学研究

吉林大学边疆考古研究中心　蔡大伟

前　言

　　齐家文化是黄河上游地区以甘肃为中心的新石器时代晚期文化,因 1924 年首次发现于甘肃省广河县齐家坪遗址而得名,年代距今约 4200—3800BP,相当于龙山时期和夏代,正处于新石器时代向青铜时代的过渡阶段,也是文化面貌、社会形态及生业模式发生变化的关键时期。齐家文化主要分布于甘肃东部向西至张掖、青海湖一带东西近千公里范围内,地跨甘肃、宁夏、青海、内蒙古等 4 省区。目前,在西北地区发现的齐家文化遗址和墓葬多达 350 余处,从考古发掘材料山看,除了陶器、石器和骨器,齐家文化的遗址普遍出现有铜器,主要是材质多以红铜为主,包含少量青铜器。张忠培先生指出齐家文化经历了从红铜向青铜过渡的发展历程[1]。易华先生指出齐家文化就是中国最早的青铜文化[2]。齐家文化分布区位于青藏高原与黄土高原和蒙古高原相接邻近的农牧交错地带,黄河贯穿中部,而且有大夏河、洮河、祖历河、大通河、庄浪河等支流,由于长期的流水侵蚀,两岸形成高耸的黄土台地和梯形坡地,这样的环境既适合以粟为主的旱作农业的生产,也适合饲养和放牧家畜。

　　齐家文化的畜牧业比较发达,猪、羊、牛是主要饲养对象。大量的猪骨出现表明齐家文化具有发达的农耕经济,而大量的牛羊则反映了西北地区气候环境的巨变。在齐家文化之前,西北地区的马家窑文化主要以种植业为主,随着 4000BP 全球性降温事件的出现,植被由森林草原退化为温带草原[3],导

---

①张忠培:《齐家文化研究(下)》,《考古学报》1987 年第 2 期,第 153—176 页。
②易华、唐士乾:《中国最早青铜时代——齐家文化铜器》,《丝绸之路》2014 年第 19 期,第 81—96 页。
③侯光良、刘峰贵、刘翠华等:《中全新世甘青地区古文化变迁的环境驱动》,《地理学报》2009 年第 1 期,第 53—58 页。

致以牛、羊为主的畜牧业得到了快速的发展。与此同时，中原地区龙山文化和内蒙古地区夏家店下层文化也都普遍进行了牛、羊等家畜的饲养。在如此大的范围内，都存在牛、羊等家畜的饲养，这反映出不同地区之间的文化交流十分频繁。基于锶稳定同位素研究，赵春燕发现河南禹州瓦店、山西陶寺龙山时期的一些绵羊和黄牛并不是本地生长的，而是来自其他地区[①②]。

考古资料表明，家牛(普通牛 *Bos taurus*)和家羊(绵羊和山羊)都是距今 11000 年前后，在近东地区被驯化的，随后，驯化后的家畜开始向周边地区扩散[③]。与近东地区相比，家牛和家羊在中国出现的时间很晚，大致在齐家文化时期或者更早的马家窑时期，因此对甘青地区齐家文化时期的家畜进行古DNA 研究，不仅能帮助我们揭示家牛和家羊的起源地点，地区间畜牧业的发展情况，而且能够使我们了解新石器时代晚期不同地区人群间的贸易和文化交流活动。本研究将利用古 DNA 技术对甘青地区齐家文化时期出土的牛、羊进行分子考古研究，重建这一时期主要家畜的遗传结构，通过与其他地区家畜的对比分析揭示齐家文化时期甘青地区与周边地区的交流联系。

一、材料与方法

(一)样本的采集及遗址信息背景

本研究以牛、绵羊为研究，样本采集自 3 个考古遗址(图 1)：甘青地区青海长宁齐家文化遗址、中

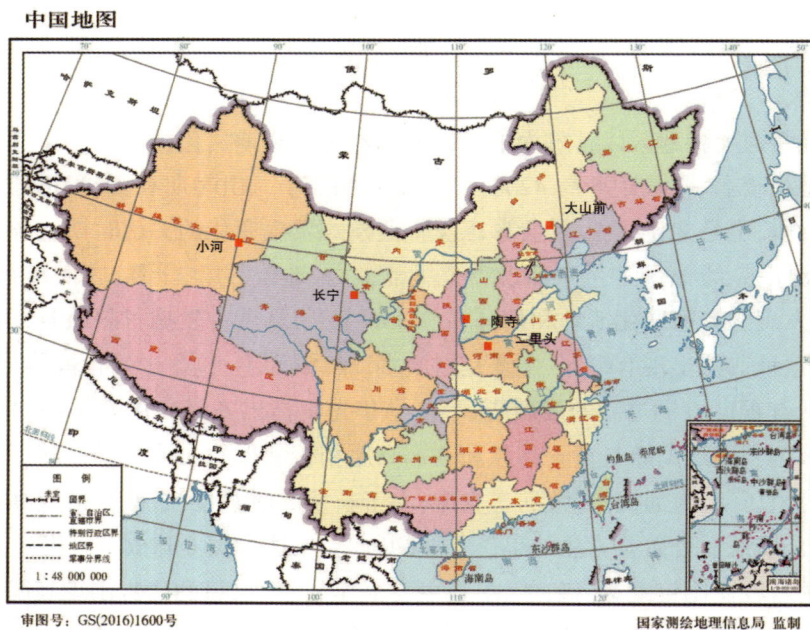

图 1 本文涉及的考古遗址地理分布

---

①赵春燕、吕鹏、袁靖等：《河南禹州市瓦店遗址出土动物遗存的元素和锶同位素比值分析》，《考古》2012 年第 11 期，第 89—96 页。

②赵春燕、袁靖、何努：《山西省襄汾县陶寺遗址出土动物牙釉质的锶同位素比值分析》，《第四纪研究》2011 年第 1 期，第 22—28 页。

③Zeder M A. Domestication and early agriculture in the Mediterranean Basin：Origins，diffusion，and impact [J].Proc Natl Acad Sci U S A.2008，105(33)：11597－11604.

原地区山西陶寺龙山遗址、内蒙古地区大山前夏家店下层遗址。这几个遗址的时代接近,且处于不同的考古学文化区,对于我们研究齐家文化时期,不同地区人群的文化交流具有重要价值。

青海长宁遗址位于青海省西宁市大通县长宁乡长宁村西南约 3 公里处,这是一处齐家文化时期的大型聚落遗址,距今约有 4200—3700 年前,长宁遗址发掘面积大、聚落形制保存完整,对探索黄河上游史前文明的起源具有十分重要的意义。在此遗址,我们选择牛 21 个,编号 CN1-21;绵羊 10 个,编号 CNS1-10。

陶寺遗址位于山西省襄汾县陶寺村南,是黄河中游地区以龙山文化遗存为主的一处重要的史前遗址,年代距今约 4500—3900 年。陶寺遗址的发现,对于探索中国古代文明的起源具有重要的学术价值。在此遗址我们选择牛 15 个,编号 TSC1-15;绵羊 1 个,编号 TS01。

大山前遗址位于赤峰市西南部的喀喇沁旗永丰乡大山前村,文化面貌以夏家店下层文化为主,属于中国北方青铜时代早期文化遗存,距今大约 4000—3500 年遗址中发现了大量适于农业生产的石制工具以及保存有炭化谷物的祭祀坑,墓葬中殉牲以猪为主,其次是牛、羊,表现出以农业为主,兼营畜牧、狩猎的复合经济形态[1]。在此遗址我们选择牛 4 个,编号 DSQC1-4;绵羊 6 个,编号 DSQS1-6。

(二)样本处理

首先用毛刷除去样品表面损坏和受污染的表层,随后用电动打磨工具去除表层 2～3 毫米,然后用 10% 漂白粉溶液浸泡古代材料 5～10min,依次用超纯水、100% 乙醇清洗样品,在紫外线照射下晾干,随后将样品放入液氮冷冻粉碎机 FREEZER/MILL6750(SPEXP CetriPrep,USA)之中,液氮冷却,打磨成粉,—20℃冷冻保存。

(三)古 DNA 抽取、扩增和测序

古 DNA 提取参照 Yang 等人的方法进行[2]。

依据参考序列分别设计了绵羊和牛的套叠引物,详见表一。

表1 绵羊和牛扩增引物

物种	扩增区域	引物名称	引物序列	长度
绵羊	15391-15661	L15391	5'-CCACTATCAACACCCAAAG-3'	144bp
		H15534	5'-AAGTCCGTGTTGTATGTTTG-3'	
		L15496	5'-TTAAACTTGCTAAAACTCCCA-3'	166bp
		H15661	5'-AATGTTATGTACTCGCTTAGCA-3'	
牛	16022-16315	L16022	5'-GCCCCATGCATATAAGCAAG-3'	157bp
		H16178	5'-CACGCGGCATGGTAATTAAG-3'	
		L16137	5'-TTCCTTACCATTAGATCACGAGC-3'	179bp
		H16315	5'-GGAAAGAATGGACCGTTTTAGAT-3'	

[1]王立新:《大山前遗址发掘资料所反映的夏家店下层文化的经济形态与环境背景》,《边疆考古研究》2007 年第 350—357 页。

[2]Yang D Y,Eng B,Waye J S,et al. *Technical note:improved DNA extraction from ancient bones using silica-based spin columns*[J]. *Am J Phys Anthropol*. 1998,105(4):539-543.

扩增程序如下： 首先进行 95℃预变性 5min，随后进行 36 个循环反应（92℃变性 1min，50～55℃退火 1min，72℃延伸 1min），最后 72℃延伸 10min，4℃保持。扩增反应均在 Mastercycler® personal 热循环仪（Eppendorf，Germany）上进行。25μL 反应体系中含 3mL 模版、1U *TransStart*™ TopTaq DNA 聚合酶（全式金公司，中国）、1×Buffer，0.2mM dNTPs，0.2mM 每条引物。PCR 扩增产物通过 2%琼脂糖（Biowest，German）凝胶电泳检测，并用 QIAEX® Ⅱ GEL Extraction Kit 胶回收试剂盒（QIAGen，Germany）纯化 PCR 产物。纯化产物用 ABI PRISM® 310Genetic Analyzer 全自动遗传分析仪（Applied Biosystems，USA）通过 Dyeprimer 试剂盒进行正反双向直接测序。

（四）污染的防止

为了保证古 DNA 序列的真实可靠， 在本研究中采取了以下严格的防污染措施：（1）所有的实验都是在一个专门的古 DNA 实验室内完成的，非本实验室人员不得入内，而且没有做过现代牛、羊的 DNA 分析，极大地降低了外源污染的可能性。（2）样本的处理、DNA 的抽提、PCR 扩增以及 PCR 产物检测均在专用的相互隔离的操作间（配备有专用超净台）进行，实验的每一个步骤都有专用的设备（例如移液枪和离心机等），不能相互混用，而且在 PCR 加样室安装有紫外灯和空气过滤正压排风系统。（3）实验前都预先使用紫外灯照射，并且使用排风装置净化操作间。（4）实验中穿双层防护服，戴一次性帽子和口罩、乳胶手套、每完成一步操作，立即更换手套，随时用 DNA-off（DNA 去除剂）擦拭超净台和用紫外线照射以消除污染。（5）在实验中所使用的试剂和一次性实验耗材（离心管，PCR 管，枪头）为 DNA-free 级别。（6）对同一样本至少要经过 2 次独立抽提，对不同的 DNA 提取液分别进行 3 次 PCR 扩增，同时在 DNA 的抽提过程和 PCR 扩增过程中设立空白对照，以保证结果的重现性和真实性。

（五）DNA 数据分析

DNA 序列利用 Clustal X 1.83 软件进行序列对位比对，确定变异位点及单倍型。

二、结果与讨论

（一）古代绵羊的遗传分析

羊是世界上最重要的经济动物之一，为人类社会提供了大量的产品（例如，肉、奶、羊毛纤维等），在人类的早期文明中扮演着农业、经济、文化甚至是宗教的角色，这一切使得家羊成为新石器时代早期人类驯化的最成功的动物之一。人类主要驯化绵羊和山羊，两者为羊亚科（*Caprinae*）的两个不同属：绵羊属（*Ovis*）和山羊属（*Capra*）。尽管绵羊和山羊的驯化历史中代表着两个不同的驯化事件。从地理位置上看，绵羊的驯化发生在新月沃地的西部，而山羊的驯化发生在新月沃地的东部，两者的驯化区域在中部重叠。由于绵羊和山羊的骨骼形态接近，比较难区分，在早期的考古报告中，研究者通常用"羊"来表示。但是，从目前的研究看，绵羊进入中国的时间比山羊要早一些，因为早期的遗址中出现的都是绵羊，山羊基本不见。

近年来对现代绵羊群体的线粒体 DNA 研究表明，绵羊群体中存在 5 个不同的线粒体 DNA 世系，

并命名为 A、B、C、D、E[1][2][3][4][5]。其中 A、B 和 C 是主要的世系,D 和 E 数量极少,据推断可能是在三个原有世系的基础上产生的新世系。世系 A 主要集中在亚洲的群体中,而世系 B 主要存在于欧洲的品种中,于是把世系 A 命名为亚洲世系,B 命名为欧洲世系。结合近东地区的考古证据和古 DNA 的数据表明世系 B 起源于近东新月沃地,母系源自欧洲摩弗伦羊(*Ovis musimon*)[6][7]。世系 A 在先前的研究中被认为是起源于东亚地区[8],但最近基于线粒体 DNA 控制区序列的研究显示世系 A 的母系可能源自近东地区的安纳托利亚野绵羊(*Ovis gmelinii Anatolia*)(安纳托利亚野绵羊原先被命名为亚洲摩弗伦羊 *Ovis orientalis*),而且世系 C 和 E 的母系也与安纳托利亚野绵羊有关[9]。

我们从 17 个样品中成功的扩增出 14 个样品的线粒体控制区序列,其中 10 个青海长宁样品扩增成功 7 个(CNS2、CNS6 和 CNS9 样品失败),6 个大山前遗址样本和陶寺 1 个样本都扩增成功。所有的抽提和扩增的空白对照均为阴性,表明在骨样的抽提和扩增过程中无可观察到的污染发生。

为进一步揭示绵羊的扩散过程,我们进一步加入了年代稍晚于齐家文化时期的二里头遗址 8 个古绵羊序列(ELS1—ELS8),一共是 22 个古绵羊序列进行数据分析。将 22 个序列与参考序列 AF010406 相比,一共发现 13 个变异位点,定义 6 个单倍型 H1—H6(表 2)。根据绵羊线粒体 DNA 变异位点,我们发现除了 1 个样本 DSQ6 属于世系 B,其余样本皆为 A 世系。考虑到世系 A 和 B 的地理起源,暗示这些绵羊的母系是源自近东地区,外来基因的引入,应该与史前人类的迁移、文化交流有关。从目前的数据上看,世系 B 在青出现在内蒙古地区,而在西北的长宁以及中原陕西陶寺和河南二里头地区并没有发现。与之相反,世系 A 在上述遗址中都有发现,这样的结果暗示世系 A 和世系 B 可能存在不同的扩散路线,这需要我们对更古老的样本进行分析最终确认。

在 6 个单倍型中,我们发现单倍型 H2 在中国古绵羊群体中最为常见,一共有 12 个个体分享此单倍型,占整个古绵羊群体的 55%,值得注意的是 4 个遗址中都有古绵羊分享此单倍型,且此单倍型是世系 A 的建立者。H1 仅由 1 个长宁遗址古绵羊组成,单倍型 H3 由二里头和大山前遗址古绵羊共享,

[1] Hiendleder S, Mainz K, Plante Y, et al. *Analysis of mitochondrial DNA indicates that domestic sheep are derived from two different ancestral maternal sources: no evidence for contributions from urial and argali sheep*[J]. J Hered. 1998, 89(2) 113–120.

[2] Guo J, Du L X, Ma Y H, et al. *A novel maternal lineage revealed in sheep (Ovis aries)*[J]. Animal Genetics. 2005, 36(4): 331–336.

[3] Pedrosa S, Uzun M, Arranz J J, et al. *Evidence of three maternal lineages in near eastern sheep supporting multiple domestication events*[J]. Proceedings of the Royal Society B: Biological Sciences. 2005, 272(1577): 2211–2217.

[4] Meadows J R S, Cemal I, Karaca O, et al. *Five Ovine Mitochondrial Lineages Identified From Sheep Breeds of the Near East*[J]. Genetics. 2006, 175(3): 1371–1379.

[5] Wood N J, Phua S H. Variation in the control region sequence of the sheep mitochondrial genome[J]. Anim Genet. 1996, 27(1): 25–33.

[6] Meadows J R S, Cemal I, Karaca O, et al. Five Ovine Mitochondrial Lineages Identified From Sheep Breeds of the Near East[J]. Genetics. 2006, 175(3): 1371–1379.

[7] Hiendleder S, Lewalski H, Wassmuth R, et al. *The complete mitochondrial DNA sequence of the domestic sheep (Ovis aries) and comparison with the other major ovine haplotype*[J]. J Mol Evol. 1998, 47(4): 441–448.

[8] Cai D, Tang Z, Yu H, et al. *Early history of Chinese domestic sheep indicated by ancient DNA analysis of Bronze Age individuals*[J]. Journal of Archaeological Science. 2011, 38(4): 896–902.

[9] Demirci S, Koban B E, Dagtas N D, et al. Mitochondrial DNA diversity of modern, ancient and wild sheep (Ovis gmelinii anatolica) from Turkey: new insights on the evolutionary history of sheep[J]. PLoS One. 2013, 8(12): e81952.

H4 和 H5 仅由二里头遗址古绵羊组成,H6 仅有一个来自大山前遗址的个体。不同遗址中的古绵羊共享同一单倍型(例如 H6 和 H2),暗示这一时期黄河流域绵羊的饲养业已经很发达,该地区史前人群的交流比较普遍。从时间跨度上看,年代稍晚的二里头遗址中,除了单倍型 H4 和 H6,其他个体的序列在齐家文化时期就已经出现,呈现稳定的遗传连续性。

为了查看古绵羊序列在现代绵羊中的分布情况,我们在 NCBI 上利用 BLAST 程序进行了搜索,寻找与其共享的序列,结果见表 2。单倍型 H1、H2、H3 和 H6 在现代绵羊群体中都存在共享序列。共享单倍型 H2 的现代绵羊个体最多,高达 90 个,其中中国多达 71 个。这一结果进一步表明单倍型 H2 不论是在距今 4000 年前的古代,还是在现代都是一个非常重要的单倍型。

表 2　古绵羊序列变异位点及共享序列分布表

单倍型	变异位点													样品编号	共享序列分布*	世系
	1	1	1	1	1	1	1	1	1	1	1	1	1			
	5	5	5	5	5	5	5	5	5	5	5	5	5			
	4	4	4	4	5	5	5	5	6	6	6	6	6			
	5	5	6	8	1	4	8	8	9	2	3	3	3			
	0	9	4	3	7	3	6	7	2	5	3	8	9			
AF010406	G	C	T	G	C	G	C	A	T	T	A	C	A			
H1	C	T	.	A	.	A	T	.	C	.	G	T	G	CNS3	中国 (1)	A
H2	.	T	.	A	.	A	T	.	C	.	G	T	G	TS01, ELS6, CNS1 CNS4, CNS5, CNS7 CNS8, CNS10, DSQS1, DSQS2, DSQS4, DSQS5	中国 (71) 新西兰 (12) 中亚 (1) 欧洲 (6)	A
H3	.	T	.	A	.	A	T	.	C	C	G	T	G	ELS4, ELS5, ELS7, DSQS3	中国 (2)	A
H4	.	T	C	A	.	A	T	.	C	.	G	T	G	ELS1, ELS2, ELS3	无	A
H5	.	T	.	A	T	A	T	.	C	.	G	T	G	ELS8	无	A
H6	.	.	.	.	.	.	G	.	.	.	.	.	.	DSQS6	中国 (3)	B

★ 括号中的数字代表个体数。

(二)古代牛的遗传分析

在中国古代,人们习惯上根据家牛常见的毛色将其称为黄牛,从生物学的角度讲,中国的黄牛是泛指牦牛(Bos grunniens)和水牛(Bubalus bubalis)以外的所有家牛,其毛色不仅仅限于黄色。黄牛包括有 2 个牛亚种:普通牛(Bos taurus)和瘤牛(Bos indicus),两者形态的主要区别在于背部的肩峰。考古资料研究显示,普通牛的最初驯化发生大约 11000 年前,地点在近东地区,而瘤牛被认为是 9500 年前在印度河河谷地区被驯化的。对现代黄牛群体的大规模线粒体 DNA 分析显示,在普通牛群体中主要存在 5 个线粒体 DNA 世系:T、T1、T2、T3 和 T4[1][2];在瘤牛群体中存在 2 个线粒体 DNA 世系 I1 和

---

[1] Mannen H,Kohno M,Nagata Y,et al.Independent mitochondrial origin and historical genetic differentiation in North Eastern Asian cattle[J]. Mol Phylogenet Evol.2004,32(2)539–544.

[2] Troy C S,Machugh D E,Bailey J F,et al.Genetic evidence for Near-Eastern origins of European cattle[J]. Nature.2001,410(6832):1088–1091.

I2[①]。这些世系呈现一定的地理分布特征,T1 主要分布在非洲,T、T2、T3 主要分布在近东和欧洲,T4 是东北亚的特殊类型;而 I1 和 I2 主要分布在印度次大陆。近年来,随着对安那托利亚和中东地区新石器时代黄牛古 DNA 研究的深入,明确显示全部 T 世系均起源于近东地区新石器时代早期的黄牛[②]。

在本研究中,我们一共获得了 17 个长宁古代牛序列(4 个样本 CN9,CN15,CN16,CN21 失败),13 个陶寺古代牛序列(TSC9、TSC13 失败),4 个大山前遗址古代牛序列。我们同样也加入了河南二里头遗址(9 个序列)、新疆小河墓地(11 个序列)出土的黄牛进行比对分析,一共是 54 个古代序列。与标准序列 V00654 进行比对,检测到 16 个变异位点,全部为转换,共界定 13 个单倍型 H1–H13,全部为普通牛,未见瘤牛(表 2)。中国的瘤牛源自印度,主要分布在我国南方地区,其频率由南向北逐渐递减。我们的结果表明在青铜时代早期瘤牛还没有扩散到中国北方地区。在这些单倍型中,有两个重要的单倍型。首先是单倍型 H2,共享这一单倍型的古代黄牛数量最多范围最广,被五个遗址的古代黄牛所共享。其次是单倍型 H1,被除了小河墓地之外的四个遗址的古代黄牛所共享,这表明 H1 和 H2 在古代中国黄牛中非常重要。

表 3　古代黄牛序列变异和 mtDNA 世系

单倍型	变异位点																样本编号	世系
	1	1	1	1	1	1	1	1	1	1	1	1	1	1	1	1		
	6	6	6	6	6	6	6	6	6	6	6	6	6	6	6	6		
	0	0	0	0	0	1	1	1	1	1	1	1	2	2	2	3		
	4	5	5	5	9	1	1	3	4	8	9	9	5	6	8	0		
	2	0	5	7	3	3	9	5	1	5	2	6	5	0	4	2		
V00654	T	C	T	G	G	T	T	T	T	G	G	G	T	C	G	G		
H1	.	.	C	.	.	.	.	.	.	.	.	.	.	.	.	.	ELTC6, ELTC8, ELTC13, TSC3, TSC6, TSC7, TSC10, TSC12, CN5, CN8, CN14, CN17, CN19, DSQC3	T3
H2	.	.	.	.	.	C	.	.	.	.	.	.	.	.	.	.	ELTC2, ELTC9, ELTC10, ELTC14, TSC1, TSC2, TSC4, TSC8, TSC11, XH9, XH16, CN1, CN3, CN4, CN6, CN7, CN10, CN11, CN12, CN13, CN18, CN20, DSQC4	T3
H3	.	.	C	.	.	.	A	.	.	.	.	.	C	.	.	.	ELTC1, XH12, XH13	T2
H4	C	.	.	.	A	.	.	.	.	.	.	.	.	.	.	.	ELTC5	T4
H5	.	.	.	.	C	C	.	.	.	.	.	.	.	T	.	.	TSC15	T3
H6	C	.	.	.	A	.	.	.	C	.	.	.	.	.	.	.	TSC5	T4

①Baig M,Beja-Pereira A,Mohammad R,et al.Phylogeography and origin of Indian domestic cattle[J].CURRENT SCIENCE.2005,89(1):38–40.

②Bollongino R,Burger J,Powell A,et al.Modern taurine cattle descended from small number of near-eastern founders[J].Mol Biol Evol.2012,29(9):2101–2104.

续表

单倍型	变异位点														样本编号	世系
H7	.	.	.	.	A	.	.	.	.	.	.	.	.	.	TSC14	T3
H8	C	.	.	.	A	.	.	.	.	.	.	.	.	A	DSQC1,DSQC2	T4
H9	.	T	.	.	.	.	C	.	.	.	.	.	.	.	CN2,XH17	T3
H10	.	.	.	.	.	.	.	.	.	.	.	.	.	.	XH4,XH5,XH15	T3
H11	.	.	.	C	.	.	.	.	.	A	A	A	C	.	XH2	T2
H12	.	.	.	.	.	.	C	.	.	.	.	.	.	.	XH6	T3
H13	.	.	.	.	.	.	.	.	.	.	.	.	A	.	XH8	T3

　　根据单倍型的变异位点,13 个单倍型归属于 T2、T3 和 T4 世系(表 3)。T3 世系是古代黄牛的主体构成,在五个遗址中均占据统治地位。T4 世系黄牛在只在大山前遗址、陶寺遗址和二里头遗址古代黄牛有发现,而且属于 T4 世系的三个单倍型—H4、H6 和 H8 主要分布在东北亚地区。值得注意的是 T2 世系仅存在小河墓地和二里头遗址黄牛中,在年代较早的齐家文化时期的遗址中并没有发现 T2,暗示 T2 与 T3、T4 可能不是同时进入中国的。从线粒体 DNA 世系整体上看,齐家文化时期的黄牛的母系都是源于近东地区。黄牛是一种大型食草类哺乳动物,其移动能力较弱,从近东地区扩散到中国,极有可能史前人类的贸易活动或人群迁徙、文化交流形成的。考古资料显示,欧亚大陆西部人群经历了两次大规模的向东扩张活动,第一次是在公元前 3500—2500 年前,第二次是在公元前 2000—1000 年前①。由于 T3、T4 和 T2 出现的时间不同,我们初步推测 T3 和 T4 的扩散可能与第一次扩张有关,而 T2 可能与第二次扩张有关,当然这一结论需要今后进一步的工作确认。

结　论

　　在本研究中,我们对齐家文化时期西北、中原以及内蒙古地区的绵羊和牛进行了古 DNA 分析,结果表明这些地区齐家文化时期的绵羊和黄牛的母系都来自近东地区,这与史前东西方人群间的文化交流密切相关。通过序列分析,我们发现绵羊和黄牛一些主要的单倍型在齐家文化时期已经广泛分布在甘青地区、中原和内蒙古地区,既反映了但是家畜饲养业的发达,同时也反映出不同地区人群间的广泛交流。结合年代稍晚的河南二里头遗址的绵羊和黄牛以及新疆小河墓地的黄牛 DNA 数据,我们进一步发现家畜可能存在不同的扩散路线,而且可能是分期分批随着不同的人群被引入的。

致　谢

　　本文受到以下基金项目资助:国家社科基金(14BKG023)、国家文物局文化遗产保护领域科学和技术研究资助(2013–YB–HT–025)、吉林大学青年学术领袖项目(2015FRLX01、2014ZZ006)、第 48 批教育部留学回国人员科研启动基金。

---

①邵会秋:《东西方文化早期的碰撞与融合——从新疆史前时期文化格局的演进谈起》,《社会科学战线》2009 年第 9 期,第 146—150 页。

黄河上游史前喇家遗址的古灾害研究回顾

南京师范大学地理科学学院　吴庆龙[1,2]

喇家遗址是黄河上游的一处齐家文化聚落型遗址,自从2000年发现灾难现象以来,有关其毁灭废弃的原因引起了学术界长期的争论,而黄河大洪水一直处于争议的中心。自2007年以来,笔者一直在从事喇家遗址灾害的研究,对相关争论有一定的了解,现在予以简要介绍,以便于喇家遗址古灾害问题的进一步澄清和解决。如有疏漏之处,在所难免;如有错误之处,请予指正。

1. 齐家文化喇家遗址灾害现象的发现

1999年,中国社会科学院考古研究所、青海省文物考古研究所、民和县博物馆共同对喇家遗址开始了试探性发掘。在2000年的发掘中,发现了F3、F4、F7等房屋遗址中埋藏有姿态扭曲的多具遗骸,其周围包裹着红色的黏土。这些现象引起了考古研究者浓厚的兴趣。2001年在F7的东侧又发掘出了F10号房址,该房址中的红色黏土中不仅包裹着古人的遗骸,而且还包裹着一些黄土的团块[1-2]。对这些遗骸的研究排除了正常死亡的可能[3]。在遗址南缘的F15号房址处也发现了遗骸[4]。在2005年喇家遗址西区发掘的F23号房址中,又发现了被埋藏的两具遗骸,一位成年人,一位小孩,但没有被红色黏土所包裹[4]。2015年由青海省文物考古所主持的发掘中,再次发现了埋藏的古人遗骸[5]。

2. 群发性灾害与黄河大洪水毁灭喇家聚落理论的提出

在发掘初期,叶茂林等考古学家根据房址中遗骸的扭曲和骨折现象,推测史前喇家聚落毁于一场地震[3]。然而,北京大学城市与环境学院的夏正楷则认为包裹在遗骸周围的红色黏土是黄河洪水的沉积物[6],由此推断喇家聚落是被黄河异常洪水所毁灭的。F10号房址中所揭示的黄土团块包裹于红色黏土的现象进一步表明,喇家遗址的这些灾难性房屋是窑洞式建筑,而不是半地穴式的建筑,由此将两种意见统一了起来:喇家遗址中既存在地震现象,也存在洪水现象。同时,在喇家遗址周围,又发现大片的具有多个旋回特征且具有古土壤发育层的红褐色粘土质沉积,夏正楷认为它们是多次黄河大洪水的沉积物。2003年,夏正楷、杨晓燕和叶茂林在《科学通报》发表了相关的研究论文《青海喇家遗址史前灾难事件》,该论文指出,喇家遗址是被地震、山洪和黄河大洪水等群发性灾害共同毁灭的,而黄河大洪水则起到了最主要的作用[7,8],但该论文没有解释这些不同类型的自然灾害为什么会在喇家遗址共同发生。夏正楷、杨晓燕等研究者认为,喇家聚落毁灭之后的近1000年内黄河还发生了 14 次特大洪水灾害,而这些洪水灾害是由气候变化所造成的[7-10]。

3. 喇家遗址环境考古座谈会

《青海喇家遗址史前灾难事件》一文[7,8]并没有为其结论提供严格、充分的证明;也就是说,作为黄河大洪水直接证据的具有多个旋会特征的红褐色黏土沉积,相关研究者并没有予以严格的论证;因此,一些研究者对此仍然持保留意见。为了澄清喇家遗址中的灾害问题,中国社会科学院考古研究所第一考古研究室与考古科技中心于 2004 年 4 月 16 日召开了一次座谈会,有地震、地质、地貌、环境、考古、年代等多个领域的专家参加[11-13]。中国地震局地质研究所郑剑东研究员和北京大学杨景春教授指出,地震可能造成山崩,山崩可以堵塞河流,因此喇家洪水可能是堵坝造成的。杨景春教授还提出,对于液化喷砂的砂管,应该找到其来源的砂层;大滑坡是否堵住了水,就应该找二级阶地上红黏土消失的地方,去找堵塞的证据。北京师范大学李容全教授则对为黄河多次洪水的沉积证据——2~3 米厚的红土层——表示怀疑,认为洪水不可能总是造成加积。中国科学院地质研究所袁宝印研究员也对红土层的形成表示兴趣,推测它们的形成有两种可能,一个是气候变化,一个是堵塞。中国社会科学院考古研究所袁靖研究员也认为,对于洪水,应该从山体滑坡的可能性去寻找地貌学的证据。[12]

4. 齐家文化之前的黄河也发生过大洪水灾害吗?

论文[7-10]认为黄河大洪水发生在齐家文化晚期及新店文化时期,其中的第一次洪水便毁灭了喇家聚落。2006—2007 年对上喇家(XI 区)的考古发掘表明,齐家文化 F33 号等房址打破了洪水沉积的自然地层(一套红褐色的黏土沉积[14],与文献[7-10]中的作为黄河大洪水的证据的类似),由此推断,在齐家文化之前黄河上游也发生过多次大洪水;这对于以往所认为的洪水发生于齐家文化之后的认识是一个挑战和突破[14]。后来兰州大学的董广辉等研究者通过对喇家遗址内和遗址外的红褐色(红色)黏土沉积的调查和测年研究,也得到了类似的结论,认为黄河的洪水开始于大约 7500 a BP,持续到了大约 2200 a BP,存在 4 个明显的洪水频发时期,并认为它们的形成与气候变化存在密切的关系[15]。

5. 喇家毁灭于"黄河大洪水",还是泥石流?

来自于德国的考古学家佟派、王睦在考察了喇家遗址后认为,黄河大洪水不可能淹死喇家聚落的居民,因为黄河洪水的水位上涨不是突然发生的,而是一个较缓慢的而过程,因此喇家聚落的居民完全有时间在洪水上涨到喇家聚落前逃离;喇家聚落应该是由突然爆发的泥石流所毁灭[16];同时他们也对地震的影响予以了质疑[16]。这一新的解释受到了张小虎博士等研究者的直接否定[17],但张小虎等并没有提供任何新证据,也没有提出任何新的论证。西北大学钱耀鹏博士通过深入的分析,认为 F3、F4 号房址中的红色黏土很可能来源于喇家遗址北侧的吕家沟的山洪[18]。后来,殷志强、张玉柱、黄春长等研究团队也认为喇家遗址及其周围的红色黏土是泥石流堆积,而不是黄河洪水的沉积,因此喇家聚落是被一场灾难性的泥石流所毁灭的[19-21]。但是,考古学家李新伟则认为,喇家遗址中多个房址中埋藏的古人遗骸与自然灾害无关,属于一种居室葬[22]。

6. 积石峡古堰塞湖与喇家遗址灾害

2007 年之前,笔者涉足喇家遗址灾害研究,完全出自偶然[23]。在喇家上游不远的积石峡大拐弯上游段及循化盆地的黄河两岸,广泛分布着一套厚数十米的湖相沉积,早在 20 世纪 90 年代,工程地质学家就对这套湖相沉积作了调查和研究[24]。尽管在 2004 年有多位地震地质学家、地貌学家就指出喇家遗址洪水与上游或下游的滑坡堰塞湖可能存在关系[12],但并未受到相关环境考古学家的重视。2007 年,笔者与张会平在积石峡看到这套湖相沉积后,就猜测它与喇家遗址可能存在联系;根据地层对比和碳十四测年(2 个碳屑样品的碳十四测年和 1 个黄土样品的光释光测年),推断该古堰塞湖的形成年代

与喇家聚落的毁灭废弃年代大致相同，而造成积石峡堰塞湖的古地震与毁坏喇家遗址的古地震为同一场地震；积石峡古堰塞湖在形成几周之后就因湖水漫坝而发生了溃决，形成了流量约 35000m³/s 的溃决洪水，因此推测喇家聚落是被地震及其引发的溃决洪水共同毁灭的[25]。同时，笔者等根据黄河上游万年一遇的洪水流量，推测气候变化造成的洪水是远远不能淹没史前喇家聚落[25]。但这一研究[25]没有提供大洪水发生的直接证据。在[25]中，循化县城以东的土沟口公路边的一套具有良好水平层理的沉积红褐色沉积被判断为扇三角洲沉积[25]，然而杨晓燕博士却将同一剖面的沉积看作是黄河大洪水的沉积物[9]。2008 年汶川大地震导致了许多堰塞湖的形成，而唐家山堰塞湖的抢险不仅给公众留下了深刻的印象，而且还使相关的考古学家和环境考古学家对积石峡古堰塞湖与喇家遗址之间可能存在的关系产生了强烈的兴趣。

7. 喇家遗址黄河二级阶地上红褐色黏土成因及年代

如果史前喇家聚落确实主要毁灭于地震及其引发的溃决洪水[25]，那么喇家遗址及其周围二级阶地上的红色黏土沉积[7-10]究竟是不是多次黄河洪水的沉积物呢？如果这些异常洪水事件确实如[7-10]所认为的与气候变化有关，为什么在汪永进等研究者根据石笋所重建的南方全新世气候记录中[26]并没有约 4000 年前夏季风显著增强的证据呢？而后来陈发虎等研究者所重建的北方湖泊气候记录[27]中也没有降雨增强的证据。如果这套沉积是积石峡堰塞湖溃决洪水的沉积，则意味着积石峡发生了多次堰塞溃决事件，而这种可能性实在太低。无论是哪一种类型洪水的沉积，正如李容全教授所指出的，为什么多次大洪水在这一剖面上总是造成加积[12]，而看不到侵蚀面呢？如果这些红褐色的沉积不是黄河洪水的沉积，那么它们又是什么原因所形成？2010 年，笔者对这套红褐色粘土质沉积进行了系统调查和研究[28]。此前的研究通过不连续的地层对比，认为这套沉积形成于齐家文化晚期和辛店文化时期(即大约 3650—2750 a BP)[7-10]。鉴于该沉积中含有比较丰富的禾本科植物叶片的碳化碎片，笔者采取了 5 个样品，提取了其中的碳屑，并在北京大学进行了制样和碳 14 测年，校正结果分布在大约 7500—6000 a BP，远远早于齐家文化喇家聚落的年代(约 4300—3900 a BP)[29]。该沉积中的碎屑砂的分类和统计分析表明，该沉积物主要来源于吕家沟—岗沟流域内的第三系红色地层，排除了黄河洪水来源的可能，沉积动力表明它们是在水动力非常微弱的环境下形成，排除了黄河大洪水的成因可能，而剖面上由下到上依次出现的砂层、砾石层和黄土堆积则指示了水动力环境不断增强和突然消失；通过综合分析，可以推断这套沉积只能是官亭盆地下游寺沟峡堰塞所形成的堰塞湖的湖滨沉积或扇三角洲沉积；而喇家遗址坍塌房址内的红色黏土则是山洪水流灌入所沉积[30,31]。

8. 积石峡—喇家遗址现场讨论会—积石峡古堰塞湖的年代学研究

早在 20 世纪 90 年代，工程地质学家彭建兵等研究人员就对这套古堰塞湖沉积作了研究，并根据对相关滑坡塘沉积物底部层位的总有机质碳 14 年龄，将积石峡堰塞湖的形成推定在大约 8500 年前[24]，笔者在 2007—2008 年未能了解到这一研究结果。笔者等提出地震及其引发的溃决洪水毁灭喇家遗址的推测[25]之后，一些研究者就对此表示怀疑。

鉴于喇家遗址古灾害问题的澄清具有重要的学术意义，来自兰州大学、陕西师范大学、中国科学院地质与地球物理研究所、南京师范大学、中国科学院盐湖研究所等机构的多个研究团队对积石峡古堰塞湖展开了年代学研究。兰州大学董广辉等通过对积石峡古堰塞湖湖相沉积的总有机质碳十四测年和光释光测年，以及对滑坡滑动面泥质的总有机质碳十四测年，认为积石峡古堰塞湖形成于大约 8100 年前，并于大约 6000 年前因溃决而消失，因此推断积石峡古堰塞湖与史前喇家聚落不存在关系[32]。张志刚等人测定了积石峡古堰塞湖湖相沉积的底部和顶部样品的总有机质碳十四年代，得到的校正结果分别为大约 9000 BP 和 8000 BP,因此也排除了该堰塞湖与喇家遗址的关系[33]。殷志强等对堰塞湖沉积顶部层位的一个样品的总有机质碳十四测年结果偏老一些,为大约 10500 a BP(校正结果为大约 10700 a BP)[19];周保等人在积石峡堰塞湖底部层位采集的一个湖相样品的其总有机质碳十四年龄为 7535 ± 36 a BP[34]。黄春长、张玉柱等对积石峡古堰塞湖的一个连续剖面进行了光释光的系列测年,年代分布在大约 8200~5600 年前;并认为积石峡古堰塞湖因长期淤积填满而消失,没有发生溃决洪水,因此与喇家遗址完全没有关系[35]。在 2012 年 9 月举办的"积石峡与喇家遗址"的现场讨论会[36]上,赖忠平在报告中讲述了其研究团队的光释光测年结果,并得到了类似的结论,而且还发现存在约 30000 a BP 更早的一期堰塞湖[37]。后来郭海婷获得的积石峡古堰塞湖湖相沉积与滑坡塘淤积物的光释光年代结果[38]与赖忠平等所得到的年代结果基本一致[37]。

对于以上年代结果,笔者通过分析认为,堰塞湖沉积中的总有机质碳十四校正年龄和光释光测定年龄并不能准确地反映积石峡堰塞湖沉积的实际形成年龄,而一定程度地老于堰塞湖沉积的实际年龄,因此并不能排除积石峡古堰塞湖的形成时间与喇家遗址的毁灭时间存在重合;同时,根据黄河平均流量(约 730m³/s)和气象洪水的流量(通常约 2000~4000m³/s),积石峡古堰塞湖在漫坝时发生溃决并形成巨大洪水的概率极大,因此并不能排除积石峡古堰塞湖与喇家毁灭废弃之间的关系[39]。但有些研究者则继续坚持泥石流毁灭喇家遗址的观点[40]。古地震研究者虽然在官亭盆地开挖了探槽并发现了古地震活动的直接证据,但未能明确该地震与喇家遗址毁灭的关系[41]。有些研究者对喇家遗址的古灾害进行了总结,但未能提供新的证据[42,43]。

9. 喇家遗址中巨大洪水直接证据的发现

早先的研究描述了喇家遗址的一套"黑砂"或"紫灰色粗砂",以透镜体分布在喇家聚落的古地面上或以脉体填充于裂缝中,并将其归因于地震液化喷砂[7-9];有的研究者发现该沉积物的磁化率很高[44]。在积石峡出口的东侧,存在着一个主要由棱角状岩屑组成的堆积体(堆积阶地),笔者与张会平在 2007 年 8 月的考察中对其成因感到困惑。2008 年 7 月,笔者推测喇家遗址的"黑砂"与积石峡口的特殊碎屑堆积就是巨大溃决洪水的沉积物;不久,在 11 月份的野外调查中证实了这一猜测。2009 年之后,笔者与合作者在喇家遗址、官亭盆地、积石峡和循化盆地中进行了详细的野外调查,通过大量的地层对比,重建了喇家遗址古灾害的复杂过程:首先是一场强烈地震严重破坏了喇家遗址,将很多居民埋于坍塌的窑洞里,同时,地震在积石峡引发的滑坡形成了高达 200m 的坝体,在黄河上形成一个巨大的堰塞湖;6—9 月后,因湖水漫坝而迅速发生溃决,下泄了上百亿立方米的水体,形成了巨大的溃决洪水并彻底毁灭了喇家遗址;之后,泥石流将喇家遗址及溃决洪水的沉积埋藏。根据估算,这一溃决洪水在喇家遗址处的最大流量达到了大约 400000m³/s,并将这场洪水的发生年代确定在大约公元前 1920 年[45]。

10. 喇家遗址古洪水灾害与中国传说中的大洪水与夏朝

在历史时期,已知黄河上的最大洪水为 36000m³/s,而积石峡—喇家这场洪水比历史时期黄河最大洪水还大了 10 倍左右,因此,对黄河而言,这场可谓空前绝后,因此推断它就是传说中夏朝建立前大洪水的起源。有趣的是,在《夏本纪》与《禹贡》中,正好有"导(道)河积石"的叙述(即大禹从积石这个地方开始了对黄河的疏导工程),而此次巨大洪水正好起源于积石峡,而且是因堵塞而形成,正好可以解释大禹为什么要在积石峡"疏导黄河"。根据积石峡溃决洪水的绝对年龄(约 1920 BCE)以及治水所耗用的时间(约 20 年),笔者与合作者将夏朝的开始年龄确定在大约 1900 BCE。虽然这一年龄比中国传统的夏朝开始年龄(2200 BCE)晚了 300 年,比夏商周断代工程的夏朝起始年代(2070 BCE)也晚了 170

年,但它大致与中国新石器文化与青铜文化的过渡年代一致,而且也与二里头文化的起始年代也基本一致,从而可以解决有关夏朝的考古年代学与历史年代学之间长期存在的矛盾。这一发现[45]以学术论文的形式发表后得到了国内外媒体的广泛报道[46],并引发了激烈的争议。

从2007年4月算起,这一研究经历差不多10年时间[47]。

11. 喇家遗址古灾害研究中的科学方法

在研究积石峡古堰塞事件与喇家遗址灾害的过程中,笔者常常在思考造成该争议的原因。为什么在数学研究中几乎看不到争吵和论战呢? 实际上,我们很少思考我们的知识是从何而来,我们也很少思考哪些知识是科学的,可靠的,哪些知识仅仅是猜想或推测;我们很少思考在语言符号在不同的使用者中的差异。在一些学科中,概念和逻辑远不如数学家那样严谨,经常带有模糊性;从猜想、证据到结论之间也缺乏严密的逻辑证明过程。以案件的侦破来类比喇家遗址古灾害研究是很合理的。首先需要承认,任何一个"案件"的真相只有一种,而不是多种,因此,仅仅满足自圆其说的解释并不能认为就是正确的,而且也不能满足于自圆其说,因为在(主观地)舍弃一些证据(现象)的情况下,自圆其说可以有很多种。如果不重视对证据的可靠性论证,如果不讲求严密的逻辑推理,如果不强调证据链的完整,如果不强调解释程度的最大化,如果可以不考虑"不利"的证据,那么"冤假错案"就会成为一个非常普遍的现象。在积石峡古堰塞湖的一些研究[32-35,37,38]中,存在一个默认的"定理",即"湖相沉积的总有机质碳十四年龄或光释光年龄可以直接表示其实际形成年龄",实际上,它是没有得到严格证明的一种"假设";在喇家遗址,有的研究者将紫灰色、黑色的砂质透镜体或脉体当作是地震液化喷砂的堆积[7-9],实际上也是没有经过证明的一种"假说";作为黄河发生过多次大洪水的证据——在喇家遗址周围分布的一套红褐色的符合黏土的沉积[7-10]——实际上并没有给出充分的证明;将这套红褐色的沉积归属于泥石流沉积[19-21],仍旧缺失严格的证明过程。

12. 喇家遗址古灾害研究中的开放与争鸣

喇家遗址的规模虽然并不大,无法与二里头、陶寺、良渚等大遗址相比,但是,喇家遗址的环境考古研究却不断得以深入,并引起了学术界的瞩目。笔者认为,这与叶茂林在喇家遗址所主张的开放式环境考古研究是分不开的。正是在这种开放的环境下,笔者才有机会将积石峡古堰塞湖与喇家遗址的古灾害联系起来进行研究;在开放环境中,不同背景的研究者才能在竞争、激励、交流的氛围中不断取得进步。学术质疑和学术争论也是喇家遗址环境考古研究获得进步的重要动力,正是在这种开放的研究中,不同的学者可以通过他人的研究结果发现自己的缺点;因此,"质疑应为科研常态"[48],并应该予以提倡——只要质疑符合科学逻辑的原则。笔者估计,喇家遗址的毁灭问题及其与积石峡古堰塞湖之间的关系的学术争论还会持续一段时间。

需要指出的是,笔者在过去对积石峡古堰塞湖和喇家遗址的研究中,经历了重重困难并遭到了巨大的损失,但这种困难并非来自于研究问题本身,而是故意制造的,据说,这是由学术观点的差异所引起。任何人不能因为要维护自己在环境考古领域的权威性和正确性,就可以用学术规则之外的手段使别人失去研究岗位,将别人驱逐出考古学术圈和环境考古学术圈,使别人永远失去证明自身学术水平的机会。实际上,这样的做法绝对不会提高其学术水平,更不可能提高其学术威望,这样做,只能导致环境考古学术圈的衰落。

文献与注解

[1]中国社会科学院考古研究所甘青考古队,青海省文物考古研究所.青海民和喇家史前遗址的发掘.考古,2002(7):3-5.

[2]中国社会科学院考古研究所甘青考古队,青海省文物考古研究所.青海民和县喇家遗址2000年发掘简报.考古,2002(12):12-25.

[3]王明辉.青海民和县喇家遗址人骨及其相关问题.考古,2002(12):25-28.

[4]根据笔者与叶茂林、蔡林海的交流.

[5]根据笔者2015年8月在喇家遗址的参观考察.

[6]根据齐乌云介绍,在喇家遗址的房址中发现红色黏土后,她也曾提出红色黏土为洪水堆积.

[7]夏正楷,杨晓燕,叶茂林.青海喇家遗址史前灾难事件.科学通报,2003,48(11):94-98.

[8]Yang X,Xia Z,Ye M.Prehistoric disasters at Lajia Site,Qinghai,China.Science Bulletin,2003,48(17):1877-1881.

[9]杨晓燕.基于不同空间尺度的环境考古研究(博士论文).北京大学,2003.

[10]杨晓燕,夏正楷,崔之久.黄河上游全新世特大洪水及其沉积特征.第四纪研究,2005,25(1):80-85.

[11]叶茂林.把多学科研究整合为人地关系的考古学研究——喇家遗址环境考古座谈会综述.中国文物报,2004年7月16日第7版.http://www.kaogu.cn/html/cn/xueshuyanjiu/yanjiuzhuanti/lajiayizhiduoxueke/2013/1025/33089.html

[12]喇家遗址环境考古座谈会纪要.2004.04.16,北京,中国社科院考古研究所.http://www.kaogu.cn/html/cn/xueshuyanjiu/yanjiuzhuanti/lajiayizhiduoxueke/2013/1025/33090.html.

[13]2004年4月该座谈水召开时,笔者正在北京大学地貌学专业读博士学位,但当时没有听说有这样一场有关喇家遗址灾害的座谈会,直到笔者2008年与叶茂林研究员展开合作之后,才了解到曾经举办过这个座谈会;后来,杨景春教授也向笔者谈到了这个座谈会。

[14]叶茂林,何克洲,钟建,蔡林海.民和县喇家遗址,见:中国考古血年鉴(2008),415-416.文物出版社.

[15]Ma,M.M.,Dong,G.H.,Robert,E.,Meng,X.M.,Chen,F.H.,Process of paleofloods in Guanting basin,Qinghai Province,China and possible relation to monsoon strength during the mid-Holocene. Quaternary International,2014,321,88-96.

[16]佟派,王睦.古代中国的环境研究:关于解释和年代对应方面的问题.山东大学方考古研究中心.东方考古:第2辑.北京:科学出版社,2005,263-271

[17]张小虎,夏正楷,杨晓燕.青海喇家遗址废弃原因再探讨——与《古代中国的环境研究》一文作者商榷.考古与文物,2009(1):100-103.

[18]钱耀鹏.关于喇家聚落的灾难遗迹与广场建筑.考古,2007(5):57-68.

[19]殷志强,秦小光,赵无忌,等.黄河上游官亭盆地红粘土层成因机制再探讨.第四纪研究,2013,33(5):995-1004.

[20]张玉柱,黄春长,庞奖励,等.黄河上游官亭盆地喇家遗址地层光释光测年研究.地理学报,2013,68(5):626-639.

[21]Huang C C,Pang J,Zhou Y,et al.Palaeoenvironmental implications of the prehistorical

catastrophes in relation to the Lajia Ruins within the Guanting Basin along the Upper Yellow River, China. Holocene,2013,23(11):1584-1595.

[22]李新伟.再论史前时期的弃屋居室葬.考古,2007(5):50-56.

[23]笔者博士生在读期间,曾于2003年8月协助齐乌云博士在喇家遗址、官亭盆地及其周围展开环境考古的调查(但未进入积石峡进行考察),但当时并没有对喇家遗址的问题产生兴趣。杨晓燕博士原先一直在从事喇家遗址的环境考古研究,但在2006年结束了有关喇家遗址的研究,转向了淀粉粒的考古学研究。笔者2006年进入中国地震局地质研究所博士后流动站时,是选定构造地貌为研究方向的;2007年4月协助张会平在黄河积石峡进行野外考察时,才注意到积石峡古堰塞湖的湖相沉积,并对它与喇家遗址之间的关系产生了兴趣;后来于2008年以"黄河上游积石峡古堰塞事件及古灾害研究"为题目申请了国家自然科学青年项目。如果不参加张会平的野外考察,笔者应该永远与积石峡–喇家遗址的研究无涉,因此,笔者涉入完全出自偶然。

[24]彭建兵,毛彦龙,杜东菊.黄河积石峡水电站水库滑坡工程地质研究,陕西科学技术出版社,1997.(笔者直到2013年1月才了解到彭建兵教授这一研究工作)

[25]吴庆龙,张培震,张会平,等.黄河上游积石峡古地震堰塞溃决事件与喇家遗址异常古洪水灾害.中国科学:地球科学,2009(8):1148-1159.

[26]Wang Y,Cheng H,Edwards R L,et al.The Holocene Asian monsoon:links to solar changes and North Atlantic climate. Science,2005,308(5723):854.

[27]Chen F,Xu Q,Chen J,et al.East Asian summer monsoon precipitation variability since the last deglaciation.Scientific Reports,2015,5:11186.

[28]笔者在2010年以"黄河上游官亭盆地红色黏土的成因及年代研究"为题目申请了博士后基金并获得二等资助.

[29]张雪莲,叶茂林,仇士华,钟建.民和喇家遗址碳十四测年及初步分析.考古,2014,(11),1131-1144(91-104).

[30]吴庆龙.黄河上游喇家遗址在青铜时代发生过多次特大洪水灾害吗?北京大学考古文博学院,2012.

[31]未能发表的论文:吴庆龙,吴小红,叶茂林,张培震,汪海滨,赵辉.黄河上游官亭盆地二级阶地上红色沉积的成因及其与喇家遗址的关系.2012.

[32]Dong G,Zhang F,Ma M,et al.Ancient landslide-dam events in the Jishi Gorge,upper Yellow River valley,China.Quaternary Research,2014,81(3):445-451.

[33]张志刚,白世彪,王建,等.全新世早期黄河上游积石峡大型滑坡堵江事件研究.干旱区资源与环境,2013,27(7):102-106.

[34]周保,彭建兵,赖忠平,等.黄河上游特大型滑坡群发特性的年代学研究.第四纪研究,2014,34(2):346-353.

[35]Zhang Y,Huang C C,Pang J,et al.OSL dating of the massive land slide damming event in the Jishixia Gorge,on the upper Yellow River,NE Tibetan Plateau.Holocene,2015,25(5).

[36]2012年喇家遗址环境考古研讨会总结发言.周昆叔,喇家遗址是一个大课堂,中国社会科学网,http://www.cssn.cn/kgx/kgsb/201612/t20161222_3354769.shtml

[37]会议报告:赖忠平,孙永娟等.积石峡与喇家遗址现场讨论会. 2012年9月19日.

[38]郭海婷. 黄河上游戈龙布滑坡及其堰塞湖沉积物光释光年代研究[硕士论文]. 南京师范大学,2015.

[39]未能发表的论文:吴庆龙,张进,叶茂林. 黄河积石峡古堰塞湖的生命过程、年代及其与史前喇家遗址的关系.2014.

[40] 周强，张玉柱. 青海喇家遗址史前灾难成因的探索与辨析. 地理学报,2015,70(11):1774-1787.

[41]李智敏,李延京,田勤俭,等. 拉脊山断裂古地震与喇家遗址灾变事件关系研究[J].地震研究,2014(S1):109-115.

[42]李洋. 古灾难遗址发掘的现实意义——以青海民和喇家遗址为例. 青海社会科学,2011(4):162-165.

[43]郭昕. 青海民和喇家遗址史前灾难成因辨析. 黑龙江史志,2014(1).

[44]欧阳杰,朱诚,叶茂林,等.青海喇家遗址古地震喷砂磁化率异常现象与机制的初步研究.国际地震动态,2008(11):128-128.

[45]Wu Q,Zhao Z,Liu L,et al.Outburst flood at 1920 BCE supports historicity of China's Great Flood and the Xia dynasty.Science,2016,353(6299):579-582.

[46]有研究者批评笔者向媒体宣传这一研究,这是一个误解,笔者与合作者当时并未主动向媒体宣传;实际情况是,在论文发表前一天,美国科学促进会(AAAS)和科学杂志为这一研究发现举办了一次 News Teleconference,国外主流媒体(如纽约时报、华盛顿邮报等)、科学类媒体和国内媒体的予以了广泛报道和评论。

[47]这一研究开始于2007年4月,即笔者在中国地震局地质研究所博士后流动站期间(2006年9月至2009年8月),2008年猜想并确认了积石峡堰塞湖溃决洪水的直接沉积证据,2009年对证据作了进一步的调查。应吴小红教授的建议和承诺(博士后出站后获得环境考古方向的正式研究岗位),笔者于2009年10月进入北京大学考古文博学院博士后流动站,开始了中国文明起源时期重大自然灾害方面的研究,后来因北大环境考古竞争上的问题失去了承诺。2012年9月博士后出站后,再次同意吴小红教授的建议,以实验室"劳务人员"的身份继续从事相关研究,直到2014年8月;最主要的研究部分就是在这一期间(2009年10月至2014年8月)完成的。2015年5月开始,笔者以编外人员的身份受聘于南京师范大学地理科学学院,完成了相关研究成果的论文写作和修改。由于这一研究论文最主要的部分是在北京大学及考古文博学院提供的条件下完成的,根据公正的原则,该研究成果[44]以北京大学考古文博学院为第一署名单位、南京师范大学地理科学学院为第二署名单位、中国地震局地质研究所为第三署名单位;在研究进行过程中,有人就研究结果的单位署名向笔者作了提醒。

[48]质疑应为科研常态(http://lzu.cuepa.cn/show_more.php? doc_id=1551103);科学因纯粹而道德(http://lzu.cuepa.cn/show_more.php? doc_id=1551104)

其他

中华文明探源工程中
没有齐家文化是一种缺憾

临夏州志办　马志勇

　　寻根问祖是每个民族都十分关心的问题。中华文明的根在哪里？大西北的齐家文化值得关注。齐家文化主要分布于甘肃、青海、宁夏，涉及内蒙古和陕西的部分地区，该区域恰好是青藏高原、蒙古高原和黄土高原的中间地带，约占现中国版图的三分之一。据不完全统计，已发掘的甘肃齐家文化遗存就有 3000 多处，如果将其他各省区和未发掘的都统计起来，不下五六千处。在距今 4000 年的时候有在这么大的面积内有统一的强势的主流的文化类型，匪夷所思。这里有许多的问题值得思考。是什么把这广袤的文化凝结统一起来？是否还有内在的有规律的联系？是否有一个统一的国家，统一的法度和礼制。这个国家叫什么？源头在哪里？值得深思和探求。

临夏广河是齐家文化的发现地命名地

　　齐家文化发生时间早，覆盖面积大，发轫大西北，推动历史大进步，名声影响国内外，在华夏文明诞生中有重要意义。成为华夏文明传承创新建设的有力的基础支撑。

　　齐家文化全国著名的遗址有十余处，其中半数在甘肃。甘、宁、青三省（区）齐家文化分布区以甘肃为中心。广河县齐家坪是齐家文化的发现地和命名地，广河县建有全国唯一的齐家文化博物馆，体现了齐家文化中的重要地位。

　　甘肃临夏嵌于中华古国的中心，广河嵌于齐家文化的中心。齐家文化是古代本土文化的硕果。临夏州的积石山县、广河县以及与之毗邻的民和县官厅镇尤多（著名的喇家遗址也在其分布范围之内），在这里出土的玉牙璋、大玉璧、大玉琮、大玉刀精美无比，绝非寻常用器，而是礼器中的王者之器。95厘米长的磬王，似乎这里曾存在过一个庞大的早期方国都邑。这些大量精美的玉器出土有力地证明了齐家文化在这块古老土地上的繁盛和持久。

　　历史上夏代所处的公元前 21 世纪至公元前 17 世纪，是我国玉器时代向铜器时代转化的阶段，而夏代开国君王大禹，就和玉文化有不解之缘。所谓"禹会诸侯，执玉帛者万国"的说法，表明夏代一开始就以继承发扬丰富多彩的史前玉文化为突出特色。任何没有成套玉礼器出土的文化遗址，都不足以充当夏朝的都城。根据逐渐丰富起来的齐家玉文化材料，特别是齐家玉礼器体系的成熟情况，大夏河为

391

中心的方圆几十公里,完全具有夏朝都邑的条件。遗迹面积大,标志着人口增加和人口的集中,出现了政治、经济和文化中心——夏古城;社会分化加剧,出现了集军事指挥、宗教祭祀和社会管理与一身、凌驾于全社会之上的王权和区域性政体——早期国家。结合史书文献上多次重复的"大禹出西羌"等说法,其实已经不仅揭示了夏文化的主体来自西方,而且也揭示了其族属——"羌",这也同考古学界所确认的齐家文化族属为羌人,完全吻合。

夏文化肇源于齐家文化

《史记·六国年表》曾记载:"禹兴于西羌。"《尚书·禹贡》记载:大禹治水"导河积石,至于龙门"。临夏广泛流传着很多关于大禹治水的传说、文化遗迹和相关的祭祀活动,如禹王石、大禹斩蛟崖、骆驼石、天下第一石崖。临夏县的北塬三角有大禹庙、禹王庄,积石山有大禹庙,东乡县河滩有禹里家等等。

帝尧时,"分十二州。封禹于夏,赐姓姒氏。统领州伯,以巡十二部"。意思是说,帝尧把大禹分封到"夏"的地方,并"赐姓姒氏",任命他担任一州(羌族)之首领。史载临夏在上古时候是"罕羌侯邑"。舜帝命他继父事业治水成功后,建立了大夏王朝。大禹是羌族,生于石纽,活动于"河关",居住于"大夏",甘肃是夏的"上半场",河南是夏的"后半场",临夏占了先,河南占了中。先有大夏,后有夏朝。

大夏县"有禹庙,禹所出也",证明大禹出在后来被为大夏县的地方。大夏县即位于甘肃省临夏州境内。石纽就是临夏州西10公里的今和政县崇支沟。羌族是发祥于河湟洮岷之地,"河关西南羌地是也"。河关在今甘肃临夏州与青海交界处的积石山,其西南正是青海,即古代所谓羌地。既然"河关"是羌族的中心、治所,那么包括大禹在内的羌族首领就在河关活动。这是大禹在"夏"的地方担任羌族首领和"大夏"的来源,也是大夏地方是大禹家乡的证据之一。而这一历史时期,活跃在临夏及周边大地上的文化只有齐家文化。这就将齐家文化与夏族起源紧密联系在了一起。

齐家文化的发现已近一个世纪,但尚未有全面而系统的专著出版,虽也进行过挖掘,但未产生挖掘报告。近几十年来,随着齐家文化遗址的挖掘和研究的不断深入,提出了一些新观点。郭沫若先生曾说:"照我考察:(一)殷商之前中国当得有先住居民存在;(二)此先住为夏民族;(三)禹当得是夏民族传说中的神人;(四)此夏民族与古匈奴族当有密切关系。夏文化当由西戎羌人初创。"

黄文弼认为"河州等地是大夏人的活动中心",张忠培认为"齐家文化晚期进入了夏代",王仁湘先生有许多独具眼光的论述,叶茂林通过喇家遗址做了全面深入的研究,易华出版了《齐家华夏说》的专著,马志勇、唐士乾主编了《齐家文化与华夏文明》,还有很多学者专家对齐家文化观念不断转变,做了多学科综合研究,取得了可喜成果。

从历史上看,齐家文化正处于史前阶段向历史阶段的过渡期,大体与夏代相始终。齐家文化与夏文化的"四同性"即同时间、同地点、同民族、同文化形态,说明齐家文化与夏文化密切相关。使这一地区成为上古时期东西文化交流和人类迁徙的要冲,其率先接受青铜、游牧文化的洗礼,逐渐成为中国上古时期文化的中心。齐家文化奠定了中国文化的基调。

"夏商周断代工程"重新测定了二头里文化的年代,比原来宣称的晚了约两百年,这个两百年可能是齐家文化。

齐家文化已进入文明时代:表现在物质文明、精神文明和制度文明方面。

一、物质文明方面

人类社会从自然索取过渡到生产自给,是人类社会的一次重大飞跃。齐家文化时期有较为先进的

农业、畜牧业、手工业,手工业中包括铜器、陶器、玉器、骨器与石器。

1. 农业 人类由狩猎和采集的时代进化到种植农业时期,人类自然地必须定居,稳定的生活环境和人与人之间关系成为人类形成复杂社会结构的基础,而城市正是在人类定居的基础上逐渐形成的。发现并出土了4500年前后种植的粟、黍、小麦、燕麦、水稻、大豆、青稞、荞麦等农作物。这种作物组合囊括了东亚与西亚两个农业起源中心的重要类型,表明甘肃是中国最早的农作物多样化的典型区域。

2. 畜牧业 齐家遗址不仅有我国最早饲养家鸡的遗存,还有猪、狗、牛、羊和马骨的出土。

3. 手工业 手工业中包括铜器、陶器、玉器、骨器与石器。

铜器 青铜冶炼技术已开始逐步推广,武威皇娘娘台、永靖大何庄、广河等遗址发现红铜器和青铜彩陶的衰落与青铜的出现标志着齐家文化进入了青铜时代。齐家文化出土铜器遗址至少有300多处,总数已超过数百件,器型包括刀、斧、锥、钻、匕首、指环、手镯、铜泡、铜镜等;形制上总体比较简单,也有铜镜、空首斧等造型复杂的器物。出土红铜或青铜器比较重要的齐家文化遗址有青海贵南尕马台、甘肃武威皇娘娘台、武威海藏寺、积石山县新庄坪、永靖秦魏家、互助总寨、广河齐家坪等地,表明甘肃先民是中华民族早期青铜器铸造和生产力发展的突出贡献者。这与公元前2000年前后已进入铜器时代,与西亚、中亚、东亚之间存在的东西文化交流的情况是相吻合的。

陶器 齐家文化遗物中陶器居多,器物主要有鬲、甗、罐、盆、碗、豆等。其中以罐的数量最多,其中最具特征的器形为双大耳罐,还有牛、羊、鸽、大象、骆驼等动物形壶以及人形、鞋形器等等。虽然纹饰上无马家窑的张扬华丽,但器形上精彩纷呈。

玉器 玉器是齐家文化的典型器物,称之为"齐家玉"。还有高度发达的治玉技艺。齐家先民在玉器的雕琢上有着非常独到的技艺,他们掌握了玉器的薄片切割技术、钻孔和管钻技术,齐家先民们加工出各种玉器,展示了他们独特的文化。从广河县博物馆和一些收藏者的家里看到,齐家人的玉器种类很多,有礼器、兵器、佩饰、随丧玉、玉器具和玉陈设等几大类。有些玉为当地制成,有些玉为从中亚交换而来。

骨器与石器 在齐家遗址中还发现不少骨器,如骨勺、骨针、骨铲、骨刀、骨锥、骨簪、骨珠、骨夹、骨纽、骨钩等。在农业与畜牧业方面,齐家文化的生产工具仍以石器为主,有斧、刀、锛、镰、铲、磨、盘、杵、纺轮等,在材料上选用硬度较高的石料来制作,有些还是用玉料磨制而成的。在齐家人的生产和生活工具中,石器是最为普遍的器具。

二、精神文明方面

1. 占卜 占卜是一种决策方式。中国的占卜方式亦因地因时而异,但齐家文化主人均使用骨卜来决策,表明他们有类似的宗教信仰。齐家文化重要遗址均有卜骨发现,骨卜体现了精神文化或意识形态,是齐家与二里头文化同质性的重要表征。牛、羊、猪骨卜常见于齐家文化遗址,骨卜文化源于西北方,龙山文化晚期普及到了黄河中下游。武威皇娘娘台遗址永靖大何庄遗址都有卜骨出土。

2. 礼器 双耳罐、盉和玉刀、石磬是齐家文化的礼器,表明有大体相同的礼乐制度。齐家文化出土玉器众多,璧多琮少玉刀大。

2002年喇家遗址出土的三孔大玉刀,复原长达66厘米,是目前已知最大的玉刀,可能是礼器中的"王者之器"。甘肃省古浪县峡口出土四孔玉刀亦长达65.5厘米,现藏于甘肃省博物馆。1976年临夏州文物普查小组新庄坪征收到一件二里头文化标志性玉璋,长边18厘米、短边16厘米、刃宽,6.1厘米,首部有大小两个单面钻圆孔,现藏于临夏州博物馆。此外,齐家和二里头文化都流行绿松石装饰品也不会是偶然的巧合。

3. 宗教　在齐家文化墓地还发现有"石圆圈"遗迹多处。都是利用大小相若的天然砾石排成圆圈,直径约 400 厘米。大何庄有一处"石圆圈",西北面还留有宽 150 厘米的缺口。"石圆圈"的附近都分布着许多墓葬,还发现有卜骨与牛、羊等动物的骨骼。卜骨以羊的肩胛骨为主,也有一些牛、猪的肩胛骨。一般都不钻不凿,只有烧灼的圆孔或烧灼的痕迹。这些现象说明当时人们曾在这里举行过某种宗教祭祀活动。

4. 音乐　齐家文化区发现了"黄河磬王",磬是齐家文化的礼乐器。音乐上还有陶鼓、陶埙、陶玲。在齐家文化中出现很多。1987 年临夏市出土齐家文化的高低耳素陶鼓,高 44.4 厘米,口径 43 厘米,底径 3 厘米,临夏州博物馆藏。泥质红陶,器物由三部分组成:还有陶制小型的瓶形与鼓形响铃,腹内装一小石球,可以摇响。广河博物馆也收藏不少陶鼓、陶埙、陶玲。还有陶项链坠和响铃等具有很强玩味性质的陶器,也展现了齐家人的审美情趣和丰富多彩的精神生活内容。21 世纪初在康乐县出土人面陶埙,高 12.6 厘米,左右各三孔,至今还可吹响。

传说禹兴九韶之乐,传说启作九韶乐舞,并在大穆之野举行乐舞会,演奏"九韶""九歌"等音乐。会上"万舞翼翼,章闻于天"。甘肃民间至今仍然有这种古老乐器,叫"咪咪""响响"。2004 年,甘肃临洮发现了一批距今约 4000 年的陶制娱乐用具陶铃、陶牌等,种类多样,其中有五条长 10~13 厘米不等的陶牌,上面刻有一些圆点和线条构成的符号,用来区别陶牌大小。

5. 文字　齐家文化陶器表面有丰富的图案纹饰。在素面的陶器上拍压而成的绳纹或蓝纹外,还附加堆纹,以在罐形陶器的口沿外侧居多;多样的镂空款型;多种形式的刻画纹饰,包括锥刺纹、篦纹、戳印纹、指甲纹、卍字纹等,多见于罐体颈部和双耳处。许多不被认识的刻画纹可能是汉字的雏形。

《水经注》也载:"禹治洪水,西至洮水之上,见长人受黑玉书于斯水上。"《太平寰宇记》也有类同记载。大禹治水于洮河,遇见非常高大的人赠送黑玉书。所谓"书"者,即文字记载。"玉书"者,即刻于玉石上的文字。这大概是大禹时期的文字,距今 4000 多年。也可以说是中国最早的文字记载。文字的起源,不仅在彩陶上可以见到蛛丝马迹,而且在玉石上有了明确记载。

三、制度文明方面

人类进入定居农业时期后,生活开始复杂化,种植农业为整个社会生产出稳定的生活必需品,这为阶层的出现和社会的复杂化奠定了基础。而正是在此基础上,人类在政治与经济上开始形成制度,这一制度具有承继和进一步发展积累的特点。大禹立夏后,传位给儿子启,家天下的世袭制度开始了。王权和国家政体、管理制度、官僚制度、等级制度进一步强化。

齐家文化男女合葬墓表明男尊女卑的父系社会正在形成:女性开始卑躬屈膝,男性拥有娶妾或多妻的权利。甘肃武威皇娘娘台、永靖秦魏家墓地中男性仰卧居中,女性侧身俯贴于男性,下肢后屈,面皆向男性,经科学发掘显示均为一次葬,不仅体现了男尊女卑,而且表明妻妾陪葬已成风气。齐家文化时期贫富分化和殉人现象已经出现,社会分裂为部落—氏族—父权家族三级,甚至可能出现一夫一妻制家庭。墓葬有大有小,陪葬有多有少,表明齐家文化时期贫富分化,分出等级,已经跨入阶级社会的门槛,谱写了西北地区文明史的第一乐章。

华夏文明中应有齐家文化的地位

历史地理学研究表明西北地区是禹和羌人活动区。大禹出西羌,大量资料证明临夏是大夏文化核

心区。在齐家文化分布区,均有大禹治水的传说、记载,并有不少相关文物古迹。夏王朝、夏民族、夏文化,均与中国西北地区密切相关。夏代早期的文明发源于以甘肃为中心的齐家文化分布区。临夏广河地处甘肃中部,也在齐家文化分布区中心区域,齐家文化遗址众多、出土文物丰富,齐家文化分布区是夏文化的肇源地,在夏文化、夏民族、夏王朝的发源地探寻大禹出生地的思路是正确的。说甘肃临夏为"华夏文明的发祥地"是有道理的。

齐家文化不仅是华夏文明之源,是中华文明的奠基石。

中华文明探源工程开始关注齐家文化,将视野和思路从几个点转向更广大的西北,向接近历史真实前进了一步。中华文明探源工程中缺失甘肃、齐家文化是不完整的。历史现象是复杂的,要进行全方位、多学科、立体研究才能完成,任何单一的孤立的研究、都难以奏效。我们期待着历史真相。

"大夏"考

甘肃省齐家文化研究会 唐士乾 马俊华

引 子

甘肃省临夏回族自治州境内有一系列带"夏"字的古地名、古县名、古官职名,如临夏回族自治州、临夏市、临夏县,大夏河;广河县最早叫作"大夏",境内有大夏古城、大夏族、大夏县、大夏郡、大夏长、大夏水、大夏川、大夏节度衙等。在这一带语言中有"夏人""夏家""夏话"等,广河县群众把彩陶称为"夏陶",把当地绵羊称为"夏羊"等。

临夏回族自治州境内广河县有"禹出大夏"的记载和大夏古城、禹王庙等遗迹;和政县有大禹出生地"金纽"遗迹;积石山县大河家镇积石峡有大禹治水传说和禹王石、禹王庙、大禹斩蛟崖、大禹支锅石、天下第一石崖等古迹;临夏市有禹凿泄湖峡的传说和禹王庄、禹里庄、禹里家、禹成桥、桥窝等地名。

为什么临夏有如此之多的"夏"和大禹的传说? 为了弄清楚这些问题的来龙去脉,特做如下考证。

"夏"与"夏朝"考

"夏"之来历

广河县最早称为"大夏"。那么"夏"是怎么来的? 著名学者章太炎研究后给出了答复,他说:"'夏'之为名,实因夏水而得。……'夏'本族名,非都国之号,是故得言'诸夏'。"[①]章太炎先生说的"夏水"就是发源于和政县雅塘峡,流经和政县和广河县入于黄河支流洮河的广通河。居住于夏水流域的羌氏人称为夏族。

---

①章炳麟:《中华民国解》,《民报》1907 年 7 月 5 日,第 17 号。

"夏"之地名最早出现于尧舜时期。《淮南子》云："昔者，夏鲧作三仞之城，诸侯背之，海外有狡心。"①鲧是大禹的父亲，这里把禹的父亲鲧称作"夏鲧"，说明在鲧时"夏"这个地名已经存在。《淮南子》继续云："禹知天下之叛也，乃坏城平池，散财物，焚甲兵，施之以德，海外宾伏，四夷纳职，合诸侯于塗山，执玉帛者万国。"②这里《淮南子》的作者刘安把"九仞之城"误写为"三仞之城"。"仞"古代计量单位：一仞，即周尺八尺或七尺。周尺一尺约合二十三厘米。按照古代的礼制，天子的城高九仞，公侯为七仞，伯为五仞，子为三仞。鲧"作九仞之城"，超过了"伯"的规定而达到"天子"的规格，所以诸侯都背叛他。说明夏鲧时已经筑建了城池，因为城墙高度超过了规定，引起诸侯的背叛。鲧之子夏禹执政后拆除了高出的部分，并"散财物，焚甲兵，施之以德"，这样才使"海外宾伏，四夷纳职"，于是夏禹"合诸侯于塗山，执玉帛者万国"，成为诸侯之首。以上记载证明，大禹父亲鲧的时候不但有"夏"这个地名，而且已经出现了大夏古城。

封禹于夏

尧舜时期，帝尧也把"夏"之地分封给夏禹，作为他的封地。《御批通鉴辑览》记载：帝尧"分十二州，分诸侯，赐姓氏，封禹于夏，赐姓姒氏。统领州伯，以巡十二部"③。《汉书·地理志》云："尧遭洪水，怀山襄陵，天下分绝，为十二州，使禹治之。"意思是帝尧把统治的地盘分为十二州，把禹分封到"夏"的地方，统管其他州伯，并监督十二个部落。古代"伯"同"霸"，"州伯"就是部落的首领。后来到舜执政时期，帝舜又将禹"封夏伯，故曰伯禹。天下宗之，故曰大禹"④。《尚书·舜典》云："肇十有二州，决川。"⑤意思是舜把天下划分为十二个州，疏浚河川。这个记载是说，尧舜时将"夏"分封给大禹，成为禹的封地，并将禹任命为"夏伯"和"伯禹"，使禹成为十二州的首领，"天下宗之"。同时说明"夏"的地位非同小可，是十二州之首。后来，禹将十二州缩为九州，即冀州、兖州、青州、徐州、扬州、荆州、豫州、梁州、雍州。当时的"大夏"属雍州。

阪泉与大夏

古代河州为雍州西羌之地，生活在这里的主要是以黄帝、大禹为首领的羌族人。明《河州志》曰：河州"当《禹贡》雍州之域。古西羌地"。章太炎先生说："黄帝系来于氐羌，其中包括禹，亦出自西羌。"⑥从黄帝到尧舜禹，一脉相承，《史记·五帝本纪》载："自黄帝至舜、禹，皆同姓而异其国号，以章明德。故黄帝为有熊，帝颛顼为高阳，帝喾焉高辛，帝尧焉陶唐，帝舜为有虞，帝禹为夏后而别氏，姓姒氏。"《甘肃通史》也说："黄帝主要活动在中原地区。但黄帝所属的那个部族，却有着漫长的发展史，它很可能和伏羲部族同源，起于甘肃东境。"⑦《史记·五帝本纪》中记载，黄帝与炎帝在一个叫阪泉的地方作战，称为"阪泉之战"，炎帝失败被俘，黄帝义释炎帝，炎帝无奈之下率全族皆降，从此，众部族推举黄帝为天子。那么"阪泉"在什么地方？众说纷纭，一说在河北逐鹿东南；一说在今北京延庆，说延庆西北十五里有阪山，阪山下有阪泉；另一说阪泉在今山西运城市解州镇。无

①《淮南子·原道训》。
②《淮南子·原道训》。
③《御批通鉴辑览》清光绪壬寅三圣堂校正版。
④《御批通鉴辑览》，清光绪壬寅三圣堂校正版。
⑤《史记·五帝本纪》。
⑥章太炎：《种姓》转引自《西北民族研究》1991年第2期，第2页。
⑦刘光华主编：《甘肃通史·先秦卷》，甘肃人民出版社，2009年，第117页。

独有偶，甘肃省广河县城关镇大杨家村附近有一个叫"阪泉"的地名，与"阪泉之战"中的"阪泉"吻合，而且这个"阪泉"与大夏古城遗址隔河相望，近在咫尺，山头尚有古堡遗址。20世纪80年代初，农民在这里平田整地的时候，曾发现过大量的齐家文化陶器、玉器等文物。其中有约20厘米的方形玉琮，有约30厘米长的大玉铲，还有碎玉无数片。20世纪90年代，有老百姓在地里浇灌的时，水冲出一个宽约10厘米、长33厘米的碧玉圭。2009年11月，广河县阿力麻土乡古城村大夏古城遗址刘家庄出土碧玉铲、石铲、石镰、石斧、绿松石铜牌饰、陶纺轮、骨锥等文物。1975年，广河县齐家坪遗址出土了我国迄今年代最早的第一面铜镜，直径6.2厘米，被誉为"中华第一镜"，同时出土了迄今最大的一柄铜斧，全长15厘米，器身厚重，刃部锋利。这两件器物堪称齐家文化铜器的代表。碧玉圭、碧玉铲、巨型玉刀、玉铲、铜斧是"国之利器，权力的象征"，在"阪泉"故地、大夏古城遗址出土这样的文物绝非偶然。拥有这些器物的主人肯定是部落首领，或是一国之君。可以想象，四五千年前，阪泉和大夏古城绝非寻常之地，而是王者之城。

任土作贡

大禹成为"夏伯"后，以自己的王城为中心，"列五服，任土作贡"。《汉书·地理志》记载："尧遭洪水，怀山襄陵，天下分绝，为十二州，使禹治之。水土既平，更制九州，列五服，任土作贡。"何谓"五服"？《国语·周语》记载，周穆王时祭公谋父曾阐发过"五服"说："先王之制，邦内甸服，邦外侯服，侯卫宾服，夷蛮要服，戎狄荒服。日祭、月祀、时享、岁贡、终王，先王之训也。"具体而言，即以王畿为中心，按相等远近作正方形或圆形边界，依次划分区域为"甸服""侯服""宾服""要服""荒服"，是为"五服"。从"列五服，任土作贡"记载证明，当时黄帝、尧、舜、夏禹已经以大夏为中心，建立了中国最早的原始政权，并以此为中心统治着十二州（或是十二个部落联盟）。

尧逝世以后，舜帝问四岳说："有谁能光大尧帝的事业，让他担任官职呢？"大家都说："伯禹当司空，可以光大尧帝的事业。"舜说："好！"然后命令禹说："你去平治水土，要努力办好啊！"禹叩头拜谢，谦让给契、后稷、皋陶。舜说："你还是快去办理你的公事吧！"这样，禹就开始了治水工作。

大禹治水改变了父亲鲧堵的办法，用疏导的方法，疏通大河。从黄河积石峡和泄湖峡开始，顺流而下，至于龙门，到中原地带。舜帝为表彰禹治水有功而赐给他一块代表水色的黑色圭玉，向天下宣告治水成功。以羌族为主力军的治河大军，也跟随大禹到了中原，并定居在那里，"夏"政权的重心也从西北地区转移到了中原。

夏与夏朝

大禹到了中原后，帝舜任命大禹为丞相，管理朝政。后来帝舜年老"命禹摄位"。舜帝把禹推荐给上天，让他作为帝位的继承人。十七年之后，舜帝逝世。服丧三年完毕，禹为了把帝位让给舜的儿子商均，躲避到阳城。但天下诸侯都不去朝拜商均而来朝拜禹。禹这才继承了天子之位，南面接受天下诸侯的朝拜，国号为夏后，姓姒氏。禹就"受命于神宗，受命于尧之庙，率百官如帝之初。……王即位，国号夏。王既为众所归，乃即天子位，因所封国为天下之号，以金德王，都安邑①"②。《史记·夏本纪》曰："帝舜荐禹于天，为嗣。十七年而帝舜崩。三年丧毕，禹辞辟舜之子商均于阳城。天下诸侯皆去商均而朝禹。禹于是遂即天子位，南面朝天下，国号曰夏后，姓姒氏。帝禹立而举皋

---

① 安邑，在山西省运城县。
② 《御批通鉴辑览》，清光绪壬寅三圣堂校正版。

陶荐之,且授政焉,而皋陶卒。封皋陶之后于英、六,或在许。而后举益,任之政。"禹即位后,以封国"夏"为国号,曰夏后。

所以,西北师范大学赵逵夫教授给张学明、赵忠合著的《大禹导河之州》的序言中说:"有的学者认为夏在今陕西省西南部,禹居于夏,故以之朝代名。但例之以后来一些朝代立国的情况,总是用原来的发祥地名以朝代之名,以名其实业之起始。如刘邦为沛人,故起事后号为'沛公'。后因项羽立之为汉王,其灭项羽统一天下之后,所建王朝即名为'汉朝'。曹操于建安十八年(214年)被汉献帝策命为魏公,后又加封为魏王。曹操死后其子曹丕袭其爵,故曹氏代汉,国号为'魏'。司马懿为河内温县人,属春秋时晋地,故司马氏代魏以后国号'晋',如此等等。直至清朝,本亦国号'金',为了减少汉人因南宋时金人南侵时引起的反感情绪,改为'清',实质上仍是依旧名而稍有变通。这样看来,建立王朝者无论以地名、以爵号名,都取其新居之地。古人在迁徙中常以旧名而名新地,如春秋以前楚都丹阳,迁都几次,俱名'丹阳'。战国时楚都名'郢',迁都后也仍名'郢'。"①大禹继承王位后,开先例将自己封地"夏"作为国号。

十年后,禹在东巡时得病,"至于会稽而崩"②。大禹去世后,葬于会稽。他临终前将国权授予其子益。《史记·夏本纪》记载:帝禹在临终前"以天下授益。三年之丧毕,益让帝禹之子启,而辟居箕山之阳。禹子启贤,天下属意焉。及禹崩,虽授益,益之佐禹日浅,天下未洽。故诸侯皆去益而朝启,曰'吾君帝禹之子也。'于是启遂即天子之位,是为夏后帝启"。历史上称为"夏朝",从此中国历史开始了"家天下"的局面。

禹非一人

在研究中发现,禹有个明显特点,即名称多,延续时间长。如曾禹称为"夏禹""大禹""夏伯""伯禹""夏后"等多个名称;从受封"夏"到任"百揆""夏伯"到继承舜位;从"导河积石""至于龙门",开通了九条山脉的道路,疏导了九条大河;长时间与三苗作战等,将战败后的三苗迁徙到河关一带。据此,我们认为大禹并不是一个人,而是多个人。"禹""夏禹"是夏部落首领的名称,凡担任夏部落首领的人都称为"禹""夏禹"等。

"夏水"考

夏水变迁

章太炎先生说的"夏水",就是发源于甘肃省和政县雅塘峡流经和政县和广河县,入于黄河支流洮河的广通河。夏族,就是居住于夏水流域的西羌人。邓隆《漓水·大夏水考》曰:"《水经注》:大夏川水出西山,二源合舍而乱流。经金柳城南,又经大夏县故城南(《地理志》云:王莽之顺夏)。又东北出山,注入洮水。按:大夏县故城在河州东南,汉置,属陇西郡,张骏置大夏郡。后魏复为县,属金城郡。隋属枹罕郡。唐属河州(《甘肃通志》)。《元和志》云:大夏水经大夏县南,去县十步。又大夏县西北至河州七十里,以地望考之,当在昔日太子寺川,今宁定县。地县距河州一百里,旧名定羌驿,既云大夏水经县故城南,又云县至河州七十里,可知大夏县在今宁定县对河,现在古城刘家

①张学明、赵忠著:《大禹导河之州》"序言",甘肃民族出版社,2005年,第3—4页。
②《史记·夏本纪》。

庄,道里适符,城址犹存。其为大夏故城确凿可据,而大夏水为今广通河。"①文中讲到的"金柳城"在今甘肃省和政县三合乡蒿支沟石虎家村一带,原城已消失在田野之中,不复存在。但夏水(广通河)依然流经蒿支沟原金柳城附近,过大夏古城,一直东去,在广河县三甲集镇裴水家一带注入洮河。《明一统志》误将发源于甘南夏河县,流经夏河、临夏,入于黄河的漓水称为"大夏水"。邓隆《漓水·大夏水考》曰:"漓水入黄河,大夏水入洮河,《水经注》界限极清,均在古河州境。自《明一统志》误漓水为大夏河(《清一统志》),民国于拉卜楞寺设夏河县,改导河为临夏县,一误再误,遂致名实混淆,不可究诘。"②邓隆的《漓水·大夏水考》把夏水、漓水的变化和大夏古城的位置交代得非常清楚。夏水就是现在的广通河,而如今的大夏河就是古代的漓水,今广河县阿力麻土乡古城村就是大夏古城遗址。

姬水与大夏河

《甘肃通史》说:"黄帝以姬水成,……今甘肃临夏就有姬家川地名,而流过临夏入于黄河的就有一条大夏河,夏与姬的渊源关系很深,则姬水也有可能就是这条水。"③姬姓为黄帝之姓,周朝的国姓,具有将近五千年的悠久历史,中国最古老的姓氏之一。姬家川在永靖县原白塔寺乡境内(今为刘家峡水库所淹没),按照《甘肃通史》之说,今大夏河就是姬水,大夏河流域就是黄帝的家乡,这与章太炎先生:"黄帝系来于氐羌,其中包括禹,亦出自西羌。"④和《甘肃通史》所说"黄帝主要活动在中原地区。但黄帝所属的那个部族,却有着漫长的发展史,它很可能和伏羲部族同源,起于甘肃东境"⑤完全吻合。

"大夏"古城考

大夏古城

前文讲到,大禹父亲称为"夏鲧",因筑了"九仞之城"而遭到诸侯的反对,大禹执政后拆除了超过部分,重新按规定筑建了夏城,成为诸侯的首领。于是大禹筑建的"大夏城"便成为部落联盟的统治中心。那么这个"大夏城"在哪里?

《水经注》所引《晋书·地道记》说:大夏县"有禹庙,禹所出也"。《元和志》曰:"大夏水经大夏县南,去县十步。"《甘宁青史略》曰:"大夏在河州东南,今改宁定县。"⑥明《河州志·古迹》曰:"大夏县,州南,有金纽山,隋置县,属枹罕郡"⑦;清《河州志》亦有同样记载⑧;《续修导河县志》载邓隆《漓水·大夏水考》曰:"《水经注》:大夏川水出西山二源,合舍而乱流,经金柳城南,又东经大夏县故城南。……大夏县故城在河州东南,汉置,属陇西郡,……大夏县在今宁定县对河,现在古城刘家庄,

---

①黄陶庵著,马志勇校刊:《续修导河县志校刊》卷八,"拾遗门·考证",第264—265页。

②黄陶庵著,马志勇校刊:《续修导河县志校刊》卷八,"拾遗门·考证",第264页。

③刘光华主编:《甘肃通史·先秦卷》,甘肃人民出版社,2009年,第118页。

④章太炎:《种姓》转引自《西北民族研究》1991年第2期,第2页。

⑤刘光华主编:《甘肃通史·先秦卷》,甘肃人民出版社,2009年,第117页。

⑥慕寿祺主编:《甘宁青史略正编》卷一。

⑦[明]吴祯著:《河州志校刊》,甘肃文化出版社,2004年,第24页。

⑧[清]王全臣著:《河州志》卷四,《古迹》。

尤家小学门前大夏古城遗址，夯土层清晰可见

大夏古城一号城门遗址

道里适符,城址犹存,其为大夏故城,确凿可据。而大夏水为今广通河。"①这里准确地说明大夏县古城,就在甘肃省广河县阿力麻土乡古城村刘家庄。

《广河县志》记载:"在广通河北岸的阿力麻土东乡族乡迤东,今名古城村,是乡政府所在地。经查实,古城遗址在北岸二级阶地上,分为上古城(西)与夏古城(东),中由广通河北岸支流巴家沟流水分开。古城基本已无地面城垣可寻,唯城基夯土层隐约可辨。据步测,夏古城遗址南北长约600米,方形,大于上古城。城内农田中曾拾到马家窑文化、齐家文化和后朝各代的石器、陶片以及汉瓦。城东越过寺沟至贾家村,曾出土过汉代砖瓦和五铢钱等。……阿力麻土古城遗址被不少学者认为是汉代大夏县城的遗址,从遗址所在的地理位置和出土的汉代文物来看,这一看法不是没有道理的。"②

据笔者实地考察,大夏古城遗址主要在下古城村(也称夏古城)即刘家庄。

今尤家小学门前有一段城墙遗址,夯土层清晰可见,每层约10厘米厚,均埋在地下。据当地老人说,这个地方自古以来叫作"城门"。据先辈传下来的传说:这里原来有三座城门。为什么这个地方集中有三个城门? 我们反复研究考虑,认为大城门外应该有瓮城,瓮城左右各有两个小城门,这样一个地方就会出现三个城门,符合情理。这个古城位置与《元和郡县志》卷三九记载的唐朝时"大夏水经大夏县南,去县十步"完全吻合。

原古城墙顺尤家寺沟西岸向北,一直到北面坪地一个崖坎下。这里原来有一道壕沟,20世纪70年代平田整地时,被填平了。当时挖出的陶器碎片很多,都被群众扔掉了。在平田整地时,

①黄陶庵:《续修导河县志》卷八,《考证·漓水大夏水考》。
②《广河县志》第32章"文物古迹·阿力麻土古城遗址",兰州大学出版社,1995年,第525—526页。

别处土壤松软，而城墙地基处土壤
非常坚硬，推土机推土时在城墙地
基处一滑而过，推不上土，说明地基
非常坚硬。我们步测了古城四址，南
北约 600 米，东西约 600 米，总面积
为 36 万平方米，基本与《广河县志》
记载符合。

马壕遗址

上古城村没有城墙遗址，但是
有两条人工挖掘而成的壕沟，当地
群众称为"马壕"。一条在上古城村
东头，一条在村西头。但是，"马壕"
在《广河县志》没有记载。我们去现
场考察，东面的"马壕"在上古城东
端，距下古城"大夏古城遗址"仅一
沟之隔，马壕距巴家沟 100 多米，也
就是据大夏古城遗址 100 多米，保
存比较完整；西面的"马壕"在上古
城靠西端，南面的一部分已经被掩
埋，只剩下靠近棺木山脚下一段。两
条"马壕"都从现在的公路算起，往
北至棺木山下，长约 600 米。东边
"马壕"宽约 13 米，深约 4~5 米；西
边"马壕"一部分已被填平，只剩下
棺木山下一段，长约 300 米，宽约 5
米，深约 3 米。两条"马壕"很明显是
人工挖掘而成，并非自然的流水沟。

大夏古城北城墙遗址

大夏古城马壕遗址（东）

特别是东面"马壕"往北通到尤家寺沟，但寺沟的泉水明显顺沟而出，并未流进"马壕"。这两条
"马壕"在当时的作用是什么，不得而知。当地老人们说："据太爷们说，马壕是当时的人们驮水
走出来的马路。"也有人说是运兵或遛马的地方。但是，据我们观察和分析，马匹驮水不会走出
那么深的壕沟，而且壕沟两边明显是人工挖掘而成，并非自然而成。原临夏州志办主任、《临夏
大辞典》主编马志勇同志说：可能是圈养战马的地方，因为附近无大的草原，军队的战马如放
到野外一旦发生战事，无法立即出征，所以用人工挖掘一道壕沟，把战马圈到里面，随时可以
使用，因此"马壕"应该是"马号"，是圈养马匹的地方。我们赞同他的这个解释，但究竟怎样有
待进一步考证。

夏朝有没有驯马技术和战马呢？有些人认为驯马是商朝时才有的。但是，齐家文化时期已经
有了驯马和铜制武器。甘肃永靖大何庄齐家早期文化遗址出土的马下臼齿，经碳素断代并校正，
其年代约为公元前 2000 年左右，经鉴定与现代马无异。《甘肃通史》说：齐家文化"家庭饲养业除

大夏古城马壕遗址（西）

齐家文化马头陶盖和马牙齿（倪晓鹏保存）

了传统家畜如猪、羊、狗、鸡之外，已开始了马和驴的驯养"[1]。《礼记·檀弓》云："夏后氏尚黑，大事敛用昏，戎事乘骊，牲用玄（黑色）。"《御批通鉴辑览》云：夏"色尚黑，牲用元。戎事乘骊，朝燕服收冠而黑衣"[2]。这里说的"骊"，即是纯黑色的马，说明夏朝时已经有马了。

如果马壕是"马号"这个推断能够成立的话，那么上古城就是驻扎军队的地方，即军营所在地。夏古城东面的贾家村就是驯马场或练兵场，因为贾家村有一块宽阔地方，当地人说这块地方自古以来叫"马场"。这完全符合大禹"王城"的布局。20世纪70年代，贾家村马场一带出土了许多文物，当地群众认为是"不吉利"之物而弃之。

棺木山遗址

上古城北面有一座小山，当地群众叫作"棺木山"或"堡子山"，为太子寺八景之一。据当地遗址保护员马忠元说：这座山几乎都是墓葬区，墓葬从山上延伸到山下，过去群众在地里干活，随时都能挖出墓葬和陶器碎片等。从整体看，这一座山整个都是墓葬区。一般叫"棺木山"，从墓葬较多的情况分析，是不是"官墓山"的转音？"官墓"与现在的"公墓区"相似，"官墓山"也就是当时的公墓区。我们同意马忠元的看法，不过从这座山的形状看，西高东低，很像一个棺木，把它叫作"棺木山"或"官墓山"都合乎情理。

从大夏古城棺木山有如此之多的墓葬，反映出当时大夏古城一带人口众多，经济繁荣。

红豁岘古道

大夏古城西面有一条沟，叫作"赵家沟"，沟里山梁上有个豁岘，因山色为红色，故叫"红豁岘"。是从大夏古城去枹罕（临夏）的必经之道，也是几千年以来古丝绸之路的

棺木山顶的古城墙遗迹

---

①刘光华主编：《甘肃通史·先秦卷》，甘肃人民出版社，2009年，第90页。
②《御批通鉴辑览》清光绪壬寅三省堂校正版。

必经之路。大夏境内共有两个这样的豁岘古道。一个是从大夏古城前经过的"红豁岘古道",另一个是位于今广河县南山的新路坡"大豁岘"。这两个古道分别在东西两条山梁,是大夏古城的唯一咽喉之道。自古以来,不论玉石之道、青铜之道、商业之道、丝绸之路,都经过这里,西域的物资传到内地;内地的物资传到西域。与夏朝同时期的齐家文化出土了大量玉器。《甘肃通史·先秦卷》说:"在磨制石器基础上发展起来的治玉业,是齐家文化的一大特色。"齐家文化玉器使用的玉材除了甘肃本地玉材外,还出现了新疆和田玉。说明那个时候已经有了一条玉石之路。青铜冶炼技术和青铜器最早出现于两河流域。中国马家窑文化已经发现了青铜器,齐家文化中大量出土青铜器,说明齐家文化时有一条东西青铜之路。齐家文化中出土了很多源于古埃及的权杖文化,说明那时候中原同埃及已经有了文化交流。齐家文化中还出土了许多贝壳制品,说明那时候远在西北的齐家文化已经同沿海有了交流。红豁岘和新路坡大豁岘古道,就是这条古道中的二个隘口和文化经济交流之道。传说周穆王西行、张骞出使西域、

红壑岘古道

大豁岘古道

隋炀帝西巡、文成公主入藏,都从这里经过。说明当时大夏古城已经是经济文化和商贸流通中心。这里商贾云集,人口众多,经济繁荣,是东西文化交流通道上的一个重镇。

禹王庙

《晋书·地道记》中说:大夏县"有禹庙,禹所出也"。那么,这个禹王庙在哪里?广河县经过长年的历史变迁和历代兵燹,禹王庙已不复存在。

经考察,广河县城关小学后面有一座小山,叫"高庙山",山下西侧之沟称为"庙沟"。《宁定县水略图》上有一个"高庙山"的地名,与之相符。据当地马振先老先生(广

高庙山正面图

河县城关镇西关人,75岁)说:"广河县别无带'庙'的地名,唯独'高庙山''庙沟'带有'庙'字。高庙山顶原有坍塌的遗址,常有瓦片、陶器碎片出土,民国时马鸿逵部下宁定县籍的团长马秉毅为保护地方,在这里构建了一个堡垒,他在修堡垒的时候,将原来的遗址破坏了。现在在高庙山顶的土堆是堡垒遗址。"

2014年3月,广河县文化广播影视局组织专家在高庙山考察时,发现高庙山位于广河县城城关小学之南的小山顶,位置较高,向北而望,县城全貌尽收眼底,前面是原广河县委、县政府和城关小学,街道北面是清真华寺。原堡垒面积并不大,堆土中发现有大量的汉砖、瓦片和瓦当。有的镶嵌于土堆之中,有的散落地下。最可珍贵的是发现有镶嵌在土堆中的瓦当,上面的图案为雄狮,张嘴呲牙,憨态可掬,古拙简朴,显然是汉代以前的东西。据此,可以确定此地为禹王庙遗址。与《晋书·地道记》记载相吻合。

大夏县变迁

夏朝以后,"大夏"地名一直延续下来。秦昭襄王二十八年(前279年),秦设置了陇西郡,郡治狄道(今临洮),又从临洮过洮河,灭西羌罕开侯,置枹罕县。西汉时在原大夏古城的基础上设置了大夏县。西汉末年,王莽曾经改大夏县为"顺夏"。东汉光武帝刘秀又恢复了大夏县名。以后大夏县一直沿袭下来。西晋初年,曾撤销大夏县。晋惠帝永年二年(302年),张轨任凉州刺史时上表晋惠帝批准,在青海东南置晋兴郡,领晋兴、枹罕、大夏等十个县,又恢复了大夏县建制。晋废帝太和二年(367年),前凉兵攻克叛将李俨所居大夏、武始二郡。东晋十六国时期①,西秦乞伏炽磐曾"筑城嵘峻山",并以此为起点,再创了西秦国的辉煌。

北魏献文帝皇兴三年(469年),改大夏县为大夏郡,不久又恢复为县,仍属金城郡。隋朝时,置大夏县,属枹罕郡。隋炀帝大业十三年(617年)七月,武威司马李轨反隋,自称河西大凉王,派兵攻西平、枹罕,大夏遂属李轨。唐高祖武德二年(619年),唐灭李轨,设置河州,辖枹罕、大夏两县。贞观年间曾废除大夏县,后复设置。当时大夏水经过县南,距县城仅十步之遥。由此可知,唐代的大夏县城,就是今广河县阿力麻土乡古城村。从唐太宗贞观五年(631年)复置大夏县起,到安史之乱后整个陇右地区陷于吐蕃,这中间约130多年,是大夏县自汉代设县以来所经历的一段稳定发展时期。

安史之乱后,唐迅速走向衰败,唐代宗宝应元年(762年)吐蕃"陷临洮、取秦、成、渭等州。代宗广德元年(763年),取洮、河、鄯等州,于是陇右之地尽没"②。吐蕃占据河州期间,将大夏改称"诃诺"(也称阿诺),筑木藏城。北宋熙宁六年(1073年)王韶收复河州,诏赐阿诺城为"定羌城"。明代称"定羌驿",清称"太子寺",民国设置宁定县,1949年后改为广河县。

---

① 东晋十六国,也称"五胡十六国",是指自西晋末年到北魏统一北方期间,曾在中国北部境内建立政权的五个北方民族及其所建立的政权。五胡指匈奴、鲜卑、羯、氐、羌;十六国指前凉、后凉、南凉、西凉、北凉、前赵、后赵、前秦、后秦、西秦、前燕、后燕、南燕、北燕、夏、成汉。这个时期也被称为"五胡乱华"时期。

② 郭厚安、陈守忠主编:《甘肃古代史》,兰州大学出版社,1989年,第323页。

"石纽"考

禹生石纽

关于大禹的出生地,《史记·六国年表》记载:"禹兴于西羌。"①《太平御览》记载:"伯禹夏后氏,姒姓也,生于石纽……长于西羌,西羌夷(人)也。"张守节正义引汉扬雄《蜀王本纪》曰:"禹本汶山郡广柔县人也,生于石纽。"此外,《新论·术事》《后汉书·戴叔鸾传》等均载:"大禹出于西羌。"顾颉刚说:"禹稷伯夷者,向所视为创造华族文化者也;今日探讨之结果,乃无一不出于戎。……禹之来由,虽不可详,而有兴于西羌之说。……甚疑禹本为羌族传说中的人物,羌为西戎,是以古有戎禹之称。"②《吴越春秋·越王无余外传》说:禹"产于高密,家于西羌,地曰石纽"。据章太炎先生研究:"黄帝系来于氐羌,其中包括禹,亦出自西羌。"③以上记载说明,大禹是羌族人,出生于石纽。

金纽与石纽

那么"石纽"在哪里?有几种说法。一种观点认为"石纽"即今四川省北川羌族自治县禹里乡石纽村。1990年3月,四川绵阳市人民政府批准北川县为大禹故里;1992年,原国家主席杨尚昆为北川题写了"大禹故里"四个大字。

另一个观点认为,"石纽"在甘肃。《甘肃通史》中明确说:"据《寰宇记》所引《十道录》说,'石纽是秦州地名',在甘肃东南部。"④

甘肃其他地方并无"石纽"之地名,唯有临夏回族自治州所属和政县在历史上有过"金纽""金柳"之地名,与"石纽"相近。今和政县蒿支沟石虎家村一带,历史上曾设过金纽县。

2015年4月26日,笔者同临夏州博物馆副研究员、馆长马珑,原临夏州志办主任马志勇等专程去和政县蒿支沟考察了金剑城遗址。原和政县县志办主任方登科介绍了金剑城的情况。他说:金剑城遗址就在今和政县三合乡石虎家村一带,即蒿支沟口以东,以前在写《和政县志》时曾做过考察,曾经发现过城门的门窝石和钱币之类的文物。金剑城,又名金纽城、金柳城,因其位置在金剑山下而得名。金剑城北面的这座山叫作红崖洼,也叫金剑山,因其有红色而得名,称为宁河八景之一的"赤壁晚照"。他还说,民国时期,古城残垣及城外大青石凿成的门墩尚存,1972年平田整地时,城墙遗迹被毁。当时从城郭废墟中出土大量的古币、箭矢、斧戟、刀剑、锥马针、烧结铁

位于和政县蒿支沟石虎家村的金剑山远景和金纽城遗址

---

① 《史记》(全十册),第2册,中华书局,1959年,第686页。
② 顾颉刚:《九州之戎与戎禹》转引自《西北民族研究》1991年第2期,第2页。
③ 章太炎:《种姓》转引自《西北民族研究》1991年第2期,第2页。
④ 刘光华主编:《甘肃通史·先秦卷》,甘肃人民出版社,2009年,第123—124页。

块、碳化粮食等物。古币中有五铢、大泉及宋代熙宁、崇宁的铜币。该城西起蒿支沟粮库门前,东至张家和沿村,南至三合小学,北至一里池(已干涸),城址平坦,造型方正,现国道兰郎公路穿遗迹而过。

明《河州志·古迹》曰:"大夏县,州南,有金纽山,隋置县,属枹罕郡。"[1]清《河州志》亦有同样记载[2];《续修导河县志》载邓隆《漓水·大夏水考》曰:"《水经注》曰:大夏川水出西山,二源合舍而乱流。经金柳城南,又经大夏县故城南。……《十三州志》曰:大夏县西有故金柳城,去县四十里,本都尉治。大夏有金纽山。《寰宇记》曰:大夏水一名白水,出县西南山谷中,又:大夏城西二十里有金剑山,亦有金剑故城,一名金柳城。前凉曾置金剑县于此。"[3]《和政县志》记载:"公元325年(晋太宁三年),前凉在和政地置金剑县,治金纽城(又名金柳城,今蒿支沟口)。"[4]但是"金纽"之名起于何时,不得而知,从《和政县志》记载来看,"金纽"和"金柳"之名应早于金剑县,"金柳"可能是"金纽"的谐音所致。因为"夏"是大禹的封地,金纽距大夏古城仅十多里地。金纽附近有个村名叫"羊家庄",村民大多羊姓,明显是羌族的后裔。附近还有一个"姜家村",村民多姜姓,与史书记载的羌姜一家吻合。这个"金纽"就是史书记载的"石纽",即大禹的出生之地。所以,《晋书·地道记》说:大夏县"有禹庙,禹所出也。"

"河关"考

迁三苗于河关

中国最早的史书《尚书·舜典》《史记·五帝本纪》和《后汉书·西羌传》都记载,尧舜禹时期三苗作乱,被打败后迁徙到三危、河关地方,变成了羌戎。《尚书·舜典》曰:"流共工于幽州;放驩兜于崇山;窜三苗于三危;殛鲧于羽山;四罪而天下咸服。"《史记·五帝本纪》曰:帝舜时期,"三苗在江淮、荆州数为乱。于是舜归而言于帝,请流共工于幽陵,以变北狄;放驩兜于崇山,以变南蛮;迁三苗于三危,以变西戎;殛鲧于羽山,以变东夷:四罪而天下咸服"。《后汉书·西羌传》曰:"西羌之本,出自三苗,姜姓之别也。其国近南岳。及舜流四凶,徙之三危,河关之西南,羌地是也。滨于赐支,至乎河首,绵地千里。赐支者,《禹贡》所谓析支者也。南接蜀、汉徼外蛮夷,西北接鄯善、车师诸国。所居无常,依随水草。地少五谷,以产牧为业。"这是说,帝舜时期,三苗在江淮、荆州等地作乱,于是帝舜建议尧帝将共工流放到幽州,变为北狄;将驩兜直至于崇山,变为南蛮;将大禹的父亲鲧囚禁在羽山,变为东夷;将三苗驱逐到三危、河关之西,变为西戎。

羌族之源

关于羌族族源,按照《后汉书》作者范晔和《续汉书》作者司马彪的观点,西羌源于三苗姜姓之别部,原居住于江淮、荆州一带,因他们作乱,故帝舜把他们迁徙到三危、河关一带,成为以后的西戎和羌族的先民。对此,《青海通史》有不同的看法,说:"我们也不能忽视司马彪和范晔对《尚书·舜典》的曲解,认为西羌出自三苗。其实,在青海河曲一带,自古以来就有人类活动,这里发现的大

① [明]吴祯著:《河州志校刊》,甘肃文化出版社,2004年,第24页。
② [清]王全臣著:《河州志》卷四,《古迹》。
③ [民国]黄陶庵主编:《续修导河县志》卷八,《考证》。
④ 《和政县志·大事记》,兰州大学出版社,1993年,第7页。

积石山县大河家河关县遗址附近的黄河古渡口

量新石器文化遗址，证明早在三苗迁来之前，这里就有众多的土著先民。司马迁在《史记·五帝本纪》中对此有所阐释，说："迁三苗于三危，以变西戎。"唐马贞的《史记·索隐》又对"变"字做了很好的解释："变谓变其形及衣服，同于夷狄也。"换言之，即西戎(包括西羌)不是由三苗所变，而是三苗变成了西戎。笔者认为《青海通史》的说法是有道理的，羌族是自古以来就生存于这一带的土著民族，而三苗是后来被大禹征服后，被迫迁徙到"三危""河关"而来的后来民族，融于羌族之中。所以《诗经·商颂·玄鸟》说："昔有成汤，自彼氐羌，莫敢不来享，莫敢不来王。"

河关何在

三苗族被打败迁徙到三危、河关一带。那么，三危、河关又在什么地方？研究者有多种说法，一说在今甘肃敦煌东南，也有说三危指康藏卫三地，即整个西藏及四川西部地区，也有认为在甘肃临洮县东南鸟鼠山之西。据《正义括地志》云："三危山有三槵[①]，故曰三危，俗亦名卑羽山，在沙州敦煌县东南三十里。"《水经注》说，三危山在敦煌县东南。《后汉书》注释中说："三危山，今沙州敦煌县东南山有三峰，故曰三危山。"但《后汉书·西羌传》本身已经说明，三危在"河关之西南，羌地是也"。据兰州大学教授杨建新考证："河关在今甘肃临夏与青海交界处，其西南正是青海，即古代所谓羌地，也就是所谓'赐支河首'地区。……这里正是秦汉时期羌族活动的中心。"[②]所谓"赐支河"，是古代羌人所居地区的一段黄河。《尚书·禹贡》称为"析支"，《后汉书·西羌传》曰：羌人"滨于赐支，至乎河首"，在今青海省海南藏族自治州境内，又名赐支河曲。"赐支""析支"，可能是羌人对黄河的称呼。这里正是古代羌人活动的地区。《青海通史》也说："河关在今甘肃临夏与青海交界处，其西南正是青海境内。所谓'赐支河'，即河曲地区，也就是现在的阿尼玛卿山、西倾山及其以北地区，这里正是古代羌人活动的中心。"[③]

《积石山县志》记载："河关县城遗址位于大河家乡康吊村，西汉置河关县，故城残壁断垣犹存。出土文物有石斧、石火盆、汉瓦、砖等物。"[④]据考察，河关古城分为上、下两个城，古城遗址上曾经出土的一块石头，上有"下川城界"的字样。这个古城随着断崖边地势走向修筑。高峻的悬崖，加上高大的城墙，就构成了一个不可逾越的天堑。

这个"河关"就是夏禹时期，将打败的三苗迁徙、安置的地方，故《尚书·禹贡》曰："三危既宅，三苗丕叙。"意思是，三危这个地方已经可以住人了，因而三苗人民得到很好的安置。当时的河关，

①槵，木名，即无患木，落叶乔木，佛家取其子做念珠，谓之菩提子。

②杨建新：《中国西北少数民族史》，宁夏人民出版社，1988 年，第 188 页。

③《青海通史》，青海人民出版社，1999 年，第 21—22 页。

④《积石山保安族东乡族撒拉族自治县志》，甘肃文化出版社，1998 年，第 356 页。

包括新庄坪和黄河对岸的喇家一带,都是大夏管辖下的部落联盟,或是小政权。作为大夏政权首领的大禹"统领州伯,以巡十二部"①,常到这里巡查工作,了解民情,熟悉这一带黄河灾情,所以治理洪水也从积石峡开始,"导河积石,至于龙门"是符合情理的了。

西汉宣帝神爵二年(前60年)置河关县,隶金城郡,治所在甘肃省积石山县大河家长宁驿古城,约辖今青海东部黄河以南部分地区。东汉时改隶陇西郡。魏沿置,晋废。惠帝时复置,属狄道郡。十六国时废。

"积石"考

导河积石

《尚书·禹贡》曰:大禹"导河积石,至于龙门,南至于华阴,东北至于抵柱,又东至于孟津,……入于海"②。《史记·夏本纪》载:禹"道③河积石,至于龙门,南至华阴,东至砥柱,又东至于盟津,东过雒汭,至于大邳,北过降水,至于大陆,北播为九河,同为逆河,入于海"。

关于"积石"在哪里?学术界尚有分歧。《孔传》云:"积石在金城西南,河所经也。"此处指的是汉代金城郡河关县(今甘肃积石山县大河家)。蔡沈《书经集传》注解曰:"积石,地理志,在金城郡河关县西南羌中,今鄯州龙支县界也。"颜师古曰:"积石山在金城河关县西南羌中。"④据《集解》引孔安国曰:"积石山在金城河关县西南羌中"⑤,其地在甘肃、青海接境处。然而,除了这个积石山而外,在黄河经过之地,还有一个积石山,在青海省东南部。《元史·地理志》称为"大雪山",今名"阿尼玛卿山",西北起于青海省兴海县以南,西南至甘肃省玛曲县。《水经注·河水注》云:"河水重源,又发于西塞之外,出于积石之山。《山海经》曰:'积石之山,其下有石门,河水冒以西南流。'《禹贡》所谓导河自积石也。"因为这里说河水在积石附近是"重源""西南流",故有的学者认为是指青海的积石山。然而,《山海经》记载并不十分准确,有些是辗转传抄,不一定可靠。而黄河在临夏积石山一带是由西向东流,附近有大夏河、庄浪河、洮河、广通河流入。所以,《禹贡》中的"积石"就是

黄河积石峡

---

① 《御批通鉴辑览》清光绪壬寅三圣堂校正版。
② 宋元人注:《四书五经》上册,《书经集传》,中国书店出版社,1984年,第34页。
③ "道",同"导"。
④ 《汉书》卷二八《地理志》注引。
⑤ 《汉书》卷二八《地理志》注引。

青海省与甘肃省交界处的积石山县大河家一带积石山。"导河积石"中的"积石"就是青海与甘肃交界处的大河家黄河积石峡。

积石峡又叫孟达峡,位于循化撒拉族自治县、民和回族土族自治县和甘肃省积石山保安族东乡族撒拉族自治县大河家镇交界处。整个峡道长25公里,两岸大山插云、峭壁耸立,谷中滔滔黄河由西面奔腾而下,水声湍急,声震如雷。历代封建王朝曾在峡口筑积石关屯兵驻守,是明、清两代为河州卫所辖的二十四关中的第一关,号称"积石锁钥",山下有个村庄叫"关门村"意为积石关之门。雄伟、险峻的积石峡为历代文人所赞颂。清代御史李玑赋诗赞叹其险要壮观:"地险天成第一关,岿然积石出群山,登临慨想神入泽,不尽东流日夜潺。"原建于积石峡的禹王庙已荡然无存,"积石关"也只留下一片残存的边墙和坍塌的关门。

大禹带领以西部羌人为主体的治水大军,自黄河积石峡开始,顺流而下,逐渐向东,疏通河道,至于龙门,到中原。历尽千辛万苦,排除千难万险,终于制服了洪水,完成了治水大业,得到了历代人民的赞扬和歌颂。清郭朝佐赋诗《积石》如下:

积 石

[清]郭朝佐

尝读大禹谟,导河始积石。

神功洵巨哉,两山如削壁。

疑是鬼斧凿,疑是巨灵擘。

余来千载后,山势犹如昔。

烟岚郁不开,兴天常咫尺。

下瞰黄河流,风翻雪浪白。

涛声如怒雷,奔腾何迅疾。

我欲溯其源,星宿杳难即。

我欲登昆仑,举头惟暝色。①

……

积石禹迹

大禹治水是从黄河上游的积石峡开始的,所以这里有很多有关大禹治水的传说。

大禹斩蛟崖和骆驼石:传说尧帝派禹王爷来治黄河。禹王爷来到积石山,察看了地形,便带领万民挖山削崖,要在积石山开凿一道峡谷。这时一条恶龙横行过来,挡住峡谷的开凿。禹王爷非常气愤,狠狠一斧劈下去,把恶龙斩成两段,蛟龙的血喷到山崖上,将崖壁染红,这处石壁人们叫"大禹斩蛟崖"。在斩蛟崖前的黄河中还有"骆驼石",这是一块中流砥柱石,秋季高出河面10多米,传说这是大禹测量河水深度的石头。

禹王石:积石峡内黄河南岸有个小村子叫索屯坡,该村有一尊磐石,高约3米,周围直径约10米,石上有坐痕,双腚压出阔2米左右的痕迹,形象逼真。同时上部有耒耜之柄靠放压出的痕迹,也很形象。这块石头叫"禹王石"。《续修导河县志》记载:禹王石"索屯村河边,高八尺,宽七尺,长十尺,其色青。相传大禹导河时憩息其上,坐痕至今犹存。因系以辞曰:维石岩岩,在河之滨,名以

---

①引自《齐家文化与华夏文明》,甘肃民族出版社,2015年,第440—441页。

禹传,寿与天齐"。清末民国诗人张建(质生)在《禹王石歌》写道:

禹王石歌

积石关外索屯村,河边奇石剧云根。

高约八尺宽七尺,黛色经雨留青痕。

凹凸不平形奇诡,相传神禹昔坐此。

坐处光滑如镜明,照见心胸清似水。①

······

天下第一石崖:出积石山县大河家镇关门村西北望,黄河北岸有石崖凌空,相传大禹从这里劈石崖,开通了积石峡,疏浚了黄河,相传石崖上的层层纹路,就是当年大禹斧凿之痕,故称"天下第一石崖"。

大禹支锅石:在积石关关门村附近长宁驿下,有巨石在黄河之滨,由五六块巨石组成,还有大禹背篼石,休息时坐的石头,它们组成了一个巨石群。相传是大禹疏导黄河,开凿积石峡时做饭的地方,故称"大禹支锅石"。

禹王庙:大禹逝世后,后人为了纪念、缅怀这位伟大的治水英雄,全国各地修建了许多禹王庙。在黄河的积石峡同样修建了禹王庙。这个禹王庙在积石山县大河家镇关门村黄河南岸台地上。原址在积石关外,据明嘉靖《河州志》中吴祯撰写的《禹王庙记》记载,明弘治庚申(1500年),侍御李玑游历至此,赞誉曰:"美哉!山河之固,金城形胜,莫有过此者,皆大禹圣人之功也。惟功在天下万世,神亦在天下万世。神既无往而不在,祀亦无往而不举。"于是安排当时的河州守备蒋昂修建了禹王庙。明嘉靖三年(1524年)御史卢向之奉命巡按陕西(时河州隶陕西行都司),路过禹王庙,看到庙宇残败不堪,便"爰移檄分守参政宜宾王公教,边备副使骊城翟公鹏督属重建,移至关内,东向"。以后禹王庙几遭兵燹,荡然无存,遗址逐渐鲜为人知。②

"禹凿夏湖"考

泄湖峡

临夏盆地东北部大夏河有一峡道叫"泄湖峡",又名"野狐峡"。具体位置在东乡族自治县河滩镇小庄村、东塬乡塔山村与临夏县河西乡桥窝村、安家坡乡北小塬村交界处。泄湖峡谷从老虎口至泄湖峡电厂尾水口,全长约5公里。从老虎口至泄湖峡出口,落差竟达百米,河水湍急,以一泻千里的气势奔腾而下。峡谷最深处约30米,最窄处约1米,两岸峭壁如削,巨石嶙峋,鬼斧神工。特别是夏秋雨季,河水以每秒上百立方米的流量,通过中间处仅1米的峡谷,河水汹涌澎

泄湖峡大禹脚印

---

① 引自《齐家文化与华夏文明》,甘肃民族出版社,2015年,第447—448页。
② 参考董克义:《大禹导河与积石山》,载《齐家文化与华夏文明》,甘肃民族出版社,2015年,第211—217页。

湃,惊涛骇浪,巨大的冲击力轰鸣如雷,令人惊心动魄。

明代兵部尚书王竑曾望着湍激河流,逸兴飞扬,赋《大夏秋声》:"河流滚滚日倾东,今古咸蒙大禹功。巨浪奔腾连日雨,急湍澎湃九秋风。雄音远渡凤林外,遗响频来草舍中。任汝蛙鸣蝉噪在,彼声不与此声同。"

决河亭水

传说大禹在率领治河大军"导河积石"的同时,也开凿了大夏湖。清《河州志》记载:"禹未疏凿时,河州即湖也。"[①]《河州志》载:"泄湖峡,禹所凿,

泄湖峡中的"狐跳石"

泄大夏水,石有二篆字,传系禹迹,类岣嵝文。"明代将"泄湖鸣雷"引入"凤林八景"之一。通判刘承学作《泄湖鸣雷》,其中有"两山开处泄湖桥,大禹神功迹尚昭"的佳句。清《河州志·大禹诗》"泄湖峡铭"注释载:"河州东、西川,上古时期是一片汪洋湖水。相传大禹从积石疏导黄河后,来到河州地方,见一片汪洋湖水,潜伏着危害,便劈开泄湖峡,导水向北流入黄河。"

传说那个时候现在的临夏市一带是一个大湖,名曰"大夏湖"。《史记》借秦二世之口云:"禹凿龙门,通大夏,决河亭水,放之海,身自持筑臿,胫毋毛,臣虏之劳不烈于此矣。"[②]《释名·释宫室》解释:"亭,停也,亦人所停集也。"《说文解字》解释:"亭,民所安也。"所以,这里的"亭"就是"水停止不流"之意,是大禹将这个停滞的水疏通了。

火烧顽石

大禹为了将大夏湖的水排出去,带领治水大军选择大夏湖之北的北塬地带,安营扎寨,这个村庄就是现在的"禹王庄"。

大禹指挥治河大军在现在的泄湖峡地方开挖。挖着挖着,上面的黄土挖尽了,露出下面黑色坚硬的黑曜石,怎么也挖不下去。大禹听说后亲临现场勘查,见又光又滑又黑又硬的石头,足有十里长。遂下令全军集中力量,加紧开掘,但收效甚微。于是大禹从"禹王庄"搬迁到工地附近的平地,现场指挥,当时把最好的工具耒锸和青铜工具都用上了,但坚硬的黑曜石怎么也挖不开。忙乎了半天,无任何效果。于是大禹命令疲惫了的治河大军就地在黑曜石上起灶做饭。十多里长的工地上一时之间支起了成千上万个支锅石,开始生火做饭。瞬间整个工地上人声鼎沸,烟火缭绕,香气喷喷。正在这时一股清风吹来,带来凉意,随后黑云滚滚,雷鸣电闪,下起大雨。暴雨越下越大,一霎时将支锅石下的大火扑灭。人们正在沮丧避雨的时候,突然听见支锅石下面响起了噼噼啪啪的声音,被火烧热、烧红的黑曜石发生了爆裂,每个支锅石下的坚硬黑石变成了一窝碎片。在工地指挥工作的大禹看到这种情况后大喜,对天大喊说:"天助我也!"立即带领众人跪在地上叩拜上

---

① [清]王全臣主编:《河州志》卷一,"桥梁渡口"。
② 《史记·秦始皇本纪》。

天,感谢上天给了他开凿顽石的绝妙办法。待大雨过后,他指挥治水大军到四处砍伐树木,在十多里长的工地上点燃大火,用大火去烧地下的顽石,把顽石烧红后,用各式各样的挑水工具挑来湖水,浇在烧红的顽石上。一霎时顽石发出了噼噼啪啪的爆裂声,被大火烧过的地方出现了一窝一窝的碎石片。他又指挥治河大军用工具将碎石片挖出抬走,倒在旁边。坚硬的顽石顶不住大火的烧烤,终于被大火降服了。大禹用"大火烧顽石"的办法凿开了河道,使湖水泄了下去,流入黄河。后人就将这个峡道称为"泄湖峡"。传说大禹为了感谢苍天相助,在泄湖峡岩石上刻上了岣嵝文(鸟迹篆),以纪念这件事。

"泄湖石峡"

泄湖禹迹

在施工中,大禹为了使治河大军走路方便,在挖出来的深漕上修了一座桥。后来当地人把这座桥称为"禹成桥"。桥边有个村落,称为"桥窝"。把大禹第二次居住的地方称为"禹里家"。至今泄湖峡附近有禹王庄、禹里家、禹成桥、桥窝等地名。道路旁还有一块巨石,称为"禹卧石"。人们为了纪念他,建了"禹王庙"。

清《河州志》云:"泄湖峡,大夏水从此泄,道旁卧石犹存。"[1]泄湖峡有两座桥,一名曰"摺桥",一名曰"泄湖桥"。《河州志》云:"摺桥,州东一十里,两岸禹凿石蹟尚在。"[2]"摺桥"实际上是"窄桥"临夏人的方言读为"摺桥",一直误读下来。

泄湖峡禹迹

泄湖峡桥,即"摺桥"(窄桥)位于东乡县河滩乡大夏河老虎嘴之中间河段上,距离上下两峡口各约500米左右。建于明成化十四年(1478年)。《河州志》曰:"泄湖桥,州东三十里,禹未疏凿时,河州即湖也,既凿导水入黄河,故名。两岸石凿,禹迹犹存。以上俱大夏水。"[3]清代该桥废,河岸为天然石陡峻如削。两岸桥台上都有天然据凿石,上面刻着修桥碑文,碑身高145厘米,宽71厘米,底部距河床105厘米。碑文记述了建桥时间和参加建桥的地方官员、乡老、工匠、总甲等人的姓名。河西岸岩石上有人工凿成的石坑六个,直径约30厘米,深20~30厘米不等,石坑是桥基柱木桩窝。

寻找岣嵝文

河州地方志记载,泄湖峡有大禹镌刻的"岣嵝文"(鸟迹篆)。《续修导河县志》记载:"鸟迹篆,在泄湖峡。见旧志。相传大禹凿峡时所摹刊。常没于水,水陷时或一见之。"[4]

---

① [清]王全臣主编:《河州志》卷四,"古迹"。
② [清]王全臣主编:《河州志》卷一,"桥梁渡口"。
③ [清]王全臣主编:《河州志》卷一,"桥梁渡口"。
④ 黄陶庵总纂,马志勇校刊:《续修导河县志校刊》,第255页。

岣嵝文，又称蝌蚪文、鸟迹篆[1]，是中国古代八大神秘文字之一。古往今来，研究岣嵝文的不乏其人，但至今未有明确的定论。据说岣嵝文暗藏大禹治水图，岣嵝碑实为大禹治水记事。关于岣嵝碑的记载，最早见于东汉罗含的《湘中记》、赵晔的《吴越春秋》。其后，郦道元《水经注》、徐灵期《南岳记》、王象之《舆地记胜》均有记述。原碑面刻有七十七字岣嵝文，因字形似蝌蚪又称蝌蚪文。对于这七十七字的含义一直被史学界视为"天书"。

泄湖峡的大禹支锅台

历史上曾有很多人前去泄湖峡寻找，但谁也没有找到。1928年，河州名人张建（质生）与邓隆曾去泄湖峡寻访禹迹，寻找岣嵝文，并未找到。笔者与东乡县人大常委会主任马福荣、原州志办主任马志勇，于2014年12月1日，趁大夏河枯水期前去泄湖峡考察，寻访禹迹。当我们到泄湖峡时，看到大夏河水很小，很多地方河水见底。我们顺着河底断壁残垣而下，看到了很多怪石残壁。由于几千年以来或更长时间的冲刷，形象各异，有"大禹脚印石""大禹支锅台""狐跳石"等遗迹。泄湖石峡似一条长廊，很深很窄，最窄处似乎人都能跳过去。峡道两旁石壁因长时期冲击，形成大小不同、各种各样的石窝。传说这些石窝是当年大禹治水，开凿泄湖峡，从河西跳到河东，又从河东跳回河西踏出来的脚印。我们只看到了峡道两旁的石窝和各种怪石，但没有找到岣嵝文。

泄湖峡与泄湖桥

林家遗址

在泄湖峡考察时，我们发现著名的林家遗址就在泄湖峡东岸土坎之上，近在咫尺。

奇异的泄湖峡

---

[1] 鸟迹篆，许慎《说文解字·叙》云："黄帝之史仓颉见鸟兽之迹，知分理之可相别异也，初造书契，百工以乂，万品以察。"在《春秋元命苞》一书中，仓颉"龙颜侈侈，四目灵光，实有睿德，生而能书。于是穷天地之变，仰观奎星圆曲之势，俯察龟文鸟羽山川，指掌而创文字，天为雨粟，鬼为夜哭，龙乃潜藏。"据《史记·黄帝本纪》记载，"鸟文"是中国古代轩辕黄帝"观鸟迹以作文字，此文字之始也"。"鸟文"是古人渔猎时创造的记数数字，然后才逐渐演化出古代象形文字。

林家马家窑文化遗址出土的铜刀

20世纪70年代，东乡县林家遗址马家窑文化发掘中，发现了中国最早的青铜器——青铜小刀。1981年经北京钢铁学院冶金研究所检验，为含锡青铜，测估含锡量6%~10%，经碳14测年经校正年代为距今5000年左右，这是迄今所知我国发现的第一件青铜器，有学者称之为"中华第一刀"，现藏中国国家博物馆。林家铜刀的出土，把我国的青铜冶金史，向前推进了一大步，与最早发明青铜冶炼的中亚、西亚的一些国家的时间大致相同，这说明中国也是世界上率先发明和使用冶金技术的国家之一。与夏朝基本同期的齐家文化中出土了更多的青铜器，证明大禹治水时已经使用了青铜工具。

泄湖诗选

历来文人骚客游访泄湖峡，寻找禹迹，写出了许多诗文。现择选如下：

泄湖峡

［清］李苏①

泄湖峡，禹所凿，泄大夏水。

石有二篆字，传系禹迹，类岣嵝文。

西倾大夏乱石中，一窍才开万派通。

绝塞深沟埋禹迹，昔年平地凿蛟宫。

奔流石破摧珠玉，激湍人惊骤雨风。

咫尺河源同斧削，教余天外忆鸿濛。

——（清康熙·王全臣主编：《河州志》卷六"艺文"，第168页）

泄湖春涨

［清］张和②

石峡巉巉白昼昏，泄湖东去凿云根。

春雷奋地千山响，骇浪掀天万马奔。

岸架危桥虹跨影，崖镌古篆鸟留痕。

神工应是巨灵擘，耳底汹汹欲荡魂。

——清·宣统《河州续志稿》

---

①李苏，字环溪，清康熙时人。余无考。

②张和（1799—1861），字理堂，临夏县北塬人。曾任直隶涿州（今河北省涿县）知县、直隶成安县知县，著有《乡贤诗选》《殉难纪略》《鸿雪集》《绍香堂诗草》《鸿雪续集》等。此诗为《河州八景》诗之一，是明代刘承学所作的《凤林八景》诗后的又一组地方景观诗。本诗描写泄湖峡的奇、险、古迹，讴歌了大禹治水的功勋。

泄湖峡铭

[清]吴镇①

大夏之湖，鼋鼍所国。

万斛泉水，蓄之深黑。

双崖如门，一泻而北。

断若斧痕，得非神力。

兹峡不开，滔天曷极。

禹功万古，永怀明德。

——（《河州志·大禹诗》《松花庵全集》）

游泄湖峡歌

邓隆②

日对饿殍心作恶，偷闲苦中且作乐。

夏河襄陵禹所作，縆幽探胜预相约。

张果何仙腰脚细，中道借马代控鹤。

须臾山坳大声作，水行地中岸如削。

不敢俯视深难度，高处支石通略彴。

狭处三尺直可跃，拗处蜿蜒从空落。

惊涛骇浪汤翻镬，中有一物声凿凿。

傍有巨石宽且博，偃卧恍如孤蓬泊。

飞沫溅衣骤雨若，惊心动魄神错愕。

搜求禹篆已销铄，仅剩元碑尚可拓。

古今征战尽捕博，不觉游神入寥廓。

浑望临深与履博，青天白云两寂寞。

——《壶庐诗集·补遗》

结束语

综上所述，"夏"源自夏水，大夏为大禹封地，金纽就是大禹出生地，故有大夏县"有禹庙，禹所出也"③之记载。大夏古城是大禹王城，也是大禹的故乡，是大夏政权的统治中心，这就是专家们说的"齐家古国"④。大夏政权涉及的区域正是齐家文化分布的区域。齐家文化距今约 4300—3500

---

①吴镇(1721—1797)，字信辰，一字士安，号松崖，别号松花道人。祖籍甘肃会宁，后迁临洮。曾历任山东济南府陵县知县，湖北兴国知州，湖南沅州府知府。后归乡，受聘主讲兰山书院。著有《松花庵全集》，河州留诗颇多。

②邓隆(1884—1938 年)，字德舆，号玉堂，又号睰巢子、睰巢居士，甘肃河州人。清光绪三十年(1904 年)进士，任新都、南充知县。民国时期，任甘肃议会议员、甘肃省参事会参事、甘肃官银号坐办、甘肃戒烟总局局长、印花税处处长，造币厂监督、榷运局局长、夏河县县长。倡办光明火柴公司，甘肃织呢公司，河源采木公司等实业。晚年致力于慈善事业和佛教研究。著有《壶庐诗集》《敬恭桑梓录》《密宗四上师传》等。

③《晋书·地道记》。

④叶舒宪：《齐家文化的十大未解之谜》，"齐家文化源自何地？"

年,国家"九五"重点科技项目"夏商周断代工程"得出夏朝的年代为公元前2070—公元前1600年[1],与齐家文化基本同期。以此证明,齐家文化就是夏文化。

关于齐家文化就是夏文化,有很多著名学者都有论述。翦伯赞在1943年在《中国史论集》中说:"甘肃史前文化是属于夏族的文化。"中国社会科学院历史研究所教授刘起釪先生说:"在渭水以至湟水这一地区,筚路蓝缕地开创前进的,就是由少典族和他的姻亲氏族有乔[2]族发展出来的黄帝族,以及黄帝族的姻亲部落炎帝族。……黄帝族原来生长活动地区,自今渭水北境,陕西中部,向西至甘肃之境,恰好就是齐家文化区域。从受齐家文化很深、相当于齐家文化后期的火烧沟类型文化与夏代同时来看,正好齐家文化相当于传说中夏以前的黄帝族时代。因此,把创造齐家文化的氏族部落推定为黄帝族是合适的。何况,黄帝是黄帝族最早的始祖,他本人的时间还远远在这以前,因此把黄帝族定为齐家文化的创造者,时间也正合适。"[3]《甘肃通史·先秦卷》主编祝中熹说:"伏羲和黄帝的部族,是甘肃东部新石器时代主流文化的创造者。伏羲部族可能就是大地湾文化的主人,黄帝部族可能就是齐家文化的主人。"[4]又说:"《禹贡》言禹治水,却重点详述西北尤其是甘肃地区的情况,这应当引起我们的深思。如果说《禹贡》内容反映了部落联盟时代人们对我国各主要文化区系宏观认知的话,可以肯定,当时的领导集团对甘肃地区特别熟悉,而且,人们把这种熟悉和禹联系在一起。这一事实充分说明:禹部族的早期活动地域在甘肃。"[5]

积石山县大河家黄河岸边的"河关",是大禹安置三苗的地方,它与新庄坪和黄河对岸的喇家可能是大夏政权范围内的"小国"或是部落联盟之一。作为"州伯"的大禹常到这里巡查工作,视察民情和黄河灾情。所以大禹治水也从积石峡开始,"导河积石,至于龙门"。大禹在治理黄河的同时,率领治河大军凿开了泄湖峡。以上文献记载与考古完全吻合。这就是临夏回族自治州境内有大禹传说和一系列带"夏"字的古地名、古县名、古官职名的原因。

夏朝建立后,大夏部族的重心转移到中原一带,"而其他区域的部族依旧在当地生活,他们虽然承认夏王朝为盟主,但实际上并不受夏王朝的具体控制。……我们推论禹部族早期曾活动于甘肃地区,但甘肃中东部并没有纳入夏王朝管理体制之内"[6]。

2016年9月16日

---

①《夏商周断代工程1996—2000年阶段成果报告》,世界图书出版公司,2000年。

②原字为"虫乔"。

③刘起釪:《古史续辨》,中国社会科学出版社,1997年,第53—54页。

④刘光华主编,祝中熹著:《甘肃通史·先秦卷》,甘肃人民出版社,2009年,第153页。

⑤刘光华主编,祝中熹著:《甘肃通史·先秦卷》,甘肃人民出版社,2009年,第129页。

⑥刘光华主编,祝中熹著:《甘肃通史·先秦卷》,甘肃人民出版社,2009年,第136页。

齐家文化——一颗被历史湮没的高原明珠

广河县文化广播影视局　马宝明

著名学者、北京大学李零教授有一段被史学界认可的论述,他认为考证历史可以分为三段:夏商周三代以前是一段,为考古学的天下;三代以后是一段,为历史文献学的天下;三代本身是一段,为考古学与历史文献学的拉锯地带,文献、考古、古文字齐上阵。对于严谨的考证历史,还原历史的本来面目,我也认为无外乎这三种方法。《庄子·齐物论》曰"非彼无我,非我无所取",就是要求我们放眼四海,不要局限于一隅,客观公正的对待历史,努力寻找实据,多方考证,还原历史本来的真相。

大夏历史沿革

大夏,广河县之古称。历史上曾有大夏、顺夏、太子寺、阿诺(诃诺)木藏城、定羌、宁定、广通等别名,其中以大夏、太子寺最为有名。其址位于甘肃省中部,临夏回族自治州东南,东以洮河为界与定西市临洮县隔河相望,南接康乐县,西接和政县,北靠东乡县。地理坐标103°23′~103°51′,北纬35°25″~35°38′之间,总面积538平方公里。地理特征概括为"一川两山、一路两河",即中部广通河川(古大夏川),南部、北部为昆仑山中支东延部与北秦岭交汇的太子山,藏语称阿尼玛钦山。兰郎公路贯穿全境,广通河(古大夏河)、洮河流经辖区。地势西南高东北低,成倾斜之势。

《史记·秦本纪》载,"东有东海,北过大夏,人迹所至,无不臣者"。近年,在考证秦长城时证实,与广河县隔洮河相望的临洮县(古陇西郡郡治)新添镇三十里墩的杀王坡发现秦长城,向西延伸过洮河即是古大夏。虽然秦长城在大夏县已经不见遗迹,但至今十里墩、三十里堡、夏古城等地名犹存。《汉书·地理志》有明确记载,"陇西郡,秦制……县十一:……大夏";"陇西郡有大夏县","陇西郡,郡治狄道(今临洮县)"。可见,秦时,广河县已在其版图之内。《续修导河县志》记载,"阿诺木藏城(嶰琅城),在定羌驿堡内南山上,即秦将军蒙恬屯兵处",相传蒙恬筑长城在大夏屯兵,太子扶苏监军大夏。太子死后,人们为纪念太子,在哭龙台下建造了太子寺(历史久远,何时所建已无考),塑造了神像。笔者由此推断,阿诺木藏城有可能早在秦汉朝时期就已经存在。《续修导河县志》卷二"寺观"中载:"太子寺,县,(州)东南120里……相传秦太子扶苏监蒙恬军驻此,故以太子寺名。"寺址在今广河县城(阿诺木藏城)东侧的哭龙台下,寺内祀奉的神主为秦始皇太子扶苏,因此,此寺又名"扶苏祠"。明人李苏写有七律《太子寺》，载于《甘肃新通志》卷一六；清朝临洮诗人吴镇曾写过《扶苏祠》五律一首，诗载《吴松崖集》卷七。太子寺原址殿堂毁修多次，后又毁于同治年战火。据民国二十年（1931年）《宁定县坛庙祠宇寺观调查表》载：同治十二年（1873年）重修，民国十七年，毁于国民军之乱，后又重修，至新中国成立时尚存。1949年后曾被改为"宁定县女子小学"，又叫南街女校，后来女校并入双泉小学。公社化后，该址被城关公社占为办公之地，"文革"中城关公社搬迁到直街清真寺内，原太子寺旧址被拆毁，未再恢复修建，广河县历史上因此也被称为太子寺。著名学者黄文弼经过大量考证研究后，在《中国古代大夏位置考》《重论古代大夏位置与移徙》中提出三种有影响的观点，1. 我国先秦时代的大夏人，约分布在河州、兰州、凉州一带，河州为其中心活动区，大夏县及大夏水之名，是因古代大夏国而得。2. 大夏即吐火罗，两者是同一民族的并称。3. 大夏属于羌族系统，属诸羌之一。

公元前279年，秦昭王设陇西郡和枹罕郡。《汉书·地理志》载：过洮河，灭西羌枹罕侯，置枹罕县，析置大夏县，属陇西郡，郡制狄道（今临洮县）。

史书记载，公元前174年—前161年，位于大月氏西部的塞族部落遭受大月氏第一次西迁的攻击，在向南逃亡迁徙的过程中，途经大夏，与大夏人发生冲突，大夏人战败，一小部分傍南山（今广河县南山）向东逃亡，过洮河进入陇西（今临洮）；其余大部分大夏人向西迁徙，翻越葱岭与同样受到大月氏冲击从伊塞克湖以西迁徙至此的塞族部落融合，公元前145年，他们联合起来，过阿姆河，将盘踞200余年的中亚希腊人逐赶至兴都库什山以南的南亚次大陆西北部，占领了巴特克里亚，历史记载的这一地理位置与今天的地理方位完全吻合，西亚的"大夏"是西迁大夏人的一支。《汉书·张骞李广列传》载，"大夏在大宛西南二千余里妫水南，其俗土著，有城屋，与大宛同俗，无大长，往往城邑置小长。其兵弱，畏战。大夏民多，可百余万，其都蓝市城，有市贩贾诸物"；"骞曰：今使大夏，从羌中，险，羌人恶之；少北，则为匈奴所的；从蜀，宜径，又无寇"。公元前128年，张骞出使大月氏至阿姆河，才知大夏人已定居巴特克里亚，遂以"大夏"之名称呼之，后来的西方史学家和阿拉伯人则称之为"吐火罗斯坦"，其后，居住在巴特克里亚的大夏人被第二次西迁的大月氏征服。

西汉末年，王莽夺位，改大夏为顺夏，东汉光武年间恢复为大夏。

汉和帝永元九年，西羌迷唐攻扰陇西，胁迫塞内诸羌与汉为敌，"合部骑3万，击破陇西兵，杀大夏长"。东晋太宁三年（325年），前凉在和政县境设金剑县，隶属河州大夏郡。345年，张骏派宋宴为大夏郡太守。347年，后赵麻秋率众8万途径大夏、金钮攻枹罕，被前凉所灭。367年，前凉张天锡攻占大夏，后苻坚灭前凉。后秦弘治十年（408年），乞伏炽磐在大夏古城对面东南修筑嵘琅城（图1），驻守成国，曾一度设嵘琅城为其都城，有历史记载西秦太子在此地驻守建国，又传大夏因此也叫太子寺。

北魏太平真君六年（445年），置河州，领金城、武始、洪和、临洮4郡，大夏县属金城郡。469年改大夏县为大夏郡。后又恢复为县，属金城郡。北周时，河州领枹罕、武始、金城3郡，大夏县归枹罕郡，《十三州志》载，"大夏县西有金纽城（今和政县三合乡石崀家），去县40里"。

图1　嵘琅城

419

隋文帝开皇三年(583年)大夏县归河州。唐因隋制,高祖武德二年(619年),设河州,领枹罕县、大夏县;太宗贞观元年(627年),废除大夏县;贞观五年,恢复大夏县。《元和郡县志》载,唐开元年间,大夏县治"西北至州70里,县西20里为金剑山,大夏水经县南,距城十步"。其址在今广河县阿力麻土乡古城村,遗迹尚存(图2)。《甘肃通志稿·舆地》记载:"古论山,在县西北20里,位置在大夏古城之北,棺木山之后,是大夏古城的天然保护屏障,今名又叫毛路山",西临古丝绸之路南道的红鹜岘;《待行记》王蒙友说:"考昆仑者当衡川理,勿求诸语,上古地名多用方言。昆仑乃胡人语,译声者无定字。"古论山很可能就是史书记载的"昆仑"。

《新唐书·地理志》载,"玄宗天宝年间,河州3县户数为5782户,人口为36087人。"《甘肃大辞典》考证,唐时,大夏向国家进贡的贡物为麝香和麸金,赋税为布和麻。唐宝应元年(762年),安史之乱,吐蕃乘势攻占河州,占大夏、金剑,全境为吐蕃所占,设立东道元帅府,节制河湟、河西,大夏成为吐蕃统治时期吐蕃政权最东部的一个军事重地,在大夏古城东南大夏水下游的南山重新修建阿诺木藏城,作为东部军事战略要地。

唐长庆二年(822年),唐派使者请定疆界,唐使刘元鼎赴吐蕃与伦纳罗会盟,返回途中经过吐蕃治下的大夏县,《新唐书·吐蕃传下》载,"元鼎还,携元帅尚塔藏馆客大夏川,集东方节度使诸将百余,置盟册台上,遍晓之,且戒多保境,毋相暴犯"。这是唐蕃会盟的一项重大活动安排,吐蕃在与唐接壤的邻睦之地大夏川,再筑馆台,召集东方各部节度使和双方统兵将领,与当地百姓一同学习盟册,要求大家严守盟约,互不侵犯,并在盟册上签署"彝泰七年"。"元鼎东过洮河(此处多误以为是湟水),到龙泉谷,西北望杀胡川,哥舒翰的旧照壁(在今临洮县城内)多半还在。"《资治通鉴》卷二四七胡三省注,"大夏川在河州大夏县西,有大夏水,汉古县也",史书记载的地理方位非常清晰明确,且与广河县、临洮县周

图2　大夏古城

边地理位置一致。《读史方舆纪要》载,"吐蕃境内的大夏川即大夏县故地",唐会昌三年(843年)7月,吐蕃落门川讨击使尚恐热起兵,驻军大夏川,9月,尚婢婢派将率军4万至河州南大夏川,夹击尚恐热,尚恐热溃败。唐大中五年(851年),张议潮发动反抗吐蕃统治的起义,攻占河西、陇右,占领河州,大夏复归于唐。

宋神宗熙宁五年(1072年),"命王韶发动熙州之役",收复吐蕃所占河湟之地;熙宁六年(1073年),宋军攻陷阿诺木藏城,占领大夏。宋改阿诺木藏城为定羌城,《读史方舆纪要》载,"在河州治南90里处",方位与今广河县城完全吻合(图3)。

金天会九年(1131年),金军攻占三解州全境,设河州2县3寨1镇,定羌城为三寨之一;1253年,蒙哥汗在河州建吐蕃宣慰司,都元帅府;元至元六年(1269年),从陕西行中书省巩昌总帅府下分出河州,划归吐蕃宣慰司,设置河州路,路辖定羌、宁河、安乡3县,定羌为3县之首,路制所在地。

明洪武三年(1370年)元月,元朝吐蕃宣慰司使何锁南普投降明朝,河州全境归明。

图3　高庙山瓦当

次年正月,明设河州卫指挥使司。洪武十二年,废定羌县,设定羌巡检司,直属河州卫,又设定羌驿、定羌递运所。清因明制,未恢复定羌县建制,改称原定羌城为太子寺城,乾隆年间,移州判于太子寺城。

民国六年,北洋政府同意,甘肃督军张广建呈请,改太子寺城为宁定县,隶属兰山道,其后道废,直属于省。

民国十八年,宁定县属临夏行政视察专员公署管辖。

民国二十五年,属甘肃省第5行政督察专员公署管辖。

1949年8月21日,宁定县解放,9月5日,宁定县人民政府成立。

齐家文化就是禹夏文化

1924年,瑞典考古学家、北洋政府矿政顾问安特生在这里先后发现马家窑文化和齐家文化。之后,随着多次在此地的考古发掘和探索研究,拉开了广河县及其周边区域远古时期人类活动遗迹的盛大序幕。

临夏州广河县齐家坪遗址位于广河县齐家镇园子坪村,是洮河西岸一处依山傍水的平台地面,面积约150万平方米。1924年夏,瑞典著名考古学家安特生及其助手白万玉等人在该地进行了考古发掘,并以地名命名了齐家文化。1925年,他根据考古发掘的情况和自己对考古的理解发表了《甘肃考古记》,其中把齐家文化列为"六期文化说"之首,从此向世人揭开了齐家文化神秘的面纱。1945年,夏鼐先生在两次考古发掘的基础上,运用考古证据纠正了安特生的断代错误,提出齐家文化晚于仰韶文化,早于辛店、寺洼文化的论断,并正式将此种文化遗存命名为齐家文化。经过近几十年的考古发掘发现,其分布范围十分广泛。在甘、青境内的黄河沿岸及其支流流域,东至陕西的渭水上游、西至青海湟水流域,北至宁夏和内蒙古,南至白龙江流域都有齐家文化的历史遗迹。其绝对年代经碳14测定,距今约4250—3700年,大致与历史上的夏朝相当,齐家文化被史学界认为是新石器时代晚期农耕文化与游牧文化结合的一种文化,从此,湮没于众多的新石器时代文化遗存之中。事实上,后来的诸多考古发掘证明,齐家文化时期我国已经进入了青铜时代,可以说齐家文化是我国早期青铜文化时代。

新中国成立后,先后多次对广河县齐家坪及其周边地区进行了大量的考古发掘工作,并陆续有重大发现:1975年,在齐家坪M41号墓葬发掘出土了中国迄今年代最早的第一面铜镜(图4),直径6厘米,被誉为"中华第一镜",同时出土了迄今最大的一柄铜斧,全长15厘米,器身厚重,刃部锋利,这两件器物堪称是齐家文化铜器的代表,同时发现了13人合葬和8人合葬的2处大墓遗址。之后的数十年里,陆续发掘的主要遗址有广河齐家坪、西坪、武威皇娘娘台、海藏寺、永靖大何庄、秦魏家、兰州青岗岔、秦安寺嘴坪、青海民和喇家、乐都柳湾和贵南尕马台、宁夏固原海家湾、临潭陈旗磨沟等遗址,基本揭示了齐家文化的分布范围、文化特征、经济生活和社会状况。发掘出土了大量的陶器、石器、玉器、骨器和青铜器,齐家文化青铜器从此也被学者、专家开始所赏识和研究。

1977年,甘肃东乡县林家遗址的马家窑文化(前3000年)墓葬中出土了1件铜刀,保存完整,这是目前中国发现年代最早的青铜制品,属锡青铜。碳14测定年代约为公元前3000年,即这件青铜刀的年代为距今5000年左右,史称"中华第一刀"。1975年,在甘肃永登蒋家坪遗址又出土1件铜刀,亦为锡青铜,年代距今约4250年—3950年。上述两例的时代早于或大致相当于公元前21世纪,尽管器物很少,但说明至少在距今5000年左右,中国已经开始了铜器使用的历史。

自1957年甘肃省博物馆首次在武威皇娘娘台发现齐家文化铜器以来,已陆续在甘肃广河齐家坪、永靖大何庄、秦魏家、武威海藏寺、临潭磨沟、青海贵南尕马台等地均发现齐家文化时代的铜器。如广河齐家坪先后发现铜器3件;武威皇娘娘台34件;武威海藏寺12件;永靖大何庄2件;永靖秦魏家8件;青海贵南尕马台49件;2008年、2009年两次,在临潭磨沟的齐家文化抢救性发掘中,466座墓葬中六分之一的墓葬中出土了铜器,其余还有一些地区有零星铜器、铜渣发现。有学者统计,目前在齐家文化中已发现铜器超过130件(由于随着近些年来一些新的齐家文化遗址的发掘,发现铜器的数量已不止此数),属齐家文化中、晚期。齐家文化的青铜器主要有璧、瑗、斧、刀、匕首、矛、锥、牌饰、扣、泡、镯、指环等。多以小型器物为主,在齐家文化在目前虽然没有发现大型容器,但从发掘出土铜器的数量和种类来说,齐家文化时期我国已经步入青铜时代早期。

图4 齐家铜镜

齐家文化出土铜器从器型上看,多为一些小件制品,主要有璧、瑗、斧、刀、匕首、矛、锥、牌饰、扣、泡、镯、钏、指环等,大致可以分为礼器、工具、装饰品和小件兵器等。

礼器有璧、瑗等,工具有斧、锥、刀、凿等,装饰品有铜镜、项饰、指环等,兵器有矛、臂甲等;齐家文化所出土铜器与河西走廊及以西地区和中原龙山文化所出土铜器既有联系,又有显著差异。之所以产生差异,其根本原因在于齐家文化主要以农业为主,但在某些不适宜农业的地区也开始逐步加强畜牧

业和渔猎成分,这使得它同时兼具东西两方面的特色,这一点与其所处的地理位置是分不开的。

北京钢铁学院(现改名为北京科技大学)对部分齐家文化铜器做了检验分析,共分析了 12 件铜器样品,其中属于红铜器的共 7 件,青铜器的共 5 件,武威皇娘娘台所出铜器均为红铜器,而武威皇娘娘台时间相比与其他几处铜器出土地要早,因此,齐家文化铜器可能经历了一个红铜到青铜的发展阶段。

红铜与青铜工具凿、锥、斧、刀的发明,虽然不能直接用于农业生产,但对于加工和修理农业生产工具不无重要作用。在制作各种质地的渔猎工具时,青铜手工业工具也给人们带来了许多方便。在制作蚌、牙、骨、玉石器上,如刻镂、钻孔、形制加工等,铜制工具也都具有一定的威力。同时它还可能应用于原始的占卜和房屋建筑。青铜武器的出现,说明此时的齐家人已经注重加强自身实力。至于说青铜装饰品和铜镜的发现,则反映出古人对美的追求和对后世美好生活的精神寄托。

金属铸造技术的出现与模范用具是同步的,在世界很多地区出现铸造技术的同时,都会选择一种硬度不高、易于雕刻、耐高温的石料制作石范,之后会逐渐发展成更为灵活的陶范。另一方面,在模范技术出现之前,曾有过一段使用锻造(即器物是直接捶击而成的)技术的时期,以满足人们制作一些形体简单的铜器。但并不意味着出现模范技术之后,锻造技术便被取代,事实上是在相当长的时间内,这两种技术是并行发展应用的。

北京钢铁学院对齐家文化出土部分铜器做了金相鉴定,结果显示既有锻造,也有范铸制造。如永靖秦魏家出土铜锥则为青铜冷锻,而铜斧系红铜单范铸造。广河齐家坪出土空柄双耳铜斧为锡青铜合范铸造。单范铸造方法比较简单,属于比较原始的制作方法,只需要一块范便可铸造出铜器;而合范铸造相比单范铸造已经有了很大的进步,而且也要复杂得多。合范就是在铸造器物时需要至少两块及两块以上的范才能够铸造出器物,即不但要有外范,还要有内范。早期铜器制作工艺中这种合范技术的发明,要比冷锻技术和单范法有很大进步,为以后青铜铸造业的高度发展奠定了重要基础。因此,齐家文化铜器的铸造技术在当时已经是相对"发达"的了。

另外,齐家文化出土铜器红铜、青铜均有,这与甘青地区有色金属矿藏丰富有莫大关系,甘肃省铜储量占到全国 8% 左右,还有铅锡矿与多金属矿藏也大多集中在甘肃从陇西到河西走廊这一带,青海省的金属矿藏虽少,但在尕马台遗址周围也有分布。甘青地区丰富的矿藏资源很容易被先民们在采石时发现并利用。先民们把含铜的矿石加工冶炼,矿石本身含锡、铅的多少决定了冶炼生成物是红铜还是青铜,这样在齐家文化已能冶炼出红铜,由于锡铅随着铜矿的伴生,也会炼出少许青铜器。随着先民们对冶炼技术的逐渐掌握,在齐家文化时期,锡和铅已经是他们有意识地加入,这一结论已经在近几年的考古发掘中得到了证实。

青铜时代是指一个文化或社会的生产和生活(包括物质生活和精神生活)明显地依赖于青铜制品,而不是偶然地使用和制造铜器。在已经发现少量齐家文化青铜器的初始,著名学者张忠培先生说:"即使把这时期归入青铜时代,也只能是这时代的伊始阶段。"而今天,齐家文化发掘出土的青铜器数量在随着考古工作的深入发展不断增多,显然齐家文化时期青铜器已经应用于社会生产和人们的精神生活,并且已有了较高的铸、锻造水平,以现有的考古发掘来看,我们完全有证据证明,齐家文化时期人类已经进入了青铜时代,齐家文化是中国青铜时代的早期阶段,它是中国历史上开启人类文明的第一缕曙光。

齐家文化就是禹夏文化,大夏是大禹的故乡

"中国文明探源工程"和"夏商周断代工程"是近年来史学界提出的重大研究课题,得到了国家的

高度重视,其主旨是查找本土古人的证据,目标是在中原大地上坐实夏代。商周两代已有大量的历史证据,分布地域和分布时间基本能够确定。

"夏商周断代工程"对夏代的考证,重点在河南二里头宫城遗址、山西陶寺遗址等进行考察,在二里头发现了玉舌铜铃和嵌绿松石铜牌、石质牙璋等,学者专家称之为夏文化元素,因此被认为二里头是青铜时代的新强权核心。1987年考古发掘中,在中国西南地区目前发现的最大都城遗址三星堆遗址也有类似遗物出现。在陶寺遗址的考察认为,陶寺是东亚玉帛古国时代的绝响。以此来推断确定"夏"代的文化和文明形态,而在西北的齐家文化中也同样发现了石质牙璋、嵌绿松石铜牌等代表夏文化元素的遗物。考证结果表明,夏人夏文化不仅落在了著名学者傅斯年讲的西部,而且分布在当年匈奴、契丹、蒙古等民族长期活动的广远"三北"地区,先让古史传说中的夏与"以师兵为营卫"、不常厥邑的黄帝联汇,又把夏的根源追溯到西北的齐家文化和北方的夏家店上层文化上,从而整理出一条土方、鬼方、羌方、戎、狄、月氏、匈奴、大夏的青铜时代游牧"吐火罗"至今日草原民族的一条文化单链,这条出现于上古三代的黄帝青铜单链与新石器时代本土传承的尧舜玉帛单链合二为一,才构成中国历史文化大传统的完整祖型。郭沫若、胡厚宣等学者专家都从甲骨文卜辞断定"土方"就是西部夏遗民未服商朝的方国,文献称之为"大夏"的地方。

夏,始于禹,终于桀,17帝,姒姓,约经历471年。传说中的禹父鲧最早生活的地方就在大夏,后迁居崇山。今人多误解大夏为山西运城的夏县,其实谬之千里,尚不知古时确有大夏,而以旁物推演得之定论,对古时大夏及其周边旁物没有进行考证。历史记载中"禹出大夏""大禹出西羌""禹兴于西羌""大夏有禹王庙,禹所处也"等说法也绝非空穴来风。《礼记·王制》载:"中国戎夷,皆有姓也,不可推移。东方曰夷……;南方曰蛮……;戎……;西方曰戎……;北方曰狄……中国、夷、蛮、戎、狄,皆有安居,和味、宜服、备器,五方之民,语言不通,嗜欲不同。"夏时,东方九夷朝服于夏;夏末,商汤伐桀,桀残忍无道,起东方九夷之师不起。可见,夏确在东方九夷之西,九夷也确是夏的属地。陆贾《新语》和司马迁《史记·六国年表》都说"禹兴于西羌",那么,西羌在哪里呢?在汉代,羌人主要活动在今甘肃、青海等地。因此,在汉代西羌就是指活动在这些地方的羌民,《后汉书·西羌传》中也有同样的记载。

《史记·封禅书》载,黄帝采首山铜,铸鼎于荆山;蚩尤铜头铁额,作金兵等。还有诸多史料记载和神话传说中,都可以查到黄帝时期确有青铜的事实,《韩非子·五蠹》记载,"共工之战,铁铦短者及乎敌,铠甲不坚者伤乎体";《左转》载"禹铸九鼎"等。无疑,黄帝时期的青铜器铸造传说是文字出现之前古人口口相传的历史,是人类历史的活化石,也是我国文字记载最早有青铜器的传说,但我们至今没有发现过黄帝时期的青铜器实物证据。王献唐在《炎黄氏族文化考》中说:"炎黄即不同父,何以知为两族?曰,以夷夏知之,以互争黄河流域之杀伐知之。当时所谓四夷类为炎裔,黄帝之子孙,皆华夏也。其自黄帝以后,商周以前,历代兵戎,大抵为民族而战,即所谓炎黄二族之战也。"《鹖冠子》载:"上德已衰矣,兵知俱起;黄帝百战,蚩尤七十二……"在大禹治水前后,传说中早期的"吴刀"就有人解释为非常锋利的青铜刀;中后期的治水活动中,有谁能说没有使用过青铜工具?"禹身执耒臿,疏九河""导河积石,至于龙门,南至于华阴,东至于底柱"等,如此浩大的工程,难道仅仅使用的是木、石等工具?

历史学家顾颉刚说,今日中国主流社会津津乐道的"炎黄说",是司马迁以孔子为榜样,"穷天人之际,通古今之变,成一家之言",将四海之言演绎为天下一家,采用"层累造成法"人工构建的结果。著名学者张海洋在《夷夏先后说》序言中写道,尧舜是玉石农耕崇文尚礼讲禅让的夷人传说,尧舜系在中国和东亚形成更早,普遍见于"六经"且为孔子称道;炎黄是青铜游牧量力尚武讲革命的夏人故事,炎黄系出现较晚,始见于相互抵牾的战国文献,直到西汉司马迁,在《史记·五帝本纪》中将其统合成同一体

系，并把黄帝提升为开山始祖。著名学者易化博士在研究搜集大量生物人类学、考古人类学、人类语言学等证据的基础上，提出距今 8000—10000 年，石器、陶器、水稻、粟、猪、狗、鸡、半地穴或干栏式住宅、土葬坑、玉器等中国本土原生要素已经存在；距今约 4000 年以下，青铜、小麦、黄牛、绵羊、马、火葬、金器等与游牧文化有关的要素存在。这两种要素在 4000 年前后，多次在黄河流域反复互动，金声共振，金玉相交，青铜与玉帛双向对流。1983 年，夏鼐教授在日本演讲中国文明起源时说："二里头文化晚期达到了文明的阶段，比二里头更早的文化似属史前时期，中国文明起源是新石器时代晚期各种文明要素的发展，文明是野蛮的新石器时代人创造的。"傅斯年在《夷夏东西说》中说，"夏实西方之帝国或联盟，曾一度或数度压迫东方而已；与商殷为东方帝国，曾两度西向拓土，灭夏克鬼方，正是恰恰相反，遥遥相对。知此形势，于中国古代史之了解，不无小补也"，并提出了"夷东而夏西"的结论。易华博士在《夷夏先后说》中指出，青铜技术和游牧文化是旧大陆古代世界体系形成的技术文化基础，青铜、牛、马、羊、小麦、大麦、蚕豆、牛耕、车马、毛制品、砖、火葬、墓道、好战风气、金崇拜、天帝信仰等是青铜时代世界体系的指示物或示踪元素，三代中国几乎照单全收，无疑已进入青铜时代世界体系。中国不是考古学的孤岛，更不是人类文化的死角。夏朝建立之前东亚为夷蛮之地，大禹父子在夷之中建立了夏朝之后才有东夷西夷之分。夏朝建立之前东亚尚未有游牧与农耕之分，正是夷创造了东亚新石器时代定居农业文化。夏或戎狄引进了青铜时代游牧文化……，夷为东亚土著，创造了东亚新石器时代定居农业文化，汉族的历史是夷夏结合的历史，汉文化是夷夏混合的结果，夷夏转换是东西上古史上的关键。

《正义》载："夏者，帝禹封国号也"。据《史记·六国年表》记载："禹兴于西羌"；《太平御览》记载："伯禹夏后氏，姒姓也……长于西羌，西羌夷（人）也"；《史记·六国年表》司马迁云："禹兴于西羌"；《易林》焦延寿云："大禹生石夷之野"；《新语》陆贾云："大禹出于西羌"；《盐铁论》桓宽云："禹出西羌，文王生北夷"；《水经注·河水》引《晋书·地道记》云："大夏县有禹庙，禹所出也"等，史书记载和历史传说都将禹夏文化聚焦在西北的狄戎之地。广河、积石山等地历史上记载的禹王庙、积石山的禹王石、明代禹王庙维修记载、枹罕三角乡的禹王庄……，河州大地上广泛流传的大禹传说，引起了诸多学者专家们的注意。马志勇、马福荣、马守璞等地方史志学者经过许多年的辛勤考证和调查研究，一致认为，"大夏水""大夏川"等都是上古原有地名，大禹出于大夏县，先有大夏，后有夏朝，大夏是夏朝的建立者、羌族首领大禹的故乡。而中国社会科学院易华博士更进一步认为：中国境内比二里头文化更早的青铜时代文化只有齐家文化，与其相当的有朱开沟文化，亦明显是受到了齐家文化的影响，因此，二里头文化青铜技术来自齐家文化。夏或狄戎主要生活在西北，齐家文化与羌或戎有关，不仅是周秦文化之源，很可能就是禹夏文化。

喇家遗址刻符石器的整理与研究

西南民族大学 李慕晓

喇家遗址位于青海省民和县官亭盆地,坐落于黄河北岸二级台地的喇家村周围。地理坐标为东经102°85′02″~102°81′11″,北纬35°85′90″~35°86′41″。东临岗沟,南至黄河北岸二级阶地前缘,西接鲍家沟,北连上喇家村。地势略显西北高而东南低。间歇季节沟吕家沟河水从北至南流至喇家村,转折绕下喇家村北由西向东与岗沟河水汇合注入黄河[1]。自然地将喇家遗址分割为南北两部分。北部位于吕家沟沟北上喇家村,南部为下喇家村。1999年以来,中国社会科学院考古研究所甘青队与青海省文物考古研究所合作对喇家遗址及官亭盆地进行了大规模的试掘、发掘和调查,相关考古工作一直延续至今。喇家遗址东西长500米,南北宽400米,总面积约20万平方米。喇家遗址除少量马家窑文化遗存和辛店文化遗存外,主要文化内涵属于齐家文化遗存。重要遗迹有房址、壕沟、灾难遗迹现场,还有祭祀圣地,如广场、祭坛、祭祀坑、杀殉坑和祭祀墓葬等。遗物以生产工具和生活用具为主,其次为玉石礼器,兵器则较少。生活用具均为陶器,陶质为泥质和夹砂。器类有高领罐、单耳罐、双耳罐、侈口罐、豆、盆、甑、敛口瓮等。纹饰以素面居多,泥质陶多饰蓝纹,夹砂陶则多饰绳纹。生产工具以石器为主,器类有斧、凿、刀、锛、砍砸器等;骨器次之,器类多为骨锥、骨针。玉器礼器出土于房址和墓葬中,有玉锛、三璜合璧、玉管、玉环、小玉璧、三角形小玉片、璧芯、玉刀、玉料等,玉璧为主要器形。兵器仅石矛一件。[2]

喇家遗址宽大的壕沟、小型广场、"干栏式"礼仪建筑、祭坛与祭祀墓葬及杀祭坑等祭祀遗迹,窑洞式建筑及窑洞式聚落形态,新型炉灶壁炉的发现,大量刻符石器的出土,以及出土多件大玉刀、大玉斧和大石磬这样特殊、大型的重要器物,有学者[3]称之为"王者之器",认为其有非同一般的意义。这些器物在众多器物中脱颖而出,显示使用它的人身份也不一般。这都反映出喇家遗址的独特之处,显示该

---

① 李洋:《古灾难遗址发掘的现实意义——以青海民和喇家遗址为例》,《青年社会科学》2011年第4期,第162—163页。

② 中国社会科学院考古研究所、青海省文物考古研究所:《青海民和嫩家史前遗址的发掘》,《考古》2002年第7期,第5页。

③ 叶茂林:《史前灾难——喇家村史前遗址考古》,《大自然探索》2006年第2期,第71页。

遗址是一处官亭盆地齐家文化时期极为重要的聚落遗址,认为可能具有中心聚落的地位。极有可能在4000多年前已形成了复杂的社会结构。近年来,喇家遗址不断加强与多学科的交叉合作、研究,新的研究成果也不断涌现[①]。喇家遗址的发掘和研究为探索黄河上游地区文明起源和早期发展,提供了新资料,对于中国文明起源的研究有着极其重要的价值[②]。喇家遗址相关的考古学研究为本文提供了研究的基础,而刻符石器的整理和研究将进一步丰富喇家遗址的文化资料,促进喇家遗址的研究发展,促进齐家文化的研究发展。

一、刻符石器的整理

由于喇家遗址的发掘报告未出版,相关材料未公布,本文是在中国社会科学院考古研究所甘青考古工作队的大力支持下和叶茂林研究员的帮助和指导下进行并成稿[③]。

喇家遗址出土的石器较为丰富。磨制石器相对较多,约上千件、多加工精致;可分为石斧、石锛、石凿、石刀、石矛、石镞、石杵、石臼、砺石、磨石、磨盘、磨棒、石板、纺轮、石球以及各类器坯等。其中石刀的数量最多,石斧和石凿其次,石锛、石镞、石矛、石杵、纺轮等较少。打制石器约达数千件甚至上万件,可分为石核、石片、刮削器、砍砸器、尖状器(石砧)、石叶、石制品残屑等。其中刮削器数量较多,石片、石核、石叶、砍砸器相对较少,尖状器只有个别。

喇家遗址刻符石器的原料来自黄河及其支流的河滩谷地,利用扁平砾石直接加工而成。石质岩性以闪长岩为主,砂岩、花岗岩次之,麻岩最少。刻符石器是喇家遗址所出石器中的一类特殊现象,属琢制石器,其形式不一,有圆形、椭圆形、近方形等,有部分残缺,且重量、大小不一。多数长约15~20厘米,最大达26厘米,最小约10厘米;厚度在5~7厘米。这类石器上刻画有圆窝形与弧形的图案,形似日月,多数石器的图案一面为圆形,另一面为弧形;有的两面都为圆形;有的仅一面有圆形另一面则无图案;个别一面为圆形,另一面为四个圆窝形连成的月牙形弧线。刻符石器数量较多,图案重复率也较高,极可能有着某种特殊的用途。

1. 刻符石器的分类

刻符石器的分类主要依据其图案的不同。刻符石器的刻画符号单体为圆形和弧形。根据符号组合的不同,可将其大体分为两类:第一类两面均有符号;第二类单面有符号。第一类可细分为,一面为圆形符号,另一面为弧形符号;两面均为圆形符号。第二类可分为,仅一面有圆形符号或弧形符号,另一面则无符号。

1.1 两面有符号

1.1.1 一面为圆形符号一面为弧形符号

1. 编号1,2000QMLT2711G1[④],黑色花岗岩[④],原料为扁平砾石。平面略呈方形,长26.8厘米,宽

---

①叶茂林,李晓东,蔡林海等:《青海喇家遗址新发现的白陶和初步研究》,《中国文物报》2014年第6版。

②中国社会科学院考古研究所甘青工作队,青海省文物考古研究所:《青海民和喇家遗址发现齐家文化祭坛和干栏式建筑》,《考古》2004年第6期,第4页。

③文中喇家相关资料均由发掘者叶茂林研究员提供并授权使用。

④本文所有岩性鉴定由中国地质科学院地质研究所张进研究员负责。

26.8 厘米, 厚 4.6 厘米。两面均有刻画符号, 刻于石器一侧, 无残缺, 边缘界线较分明。一面为近圆形符号, 长 6 厘米, 宽 5 厘米; 另一面为弧形符号, 长 11.2 厘米, 宽 4.6 厘米。

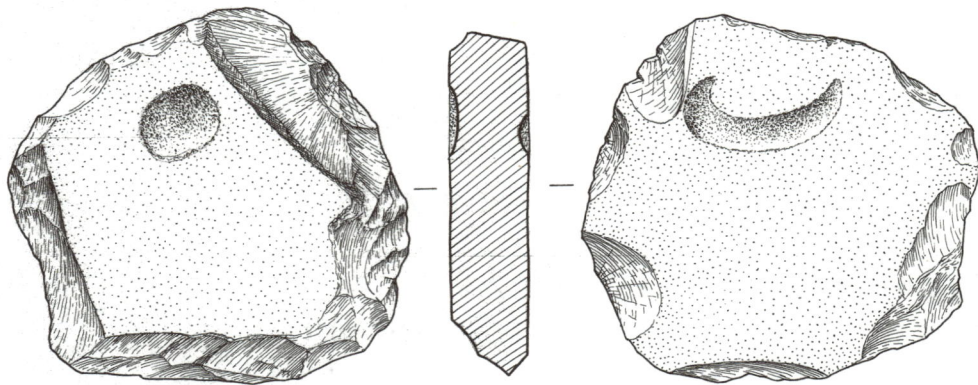

图 1 2000QMLT2711G1④[1]

2. 编号 2, 2003QMLT532⑤H53:14, 黑色花岗闪长岩, 原料为扁平砾石。平面近椭圆形, 边缘较厚钝, 且有较密集的加工痕迹, 顶部呈不甚规则的钝尖角状。长 20.4 厘米, 宽 24.6 厘米, 厚 6.6 厘米。两面均有刻画符号, 刻于石器一侧, 形制较规整, 有一定残缺, 刻痕较深, 边缘界线不分明。一面为圆形符号, 部分残缺, 长 4.4 厘米, 宽 3.2 厘米; 另一面为弧形符号, 部分残缺, 长 10.4 厘米, 宽 2.2 厘米。

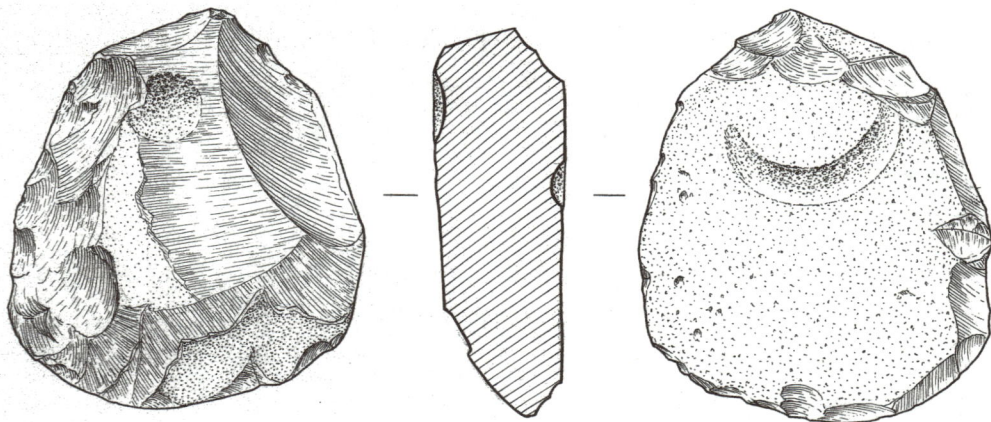

图 2 2003QMLT532⑤H53:14

3. 编号 3, T529F20:38, 青色花岗闪长岩, 原料为扁平砾石。平面近圆形, 边缘厚钝, 有加工痕迹。长 21.2 厘米, 宽 22.6 厘米, 厚 5.8 厘米。两面均为原始砾石面, 且均有刻画符号, 形状较规整, 无残缺, 刻痕较深, 边缘界线较分明。一面近边缘有一圆形符号, 长 4 厘米, 宽 3.8 厘米; 另一面近中心有一弧形符号, 长 11 厘米, 宽 2 厘米。

①本文所有刻符石器的图由成都市考古研究所卢影科所绘。

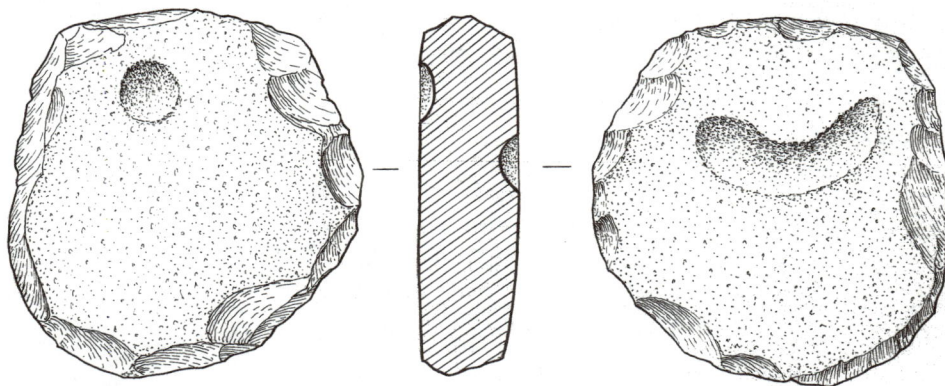

图 3　T529F20：38

4. 编号4,2004QMLF27：14,青灰色闪长岩,原料为扁平砾石。平面略呈椭圆形,边缘较钝,有加工痕迹。长24.2厘米,宽24.5厘米,厚6厘米。两面均为原始砾石面,且均有刻画符号,形状规整,无残缺,刻痕较深,边缘界线不分明。一面近边缘有一圆形符号,直径为1.9厘米;另一面中部近边缘有一弧形符号,长11.6厘米,宽3.2厘米。

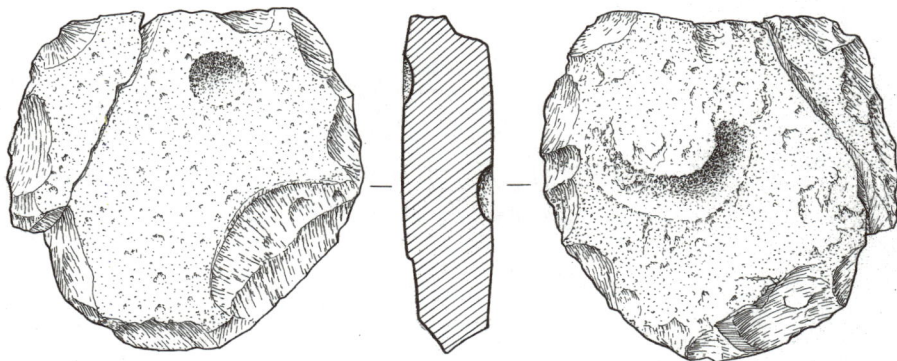

图 4　2004QMLF27：14

5. 编号5,2003QMLT534H57,青灰色闪长岩,原料为扁平砾石。平面呈不规则方形。边缘除一边较锐利外均厚钝。长24.8厘米,宽23.2厘米,厚6厘米。两面均为砾石面,两面均有刻画符号,形状不甚规整,无残缺,刻痕较浅。一面近边缘有一圆形符号,边缘界线不甚分明,长4.4厘米,宽5厘米;另一面近中部有一弧形符号,边缘界线较分明,长9.8厘米,宽3厘米。

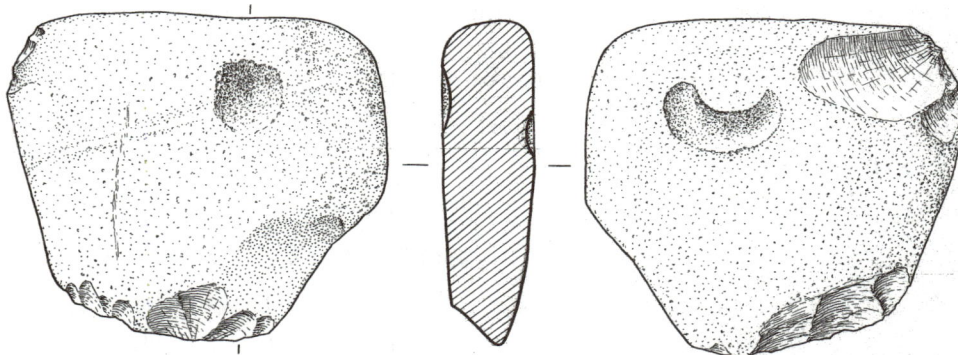

图 5　2003QMLT534H57

429

6. 编号 6，T0616M24 纵向裂缝，青绿色闪长岩，原料为扁平砾石。平面略呈方形，边缘较锐利，有加工痕迹。长 25.6 厘米，宽 24.2 厘米，厚 6.1 厘米。两面均为砾石面，均有刻画符号，形状规整，无残缺，刻痕较深，边缘界线分明。一面近边缘处有一圆形符号，直径 2.2 厘米；另一面中部近边缘处有一弧形符号，长 12.8 厘米，宽 3 厘米。

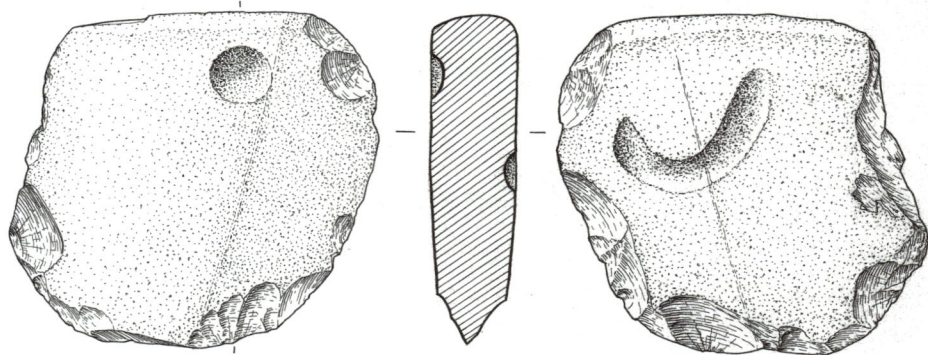

图 6　T0616M24 纵向裂缝

7. 编号 7，2004QMLF26：17，青绿色闪长岩，原料为扁平砾石。平面略呈矩形，有一边较锋利，其余较厚钝，皆有加工痕迹。长 26.8 厘米，宽 21.2 厘米，厚 6.2 厘米。两面均为砾石面，均有刻画符号，形状规整，刻痕较浅，边缘界线分明。一面边缘处有一近圆形符号，约三分之一残缺，长 3.8 厘米，宽 3 厘米；另一面中部有一弧形符号，长 15.6 厘米，宽 4 厘米。

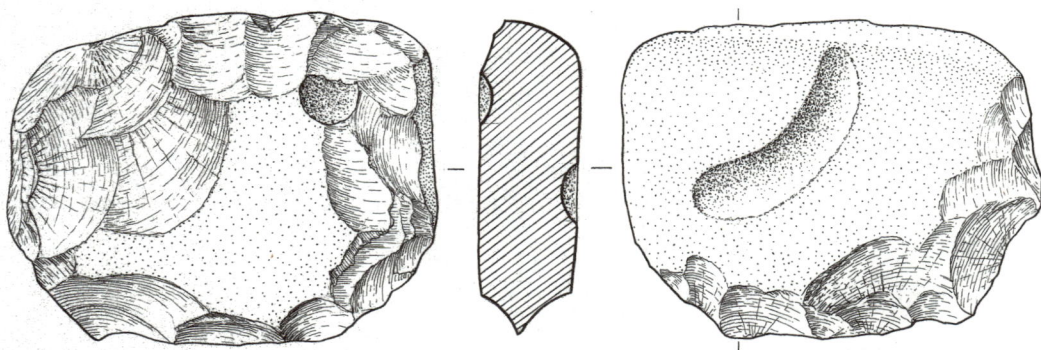

图 7　2004QMLF26：17

8. 编号 8，2002QMLT529F20：28，青绿色砂岩，原料为扁平砾石。平面略呈梯形。边缘均经交互加工，其中三边较锐利，一边厚钝，两面均未保留砾石面。长 23.6 厘米，宽 22.6 厘米，厚 5 厘米。一面中部有一圆形符号和一弧形符号，两符号靠近但不相连。弧形符号形状不甚规整，刻痕较深，边缘界线不甚分明，长 8.6 厘米，宽 2.1 厘米。近圆形符号形状较规整，刻痕较浅，边缘界线分明，长 1.6 厘米，宽 1.5 厘米。另一面中部有一弧形符号，形状规整，刻痕较深，一边界线分明，另一边界线不甚明显，长 11 厘米，宽 3 厘米。弧形符号一端明显较深，可能经过再次加工。

430

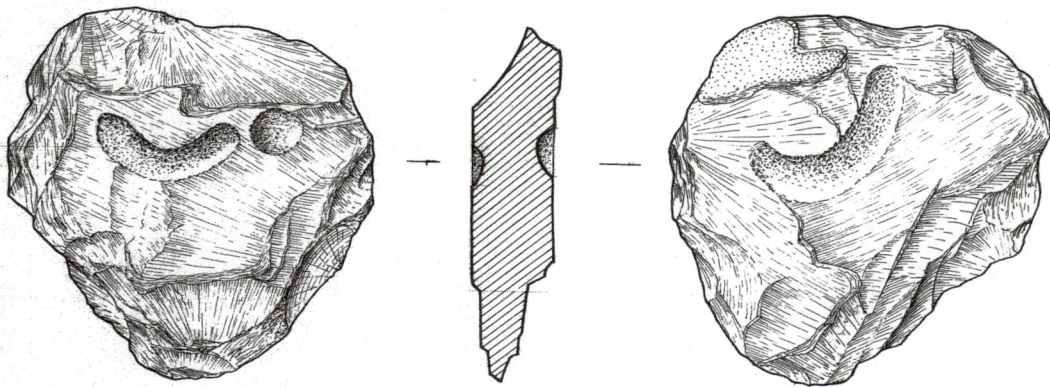

图 8　2002QMLT529F20：28

9. 编号9，2002QMLT529F20：31，青灰色闪长岩，原料为扁平砾石。平面近方形，边缘较锋利。长24.1厘米，宽20.6厘米，厚4.6厘米。一面近边缘处有两个圆形符号，间隔约3.3厘米。其中较大圆形符号的形状较规整，刻痕较浅，边缘界线较分明，直径1.9厘米；较小圆形符号的形状较规整，刻痕较深，边缘界线分明，直径1.3厘米。另一面约中部有一弧形符号，形状不规整，刻痕较深，边缘界线不明显，长9厘米，宽2.6厘米。

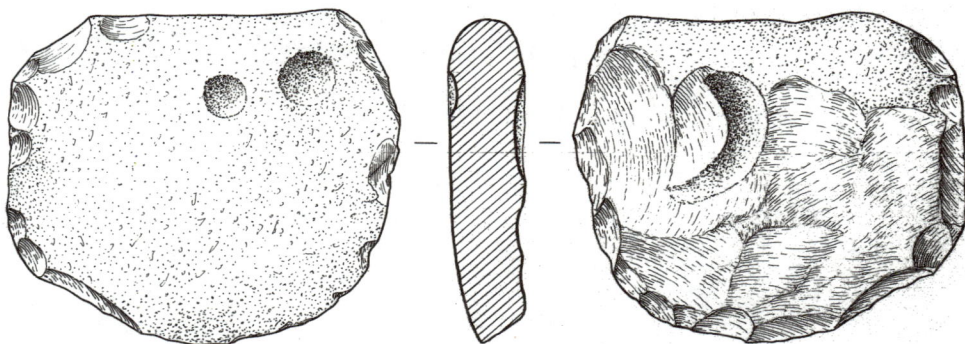

图 9　2002QMLT529F20：31

10. 编号10，2002QMLT529F20：4，青黑色闪长岩，原料为扁平砾石。平面略呈圆形。边缘厚钝，经交互加工。长24.8厘米，宽23厘米，厚6厘米。两面均为砾石面，均有刻画符号。一面近边缘有一近圆形符号，部分残缺，刻痕较深，长4厘米，宽4.2厘米；其中的两边界线分明，一边界线不分明。另一面近中部有一弧形符号，形状规整，刻痕较深，边缘界线分明，长10.8厘米，宽3.4厘米。

11. 编号11，2000QMLT400F7填：4，青黑色花岗闪长岩，原料为扁平砾石。平面近扇形，已残，边缘较厚钝，经交互加工。长25厘米，宽12.6厘米，厚4.4厘米。两面均为砾石面，均有刻画符号，形状较规整，刻痕较深，边缘界线分明。一面近弧边有一圆形符号，长3.6厘米，宽3.8厘米；另一面残断处有一弧形符号，残缺近半，长6.4厘米，宽2.4厘米。

12. 编号12，2001QMLT509西壁中部黄土堆积：3，青绿色砂岩，原料为扁平砾石。平面近梯形，边缘厚钝，加工痕迹较少。长27.8厘米，宽22.4厘米，厚6.2厘米。一面近边缘有一椭圆形符号，形状规整，刻痕较深，边缘界线分明，长4.2厘米，宽3.8厘米；另一面中部有一弧形符号，形状较规整，刻痕较

431

深,边缘界线分明,长9.2厘米,宽3厘米。

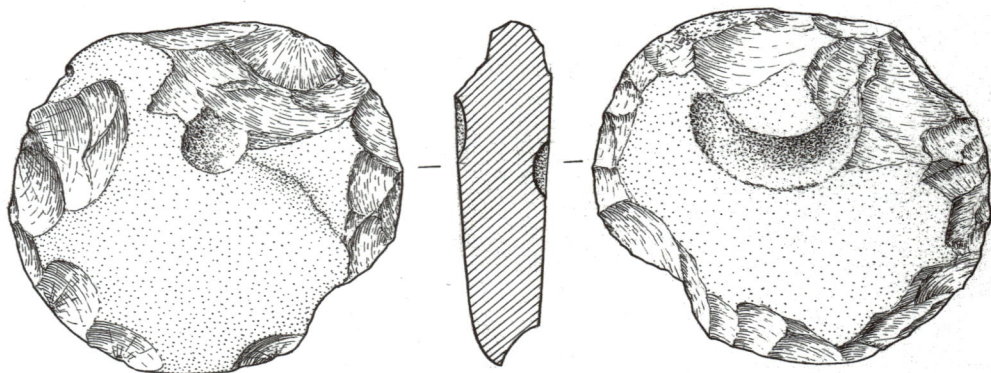

图 10　2002QMLT529F20:4

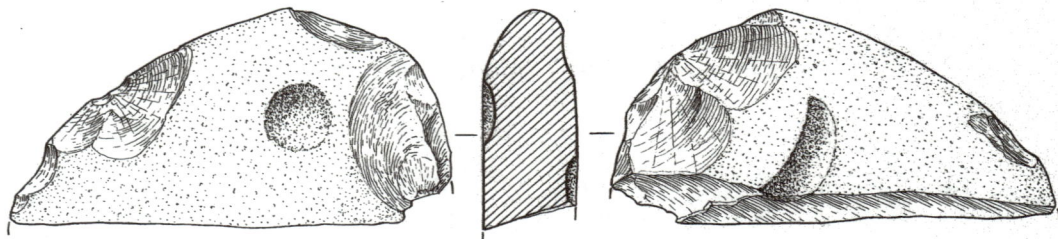

图 11　2000QMLT400F7填:4

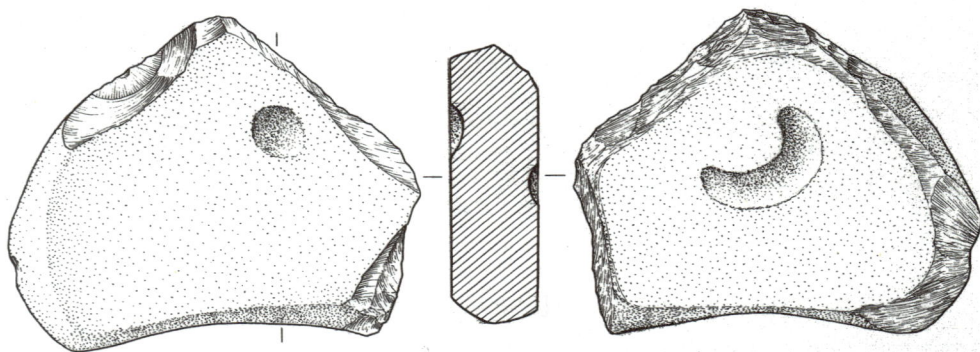

图 12　2001QMLT509西壁中部黄土堆积:3

　　13. 编号13,2004QMLT0613③:2,青绿色砂岩,原料为扁平砾石。平面近圆形,边缘较锐利,经两面加工。长22.4厘米,宽22厘米,厚7.8厘米。一面近边缘有一圆形符号,形状规整,刻痕较深,边缘界线分明,长3.6厘米,宽3.4厘米;另一面近中部有一弧形符号,形状不规整,刻痕浅,边缘界线不明显,长10.8厘米,宽3厘米。

　　14. 编号14,2002QMLT529F20:27,青灰色闪长岩,原料为扁平砾石。平面近圆形,边缘较锋利,经交错加工。长22.4厘米,宽24.4厘米,厚4.7厘米。两面均为砾石面,均有刻画符号,形状较规整,刻痕较深,边缘界线较分明。一面近边缘处有一圆形符号,残缺三分之一,直径为4厘米;另一面中部有两个弧形的符号,两符号相交近一"K"形,两弧形符号分别长14厘米,宽2.6厘米和长11厘米,宽4.3厘米。

15. 编号15,2001QMLT509西壁中部黄土堆积,褐色砂岩。平面近椭圆形,边缘较锋利,经交错加工。长26.8厘米,宽23.8厘米,厚5厘米。两面均为砾石面,均有刻划画号。一面近边缘处分别有两个圆形符号,相隔较远,形状皆较规整,刻痕较深,边缘界线分明,直径分别为2厘米和2.4厘米。另一面有两个弧形符号,小部分相连,形状较规整,刻痕较浅,边缘界限不甚分明,分别长10.6厘米、宽2.6厘米和长8.8、宽2.8厘米。

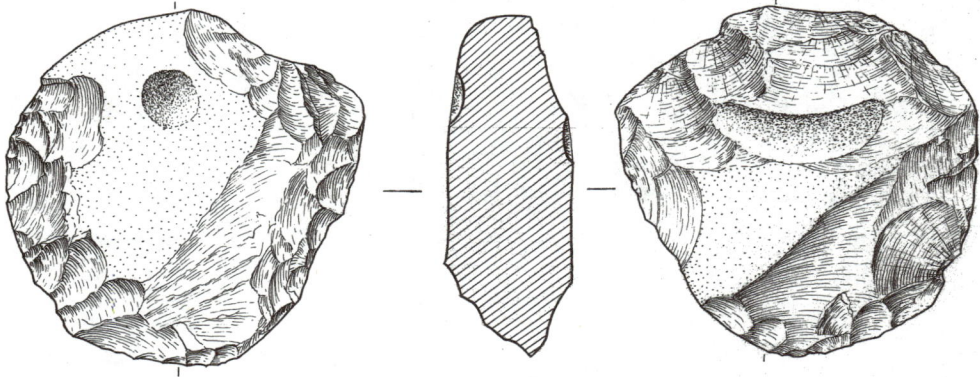

图13 2004QMLT0613③：2

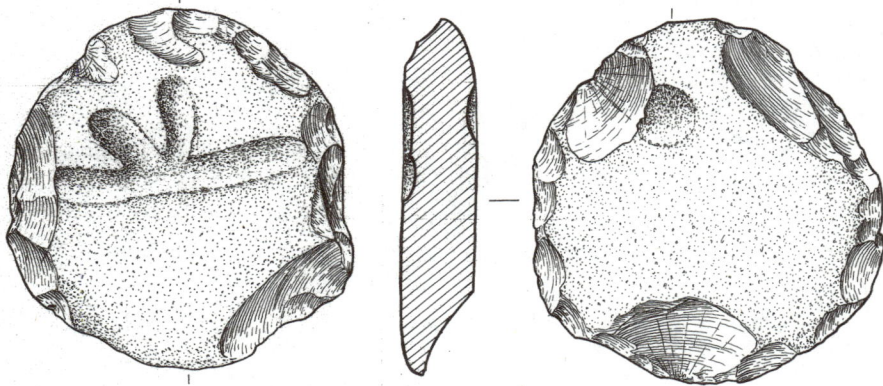

图14 2002QMLT529F20：27

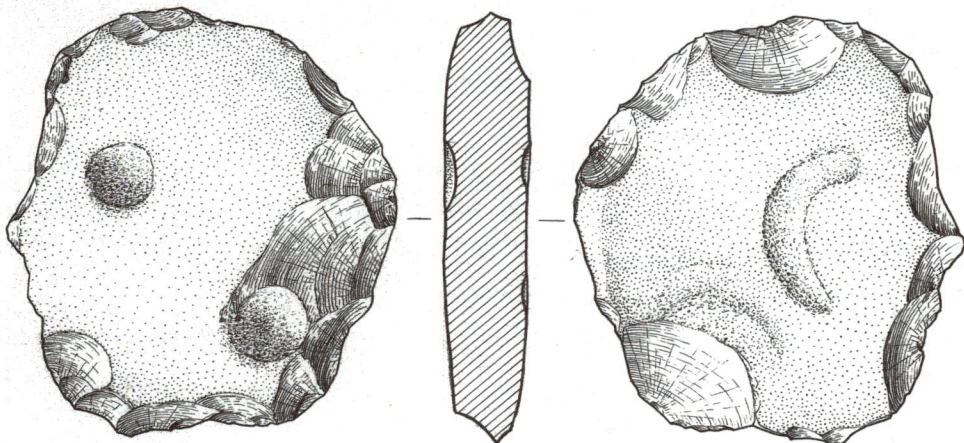

图15 2001QMLT509西壁中部黄土堆积

16. 编号 16，2005QMLT0913 硬面：1，青绿色细粒闪长岩，原料为扁平砾石。平面近椭圆形，边缘一段经单向加工。长 26.1 厘米，宽 21.3 厘米，厚 7 厘米。一面为破裂面，有一圆形符号，形状规整，刻痕较深，边缘界线分明，直径为 3.8 厘米；另一面为砾石面，在中部偏边缘处有一近似弧形的符号。形状规整，刻痕较深，边缘界线分明，长 11.8 厘米，宽 4.4 厘米。

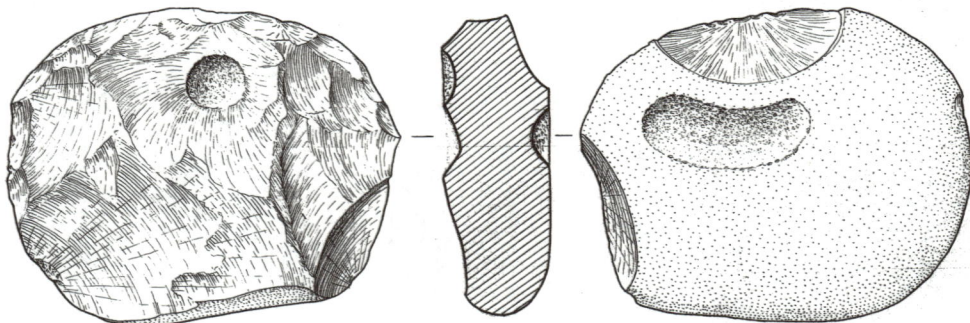

图 16　2005QMLT0913 硬面：1

17. 编号 17，2002QMLT529F20：35，青绿色闪长岩，原料为扁平砾石。平面呈椭圆形，边缘厚钝，经交互加工。长 26.4 厘米，宽 25 厘米，厚 5.5 厘米。两面均为砾石面，均有刻画符号。一面近边缘有一圆形符号，形状规整，刻痕深，边缘界线分明，直径为 3 厘米。另一面中部有一弧形符号，形状规整，刻痕较深且小而密集，边缘界线分明，长 10.8 厘米，宽 3.2 厘米。

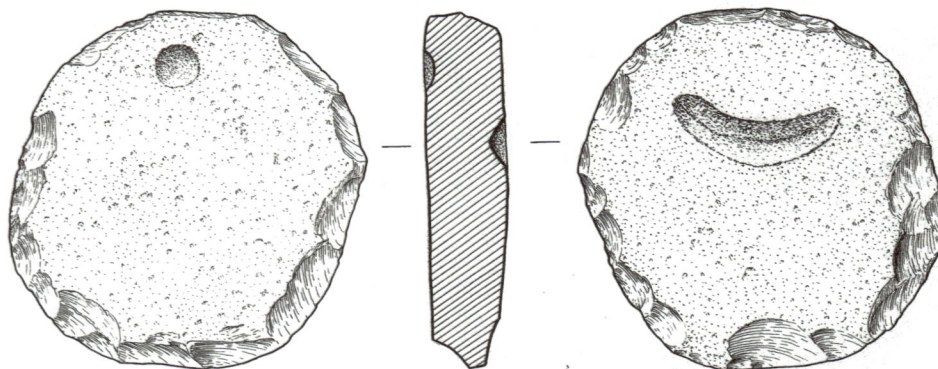

图 17　2002QMLT529F20：35

18. 编号 18，2000QMLT529F20：5，白色闪长岩，原料为扁平砾石。平面近圆形，边缘较钝，经连续交错加工。长 23 厘米，宽 20.8 厘米，厚 5.8 厘米。两面均为砾石面，均有刻画符号。一面近边缘有一圆形符号，形状较规整，刻痕深而密集，边缘界线分明，直径为 4 厘米；另一面中部近边缘有一弧形符号，形状不甚规整，刻痕深，边缘界线分明，长 13.2 厘米，宽 3.2 厘米。

19. 编号 19，2004QMLF27：16，青绿色花岗闪长岩，原料为扁平砾石。平面近方形，其中两边厚钝，为砾石面；两边锋利，经交错加工。长 22 厘米，宽 21.8 厘米，厚 7 厘米。一面近边缘有一圆形符号，形状规整，刻痕较浅，边缘界线较分明，直径为 4.4 厘米；另一面近中部有一弧形符号，形状规整，刻痕较浅，边缘界线不甚分明，长 14.1 厘米，宽 3.1 厘米。

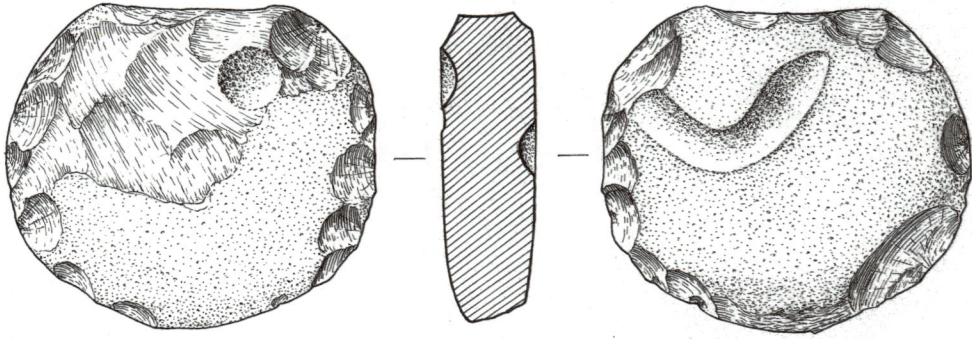

图 18　2000QMLT529F20：5

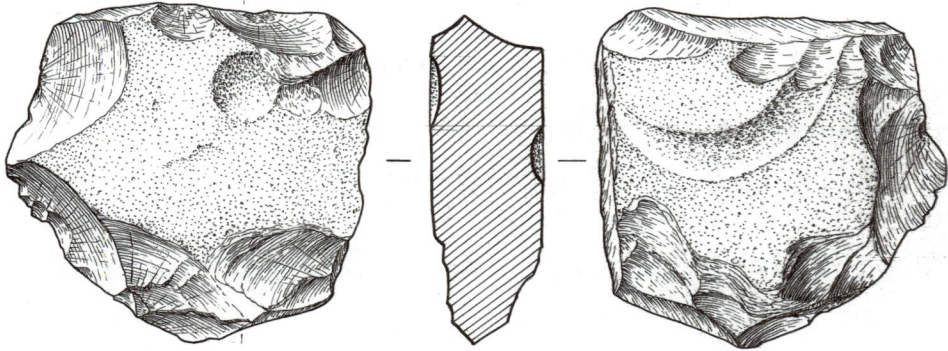

图 19　2004QMLF27：16

20. 编号 20,2000QMLT400F7 填:3,青绿色闪长岩,原料为扁平砾石。平面近半圆形,已残,边缘较钝,经单向加工。长 19.2 厘米,宽 14.4 厘米,厚 4.6 厘米。两面均为砾石面,均有刻画符号。一面有一近圆形符号,形状规整,残三分之一,刻痕较浅,一边界线分明,另一边界线不甚分明,直径为 2.8 厘米;另一面为一弧形符号,形状规整,残二分之一,刻痕较浅,边缘界线分明,长 6.8 厘米,宽 2.4 厘米。

21. 编号 21,2004QMLF26:5,青绿色闪长岩,原料为扁平砾石。平面呈近圆形,边缘较钝,经单向加工。长 19 厘米,宽 18.4 厘米,厚 5.6 厘米。两面均为砾石面,均有刻画符号。一面近边缘有一近圆形符号,形状较规整,刻痕较浅,边缘界线不甚分明,直径为 3.6 厘米;另一面中部有一弧形符号,形状规整,刻痕较浅,边缘界线较分明,长 9 厘米,宽 2.2 厘米。

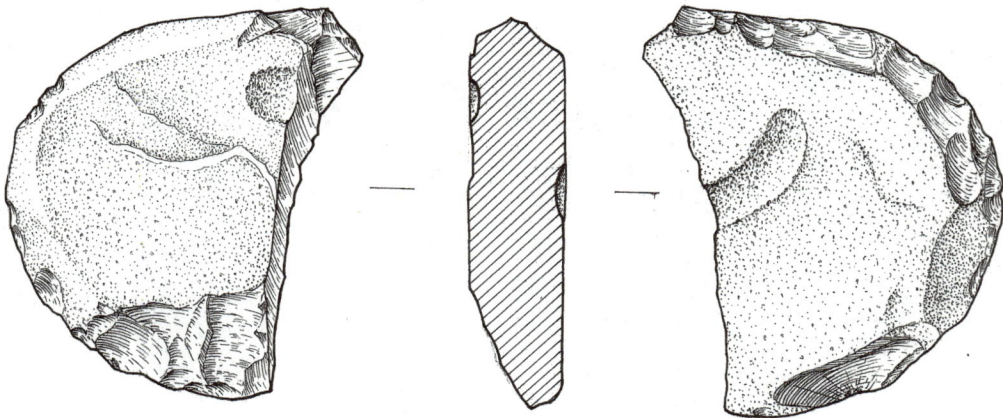

图 20　2000QMLT400F7 填:3

435

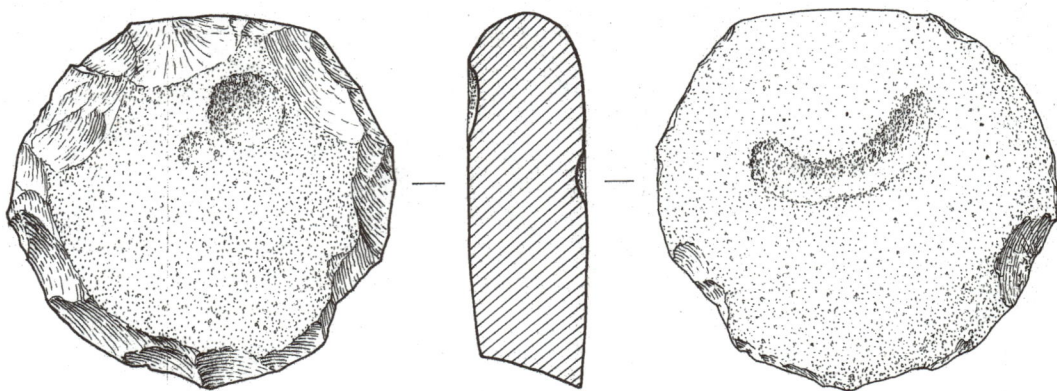

图 21 2004QMLF26：5

22. 编号22,2001QMLT501H17:4,青绿色砂,原料为扁平砾石。平面呈椭圆形,边缘较钝,经交互加工。长18.8厘米,宽16.6厘米,厚6.4厘米。两面均为砾石面,均有刻画符号。一面中部有一弧形符号,形状不规整,刻痕较浅,边缘界线不甚分明,长8.4厘米,宽3.8厘米。该面近边缘还有一近半圆形符号,残缺,刻痕浅,边缘界线不明显,长3.2厘米,宽2.2厘米;另一面中部有一近圆形符号和半弧形符号,两符号相连,形状均不规整,刻痕很浅,边缘界线明显;近半圆符号直径为1.9厘米,半弧形符号长8.2厘米,宽2.3厘米。

23. 编号23,2002QMLT529F20:32,青黑色砂岩,原料为扁平砾石。平面近方形,边缘较锐利,其中两边经连续双向加工。长21.4厘米,宽22.8厘米,厚5.8厘米。一面为砾石面,边缘处有一略呈椭圆形的符号,形状较规整,刻痕较浅,边缘界线较分明,长4厘米,宽4.2厘米;另一面近中部有一弧形符号,中部刻痕较深,两端较浅,一端刻痕细而密,另一端大而疏,中部界线分明,两端界线不明显,长12厘米,宽2.4厘米。

24. 编号24,2001QMLT502H21,黑色砂岩,原料为扁平砾石。平面呈椭圆形,边缘较钝,部分经双向加工。长24厘米,宽19.6厘米,厚6.4厘米。两面均为砾石面,均有刻画符号,形状规整,刻痕较深,边缘界线分明。一面近边缘有一圆形符号,直径为3.6厘米;另一面中部偏边缘有一弧形符号,长11厘米,宽3厘米。

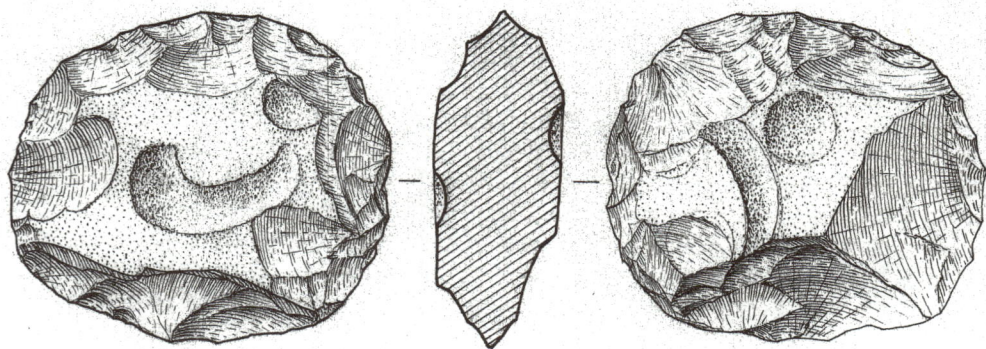

图 22 2001QMLT501H17：4

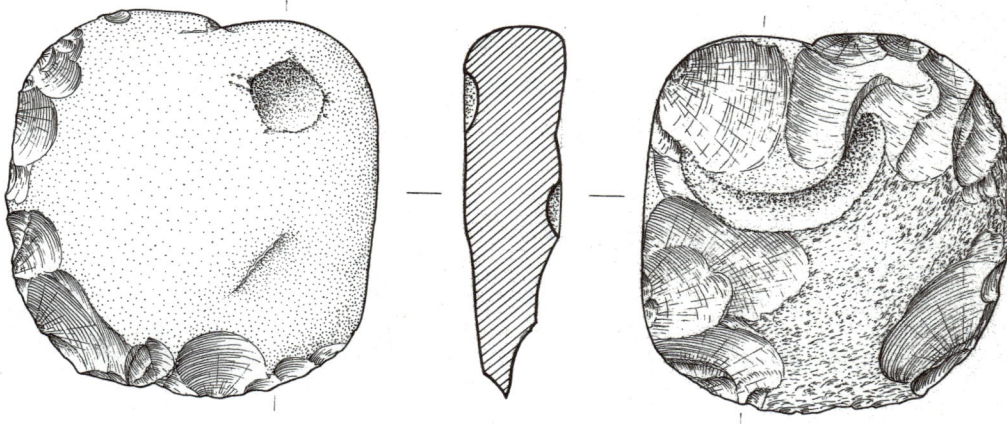

图 23　2002QMLT529F20：32

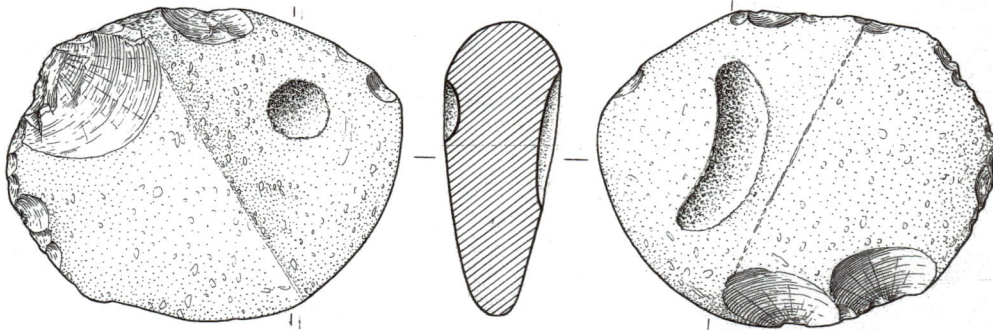

图 24　2001QMLT502H21

25.编号 25，2002QMLT529F20：25，青绿色细粒花岗岩，原料为扁平砾石。平面呈近椭圆形，边缘较锋利，经双向加工。长 29.4 厘米，宽 24 厘米，厚 6.4 厘米。两面均保留部分砾石，均有刻画符号。一面近边缘有一圆形符号，形状规整，刻痕较深，边缘界线分明，长 4 厘米，宽 4.2 厘米；另一面中部近边缘有一近弧形符号，形状不规整，一端刻痕深，边缘界线分明；另一端刻痕浅，边缘界线不分明，长 13.8 厘米，宽 3.1 厘米。

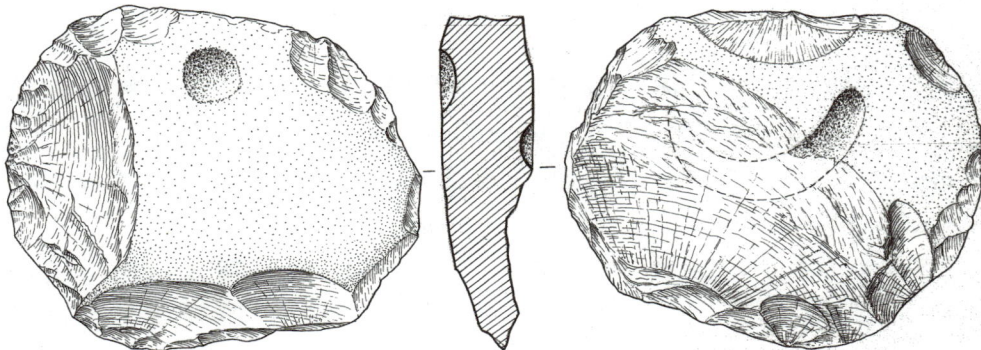

图 25　2002QMLT529F20：25

26. 编号26，T1016M24纵向裂缝，青绿色闪长岩，原料为扁平砾石。平面呈圆形，边缘整体厚钝，经单向加工。长27.2厘米，宽24.6厘米，厚7.4厘米。一面为破裂面，边缘有一近椭圆形符号，形状较规整，刻痕很深，边缘界线分明，长6.2厘米，宽5.4厘米；另一面为砾石面，边缘有一弧形符号，形状规整，刻痕深，边缘界线分明，长9.8厘米，宽2.8厘米。

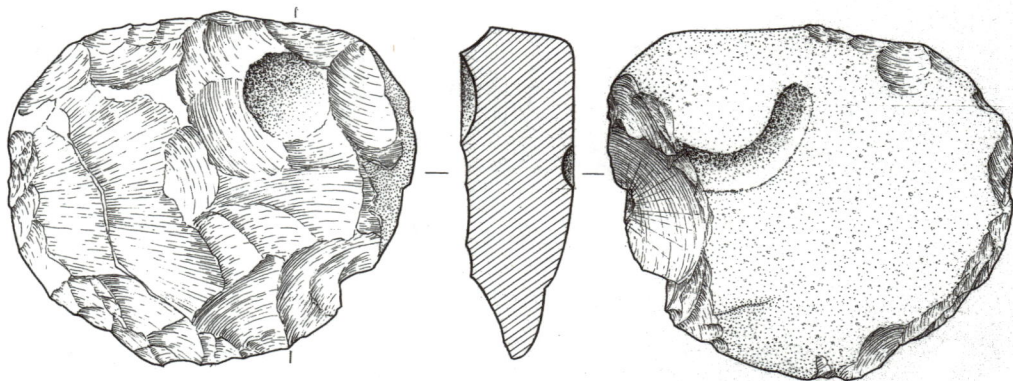

图26　T1016M24纵向裂缝

27. 编号27，2000QMLT2711G1④，青绿色闪长岩，原料为扁平砾石。平面近椭圆形，边缘整体厚钝，有零星片疤。长25.8厘米，宽21厘米，厚6.4厘米。两面均为砾石面，均有刻画符号。一面近中部有一圆形符号，形状不规整，刻痕较深，边缘界线分明，长4厘米，宽3.6厘米；另一面近边缘有一弧形符号，一端弧度较大，形状规整，刻痕较深，边缘界线分明，长9.6厘米，宽2.6厘米。

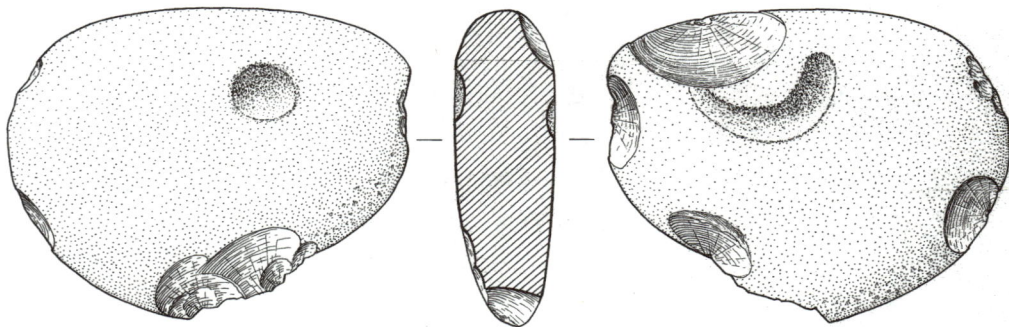

图27　2000QMLT2711G1④

28. 编号28，2005QMLT1013硬面，青绿色砂岩。平面近矩形，一端残，其中两侧边较钝，经连续交错加工。长13.6厘米，宽11.4厘米，厚2.8厘米。一面为砾石面，近边缘有两个圆形符号，一个形状规整，刻痕深，边缘界线分明，直径3.6厘米；另一个形状不规整，刻痕较浅，边缘界线不分明，直径3厘米。另一面近中部有一残缺弧形符号，刻痕较浅，一边界线分明，另一边界线不明显，长7.8厘米，宽2.4厘米。

29. 编号29，2005QMLT0913硬面，红色花岗岩。平面近圆形，有一端缺失。边缘除一边锋利，经连续单向加工外，其余部分均厚钝，经双向加工。长16厘米，宽17.4厘米，厚4.8厘米。两面均保留砾石面，均有刻划符号。一面近中部有一圆形符号，形状规整，刻痕较浅，边缘界线分明，直径1.9厘米；另一面中部有一弧形符号，形状不规整，刻痕较浅，两端边缘界线不明显，长10.9厘米，宽3.3厘米。

438

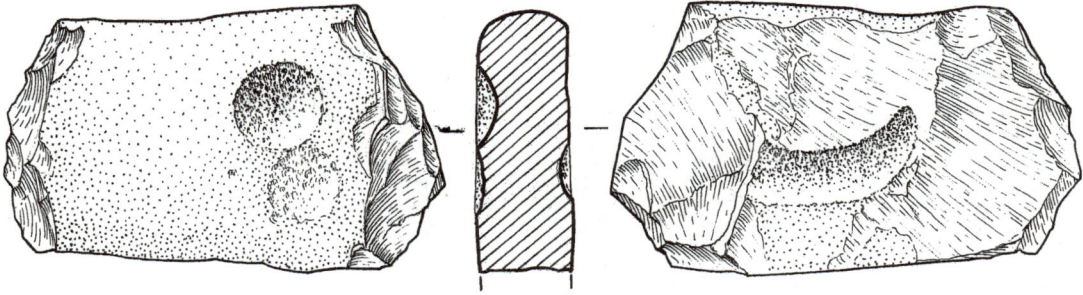

图 28　2005QMLT1013 硬面

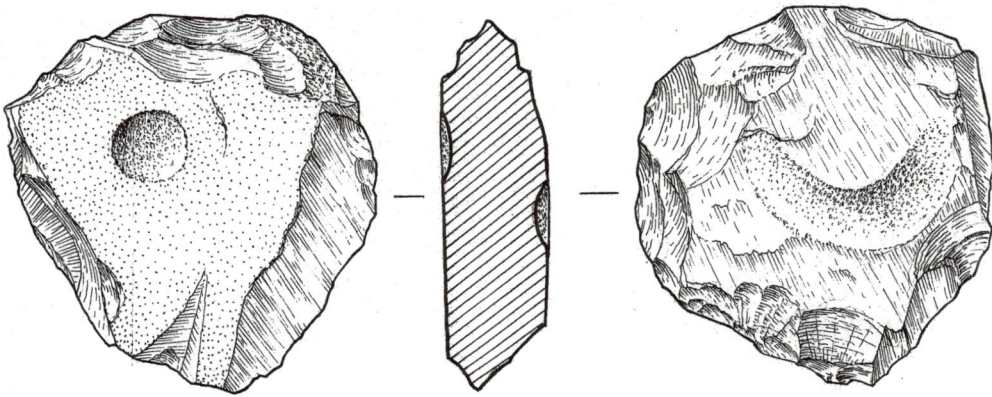

图 29　2005QMLT0913 硬面

30. 编号 30,2005QMLH68②黄褐土,青绿色砂岩。平面近梯形,边缘较锐利,经交互加工。长 19.2厘米,宽 11.2 厘米,厚 4 厘米。一面近边缘有一圆形符号,形状较规整,刻痕较深,边缘界线较分明,直径 3.4 厘米;另一面中部有一弧形符号,形状规整,刻痕深,边缘界线较明显,长 10 厘米,宽 3 厘米。

31. 编号 31,2002QMLT516H50②,黑色花岗闪长岩,原料为扁平砾石。平面近矩形,边缘除一边较锐利,其余部分均厚钝。长 18.4 厘米,宽 18.2 厘米,厚 6 厘米。两面均为砾石面,均有刻画符号。一面边缘处有一近圆形符号,形状较规整,刻痕较浅,边缘界线分明,直径 2.2 厘米;另一面边缘处有一残缺弧形符号,形状不规整,刻痕较浅,边缘界线不分明,长 6.2 厘米,宽 3 厘米。

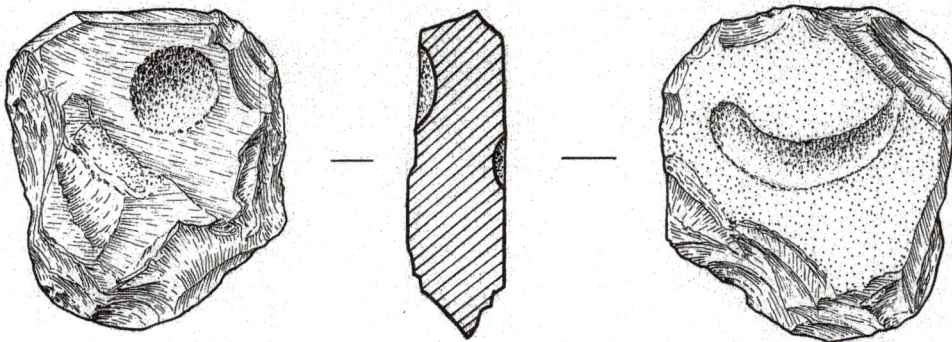

图 30　005QMLH68②黄褐土

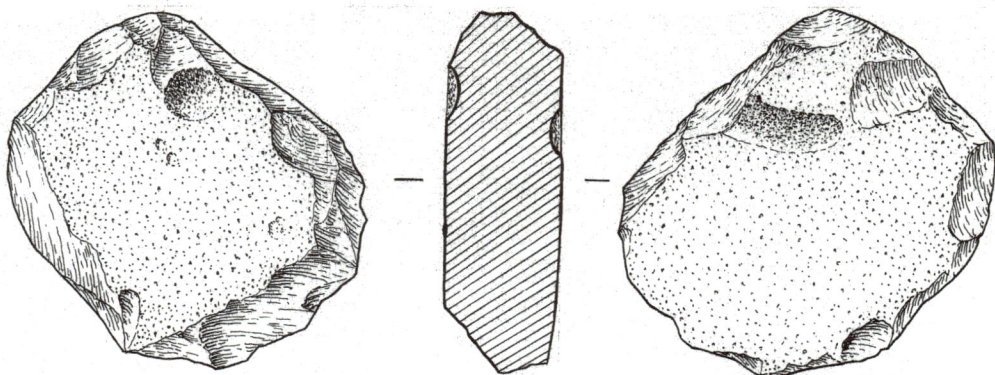

图 31　2002QMLT516H50②

32. 编号 32,2005QMLF23:53,黑色闪长岩,原料为扁平砾石。平面近圆形,边缘较钝,经交错加工。长 17 厘米,宽 14.4 厘米,厚 7.8 厘米。两面均为砾石面,均有刻画符号。一面边缘处有一近圆形的符号,小部分残缺,形状不规整,刻痕较深,长 4.2 厘米,宽 2.9 厘米;另一面中部有一弧形符号,形状较规整,刻痕较浅,边缘界线不甚分明,长 9 厘米,宽 2.4 厘米。

33. 编号 33,2001QMLT513F15②:4,青绿色细粒花岗岩,原料为扁平砾石。平面近圆形,边缘两边较锐利,均经交互加工,其余部分均厚钝。长 16.8 厘米,宽 17.4 厘米,厚 6.1 厘米。两面均为砾石面,均有刻画符号。一面近边缘有一近圆形符号,形状不甚规整,刻痕较浅,边缘界线分明,直径 3.6 厘米;另一面中部有一近弧形符号,形状不甚规整,刻痕浅,边缘界线不明显,长 9.6 厘米,宽 2.4 厘米。

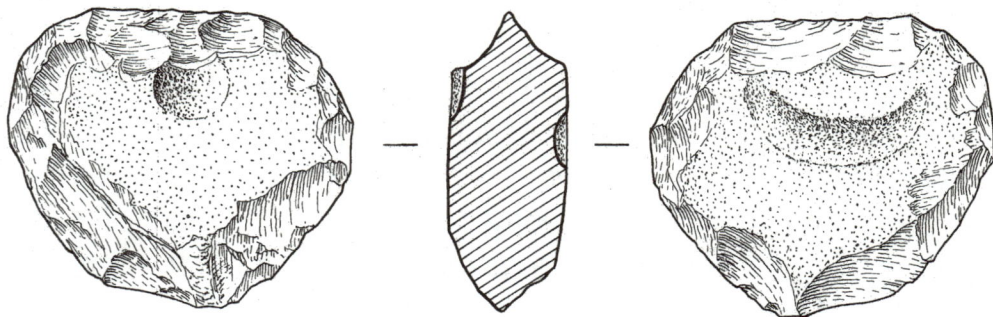

图 32　2005QMLF23：53

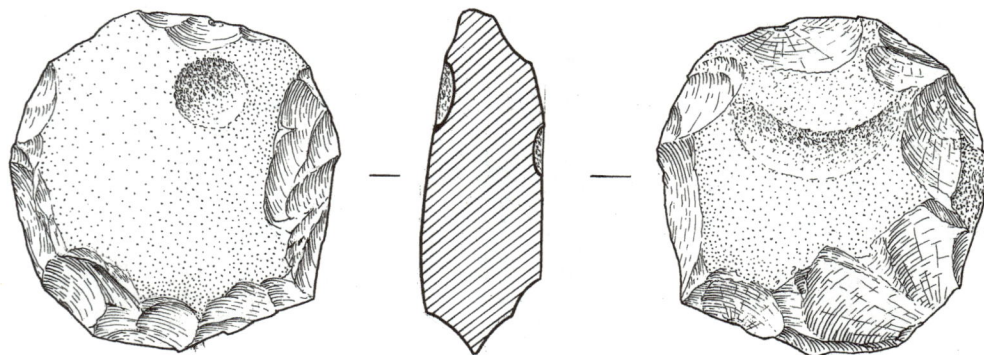

图 33　2001QMLT513F15②：4

34. 编号34,2009QMLT509,粉红色砂岩。平面呈圆形,边缘较钝,经双向加工。长23.4厘米,宽21厘米,厚5.6厘米。一面近边缘有一近圆形符号,形状较规整,刻痕较浅,边缘界线不甚分明,直径3.6厘米;另一面近中部有一弧形符号,形状不规整,刻痕很浅,一边界线分明,另一边界线不分明,长10厘米,宽2.8厘米。

35. 编号35、2002QMLT529F20:30,青灰色闪长岩,原料为扁平砾石。平面近圆形,两端各有一段经连续单向加工,边缘较锐利。长22.8,宽21.2厘米,厚6.8厘米。两面均为砾石面,均有刻画符号。一面近边缘有一近圆形符号,形状不甚规整,刻痕较浅,边缘界线分明,长3.2厘米,宽3厘米;另一面近中部有一半残缺弧形符号,形状不规整,刻痕较深,边缘的界线分明,长11.8厘米,宽3.6厘米。

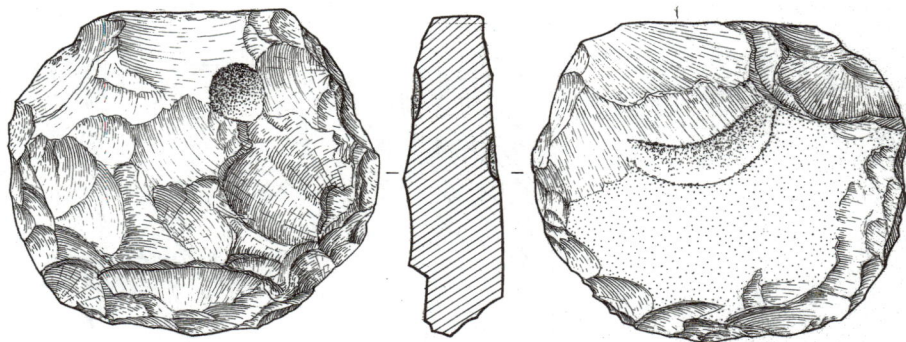

图 34   2009QMLT509

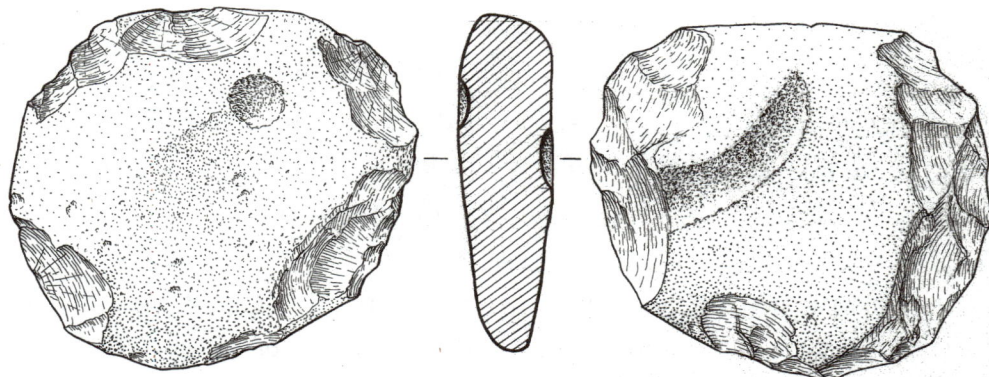

图 35   2002QMLT529F20:30

36. 编号36,2005QMLT1017H70,灰白色花岗片麻岩,原料为扁平砾石。平面近梯形,已残,除一边为砾石面,其余均为断面。长16.4厘米,宽12厘米,厚7.6厘米。两面均为砾石面,均有刻画符号。一面中部有一圆形符号,形状较规整,刻痕较深,边缘界线分明,直径3.4厘米;另一面边缘处残留一部分弧形符号,形状较规整,刻痕深,边缘界线分明,长9.6厘米,宽2.2厘米。

37. 编号37、2003QMLT533⑥b,青绿色花岗岩,原料为扁平砾石。平面呈三角形,已残。边缘除一边为砾石面外,其余为断面。长14厘米,宽13厘米,厚5厘米。两面均为砾石面,均有刻画符号。一面近中部有一圆形符号,刻痕较深,直径3.2厘米;另一面一角处残留一弧形符号的中间部分,形状较规整,刻痕很浅,边缘界线分明,残长5.6厘米,宽2.4厘米。

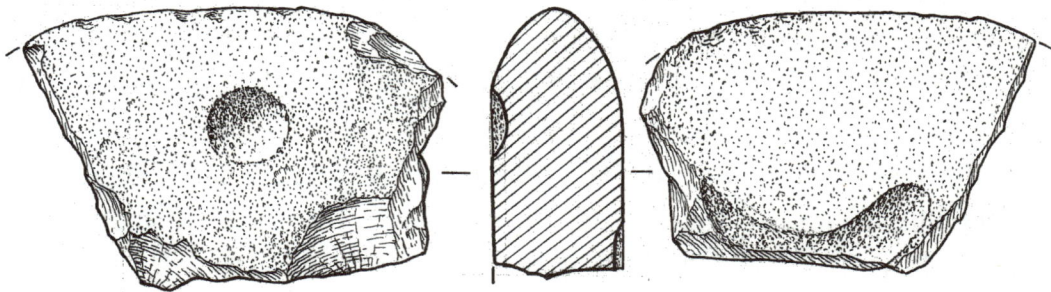

图 36　编号 36（2005QMLT1017H70）

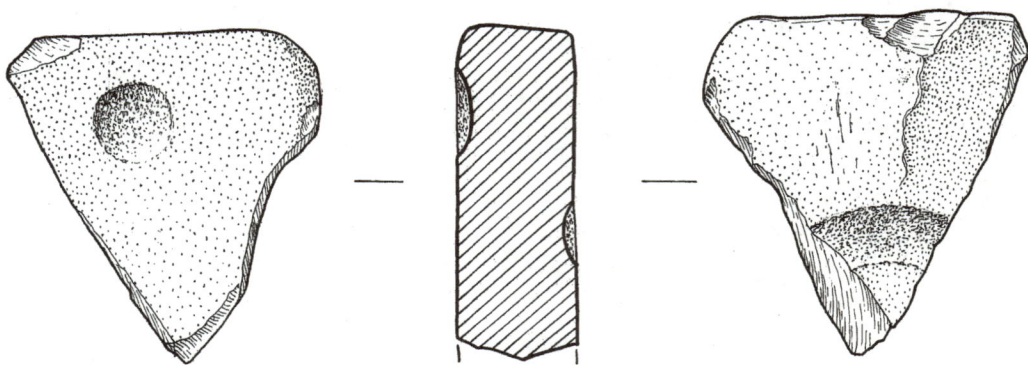

图 37　2003QMLT533⑥b

38. 编号 38,2005QMLF29 主室,褐色砂岩,原料为扁平砾石。平面近半圆形,一端缺失,边缘较钝,经交互加工。长 16 厘米,宽 10.6 厘米,厚 3.6 厘米。一面似经磨制而平滑,近边缘有一圆形符号,形状不甚规整,刻痕较深,边缘界线分明,直径 3 厘米;另一面中部有一近弧形符号,形状不规整,中间较深,两侧较浅,边缘界线不分明,长 7.4 厘米,宽 2.2 厘米。

39. 编号 39,2000QMLT2611,青绿色闪长岩,原料为扁平砾石。平面稍呈方形,一端缺失,边缘厚钝,有轻微加工痕迹。长 17.4 厘米,宽 16.4 厘米,厚 7 厘米。两面均为砾石面,均有刻符石器。一面近中部有一圆形符号,形状规整,刻痕较深,边缘界线分明,直径 1.9 厘米;另一面近边缘有一弧形符号,形状规整,刻痕较深,边缘界限分明,长 10.8 厘米,宽 2.8 厘米。

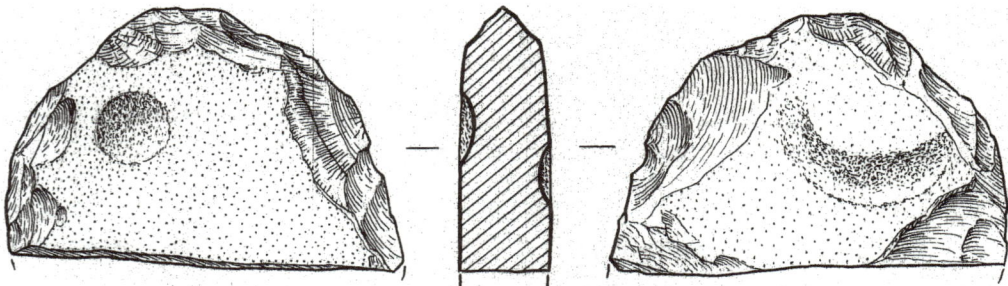

图 38　2005QMLF29 主室

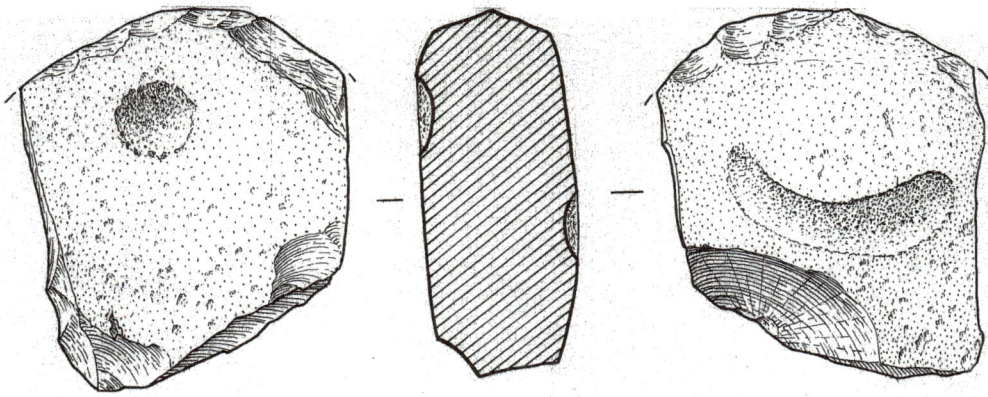

图 39　2000QMLT2611

40. 编号 40,2002QML 采集,青绿色闪长岩,原料为扁平砾石。石器已残,残余部分近小半圆形。边缘较锐利,经单向加工。长 17 厘米,宽 10.4 厘米,厚 4 厘米。两面均为砾石面,均有刻画符号。一面近中部残断处有一近圆形符号,形状较规整,刻痕较浅,边缘界线分明,长 4 厘米,宽 3 厘米;另一面近中部残断处一弧形符号,形状不规整,刻痕浅而粗糙,边缘界线不甚分明,长 4.2 厘米,宽 3.3 厘米。

41. 编号 41,2005QMLT1014⑥b 沙层,青绿色花岗闪长岩,原料为扁平砾石。平面近三角形,一端缺失,边缘较钝,经交错加工。长 20.6 厘米,宽 13.6 厘米,厚 5.8 厘米。两面均为砾石面,均有刻画符号。一面近边缘有一近圆形符号,部分残缺,刻痕较深,边缘界线分明,长 4 厘米,宽 3 厘米;另一面近中部有一弧形符号,残二分之一,形状较规整,刻痕较深,边缘界线较分明,长 8 厘米,宽 2.4 厘米。

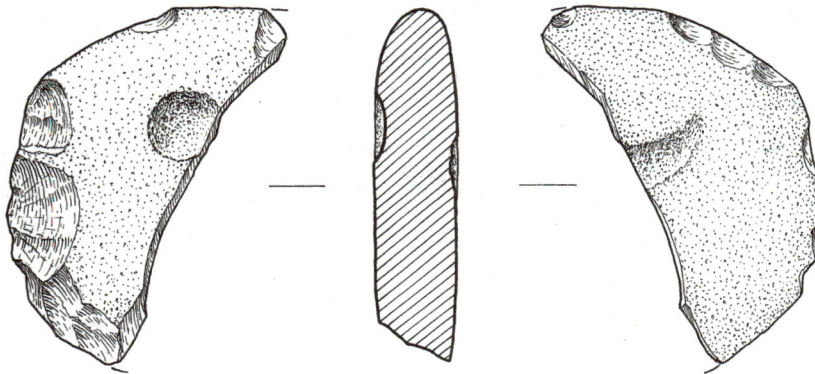

图 40　2002QML 采集

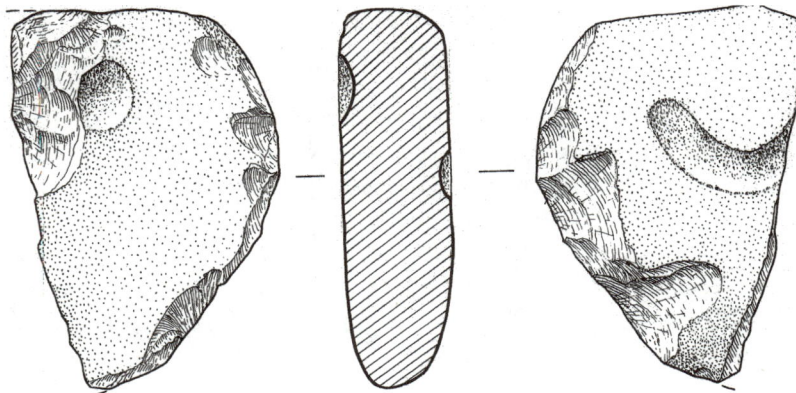

图 41　2005QMLT1014⑥b 沙层

443

42. 编号42,2002QMLT539⑥:8,青绿色砂岩,原料为扁平砾石。平面呈近直角三角形,一端缺失,一边厚钝,经双向加工。长17.4厘米,宽15.2厘米,厚6.4厘米。两面均为砾石面,均有刻画符号,形状较规整,刻痕较深,边缘界线分明。一面近中部有一圆形符号,直径为4厘米;另一面中部有一弧形符号和一圆形符号,两个符号相连并且有一端重叠,弧形符号长9厘米,宽2.4厘米,圆形符号直径2.3厘米。

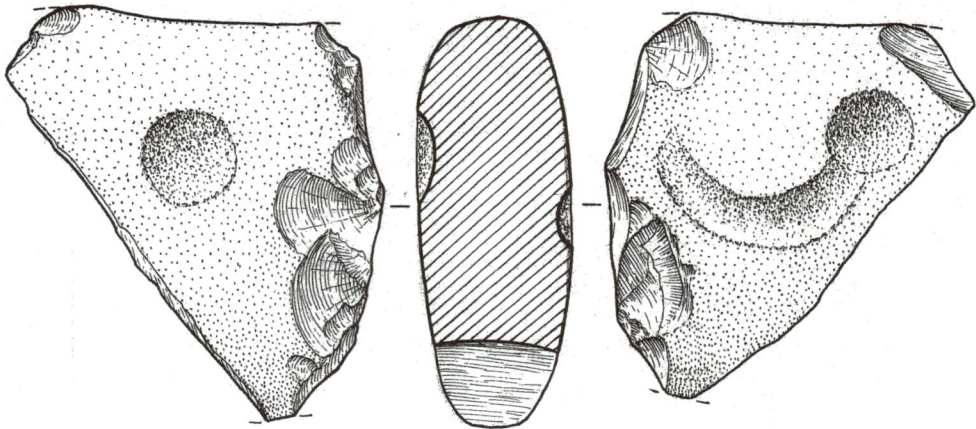

图42　2002QMLT539⑥:8

43. 编号43,2005QMLF29侧室,青绿色砂岩,原料为扁平砾石。平面近半圆形,有一端缺失。长19厘米,宽14.2厘米,厚5.4厘米。一面近中部有一残缺圆形符号,形状较规整,刻痕较浅,边缘界线较分明,直径为3.8厘米;另一面中部有一残缺弧形符号,形状较规整,刻痕较浅,长8厘米,宽2.8厘米。

44. 编号44,2002QMLT528⑥b,红色砂岩。平面呈圆形,边缘厚钝,经交互加工。长11.7厘米,宽11.4厘米,厚2.6厘米。一面中部有一圆形符号,形状不甚规整,刻痕较深,边缘界线较分明,长2.8厘米;另一面近中部有一弧形符号,形状较规整,刻痕较深,边缘界线分明,长3.8厘米,宽1.8厘米。

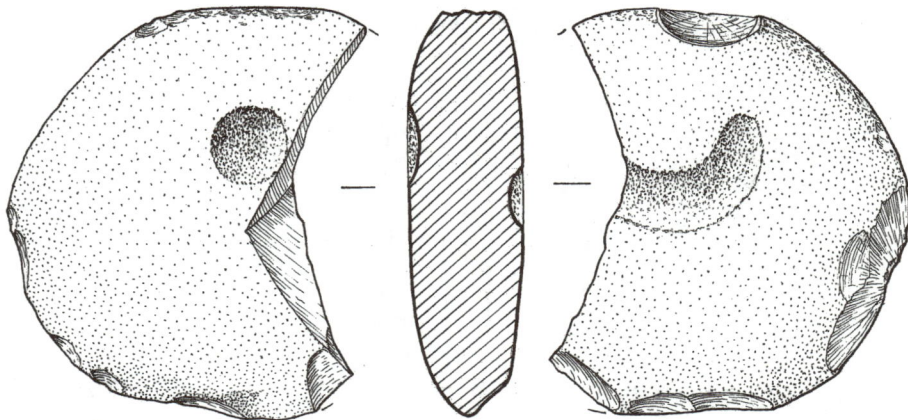

图43　2005QMLF29侧室

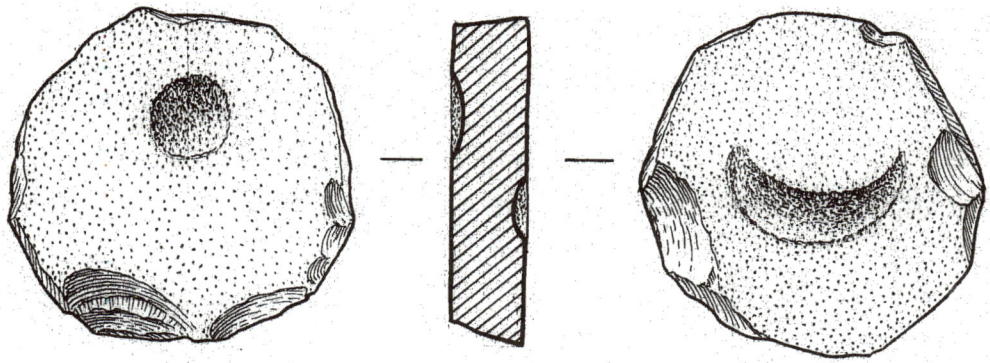

图 44　2002QMLT528⑥b

45. 编号 45,2001QMLT502H21,青灰色闪长岩,原料为扁平砾石。平面近五边形,边缘厚钝,有轻微加工痕迹。长 22.4 厘米,宽 20.6 厘米,厚 7.1 厘米。两面均为砾石面,均有刻画符号。一面近边缘有一圆形符号,形状较规整,刻痕较浅,边缘界线较分明,直径 3.8 厘米;另一面近中部有一弧形符号,形状不规整,刻痕较浅,边缘界限模糊,长 9.2 厘米,宽 4.4 厘米。

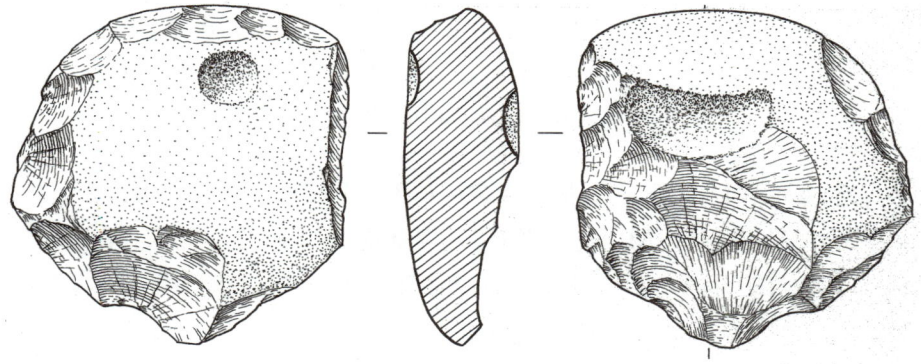

图 45　2001QMLT502H21

46. 编号 46,2006QML 上喇家 T1105 灰层,青灰色花岗岩,原料为扁平砾石。平面呈椭圆形,边缘仅一小段经双向加工,其余部分均为砾石面。长 22.4 厘米,宽 19 厘米,厚 3 厘米。两面均为砾石面,均有刻画符号。一面中部有三个近圆形符号,符号不相连,相间约 1.6 厘米,形状均不规则,刻痕很浅,边缘界线不甚分明,直径分别为 1.6 厘米、0.9 厘米和 0.8 厘米;另一面近边缘有一弧形符号,形状规整,刻痕较深,边缘界线较分明,长 4.6 厘米,宽 1.6 厘米。

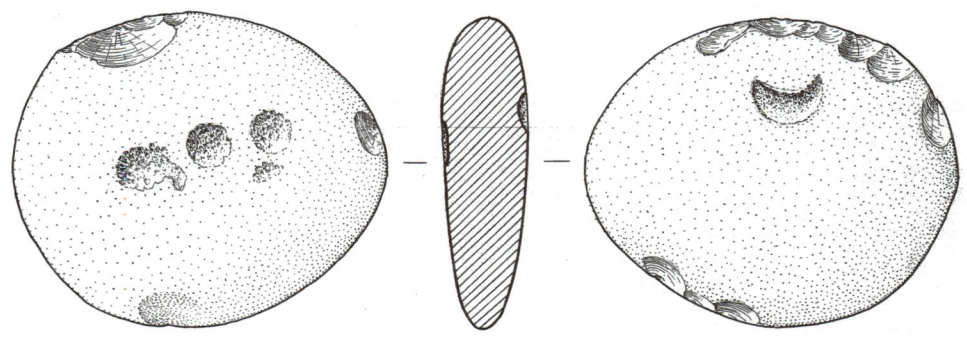

图 46　2006QML 上喇家 T1105 灰层

445

1.1.2　两面为圆形符号

1. 编号47,2005QMLT0616H68,青绿色砂岩,原料为扁平砾石。平面近梯形,已残,边缘厚钝,有轻微加工痕迹。长19.9厘米,宽13厘米,厚6.1厘米。两面均为原始砾石面,均有刻画符号。一面近边缘有一近圆形符号,形状规整,刻痕较浅,边缘界线不分明,长2.5厘米,宽2.1厘米;另一面中部有四个稍呈椭圆形相连成弧形的符号,形状较规整,刻痕较浅,边缘界线较分明,长2.2厘米,宽1.7厘米。

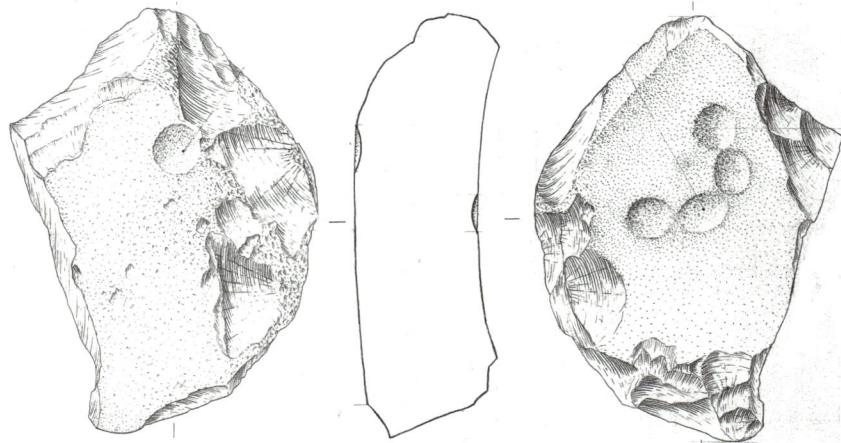

图47　2005QMLT0616H68

2. 编号48,T2613G1④,红色凝灰岩,原料为扁平砾石。平面近椭圆形,边缘较钝,经交互加工。长10.8厘米,宽9厘米,厚2.2厘米。两面均为砾石面,均有刻画符号,符号形状不甚规整,刻痕很浅,边缘界线不甚分明。一面近中部有一圆形符号,直径0.8厘米;另一面近中部有一圆形符号,直径1.8厘米。

1.2　单面有符号

1.2.1　单面为圆形符号

1. 编号49,2005QMLT1017文化层⑥,灰白色花岗闪长岩,原料为扁平砾石。平面近小半圆形,已残,仅余部分,边缘厚钝,有轻微加工痕迹。长16.4厘米,宽6.3,厚5.2厘米。其一面近中部有一圆形符号,残近三分之一,形状较规整,刻痕很浅,边缘界线不甚明显,直径2.9厘米。

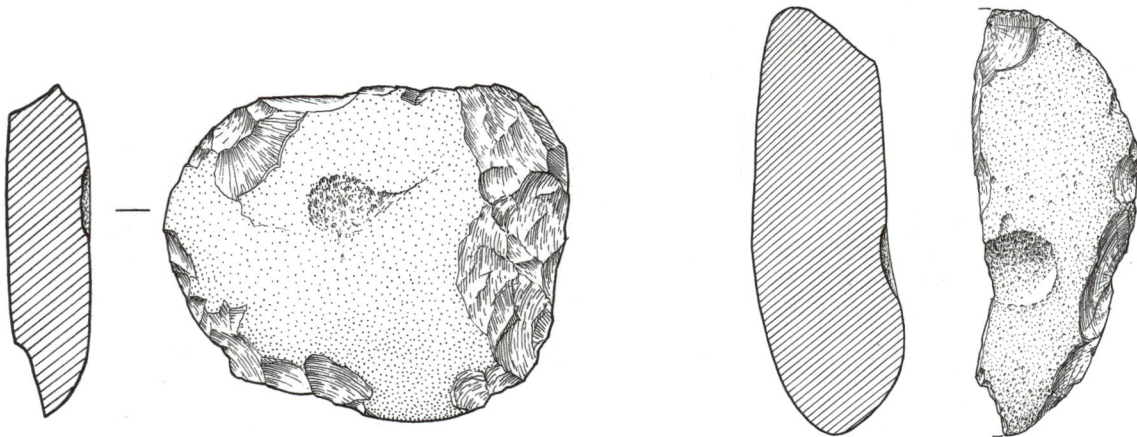

图48　T2613G1④　　　　　　图49　2005QMLT1017文化层⑥

2. 编号 50,2005QMLF23 场地,黑色闪长岩,原料为扁平砾石。平面呈圆形,一端边缘较钝,经交互加工;另一端边缘厚钝,经轻微加工。长 13.6 厘米,宽 13 厘米,厚 5.1 厘米。一面近边缘有一近圆形符号,残缺,形状较规整,刻痕较浅,一半边缘界线分明,另一半边缘界线模糊,直径 3.4 厘米。

3. 编号 51,2003QMLT534H57,青绿色粗砂岩,原料为扁平砾石。平面呈圆形,边缘较钝,经双向加工。长 12.8 厘米,宽 12.1 厘米,厚 5 厘米。两面均保留有原始砾石面,一面近边缘有一圆形符号,形状较规整,刻痕较浅,边缘界线不甚分明。直径 2.8 厘米。

4. 编号 52,2000QMLT2613G1⑤,青绿色砂岩。已残,仅余一小片。长 8.4 厘米,宽 6.8 厘米,厚 2 厘米。原始砾石面近中部有一圆形符号,形状规整,刻痕浅,边缘界线分明,直径 2.1 厘米。

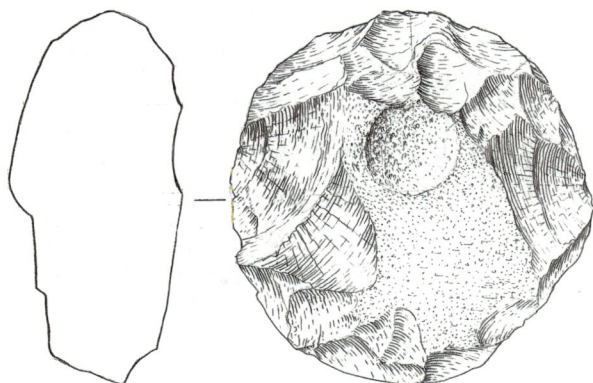

图 50　2005QMLF23 场地

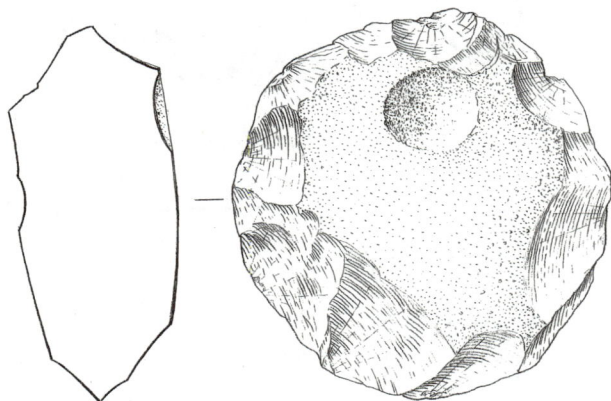

图 51　2003QMLT534H57

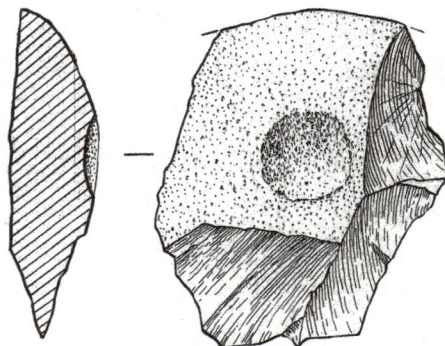

图 52　2000QMLT2613G1⑤

5. 编号 53,2005QMLT0616H68,青绿色砂岩。一端缺失。平面呈半圆形。原料为扁平砾石。边缘较钝,经交互加工。一面为砾石面,上有一残的圆形符号,形状不规整,刻痕大而疏,边缘界线不甚分明。长 15.6,宽 10,厚 5.8 厘米。

6. 编号 54,2004QMLF26:7,青绿色闪长岩,原料为扁平砾石。平面近梯形,一端缺失,边缘厚钝,经交错加工。长 15.4 厘米,宽 15.4 厘米,厚 5.8 厘米。两面均为砾石面,一面上有一残的圆形符号,仅余小半圆形,形状规整,刻痕较浅,边缘界线分明。

7. 编号 55,2002QMLT537⑥,青绿色砂岩,原料为扁平砾石。平面近椭圆形,边缘较钝,经交错加工。长 14 厘米,宽 11.4 厘米,厚 3.8 厘米。两面均为砾石面,一面近边缘有一近圆形符号,部分残缺,形状不规整,刻痕较浅,边缘界线较分明,直

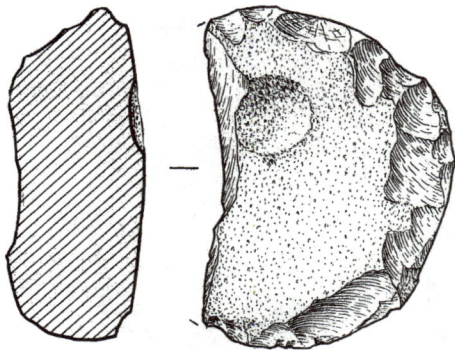

图 53　2005QMLT0616H68

径 3.2 厘米。

8. 编号 56，2002QMLT529F20：26，黑色闪长岩，原料为石片。平面呈圆角长方形，边缘锋利，经连续双向加工。长 24 厘米，宽 19.4 厘米，厚 5.6 厘米。一面为砾石面，近边缘有一圆形符号，形状较规整，刻痕很浅，边缘界线分明，直径 3 厘米。

9. 编号 57，2002QMLT529⑥b，灰白色闪长岩，原料为扁平砾石。平面近椭圆形，边缘一段经交错加工，较锋利，其余均为砾石面。长 26.4 厘米，宽 21.6 厘米，厚 2.8 厘米。两面均为砾石面，一面近边缘有一圆形符号，形状规整，刻痕很深，直径 3.2 厘米。

10. 编号 58，2000QMLT2613H8，青绿色砂岩，原料为扁平砾石。平面呈近圆形，边缘较钝，将交错加工。长 11.3 厘米，宽 10.6 厘米，厚 2.3 厘米。两面均为砾石面，一面中部为圆形符号，形状规整，刻痕较浅，边缘界线分明，直径 2.4 厘米。

11. 编号 59，2000QMLT2605③：1，灰白色片麻岩，原料为扁平砾石。平面呈直角梯形，已残，边缘厚钝。长 19 厘米，宽 11.8 厘米，厚 7 厘米。其一面为砾石面，中部有一圆形符号，形状规整，刻痕较深，边缘界线分明，长 4.8 厘米，宽 4.4 厘米。

12. 编号 60，2000QMLT400F7 填：2，青绿色花岗片麻岩，原料为扁平砾石。平面近半圆形，一端缺失，边缘一段经交错加工，较钝，其余为砾石面且厚钝。长 20 厘米，宽 13.8 厘米，厚 7 厘米。两面均为砾石面，一面近边缘有一圆形符号，形状规整，刻痕较深，边缘的界线分明，直径 3.2 厘米；另一面边缘附近有一刻画痕迹，形状不规则，刻痕浅而不明显，边缘界线较模糊。

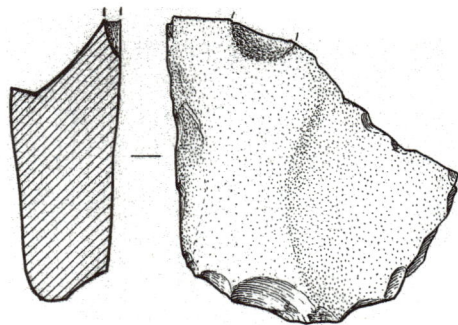

图 54　2004QMLF26：7

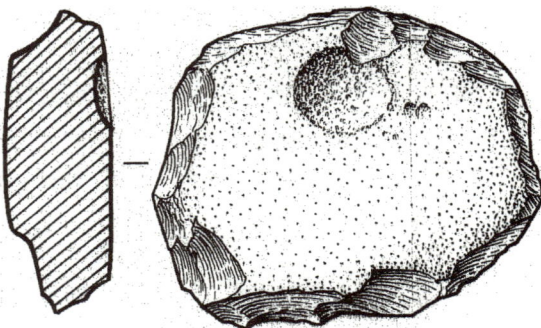

图 55　2002QMLT537⑥

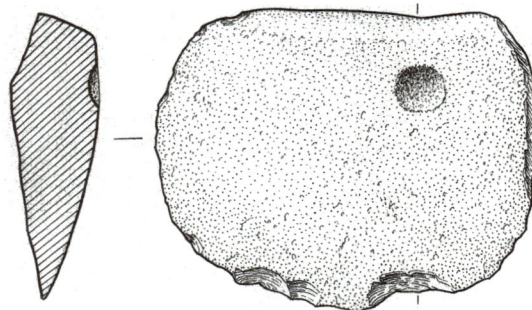

图 56　2002QMLT529F20：26

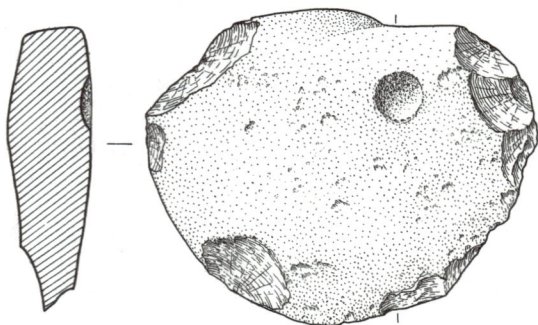

图 57　2002QMLT529⑥b

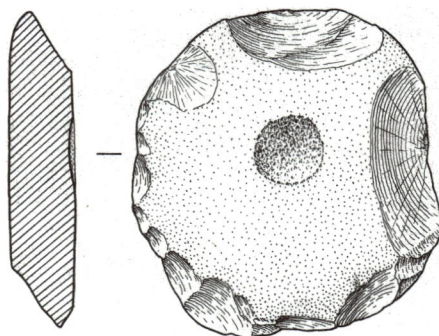

图 58　2000QMLT2613H8

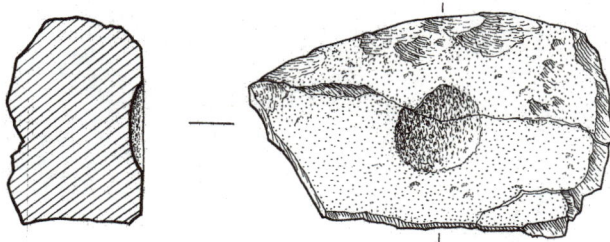

图 59　2000QMLT2605③：1

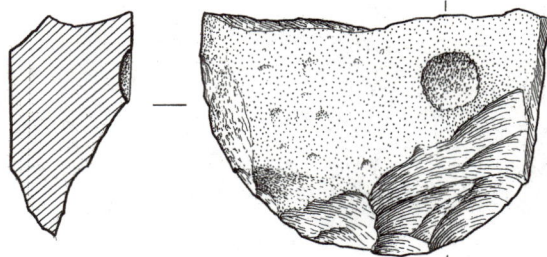

图 60　2000QMLT400F7 填：2

13. 编号 61，2005QMLF28：3，青绿色砂岩，原料为扁平砾石。平面近圆形，边缘较钝，经双向加工。长 16.2 厘米，宽 14.8 厘米，厚 6.4 厘米。其一面为砾石面，边缘有一残的圆形符号，形状规整，近扇形，刻痕较深，边缘界限分明，长 3.6 厘米，宽 2.4 厘米。

14. 编号 62，2000QMLT400F7 填：1，青绿色细粒花岗岩，原料为扁平砾石。平面呈半圆形，已残，仅余部分，边缘较钝，经连续正向加工。长 27 厘米，宽 11 厘米，厚 5 厘米。近残断边有一残的圆形符号，仅余小半圆形，形状规整，刻痕较深，边缘界线分明，长 5 厘米，宽 1.4 厘米。

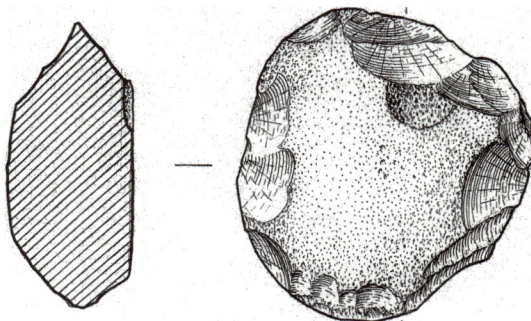

图 61　2005QMLF28：3

15. 编号 63，2002QMLT529F20：34，灰白色花岗闪长岩，原料为扁平砾石。平面近方形，边缘厚钝，稍经加工。长 25 厘米，宽 24.2 厘米，厚 8.4 厘米。两面均为砾石面，一面近边缘有一圆形符号，形状规整，刻痕较浅，边缘界线较分明，直径为 2.4 厘米。

1.2.2　单面为弧形符号

1. 编号 64，2005QMLT0515⑥b 沙层，青绿色砂岩，原料为扁平砾石。平面近半圆形，已残，仅余部分，边缘厚钝，经交互加工。长 17.4 厘米，宽 11.2 厘米，厚 5.6 厘米。一面为砾石面，中部有一弧形符号，形状很不规整，刻痕较浅，边缘界线不明显，长 7.8 厘米，宽 1.8 厘米。

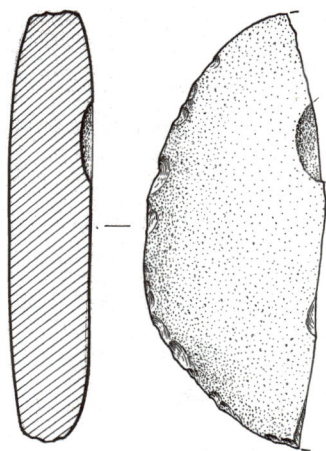

图 62　2000QMLT400F7 填：1

2. 编号 65，2001QMLT502H21，青黑色闪长岩，原料为扁平砾石。平面呈长方形，边缘厚钝，稍经加工。长 24.4 厘米，宽 17 厘米，厚 6.2 厘米。两面均为砾石面，一面中部有一弧形符号，形状较规整，刻痕较深，边缘界线分明，长 9.4 厘米，宽 2.6 厘米。

3. 编号 66，2002QMLT527 硬面下灰层，青绿色砂岩，原料为扁平砾石。平面近梯形，其中两边较钝，经双向加工，其余边缘部分均为砾石面。长 24.2 厘米，宽

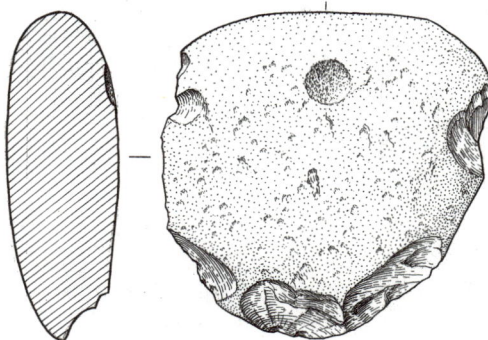

图 63　2002QMLT529F20：34

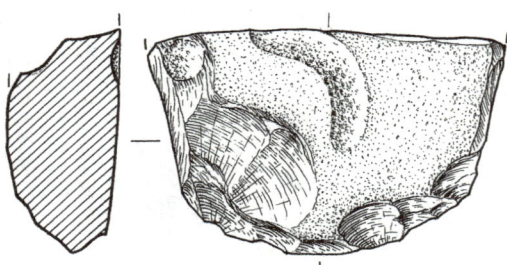

图64 编号64（2005QMLT0515⑥b沙层）

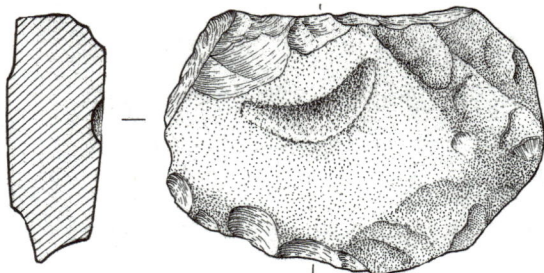

图65 编号65（2001QMLT502H21）

23.8厘米，厚6.8厘米。两面均为砾石面，一面边缘处有一弧形符号，形状规整，刻痕较小而密集，边缘界线分明，长8.4厘米，宽3厘米。

4. 编号67，2000QMLT2711G1④，青灰色花岗片麻岩，原料为扁平砾石。平面近椭圆形，边缘较锋利，经交互加工。长28厘米，宽27.6厘米，厚7.6厘米。两面均为砾石面，一面近边缘有一弧形符号，形状规整，刻痕较浅，边缘界线分明，长11.2厘米，宽2.8厘米。另一面近边缘似有一小片刻划痕迹，但模糊不清。

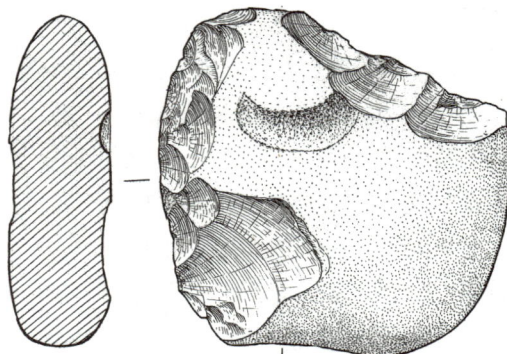

图66 2002QMLT527硬面下灰层

5. 编号68，2005QMLF29侧室，青绿色闪长岩，原料为扁平砾石。平面近扇形，边缘整体厚钝，有轻微加工痕迹。长22.2厘米，宽21.6厘米，厚3.4厘米。两面均为砾石面，一面近中部有一弧形符号，形状规整，刻痕较小而密集，边缘界限分明，长10.4厘米，宽2.8厘米。

6. 编号69，2004QMLT0613⑤:3，青色花岗闪长岩，原料为扁平砾石。平面近方形，边缘厚钝，未经加工，有使用痕迹。长24.4，宽15.8，厚6.6厘米。两面均为砾石面，一面近边缘有一弧形符号，部分残，形状不甚规整，刻痕细碎密集，边缘界线不甚分明，长12.2厘米，宽2.6厘米。

7. 编号70，2002QMLT529J2③，灰白色花岗岩，原料为扁平砾石。平面近半圆形，边缘厚钝，经连续单向加工。长23.5厘米，宽20.6厘米，厚4.6厘米。两面均为砾石面，一面近边缘有一缺失弧形符号，形状较规整，刻痕较大而浅，边缘界线分明，长10.2厘米，宽2.8厘米；另一面中部有一片形状不规则的似经刻划的痕迹，刻痕大而浅。

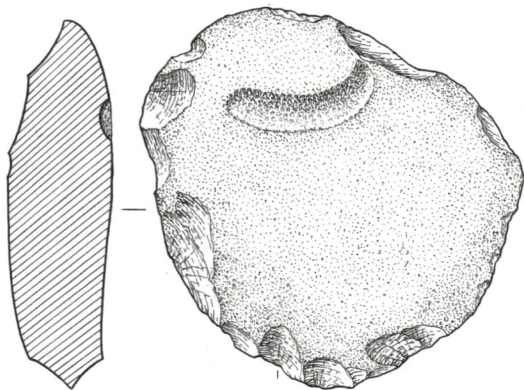

图67 2000QMLT2711G1④

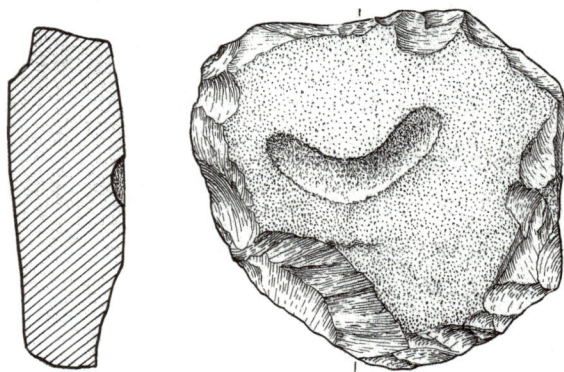

图68 2005QMLF29侧室

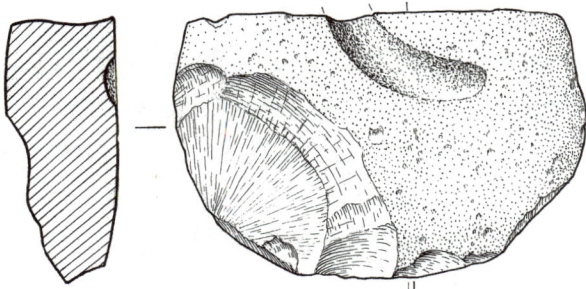

图 70　编号 70（2002QMLT529J2③）

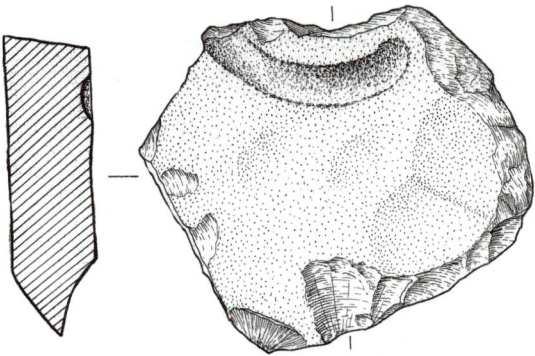

图 69　2004QMLT0613⑤：3

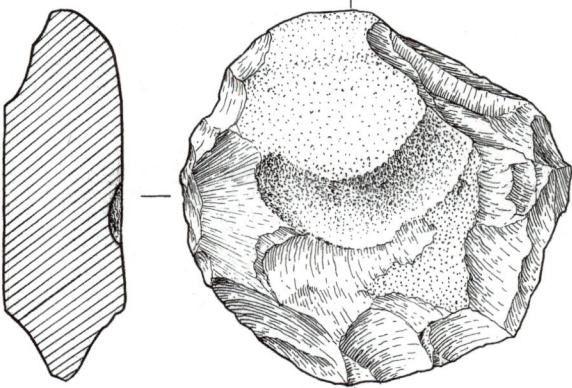

图 71　2004QMLF23：12

8. 编号 71，2004QMLF23：12，黑色闪长岩，原料为扁平砾石。平面近圆形，边缘较钝，经交互加工。长 21.8 厘米，宽 21.4 厘米，厚 6.8 厘米。一面为破裂面，近中部有一弧形符号，形状规整，刻痕深而宽，边缘界线较分明；一面为砾石面，边缘处有一小片似经刻画的痕迹，形状不规则，长 12.1 厘米，宽 4 厘米。

9. 编号 72，2002QMLT529 东 JPK，青绿色闪长岩，原料为扁平砾石。平面略呈圆形，边缘一段经双向加工，较锐利，其余均厚钝。长 18.6 厘米，宽 14.8 厘米，厚 3.3 厘米。两面均保留少量砾石面，其中一面近中部有一弧形符号，形状较规整，刻痕深，边缘界线分明，长 7 厘米，宽 2.6 厘米。

1.2.3　单面为圆形符号和弧形符号

1. 编号 73，2002QMLT529F20：33，青绿色砂岩，原料为扁平砾石。平面近圆形，边缘一边为砾石面，其余均较锐利，经单向加工及双向加工而成。长 22.6 厘米，宽 21.6 厘米，厚 7 厘米。两面均保留有砾石面，一面近中部有一疑似弧形的符号，形状不甚规整，刻痕很深，一边界线分明，另一边及两端界线不甚分明，长 9.6 厘米，宽 3.6 厘米。旁有一近圆形的符号，形状不规则，刻痕很浅，界线不甚分明。直径 3.6 厘米。两个符号不相连。

1.3　小结

喇家遗址出土刻符石器共计 73 件，其中两面均有符号计 48 件，占 65.7%；仅单面有符号计

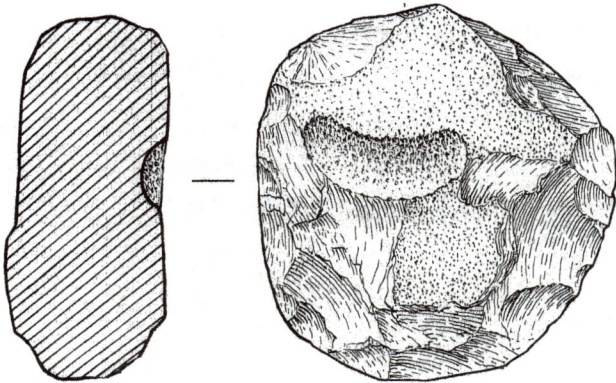

图 72　002QMLT529 东 JPK

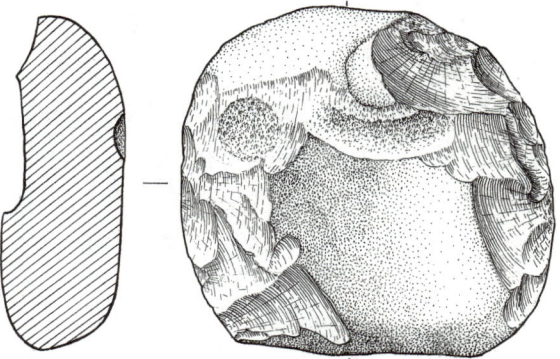

图 73　2002QMLT529F20：33

451

25 件,占 34.3%。一面为圆形符号、一面为弧形符号计 46 件,占 63%,两面都为圆形符号仅 2 件,占 0.27%;单面为圆形符号计 15 件,占 20.5%,单面为弧形符号计 9 件,占 12.3%,单面既有圆形符号又有弧形符号仅一件,占 0.14%。73 件刻符石器中,绝大部分人为加工痕迹明显,少部分人为加工痕迹较少,都与自然形成的痕迹有所区别。其中约有 20 件残缺较大,形成断面,如 T400F7 填土:4. T400F7 填土:3. F29 主室、T1014⑥b 沙层、F29 侧室、F26:7 等。观察刻符石器的断裂面后,认为多数断裂面裂痕自然,非人为敲砸所成。应该是自然断裂而非人为故意为之,考虑喇家遗址的背景,可能是由于当时接连而至的地震、洪水等灾害原因所致。

喇家遗址出土刻符石器的数量在考古学的历史上是罕见的,这些符号可能具有某种特殊的含义,表达了古人某种特殊的情怀,不可能是古人随意为之的作品。对其全面系统的整理,了解其数量、出土情况、特点等为研究其功能、意识形态提供了基础和有力的保障,只有立足于考古资料,才能避免臆测,才能进行下一步的研究。

二、喇家遗址刻符石器的研究

1.1　是否实用器的探讨

喇家遗址的刻符石器在形态、材质、加工方式等与盘状器类似,但是器型偏大。盘状器直径一般约 8 厘米,大的约 12 厘米,小的有 5~6 厘米或更小;厚约 1~2 厘米。刻符石器多数长约 15~20 厘米,最大达 26 厘米,最小约 10 厘米;厚度在 5~7 厘米。盘状器制作方法以打制为主,刻符石器以琢制为主。

盘状器的用途主要有敲砸、砍砸、刮削与切割、食品加工器(碾磨器)、物品货币、投掷与玩耍[1]、器盖[2],一器多用等[3]。刻符石器做器盖、做打鸟之类的投石工具、小孩子来玩耍的玩具、物品货币的可能性很小,用于敲砸、砍砸、刮削与切割、食品加工器(碾磨器)的可能性更大,一器多用亦有可能。首先器型偏大、厚度偏厚不适合用作器盖;投掷打鸟用砾石更多,也没有必要如此加工;民族志发现大多玩具本来就是实用工具,不经改造或稍加改造就可以拿给小孩玩耍,如此耗时耗力的制作小孩子的玩具也不能让人信服;以"物"的面目在人类早期曾参与过物物交换的可能性是难以排除的,但认为它是"一种在商品交换中较固定的媒介物—物品货币"的观点尚无明确证据;其次,喇家遗址出土大量的刮削器、砍砸器、石刀、石斧等,完全不用制成近圆状的刻符石器来取而代之用于砍砸、切割、食品加工器(碾磨器)等,而且不会数量如此多的盘状器来替代砍砸、刮削与切割等;所以这批刻符石器的用途显然不同于一般盘状器的用途。

并且,喇家遗址也有出土传统意义上的盘状器,约 60 件。器形多为圆形或椭圆形,以石片和扁平砾石为原料进行打制,打制痕迹多偏大且陡。有的表面经琢制或磨制。多数边缘经双向连续加工成形,少数背面边缘经正向加工;修疤多较大且陡,刃口有钝、有锋利。多数长约为 6~15 厘米,宽约为 4~12 厘米,厚约为 1.3~2.5 厘米。在形态上与刻符石器有一定区别,也没有刻符石器上的刻画符号。

石器本应该是主要的生产工具和武器,但刻符石器的用途和功能可能不同于一般石器。刻符石器的刻画痕迹也许用于早期人类持有方便,其实用功能可能在于便于手握石器,方便操作时用力。由于

---

① 张寿祺:《仰韶文化"盘状器"用途考》,《农业考古》1985 年第 2 期,第 67—69 页。

② 席会坤:《盘状器功能的再探讨》,《中国文物报》2010 年第 7 版。

③ 向安强:《盘状器与古代农耕部落的太阳崇拜——"盘状器"用途新探》,《南方文物》1993 年第 4 期,第 31 页。

石头的不朽特性,是不朽的灵魂最基本的象征,加之制作者花费巨大的精力,因此特定的石器常被视为超自然的"灵石"。

喇家遗址刻符石器除了物质性的实用目的外,也应该关注其非物质的使用价值。73件刻符石器,符号全部刻画在石器上,重复率较高,趋于程式化。尽管一组或者单个出现在石器上,可能不是人与人之间交流的语言文字,但是它们存在固定的背景中可能表达一定的意义,也可能是作为具有象征意义的符号。喇家遗址的刻符石器很可能不是简单的实用器。

1.2 出土背景的探讨

喇家遗址刻符石器的分布有一定的规律,主要分布在发掘区Ⅴ区(图74)与Ⅷ区(图75),其次分布在Ⅱ区(图77)、少数在Ⅳ区(图76)和Ⅺ区(图78)。其中Ⅴ区F20出土13件,占17.8%;Ⅳ区F7出土4件,占5.4%;Ⅷ区F23、Ⅷ区F26、Ⅷ区F29、Ⅴ区T502H21、Ⅴ区T509、Ⅴ区T529、Ⅷ区T0616H68、Ⅱ区T2711G1出土3件,占4.1%;Ⅷ区F27、Ⅴ区T534H57、Ⅷ区T0613、Ⅷ区T0913、Ⅷ区T1016M24、Ⅷ区T1017H70、Ⅱ区T2613G1出土2件,占2.7%;Ⅴ区F15、Ⅷ区F28、Ⅴ区T501H17、Ⅷ区T0515、Ⅴ区T516H50、Ⅴ区T527、Ⅴ区T528、Ⅴ区T532H53、Ⅴ区T533、Ⅴ区T537、Ⅴ区T539、Ⅷ区T1013、Ⅷ区T1014、Ⅺ区T1105、Ⅱ区T2605、Ⅱ区T2611、Ⅱ区T2613H8出土1件,占1.4%;采集1件,占1.4%。(如表1)

表1 出土情况一览表

出土单位	遗迹区	出土数量	地层
F7	Ⅳ	4	填土①②③④
F15	Ⅴ	1	②
F20	Ⅴ	13	
F23	Ⅷ	3	
F26	Ⅷ	3	
F27	Ⅷ	2	
F28	Ⅷ	1	
F29	Ⅷ	3	
T501H17	Ⅴ	1	
T502H21	Ⅴ	3	
T509	Ⅴ	3	西壁中部黄土堆积
T0515	Ⅷ	1	⑥
T516H50	Ⅴ	1	②
T527	Ⅴ	1	硬面下灰层
T528	Ⅴ	1	⑥
T529	Ⅴ	3	③⑥东TPK
T532H53	Ⅴ	1	⑤

续表

出土单位	遗迹区	出土数量	地层
T533	V	1	⑥
T534H57	V	2	
T537	V	1	⑥
T539	V	1	⑥
T0613	VIII	2	③⑤
T0616H68	VIII	3	②
T0913	VIII	2	硬面
T1013	VIII	1	硬面
T1014	VIII	1	⑥b 沙层
T1016M24	VIII	2	
T1017H70	VIII	2	⑥
T1105	XI	1	灰层
T2605	II	1	③
T2611	II	1	
T2613G1	II	2	④⑤
T2613H8	II	1	
T2711G1	II	3	④
采集 2002		1	

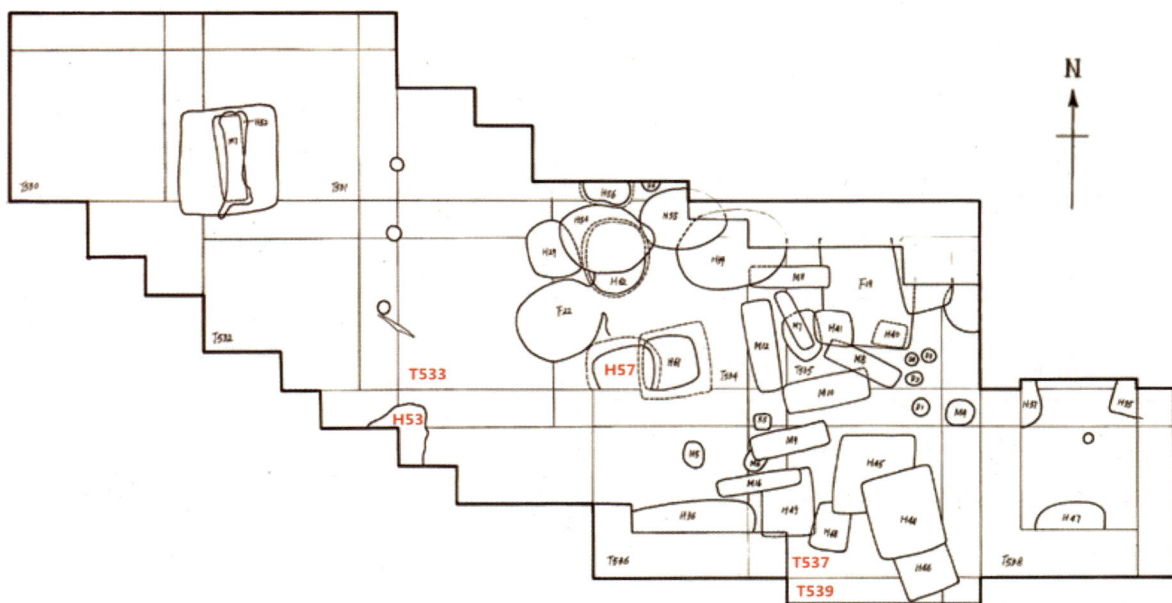

图 74 上：V区北区遗迹分布图

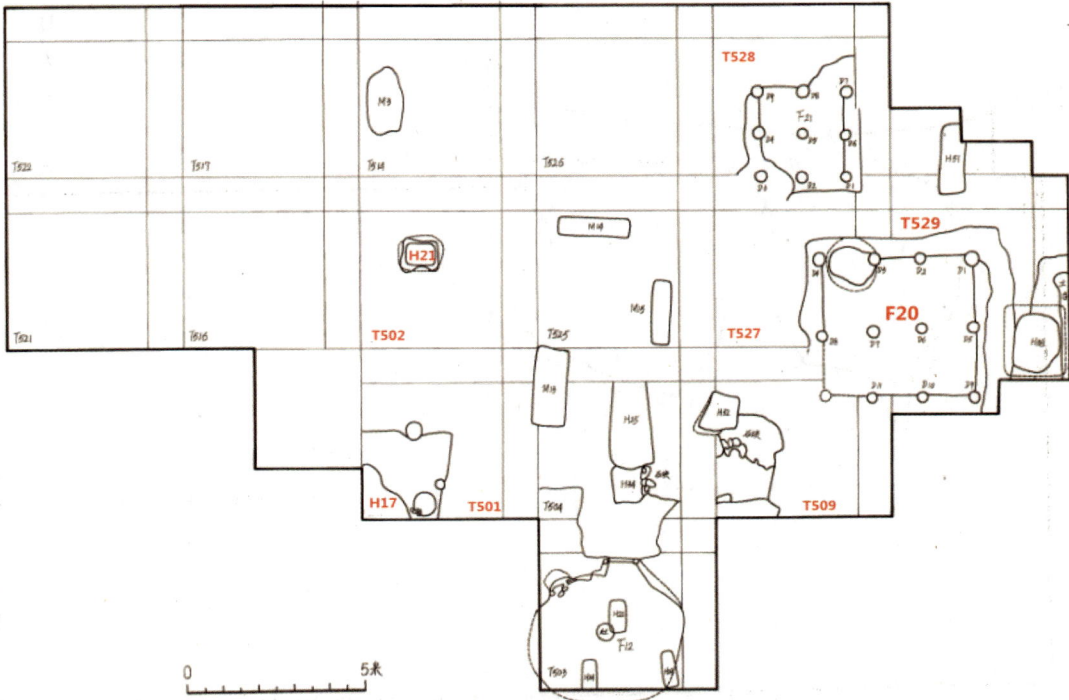

图 74　下：Ⅴ区南区遗迹分布图

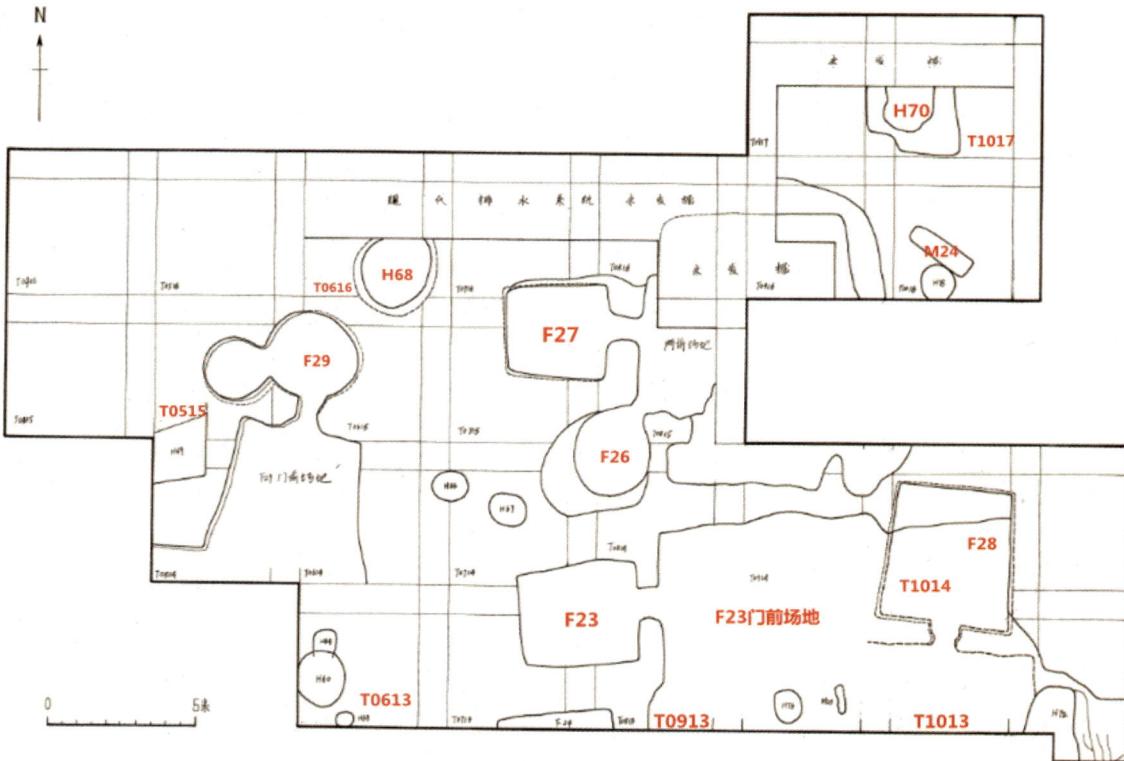

图 75　Ⅷ区遗迹分布图

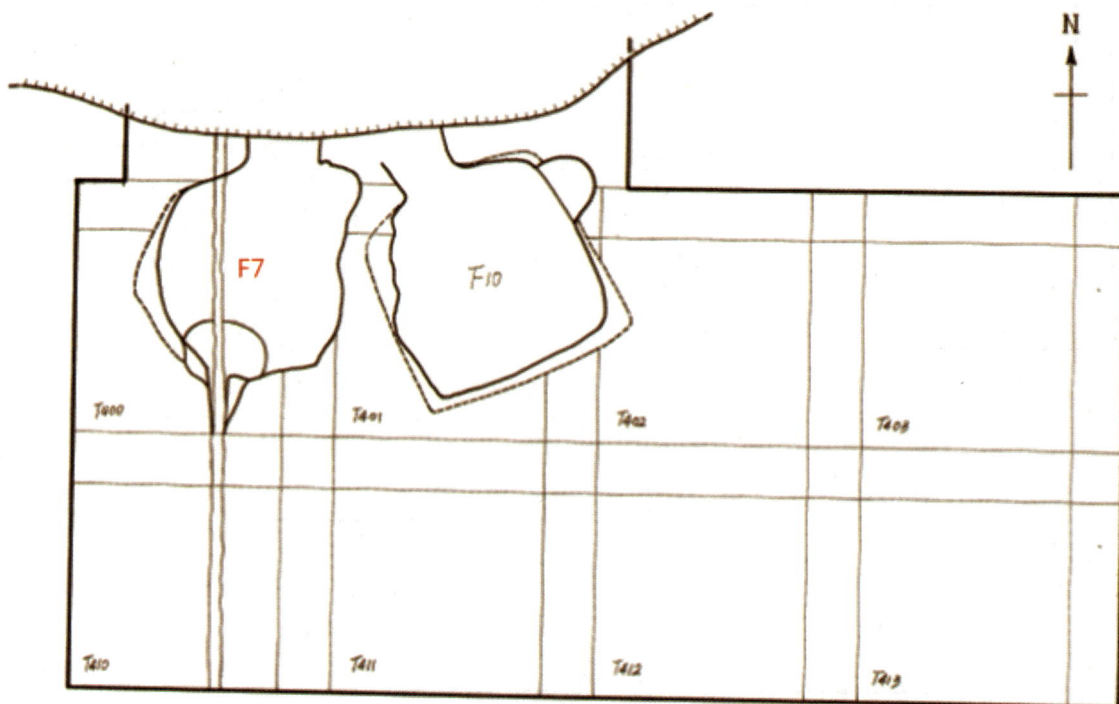

图 76　Ⅳ区遗迹分布图

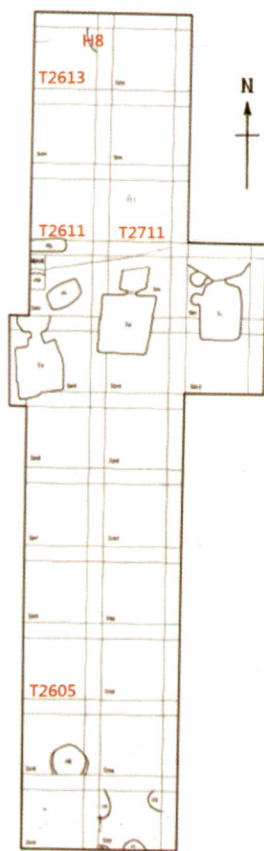

图 77　Ⅱ区遗迹分布图

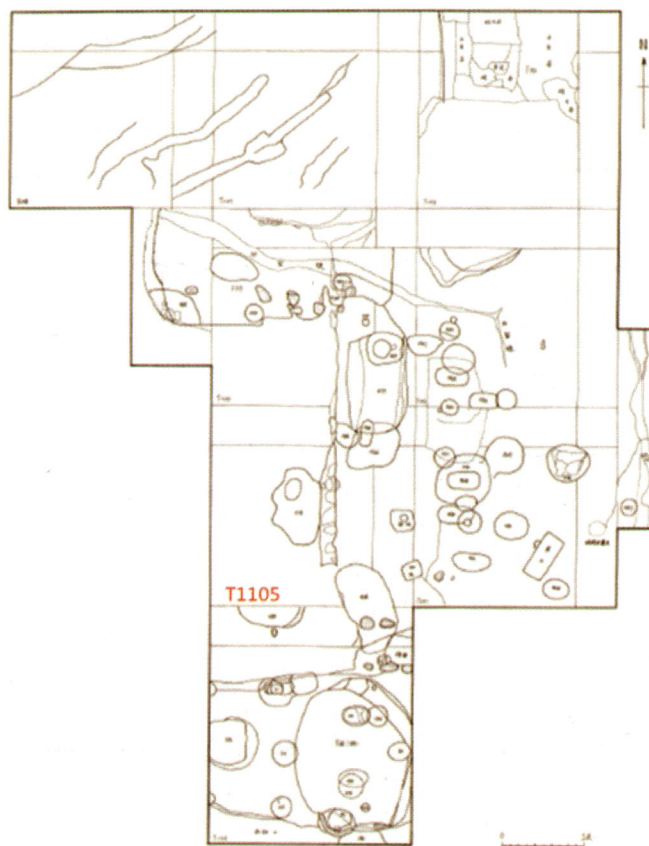

图 78　Ⅺ区遗迹分布图

遗迹分布图上红色标出的遗迹单位则为刻符石器出土的遗迹单位，Ⅴ区计33件，Ⅷ区计26件，Ⅱ区计8件，Ⅳ区计4件，Ⅺ区计1件（如表2）。

由以上图示可知，刻符石器主要分布在宗教祭祀性区域如小广场附近、地面建筑F20、和人工堆筑的土台祭坛周围，多数出土于地面建筑F20或房址及周围的地面和堆积灰坑中，仅一件出土于

表2　刻符石器分布统计图

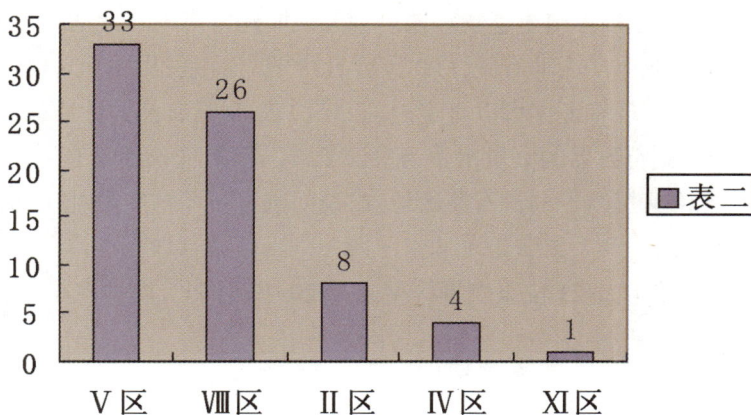

杀祭坑M24中，所以刻符石器可能与人的生活密切相关，但是不用于陪葬，可能与宗教祭祀活动有着紧密的联系，也可能代表此部落的精神意志，是很重要的器物。在宗教祭祀的背景中，"礼仪符号通常会象形地同所崇拜的神祇及其神话相联系"①，所以在Ⅴ区宗教祭祀区域出土的刻符石器可能有着相关的重要意义。当然不同的分布，说明存在不同的背景关系，存在着不同的宗教意义，意味着不同的使用行为，因此有必要区别对待②。

喇家遗址的小广场位于Ⅴ区台地的中部，把遗址Ⅱ区与Ⅳ区和Ⅴ区台地连为一个整体。喇家遗址已发现20余座房屋建筑遗迹，多是窑洞式建筑。20余座房屋建筑遗迹成组地分布于广场周围的台地边缘，其中F1，F3，F4，F7，F10等成排分布，构成一组房屋建筑，位于台地北部边缘，门向皆朝北；F13，F14，F15，F17等为一组，位于台地西南边缘，门向皆朝西③。喇家遗址两个地面建筑F20与F21相距2~3米，位于小广场的东南边，门不详，但应面向广场，或向北，或向西，柱洞都排列有序，比较粗大，直径一般为20~30厘米以上，深约40~50厘米以上。地面建筑F20（图八十）在F21的东南侧，位于发掘区Ⅴ区T529西南部和T527东南部并延伸至T509东部角，位于小广场的东边，是二排四列12个柱洞的地面建筑，平面呈近方形，约5~6米见方。地面上有比较好的加工硬面，有的为烧土面。有的柱洞有特殊加工，硬面随柱洞而凸起。F20东侧还发现1座大型窖穴H38，其内尚有木质框架痕迹，但未见重要的储藏物品④。显然，无论是分布位置，还是建筑形式，都显示出F20在喇家聚落遗址中的特殊性。

F20又是刻符石器出土数量最多的场所，计13件，除刻符石器外还出土骨针、骨锥、三耳罐、双耳罐、漆器等重要遗物，还有至今最早的面条遗存。F20南部有9件刻符石器聚在一起，靠近柱洞10，一块接着一块甚至有6块相互重叠，周围不见其他器物；东北角有2件，西南角靠近柱洞11有2件，这4件没有重叠，也不相连，间隔一定距离放置。看起来，南部的9件堆在一起放置，可能有一定的意义，其余4件则无规律放置。F20西北角落没有任何器物放置。考虑喇家遗址的背景，可能也受当时接连而

①Colin Renfrew，Paul Bahn.Archeology：Theories，Methods and Practice. Thames and Hudson Ltd，1991：359-360.

②何驽：《怎探古人何所思——精神文化考古理论与实践探索》，科学出版社，2015年，第410页。

③中国社会科学院考古研究所，青海省文物考古研究所：《青海民和喇家史前遗址的发掘》，《考古》第2002年第7期，第5页。

④中国社会科学院考古研究所甘青工作队，青海省文物考古研究所：《青海民和喇家遗址发现齐家文化祭坛和干栏式建筑》，《考古》2004年第6期。

至的地震、洪水的影响,刻符石器的具体出土位置已经不是最早原有的位置。F20 是非人类居住性质的房屋,但是根据出土遗物和遗迹现象说明经常有人在此活动。有学者①提出 F20 可能与某种公共性质的手工业生产活动有关,F20 旁边 H38 或者就是相关的原材料及其成品的临时储藏场所。

根据现有证据可以肯定地面建筑 F20 是具有公共性质的场所,但是不一定就和手工业生产活动有关。刻符石器的大量出土为论证 F20 与宗教礼仪活动有一定的联系提供了相关证据,而 F20 的特殊性恰恰又提高了刻符石器的地位,说明刻符石器与宗教礼仪活动关系密切,可能还具有一定的精神象征意义。

杀祭坑 H21 位于发掘区 V 区 T520 中部偏北,同样在小广场上,是一个袋状灰坑。平面略呈矩形,

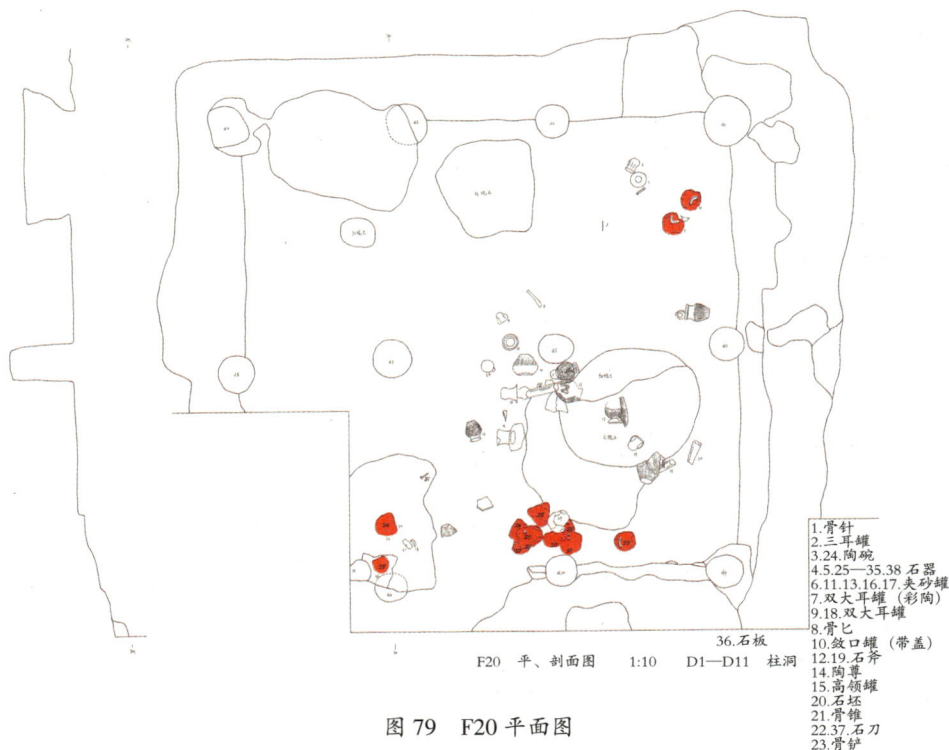

1.骨针
2.三耳罐
3.24.陶碗
4.5.25—35.38 石器
6.11.13.16.17.夹砂罐
7.双大耳罐(彩陶)
9.18.双大耳罐
8.骨匕
10.敛口罐(带盖)
12.19.石斧
14.陶尊
15.高领罐
20.石坯
21.骨锥
22.37.石刀
23.骨铲
36.石板

F20 平、剖面图　1:10　D1—D11 柱洞

图 79　F20 平面图

出土刻符石器 3 件。这是整个遗址唯一的杀祭坑,并且很有特殊性。其口部有像井的痕迹,像人为构建框架的痕迹。坑内有具遗骨,呈倒栽葱状,像非正常死亡且死后被人刻意到插扔进灰坑中。坑口及地面上就有刻符石器,在这个特殊的地方出土一定有其重要意义。

土台位于 V 区,在小广场北边,比广场地面高约 2 米。土台略呈缓坡覆斗状,坡度极缓,仅 5~10 度。土台顶部约 5~6 米见方,中间有 1 座特殊墓葬(M17),墓葬周围还有约 2 米宽的台面范围,顶部以下缓坡延伸约 20 余米左右。土台坡面上发现有打破土台的灰坑,有的堆积大量灰烬,也有的堆积大量砾石。硬面上还有石头堆,有的硬面被火烧过。土台顶部的 M17 是一座规格比较高的墓葬。特殊的是,清理出来的墓口呈"回"字形双重开口,即在长方形土坑墓口上还套有一个接近方形的更大的浅口。发掘显示,墓葬填埋后,似乎又用红土覆盖了包括墓葬在内的整个土台。因此土台的上部都有一层厚薄

①钱耀鹏:《关于喇家聚落的灾难遗迹与广场建筑》,《考古》2007 年第 5 期,第 66—67 页。

不匀的较松散的红土堆积,尤其在台面向下的缓坡地带更明显。这说明土台和墓葬都有意识地经过特殊加工。M17随葬较多玉器,共计出土玉器15件,另有1件猪下颌骨放置在棺外左侧。该墓规模不算大,但是形制特殊,随葬大量玉器,规格较高,墓主可能是氏族或部落中有特殊身份的人物,也可能为巫师之类的神职人员。土台东南边沿位置低于顶部约1米左右,有10座儿童小坑墓和成人墓混在一起的墓葬,这些墓葬除了个别方向向北,大多是向西北和向西,大体都是向着M17的。因此这批墓葬暂且可以考虑作为M17的祭祀葬看待,非氏族公共墓葬。台上的多层硬面表明土台经过多次加工或修补,土台也经过一定时间的频繁使用。而反复加工修补、垫高扩大,也反映了土台的特殊性质。以上现象足以说明位于广场上的这个人工土台不是简单的墓地形式,而是一个不断有祭祀性埋葬和祭祀仪式活动的祭坛。①

位于V区的祭祀土台出土刻符石器6件,并没有出土于高规格墓葬M17和10座陪葬坑中,而是出土于重要的遗迹单位周围。显然刻符石器并非用于陪葬,其更有可能与祭祀土台上举行的宗教祭祀仪式相关,可能是与仪式有关的某种重要器物。

1.3 精神层面的探讨

在原始社会里,祭坛是进行各种宗教祭祀活动的重要场所,同时也是先民们表达宗教感情和信仰的场所。创建祭坛举行祭祀活动来表达宗教感情并不是从来就有的,是伴随原始宗教的产生和发展,逐渐形成的一种现象②。最初的宗教是人们在一定的社会物质生活条件下受自然沉重的压迫,把自然力和自然物神化的结果③。宗教作为一种意识形态,古人认为周围的一切都是以外部形象体现自己特征的实体,人崇拜的对象所表现的价值,正是人加于自己、加于自己的生命的那个价值④。日常生活中,古人会做梦、生病,疼痛、受伤、死亡,他们对此无法做出合理的解释,选择相信灵魂的存在。古人那时受自然科学知识的限制,不懂身体的构造,不懂生老病死的规律,而且受梦的影响,于是就产生一种观念:"他们的思维和感觉不是他们身体的活动,而是一种独特的、寓于这个身体之中而在人死亡就离开身体的灵魂的活动。"⑤"既然灵魂在人死时离开肉体而继续活着,那么就没有任何理由去设想它本身还会死亡。这样就产生了灵魂不死的观念。"⑥

1.3.1 图腾崇拜

"图腾"是每个氏族都以某一种崇拜物作为本氏族供奉的神物与标志,源于北美洲印第安人鄂吉布瓦人的方言,意为"他的亲族""他的记号"⑦。图腾崇拜是发生在氏族公社的一种宗教信仰现象,也是最早的宗教形式⑧。原始社会早期领袖具有绝对的领导力和带领族群生存繁衍的实力,他们的决定和

①中国社会科学院考古研究所,青海省文物考古研究所:《青海民和喇家史前遗址的发掘》,《考古》第2002年第7期,第4—6页。

②赵宗军:《我国新石器时期祭坛研究》,安徽大学硕士学位论文,2007年。

③朱天顺:《原始宗教》,上海人民出版社,1978年,第8页。

④费尔巴哈:《费尔巴哈哲学著作选集·下卷》,三联书店,1962年,第541页。

⑤恩格斯:《路德维希·费尔巴哈和德国古典哲学的终结》,《马克思恩格斯选集》,人民出版社,1972年,第219页。

⑥恩格斯:《路德维希·费尔巴哈和德国古典哲学的终结》,《马克思恩格斯选集》,人民出版社,1972年,第219—220页。

⑦于锦绣:《论原始宗教的发展》,《贵州民族研究》1998年第2期,第104页。

⑧霍爱国:《从宗教的起源,看宗教的本质》,《中学文科:教研论坛》,2007年。

能力,往往决定着本氏族或部落群体的兴衰与存亡,因此氏族成员不仅充满了敬畏的心情,甚至将其"拟神化",其死后作为祖先神来崇拜。为保持祖先神的传承,最后把不断更迭的首领神物化成了与自己氏族集团关系最密切的自然物。"通过想象把不同态的自然界与人类社会结构建立起一种同态关系,把自然生物界与人类世界之间视为一种逻辑上的等价关系"[1],形成了祖先崇拜现象。石器作为最主要的生产工具和武器,可以说是古人的"生命线"。我国古代神话有"禹生于石""石破北方而生禹"等传说,《西游记》中孙悟空由"仙石"所生等,因此石头常被视为具有超自然力的灵物,或图腾祖先灵的化身[2]。

大禹亦称夏禹、戎禹,是我国继炎黄之后又一人文初祖,夏王朝的奠基者,同时又是古代的治水英雄,留下了许多传说和相关遗迹。大禹与古羌有着密切的关系,而古羌又与喇家遗址关系密切。《新语·术事》载:"文王生于东夷,大禹出于西羌。世殊而地绝,法合而度同。"[3]西汉扬雄《蜀王本纪》说:"禹本汶山郡广柔县人也。生于石纽,其地名痢儿畔。"[4]禹生石纽说的原始记载,由蜀人扬雄倡言的大禹诞生地的说法,多为历代史籍所沿袭。东汉赵晔《吴越春秋》卷四《越王无余外传第六》说大禹:"家于西羌,地曰石纽。石纽,在蜀西川也。"[5]西晋陈寿《三国志》卷三十八《秦宓传》载:"禹生石纽,今之汶山郡是也。"[6]西晋皇甫谧《帝王世纪》载:"禹生石纽,县有石纽邑。"[7]东晋常璩《华阳国志·蜀志》称蜀之为邦:"故上圣则大禹生其乡,媾姻则黄帝婚其族。"[8]洪兴祖补注引《淮南子》云:"禹治洪水,通轩辕山,化为熊,谓涂山氏曰:'欲响,闻鼓声乃来。'禹跳石,误中鼓,涂山氏往,见禹方作熊,而去。至青高山下,方生启。禹曰'归我子',石破北方而启生。"这便是禹化为熊、涂山氏化为石,石裂而生启的传说。说明大禹与石有着千丝万缕的联系,禹为石的后代,禹乃石所衍生,禹的儿子启同样与石有着密切关系,启亦由石而来。

澳大利亚土著阿兰达人的图腾祖先崇拜保存最完整。他们有一种神秘的石片叫作"珠灵嘎",认为这是人和图腾祖先灵共同的物质灵体,灵体自身具有转化成氏族群体和现实图腾的超自然力。他们相信每个人都是图腾祖先灵的化身,人死后会回到投胎的地方,在那里进行再次投生,重新得到化身。认为妇女经过"珠灵嘎"所在图腾圣地便会怀孕,于是图腾祖先灵就转化为婴儿,婴儿诞生后,"珠灵嘎"从图腾圣地取回,作为婴儿和图腾祖先灵相联系的共同"灵体"而保存在图腾圣地的秘密贮藏所。人死后,通过这一共同体又转化为图腾祖先。于是自然界与人类社会的联系被描述为"图腾"不断转化的活动,以保住自然界和人类的生命延续。在这里灵魂表现为实物状态,超自然观念和物质形式紧密相连。他们把代表灵魂的"珠灵嘎"视为灵魂本身,于此反映出最初的形象化、物质化的灵魂概念[9]。

[1]任乃强:《羌族源流探索》,《民族研究通讯》1979年第2期,第59页。
[2]于锦绣,于静:《灵物与灵物崇拜》,宗教文化出版社,2006年,第104页。
[3]《文渊阁四库全书》,台湾商务印书馆,1986年,第695册,第373页。
[4]扬雄:《扬子云集卷六,文渊阁四库全书》,第1063册第136页。
[5]《文渊阁四库全书》,台湾商务印书馆,1986年,第463册,第38页。
[6]《三国志》卷三十八秦宓传注引,《三国志》,中华书局,1959年,第4册,第975页。
[7]后汉书《郡国志》五注引,《后汉书》,中华书局,第12册,第3509页。
[8]任乃强校注:《华阳国志校补图注》,上海古籍出版社,1987年第217页。
[9]转述自于锦绣:《论原始宗教发展》,《贵州民族研究》1998年第2期,第105页。

夏鼐在《临洮寺洼山发掘记》说:"第一号墓葬,人骨离地 1.6~2.4 米,凌乱放置,系两架人骨,但不完全……口部离地面 1.5~1.8 米……附近有大砾石数块,分散着放置,并不在一堆。砾石约 15×20×35 厘米。"又说:"第二号墓葬,这是婴孩的墓。……人骨和葬罐……离地面较浅,仅 1.4 米。孩骨碎乱,未采取。附近稍西有大砾石二块,或和墓葬有关。"①附近具有一定意义的砾石块,由于找不到排列的规律而一直不确定是否与墓主或者石崇拜有直接关系,但是既然有意放置那么就有一定的用意。1959—1960 年,在齐家文化分布范围内的甘肃永靖发现了 6 处"与祭坛的性质相类似"②的石圆圈遗迹(图 81),其中秦魏家遗址有 1 处,大何庄遗址有 5 处。秦魏家遗址的石圆圈遗迹,直径约为 4 米,用天然的砾石排列而成,其中的几块砾石上边还遗有赭石粉末的痕迹。石圆圈遗迹的南部,还整齐地排列着 6 排共 99 座墓葬③。大何庄遗址的 5 处石圆圈遗迹,均是用天然的扁平状砾石排列而成,直径一般在 4 米左右。石圆圈旁边,一般都有卜骨或牛、羊的骨架。F1 的东边遗有被砍了头的母牛骨架,腹内还遗有小牛的骨骼,F3 的南边发现了两块卜骨④。对于石圆圈遗迹的功用,大多认为是祭祀祖先神的场所。

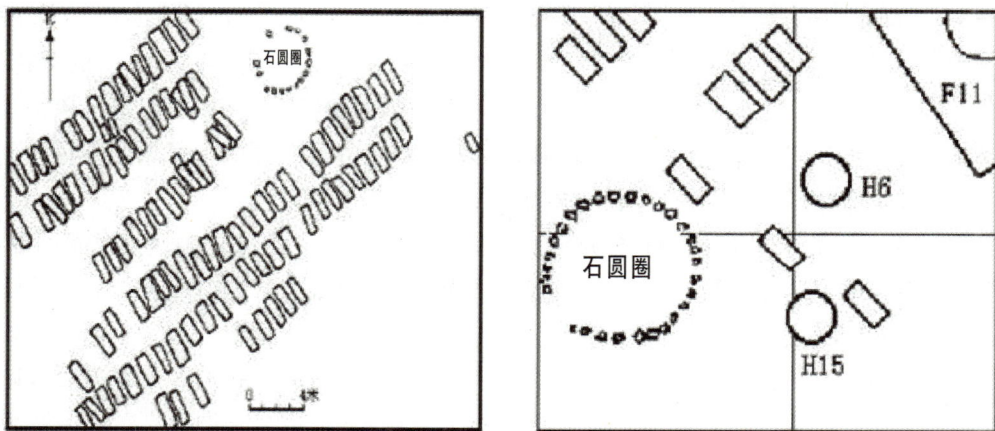

图 80　左:秦魏家石圆圈遗迹　右:大何庄石圆圈遗迹

岩画中也有与之相关的体现(图 81),阴山岩画中有一幅人站在圆圈上的岩画,地上圆圈里还有两个小圆圈和一条直线,人头较小,有帽饰,双臂曲上举,胸部有四根横线,代表肋骨,两下肢向外伸开,发现者⑤认为它是一种萨满跳神形象。此岩画极具象征意义,画中人物肯定非一般人,可能就是氏族领袖或者从事宗教礼仪相关活动的关键人物。圆圈以及刻画痕迹也具有一定的象征意义,和宗教礼仪相关。

这里作为"珠灵噶"的物质灵体无疑为刻符石器的研究提供了一种参考,个人的"灵魂石"是图腾

---

①夏鼐:《临洮寺洼山发掘记》,《考古学论文集》,科学出版社,1961 年。

②《考古》编辑部:《中国文明起源座谈纪要》,《考古》1989 年第 12 期。

③黄河水库考古队甘肃分队:《甘肃临夏秦魏家遗址第二次发掘的主要收获》,《考古》1964 年第 6 期;中国社会科学院考古研究所甘肃工作队:《甘肃永靖秦魏家齐家文化墓地》,《考古学报》1975 年第 2 期。

④中国社会科学院考古研究所甘肃工作队:《甘肃永靖大何庄遗址发掘报告》,《考古学报》1974 年第 2 期。

⑤中国岩画研究中心编:《岩画》,中央民族大学出版社,1995 年,第 122 页。

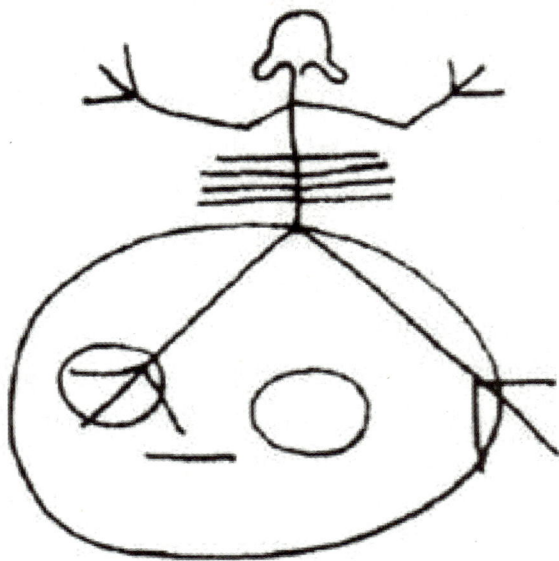

图 81　阴山岩画

祖先灵的寓体和化身，又是转化所需的工具性灵物。大禹与启的神话故事同样也给予了一定的启示，说明故事中的"石"是"灵物"，对于石的崇拜就是"灵物崇拜"。作为在祭祀区域、地面建筑以及房址周围的地面和灰坑出土的刻符石器显然对喇家遗址的居民具有某种深刻的意义。带有日月形符号的石器作为当地人图腾祖先崇拜的"灵石"出土于遗迹各处，可能放在屋里用来当作护身符或图腾崇拜的载体，祈求妇女怀孕与平安生产。如果孩子夭亡，则要送去祭祀场所由特定的人举行某种仪式，以求再次转化。顺利繁衍成长后则埋入秘密地方，如房屋周围或灰坑。甚至可以作为孩子到达一定年龄后，举行类似于"成人礼"的仪式而埋入，以求平安和再次转化。"灵石"上的刻符符号可能具有一定的象征意义，如圆形符号象征男性、弧形符号象征女性。圆形的符号还象征生命的循环，即死亡与重生的轮回，弧的符号象征神秘与创造。其都有支配生命、带来生命循环、促使万物生长的象征意义。

如果本族中死于非命、违反或触犯族规而亡的人，古人则往往认为其魂魄不祥需加以控制。如H21的情况，可能提供了这种推测的证据，这时刻符石器就有约束亡魂的作用，同样亡魂也避免骚扰，尽快转化。

图腾崇拜仅仅是刻符石器符号象征性意义的一种解读，仍需后续资料的补充来进一步论证。

1.3.2　自然崇拜

自然崇拜是伴随着早期人类最初的自觉而产生的一种原始信仰，将支配人类生活的自然力人格化，变成超自然的神灵，作为崇拜对象[1]。同样由于对自然和自身的认识不足和认知局限，古人对于一些特殊的自然现象如雷鸣电闪、狂风下雨、风暴地震等感到恐惧和不理解，于是古人就想万物皆有灵魂，自然界的日、月、树木、石头都有灵魂。当人们把最初的迷茫、恐惧和愿望寄托给这些灵魂，自然崇拜就产生了，原始宗教与神话也应运而生。

1.3.2.1　日月崇拜

自然崇拜有日月星辰崇拜、风雨雷电崇拜、山川湖海崇拜等，古人对太阳、月亮是非常熟悉的并且认为它们最具有神秘感，对自然最早的崇拜对象就是日和月。太阳发出的光，带来光明和热量，让一切生命茁壮成长，同时又能使之枯竭。当时的人类不能解释这个现象，所以因崇拜和恐惧而产生复杂的心理活动，即太阳崇拜。古人不光对太阳熟悉，对月亮也非常熟悉，相对于太阳的光和热以及生命的象征，月亮也是和出生、死亡联系在一起的，更多的是带来神秘感，与太阳相对的更多的是阴柔与婉转。古人认为月亮盈亏圆缺的规律对万事万物皆有影响，特别是人类早期文明和社会发展。从弧到满月，月亮的每一种形态都被赋予了特殊的含义，比如自古月食就被视为灾难的预兆。

---

①马新:《原始崇拜体系与中国文化精神的起点》,《史学月刊》2006 年第 8 期,第 14 页。

关于古代日神崇拜的相关文献颇多,考古材料也比较丰富。《山海经·大荒东经》:"汤古上有扶木,一日方至,一日方出,皆载于乌",描绘了太阳神的运行规律。《墨子·非攻》:"至乎夏王桀,天有诰命,日月不时,寒暑杂至,五谷焦死",涉及日神所带来的灾祸。殷墟卜辞"庚子卜贞,王宾日亡尤""出、入日,岁三牛"等,郭沫若认为这是殷人对太阳迎送崇拜的仪式记录[1]。《史记》和《尚书》都有记载先帝命羲仲祭日蝗史事。《尚书·尧典》:"分命羲仲宅嵎夷,曰肠谷,寅宾日出,平秩东作。"《史记·五帝本纪》:"分命羲仲,居郁夷,曰肠谷,敬道日出,便程东作。"古人对太阳的崇拜由此可见一斑。《广雅·释天》释日时所云:"朱明、曜灵、东君、日也。"北齐魏收《五日》诗云:"旧想苍悟郡,兹日祀东君。""东君"也便是西周后南方楚人所崇祀的太阳神。《易经·系辞》:"古者伏牺氏之王天下也,仰则观象于天,府则观法于地。"汉人所写《五经通义》中说:"天皇之大者曰昊天上帝。"唐人写的《初学记》中引此文并做注云:"即耀瑰宝也,亦曰玉皇大帝,亦曰太一。"这种说法还见于许多古书中。如《帝王世直》《甘公星经》等。人们延续

图82 左:半山类型罐 右:半山类型壶

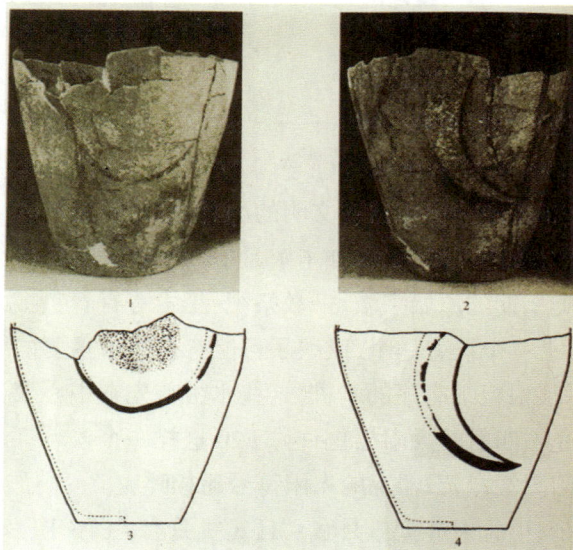

图83 洪山庙陶缸

"雨不雾,祭女娲"。伏羲、女娲成为人们心目中的与天体有关的祖神,说明自史前社会的早期农业部落开始,古人从天体崇拜的宗教信仰逐渐发展到观测日月星象的一般规律来指导农事。

有学者[2]认为喇家祭坛和齐家文化石圆圈遗迹(图80)都是祭祀太阳神的场所,秦魏家遗址和大何庄遗址的石圆圈遗迹二者不同之处是,一为圆形一为方形这应是齐家文化东部类型早于西部类型的缘故[3],处于东部的石圆圈遗迹是太阳崇拜的原始形式,位于西部的喇家遗址祭坛是石圆圈遗迹的演化和发展。

刻符石器符号的形象在彩陶纹饰上也有突出的体现,如半山类型的一件大口双耳瓶(图82),腹部以上饰有12个璧形纹饰。又如半山类型的一件小口双鋬壶,肩部对称布局四个圆圈纹,圆圈纹间以锯齿纹连接;每个圆圈中间各有6个黑色圆点,一圆点居中,另外五个圆点均匀地分布在中心圆点周围;壶的腹部是18个璧形纹饰,排列有序。诸如此类的圆形符号的体现非常多。再如洪山庙遗址M1出土的一件陶缸(图83),有"日月"形的彩绘图案,施于陶缸外壁,为深棕色且绘有白色边线。

岩画中也有与之相关的体现(图84、图85、

---

①转述自向安强:《盘状器与古代农耕部落的太阳崇拜——"盘状器"用途新探》,《南方文物》1993年第4期,第40页。
②刘铮:《甘青地区史前太阳神信仰初探》,西北师范大学硕士论文,2010年。
③谢端琚:《试论齐家文化与陕西龙山文化的关系》,《文物》1979年第10期;《试论齐家文化》,《考古与文物》1980年第3期。

图86、图87），根据太阳的视觉感受，将它画成圆圈或圆球，为了显示出太阳的光芒，又在圆的四周画上放射状的直线，为了表达对太阳的崇拜之情。内蒙古阴山岩画中也有类似的画。画中的人物双手合在头顶，身体下蹲，头上有一个圆圈，那就是太阳（图87）。这些岩画直观的表达出古人对太阳的崇拜。

图84、85　广西宁明花山岩

图86　广西宁明花山岩画　　　　图87　内蒙古阴山岩画

　　喇家遗址刻符石器的圆形符号可能是象征日月星辰中的日，随着农业文明的出现，太阳更是成为人类生存的保障，对粮食的收成起着决定性作用，让人类对牲畜的作息更加了解且加以驯服利用。人类直接模仿太阳，将太阳符号刻画在石器上，可能与人类早期的原始宗教、宗教祭祀、巫术等有着直接的关系。F20出土的刻符石器非常集中，南部的9块几乎一个挨着一个，反映了可能有着非常重要的用途。新疆罗布淖尔新石器时代墓地的中心，竖立着一根根粗细有序的木桩，这些木桩首先在中心聚成一个圆，然后一根根呈放射状向外围扩展，恰似一轮光芒四射的太阳[①]，也许像F20这样一个挨着一个也是可能组成了一定的图案，也许就是圆形，代表太阳图案，与石器上的太阳符号遥相呼应。

　　古人对月神的崇拜在古文献中出现的频率相对较少，甲骨卜辞记载月食："壬寅贞月有，王不于一人祸。壬寅贞，月有，其又土燎大牢，兹用之夕月有食。"意思说，月食往往预示着人间的灾祸，并且是被神所控制。《周官》："救日月，则诏王鼓。"《考工记》："圭璧五寸，以祀日月星辰。"《祭法》有："埋少牢于夜明，祭月也。"《孙子·虚实》有："月有死生。"《轻重已》有："以夏日至始，数九十二日谓之秋至，秋至而

---

① 王守功：《考古所见中国古代的太阳崇拜》，《中原文物》2001年第6期，第41页。

禾熟,天子祀于太祢,西出其国,百三十八里而坛,服白而絻白,搢玉总,带锡监,吹埙篪之风,动金石之音,朝诸侯卿大夫列士,循于百姓,号曰祭月。"《吕氏春秋·勿躬》:"尚仪作占月。"蟾蜍、嫦娥、玉兔也在很多古文献和神话中与月紧密联系,如《淮南子·精神训》:"月中有蟾蜍。"《淮南子·说林训》:"月照天下,蚀于詹诸。"《屈原赋·天问》:"夜光何德,死则又育?厥利维何,而顾菟在腹?"《鸿烈·览冥》:"羿请不死之药于西王母,姮娥窃以奔月,怅然有丧,无以续之。""月之为言阙也,两设以蟾蜍与兔者阴阳双居。"《五经通义》:"月中有兔与蟾蜍何?月,阴也;蟾蜍,阳也,而与兔并照阴系于阳也。"古代以蛙或蟾蜍为图腾的氏族或部落是比较多的,当他们发现月与蟾蜍或蛙活动的规律相似,而月上的阴影又像蟾、蛙,便认为自己的图腾祖先蟾蜍或蛙不是一般的动物,而是来自月亮的神蟾或神蛙,于是便把月与蟾、蛙相提并论了①。兔,又作顾菟,实际上就是蟾蜍。古人对蟾蜍的崇拜实质上可能也就是对月亮的崇拜,有时古代先民将太阳神与月亮神直接奉为各自的氏族或部落的祖神,"认为自己的祖先都是双重性的,既是凡人的肉胎,又是神抵之后裔。"②庙底沟类型的遗存中包含的三足乌和蟾蜍两种纹饰,可能也就是有日月的象征意义。其曲线三角、圆点和弧形几何纹,可能是三足乌和蟾蜍纹的抽象演化,可能也具有日月的寓意。

内蒙古阴山岩画中有关于月亮的图案(图88),两只动物(羊)的下方,是一弯弧形符号,近蹄印,有学者提出是女阴的象征符号,象征着繁衍与生产③。西藏日土县岩画(图89),研究者④认为是大型祭祀

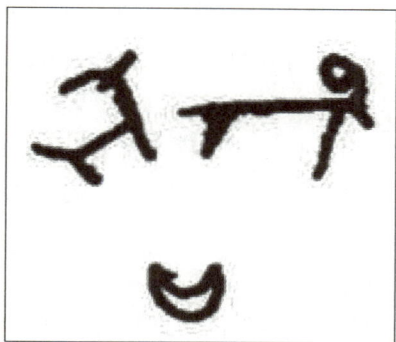

图88 内蒙古阴山岩画

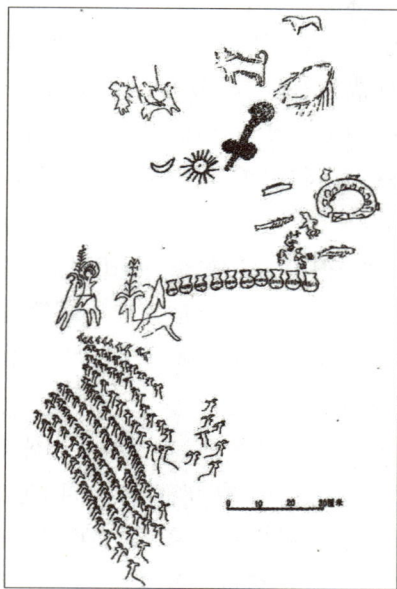

图89 西藏日土县任姆栋岩画

场面,古人为祈求人畜兴旺。岩画中的日月可能代表了某种象征意义,对古人来说是至关重要的。

喇家遗址刻符石器上的符号解读为是对月亮的崇拜可能也是一种理解,圆形符号可能代表月圆之时,弧符号则可能代表月亏之时。月圆月亏的组合,表现了月亮从亏到盈,再由盈转亏的变化。人类

---

① 何星亮:《中国自然神与自然崇拜》,上海三联书店,1992年,第198—199页。
② 萧兵:《楚辞的文化破译》,湖北人民出版社,1991年,第77页。
③ 班澜:《内蒙古大学艺术学院学报》2005年第4期,第9—16页。
④ 西藏文管会文物普查队:《西藏日土县古代岩画调查简报》,《文物》1987年第2期,第46页。

观察月亮,根据这样的规律,认为它有着巨大的力量,支配着人类与动物的情绪、潮水的涨落,甚至与女性神秘的生理周期也有一定的关系。自古关于月亮的神话数不甚数,在月亮消失的日子,人类往往禁止一切活动,直至月亮再次出现。在原始狩猎民族,月亮常常被视作男性的象征。农业文明出现后,月亮就被视为女性的象征,是植物生产周期仁慈的支配者①。

羌族的崇拜是多神崇拜体系,除了日月星辰,还有火崇拜、白石崇拜等。羌族当地口口相传的民歌中可以找到日月崇拜的痕迹②,很早以前,洪水泛滥淹没天地,太阳和月亮钻进皮口袋得以存活,但是其他生命都消失了。为了让世界再次充满生机,兄妹结成夫妻,但彼此都难为情,此后太阳与月亮就再不相见了,各自提着神灯,白天太阳出来,夜晚月亮出来轮流照看自己的子孙。而另一则神话中则说的是太阳是姑娘,月亮则是男性,叫唐庆。太阳怕羞,不爱出门,因此天神送给她许多针,在她出门时,如果有人看她,她就拿出针来把人的眼睛射花。太阳白天出来,晚上回去。月亮看太阳回去了,就出来,他的眼睛很亮,能看到大地。还传说盘古王在开天辟地死后,两只眼睛飞到天上变成了太阳和月亮,肉体毛发则变成了山川河流,哺育后人。太阳能够给予大地万物温暖与光明,带来新的生命与力量,而月亮在夜间替代了太阳的作用,也成为古人的守护神。

当然,喇家遗址刻符石器上的圆形符号和弧形符号可能是日月崇拜的象征,代表日和月,只是一种推测。白天的代表太阳和黑夜的代表月亮,从古至今都是联系紧密的。除了直接对太阳和月亮的崇拜,可能还有更深层次含义。当代,西方占星术中,太阳象征男性、雄性;代表管理能力、父爱、权力、威权力以及自我表现力。月亮象征女性、雌性、阴柔;代表母性、内心感受,以及过去发生的事情。西方炼金术中,太阳代表黄金,是炼金术的完美标记,代表伟大的工作;月亮则代表白银,也是次要的工作,还代表直觉和繁荣;太阳代表灵魂则月亮代表肉体。西方神话中,日月组合最典型的体现是撒努努斯,弧在上太阳在下,这个符号就代表凯尔特神话中头上有角的森林之神撒努努斯,其在巫术崇拜中象征男性的力量。

在上古时代,很可能存在崇拜太阳与月亮的原始宗教,刻符石器很可能与宗教仪式直接相关联,是意识形态的一种表现形式。喇家遗址刻符石器上的圆形和弧形符号是否就是日月崇拜的直接体现,还有待进一步证据的补充,这里提出只是一种可能性。

1.3.2.2 对立观念

对立、对称或二分观念,是人类早期一种十分重要的思维方式。新石器时代,对立观念已经在中国人的生活和生产中普遍显现,当时的人们也已经开始通过图案来表达这一观念③。古人注意到在自然中普遍存在着对立或二分的现象,如太阳之升降、月亮之盈亏。

最初的二分观念的概括化形式主要是出现在新石器时代中晚期的彩陶纹饰上,表现为一些对称性极强的构图。喇家遗址刻符石器的圆形符号和弧形符号可能也表现着对立观念,日有出入,月有朔望。《礼记·礼器》:"大明生于东,月生于西。此阴阳之分,夫妇之位也。"《祭义》:"郊之祭,大报天,而主日,配以月。祭日于坛,祭月于坎,以别幽明,以制上下。祭日于东,祭月于西,以别外内,以端其位。日出于东,月生于西。阴阳长短,终始相巡,以致天下之和。"目前的研究一般认为,"阴""阳"两字最初与寒暖或者天气、气候相关。古人多从地理角度阐释,如"高明处为阳,低暗处为阴;山之南水之北为阳,

①蒋皎:《月亮崇拜》,《百科知识》1985年第10期,第45页。
②张德明:《四川北川羌族的民间规约与文学创作》,《当代文坛》,2009年第2期,第126—128页。
③吾淳:《对立与阴阳观念形成的知识线索》,《上海师范大学学报》2014年第5期,第13页。

水之南山之北为阴。"

阴阳在道教中是构成自然的元素。古人根据太岁的运行和每年冬至、夏至的确定时间分出四季和纪时的天干地支。冬至日渐长，夜渐短，称为阳生。夏至日渐短，夜渐长，称为阴生。一年分为两份，冬至开始至夏至之前为阳，夏至开始至冬至之前为阴；一年如此，一日之间白昼为阳，黑夜为阴，午前为阳，子前为阴。"由道形成原始的统一体，从统一体派生两种对立的力量，两种对立的力量互相渗透，生成万物，万物背面是阴，正面为阳，阴阳二气相互交流达到和谐的状态。"如此说来，阴阳从道派生，是宇宙中最基本的既对立又统一的力量，它们是具有相反相成性质的气。同时，它们又内在于每一事物之中。人类之中有男女之别，体质之中有神阳质阴，神又有阴神和阳，气也如此。天地之间有天阳地阴，山阳水阴，山、水、草、木、土、石、鬼、神，这些事物都内含着阴阳。喇家遗址刻符石器的符号可能还具有与天文观测相关的更深层次的含义。屈家岭文化彩陶纺轮上的乀形旋纹或许也与天文观测有关。乀形旋纹符号与日晷有所联系，日晷的圆盘应当是能够旋转的，因为只有这样才能通过对每日或规定日数的观测来记录或标出乀形旋纹的抛物曲线①。

从古至今就存在占卜习俗，古时便有占卜仪式，用两块木片或石片进行占卜，显示为一阴一阳，占卜才成立，然后再进行第二次占卜算。周代《易经》中有"一、一一"这两个符号以及由此而衍生出的种种卦象。两爻首先与占卜相关，高亨②指出，一与一一开始就是一种占卜工具：一长两短的竹管或蓍草，而它们所代表的则是吉与凶两种可能或结果。《庄子·天下》："《易》以道阴阳。"这说明《易经》的卦象中也肯定有确切的"阴阳"含义。仰韶文化时期的濮阳西水坡遗址很可能已反映出二至与二分的知识或观念，在仰韶文化晚期的郑州大河村遗址陶器上绘有12个太阳，这也意味着可能已有一年12个太阳月的认识。现代寺庙里还保留着类似的占卜仪式，有两个木块或竹块叫"杯爻"。沿用旧时做法，问卜者先从签筒中摇出一签，再把杯交抛掷地上若呈一俯一仰状，就是一阴一阳，叫作顺杯，经此验证，这一支便是所要求的签。喇家遗址的圆形符号和弧形符号是否可以与古老的占卜仪式相联系，还需要更多的证据来证明。

1.4 小结

喇家遗址出土的刻符石器通过与盘状器形态、功能等对比，确定其非盘状器，不具有盘状器的功能和用途。刻符石器除了物质性的实用目的外，也应该关注其非物质的使用价值。通过出土背景分析可以看出刻符石器并非用于陪葬，更有可能与祭祀土台上举行的宗教祭祀仪式相关，可能是与仪式有关的某种重要器物。刻符石器的探讨主要放在其圆形符号和弧形符号上，提出了可能是作为当地人图腾祖先崇拜的"灵石"，其符号具有某种象征意义，可能是性别象征也可能是其他象征；根据其符号推测可能与古人的太阳崇拜和月亮崇拜有一定的关系，可能与当地宗教仪式相关联，是意识形态的一种表现形式；刻符石器的符号可能与古老的占卜仪式相联系，可能已经有着对立观念甚至可能已有阴阳意识的萌芽。

结　语

喇家遗址的发掘和研究为探索黄河上游地区文明起源和早期发展，中国文明起源的研究有着极

---

① 吾淳：《对立与阴阳观念形成的知识线索》，《上海师范大学学报》2014年第5期，第18—19页。
② 高亨：《周易古经今注》，中华书局，1984年，第139页。

467

其重要的价值。刻符石器是喇家遗址所出石器中的一类特殊现象,特殊在于石器上刻画出圆形和弧形图案的符号。喇家遗址出土的刻符石器不是盘状器,可能与宗教祭祀仪式相关,可能是与仪式有关的某种重要器物。刻符石器的探讨主要放在其圆形符号和弧形符号上,提出了可能是作为当地人图腾祖先崇拜的"灵石",其符号具有某种象征意义,可能是性别象征也可能是其他象征;根据其符号推测可能与古人的太阳崇拜和月亮崇拜有一定的关系,可能与当地宗教仪式相关联,是意识形态的一种表现形式;刻符石器的符号可能与古老的占卜仪式相联系,可能已经有着对立观念甚至可能已有阴阳意识的萌芽。本文有许多不足之处及有待进一步研究的问题:

1. 刻画符号及相关研究成果的收集整理有待进一步完善,收集的范围也需要扩大,释读工作需要进一步加强。不同区域间刻画符号传播、交流的研究有待于以后的资料的补充完善再进行更深入的研究。

2. 民族学、宗教学、符号学的运用有待于进一步加强,特别是基础理论和方法论的研究,加强文章的逻辑联系,提高论据的说服力。

3. 下一步将继续收集补充资料。在羌族、藏族、石棺葬方面继续寻找相关资料进行补充,在齐家文化的器物里面寻找相关的符号进行对比,加强齐家文化的研究,寻找是否以前有忽略的石器、玉器等可能有相关的符号。

喇家遗址刻符石器是非常重要的发现,石器上的刻画符号也非常具有代表性。但因相关资料有限、研究难度较大,加之笔者学识和能力有限,文中纰漏、错误一定不少,敬祈各位师友指正!

库尔干理论的重构及"胡人"问题

新疆师范大学 刘学堂

20 世纪 50 年代至 70 年代,立陶宛裔的德国著名考古学家金布塔斯提出了"库尔干假说",用它来建构印欧人的起源与迁徙的理论。后来,吐火罗问题由历史语言学领域向考古学领域拓展,不少考古学家参与论证并赞同库尔干理论。20 世纪末以来,库尔干理论开始受到欧美学术界的质疑,并有被摒弃的危险。不过,在没有新的理论取代它之前,库尔干理论亦然是描述原始印欧人群起源、迁徙与演变的重要蓝本,只是需要根据新的材料补充与完善。东方文献中所谓的"胡人",追根溯源,也和印欧人的迁徙活动有关。

一、库尔干理论

库尔干理论的雏形 所谓库尔干(Kurgan)原是个借自突厥语的俄语词,意为"古坟"。1956 年,金布塔斯用这个术语指称从黑海到北高加索到伏尔加河下游的草原地区,以至西伯利亚叶尼塞地区,时代属于公元前 5000 至 2600 年间的半游牧的农耕文化。这些半游牧半农耕的居民,使用先进的武器,饲养马匹,社会分层明显,实行父权制,他们死后葬在竖穴式的墓葬里。金布塔斯认为,伴随着库尔干文化扩展的是原始印欧人文化的扩散和渗入各地的过程。这个过程大体经历了三个阶段:第一阶段是公元前 4300—前 4200 年, 第二阶段是公元前 3700—前 3500 年, 第三阶段是公元前 3100—前 2900 年。第一阶段的原始印欧人来自伏尔加草原,第二阶段原始印欧人来自德聂斯特河下游和高加索之间的黑海北岸地区,第三阶段又来自伏尔加草原。库尔干文化之前,欧洲还存在一种古老文化(年代约为公元前 6000—3000 年间),属于新石器时代和铜器时代,那时候的居民说的并不是印欧语[①]。

新疆发现欧洲人种遗骸 要完善库尔干理论,必须对新疆地区远古印欧人活动的情况有深入的了解。中国古文献中,屡屡有胡人的记载,他们主要生活在西域,或从西域迁往内地。文献中记载说这些人长得深目高鼻,多须髯,称他们为胡人。关于胡人问题,我们后面还要提到。1977 年,韩康信、潘其

---

①Strazny,Philipp(Ed),*Dictionary of Historical and Comparative Linguistics*.1,Routledge.2000:163.

风对乌鲁木齐南山矿区阿拉沟、鱼尔沟墓地出土的人骨材料进行了分析。此后的数十年间，韩康信等多位学者，运用传统体质人类学的测量统计方法，对天山南北两麓、帕米尔高原、塔里木盆地出土的史前时期到汉晋时期多处墓地的人骨材料做了分析研究，发现了欧洲人种的遗骸①。

韩康信等学者的基本的结论是，史前到汉晋时期，新疆地区出土的古人类遗骸，可以分为欧罗巴人种、蒙古人种及两大人种的混血种三大类型。他们进一步又将其中的欧罗巴人种划分为古欧洲类型、地中海东支类型和中亚两河类型。他们是从不同时代、从不同方向，通过不同的路径，进入塔里木盆地和天山南北地区②。朱泓教授总结说："哈密以西的新疆地区在先秦时期是欧罗巴人种各个支系的居民生活的地方。最早进入该地区的，可能是以孔雀河下游古墓沟组为代表的古欧洲人类型，他们大约于公元前1000年以前便来到了现今塔克拉玛干沙漠的罗布泊地区。……随后他们的一些后裔可能逐渐向东疆地区渗透，并且在东疆地区与蒙古人种的土著居民发生接触、融合。例如，以哈密焉不拉克墓地为代表的青铜时代文化是以蒙古人种为主体的居民创造的文化，后来的古欧洲人类型居民迁移到这里并接受了当地蒙古人种的土著文化。在公元前6世纪到公元前1世纪之间，另一支欧罗巴人种血统的居民迁入现今乌鲁木齐市以南的天山阿拉沟一带。在他们中间以中亚两河类型（帕米尔—费尔干纳类型）的居民为主。此外，还有一些其他欧洲人种成分和少量蒙古人种因素的混入。阿拉沟居民被认为可能是史料记载中的车师人。"③

古DNA研究揭深层谜底 20世纪末21世纪初，被认为世界考古学重大前沿课题的古代DNA、食谱分析、迁徙模式、社会与环境等领域，从研究方法到理论构建上，都取得了重要突破。中亚考古研究领域，围绕着史前人类体质特征类型和早期人类的迁徙、遗传人类学，打开了一扇重要的窗口。吉林大学边疆考古研究中心考古DNA实验室，经二十多年努力，已经初步建立起我国新疆地区古代居民的DNA的基因库④，对新疆塔里木盆地和天山盆地古今人群DNA的实验研究，取得了重要的进展⑤。

孔雀河下游古墓沟墓地人骨的DNA研究表明，4000年前后的青铜时代，罗布淖尔三角洲地区曾有单一的欧罗巴人种构成的人群存在⑥。小河墓地出了大量的、保存相当好的干尸，对这些4000年到3500年前后的人类遗骸进行古DNA研究，更受到了学界的极大关注。据李春香的研究，小河人群存在着东部欧亚谱系与西部欧亚谱系共存的现象，其中某些个体在母系上带有东部欧亚谱系，而其父系来源却为西部欧亚谱系，这暗示东西方人群不仅在小河地区相遇，而且已经在很早以前就发生了基因的融合。就是说，至少在4000年前，生活在罗布淖尔三角洲的小河人群，实际上已是东西方的混血人群。而且，小河墓地早期人群中不论是东部欧亚谱系C，还是西部欧亚谱系H和K，早在一万年以前就已经广泛存在于欧亚草原上了。另外，更有意思的还有二点：第一，小河人群中东部欧亚谱系所占的比例非常高，但多样性不够，这一现象与南西伯利亚地区青铜时代的古代人群的遗传特征很相似；第二，

①韩康信：《丝绸之路古代居民种族人类学研究·序》，新疆人民出版社，1995年。
②潘其风：《新疆地区古代人类学研究的主要收获》，载《中日尼雅遗址学术方讨论会发言提要》，2000年，第12—14页。
③朱泓：《中国西北地区的古代种族》，《考古与文物》2006年第5期。
④朱泓：《近年来我国古人骨研究前沿领域的新进展》，《史学集刊》2008年9月第5期，第3—5页。
⑤朱泓：《中国边疆地区古代居民DNA研究》，《吉林大学社会科学学报》2003年第3期。
⑥崔银秋、许月等：《新疆罗布诺尔地区铜器时代古代居民mtDNA多态性分析》，《吉林大学学报》2004年第30卷第4册，第650—652页。

小河早期人群中的东部欧亚成分主要分布在北亚东部地区,西部欧亚成分主要分布在欧洲地区,这些谱系最有可能发生碰撞的地区是广阔的南西伯利亚草原,而不是被众多群山包围的新疆地区[①]。

陈春香的研究,还揭示了更深层的历史实事:"小河人群的最近共同祖先是一个西部欧亚人群,他们在向东迁徙的过程中,与东部欧亚人群发生了碰撞,他们中的男性成员娶了东部欧亚人群中的女子作为妻子,在随后的某一时期,由于某种外界因素,他们中的一支南下迁入新疆地区。考虑到这些携带有东部欧亚成分的女子在当时的社会上居于很高的地位,通婚而非战争可能是当时发生基因混合的主要模式。"[②]这里提到南西伯利亚,更早的时候东西方人种集团就在那里接触与融会了。人类学家对南西伯利亚出土的一些古代人类遗骸进行遗传分析发现,早在六千年以前,内贝加尔湖地区生活的人群遗传基因里,已经存在了东、西部欧亚谱系共存的现象。最近,有学者对阿尔泰地区青铜时代和铁器时代的古代人类遗骸的 DNA 进行了分析,发现了东西方谱系遗传基因的共存,且欧亚东部谱系在早期所占的比例要远远小于西部欧亚谱系[③]。

欧亚西部人种集团的东进　多年以来,体质人类学家,在研究新疆古代居民人种成分时,对所谓欧罗巴人,或者称雅利安人、白种人的东进更为关注。韩康信先生对罗布淖尔三角洲孔雀河古墓沟墓地出土人骨的研究表现,距今 3800 年前后,这里就生活着颅骨狭长,眉弓和眉间突度比较明显,鼻根多深的欧罗布人种,他们具有同原始欧洲人种头骨相近的性质,称为古欧洲类型,也称之为"原始欧洲人"。认为这支人群是目前所知欧亚大陆上时代最早、分布位置最东的古欧洲类型居民[④]。后来遗传人类学家从孔雀河古墓沟墓地古代居民人骨中提取了古 DNA 进行研究,也证明了早在 3800 年以前,罗布淖尔地区已有单一的欧罗巴人种构成人群存,与韩康信的研究结果一致[⑤]。古墓沟墓地古代居民线粒体 DNA 序列呈现出单一的原始欧洲人的序列特征[⑥]。进入早期铁器时代,属于欧亚西部人种分支,长头颅的古代地中海东支类型,主要越过帕米尔山,进入新疆西部并沿着塔里木盆地南缘和北缘东进,进入天山地区,与当地居民发生了混血融合,这些混血人群主要生活在吐鲁番至乌鲁木齐一线和附近地区,包括天山阿拉沟谷地[⑦]。与此同时,具有蒙古人种类型与欧洲人种类型混血的,短头颅的中亚两河类型人群,他们主要生活在伊犁河谷,很快向东渗透到东天山地区,构成了吐鲁番乌鲁木齐一线及附近地区,包括阿拉沟春秋战国时期的居民人种成分的重要遗传因素[⑧]。

天山地区普遍存在混血人群　东天山的哈密盆地,很早就生活着东西方的混血人种集团。哈密五堡墓地出土的古代人骨 DNA 研究显示,在 3200 年以前,这里就有了蒙古人种的存在,同一墓葬中,还发现过亚、欧两种不同人类种群混居的现象[⑨]。吐鲁番盆地发现的史前人类,基本上都是东西方的混血

①陈春香:《小河墓地古代生物遗骸的分子遗传学研究》,博士论文,2010 年,第 76 页。

②陈春香:《小河墓地古代生物遗骸的分子遗传学研究》,博士论文,2010 年,第 75 页。

③引自陈春香:《小河墓地古代生物遗骸的分子遗传学研究》,博士论文,2010 年,第 75 页

④韩康信:《新疆孔雀河古墓沟墓地人骨研究》,《考古学报》1986 年第 3 期。

⑤崔银秋等:《新疆罗布诺尔地区铜器时代古代居民 mtDNA 多态性分析》,《吉林大学学报》2004 年第 30 卷第 4 期。

⑥崔银秋、周慧:《从 mtDNA 研究角度看新疆地区古代居民遗传结构的变化》,《中央民族大学学报》2004 年第 5 期第 31 卷。

⑦张全超、崔银秋:《新疆地区古代居民的人种地理变迁》,《社会科学战线》2006 年第 6 期。

⑧张全超、崔银秋:《新疆地区古代居民的人种地理变迁》,《社会科学战线》2006 年第 6 期。

⑨何惠琴、金建中等:《3200 年前中国新疆哈密古人骨的 mtDNA 多态性研究》,《人类学学报》2003 年第 22 卷第 4 期。

人种。对洋海墓地、苏贝希墓地[①]、交河车师贵族墓地出土遗骨的古 DNA 研究结果表明[②]，早在青铜及早期铁器时代，吐鲁番盆地已经存在欧亚谱系混合现象。而吐鲁番古代人群比现代新疆土著群体，在遗传距离上更接近于欧洲群体，这说明，欧洲谱系对吐鲁番盆地古代人群遗传结构的影响比现在还大，随着西迁的东亚群体逐渐增加，欧洲谱系的影响在新疆地区呈现了弱化的趋势[③]。乌鲁木齐史前时代的居民，也是欧亚人群的混血种。乌鲁木齐萨恩萨依墓地出土的公元前 7 世纪前后人类遗骸分析证明，早期铁器时代的人骨体质人类学研究的结果，即有欧罗巴人种类型特征，又具蒙古人种类型特征，从有些测量值看，欧罗巴人种类型特征突出，有些测量值蒙古人种类型更为显性；有的个体从外观上看，呈现一些欧罗巴人种特点，而测量结果显示及是蒙古人种的特点占多数。这一现象在吐鲁番阿斯塔那古墓、吐鲁番盆地青铜时代古墓以及哈密天山北路古墓出土的颅骨研究中也出现过[④]。

库尔干理论模型补充完善 半个世纪以来，主要因为考古学家的不断介入，库尔干理论的内涵与外延，不断被拓展和深化。传统的库尔干理论的核心要素中突出驯马与轻型战车、冶金与冶金工具、墓葬地表的石构建筑等。著名考古学家库兹米娜说，古印度雅利安神"Tvshrar"，字面意思是创造，这个词在俄语里有同解，俄语写成"tovrit"。在印度神话中，"Tvshrar"这个词，指的就是轻型战车、冶金和其他工具的发明者[⑤]。随着考古学的发展，特别是用库尔干理论审视新疆史前文化遗存，库尔干理论的外延和内涵，将不断被拓展深化。库尔干理论的模型不断补充完善，到目前为止，至少可以包括以下几个方面：一是有封堆的竖穴墓葬；二是驯马与轻型战车；三是冶金技术和特殊的青铜工具与武器组合；四是大量蓄养牛、羊；五是小麦类农作物；六是屈肢葬式与火葬；七是压印刻画纹陶器系统和风格趋于一致的几何纹构图；八是印欧人及欧亚东西方人种谱系的混合人群体质特征。

库尔干理论自提出以来，这一理论涉及区域和考古遗存不断拓展增加。首先，分布东欧草原，黑海里海北岸的雅姆纳亚文化（即竖穴墓文化）、中亚草原的辛塔什塔文化、米努辛斯克盆地阿凡纳谢沃文化，以及安德罗诺沃文化联合体、卡拉苏克文化等，这些广泛分布在内陆欧亚西部、中亚北部辽阔草原森林地带青铜时代的考古文化，最早归属于库尔干文化，用库尔干理论来解释。其次，新疆天山南北发现的压印刻画纹陶器遗存，应该是库尔干文化自东欧草原东方发展的结果。新疆地区发现的属于库尔干文化系统的遗存，主要有阿尔泰山南麓以切木切克文化为代表的文化类型[⑥]，博尔塔拉河流域以最近几年发掘的温泉县阿敦乔石构遗存这代表的文化类型[⑦]、伊犁河流域安德罗诺沃文化联合体的地方变

①崔银秋、段然等：《吐鲁番盆地古代居民线的线粒体 DNA 研究》，《边疆考古研究》第 1 辑，科学出版社，2002 年，第 352—356 页。

②崔银秋、段然等：《交河故城古车师人的线粒体 DNA 分析》，《高等学校化学学报》2002 年第 23 卷，第 1510—1514 页。

③崔银秋、张全超等：《吐鲁番盆地青铜时代至铁器时代居民遗传结构研究》，《考古》2005 年第 7 期。

④付昶、阮秋荣：《萨恩萨伊墓地出土头骨的人种学研究》，载新疆文物考古研究所编著：《新疆萨恩萨伊墓地》，文物出版社，2013 年，208 页。

⑤[俄]叶莲娜·伊菲莫夫纳·库兹米娜著，李春长译：《丝绸之路史前史》，科学出版社，2015 年，第 39 页。

⑥王博：《切木尔切克文化初探》，载《考古文物研究——纪念西北大学考古专业成立四十周年文集》，三秦出版社，1991 年，第 274—285 页；林沄：《关于新疆北部切木尔切克类型遗存的几个问题——从布尔津县出土的陶器说起》，载《庆祝何柄棣先生九十华诞论文集》，三秦出版社，2008 年；收入林沄：《林沄学术文集》（二），科学出版社，2008 年；丛德新·贾伟明：《切木尔切克墓地入及其早期遗存的初步分析》，《庆祝张忠培先生八十岁论文集》，科学出版社，2014 年，第 275—308 页；于建军：《切木尔切克文化的新认识》，《新疆文物》2015 年第 3—4 期。

⑦李金国、吕恩国：《温泉县阿敦乔鲁遗存的考古调查和研究》，《新疆文物》2003 年第 1 期；中国社会科学院考古研究所等：《新疆温泉县阿敦乔鲁遗址与墓地》，《考古》2013 年第 7 期。

体[①]、乌鲁木齐以萨恩萨依墓地青铜时代早期墓葬为代表的文化类型[②]帕米尔高原以下坂地墓地青铜时代墓群为代表的安德罗诺沃文化联合体的地方变形[③]。零星的发现还有石河子总场发现的部分墓葬[④]、乌鲁木齐柴窝堡墓地的 M20[⑤]、呼图壁康家石门子墓地 M55[⑥]、焉耆盆地新塔拉遗址中压印刻画陶器和铜斧[⑦]、库车哈拉墩遗址中的压印刻画陶器[⑧]、尼雅河尾闾采集的压印刻画纹陶器和铜器[⑨]、沙湾县宁家河水库墓地发掘的数座墓葬和金沟河上游大白杨沟墓地征集的一件缸形器、昌吉努尔加墓地[⑩]、阜康市西沟墓地 M18[⑪]、奇台西卡尔孜遗址[⑫];还有,多年在准噶尔盆地西北缘、天山南北采集的明显为安德罗诺沃文化源流的铜斧、铜镰及其他器物[⑬],也属于库尔干文化系统。第三,库尔干文化系统自阿尔泰山脉南下,有逐渐弱化的趋势,这主要是受到东来的彩陶文化圈的影响所至。罗布淖尔三角洲的小河文化,虽然墓葬里未见随葬压印刻画纹的陶器,墓葬地表也未见石筑建筑等,从文化源流上,显示出与中亚北部草原青铜文化之间的密切关系,是库尔干文化背景下的特殊类型遗存。属库尔干文化的特殊类型遗存,还包括阿尔泰地区青铜时代的岩画、伊犁河支流喀什河谷的奴拉赛古铜矿、天山深处著名的呼图壁康家石门子岩画等[⑭]。

库尔干文化的影响 库尔干文化遗存,在新疆地区延续的时间较长,其下限截至公元前一千纪前后。公元前 1000 年前后开始,天山南北两麓盆地河谷地带,遍布地表有石构建筑的墓葬,墓坑内填石、流行石室墓、火葬、二次葬、屈肢葬式等,墓葬结构明显延续着库尔干文化传统,只是随葬品的组合,器物的质地、形态特征装饰手法纹样风格,都发生了本质的变化,这主要缘于东方的彩陶系统,对天山山脉史前文化的整合作用。自北而南的库尔干文化系统,与自东而西的彩陶文化系

①邵会秋:《新疆地区安德罗诺沃文化相关遗存探析》,载吉林大学边疆考古研究中心编:《边疆考古研究》,科学出版社,2009 年,第 81—97 页;阮秋荣:《新疆发现的安德罗诺沃文化遗存研究》,载西北大学丝绸之路文化遗产保护与考古学研究中心等编:《西域考古》第柒辑,三秦出版社,2014 年,第 125—124 页。

②新疆文物考古研究所编著:《新疆萨恩萨伊墓地》,文物出版社,2013 年。

③新疆文物考古研究所编著:《新疆下坂地墓地》,文物出版社,2012 年。

④新疆文物考古研究所、石河子博物馆:《石河子市古墓》,《新疆文物》1994 年第 1 期。

⑤新疆文物考古研究所、西北大学文博学院八九级考古班:《乌鲁木齐柴窝堡墓葬发掘报告》,《新疆文物》1998 年第 1 期。

⑥新疆文物考古研究所:《新疆呼图壁县石门子墓地发掘简报》,《新疆文物》2013 年第 2 期。

⑦新疆文物考古研究所:《新疆和硕新塔拉遗址发掘简报》,《考古》1988 年 6 期;自治区博物馆、和硕县文化馆:《和硕县新塔拉、曲惠原始文化遗址调查》,《新疆文物》1986 年第 1 期。

⑧黄文弼:《新疆考古发掘报告(1957—1958)》,文物出版社,1983 年。

⑨张铁男、于志勇:《新疆民丰尼雅遗址以北地区 1996 年考古调查》,《考古》1999 年第 4 期。

⑩阮秋荣:《略论新疆天山北麓青铜文化》,《新疆文物》2016 年第 2 期。

⑪新疆文物考古研究所:《阜康市西沟墓地、遗址考古发掘简报》,《新疆文物》2016 年第 1 期。

⑫奇台县文化馆:《新疆奇台县发现的石器时代遗址和古墓》,《考古学集刊》1982 年。

⑬王博:《新疆近十年发现的一些铜器》,《新疆文物》1987 年第 1 期;王博:《新疆巩留出土的一批青铜器》,《文物》1989 年第 8 期;李肖、党彤:《准噶尔盆地周缘地区出土铜器初探》,《新疆文物》1995 年第 2 期;李溯源:《新疆县出土一组青铜器》,《中国文物报》2005 年第 9 期;刘学堂、李溯源:《新疆发现的铸铜石范及其意义》,《西域研究》,2008 年第 4 期。

⑭刘学堂:《呼图壁岩画的时代和作者》,载迪木拉提·奥迈尔编:《无萨满时代的萨满——新疆师范大学萨满国际会议论文集》,民族出版社,2007.133—154.

统,在天山山脉融为一体,融会为新疆地方文化系统。天山山脉自东而西的哈密盆地的林雅文化与焉不拉克文化[①]、吐鲁番盆地的洋海文化和苏贝希文化[②]、天山南麓察吾呼沟文化[③]、伊犁河流域穷科克墓地为代表考古文化[④]等,分析这些考古学文化结构,都存在库尔干文化系统和彩陶文化系统两个基本来源。青铜时代到早期铁器时代,天山山脉的史前文化,说到底都是东西文化融合的产物。

被淹没有历史框架 库尔干理论叙述的是欧亚西部人群,在东向迁徙途中,不断与当地居民混血,形成地方文化,对中亚南部绿洲区史前文化进行重构。至少在公元前3千纪,东欧草原、黑海里海

①刘学堂:《青铜长歌》,甘肃人民出版社,2015年;刘学堂:《彩陶与青铜的对话》,商务印书馆,2016年;刘学堂、李文瑛:《中国早期青铜文化的起源及其相关问题新探》,《藏学研究》第三辑,四川大学出版社,2007年;陈戈:《略论焉不拉克文化》,《西域研究》1991年第1期;韩康信:《新疆哈密焉不拉克古墓人骨种系成分研究》,《考古学报》1990年第3期。

②刘学堂、李文瑛:《吐鲁番的远古记忆》,新疆人民出版社,2015年;吐鲁番地区文管所:《新疆托克逊县英亚依拉克古墓群调查》,《考古》1985年第5期;吐鲁番地区文物保管所:《新疆托克逊县喀格恰克古墓群》,《考古》1987年第7期;吐鲁番文物局:《鄯善县洋海墓地采集文物》,《新疆文物》1998年第3期;新疆文物考古研究所、吐鲁番文物局:《鄯善县洋海墓地一号墓地发掘简报》,《新疆文物》2004年第1期;新疆文物考古研究所:《新疆鄯善县苏贝希考古调查》,《考古与文物》1993年第2期;新疆文物考古研究所等:《鄯善县苏贝希墓群三号墓地》,《新疆文物》1994年第2期;新疆文物考古研究所等:《鄯善县苏贝希遗址及墓地》,《考古》2002年第6期;新疆文物考古研究所等:《鄯善洋海二号墓地发掘简报》,《新疆文物》2004年第1期;新疆文物考古研究所等:《新疆鄯善县洋海墓地的考古新收获》,《考古》2004年第5期;新疆维吾尔自治区博物等:《新疆吐鲁番艾丁湖古墓葬》,《考古》1982年第4期;新疆文物考古研究所等:《新疆鄯善县三个桥墓葬发掘简报》,《文物》2002年第6期;陈戈:《新疆远古文化初论》,《中亚学刊》第四辑,1995年;陈戈:《新疆史前时期又一种考古学文化——苏贝希文化试析》,载《苏秉琦与当代中国考古学》,科学出版社,2001年,第153—171页;陈戈:《苏贝希文化的源流及其与其它文化的关系》,《西域研究》2002年第2期。

③中国社会科学院考古研究所新疆队等:《和静察吾呼沟口一号墓地发掘报告》,《考古学报》1988年第1期;新疆文物考古研究所等:《和静县察吾呼沟二号墓地发掘简报》,《新疆文物》1989年第4期;新疆考古所:《和静县察吾呼沟四号墓地1986年度发展简报》,《新疆文物》1987年第1期;中国社会科学院考古研究所新疆队等:《轮台群巴克墓葬第一次发掘简报》,《考古》1987年第11期;新疆文物考古研究所等:《和静县察吾呼沟一号墓地》,《新疆文物》1992年第4期;中国社会科学院考古研究所新疆队等:《和静县察吾呼沟口二号墓地发掘简报》,《考古》1990年第6期;新疆文物考古研究所等:《和静县察吾呼沟五号墓地发掘简报》,《新疆文物》1992年第2期;中国社会科学院考古研究所新疆队等:《轮台群巴克墓葬第二、三次发掘简报》,《考古》1991年第8期;新疆文物考古研究所:《新疆察吾呼——大型氏族墓地发掘报告》,东方出版社,1999年;新疆文物考古研究所等:《和静县哈布其罕Ⅰ号墓地发掘简报》,《新疆文物》1999年第1期;新疆文物考古研究所等:《和静县拜勒其尔石围墓葬发掘简报》,《新疆文物》1999年3—4期合刊;新疆文物考古研究所:《和静哈布其罕二号墓地发掘简报》《新疆文物》2001年第3—4期;巴音郭楞蒙古自治州文物保护管理所:《新疆库尔勒市上户乡古墓葬》《文物》1999年第2期;新疆文物考古研究所:《拜城县克孜尔水库墓地第一次发掘》,《新疆文物》,1999年第3、4期;新疆文物考古研究所:《新疆拜城县克孜尔吐尔墓地第一次发掘》,《考古》2002年第6期;新疆文物考古研究所:《新疆拜城县克孜尔水库墓地第二次发掘简报》,《新疆文物》2004年第4期;张平、张铁男:《拜城克孜尔水库墓地第一次发掘》,《新疆文物》1999年第3、4期;陈戈:《新疆察吾呼沟口文化略论》,《考古与文物》1993年第5期;陈戈:《察吾呼沟口文化的类型划分和分期问题》,《考古与文物》2001年第5期;陈戈:《再论察吾呼沟口文化》,《吐鲁番学研究》,2001年第2期;吕恩国:《察吾呼文化研究》,《新疆文物》1999年第3、4期;刘学堂:《察吾呼沟四号墓地墓葬制度研究》,《新疆考古发现与研究》第一辑,1996年;张平:《从克孜尔遗址和墓葬看龟兹青铜时代文化》,《新疆文物》1999年第2期;新疆文物考古研究所:《和静察汗乌苏古墓群考古发掘新收获》《新疆文物》2004年第4期;中国社会科学院考古研究所:《拜城多岗墓地》,文物出版社,2014年。

④刘学堂:《尼勒克县穷科克一号墓地考古发掘报告》,《新疆文物》2002年第3—4期;陈戈:《伊犁河流域文化初论》,《欧亚学刊》第二辑,中华书局,2002年,第1—35页;刘学堂:《伊犁河流域史前考古的发现与研究》,《新疆文物》2011年第1期。

北部辽阔的森林草原，一直到中亚北部森林草原河谷水泽，生活着的远古居民，他们畜养牛羊，掌握着先进的冶铜和铜器冶铸技术，制作了大量的铜斧和其他武器、工具和装饰品。不久，他们学会驯马，制作了马拉的轻型战车。他们操原始的印欧语。历史考古人类学家，将他们比定为原始的印欧人，或者说是吐火罗人的祖先。

原始的印欧人群，可能由于环境的、社会的，以及其他的因素，很早的时候就从内陆欧亚的北部草原向周边扩张。正如林梅村描述的那样，他们不断侵入周边区域，重构这一地区的历史。至少在公元前三千纪末，他们中的一支离开北方草原南下，由伊朗高原突入古巴比伦，即文献中提到的古提人，他们占领并统治了古巴比伦达一百多年。约在安德罗诺沃文化联合体形成之后，不断有新的冶金和畜牧农业人群，阶梯式地从北方南下，像是多米诺骨牌效应，他们曾再度占领古巴比伦、亚述等地，统治了二百多年，建立了历史上第一个雅利人的帝国米坦尼国，并与埃及结盟。很可能是突入古巴比伦的古提人和胡里安人，他们在将印欧语传播至近东、欧洲过程中，发挥了相当重要的作用。印欧语向欧洲的传播，客观上为文化上早期欧洲的形成奠定了基础。

原始印欧人，或者说吐火罗人的祖先，持续地西东向迁徙。公元前三千纪内，他们已经占领了萨颜—阿尔泰山脉，占据了叶尼塞河流域。公元前三千纪下半叶，他们主要从北和西两个方向，进入准噶尔盆地周缘、天山南北河谷山麓、塔里木盆地绿洲区域。不久，他们的一支，经中亚腹地，进入南亚次大陆的西北，开始与古印度文明接触与融合，迎来印度古文明断裂中的雅利安时代，也是印欧语体形成过程。印欧人群四向迁徙，不断地与他们流布区域的土著居民，进行体质与语言的混血，也是印欧语系的不同种群分支形成过程，终使印欧语系呈现出极度复杂的局面。

公元前二千纪初之前开始，已经生活在塔里木盆地、天山地区的印欧人群，虽然持续与当地土著混血，形成了混血种群集团，但在体貌特征，人们仍可以从欧亚东方蒙古人种的群落中，将他们分辨出来，从公元前数世纪开始，生活在河西走廊、天山地区，被汉文献称为月氏的人群。月氏人势力强盛时，能与北方匈奴帝国分庭抗礼，一度是西域的霸主。西汉的时候，月氏人在与匈奴争夺西域霸权时失败，王族西奔，进入波斯，波斯周邻的居民，依旧称他们为吐火罗人。几千年来，生活在河西西部、环塔里木盆地这些印欧人的后裔，虽然在血缘种群上，不断与周边和当地原居民混血，体貌特征已经发生本质变化，但他们在语言系统上却一直保持着原始印欧语的某些传统，这些文字的传统，一直延续到公元前5世纪至8世纪。这些人群，就是中国古代文献中多次提到的"胡人"。

二、关于"胡人"问题

阐述内陆欧亚人东向迁徙与文化传播的历史，"胡人"问题不能绕开。

古巴伦的"胡人" 公元前16—14世纪，亚述地区发生的最重大的历史事件，就是胡里安人的入侵与建国。从胡里安人语言和宗教习惯看，它可能来自北部的亚美尼亚高原。公元前1550年，胡里安人在幼发拉底河、叙利亚建立了众多王国，势力最强大的就是米坦尼王国。经数十年的征战，米坦尼王国与小亚细亚的赫梯及北非的埃及建立了同盟关系，米坦尼王国还击败了亚述、巴比伦，成为古代近东的新霸主，统治这里将近200年。米坦尼王国统治下的有亚述、巴比伦、埃及和赫梯人，他们都向胡里安人纳供。值得注意的是，这一时期的埃及人将胡里安人就称为Hor(胡儿)，出土文书证明，他们是人类文化上，马和战车事业最大的贡献者，显然与印欧人群关系密切。饶宗颐认为，"胡"这个称谓，可以追溯这里,起源于胡里安人①。

胡儿是一个很有意思的称呼。先秦文献里,我国西北有一叫姜戎的游牧部落,其先祖被称为吾离,饶宗颐先生认为,这个吾离就是对胡里安人的"胡里"的对译。商代的时候,胡里安人在两河流域兴起,这一时期,我国西北地区居民用"胡里安"之名,即吾离,来统指西北塞种诸戎。饶宗颐先生的意思是说,统治古巴比伦的、无比地强大的胡里安王国的势力,其势力向东曾经抵达中国的西北。混夷是允姓的一支。饶宗颐先生考证说,《诗经》中所载的混夷就是秦穆公时的绲戎,绲夷是米坦尼王国楔形文书里的 Hor(胡儿)的词对音②。

中国西北的"胡人" 历史上中原内地的居民通常的称谓习惯是把中原相邻的北方和西北游牧的少数民族族群为胡人。"胡"字在西周到春秋时期均书写作"害夫",战国时期才写成今天的"胡"字形体。《辞海》中解释胡字时说,这个字指的是中国古代对北方和西方各族的泛称,"我国古代泛称北方边地与西域的民族为胡,后也泛指一切外国为胡"③。陈寅恪在《论五胡种族问题》④中说,胡本指匈奴。按照《汉书》晋灼的注说,匈奴在尧时有各种不同的称谓,到了秦代才有匈奴的叫法。而匈奴人则把自己称为胡,中原居民便陈因随之,把匈奴称为胡人。贾谊写《过秦论》时说,"胡人不敢南下牧马",说的就是匈奴人。匈奴的头领观狐鹿姑单于,给汉武帝写的一封信里说:"南有大汉,北有强胡。胡者,天之骄子",借以夸耀自己。据我国的一些学者考证,匈奴的"匈"字和匈奴别称的"胡"字同一语源,都是匈奴本名(Hun)的译音⑤。秦汉之际,北方游牧族群,分为诸胡,比如有东胡、林胡,除此外,居延简里记有"秦胡",指的是秦地未被同化的匈奴人。《后汉书》里有记,"湟中月氏胡",指的是大月氏,同书中也提到过小月氏胡,说步月氏分居塞内,经常和羌族争夺地盘,发生冲突。

王国维《西胡考》中说:"汉人谓西域诸国为西胡,本对匈奴与东胡言之","西胡亦单称为胡"。"先汉之世,匈奴、西域,业已兼被胡称;后汉以降,匈奴浸微,西域遂专胡号","魏晋以来,凡草木之名冠之以胡字者,其实皆西域物也"。缀以西胡的国名、地名、物名、人名,不胜枚举,有"鄯善西胡国也""罽西胡毳布也""胡浮窟胡犁支""胡铁"等⑥,又有月氏胡、波斯胡、康居胡、九姓胡。有晋以来,居于河西的沮渠氏,先祖是匈奴的左沮渠,称其为庐水胡。《吐鲁番文书》还记载过屠儿胡,唐代的藏人专称粟特为胡。日本人森安孝夫以敦煌吐蕃文文书为例,说吐蕃占领河西时期,将那里的回纥人,还有后来的蒙古人及 17 世纪,一至现代的处于西藏以北的那些非藏族人,都称为霍尔。郭平梁认为,当时西域大地有两个霍尔群体,一个在漠北,这就是著名的漠北回纥汗国。鄂尔浑突厥碑铭称之为 Uigur。唐朝称之为回纥或回鹘,起初谓九姓铁勒之一部,后来概为九姓铁勒之总称;另一霍尔人群体在西域,他们人数较少,所起作用也不显著,故而鲜为人知,西域霍尔至少在吐蕃统治时期,又亦可称之为西域回纥人,他们是从漠北回纥分出来的一支⑦。

据饶宗颐先生的意见,胡是代表西北异族的通名。此前不久的时候,西藏的北部和西北地区,还散

---

①饶宗颐:《上代塞种史若干问题——于阗史丛考序》,《中国文化》第 8 期。

②饶宗颐:《上代塞种史若干问题——于阗史丛考序》,《中国文化》第 8 期。

③征农、陈直立主编:《辞海》,上海辞书出版社,2009 年,第 912 页。

④万绳楠:《陈寅恪魏晋南北朝史讲演录》,贵州人民出版社,2007 年。

⑤郭平梁:《纥·霍尔(Hor)·回纥》,《西域研究》1993 年第 1 期。

⑥王国维:《西胡考》,《观堂集林二》,中华书局,1959 年,第 606—614 页

⑦郭平梁:《纥·霍尔(Hor)·回纥》,《西域研究》1993 年第 1 期。

居着许多被称为 Hor（霍尔）的游牧族群，《藏汉对照字汇》里，对译这个词的是回鹘。韩儒林说，Hor 的祖先是秦汉时的小月氏。饶宗颐相信藏语里的这个 Hor 称谓就是"胡"，是"胡"字音译在西北保存下来的最后残迹①。对此我请教了藏族学者关丙胜教授，他说藏人把北部那些外来的非藏族系统人都称为 Hor。石硕、拉毛夫说："对于中原而言，居住在西北方的族群惯称为'胡'，与藏文文献中'ཧོར'（霍尔）一词概念中所指方位和族群的理解极为相似，泛指西北方的族。"②就是说，对西北异族称胡的习惯，一直保存到在现代藏语里。

陕西、甘肃两周的"胡人"塑像　陕西、甘肃地区，多年来发现一些雕塑的人像，时期多集中西周到战国时期，研究者多认为他们与"胡人"有关。

1980 年秋，陕西周原考古队配合扶风召陈生产队修水渠时，清理了召陈西周宫室建筑群遗址乙区内的一组西周大型建筑的部分基址，发现了两件西周蚌雕人头像。这两件蚌雕人头像，是作为骨笄帽使用的，出土于一座西周晚期建筑废弃时形成的红烧土堆积中③。周原出土的蚌雕人头像也被认为是塞人的形象，属于胡人④。灵台白草坡西周墓葬中，出土一件人头形的铜钩戟，高 25.5 厘米、宽 23 厘米。直内，人头形銎。人物呈现出深目高鼻的特征，下颌显浓的胡须，眉毛浓而粗⑤。张家川马家塬墓地 3 号墓室西北侧，出土一件铅铸的人形俑，残高 7.3 厘米，呈行走状，戴尖顶帽，帽尖向前弯曲，两侧有护耳，着交领上衣，左衽，系腰带，脚穿长靴⑥。这一墓地的 M3 墓室中，随葬一人形铅俑头，残高 2.9 厘米，仅存头部，清晰可头戴尖顶帽，两侧有护耳。M4 的墓道中随葬的车辆车毂上，有铜铸的人形俑，高 6.4 厘米，戴尖顶帽，两侧有护耳，着交领短上衣，左衽，双手交于胸前。M6 出土 8 件金人面饰，以薄金片捶揲而成，圆眼，眼鼻凸起，以褐色颜料绘出下弯的眉毛和上翘的胡须，头戴头帽⑦。甘肃省博物馆征集一件骨管，骨管口事马蹄状，装饰有阴线刻的鸟和人物，边缘刻有相对的在角纹，人物呈侧面形象，戴尖顶帽，上身穿长衣，腰束带，下穿裤腿宽肥的灯笼裤，双后持弓，张弓欲射。这些人物形象都被称为"胡人"⑧。这些胡人大都戴尖顶帽。服饰中的尖顶帽，在近东地区早在公元前三千纪内就已经出现。公元前 7 世纪内，在新亚述帝国，尖顶帽是士兵的标准装备，这样的形象在他们的浮雕和其他图像中反复出现。士兵们所戴的尖顶帽有两类，一类是尖锥形，另一类是帽顶的尖锥向前弯曲。出现在阿契美尼德王朝图像中的戴尖帽的人物基本都不是波斯人，而是以萨迦人为主。这自然让人们联想到新疆伊犁河流域出土的那件戴弯角尖帽的武士俑，自然与塞和萨迦有关⑨。王辉认为，上述这些胡人形象的雕像，与斯基泰人的西迁活动有关，与秦穆公霸西戎引起的民族互动有关，战国到秦控制欧亚草原东西商道东段的是西戎，控制西段的是斯基泰（塞人），上述胡人形象的出现，与这一大的历史背景有关⑩。

①饶宗颐：《上代塞种史若干问题——于阗史丛考序》，《中国文化》第 8 期。

②石硕、拉毛太：《论藏文文献中"ཧོར"（霍尔）的概念及范围》，《青海民族研究》第 27 卷第 2 期。

③尹盛平：《西周蚌雕人头像种族探索》，《文物》1986 年第 1 期。

④水涛：《从周原出土蚌雕人像看塞人东进诸问题》，载水涛著：《中国西北地区青铜时代考古论集》，科学出版社，2001 年，第 62—67 页。

⑤俄军主编：《甘肃省博物馆文物精品图集》，三秦出版社，2006 年。

⑥甘肃省文物考古研究所：《2006 年度甘肃张家川回族自治县马家塬战国墓地发掘简报》，《文物》2008 年第 9 期。

⑦早期秦文化联合考古队等：《张家川马家塬战国墓地 2008—2009 年发掘简报》，《文物》2010 年第 10 期；王辉：《甘肃发现的两周时期的"胡人"形象》，《考古与文物》2013 年第 6 期。

⑧王辉：《甘肃发现的两周时期的"胡人"形象》，《考古与文物》2013 年第 6 期。

⑨王明哲：《伊犁河流域塞人文化初探》，《新疆社会科学》1985 年第 1 期。

⑩王辉：《甘肃发现的两周时期的"胡人"形象》，《考古与文物》2013 年第 6 期。

另外,敦煌文书中屡出现"胡锦"与"番锦",吐鲁番阿斯塔那隋代墓中出土的胡王牵驼锦,还织出"胡王"两个汉字,是当时人们印象中的胡地风情[①]。中国丝绸博物馆藏有一件对波纹狮象牵驼纹锦,也有一个"胡"字[②]。说明唐五代时期,西域之地的一些居民被称为胡。这些锦有可能是西域胡人工匠所织,也有可能是中原地区模仿西方题材或是有着某些西方风格的织锦[③]。

胡汉混血集团的南下 公元前3千纪下半叶,生活在欧亚草原西部印欧人群集团,即吐火罗人大规模地东迁,他们来到中亚北部草原,掀起了东西方人群大面积混血的新一轮高潮。前面已经讲过。如果借用中原居民对西北外族群的称谓,这些人群统称为"胡人"。东西文化交流与交融,实际上也是一个胡汉混血东进的过程。

东西方人群在亚北部草原混血的历史,发生在数万前年的旧石器时期中晚期,这构成了史前石器之路的重要内容[④]。辽阔的中亚北部草原,为欧亚东西方人种集团的接触交融提供了天然舞台,东西方人群相互迁徙过程中,西方人种集团表现得更为活跃。东迁的沿途,他们学会了控马,发明了轻型马车。四轮轻型马车的发明加速了欧亚草原的历史进程。可以想象,辽阔内陆欧亚草原上,一群群轻车快马的人群,相望于道的情景与场面。那时候没有族群的界限,迁徙途中,与陌生的人群不断相遇,没有迹象表明,在人群互动过程中,没有过生强烈的文化对抗。人群之间也没有什么信仰、宗教的大防,一切顺乎自然,语言的隔阂和习俗的差异,很快便被历史的大潮所淹没。东西人群交融与混血,是人类历史长河中最为自然的事,世代相随,无处不在。欧亚东西人群混血南下的过程,就是文化交流、文化创新和基因重组,是基因重组后再造人种群的过程。欧亚东西方人群在迁徙和开发古老西域的过程中,西来群体曾占据优势,很长的历史阶段,突显出了欧亚西部人种的特质,并且在东西人种集团体质对比过程中,皮肤白皙、金发碧眼、鼻梁高耸的白种血统基因,更容易被辨识出来。动态混血的人群,他们赶着牛羊,一路散着麦种,在寻找新的铜矿过程中,进入天山南北的许多区域。正是在这样的背景下,他们来到乌鲁木齐。

混血集团东进与消失 介于东西方之间的混血人群,穿越阿尔泰山系南下,其他的分支人群,或由西部天山和塔尔巴河台山系间的通道,向天山汇聚。公元前三千纪下半叶的某个时候,他们出现在雄伟的天山腹地。那个时候,由黄河的上源,再度出发西行的东方人群集团,其先头人群的一支已经走到了河西走廊西端。东方人群集团,望着东部天山的而来,很快进入哈密盆地。公元前三千纪末到二千纪初这个阶段,最初阶段大规模进入天山地区的东西方人群集团,似乎在这里并没有立即与当地居民和持续东来的人群发生更大面积交触与混血,留下了小河墓地以及其他比较单纯的压印刻画纹陶器。但是,进一步的混血与融合,是将来的事了。考古发现还告诉我们,历史常常比我们见到的表象要复杂得多。公元前3千纪后半叶,河西地区平缓流畅发展着的彩陶文化长河里,不时地迸溅出些异样的花朵,这些异彩的花朵让人们相信,在北来西迁的欧亚西部人种集团大规模入居天山之前,在更为古老的年代里,就有流散的欧亚西方人群集团潜入历史的深处,出现在河西或更远的东方。只是他们所具的西方人种的体貌的身影,被东方彩陶的巨浪,完全吞没了,已致在考古遗迹里,踪迹全无。

---

①新疆文物局等:《丝路考古珍品》,上海译文出版社,1998年,第130页。

②中国丝绸博物馆:《丝绸之路——5000年中国丝绸精品展》,圣彼得堡,2007年,第78页。

③赵丰、王乐:《敦煌的胡锦与番锦》,《敦煌研究》2009年第4期。

④刘学堂:《石器时代东西方文化交流初步研究》,《新疆师范大学学报》2012年第4期。

结　语

公元前三千纪内,欧亚北方东欧草原人群开始向东、向南迁徙,公元前二千纪前后,北南西东向的迁徙掀起连续的浪潮,进入欧亚南部绿洲区域,古巴仑、印度、天山南北的历史进程被打断和重构。这个过程被解释成与印欧人起源与迁徙有关,即库尔干理论。印欧人的东向活动,延伸到中国西北边缘,延续到公元前一千纪以后,中国中原地区古代的居民借用西方的"胡人"这一称谓统称他们。"胡人"与中原居民的互动,构成了中国历史最重要的一个章节。

"前丝绸之路"上的文化与文学交流
——如何理解"昆仑之丘"以《穆天子传》为核心

西北师范大学文学院　韩高年

　　学术界把西汉时代张骞出使西域后打通的由长安经河西走廊和西域，最终到达遥远的中亚和欧洲的贸易和文化传播之路称之为"丝绸之路"。其实，据《穆天子传》《山海经》《竹书纪年》等文献记载和晚近以来考古学者的发掘和研究,在西汉以前,最早可以追溯到夏代初年,这条通道即已存在,有的学者将其称之为"前丝绸之路"。本文拟以上述文献考辨入手,对"前丝绸之路"文化及文学交流情况做一简要的梳理。

一、"前丝绸之路"与周人"西游"的现实可能性

　　著名考古学家张光直曾经指出:"西北的地理位置在亚洲史前史上非常重要，这里不但是东西古文化之间的走廊,沟通中原与中亚的文化史;同时也是南北古文化之间的走廊,沟通着草原与西南的文化史。西北地区在东西文化交通史上的地位是学者熟悉的,但它在南北文化交通史上地位则常为人们所忽略。中原文化自东而西传入西北,时代愈远,地域愈西,则变化愈大。换言之,这个程序不但是中原文化的输入,而且是中原文化的'西北化'。"①其中,发生在公元前4000年前后的第一波中原文化向西传播,造就了以马家窑彩陶文化的鼎盛与西传为标志的"彩陶之路"。韩建业指出:"彩陶之路"是以彩陶为代表的早期中国文化以陕甘地区为根基自东向西拓展传播之路,也包括顺此通道西方文化的反向渗透。"彩陶之路"从公元前四千纪一直延续至前一千纪,其中又以大约公元前3500年、公元前3000年、公元前2200年和公元前1300年四波彩陶文化的西渐最为明显。具体路线虽有许多,但大致可概括为以青藏高原为界的北道和南道。"彩陶之路"是早期中西文化交流的首要通道,是"丝绸之路"的前身,对中西方文明的形成和发展都产生过重要影响②。而在此期间,发生在公元前3000年后半期

---

　　①张光直:《考古所见的汉代以前的西北》,台湾"中研院"《历史语言研究所集刊》第42本第一分册,1970年,第92页。

　　②韩建业:《"彩陶之路"与早期中西文化交流》,《考古与文物》2013年第1期。

的中原农耕文化与游牧文化融合的浪潮，则造就了以齐家文化的西传与欧亚草原青铜文化西进为标志的"玉石之路"[①]。专家们认为，在这个过程中，"早期丝绸之路"逐渐形成。"彩陶之路"和"玉石之路"文化交流的主要内容是"彩陶艺术"与"玉石文化"，以及与此相关的宗教观念、审美观念。

上述趋势在殷商和西周时代不仅继续存在，而且有了很大的发展。殷商民族起于东方，但甲骨卜辞中多见"羌方"，《诗经·商颂·殷武》亦言"昔有成汤，自彼氐羌，莫敢不来享，莫敢不来王，曰商是常"。说明殷商文化已经为"方国"之一的西北羌人所接纳。周人本来起于西北，与戎族及羌人等西北地区部族世为联盟。《尚书·牧誓》中协助周人克商的盟军中，就有羌人的身影。《汲冢周书》卷七《王会》篇记载周成王时朝见诸侯及四方蛮夷的场面，说到西方禺氏献騊駼，大夏献兹白牛，犬戎献文马，渠搜献犬，匈奴献狡犬，康民献桴苡。这说明周初已和西域各族有密切的往来。随着物质上的交流，周人创造的"礼乐文明"也逐步向西传播，并发生影响，这似乎已是不争的事实。另外，最为典型的具体印证就是《穆天子传》等文献中所记载的"前丝绸之路"上的礼乐文化西渐与东西方文学交流现象的出现。

《穆天子传》原称《周王游行记》，是西晋初年在汲冢出土的古书之一种，即所谓"汲冢书"。据《晋书·武帝纪》载，咸宁五年冬十月戊寅，"汲郡人不准掘魏襄王冢，得竹简小篆古书十余万言，藏于秘府"[②]。太康年间，当时知名学者荀勖、束皙等人对此进行了校理。《晋书·束皙传》曰："初，太康二年，汲郡人不准盗发魏襄王墓，或言安厘王冢，得竹书数十车，其《纪年》十三篇……《穆天子传》五篇，言周穆王游行四海，见帝台西王母。"（《晋书》卷五一《束皙传》，第五册，第1432—1433页）《穆天子传》既然是晋武帝时汲（战国时魏国地名）郡人不准盗掘魏襄王（前318—前295年在位）墓，从中发现的一批竹简小篆古书中的一种，可知其至迟在公元前295年已经传世。战国时代的魏国是当时中国的学术中心，此地学者及王室都重视史籍著述。这从汲冢所出的简册有《纪年》这类的史著及《师春》《穆天子传》这样的记录口碑之作即可看出。著名史家杨宽据此认为《穆天子传》一书是魏国史官根据河宗氏长期流传的祖先柏夭引导周穆王西游的口头传说写成的，书中所载的柏夭的史事传说虽然带有战国时代的色彩，但人物、事迹大体是真实的。例如其中记述毛班，不见于传世典籍，而见于西周铜器《班簋铭》[③]；还有《穆天子传》讲道"大王亶父之始作西土，封其元子吴（虞）太伯于东吴（虞）"，也符合"周自公季以前未有号为某公者"之史实。这些都可见《穆天子传》所记大事的真实性[④]。周穆王西征之事又见于《国语·周语》，据此，似乎《穆天子传》所载穆王巡游至西王母之国的事应当有真实的史实依据，因此才成为战国时代人所共知之事。

《穆天子传》记周穆王此次西游，从成周启程[⑤]，渡黄河北上，经太行山西行，经漳水和钘山（今河北

①李水城：《齐家文化："前丝绸之路"的重要奠基者》，《2015年齐家文化与华夏文明国际研讨会论文集》，文物出版社，2016年，第130—135页。

②《晋书》卷三《武帝纪》，中华书局，1974年，第1册，第70页。

③《班簋铭》云："王命毛伯更（赓）虢城公服……毛令毛公以邦冢君……伐东国"铭中的"毛伯""毛公"均指毛班，也就是《穆天子传》卷五中提到的"毛班"。

④杨宽：《战国史》，上海人民出版社，1998年，第671页。

⑤有的学者据此否认《穆天子传》所述"穆王西行"的可能性，这在逻辑上是说不通的。是否从镐京出发，与穆王是否西行之间不存在必然的联系。更何况西周时很多军政大事均在成周举行，故《史记·匈奴列传》言"武王伐纣而营洛邑，复居于邦郊，放逐戎夷泾洛之北，以时入贡，命曰荒服。"则周人之营洛邑，本来就是因为成周在天下之中，有利于防范戎狄及均齐朝贡的距离。

井陉东南），又经隃之关隘（即今雁门山）而行，到达河宗氏（今内蒙古河套一带），从此由河宗氏首领作引导，长途西行，直到昆仑山（即今甘肃的祁连山），古时传说昆仑山是黄河的发源地，再西行到西王母之邦及其北方一带，行程有一万三千多里（《战国史》，第 669 页）。《穆天子传》叙述周穆王西行，所经之邦国部落必有牛羊乳酪等物进献，穆天子出于礼仪之需也必有回报赏赐。书中还描写了西经各部的祭祀礼仪、风俗习惯，以及穆天子演奏广乐、歌诗赠答等展示周人礼乐文化的场面。它不仅反映了西周时代中原文化与西北游牧文化的接触与交流，而且也是最早有关文学交流的记载。其最为典型，在后世影响最大的要数《穆天子传》卷三记载的穆天子与西王母的歌诗酬唱：

吉日甲子，天子宾于西王母。乃执白圭玄璧以见西王母。好献锦组百纯，组三百纯。西王母再拜受之。

乙丑，天子觞西王母于瑶池之上。西王母为天子谣，曰："白云在天，山陵自出。道里悠远，山川间之。将子无死，尚能复来？"天子答之，曰："予归东土，和治诸夏。万民平均，吾顾见汝。比及三年，将复而野。"

西王母又为天子吟曰："徂彼西土，爰居其野。虎豹为群，於鹊与处。嘉命不迁，我惟帝女。彼何世民，又将去子。吹笙鼓簧，中心翔翔。世民之子，唯天之望。"

天子遂驱升于弇山，乃纪丌迹于弇山之石，而树之槐，眉曰西王母之山。西王母之山还归丌□①。

《周礼·春官》："大宗伯以宾礼亲邦国"，"大行人掌大宾之礼以亲诸侯"。由上面的记述可知，穆天子与西王母相会于其国，特用"宾"礼，"执白圭玄璧以见"，又"献锦组百纯"于西王母，礼仪之隆重，与经过沿途其他邦国时的"赏赐"等居高临下的方式截然不同，说明"西王母之邦"在周穆王心目中的地位之重要。所载宾主双方吟唱之《穆天子谣》《西王母吟》等用韵及语词有后世痕迹，但这也是其他口传歌谣流传中的常态，其所反映的穆天子与西王母会面时的宾礼及宴会赋诗等，都与西周礼制相合；西王母与穆天子通过歌诗赋诗互表款诚，表明了西王母之国对中原礼乐文化的认可与接受。此种描述当亦有所据。与《穆天子传》同时出于汲冢的《竹书纪年》亦载周穆王十七年，"王西征昆仑丘，见西王母。其年，西王母来朝，宾于昭宫"，并记载了"北唐之君来见，以一骊马，是生绿耳"②的事；主人公周穆王名姬满，昭王之子，为西周王朝的第五代天子，他于公元前 976 年—前 922 年在位③。西周王朝的政治、经济、文化到他统治时期已经达到鼎盛，因此放眼天下，探寻并开拓遥远而陌生的"异域"，就具备了现实的和心理的可能性。

二、有关穆王西游文献的辨析

周穆王在位 54 年，周人的礼乐制度大备于他统治时期，综合国力也在他统治时期达于鼎盛。有关这位一代雄主的事迹，尤其是他巡行天下的事迹不仅在他在世时引起了臣子们的议论，甚至到了春秋

---

① 引文据王贻梁：《穆天子传汇校集释》，华东师范大学出版社，1994 年，第 161 页。其中所收歌谣校以《古今风谣》《风雅逸篇》卷二、《古诗纪》卷三、《先秦汉魏晋南北朝诗·先秦诗》卷三收录。

② 王国维：《今本竹书纪年疏证》，辽宁教育出版社，1997 年版，第 89 页。

③ 《夏商周断代工程 1996—2000 年阶段成果报告》，世界图书出版公司，2000 年，第 88 页。

时代仍是士君子热议的话题。据《左传·昭公十二年》载，春秋时代急于与晋争霸的楚灵王欲扩张疆土、臣服邻国，子革等大臣欲谏阻其心，又不能直说，只好采取迂回的办法。于是君臣间曾对周穆王的"肆其心而西游"有一番讨论："[楚灵]王出，复语。左史倚相趋过。王曰：'是良史也，子善视之。是能读《三坟》《五典》《八索》《九丘》。'[子革]对曰：'臣尝问焉：昔穆王欲肆其心，周行天下，将皆必有车辙马迹焉。祭公谋父作《祈招》之诗，以止王心，王是以获没于祗宫。臣问其诗而不知也，若问远焉，其焉能知之？'王曰：'子能乎？'对曰：'能。其诗曰……'[楚灵]王揖而入，馈不食，寝不寐，数日，不能自克。"使楚灵王受到触动，以至寝食不安的，即是祭公谋父劝谏周穆王的《祈招诗》。诗曰：

祈招之愔愔，式昭德音。思我王度，式如玉，式如金。形民之力，而无醉饱之心。

诗题为"祈招"，究竟何意？杜预注曰："谋父周卿士，祈父周司马，世掌甲兵之职，招其名。祭公方谏游行，故指司马官而言。"①愔愔，安和貌。式，杨云"助动词，应该之义"。"式如玉，式如金"，杜预注："金玉取其坚重。"形，当通"型"，程量之义。形民之力，谓量民之力所能胜任者使之。醉饱之心，谓贪婪过度之心。此篇为祭公谋父谏阻穆王西征所作无疑，然而诗题为何作"祈招"则历来有异说。

笔者认为，对《祈招》诗题的解说，杜预、孔颖达以来，历代学者均未得其真意。阮元《十三经注疏校勘记》于此曰："《正义》曰：贾逵云：祈，求也；昭，明也。马融以坼为王坼千里。据此则贾逵本作'祈昭'，马融本作'坼昭'也。"后之学者以为当作"祈招"为是。《孔子家语·正论篇》引诗正作"祈招"，明人杨慎《风雅逸篇》卷四、冯惟讷《古诗纪》卷九、清人沈德潜《古诗源》卷一及今人逯钦立《先秦汉魏晋南北朝诗·先秦诗》卷六收录并同此。杨伯峻《春秋左传注》曰："'祈招'何义，马融、王肃以及俞樾《茶香室经说》皆有说，纠葛纷纭。"②笔者以为，祈招之"招"，当依贾逵本作"昭"。"祈昭"者，意即祈求昭王也。

祭公谋父是周穆王朝的卿士，是一位穆王所倚重的重臣，因为其父与周昭王南征荆楚，同没于汉水。这对周人来说是非常惨痛的教训，说到底其根源还是高估了自己的实力而贸然南征所致。因此，当周穆王欲"肆其心"而西征之时，祭公谋父不得不祈求昭王的在天之灵能阻止此事，以免悲剧重演。《竹书纪年》载："穆王十一年，王命卿士祭公谋父。""十七年，王西征昆仑丘，见西王母。""二十一年，祭文公薨。"（《今本竹书纪年疏证》，第89页）穆王二十一年是公元前955年。《逸周书》中有一篇《祭公》，记录的是祭公临终前与穆王的对话。祭公对穆王说："昭王之所勖，宅天命。"朱右曾注："昭王，穆王之父。魂在先王左右，言必死也。勉王安保天命。"③《史记·周本纪》载"穆王将征犬戎，祭公谋父谏"，裴骃《集解》引韦昭曰："祭，畿内之国。周公之后，为王卿士。谋父，字也。"大约穆王西巡，最初也带有征伐的意思。杨伯峻引雷学淇《竹书纪年义证》云："祭公谋父者，周公之孙。其父武公与昭王同没于汉。谋父，其名也。"（《春秋左传注》，第1341页）杨先生虽然说对"祈招"一语"不必求其确解"，但他提供的佐证却为我们求"祈招"之确切提供了一个有益的启示。

虽然祭公谋父以周昭王南征荆楚失败的事实来谏阻穆王西行，但雄心勃勃的周穆王并没有因此而取消他的宏伟计划。著名史学家吕思勉尝言：

周朝的穆王，似乎是一个雄主：他作《囧命》，作《甫刑》，在内政上颇有功绩，又能用兵于犬戎。虽然《国语》上载了祭公谋父一大篇谏辞，下文又说"自是荒服者不至"，似乎他这一次的用兵，无善果而有

---

① 阮元校刻：《十三经注疏》，中华书局影印本，第2064页。
② 杨伯峻：《春秋左传注》，中华书局，1981年，第1341页。
③ 黄怀信等：《逸周书汇校集注》（修订本），上海古籍出版社，2005年，第926页。

恶果；然而古人这种迂腐的文字，和事势未必适合。周朝历代，都以犬戎为大患，穆王能用兵征伐，总算难得。又穆王游行的事情，《史记·周本纪》不载，详见于《列子》的《周穆王篇》和《穆天子传》。这两部书，固然未必可信，然而《史记·秦本纪》《赵世家》，都载穆王西游的事；又《左传》昭十二年，子革对楚灵王也说"昔穆王欲肆其心，周行天下"。这件事，却不是凭空捏造的；他时能够西游，就可见得道路平静，犬戎并不猖獗。[1]

吕先生所言甚为有理。童书业亦曾指出："《齐语》载管仲曰：'昔吾先王昭王穆王，世法文武远绩以成名'，则昭穆二王为周室'雄主'，二王盖皆有南征及远巡之事。"[2]遥远的"西方"吸引着这位意欲"周行天下"的雄主，不听劝谏，恰恰体现了他个人的自信，也体现了鼎盛时期的西周王朝统治集团试图了解周边世界的心态。

三、考古学与传世文献的内在一致性

据《穆天子传》所载，穆王西行的目的地是西王母之国。西王母既是西方邦国的名称，也是其部落首领的名称。大约在其西行之前，穆王对西王母之国的情况已经有所耳闻。所以，这位豪情满怀的雄主，一定要亲历这遥远的神秘之国，把最好的礼乐文化传播到异域。弄清"西王母之邦"的所在，对于深刻体察三千年前这位旅行家的内心感受至关重要。而我们可以依据的，只有穿越时空流传至今日的文献典籍，以及近半个世纪以来在西域发现的考古遗迹。

据《山海经·西山经》载："又西北三百五十里，曰玉山，是西王母所居也。西王母其状如人，豹尾虎齿而善啸，蓬发戴胜，是司天之厉及五残。"《海内北经》曰："蛇巫之山，上有人操杯而东向立。一曰龟山。西王母梯几而戴胜杖，其南有三青鸟，为西王母取食。在昆仑虚北。"《大荒西经》曰："西海之南，流沙之滨，赤水之后，黑水之前，有大山，名曰昆仑之丘。……有人，戴胜，虎齿，有豹尾，穴处，名曰西王母。"郭璞注："《河图玉版》亦曰'西王母居昆仑之山'，《西山经》曰'西王母居玉山'，《穆天子传》曰'乃纪名迹于弇山之石，曰西王母之山'也。然则西王母虽以昆仑之宫，亦自有离宫别窟，游息之处，不专住一山也，故记事者各举所见而言。"[3]关于西王母方国的具体方位，学者们的认识差别很大。如丁谦认为"西王母之邦"在亚西里亚国都尼尼微城[4]，顾实则认为"西王母之邦"位于伊朗德黑兰西北部高加索山脉的厄尔布鲁斯峰[5]，日本学者小川琢治认为"西王母"殆亦"西宛"之缓音，显与汉代之大宛，想与西苑为同一民族[6]，郭沫若《中国史稿》则认为在中亚地区[7]，史为乐认为"由《穆天子传》所记行程结合《山海经》所记山川道里考察，西王母之邦应在今甘肃敦煌以西不远"[8]。以往学者们对"西王母之邦"位置

---

①吕思勉：《白话本国史》，上海古籍出版社，2012年重印本，第54页。

②童书业：《春秋左传研究》，上海人民出版社，1980年，第35页。

③《山海经》，上海古籍出版社，1989年影印，第112页。

④丁谦：《穆天子传考证》，收《〈穆天子传〉研究文献辑刊》第三辑，国家图书馆出版社，2014年，第385页。

⑤顾实：《穆天子传西征讲疏》，上海三联书店，2014年影印本，第152页。

⑥小川琢治：《穆天子传考》，收江侠庵编译：《先秦经籍考》（下），商务印书馆，1931年，第93—241页。

⑦郭沫若：《中国史稿》第1册，人民出版社，1976年，第256页。

⑧史为乐：《〈穆天子传〉作者》，收谭其骧主编：《中国历代地理学家评传》，山东教育出版社，1990年，第10页。

的确定要么太远,要么太近,都不太符合《穆传》《山海经》等典籍所载的实际情况,也和近年来西北边疆地区考古发掘所得无法印证。考古学家黄文弼认为:《穆天子传》中之西王母国,即在昆仑山之西,兴度库斯山之北,即汉之乌托,唐之朅盘陀,皮土来麻斯氏之喀西亚国地也。"①王守春从文献所载地名的地理空间的相对位置及自然环境、物产、风俗人文等多方面入手,考定认为"春山""瑶池""西王母之邦"等位于今新疆境内,论证了"春山"为吐鲁番盆地北面的天山,"瑶池"为新疆准噶尔盆地西端的赛里木湖,论证认为"西王母之邦"大致可能相当于今伊犁河谷地②。这个看法相对其他诸说均较合理。马雍和王炳华二位学者认为:

> 最近有学者提出一种新的意见,认为先秦文献中的昆仑山可能指阿尔泰山而言。这种意见看来近乎真实。我们结合考古资料来考察《穆天子传》和《山海经》关于昆仑山及其相连的诸山的记载,感到只有把这些山定为阿尔泰山的若干山峰才能相符。《穆天子传》提到昆仑山上有"黄帝之宫"和某种高大的墓葬,山中还有沼泽、泉水,有虎、豹、熊、狼、野马、野牛、山羊、野猪和能够攫食羊、鹿的大雕。其他先秦文献也大多把昆仑描写为一座有神奇的宫殿的仙山。从现代考古发现的资料来看,只有阿尔泰山才有许多古代部落留下的文化遗迹,例如,本文上面所提到的那种大型石冢表明当时这里的居民的文明已有很高的水平。显然,那些关于昆仑山的神话乃是对阿尔泰山区古代文明的夸大。至于今天的昆仑山和祁连山迄今并未发现任何古代文明遗迹足以构成神话的素材;何况,它们的地理位置与自然环境也与古代文献的记载不能相符。《穆天子传》所描写的旅途是从阿尔泰山中段的东麓越过山口,经该山西麓再沿黑水西进。黑水应当指额尔齐斯河上游。在这里有一处宜于畜牧的平原,居住着以鹕韩氏为名的部落……旅程由此再往西,经过一个山口,来到了西王母之国;这里有着被神话化的瑶池,可能指斋桑泊而言。③

他们从中亚地区的考古资料与文献的对应中考定认为,《穆天子传》中的"西王母之邦",应在新疆境内阿尔泰山区额尔齐斯河上游一带,这里的古代居民可能是羌人或者斯基泰人。晚近以来,余太山也认为:"《穆天子传》所传西母居地的位置无从确指,仅知其帝爱有'硕鸟解羽'之旷原。这自然使我们联想到希罗多德在叙述草原之路时提及的空中充满羽毛的地方。既然希罗多德所述空中充满羽毛的地方无疑位于自西向东往赴阿尔泰山的交通线上,则穆天子会晤西王母而经由的昆仑山也应该是阿尔泰山。"他还指出《穆天子传》卷三:"传文叙说穆天子在斋桑泊附近和西王母会晤后循阿尔泰山南麓东归。"④可见穆天子时代周人的礼乐文化与西亚草原文明即已发生接触,也可以从外文典籍中得到印证。

然而,对于《穆天子传》所述周穆王西游事迹的真实性,也有不少学者提出质疑,如童书业认为:"《穆天子传》为晋人杂集先秦散简,附益所成。其间固不无古代之材料,然大部分皆晋人杜撰之文。如

①黄文弼:《古西王母国考》,收作者《西北史地论丛》,上海人民出版社,1981年,第112页。

②王守春:《〈穆天子传〉与古代新疆历史地理相关问题研究》,《西域研究》1998年第2期;《〈穆天子传〉地域范围试析》,《中国历史地理论丛》2000年第1期。

③马雍、王炳华:《阿尔泰与欧亚草原丝绸之路》,张志尧主编:《草原丝绸之路与中亚文明》,新疆美术摄影出版社,1994年,第1—8页。

④余太山:《〈穆天子传〉所见东西交通路线》,《早期丝绸之路文献研究》,商务印书馆,2013年,第5—32页。

周穆王见'西王母'一节,以《山海经》等书校之,可决为晋人所造无疑。"①刘宗迪说:"《穆天子传》一书真假参半,即使其中记载的周穆王巡狩西域的故事确属史实,其中的西王母故事却完全是道听途说的神话传说。"因而,"《穆天子传》《竹书纪年》《史记·赵本纪》和《列子·周穆王》中记载的穆王西巡会见西王母的故事就不足以作为证明西王母是西方之人或神的根据了"②。从上文的论述所列举的诸多证据言之,上古"早期丝绸之路"的存在以及中原文化的西渐是不容置疑的事实。既然如此,那些否认《穆天子传》所述东西方文化与文学交流事实的观点自然失掉了根据。

四、《穆天子传》所见前丝绸之路文学传播

除以上所述外,《穆天子传》中还有多处记载天子巡行中行乐赋诗、诵诗抒怀的场面,笔者认为,这也是早期丝绸之路上中原文学传播的重要史料,对此也应当特别予以关注。

首先,书中记载了穆天子西行途中于所到之邦国奏广乐、演燕礼的情况,兹依《穆天子传》卷数胪列并解说如下:

卷一载穆天子至犬戎之邦奏乐行礼:

1. 庚辰,至于□,觞天子于盘石之上。天子乃奏广乐。

2. 乙酉,天子北升于□。天子北征于犬戎。犬戎□胡觞天子于当水之阳。天子乃乐,□赐七萃之士。③

郭璞注云:"觞者所以进酒,因云觞耳。《史记》云:'赵简子疾,不知人,七日而寤,曰:我之帝所,甚乐,与百神游于钧天广乐,九奏万舞,不类三代之乐,其声动心。'广乐义见此。"觞,即饮酒礼。本行之于宫室庙堂,然因外出,因地便宜,有所变易。饮酒礼须奏乐,依郭注,"广乐"用万舞,万舞是传自商代的武舞,周人承之④。因随行有"七萃之士",亦便宜行事之举。陈逢衡曰:《玉篇》:'广,大也。'盖奏虞夏商周四代之乐,故谓之广乐。"⑤则以为广乐是轮奏四代之乐。又卷二:

1. 壬申,天子西征。甲戌,至于赤乌,赤乌之人□其献酒千斛于天子,食马九百,羊、牛三千,稷、麦百载。……天子于是取嘉禾以归,树于中国。曰天子五日休于□山之下,乃奏广乐。赤乌之人丌献好女于天子。女听、女列以为嬖人。

2. 庚戌,天子西征,至于玄池。天子三日休于玄池之上,乃奏广乐,三日而终,是曰乐池。天子乃树

①童书业:《汉代以前中国人的世界观念与域外交通的故事》,收作者《中国古代地理考证论文集》,中华书局,1962年,第42页。

②刘宗迪:《失落的天书》,商务印书馆,2006年,第525、527页。

③此处原有"战"字,清人洪颐煊据《文选》虞子阳《咏霍将军北伐诗》注、王元长《三月三日曲水诗序》注引皆无"战"字校改,今从之(《穆天子传》郭璞注,洪颐煊校,张耘点校,岳麓书社,1992年,第205页)。

④万舞见于甲骨文《诗经·商颂》等文献,为商、周以来著名之歌舞。杨伯峻《春秋左传注》云:"万,舞名,包括文舞与武舞。文舞执籥与翟,故亦名籥舞、羽舞,《诗·邶风·简兮》所谓'公庭万舞,左手执籥,右手秉翟'者是也;武舞执干与戚,故亦名干舞,庄二十八年《传》'为馆于其宫侧而振《万》焉,夫人闻之,泣曰:先君以是舞也,习戎备也'者是也。万舞亦用于宗庙之祭祀,《诗·商颂·那》'万舞有奕',用之于祀成汤也;《鲁颂·閟宫》'笾豆大房,万舞洋洋',用之以祀周公也;此则用之于祭祀仲子,盖考官之后而拟用之。"

⑤陈逢衡:《穆天子传补证》,《穆天子传研究文献集刊》,国家图书馆出版社,2014年,第1册,第318页。

之竹,是曰竹林。

　　以上两处记载周穆王在赤乌和玄池两地奏广乐,第二条所记之"玄池",顾实、丁谦等均以为在锡尔河流域,王贻樑根据书中所记各地之里程推算,以为即今新疆境内之罗布泊。如其说是,则周人礼乐文化此时已经向西有纵深传播。又《穆传》卷三载:

　　1. 己酉,天子饮于溽水之上,乃发宪令,诏六师之人□其羽。爰有□薮水泽,爰有陵衍平陆。硕鸟解羽。六师之人毕至于旷原。曰天子三月舍于旷原。□天子大飨正公诸侯王勤七萃之士于羽琢之上,乃奏广乐。

　　此条所载,是行大飨礼,礼仪上亦奏广乐。演礼之"旷原",常见"硕鸟解羽",据学者们考订,其地当在新疆境内阿尔泰山区额尔齐斯河上游一带(《〈穆天子传〉所见东西交通路线》,《早期丝绸之路文献研究》,第5—32页)。又《穆传》卷四载:

　　仲冬壬辰,至累山之上,乃奏广乐,三日而终。吉日丁酉,天子入于南郑。

　　此处"累山"即陕西境内之"三累山",此处奏广乐已在华夏境内。又《穆传》卷五载:

　　1. 庚寅,天子西游,乃宿于祭。壬辰,祭公饮天子酒,乃歌《■天》之诗。天子命歌《南山有■》,乃绍宴乐。丁酉,天子作台,以为西居。壬寅,天子东至于雀梁。甲辰,浮于荥水,乃奏广乐。

　　2. 季冬甲戌,天子东游,饮于留祈,射于丽虎,读书于黎丘。□献酒于天子,乃奏广乐。天子遗其灵鼓,乃化为黄蛇。

　　第一条记载穆天子至祭公封邑,祭公设宴招待天子,席间君臣赋诗言志。郭璞注谓祭公所赋当为《周颂·昊天有成命》一诗,其用意是劝谏穆王;天子所歌则为《小雅·南山有台》,义取"乐只君子,邦家之基",以答祭公之言。后于甲辰在荥水之上奏广乐。第二条所记奏广乐之黎丘,据丁谦等人考证,其地在河南境内。

　　又《穆传》卷六亦载穆天子溽水之滨祭溽水,西饮草中而奏广乐的情形:

　　1. 癸酉,天子南祭白鹿于溽□,乃西饮于草中。大奏广乐,是曰乐人。

　　2. 庚辰,舍于茅尺,于是禋祀除丧,始乐,素服而归,是曰素氏。天子遂西南。

　　此卷本与穆天子西行无关,属汲冢"杂书十九篇中之一篇也"。不过,此次穆天子在尽兴田猎之后,亦"大奏广乐",檀萃曰:"大泽之中,故能奏广乐。所谓千人唱,万人和也。谓欢乐万人之丘也。"[1]借此可知前文所述"奏广乐"的情形。

　　所到之处,穆天子通过大飨礼仪与西方邦国之主互通款曲,虽有"六师"而不用武力,体现了以礼相问相交的外交思想。这与《国语·周语》武力征伐的记载截然不同。

　　其次是赋诗言志,除上列卷三穆天子与西王母的赋诗互答外,尚有两次:

　　《穆天子传》卷五载,穆天子"东游于黄泽,宿于曲洛,……使宫乐谣曰:'黄之池,其马歕沙,皇人威仪。皇之泽,其马歕玉,皇人受谷'"。此首《黄泽谣》《古今风谣》《风雅逸篇》卷二、《古诗纪》卷三、《先秦汉魏晋南北朝诗·先秦诗》卷三收录。

　　《穆天子传》卷五又载:"丙辰,天子南游于黄室之丘,以观夏后启之所居,乃入于启室。……日中大寒,北风雨雪,有冻人。穆天子作诗三章以哀民。曰……"此即《黄竹诗》:

　　我徂黄竹,□员閟寒,帝收九行。嗟我公侯,百辟冢卿,皇我万民,旦夕弗忘。

──────────

　　[1]檀萃:《穆天子传注疏》,《穆天子传研究文献集刊》,第3册,第221页。

我徂黄竹，□员閟寒，帝收九行。嗟我公侯，百辟冢卿，皇我万民，旦夕勿穷。

有皎者鸥，翩翩其飞。嗟我公侯，□勿则迁。居乐甚寡，不如迁上，礼乐其民。

穆天子所至之"黄室之丘"，前人以为在河南嵩山，当代学者常征据方位及文献所载里程考证其地，以为"位于黄泽以南之'黄室'，当在夏邑附近，故《纪年》谓启都夏邑，而《穆天子传》谓启居'黄室之丘'也。正缘启都此而地近曲沃"①。以为在今山西境内。其说大体可信。周穆王至夏启故地，见百姓困于风雪而思保民，因赋《黄竹诗》而抒怀。此诗为工整的四言体，全诗三章，章七句，形式上与《诗经》之诗无异；诗用比兴，抒发忧民之思，有感而发。其风格典雅，不同于"风"体，与《小雅》接近。

结　语

综上所述，从文献记载、考古发现等多方面来看，西周以前，就已经形成了连通中原地区与西域的"彩陶之路""玉石之路"。这条通道从中原到甘青地区，穿过古羌人居住地区，经蒙古高原，再沿阿尔泰山南北麓至中亚各国。商周时代，这条通道依然存在，殷墟王族大墓中的玉器原料大多来自西域，《周语》《周书·王会》等记载的西方诸国朝贡周天子的情形，即是明证。《穆天子传》一书虽成书在春秋战国之际，但其中托名周穆王，以及所反映的周穆王西行至"西王母之邦"的内容及史实则不容置疑。周穆王西行所至，不仅与沿途各邦国进行了物质文化的交换，而且也有周人神话传说、礼乐文化、文学的向西传播，体现了周人与周边民族以礼相交的外交思想。由此可见先秦时期由中原地区经西域至欧亚草原的这条通道，不仅是一条商品的通道，同时也是文化的交流通道；它不仅在连通中西文化方面具备了空间的广度，而且也在文化交融方面有着相当的深度。这条通道为后来西汉以后的"丝绸之路"奠定了重要的基础，也为汉唐及之后中华文化走出去提供了重要经验：第一是物质文化与精神文化相结合，第二是商品贸易为主导，以文化为先导（"以礼相交""以礼为先"）。

张骞第一次出使西域的目的虽然是为联合大月氏攻击匈奴，但最终却促成了中原与西域各国的物质与文化交流。西汉以后的丝绸之路贸易与文化通道的形成，"前丝绸之路"贸易与文化交流——尤其是后者——功不可没。

①王贻梁：《穆天子传汇校集释》，华东师范大学出版社，1994年，第292页。

东亚史前祭坛的天文考古学研究
——如何理解"昆仑之丘"

北京大学考古文博学院玉器与玉文化研究中心　　吕宇斐
兰州大学博物馆文物鉴定与修复研究中心　　杨江南

从距今 7000 年至 6000 年前,全新世大暖期鼎盛期降临东亚[1],中国史前考古学文化开始遍地开花,辽河流域、黄河流域、长江流域(除源头外)、钱塘江流域等相继进入了经济和文化快速发展阶段。稻作和粟作区域的农业生产力都有了较大发展,物质生活水平有了较大提高,于是规模不等的定居的农业聚落群在几条大河流域内迅速兴起,具有更强防护功能的环壕土墙,更舒适宜居的地面土木结构和半地穴单室房子出现了。群体性的,更加固定的、安全的、富足的物质文化必然导致聚落内精神文化的第一次大飞跃,促成了聚落基层中制陶业和纺织业等手工业的逐步繁荣,也促进了聚落统治阶层建立起与当地自然环境相适应的宇宙观和(宗教)信仰。[2]

《周易·系辞下》记载:"古者包牺氏之王天下也,仰则观象于天,俯则观法于地,观鸟兽之文与地之宜。"《尚书·尧典》记载:"乃命羲和,钦若昊天,历象日月星辰,敬授人时。"这些最古老的资料说明中国农业文明的起源和发展模式与东亚的天文和地理特征密不可分,中国的精神文化更深深地植根于该区域人群对这些天文现象和地理环境的观测和研究,其中天文现象的观测与研究在早期宇宙观与(宗教)信仰的形成中起了决定性的作用。因此,要研究新石器时代中期东亚人类,尤其中华民族早期精神文明的形成不可能须臾离开远古天文信息。

根据迄今为止的考古发掘资料,笔者认为,史前精神文化发展从来都具有双重性:一种属于聚落基层民众,是基础性的;一种则属于聚落统治阶层,是特殊性的。基础性的精神文化属于聚落内普通民众日常生活领域的艺术,是源于生活、高于生活的部落民众的伦理道德和审美情趣的发展过程,主要代表是提升日常生活品质,美化日常生活的各种小手工制品,如带有纹饰的陶器、陶塑、石器、木器和纺织品等;特殊性的精神文化则要复杂得多,只可能产生于聚落首领和祭司层面的极小范围之内,属

---

[1]施雅风、孔昭宸等:《中国全新世大暖期的气候波动与重要事件》,《中国科学》B 辑 1992 年第 12 期。
[2]中国社会科学院考古研究所:《中国考古学·新石器时代卷》,中国社会科学出版社,2010 年。

于纯精神领域,是源于对天文、气候、物候、地理等自然现象的观测和思考,进而上升至宇宙观、价值观与宗教哲学层面的精神文化,主要代表是用于祭祀的玉器、青铜器、大型雕塑与礼制建筑等。

新石器时代中晚期,在东亚地区的大型聚落遗址中,往往会出现公共性的中心广场,这类遗址分布于辽河流域的兴隆洼和红山文化圈,黄河下游的大汶口文化圈,长江下游和钱塘江流域的良渚文化圈,甚至到黄河上游的甘青地区的齐家文化圈。其中,新石器时代中期的有辽宁阜新查海遗址①,晚期早段的有河南濮阳西水坡遗址②,湖北黄梅焦敦遗址③,晚期末段的有安徽蒙城尉迟寺遗址④。在一些特大型聚落或聚落群中,还出现规模宏大的、远离居址的公共性祭祀中心,标志是大型覆斗形夯土或石砌的祭坛和祭坛中心大墓。最著名的是红山文化圈,如建平牛河梁遗址⑤、喀左东山嘴遗址⑥,还有包头阿善文化的阿善—纳太祭祀遗址群⑦;另一个祭祀遗址与红山文化圈等量齐观的是东南沿海的良渚文化圈,如瑶山祭坛遗址⑧、汇观山祭坛遗址⑨、赵陵山遗址(存疑,学术界对此是否属祭坛仍存争议);⑩最后一个则是介于新石器时代晚期末段和青铜时代,进入夏代积年的齐家文化圈。

一、齐家文化圈的东亚史前祭坛

2003 年,中国社会科学院考古研究所甘青工作队在叶茂林队长的带领下,在青海民和喇家遗址的齐家文化层正式发掘了该文化圈第一座祭坛,且其顶部中心还附葬一座高等级大墓。⑪喇家遗址出土这样一座祭坛,从(宗教)信仰的角度揭示了齐家文化与良渚文化、红山文化三者之间的精神文化纽带。也就是说,这个祭坛和大墓的形制证明了,西北地区的齐家文化是继承了东南沿海的良渚文化精神文化衣钵的一个考古学文化,至少可以这么说,齐家社会的统治阶层是一个全面接受了良渚社会统治阶层精神文化遗产的特殊群体。

2000 年以前,喇家遗址 V 区的台地上出土了一个小型的广场遗址,根据以往的经验推测,只有大型聚落遗址才会出现比较上规模的广场建筑,因此喇家遗址应该是一个大型的一级聚落遗址。2002

①辽宁省文物考古研究所:《查海——新石器时代聚落遗址发掘报告》,文物出版社,2012 年。
②河南省文物考古研究所、濮阳市文物保护管理所:《濮阳西水坡》,中州古籍出版社,2012 年。
③吕宇斐:《文明探源——中国与玛雅文明天文考古录》,北京大学考古文博学院《古代文明研究通讯》2014 年第 61 期。
④中国社会科学院考古研究:《蒙城尉迟寺》(第二部),科学出版社,2007 年,第 90 页。
⑤辽宁省文物考古研究所:《辽宁牛河梁红山文化"女神庙"与积石冢发掘简报》,《文物》1986 年第 8 期;《辽宁牛河梁第五地点一号冢中心大墓(M1)发掘简报》,《文物》1997 年第 8 期;《辽宁牛河梁第二地点一号冢 21 号墓发掘简报》,《文物》1997 年第 8 期;《辽宁牛河梁第二地点四号冢筒形器墓的发掘》,《文物》1997 年第 8 期;《辽宁凌源市牛河梁第五地点 1998—1999 年度的发掘》,《考古》2001 年第 8 期。
⑥郭大顺、张克举:《辽宁省喀左县东山嘴红山文化建筑群址发掘简报》,《文物》1984 年第 11 期。
⑦包头市文物管理所:《内蒙古大青山西段新石器时代遗址》,《考古》1986 年第 6 期;刘幻真:《内蒙古包头威俊新石器时代建筑群址》,《史前研究——陕西省考古研究所、西安半坡博物馆成立三十周年纪念特刊》,1988 年。
⑧浙江省文物考古研究所:《瑶山——良渚遗址群考古报告之一》,文物出版社,2003 年。
⑨浙江省文物考古研究所:《汇观山——良渚遗址群考古报告之一》,文物出版社,2003 年。
⑩南京博物院:《赵陵山——1990—1995 年度发掘报告》,文物出版社,2012 年。
⑪中国社会科学院考古研究所甘青工作队、青海省文物考古研究所:《青海省民和喇家遗址发现齐家文化祭坛和干栏式建筑》,《考古》2004 年第 6 期。

年,在广场的东南面出土了两座建筑遗址 F20 和 F21。据发掘者研究,其中 F21 是干栏式建筑,笔者认同一些建筑学者的推测,该建筑应该是那个时代的礼制建筑。在广场的北面,是一座齐家文化圈中应该存在的礼制建筑:(1)一座高出广场地面 2 米,顶部 5～6 平方米,从顶部向四方各延伸约 20 米的人工夯筑的大型"覆斗形"土台,其边缘可能还有约 50 厘米厚的砾石围墙。(2)土台的中心有一座结构特殊的高等级墓葬 M17,上层是 30～40 厘米深的正方形套口,下面是 1.5 米深的长方形墓坑,墓穴北偏东 15 度,随葬以三璜璧为代表的 15 件较高等级的齐家玉器。(3)东南边缘下有十多座基本朝向 M17 的陪葬或祭祀墓葬。(4)从套口外沿开始,整个覆斗形土台边缘都覆盖着一层特意铺设的红土,明显是埋葬封口后铺满整个土台的。(5)土台垫土层层叠叠,显示因频繁使用和维修而不断垫高扩大的趋势,应该是土台经常举行祭祀活动而留下的痕迹,但垫土总体上来说有三层。叶茂林队长认为,该土台与良渚文化的祭坛有诸多相似之处。[1]

　　齐家文化是新石器时代晚期末段至青铜时代早期的考古学文化,年代远远后于在新石器时代晚期中段与晚期末段处于发展顶峰的红山文化与良渚文化。红山文化与良渚文化的共同特征是非常发达的礼制建筑和礼制用品,其中最突出的当然是祭坛和玉器。齐家文化也出现了这两种事物,那么齐家文化的祭坛和红山文化、良渚文化的祭坛究竟有何关系?它们的天文观测与宇宙观有何关系?它们的精神文化的核心纽带究竟是什么?要解答这个问题,我们就不得不先弄清楚红山文化和良渚文化中各种祭坛的建筑模式、使用功能和精神文化内涵,这是一个目前还很模糊的研究领域。

二、红山文化礼制建筑遗址群

(一)牛河梁礼制建筑遗址群布局上的天文内涵

　　根据发掘报告,牛河梁位于大兴安岭的余脉努鲁儿虎山脉的南端,东北—西南走向。努鲁儿虎山基岩是太古界岩石风化而成,其上是更新统和全新统的黏土和黏质沙土,说明牛河梁的地貌在全新世到来之前已经形成。[2]牛河梁的东南面是一条与之并行,从建平县瓦房店至凌源县凌源钢铁厂,绵延 10 多公里的大型沟壑,沟壑的东南面也是一道更高的山梁,形成了两道山梁夹着一道沟壑从东北延伸向西南的地貌。在这条山梁与沟壑的中部,又有一条沟壑从庙前向西延伸至老官营子,从哈海沟延伸至河东,呈西北—东南走向,与牛河梁这条沟壑形成了两条交叉的沟壑。

　　如果不认为红山祭司选择牛河梁大兴土木建筑庞大祭祀中心有特殊用意,也不考虑该地貌与他们的宇宙观之间具有某种特殊关系,那么牛河梁遗址群所在的这片山梁与沟壑便没有任何需要学界注意的地方。但如果认为需要考虑红山社会统治阶层层层建立的宇宙观以及由此而产生的精神信仰,那么这样的山梁与沟壑交错的地貌可能就不是红山祭司集团无意中选择的,如果这片山梁与沟壑是经过缜密勘查而最终选择的,这样的地貌便可能与他们的宇宙观有密切的联系。因为东方的宇宙观基本源自天文观测与天文体系,因此,如果我们能够分析出牛河梁遗址群中使用的天文观测方法,就有可能掌握牛河梁红山祭司们建立的天文体系,进而理解牛河梁红山社会统治阶层的宇宙观,最终了解牛

---

①中国社会科学院考古研究所甘青工作队、青海省文物考古研究所:《青海民和喇家遗址发现齐家文化祭坛和干栏式建筑》,《考古》2004 年第 6 期。
②辽宁省文物考古研究所:同前页注释⑤。

河梁礼制建筑遗址群的文化内涵。

中华先民自一万年前开始注意到了逐渐接近天北极的明亮的北斗七星，自 8000 年前开始观测银河系及其周边恒星；[1]至 6000 年前已经初步掌握了系统的恒星观测方法，建立起以赤道（celestial equator）、黄道（ecliptic）和银道（galactic equator）为坐标体系，以北天极（northcelestial pole）、北斗（Big Dipper），即中宫为核心，以东宫苍龙和西宫白虎为辅的天文体系，也已经初步掌握了通过"土圭之法"，利用太阳光线进行"立竿测影"找到了分至点，划分了四时八节的黄道。[2]按照北斗天顶距（zenith distance）和考古资料的研究，到了 6000—5000 年前，这套体系应该已经发展得比较完善，同时赤道、黄道和银道等坐标体系以及包括北天极、中宫、东宫和西宫在内的星官体系应该已经比较明确。

如果红山社会晚期的祭司阶层也已经掌握了恒星与太阳观测方法并认识了这些天文现象，那么在他们眼里，牛河梁这条山梁和沟壑便会从周边的地貌中脱颖而出，显示其与众不同的特点：牛河梁旁边从瓦房店至凌源钢铁厂的沟壑呈 215° 左右从东北延伸向西南，从庙前至老官营子，哈海沟至河东的沟壑则分别呈 315° 和 135° 左右分别向西北和东南延伸，从空中俯视便形成了一个很大的"×"形交叉。从地球遥望外太空，"×"形交叉是极其显赫的，那是银河与黄道形成的天文大交叉。银河与黄道在南中天相交成"×"形的天文现象在一年四季都能看到，如果回溯到 5500 年以前，这样的天文现象在春夏两季的夜空中最为明显。（参考图 1）

从瓦房店至凌源钢铁厂的沟壑呈 215° 左右从东北延伸向西南，与阜新查海"银河堆石"遗址所铺砌的玄武岩银河的角度一样，正好象征银河；[3]从庙前至老官营子，哈海沟至河东的沟壑则呈 315° 和 135° 分别向西北和东南延伸，也正好象征黄道，它们从空中俯视便形成了一个很大的"×"形地理交

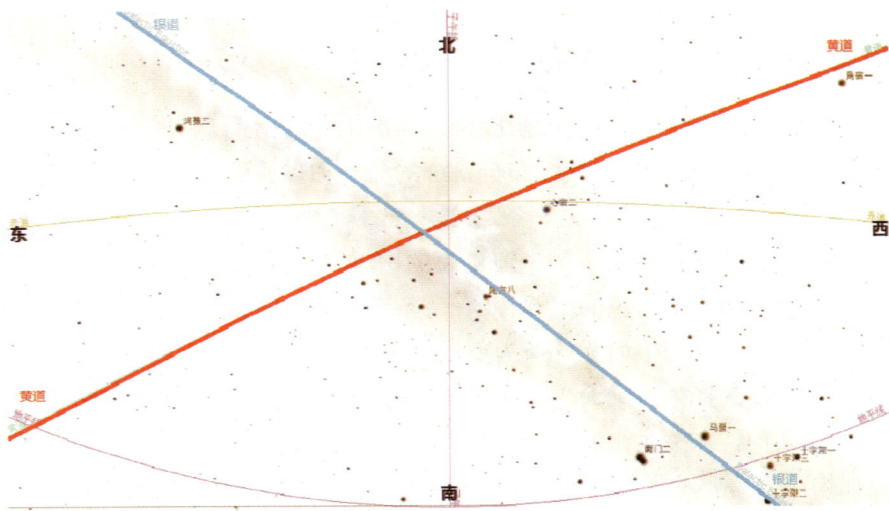

图 1 公元前 3500 年立春黄道、银道与赤道的交叉状态

---

①吕宇斐：《文明探源——中国与玛雅文明天文考古录》，北京大学考古文博学院《古代文明研究通讯》2014 年第 61 期。

②冯时：《中国天文考古学》，中国社会科学出版社，2007 年。

③吕宇斐：《文明探源——中国与玛雅文明天文考古录》，北京大学考古文博学院《古代文明研究通讯》2014 年第 61 期。

叉,与春夏之际夜空中的银河与黄道的天文交叉正好对应。(参考图2)如果红山祭司重视银河与黄道,那么他们就会看重在牛河梁下相交的这两条沟壑,把它们看成一个自然模拟天上银河与黄道相交的最好地貌,选择这里作为祭天的场所就再理想不过了。

1994年,辽宁阜新查海发现了8000年前的兴隆洼文化时期聚落遗址,[1]先民在其聚落广场中用红色玄武岩模拟摆设了一条银河,银河北面一座礼仪性的中心大房基址则很可能用于祭祀北斗。[2]1987年,河南濮阳西水坡发现了6500年前仰韶文化时期的一个礼仪中心,[3]B1和B3蚌壳图展示了北斗、东宫苍龙、西宫白虎组成的,以银河为背景的天文体系。[4]1993年,湖北黄梅焦敦发现了6000年前的一个大溪文化时期的礼仪中心,先民用鹅卵石铺砌了银河、北斗与东宫苍龙组成的天文体系。[5]以上诸多史前礼仪性遗址证明,中华先民从万年前开始注意北天极与北斗这个围绕北天极旋转的显赫星座,至距今六千年前后已经基本建立起以赤道、黄道和银道为参照体系,以天北极为核

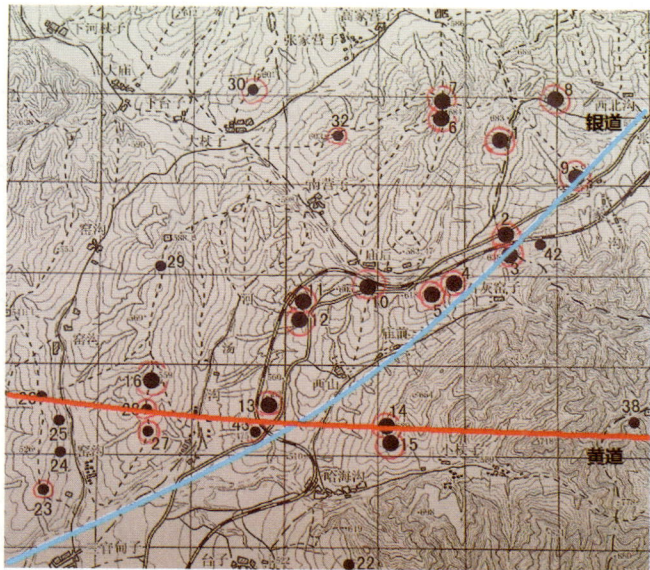

图2　牛河梁遗址群的地理交叉

资料来源:辽宁省文物考古研究所《牛河梁——红山文化遗址发掘报告》1983—2003年度

心,以中宫北斗、东宫苍龙和西宫白虎为框架的中国天文体系。该遗址模拟的天文体系总结如下(详细论证过程请参考吕宇斐:《红山文化遗址中的天文学内涵》,北京大学《古代文明研究》通讯,2015年6月第65期)。[6]

1. 模拟距今5500年前春夏之际的银道与黄道形成的"×"形天文大交叉选择了瓦房店至凌源钢铁厂,老官营子至庙前及哈海沟至河东这三条沟壑形成的交叉作为构建整个牛河梁祭祀建筑群的理想地点。

2. 模拟当时北天极、极星与北斗在"×"形天文大交叉上的位置关系,在交叉的中心正北最高点布局第一地点,这样,第一地点"女神庙"对应当时的北天极、极星与北斗作拱极运动形成的"璇玑"。

3. 模拟当时春夏之际天顶最显赫的"夏季大三角"向南至天文交叉点布局中轴线上的第二、第三、第五、第十、第十一与第十二地点。第二地点对应织女座,第三地点对应天津座,第五地点对应牵牛座,第十、第十一与第十二地点对应牛宿、斗宿与箕宿等。

4. 模拟春夏之际天文交叉点西方天区分布在赤道与黄道之间的重要星宿布局牛河梁遗址群西

①辽宁省文物考古研究所:《查海——新石器时代聚落遗址发掘报告》中册,文物出版社,2012年。

②吕宇斐:《文明探源——中国与玛雅文明天文考古录》,北京大学考古文博学院《古代文明研究通讯》2014年第61期。

③河南省文物考古研究所、濮阳市文物保护管理所:同上。

④冯时:《中国天文考古学》,中国社会科学出版社,2007年。

⑤吕宇斐:《文明探源——中国与玛雅文明天文考古录》,北京大学考古文博学院《古代文明研究通讯》2014年第61期。

⑥吕宇斐:《红山文化遗址中的天文学内涵》,北京大学考古文博学院之《古代文明研究通讯》2015年第65期。

区的祭祀建筑群。23～26 四个地点对应角宿，N16、27～28 三个对应亢宿，N13、43 对应氐宿，N14、N15 两个地点恰好位于两条沟壑的交叉口，对应着位于秋分点附近的房心二宿。

三、良渚文化礼制建筑遗址

（一）瑶山遗址与汇观山遗址

瑶山遗址上的祭坛是 1987 年 5 月至 6 月浙江省文物考古研究所在发掘瑶山遗址时的重大发现。根据《瑶山》发掘报告，祭坛建在一座海拔仅为 36 米的自然小山丘上，为覆斗状，顶面为方形，由里外三层不同颜色的土组成。最里面是一座"红土台"，海拔 34.8 米；平面为方形，南北长 7.6～7.7 米，东西宽 5.9 米；顶上铺红色土。其外为灰土围沟，围绕"红土台"一周，呈"回"字形，边宽 1.7～2.1 米。最外为黄褐色斑土筑成的"土台"，南北宽 18 米，东西长 24 米，海拔 34.4 米，顶面西、北两面原铺砾石，但已大部散失，东、南两面原有的台面明显已被后人破坏。瑶山遗址著名的 11 座良渚贵族大墓（M1～M11）就集中在祭坛的南半部，呈东西走向排列。[1]

从打破关系来看，墓葬挖掘时间明显晚于祭坛修筑的时间，可能正是该祭坛结束其使命的时间。那么，谁修建了这个祭坛？是墓葬的主人们吗？从墓葬的排列位置和方式来看，墓葬虽然打破了祭坛的边缘部分，但明显还是有意避开了祭坛中心，集中在南北和西南部，因而与祭坛应该不是没有任何关系的，那么，他们为什么选择在这个位置下葬呢？正如浙江及对此有兴趣的考古学家常常问道：良渚文化的祭坛究竟具有什么功能？祭坛和墓葬究竟构成什么关系？这是长期以来萦绕在考古学家脑海里的疑团。[2]

为此，刘斌根据 1999—2001 年在修复汇观山遗址过程中的实地观察，认为瑶山祭坛"原初应该是用来观测天象进行纪年授时的场所。"[3]之后，何驽等对良渚文化这两座祭坛进行了实测，认为祭坛并没有"观象授时"的实际功能。笔者认为，刘斌实际观察后的判断应该还是符合祭坛原来设计和建造的目的，但何驽等经过科学测量的认识也有道理，这其中的矛盾究竟是什么原因造成的呢？

按照浙江文物考古研究所的发掘还原瑶山祭坛的情况。瑶山位于余杭良渚镇下溪湾村，本身就是一座海拔 36 米的小山丘。东西南北皆有山包围，东南两面是海拔相似的小土丘，西北两面是较高大的天目山余脉。从祭坛西面和北面的覆斗状石头护坡来看，该祭坛原来应该是有四面石砌护坡的。当然，从瑶山的实际情况来看，东面和南面山坡更高，良渚人也有可能会因地制宜而没有人为挖掘护坡。齐家文化喇家遗址祭坛的情况便是如此。[4]这样，参考喀左东山嘴和建平牛河梁祭坛的石砌界墙组成的覆斗形三层台形制来推测，瑶山祭坛的原型应该是一个覆斗形三层台，外层是一道石砌护坡（或界墙）形成的横长方形，中层是一道环绕着中心的回字形灰土沟形成的正方形，内层是铺满红土的正方形。最后，根据刘斌的测量，回字形方框四角所指的方向按顺时针来看，分别是接近 45°、135°、225°、305°的四维。

汇观山遗址上的祭坛是 1991 年在距离瑶山西南 7 公里的瓶窑汇观山发现的。汇观山祭坛的自然形

① 浙江省文物考古研究所：《瑶山——良渚遗址群考古报告之一》，文物出版社，2003 年。
② 刘斌：《神巫的世界——良渚文化综述》，浙江摄影出版社，2007 年。
③ 刘斌：同上。
④ 中国社会科学院考古研究所甘青工作队、青海省文物考古研究所：《青海省民和喇家遗址发现齐家文化祭坛和干栏式建筑》，《考古》2004 年第 6 期。

态与人工形制和瑶山祭坛基本一样。祭坛也建在一座海拔仅为 22 米的自然小山丘上，西北为天目山支脉，东南为开阔的平原。总体也是一个覆斗形的三层台，底部东西长 45 米，南北宽 33 米，顶部东西长 35 米，南北宽 27.5 米。这样祭坛外层是东西长 35 米，南北宽 27.5 米的自然土面；中层也是一个回字形灰土沟形成的近正方形，南北长 13.5 米，东西宽 12 米，沟宽 2.2 ~ 2.5 米；内层南北长 9.5 米，东西宽 7 米。最有意思的是，在东面的灰土沟中有三个东西向的坑，"将东面的围沟分为均匀的四段"。[①]同样根据刘斌的测量，回字形方框四角所指的方向按顺时针来看，分别也是接近 45°、135°、225°、305° 的四维。

（二）瑶山祭坛与汇观山祭坛的天文内涵

首先，这两个祭坛的中层和内层的形制与牛河梁遗址群中第二地点二号冢（N2Z2）比较相似。N2Z2 的外界墙南北长 19.5 米，东西宽 17.2 米，长宽比 =1.134；内阶墙南北约 14.8，东西约 12.5 米，长宽比 =1.184。瑶山祭坛外框南北长 11 米，东西宽 10 米，长宽比 =1.1；内框南北长 7.6 米，东西宽 5.9 米，长宽比 =1.29。汇观山祭坛外框南北长 13.5 米，东西宽 12 米，长宽比 =1.125；内框南北长 9.5 米，东西宽 7 米，长宽比 =1.35。瑶山与汇观山两个祭坛不仅与牛河梁 N2Z2 相似，而且两者几乎如出一辙。由此可以推知，良渚文化中期的祭坛已经逐渐定型，形成了比较统一的形制。回顾红山文化中晚期，祭坛还没有定型，形制比较随意，至今没有在两个不同的地方出现过形制相同，甚至相似的两个祭坛。说明就祭祀文化的普及性和统一性来说，良渚文化时期比红山文化时期有了明显的进步。

其次，正如前文（N2Z2）所说，这样南北长，东西窄，四维指向接近 45°、135°、225°、305° 的方形祭坛，其四角不可能指向两分两至的日出方位角。要证明这点，只需计算出瑶山和汇观山两个祭坛的夹角和当地两至节气的日出方位角。

（1）瑶山祭坛外框南北长 11 米，东西宽 10 米，其对角线与南北两边的夹角 $\angle A=\arctan(11/10)=47.726°$；内框南北长 7.6 米，东西宽 6 米，夹角 $\angle A=\arctan(7.6/5.9)=52.177°$。汇观山祭坛外框南北长 13.5 米，东西宽 12 米，其对角线与南北两边的夹角 $\angle A=\arctan(13.5/12)=48.37°$；内框南北长 9.5 米，东西宽 7 米，夹角 $\angle A=\arctan(9.5/7)=53.62°$。实际的夹角比原来估算的 45° 要大得多。（参考图 3-1、3-2）

（2）二至日出方位角 $=90-0.5\arccos[2(\sin M/\cos N)2-1]$，M= 观测时间二至太阳直射纬度，即当时的黄赤交角或南北回归线纬度，N= 观测点地理纬度。参考诸多相对年代与绝对年代的划分方法，瑶山墓葬的相对年代应是良渚文化第三期，即中期偏早阶段，[②]约 4900 年前，[③]累积的黄赤交角变化 $=47"/$ 世纪 $\times 49$ 世纪 $=2303"=0.6397°$。据此，良渚文化时代的黄赤交角 $\varepsilon =23.44°+0.64°=24.08°$，即 $M=24.08°(24°4'48")$；良渚遗址群，瑶山祭坛的地理纬度是，故观测点地理纬度 $N=30°25'37"$（30.43°）。以当前（2014 年）为例，按正北为 0°，瑶山祭坛的二至日出方位角为 62.15°；4900 年前，瑶

①刘斌：《神巫的世界——良渚文化综述》，浙江摄影出版社，2007 年。

②浙江省文物考古研究所：《瑶山——良渚遗址群考古报告之一》，文物出版社，2003 年，第 203 页。

③汪遵国：《太湖地区原始文化的分析》，《中国考古学会第一次年会论文集》，文物出版社，1980 年。

丁品：《试论崧泽文化向良渚文化的转变》，《良渚文化研究》，科学出版社，1999 年。

宋建：《论良渚文化的兴衰过程》，《良渚文化研究》，科学出版社，1999 年。

牟永抗、魏正瑾：《马家浜文化和良渚文化——太湖流域原始文化的分期问题》，《文物》1978 年第 4 期。

林华东：《良渚文化研究》，浙江教育出版社，1998 年。

栾丰实：《良渚文化的分期与分区》，《东方文明之光》，海南国际新闻出版中心，1996 年。

刘恒武：《良渚文化综合研究》，科学出版社，2008 年。

山祭坛二至日出方位角 $=90-0.5\arccos[2(\sin24.08/\cos30.43)^2-1]=28.24°$，按正北为 0°，夏至日出方位角是 61.76°，冬至日出方位角是 118.24°（本公式中未计入太阳半径差、蒙气差与地心差三种误差，不影响结论）。显然，如果良渚祭司是站在祭坛的中心观测二至日出和日落方位角，那么该祭坛的四维与二至日出方位角没有任何关系。汇观山祭坛在瑶山祭坛西南 7 公里，时代与地理纬度的微小误差可以忽略不计。如此，汇观山祭坛上观测到的两分两至的日出方位角与瑶山祭坛上观测到的不会有区别。因此也可以说，汇观山祭坛的四维与二至日出方位角也没有关系。

（3）如果把这两个祭坛平分为南北两个部分，瑶山祭坛外框南北原长 11 米，一半为 5.5 米，东西依然宽 10 米，这样，划分一半后的对角线与南北两边的夹角变成∠A=arctan(5.5/10)=28.81°；内框南北长 7.6 米，一半为 3.8 米，东西依然宽 5.9 米，夹角∠A=arctan(3.8/5.9)=32.78°。汇观山祭坛外框南北原长 13.5 米，一半为 6.75 米，东西依然宽 12 米，这样，划分一半后的对角线与南北两边的夹角∠A=arctan(6.75/12)=29.36°；内框南北原长 9.5 米，一半为 4.75 米，东西依然宽 7 米，夹角∠A=arctan(4.75/7)=34.16°。以此来看，如果良渚祭司是站在灰土沟外框东西两边的中点上透过外框的四个角观测二至日的日出和日落，则结果便完全不同，四维的指向正是二至节气的日出与日落方位角。（参考图 4-1、4-2）

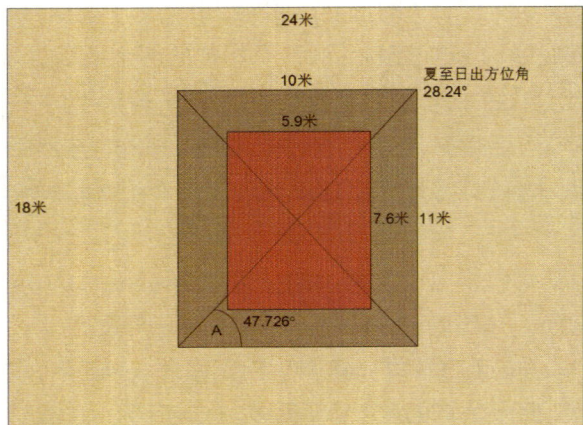

图 3-1　瑶山祭坛

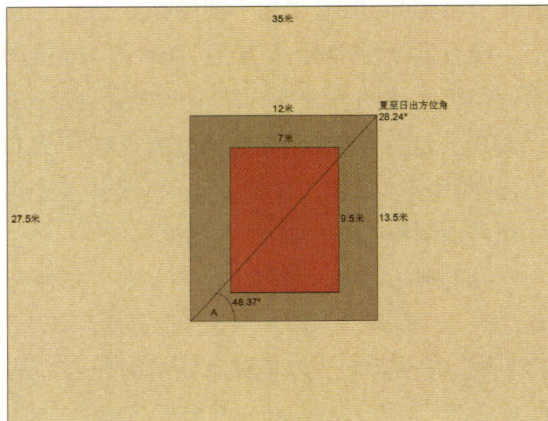

图 3-2　汇观山祭坛

参考资料：根据浙江省文物考古研究所：《瑶山——良渚遗址群考古报告之一》，刘斌《神巫的世界——良渚文化综述》制作。

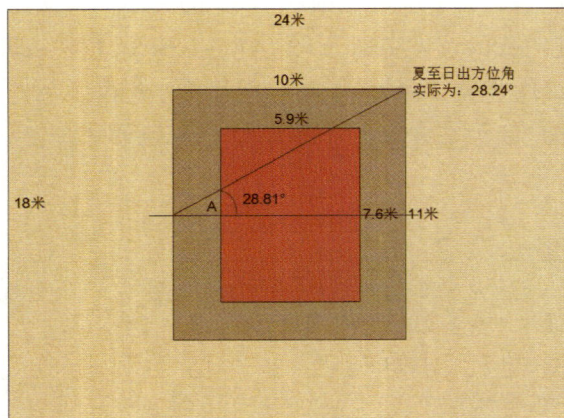

图 4-1　瑶山祭坛

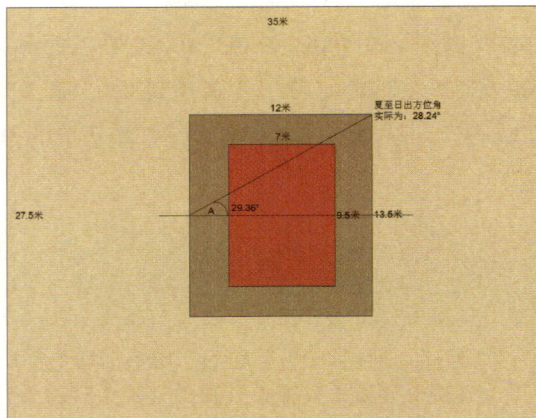

图 4-2　汇观山祭坛

参考资料：根据浙江省文物考古研究所：《瑶山——良渚遗址群考古报告之一》，刘斌：《神巫的世界——良渚文化综述》制作。

（4）汇观山祭坛东面围沟有三个长方形的窄坑，把灰土沟的东段分为四小段。笔者认为应该称之为槽或缝。据刘斌推断，每一段是一年中三个月的日出方位，中间的正是二分节气的日出位置。①这有一定的道理。二分节气的太阳肯定是从正东升起，这个毋庸置疑。但两端的两个坑就需要认真测量和计算。根据笔者在平面图上的测量，灰土沟东面南北两端的两个坑的对角线约在28°～29°之间。结合上面的计算，这两个坑很可能是从祭坛中心观测二至节气日出方位角的"观测缝"。如此，汇观山祭坛灰土沟东段的三条槽或缝应该称为三条"观测槽"或"观测缝"，它们与陶寺遗址 IIFJT1

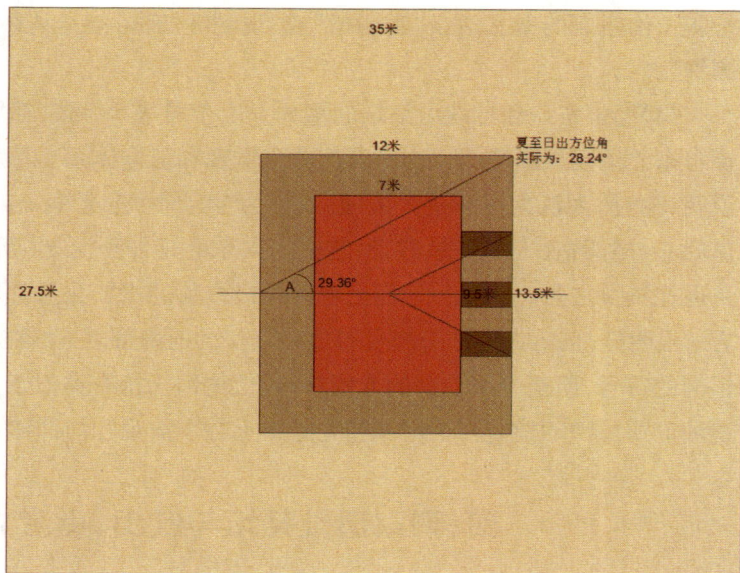

图5　汇观山祭坛

参考资料：本图根据刘斌《神巫的世界——良渚文化综述》制作

的观测缝有相似的功能，只是相对比较简单。（参考图5）

根据以上分析与计算，可以得出如下结论。

（1）良渚文化中期，即良渚文化的鼎盛期，良渚文化核心区（覆盖余杭、杭州和德清地区）在宗教信仰和祭祀礼仪方面，相对于红山文化牛河梁时期，又有了质的提升。一是从祭坛的规模来看，两个相距仅7公里的祭坛的规模都不小，占据了两座山丘的顶部；二是从祭坛的等级来看，都是覆斗状三层台的完整结构，并附有高等级墓葬，随葬大量玉器，一点不亚于牛河梁遗址群的墓葬等级；三是从祭坛的形制来看，除了尺寸略有差异，两个祭坛几乎完全一样，说明良渚文化鼎盛期的祭坛已经形成比较统一的构建标准。

（2）两地比较，牛河梁遗址群上祭坛丰富多样，有圆有方，有方圆结合，有横长方形，有竖长方形，有大有小。而良渚遗址群迄今为止发现的两个祭坛的结构、形状、大小、角度、墓葬方位都比较接近，可以说几乎如出一辙，说明良渚文化鼎盛时期形成了以南北略长、东西略窄的方形祭坛形制。红山文化那种圆形祭坛似乎只出现在良渚文化早期而没有出现在中期。《周礼》中的所谓"圆坛祭天，方坛祭地"的传统到此结束。如此推知，良渚文化早期，良渚文化聚落可能还保持了一些原先祭坛的传统，但中期以后，良渚文化统治阶层只保留了方形祭坛的形制。

（3）通过计算可以看出，如果从这两个祭坛的中心望向四个角，其延长线并非指向余杭地区二至节气的日出和日落方位角。如果从两个祭坛的灰土沟外框边线的中心点向相反方向的南北两个角望出去，其延长线基本上能看到二至节气的日出和日落。这两个结果展示了两种可能性，一是这两个祭坛没有天文观测功能，和牛河梁遗址群的 N2Z2 一样，只是具备了祭祀性和象征性的功能。二是余杭地区，即良渚文化核心区的祭司们确实是从灰土沟的外框中点观测二分二至的日出日落。而汇观山祭

①刘斌：《神巫的世界——良渚文化综述》，浙江摄影出版社，2007 年。

坛灰土沟东侧的南北两条"观测槽"或"观测缝"有可能是从祭坛中心观测二至节气日出方位角的"观测缝"。

（4）瑶山祭坛和汇观山祭坛的墓葬方位布局基本一致，都集中在祭坛的西南部。这是为什么？这是源自东北地区兴隆洼文化查海类型的宇宙观和信仰体系。阜新查海遗址的玄武岩铺砌的"银河堆石"说明，[①]查海人认为银河系大裂缝，或称为"黑暗大裂缝"（Great Dark-Rift），即从银河西南部靠近天赤道的心、尾两宿（人马座星群）沿着银河向东北延伸至河鼓（天鹰星座），形状看起来像一条黑色道路，是通往冥世之路。因此，他们把聚落中最显赫的贵族大墓都放在用玄武岩铺成的银河带状物的西南方。很明显，良渚人也把王族墓葬放在祭坛的西南部。虽然在良渚遗址群中至今也没有看到任何象征银河的符号，但至少在墓葬的方位布局上，他们仍持有类似于兴隆洼文化查海类型和红山文化牛河梁遗址群所反映的建立在银河和苍龙七宿上的宇宙观和信仰体系。

四、喇家遗址祭坛与红山、良渚文化祭坛的关系

迄今为止，齐家文化的祭坛只系统发掘了喇家遗址中的一座。其他虽有口传，但没有经过发掘实证，暂且不论。2002 年，喇家遗址 V 区台地上的小广场的北面出土了一座"祭坛"。（参考图6）

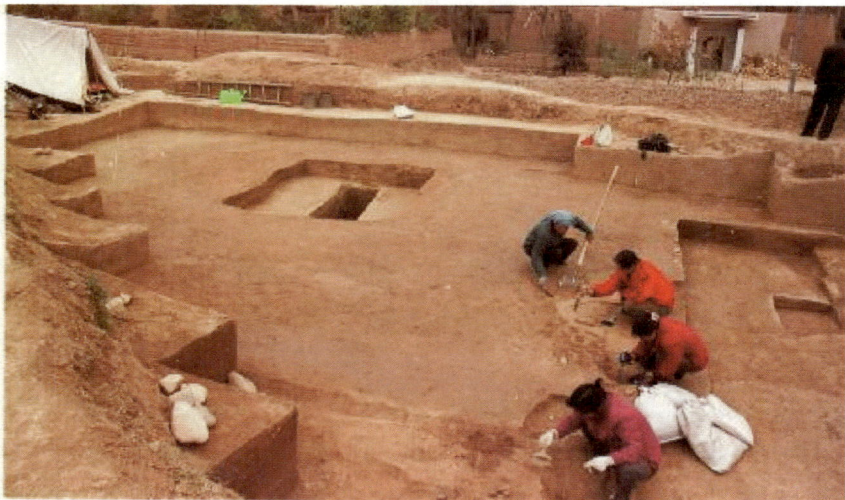

图 6　喇家遗址祭坛

（1）这座祭坛高出广场地面 2 米，顶部 5～6 平方米，从顶部向四方各延伸约 20 米的人工夯筑的大型"覆斗形"土台，土台垫土有三层，东南边缘有约 50 厘米厚的砾石围墙。叶茂林队长认为，该土台与良渚文化的祭坛有诸多相似之处。[②]笔者认为确实如此，它不仅与良渚文化，也与红山文化有诸多的文化传承关系。齐家文化喇家遗址这个土台的形制及其边缘处理方法与红山文化的积石冢、良渚文化的祭坛基本一致。三个区域考古学文化的祭坛具有三个共同点："覆斗形"、三层台和砾石"护坡"，这应该是由一脉相承的宇宙观而来的祭祀理念与祭坛营造方式。

①吕宇斐：《文明探源——中国与玛雅天文考古录》，北京大学考古文博学院《古代文明研究通讯》2014 年第 61 期。
②中国社会科学院考古研究所甘青工作队、青海省文物考古研究所：《青海省民和喇家遗址发现齐家文化祭坛和干栏式建筑》，《考古》2004 年第 6 期。

（2）祭坛中心有一座结构特殊的高等级墓葬 M17，墓穴北偏东 15 度，随葬以三璜璧为代表的 15 件较高等级的齐家玉器，东南边缘下有十多座基本朝向 M17 的陪葬或祭祀墓葬。这种葬制与红山文化的比较相似。牛河梁遗址群的祭坛中心通常也有高等级积石冢，多东西向，如 N2Z1、N2Z2、N3Z1、N5Z1 等等，皆属最高级别的墓葬，同时随葬高等级的玉礼器。[1]陪葬与殉葬方式与红山文化牛河梁遗址群的方式也比较相似。[2]瑶山和汇观山祭坛的高等级大墓则基本正南北，分列在祭坛的西南部，形成了与兴隆洼文化查海类型把聚落大墓布置在玄武岩"银河堆石"西南方遥相对应的葬制，并继承了该葬制背后隐藏着的宇宙观和信仰体系。[3]良渚遗址群的祭坛和大墓没有陪葬和殉葬情况。

（3）从套口外沿开始，整个覆斗形土台边缘都覆盖着一层特意铺设的红土，明显是埋葬封口后铺满整个土台的。这种在祭坛上特意铺设大面积红土的方式不见于红山文化，但源自良渚文化则是毋庸置疑的。因为受本身天文体系形成的宇宙观的驱使，良渚民族的信仰崇尚红色，良渚文化不管是祭坛还是大墓都刻意使用红土或朱砂（详细原因笔者另文论述）。不管是在良渚遗址群中的反山大墓、瑶山祭坛和大墓、汇观山祭坛和大墓，还是其他 40 多处良渚文化墓地的近 500 座墓葬，都普遍存在使用红土和朱红色矿物颜料涂抹棺（椁）内外。[4]

（4）喇家遗址的祭坛在发掘过程中遇到一些客观困难，如石器地质灾害的破坏，发掘条件受限等等，至今无法获得详细的长宽尺寸和表面覆土情况。因此笔者无法利用祭坛的详细数据进行天文计算以了解当初喇家祭司在构建该祭坛时是否遵循了某种天文观测方法或天文朝向观念。从目前所知的情况来推测，喇家遗址的祭坛总体应该更接近瑶山和汇观山祭坛的形制，即喇家祭坛更可能是仅保留了从红山文化和良渚文化而来的祭坛形式，而并不具备真实的天文观测功能，也没有特定的天文朝向观念。

根据以上分析，喇家遗址中的这个祭坛在形制上继承了红山文化和良渚文化祭坛的构建方法和使用理念，足以说明至少喇家遗址这部分的齐家文化聚落人群中的统治阶层传承了良渚文化的祭祀文化。那么，这种建立在祭祀文化上的密切关系是因商品交流还是文化交流而产生的，还是因为具有相似甚至相同的宗教信仰而传承下来的？

一个族群或民族的宗教信仰是该族群或民族的最高意识形态，是一种必须经过对宇宙、自然、社会、族群及人类本身漫长时间的观察、认知和思考方可建立起来的精神世界，不是一蹴而就，更不是一朝一夕能改变的。德国哲学家、新教神学家施莱尔马赫（Friedrich Schleiermacher, 1768~1834）解释宗教说："宗教的本质既不是思维也不是行动，而是知觉和情感。它希望直观宇宙，专心聆听宇宙自身的显示和活动，渴望孩子般的被动性，被宇宙的直接影响所抓住，所充实。"[5]所以它是一种精神寄托。宗教信仰是人类普遍具备的一种精神特征，是人类天赋给予的一种本能反应，是人类对宇宙、天地、生命关系的一种超验性意识，是统摄其他一切意识形态的最高意识形态，是一种绝对形而上的意识形态。

---

①辽宁省文物考古研究所：《牛河梁——红山文化遗址发掘报告（1983—2003）》，文物出版社，2012 年。

②吕宇斐：《红山文化遗址的天文学内涵》，北京大学考古文博学院《古代文明研究通讯》2015 年第 65 期。

③吕宇斐：《文明探源——中国与玛雅文明天文考古录》，北京大学考古文博学院《古代文明研究通讯》2014 年第 61 期。

④中国社会科学院考古研究所：《中国考古学——新石器时代卷》，中国社会科学出版社，2010 年，第 689 页。

⑤Friedrich Schleiermacher: On Religion: Speeches to its Cultured Despisers (Über die Religion: Reden an die Gebildeten unter ihren Verächtern, 1799), tr. Richard Crouter, Cambridge University Press, 1996 paperback: ISBN 0-521-47975-4.

在早期人类社会的发展过程中,人类对外部客观世界的认知还不很发达,发自内心地对主宰和推动日月星辰运转,四季交替,昼夜更迭,生命接力的力量感到无比神秘,并产生难以抗拒的敬畏与不由自主的依赖,认为必须以最虔诚的态度"仰观"和"俯察"这一来自天地的神秘力量,希望能借助这个源自无边无垠宇宙和无穷无尽的大地的终极力量解决人类精神上的困惑与恐惧。人类在自己漫长的童年期,在思维能力和语言表达能力发展过程中的不同时空,极尽所能地通过"观天"与"察地"对这股终极力量的形象与本质进行表述,这就形成了本质内容与表现形式都有很大差异的宗教信仰体系、宗教仪式以及各种规章制度。

《三家注史记三皇本纪》有这样的记载:

太皞庖牺氏,风姓。……仰则观象于天,俯则观法于地,旁观鸟兽之文,与地之宜,近取诸身,远取诸物,始画八卦,以通神明之德,以类万物之情。造书契以代结绳之政。于是始制嫁娶,以俪皮为礼。结网罟以教佃渔,故曰宓牺氏。养牺牲以庖厨,故曰庖牺。龙瑞。以龙纪官,号曰龙师。

伏羲是传说中中华民族的人文始祖,他凭借仰观天象与俯察地理的方法认识了天地万物的变化形式,理解了天地万物的变化规律,获得了沟通天地的智慧,可见在中华文明起源前夕,观测天文地理对文明进程的重要性。

在中国,新石器时代中期以后的远古时期,在以稻作为主的农业文明的生产力发展驱使下,在"仰观天文,俯察地理"的认知过程中,中国天文学适时而生,形成了以银河、北斗、东西两宫为核心的东方天文体系,使东亚人以及后来的中国人把"天"看作那个无限神秘的终极力量。在他们眼里,"天"不是一个人格化的无限的力量,但他无疑和西方宗教中的上帝一样,拥有令人敬畏的无穷无尽的神秘力量,让人类精神上产生无穷无尽的感激、恐惧和膜拜等复杂情感。很明显,宗教信仰源自一个民族对天地的认知,也就是宇宙观,而宇宙观主要源自一个民族的天文体系。世界各地不同的文化和宗教源于各民族在各自文明进程中产生的不同的宇宙观,而这些不同的宇宙观的形成主要就是因为不同的天文体系。反过来可以这么说,只有拥有相同的天文体系,才能拥有相同的宇宙观,才能拥有相同的宗教信仰。

因为红山文化、良渚文化和齐家文化使用过类似的祭坛与祭祀礼仪,因此可以说,三者拥有相同,至少相似的(宗教)信仰。因为三个考古学文化所处时代前后相差两千多年,地域亦相差数千公里,但却传承着一个相同,至少大同小异的信仰,可以得出这么一个推论,他们虽然时差千年,地隔千里,但三个民族的信仰毋庸置疑是源自同一个宇宙观,而这同一个宇宙观是源自同一套天文体系。要拥有同一套天文体系,他们之间必然存在着族属和血缘上的某种密切联系。

五、东亚史前祭坛的天文与文化内涵

根据上文的论述,从5500年前牛河梁遗址群的所有积石冢,5000年前瑶山和汇观山的祭坛,到4000年前喇家遗址的祭坛,无论是方形或是圆形的祭坛都是为了模拟天上星宿以及相应的天文现象的。[①]

该礼制建筑群在布局上模拟天文和星象的目的就是为了实现社会统治阶层对宗教礼仪的极致追

---

① 吕宇斐:《红山文化遗址中的天文学内涵》,北京大学考古文博学院《古代文明研究通讯》2015年第65期。

求,向社会内外部最大限度地展示他们的宇宙观与宗教信仰。当然,囿于各种物质条件的限制,其模拟的程度并非精确无误。但在那个远古时代,祭司们能够规划和构建如此规模宏大的礼制建筑群已经非常伟大,足够反映各文化的祭司阶层精湛的天文观测能力与水平。如果这些祭坛具备真实天文观测功能,那么其圆坛和方坛实际上构成了一个完整观象台的两个具有不同使用功能的部分;如果它们不具备天文观测功能,那么它们也必定具备一套完整的宇宙观内涵,究竟是什么?

欲知圆坛与方坛所反映的宇宙观,可以参考《周髀》中这四段文字:

天象盖笠,地法覆槃。天离地八万里。

凡日月运行,四极之道。极下者,其地高人所居六万里,滂沲四隤而下。天之中央,亦高四旁六万里,故日光外所照。

欲知北极枢,旋周四极,当以夏至夜半时,北极南游所极;冬至夜半时,北游所极;冬至日加酉之时,西游所极;日加卯之时,东游所极,此北极璇玑四游。正北极枢,璇玑之中。

璇玑径二万三千里,周六万九千里,此阳绝阴彰,故不生万物。

《周髀》中所阐述的天地的形态,高于四旁六万里的"极下",高出天盖也是六万里的"天之中央",周长六万九千里的"璇玑"应该如何理解?综合前文的分析,笔者认为,圆坛象征的是《周髀》中论述的北极璇玑所划出的圆形北极天区——"天之中央",其中心是北天极,即太一所长居;而方坛象征的是《周髀》中论述的高出周边大地,四边倾泻而下的极下之地——"天地之中",圆坛与方坛的三层台象征的是太阳运行的内、中、外三衡。这个意义在《晋书·天文志》中阐述得很清楚:

天象盖笠,地法覆盘。天地各中高外下,北极之下,为天地之中,其地最高,而滂沲四聩,三光隐映,以为昼夜。天中高于外衡冬至之日所在六万里,北极下地高于外衡下地亦六万里,外衡高于北极下地二万里。天地隆高相从,日去地恒八万里。日丽天而平转,分冬夏之间日所行道为七衡六间,每衡周径里数各依算术,用勾股重差,推晷影极游,以为远近之数,皆得于表股也,故曰《周髀》。

《周髀》和《晋书·天文志》从中国最早的盖天理论的角度来论述"天中"和"地中"的形态和关系。根据这些论述,可以得出这样的结论,新石器时代晚期的盖天学者认为,"天中"是在"璇玑四游"的范围之内高出天盖六万里的圆柱体,而"地中"则是在"北极之下"高出地平面六万里,四周壁立的方柱体。从二维来看,两者是平行的,中间凸起两座高台的两个同心圆;从三维来看,两者一个在北极之下,一个在璇玑之上各有一个突起六万里的柱状高台的两个同心圆球体。当然,这上为圆、下为方的两座柱状高台只是盖天说对天地形态的一种理解,里面并没有任何宗教信仰,但这个理论却在新石器时代晚期影响广泛,并对夏商以后的王朝影响深远,形成了一脉相承的宇宙观和神话体系。

从神话体系的角度来看,应该如何认识圆坛和方坛的精神文化内涵呢?《淮南子·墬形训》中有这样的记载。

昆仑之丘,或上倍之,是谓凉风之山,登之而不死。或上倍之,是谓悬圃,登之乃灵,能使风雨。或上倍之,乃维上天,登之乃神,是谓太帝之居。扶木在阳州,日之所费。建木在都广,众帝所自上下,日中无景,呼而无响,盖天地之中也。若木在建木西,末有十日,其华照下地。

以上这段文字来源于《山海经·大荒南经》:

海内昆仑之虚,在西北,帝之下都。昆仑之虚,方八百里,高万仞。上有木禾,长五寻,大五围。面有九井,以玉为槛。面有九门,门有开明兽守之,百神之所在。

"昆仑之虚(丘)"这个名称最早在《山海经》中出现,是中国神话体系中最广泛而深入地论及的地方,其中文字表述比较清晰的列举如下:

《山海经·西山经》:西南四百里,曰昆仑之丘,是实惟帝之下都。

《山海经·海内北经》:禹潭之,三仞三沮,乃以为池,群帝因是以为台。

《山海经·海外北经》:禹厥之,三仞三沮,乃以为众帝之台。

《山海经·海外南经》:昆仑虚在其东,虚四方。

《山海经·大荒西经》:西海之南,流沙之滨,赤水之后,黑水之前,有大山,名曰昆仑之丘。

《山海经·西次三经》:昆仑之丘,是实惟帝之下都,神陆吾司之。

除《山海经》外,描述昆仑最多的就是《河图括地象》,最有参考价值的有:

地中央曰昆仑。昆仑东南,地方五千里,名曰神州,其中有五山,帝王居之。

昆仑之山为地首,上为握契,满为四渎,横为地轴,上为天镇,立为八柱。

昆仑者,地之中也,地下有八柱,柱广十万里,有三千六百轴,互相牵制,名山大川,孔穴相通。

昆仑山出铁券,背圆象天,体方象地,龙虎之文象星辰。"

昆仑在西北,其高一万一千里,上有琼玉之树。

昆仑有铜柱焉,其高入天,所谓天柱也。围三千里,周圆如削。下有仙人九府治之,与天地同休息。

地祇之位,起形高大者有昆仑山,广万里,高万一千里,神物之所生,圣人仙人之所集也。

除以上两部文献,昆仑还散见于其他一些文献,有参考价值的有:

《水经·河水》:崑崙虚在西北,去嵩高五万里,地之中也,其高万一千里。

《禹本纪》:夫五岳者,中岳昆仑,在九海中,为天地心。昆仑其高二千五百余里,日月相避隐为光明也。其上有醴泉、瑶池。"

《崑崙说》:崑崙之山三级,下曰樊桐;二曰玄圃,一名阆风;上曰层城,一名天庭,是为太帝之居。去嵩高五万里,地之中也。

《发微论》:凡山皆祖昆仑,分枝分脉,愈繁愈细,此万殊而一本也

《拾遗记·卷十》:昆仑山有昆陵之地,其高出日月之上。山有九层,每层相去里。

《提脉赋》:大致察脉起自昆仑。

《十六国春秋》:海上之诸山之祖。

《搜神记》:昆仑之城,地首也,是惟帝之下都。

《史记·大宛传》中记载:汉使穷河源,河源出于窴,其山多玉石,采来,天子案古图书,名河所出山曰昆仑云。

后世神话传说者没有多少研究价值,本文不一一列举。从以上文献来看,《山海经》是后世相关神话传说文献的源泉,在传承过程中,记载也很明显地越来越失去其本来面目。自两汉以来,历代学者对昆仑(之虚或丘)的真实身份和地望展开了长达两千余年的研究与论辩。然而,因为作为源头的《山海经》对昆仑(之虚或丘)的描述已经非常神秘荒诞,其后的文献基本不可能确切指出昆仑的本质,地理位置及地形地貌,以及与之相关的任何历史事件,致使昆仑的原型概念、真实方位和文化内涵成为千古之谜。

综合历代学者的研究,对昆仑(之虚或丘)的考证总体上分为两类,一类是把昆仑与地理上的昆仑山联系起来,按照他们的研究,历史上的昆仑出现在中国的各个区域,有中原说、东部说①、东北说②、东

① 何新:《诸神的起源》,三联书店,1986 年;何幼琦先生发表了《海经新探》。
② 雷广臻:《古昆仑山即今燕山——兼论古昆仑文化及红山文化》,《走近牛河梁》,世界知识出版社,2007 年。

南说、西北说①、西南说②和北部说③,其中最多的是昆仑山说;昆仑甚至还出现在海外,有东南亚说、印度说、中亚说、西亚说④、非洲说、美洲说,要么缩小至某山周围,要么扩大至全球范围,把全国各地甚至世界各地都列入选择之一,诸说过于繁芜,不堪推敲,本文不一一考证。

另一类认为昆仑只是一个文化符号,一个文化概念,有的甚至认为是道教的文化,⑤在真实世界中根本不存在昆仑这样的地方。笔者认为,要在现实中寻找对应的地理位置是不现实的,但要是认为完全不存在又过于藐视先人的智慧。《山海经》中所有关于昆仑(之虚或丘)的详细描述往往荒诞不经,而且前后矛盾,但有一句话却自始至终没变,那就是"帝之下都",《河图括地象》也一样,虽然越描越乱,但也有一句话始终如一,那就是"地之中"。

首先,"昆仑"一词如何解释才合理?纵观诸文献与学者以往的解释,难以与其本质有相符者。昆,甲骨文写作🜂,上为日或鸟头,下为鸟爪的甲骨文𝄇,而非"比"的甲骨文𝄈,造词的原意应该是飞翔着的太阳或太阳鸟。仑,甲骨文写作𝄆,上为屋宇顶部𝄇,下为屋宇下部𝄈,造词的原意应该是一座房屋,上部是三角形的屋顶,下部是木骨泥墙。《易·系辞下》云:"上古穴居而野处,后世圣人易之以宫室,上栋下宇,以待风雨,盖取诸大壮。"宇的甲骨文上部也是一个三角形的屋顶,表示房子,而宇的内涵由房屋延伸到天地,乃至宇宙,因为房子的形态就像宇宙。所以《集韵·魂部》:仑,昆仑,天形。昆仑二字之意是指太阳与天地,乃至宇宙万物的起源。因此《扬子·太玄经》云:"昆仑旁薄,按即浑沦。"郭沫若认为"昆仑"一词来源于古巴比伦天蝎座名 MUL.GIR.TAB 的音译,后来演变为混沌、浑敦、混沦也有一定道理。混沌就是宇宙初开,万物起源。如此看昆仑,就有可能在《山海经》、《河图括地象》等文献中找出其"昆仑"真正的精神文化内涵。

还有,昆仑究竟应该是"虚"还是"丘"?《说文解字》解释:"丘,土之高也。非人所为也。……一曰四方高中央下为丘。"按此说,丘应该像火山口。《说文》又解释:"虚,大丘也。昆仑丘谓之昆仑虚。古者九夫为井,四井为邑,四邑为丘。丘谓之虚。"其一,"虚"小篆写作𝄆,说明至少在秦朝创立小篆时,这个虚下面依然从丘,本义是大山,到东汉时许慎的解释仍然是大山的意思,其二,引申为人口达到100多人的史前聚落,这个解释很有意思,解释了为什么出现那么多的"之墟"。清段玉裁为许慎的《说文解字》作注,对"虚"字有一段注解,很能说明虚的本义经历了一个历史的过程。"按:虚者,今之墟字,犹昆仑今之崐崘字也。虚本谓大丘,大则空旷引申之为空虚,如鲁少皞之虚、衛颛顼之虚、陈大皞之虚、郑祝融之虚,皆本帝都。"因此,"丘"来自于"虚","虚"与"虗"同意,"昆仑"或"昆仑之虚"才是其本原,既可以表示人口众多的台地,如颛顼之虚;也可以表示四周空旷的虚空,如牛斗之虚。如果解释为大丘,那么昆仑应该是一个四周空旷的高台;如果解释为虚空,那么昆仑应该指浩瀚无垠的宇宙中的某个特定的地方,这应该才是昆仑或昆仑之虚的本义。

其次,有一点始终被严重忽视,而《山海经》却记载得很清楚,祭祀天帝之地只有昆仑(之虚或丘),

①卫聚贤:《说文月刊》第一卷第九期;吕思勉:《西王母考附录》;丁山:《论炎帝大岳与昆仑山》;李并成:《昆仑地望考》,2006年。

②赵廷光:《伊甸园探秘》,云南民族出版社,2008年;肖良琼:《山海经与彝族天文学》,《中国天文学文集》1989年第五集。

③王红旗:《昆仑山地望探索》,《民间文学论坛》1987年第5期。

④苏雪林:《昆仑之谜·自跋二》,中央文物供应社,1956年。

⑤《云笈七签》卷一二引《太上黄庭外景经》:"子欲不死修昆仑。"《云笈七签》卷一七:"眼为日月,发为星辰,眉为华盖,头为昆仑。"道教语,指头脑。

昆仑(之虚)是唯一的"帝之下都",也就是说,昆仑(之虚)"为天地心"(《禹本纪》),位于天帝居所的"天之中央"的正下方,是天帝降临人间时的居所,所以也是"地之中也"。这位天帝是谁?郭璞注是"天帝都邑之在下者",袁珂《校注》则曰"郭注天帝即黄帝"。此说完全错误。在最古老的文献中,天帝只有一个,根据前文,只有万神之神的北极天帝,黄帝只是一位世间的部落领袖,虽然在后世的神话中也升格为神,但只是五方天帝中的一个,绝对不可能享有北极天帝的地位。《地形训》云:昆仑之第三级"乃维上天,是谓太帝之居",《崑崙说》解释为:"一名天庭,是为太帝之居",那么这位"太帝"是谁?《史记·封禅书》曰:"太帝使素女鼓五十弦,瑟悲,帝悲不止,故破其瑟为二十五弦",《汉书·郊祀志》文同,唯"太帝"作"泰帝",而《世本·作篇》云:"黄帝使素女鼓瑟,哀不自胜,乃破为二十五弦"。此说也是完全错误。与上述情况相同,《淮南子·墬形训》说得非常明白,泰帝即太帝,即太一,太一就是北斗璇玑环绕的北天极的极星——北极天帝。

再次,还有一点也一直遭忽视,而《河图括地象》却反复提起,昆仑乃"地之中央",或"地首"。"地中"是"地祇之位",就是地上所有神祇的居所,故为万山之祖(《发微论》、《十六国春秋》)。其上有高于日月的铜柱或玉树,这个概念出自何方?《山海经·海内南经》:"有木,……其名曰建木。"郭璞注:"建木,……其下声无响,立无影也。"建木是什么?为什么这个地方"声无响,立无影"呢?《吕氏春秋·有始》解释得很清楚:

极星与天俱游,而天枢不移。冬至日行远道,周行四极,命曰玄明。夏至日行近道,乃参于上。当枢之下无昼夜。白民之南,建木之下,日中无影,呼而无响,盖天地之中也。

"枢""天枢"皆指北极枢,"极星"指北极星或北斗,北极枢是不移动的,北斗环绕着北极枢而周旋四极。北极枢正对大地中央,其上生长着高达北天极的"建木"——宇宙树,[1]此地正是《周髀》中的"地中",位于北极枢之下,"其地高人所居六万里,滂沲四隤而下。"因在"日夏至(北回归线)……日冬至(南回归线)"故"日中无影。"因此,"昆仑(之虚)"便是《周髀》中的"地中"(此天地之中与后世文献所说的西周初期周公在登封告成镇测影确定的天地之中不是一个概念)。

最后,《山海经》《尔雅》《淮南子》《水经注》等书皆言昆仑(之虚)分三层,虽然有学者称泰山有三级,但没有任何考古依据。而其他入选的山,无论是在国内的还是在国外的,皆因其地貌根本无法与三层台的特征联系起来,学者们便彻底忽视。但除了"帝之下都"与"地之中",三层台却是昆仑(之虚)无法绕过的第三个特征,与之不符者也是永远无法自圆其说的。笔者认为,分为三层的山是一种人类工程的特征,不太可能存在与自然之中。《尔雅·释丘》云:"丘一成为敦丘,再成为陶丘,再成锐上者为融丘,三成为昆仑丘。"郭璞注:"崑崙山三重,故以名云。"疏:"《崑崙山记》云:'崑崙山,一名崑丘,三重,高万一千里'是也。凡丘之形三重者,因取此名云耳。"说明只有一层的称为敦丘,有两层的称为陶丘,有三层的才成为昆仑之丘。很明显,敦丘、陶丘都不是自然界的山丘,果真如此,昆仑丘也可能不是自然界的山。虽然迄今为止无法找到三层的山,但在牛河梁、瑶山、汇观山、喇家等遗址却见到很多的三层祭坛或积石冢。为什么是三层,任何文献中都没有线索,但从牛河梁第二地点三号冢(N2Z3)来看,圆形祭坛三层的覆斗形祭坛的规划原理来自勾股定理计算出来的内、中、外三衡,即两分两至的太阳视运动在天球上所划出的三条黄道带,此形式也象征性地用于方形祭坛,表达的依然是"三衡二间"的原理。

---

①吕宇斐:《文明探源——中国与玛雅天文考古录》,北京大学考古文博学院《古代文明研究通讯》2014 年第 61 期。

后 记

　　齐家文化在20世纪被发现以来,经过了90多年的研究,也沉寂了相当长一段时间。随着国家"一带一路"以及文化振兴战略的倡议和实施,广河县对齐家文化重新重视,伴随着早期东西方文化交流成为世界性的前沿学术课题,齐家文化的研究和宣传在近几年出现了前所未有的热潮,在2015、2016年连续两次召开了国际性学术研讨会,一批从事齐家文化考古发掘以及"前丝绸之路"研究的学者,从多领域、多学科以及文化交流的角度,对齐家文化的社会、经济、环境以及陶器、玉器、青铜器等展开了广泛的讨论。更为引人瞩目的是齐家文化与其他文化的关系以及在东西方文化交流方面所扮演的角色和所起的重要作用成为大家研究的重点,并产生了一些让人尊重的成果。

　　2016年10月的齐家文化国际论坛,再次将齐家文化的研究向前推进了一步,政府层面的高度重视,使得众多学者能够积极响应,老中青三代考古学家齐聚齐家文化命名地——广河齐家坪,向我们展示了他们对于齐家文化研究的参与和高度热情。为此,我们对他们为齐家文化的研究以及弘扬表示最诚挚的感谢!

　　中国社会科学院考古研究所、甘肃省文物考古研究所、兰州大学历史文化学院、甘肃省齐家文化研究会对本次会议的精心组织,使得本次会议得以顺利举办。会议论文集的编撰与出版,有赖于与会的各位专家学者及时惠赐会议论文,广河县文化广播影视局积极联系出版社,兰州大学考古学及博物馆学研究所组织稿件分类编撰与校对,甘肃文化出版社在论文集的编辑上付出了辛勤的劳动,使得本论文集能顺利出版。

　　论文集在编撰、校对等方面仍会存在一些不足和缺陷,敬请谅解!

2017年11月20日